走出

2007-2022

中国化妆品产业十五年

少年

品观

×

修远资本

——

主编

文汇出版社

序一
历史是一本深刻的教科书

文 / 中国香料香精化妆品工业协会理事长　陈少军

化妆品在我国源远流长，但真正得到长足的发展，则是改革开放之后。几十年间，化妆品行业保持着两位数的复合增长率，我国发展成为世界第二大消费市场，这既反映了我国人民消费能力、消费需求的迅速提高，也反映了化妆品行业与时俱进的丰硕成果。回顾以往，用姹紫千红、百花争艳来描述化妆品行业的发展是当之无愧的。这是业内全体同人艰苦奋斗的结果，是我们以大无畏精神敢于并善于克服前进道路上的艰难险阻、勇攀高峰的结果。

几十年来，化妆品行业规模不断扩大，产品质量不断提升，营销、渠道与时俱进，资本源源注入，新的消费人群、新的从业者不断涌现。进而吸引着包括互联网、医药、消费品等在内的诸多行业的企业和人才跨界进入到化妆品领域，共同推动着这个朝阳行业的进步与发展。

目前，尤其是进入 2022 年，受疫情及错综复杂的国际大环境的影响，我国经济下行压力加大，中国化妆品产业也面临着非同以往的压力和挑战。由于各种原因，一些企业正在被加速淘汰。在多重超预期负面因素的影响下，行业遇到前所未有的困难，但"冬天到了，春天还会远吗？"我们经历了辉煌的历史、曲折的道路，也必然将会迎来光明的前途和灿烂的未来。大浪淘沙，凤凰涅槃，留下的将是那些坚守为消费者负责价值观的金石，他们将引领行业自立于世界民族之林。

我希望：行业以研发为基础，以功效为突破，以科技为引领，以内功为基石，以全面创新为宗旨，以头部企业为标杆，增量开拓，走出红海，走进蓝海，直面现实，认清大势，砥砺前行，抓住行业由量变到质变的机遇，迎接行业灿烂的未来。

品观的邓敏和修远资本的严明，都是我多年的老友。他们不仅对行业有长期深度的观察和实践，更有着对这个行业的情怀。他们合作出版这样一本书，既不令我意外，又令我充满期待。

本书以渠道、品牌、资本和企业家的全面视角回顾了过去15年中国化妆品行业的发展历程，对于初入或想了解这个行业的人来说，是一幅全面的历史地图，可以帮助他们"知所往"；对于已经深耕这个行业的人来说，则是一次系统的历史梳理，可以帮助他们"明得失"。

回望历史，是为了更好地前行。在一众企业的努力之下，过去中国化妆品行业发生了一段又一段波澜壮阔的精彩故事。牛顿说："如果说我比别人看得更远，那是因为我站在巨人的肩膀上。"它们走过的路或成功、或失败，都对未来要在这个行业舞台上翩翩起舞的企业及从业者具有重要的借鉴意义。

希望本书的出版能帮助更多的业内外人士有所收获，使化妆品行业能朝着更规范、更健康、更创新的方向发展。

"兄弟齐心，其利断金"。让我们团结起来，万众一心，共克时艰，迎接我们共同的美好明天。

序二
替美仰望

文 / 品观董事长、CiE美妆创新展创始人 邓敏

新青年学园是品观主办的化妆品产业创新创业者的学习型社群，每年开学第一课《企业战略》，导师是棋盘资本创始人、修远资本合伙人马宏老师，学员是年轻一代的创业者。做战略离不开灵魂三问：使命、愿景、价值观。第一问使命就会难倒很多人，使命源于我们所从事的行业，而我们的行业是怎样的？发生了哪些变化？未来应该是怎样的？没有整体的产业认知，很难确定我们的使命。面对学员的困惑，马老师每年都会建议品观出版一本行业教科书。

"2007年今日资本投资相宜本草，开启了风险投资与化妆品产业的15年；2007年解勇正式开启植物医生单品牌专卖店的征途；2007年时任滇虹药业董事长的郭振宇牵头孵化薇诺娜品牌；2007年《化妆品观察》创刊，你看，2007是一个标志性的年份，到2022年，15年可以做个历史总结啦。"初春二月的上海，马老师再次鼓励我们将出书提上日程。

的确，3年5年，我们看到的是变化，是风口；10年20年，我们才能看见不变，看见规律。伴随着改革开放，中国化妆品产业的40年走过了国外百年的进化之路，品观15年，正是产业加速迭代的15年。短短15年，产业竞争焦点从渠道到营销，从营销到研发；消费者需求与日俱增，市场总量即将突破5000亿；消费者代际变迁推动着产业迭代，整体水平从产业链到服务商生态都取得了突飞猛进的发展。

2021年1月1日，全新的《化妆品监督管理条例》的施行，意味着产业正走出青涩的少年时代，开始进入自信、成熟的青年时期。

本书结构的第一部分是产业，20年前，我以记者身份入行，对产业的认知便来自市场。2007年创刊《化妆品观察》，正是洞察到渠道变迁的机会，抓住了CS渠道的黄金十年。渠道变迁本质是流量的迁移，每一次流量的迁移都会造就一批品牌，本书全面呈现了流量变迁的每一次历程，勾勒出产业发展的脉络。对于年轻一代的从业者，每一个时

代都有时代的机遇,同样,一代人也有一代人的使命,历史不会重演,但使命与梦想会以不同的姿态续写历史。

第三部分是人物,做记者时,眼睛里看见的都是事,2007年创业后,作为创始人,开始读懂事情背后生动的人。本书选择的人物都是成功穿越了周期的企业家,每个人都有着独特的魅力,都是时间的朋友,是他们将中国化妆品产业推向了一个新的起点。我们也选择了几位国际企业的代表人物,从百年跨国企业的中国故事里,我们希望能点燃年轻一代投身中国化妆品产业崛起的理想,产业百年需要一代又一代人的传承与创新。

2007年《化妆品观察》创刊时,我们的使命写着:让中国化妆品更受尊敬。这是品观始终未变的情怀。2021年中国化妆品大会上,我们发布了新的使命:连接优质资源,成就美好品牌。这是对第一阶段使命的具体行动。在新的时期,我们迎来了新一代品牌的崛起,品观对产业趋势的引导,专业资源的积累,通过连接优质资源,是可以赋能品牌成长的。如果说品观的第一阶段是见证了中国品牌的崛起,我们希望在第二阶段能帮助品牌成长,当中国品牌整体崛起,在全球化的过程中,品观期待发布藏在内心多年的使命:连接东西方文化之美。品观相信,中国化妆品产业一定能以品牌之名,将中国文化的多元之美带向世界。

品观的产业情怀来自媒体人的初心,因为太理想主义,曾经令我们也很困惑,但拉长了时间,我们发现正是这份产业情怀给了我们穿越周期的力量,也指引着我们不断创新,韧性生长。

通过本书,如果年轻一代的从业者对中国化妆品产业心生一份敬意,找到自己的使命,种下一个梦想,便是文字结下的缘分。

仰望是执着于理想的姿态,替美仰望。

是为序。

序三
让历史告诉未来

文 / 棋盘资本创始人、修远资本合伙人 马宏

（一）

2007年，从主流渠道百货店到国际KA大卖场，从本土连锁超市到化妆品专卖店，欧莱雅已经实现对中国市场的全方位立体渗透；作为商务部"万村千乡市场工程"的签约供应商，宝洁已经开始其在中国的"第三次下乡运动"。

2007年，直销模式的安利、雅芳、玫琳凯，在中国赚得盆满钵满；在日本做了20多年通信贩卖模式的DHC，以一册满载护肤方法、流行彩妆、健康资讯、商品信息的花花绿绿的会员专属月刊《橄榄俱乐部》，对准中国大陆正在蓬勃兴起的网游一族，开始了无店铺轰炸……

站在2007年看中国化妆品市场：外资品牌强势难敌，格局似已固若金汤。

站在2022年回望2007年，原来只是个开局——国家统计局数据：2021年全国限额以上单位化妆品零售额4026亿元，是15年前2006年化妆品零售额387亿的10.4倍！

2007年之前一年，中国首档全演播室制作节目《美丽俏佳人》开播，著名主持人李静率"造型魔法师""时尚生活家""彩妆维纳斯""造型鬼才""裸妆教父""彩妆王子"等等KOL，成功打造出中国首档大型时尚美妆电视节目。之后一年，李静携这一众美妆明星达人及红杉资本数百万美元投资，创办了以美妆为主的时尚购物平台乐蜂网，拥有"千余家全球授权品牌"及自有品牌"静佳"，旨在打造"亿万中国女性优质生活的首选入口"。

2007年之前一年，仍在百货商场孤独死扛的本土品牌一朵，找来当时风头正劲的"小燕子"做代言，依然无法摆脱国际美妆大牌的强势挤压，一路退败至商场底楼角落，直至被挤上二楼三楼的边边角角。之后一年，另辟蹊径的中国汉方品牌佰草集，通过母

公司上海家化投资参股丝芙兰中国，借船出海，高调进驻巴黎香榭丽舍大道，成为首个通过欧盟认证进入欧洲主流渠道的中国化妆品品牌。

2007年之前一年，发出"你的店铺是渠道还是品牌"问句的刘船高，为保证"到金甲虫，买正宗货"，牵手"化妆品界的富士康"科丝美诗COSMAX，开始"厂家直供"；2007年这一年，"坚持为消费者提供最安全有效的植物美肌方案"的植物医生，在上海江桥开出了第一家单一护肤品牌专卖店。

2007年之前一年，中国网民人数突破1亿，诞生于SARS肆虐之年的C2C网络集市淘宝网，赶走了eBay挤掉了拍拍，成为每天900万人光顾的亚洲最大网购零售平台。2007年这一年，淘宝年成交突破400亿元；2007年之后一年，淘宝商城(天猫前身)上线，开始B2C市场征战；2012年，淘宝、天猫的全年成交金额突破1万亿……

这些片段，足可管窥格局变化的时代背景："传统"碎裂、渠道"下沉"；互联网打破了"没有足够空间展示所有商品"的稀缺，赋予了突破"货""场"空间局限的富饶；90后新生代、互联网原住民，体验到父辈们不敢想象的美妆品类品牌的眼花缭乱，享受着父辈们未曾企及的大牌正品低价的多元渠道。网店、微商、海淘，新渠道纷至沓来，"品牌霸权"不得不让位"消费者主权"；专属、独特、个性，小品牌张扬逆袭，"长尾理论"重新标注"我的青春我做主"。

讲"中国矿物护肤"故事的御泥坊，借助淘宝平台异军突起，开业半年即排名淘宝面膜销量第一，之后返身收购生产厂家，成为淘品牌模式经典；名校海归的"小鲜肉"陈欧，首创化妆品团购模式"化妆品正品折扣网店"团美网(后更名聚美优品)，3年间市场份额冲过22.1%，坐上中国美妆电商首把交椅。

产品积压不得不送人试用的俏十岁，不经意间开启了微信朋友圈红利，病毒式裂变出200万代理人，单款面膜回款超过10亿元；创立8个月即崛起为"全球面膜销量第一"的"微商第一品牌"思埠集团，就势控股了拥有16年发展历史、5万平米专业化妆品工厂的新三板首家美妆品牌挂牌公司幸美股份。

性格开朗、懂私服搭配、为美宝莲等知名品牌拍摄广告的模特儿张大奕，创下淘宝彩妆店开店2小时，卖出2万支"口红卖掉啦"口红的销售记录；李佳琦等两位直播达人，创下2021年"双11"一天直播总成交189亿元记录——这数字，跑赢了4000家(占比91%)A股上市公司2020年的全年营收……

变幻的渠道，流行的品牌，这15年时间，少不了"你方唱罢我登场"，总难免"看他起高楼看他楼塌了"。修成正果也好，昙花一现也罢，这15年时间，从宏观趋势到中观格局再到微观市场，不断推陈出新不断解构迭代，机会与挑战并存。

都说这世界"唯一不变的就是变化，唯一确定的就是不确定性"。难道这世界真的就只剩下"流行"？越变越快的不确定世界，到底有什么不变可以把握？

如果站在2007年就能看到2022年，那该多好！

"你能看到多远的过去，就能看到多远的未来。"这是丘吉尔的名言。

（二）

2007年10月，拥有舒蕾、美涛等知名洗护品牌的丝宝日化，一度占据着中国10%的市场份额，被德国拜耳斯道夫以总估值3.17欧元（约33亿元人民币）价格控股收购；2008年7月，一度占据中国护肤品18%市场份额的大宝，被美国强生以23亿元人民币价格收购——"要想皮肤好，早晚用大宝""大宝，天天见"，简单直白的声音，成为一代人觉醒的"青铜时代"记忆。

2008年，凭借全资收购两大本土护肤品牌小护士（2003年）和羽西（2004年）之势，欧莱雅中国市场的增长率超过30%，其在中国销售的产品，95%已在中国本土生产。2013年8月，"品牌收购专家"再度出手，以65.38亿元港币（约51亿元人民币）价格，全资收购了已在香港联交所主板上市的"中国面膜领导品牌"美即控股——收购完成不到一年，美即控股业绩跳水80%。

2010年12月，以"人参活性细胞培养法"发明人名字命名的本土品牌丁家宜，被法国科蒂以24亿元人民币价格收购。3年后，受其业绩拖累，科蒂财报出现亏损，宣布停售丁家宜系列护肤产品——2015年，创始人庄文阳通过第三方公司中银创投，以零头一半不到的价格，回购了丁家宜……

外资依然是资本主角，"做大—外嫁—恩怨—沦陷"的故事总在上演。虽说行业壁垒并不高，但销售、研发的不断投入，直接影响着美妆企业的持续发展；本土市场赛道尚小，外资品牌太过强势，又抑制着社会资本的参与热情。

变化就发生在2007年——

2007年，中国化妆品的市场蛋糕首次突破1000亿，资本嗅到了味道。2007年11月，以品类、渠道、价位坐标区隔出清晰定位的相宜本草，宣布完成中国本土化妆品企业首单有影响力的私募融资——此后15年时间，据本书的不完全统计粗算：中国化妆品行业投融资案例达790例，涉及资本总额近1200亿元人民币。

2007年，中国本土化妆品已不愿熟视无睹"市场被外资品牌强势攻占，本土品牌只能在中低档恶性竞争"，试图突围"只是相对于整个市场平均消费水平较低现状的低层次的供大于求"。2007年11月，佰草集中草药研究所正式挂牌，成为中国也是世界上首家专意于中草药美容领域的尖端科研机构——千年"君臣佐使"和谐平衡之道，被重新深度挖掘。

2010年6月17日，《化妆品标识管理规定》正式执行：所有在中国境内生产或进口报检并在境内销售的化妆品，必须在产品包装上，明确标注其产品配方中加入的全部成分——焕白因子、保湿成分、全效修护、植物精粹之类含糊其词的字眼，必须让位于明确的专业名称。

长久弥漫的崇洋气息，开始发生变化。坦然宣称"中国品牌，世界制造"的花印，以"原装进口"品类构建起自己独特品牌标签，宣言要"借助国际先进的制造与技术能力，打造中国品牌的品质竞争力"，愿景成为"世界品牌，世界制造"。高举"中药国宝第一号"大旗的云南白药牙膏一飞冲天，2011年销售破10亿元，带动三金集团"西瓜霜"、白云山"板蓝根"、哈药集团"三精双黄连"、九芝堂"裸花紫珠"，以及北京同仁堂、广药敬修堂等等"寻根问祖"……

品观创始人邓敏，称中国化妆品这15年为"少年"，实在十分贴切——从懵懂到觉醒，少不了"成长的烦恼"，开始自我意识"我是谁、我从哪里来、我要到哪里去"，亦难免"恋爱的日子"，开始面对和学习"我如何与世界相处"。

2017年无疑是中国化妆品资本突破的一年。这年的3月13日，拉芳家化敲锣上证所，终于打破自2001年上海家化在上证所敲锣上市、索芙特在深交所借壳上市之后，中国A股市场长达16年的美业上市空白；这年的11月15日，珀莱雅敲锣上证所，这家原本讲着"海洋护肤"故事、重点布局国内二三线城市的化妆品企业，终于成就为"中国本土化妆品品牌第一股"。

闸门既开，万马奔腾：2018年2月，御泥坊品牌所属公司御家汇现身深交所创业板，成为"中国A股首家IPO电商上市公司"；2019年7月，几经波折的丸美生物敲锣上证所主板，成为"中国眼霜第一股"；2021年3月，药妆品牌薇诺娜所属公司贝泰妮登陆深交所创业板，"中国功效性护肤第一股"就此诞生，总市值直冲800亿元，成为A股市场上最值钱的"药妆茅台"……

2014年5月，在险峰华兴真格基金红杉资本"环环相扣"的投资推动下，成立仅38个月的聚美优品在美国纽交所挂牌，市值冲上38亿美元，一时风头无两。转眼上市仅两个月，即爆出假货现象。2020年4月聚美优品退市，其当年的市场份额，从曾经的22.1%惨跌至0.1%。

另一个"传奇"是完美日记：创始人拥有哈佛MBA学历、国际品牌宝洁及本土品牌御泥坊工作履历，2017年3月推出"致力探索欧美时尚趋势，结合亚洲人群面部和肌肤特点"的彩妆品牌，2020年11月敲钟纽交所，成为"首家美国上市的国货美妆品牌"。从产品品牌推出到公司挂牌上市，仅32个月；之后市值从2021年2月的1040亿元峰值，一路狂泻至2022年9月的零头40亿元，不到20个月。

2014年情人节，曾受资本簇拥的乐蜂网，被信奉"赛道理论"押赌多位"赛手"的资本，以1.12亿美元75%股权的价格，贱卖给与自己同年同月生却抢在2012年3月在美国纽交所上市的唯品会。2019年8月，曾位列中国美妆电商亚军的乐蜂网，彻底停运——其实，定位"美妆界的唯品会"的乐蜂网，在被卖给"开创了中国'名牌折扣＋限时抢购＋正品保障'创新电商模式"的唯品会的那一刻，垂直电商陪跑者的命运就已经注定了。

2013年，中国平安斥资51亿元人民币，全资收购家化股份的母公司家化集团，两年后，为之奋斗了整整30年的"灵魂人物"葛文耀黯然离场；2021年4月，曾经豪情万丈地宣言"2021年超越欧莱雅中国，目标100亿；2030年超越欧莱雅全球，目标5000亿元"、并已转型智慧产业的索芙特,终因连年巨额亏损,被从深交所正式摘牌……

"这是一个最好的时代,也是一个最坏的时代。"那段时间,狄更斯的这段名言,频频被人提及。

（三）

2008年,拿到首个化妆品品牌相宜本草授权的电商代运营公司丽人丽妆,仅用3个月时间,就把相宜本草旗舰店,带至淘宝商城化妆品销量排行榜首——之后,这家位列TP(淘拍档)前茅的"全球最大的美妆专柜",历经一波三折,终于在2020年秋敲锣上证主板,并以"以授权专柜的电销方式、数据驱动营销、构建衔接品牌与消费者的生态系统"的故事,收获12个涨停板,市值一度超过200亿元。

2010年,"不仅是一档美妆电视节目,更在打造女性全产业链"的综艺栏目《我是大美人》开播,"旨在为亚洲女性提供最in的全球时尚美妆资讯,为众多爱美女性提供美丽生活方式的真实解决方案"。依然湖南卫视"娱乐至上"风格,轻松嘻哈——荧屏上,美妆达人现场讲解实际操作;荧屏下,微信、App、视频网站全渠道互动,眼见着"一个个灰姑娘变公主华丽变身奇迹",按捺不住跃跃欲试的观众,自然就会"边看边玩""边看边买"。

2014年,打造出"中国精油品类领先品牌"阿芙精油的讲故事高手雕爷,再度创办主打美甲师上门服务平台河狸家,创业初心被诠释为新版的"我有一个梦——解放100万手艺人":在这个"出售美业服务的淘宝"里,不止美甲,所有与美相关、与女性消费相关的品类,都是下一个扩张方向。摆脱了作坊模式、一箱(美甲箱)走天涯的场景,着实吸引着渴望自由自在的女孩儿,半年时间,河狸家聚集了近千名美甲师,每天接单2000单,成为"全世界最大的美甲店"……

品牌、渠道、供应链,框架出化妆品企业的发展空间;技术、资本、生态圈,构筑起化妆品产业的生存土壤。高科技、无添加、治愈系、本草汉方、妆食同体……"新新人类"越来越细分化价值主张,需求端大C碎片化为各小c群落;气氛族、话剧社、元宇宙、梦境穿越、美妆盲盒……"性格美妆"越来越多元化场景打造,服务端大B专业化为各小b专属;从渠道为王的"讲故事"到回归产品的"成分党",从"决战终端/打造私域"到"赋能次终端/服务服务者",S2b2c、DTC、大中台、生态系统、基础设施革命等等,一度成为热门词汇。

品牌争相绽放,生态百鸟争鸣:2017年10月,主要为高端化妆品提供包装印刷服务的翔港科技,登陆上证所主板;2019年2月,深交所创业板上市公司青松股份,公告收购中国化妆品ODM知名企业诺斯贝尔;2019年9月,主要为化妆品品牌提供全网各渠道电商服务的壹网壹创,登陆深交所创业板;2019年11月,玻尿酸原料提供商华熙生物,登陆上证所主板;2020年9月,"面向全球优质消费品牌的电商综合服务提供商"若羽臣,登陆深交所中小板;2020年9月,又一家专研透明质酸(玻尿酸)的"中国美容针剂龙头企业"爱美客,登陆深交所创业板,迅速成为市值超千亿的"医美茅台",两年后再度递表港交所,力图成为第一家A+H股的医美公司……

一位年已半百的"美丽世界的幕后王者"受到关注:据说她为全球超过450个美妆品牌提供代工服务,与全球美妆品牌TOP30中的28家有长期合作;据说她不仅为客户提供高品质生产和持续产品开发,还长期专注消费人群研究和时尚潮流分析;据说她"比客户更了解客户的客户",是"趋势的定义者"——她的名字叫莹特丽Intercos,据说这家"很贵很贵"的公司2005年进入中国后,业绩连年两位数增长……

国货市场突飞猛进,产业互联网带来价值链重塑。"中国的莹特丽",成为一些本土企业暗暗的愿景。

不得不提其间的两匹黑马:一是"亚洲蜡烛大王"青岛金王,从染指杭州悠可,开始轰轰烈烈的"颜值经济产业圈"大战略——2013-2016年,宣布完成逾10家美业公司收购,交易总额超过20.66亿元,2016年度化妆品业务营收超过其起家并借以公募上市的蜡烛产业;一是中国首家供应链服务上市公司怡亚通,2009年股东大会宣布开启宏大的"380计划"(在全国380座城市建立B2X分销及分销执行供应链服务平台)——2011-2015年,至少发起23起针对化妆品代理商的投资,2016、2017年日化业务营收达64.6亿、79.2亿元……

2017年后,高光的外延式并购均归黯淡,试图通过整合经销商网络、构筑化妆品供应链"大中台"的跨界黑马，不得不频繁转让或注销迅速膨胀出来的化妆品公司。有意思的是，被青岛金王分两次(2013年12月1.5亿元、2016年9月6.8亿元)全资收购、2019年4月又被一次性(14亿元人民币)悉数出售的"中国领先的美妆全价值链电商运营专家"杭州悠可，已"拥有广泛社交营销、全渠道网络、技术资源，服务于33个美妆品牌赋能合作伙伴、11个美妆孵化品牌合作伙伴(其中多个高端及奢侈美妆品牌)"，2021年正式开启赴港上市之路。

对于中国美妆集合店而言，2020、2021年绝对可以浓墨重彩：2020年1月，"源于Z时代消费者对于国货及美妆产品线下体验服务需求"，WOW COLOUR全球首店在广州西城开张，数月后获10亿元人民币投资；2020年11月，主打"艺术+科技+体验"的黑洞HAYDON，成立未满1年即获高瓴、腾讯超1亿美元投资，宣称投后估值10亿美元；2021年7月，"大型美妆潮流零售品牌"调色师The Colorist的母公司KK集团，宣布完成3亿美元F轮融资，投后估值200亿人民币；2022年1月，"一店一设"打造沉浸式购物场景的话梅HARMAY，宣布完成近2亿美元C轮、D轮融资，单店估值超过10亿元人民币……

到了2022年，凭借高颜值、新鲜度，一边爆红小红书打卡胜地、一边疯传资本圈融资神话的美妆集合店，又齐刷刷地难抵关店风潮。

从SN.SUKI"渠道即场景，商品只是战利品"的"玩出美丽"，到天下秀"构建红人经济生态圈"的"人体货架"，再到品观新青年学员钟婉"从认购到认同，从流量到留量，从经营产品到经营人"的《从昙花一现的网红到可传承的人格品牌》论文，留下的，不仅仅只是渠道变革和营销迭代……

"人是悬挂在自己编织的意义之网上的动物。"尤瓦尔·赫拉利在《人类简史》中所表达的，正是《新教伦理和资本主义精神》作者马克斯·韦伯的这句话。

（四）

2007年，曾经一改数十年蚌壳油、雪花膏之类的傻大笨粗，曾经第一个聘请电影金鸡奖得主在中央电视台黄金时段做形象代言，曾经创立中国化妆品第一个驰名商标，曾经传言100个中国年轻女性60个用过其"中国美白皇后"产品的霞飞品牌创始人曹建华，将目光投向电子商务，创办了主要销售美容与保健品的垂直电商我爱买。2012年8月，网站推出"消费养老计划"，被定为"上海最大的传销案"，"中国国产化妆品教父"曹建华因此被判有期徒刑13年。

2009年，从"养发"到"养颜"到"养生"一路高歌猛进，打破了洗发产品外资品牌独霸天下局面的霸王集团，在香港联交所主板上市。次年7月，香港《壹周刊》发文指称霸王洗发水含致癌物质，市场哗然。6年后，香港高等法院裁定霸王集团状告《壹周刊》诽谤胜诉，判决《壹周刊》赔偿300万港元。可霸王集团的年营收，已从2009年的17亿港元跌至2015年的2.32亿港元……

混沌初开，"敢拼才会赢"。但市场不规范，风险巨大。

2007年，《化妆品卫生规范(2007年版)》《化妆品生产企业卫生规范(2007年版)》《化妆品标签标识管理规范》《国际化妆品原料标准中文名称目录》等法规密集出台，"行业洗牌说"鹊起。

2021年，《化妆品监督管理条例》实施，《化妆品生产经营监督管理办法》《化妆品标签管理办法》《儿童化妆品监督管理规定》《化妆品安全评估技术导则》《化妆品功效宣称评价》等配套文件密集出台……

2007-2022，中国化妆品这15年，如跳动的音符，点缀着时代的乐章。

视线再放远一些——

2021年，郑明明集团55周年庆，推出"不倒翁系列"陀飞轮纪念腕表，似在遥望曾经"三个女人一台戏"的年代：1992年，来自台湾的蔡燕萍将其"自然美SPA生活馆"总部落户上海，10年后，近千家加盟连锁店遍布大陆，自然美成为香港上市的首家中国本土化妆品品牌公司；1992年，美籍华人、"看东方"节目主持人靳羽西，为"帮助亚洲女性树立独一无二的自信"，以自己名字打造的"最适合中国人肤质的美妆品牌"，一度成为中国高端化妆品领先品牌；1993年，基于内地首家京港合资的同名美容学校人脉与经验积累，郑明明品牌创立，连年入围中国化妆品销售十强……30年，弹指一挥间。

2013 年,创立于 1931 年、曾经"引领一代芳华"的"东方美韵,护肤精品"百雀羚,成为"国礼"。一时间,"百年国货"备受追捧。有趣的是,创立于 1981 年的新中国第一套自主研发的化妆品露美,曾经(1984 年)也是作为国礼,被赠予了美国前总统里根的夫人南希。当时,以此产品为基础开设的露美美容院,成为了"中国妇女生活方式解放的标志",与上海证交所、和平饭店老年爵士乐队,被并列为"上海改革开放的三大标志"……40 年,世界已然不同。

据品观不完全统计:2007 年,主业收入超过 20 亿元人民币的中国本土化妆品企业,仅上海家化"一枝独秀"(22.61 亿元);2017 年,这里已绽放出"五朵金花":百雀羚、伽蓝集团、上海家化、上美集团、环亚集团;到了 2021 年,"花园"里已是两位数的"花团锦簇":上海家化、逸仙电商、水羊股份、华熙生物、珀莱雅、丽人丽妆、贝泰妮、上美集团、伽蓝集团、花西子、植物医生、佩莱集团、诺斯贝尔……其中,上海家化约 76 亿元、逸仙电商约 58 亿元、珀莱雅约 46 亿元。

现已是中国化妆品领域权威传媒的品观,也正是 2007 这一年创办的。创立次年起,品观连续主持运营了 14 年"中国化妆品大会"。这些年会的主题,完美诠释了中国化妆品这 15 年的发展历程:"繁荣时期的冷静思考"(2008)、"跨越危机,决胜新三十年"(2009)、"中国势 全球志"(2010)、"消费者驱动一切"(2011)、"回归本质 重塑产业新生态"(2012)、"产业升级与品牌梦想"(2013)、"跨界·无界"(2014)、"移民新世界"(2015)、"重混·万物生"(2016)、"理性驱动的中国精神"(2017)、"探寻增长原力"(2018)、"重启"(2019)、"算法驱动×人文觉醒"(2020)、"中国时间"(2021)、"韧性生长"(2022)。

梦想需要时代背景,时代需要梦想点缀衬托。

总要留下些什么,为我们曾经走过的路,为我们曾经经历的起伏跌宕喜怒哀乐,为我们思维的进化,也为我们生命的成长。权以此篇导读,将一段历史,摊开在正在或即将书写中国化妆品历史的新青年面前。

"我珍藏历史,为的是把它交付未来。我正走向未来,但路还远。"

目录

序一　　历史是一本深刻的教科书

序二　　替美仰望

序三　　让历史告诉未来

第一部分　产业

20　　成长于百货的品牌：丛林突围，品牌长跑

28　　成长于超市的品牌：大渠道，大品牌

36　　成长于 CS 的品牌：破土而出，星火燎原

46　　单品牌店：稳扎稳打，厚积薄发

54　　淘品牌：生于流量，困于流量

62　　新锐品牌：消费巨变，创新狂想

74　　功效护肤：本草立足，科技扎根

82　　百货渠道：从线下王者，到探索前行

88　　超市渠道：从高速扩张，到模式创新

98　　CS 渠道：从野蛮生长，到专业进化

106　　新锐美妆集合店：从资本热捧，到理性回归

116　　传统电商：铁打的平台，流水的品牌

124　　内容电商：流量易变，内容为王

138　　社区团购：从平台厮杀，到拥抱价值

148　　代工：中国制造的迭代之路

第二部分　资本

162　打造千亿级中国化妆品龙头企业的历史机遇

168　中国化妆品资本 15 年

第三部分　人物

192　养生堂钟睒睒：是企业家，更是超级产品经理

198　华熙生物赵燕：将中国研发带到世界高度

204　贝泰妮郭振宇：择高而立，做窄路宽

210　珀莱雅方玉友：以温柔的力量穿越周期

218　丸美孙怀庆：去更高处博风击浪

226　毛戈平：气蕴东方，向美而生

234　伽蓝集团郑春颖：促进人与社会、环境美丽共生

240　欧莱雅兰珍珍：连接东西方之美

248　上美吕义雄："诗人"与"屠夫"

256　卡姿兰唐锡隆：二十年筑一梦

264　植物医生解勇：秋天的蚊子猛如虎

272　丝芙兰陈冰：带丝芙兰跨入"真我时代"

278　科丝美诗崔京：立志全球，扎根中国

286　诺斯贝尔范展华：行走江湖，活在童话

292　修远资本严明：理性思考，感性行动

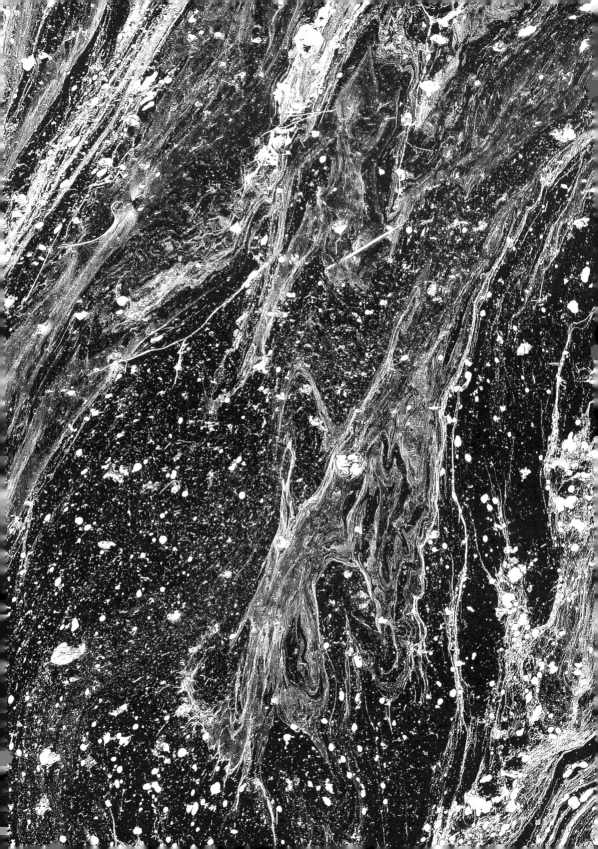

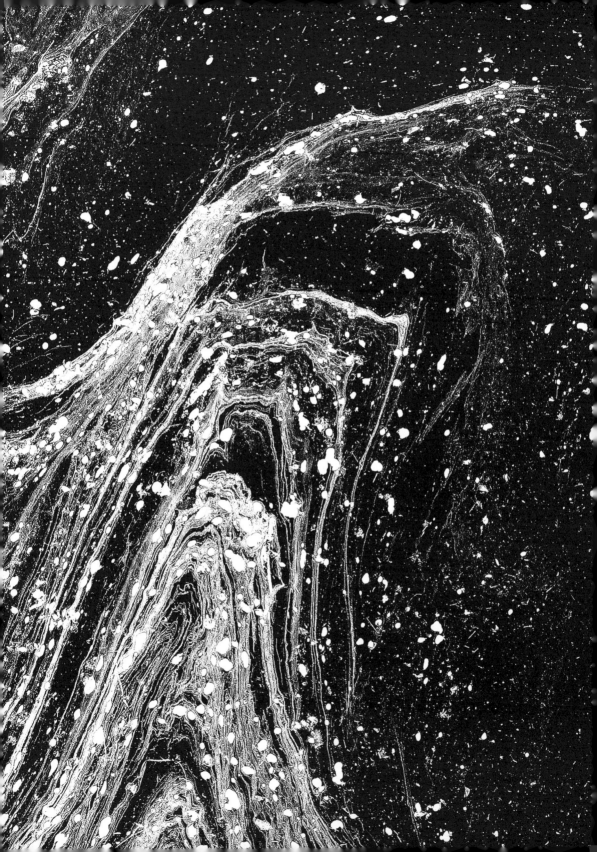

第一部分

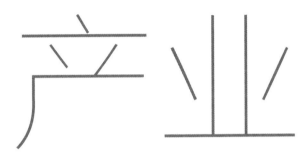

产业

按品牌、渠道、供应链三大线条，全面梳理、剖析、综合论述产业相关领域15年发展脉络。

一、品牌

品牌，企业的灵魂，行业发展的中流砥柱，产业皇冠上的明珠。15年，因不同历史机遇而崛起的各类品牌，如今纷纷站上"创新驱动"的新起跑线。

二、渠道

渠道，品牌价值交付者，行业发展的基石，产业进化的驱动力。15年，格局一变再变，以消费者为中心的价值基础，从来没有变，未来也不会变。

三、供应链

供应链，市场竞争的武器库，科技进步的承接者，产业链的顶端。15年，市场风云变幻，行业日新月异，诸多供应链企业穿越历史周期，在稳步发展中开创未来。

成长于百货的品牌
丛林突围,品牌长跑

文 / 品观战略投资部总监、品观新青年学园主理人 龚云

靠着百货渠道成长起来的国货化妆品品牌,到今天还发展得比较好的,屈指可数。21世纪以来,对于国货化妆品品牌而言,在百货这片几乎被国际品牌把控的丛林,比在CS、超市和电商渠道都要难以生长。

"我记得品牌刚创立的时候去和高端百货商场谈进场,负责人直接就说'虽然您是中国化妆界的泰斗,但是名人不等于名牌,我们也不做国内品牌'。"回想起当初开拓高端百货渠道的艰难,MAOGEPING品牌创始人毛戈平至今记忆犹新。

20世纪八九十年代,因和刘晓庆、陶慧敏等明星在一系列家喻户晓的影视剧里深度合作,毛戈平彼时已是中国化妆行业里唯一获得过四次由中国化妆界最高权威机构"中国电影电视化妆委员会"授予的"中国影视化妆金像奖"的化妆艺术大师。

2000年,他注册成立了以自己名字命名的化妆品品牌,和国际顶级实验室合作,用独有的光影美学理念研发出针对中国女性骨相和肤质的一整套高端彩妆产品。然而,当毛戈平信心满满地想要将自己的心血之作推向高端主流商场的时候,却出现了上述的一幕。

MAOGEPING起步的时候,正是中国化妆品品牌第一波浪潮的尾期。在此之前,小护士、大宝、丁家宜等少数几个大众品牌还拥有较大市场影响力。2003年,号称拥有28万家销售网点的小护士被欧莱雅收购,开始走向衰落。而自20世纪80年代以来,资生堂、宝洁、联合利华、强生、雅诗兰黛、欧莱雅等国际巨头纷纷进入中国市场,瓜分主流市场份额,国货品牌可谓势单力薄。在这些国际品牌激烈鏖战的中高端百货渠道,

是国际时尚舞台的延展，长期以来，话语权都被国外大牌所占据，没有人相信中国人能做好品牌，更勿论高端品牌，中国化妆品根本没有机会。

而众多中国化妆品创业者中，也有不愿屈服、就是要"进去争一下"的倔强分子。

2003-2005年：艰难撕开百货渠道的口子

上海家化在1998年推出佰草集品牌，作为一个主打中国概念的中高端护肤品牌，此后很多年一直位居中国化妆品百货渠道第一。然而，佰草集起初选择渠道时，也在百货渠道遇到难题。当时，虽然百货商场对品牌知名度的提升大有裨益，但百货的入驻门槛很高，佰草集没有把握能在百货门店让消费者接受这个新品牌，从而达到业绩指标——若不完成会被撤柜，对品牌发展很不利。因此，佰草集选择走单品牌专卖店的道路启动市场。2004年，在单品牌专卖店开拓了6年获得了一定的市场影响力之后，佰草集才正式进入百货渠道。

上海家化传奇领导人葛文耀寄予厚望花费心血的佰草集初起步尚且如此，其他国货品牌做百货渠道有多艰难可想而知。

2003年，面世两年后的MAOGEPING品牌才在上海港汇广场开出第一家百货专柜。商场要求保底月销必须做到9万元。为此，毛戈平和团队潜心研究，当时彩妆普及率还非常低，担心消费者拿着化妆品也不能恰当使用，毛戈平首创将柜台设计成体验式专柜，并调用化妆学校亲自培养出来的学生做专柜彩妆师。这些经过专业化妆培训的彩妆师通过面对面地教顾客化妆、体验产品这一方法，拿下了第一批忠实用户，第一个月就做到了19万的销售额，经过一年的努力，次年有近6个月在上海港汇广场30多个化妆品品牌中位居销量第一。

通过上海港汇广场的销售业绩验证了MAOGEPING品牌的未来市场潜力。于是，它很快又在上海开出了4家专柜，真正在百货渠道丛林中生根，MAOGEPING品牌从此开启了全国中高端百货商场的布局。

与MAOGEPING同一时期进入百货渠道的护肤品牌嘉媚乐，则是避开了跟国际大牌的正面竞争。

嘉媚乐成立于2003年，定位于精油护肤。成立之初，嘉媚乐就将目标消费者划定为中高收入的城市女性，产品定价也比当时小护士、大宝高出不少，因此百货渠道顺理成章地成为其目标渠道。

2003年8月18日，嘉媚乐百货首柜在北京国贸商城正式落户。首柜选择首都的

CBD，对于一个新创品牌而言，无疑有些冒险。但是高举高打的措施，在那个年代也有冒险的价值。国内很多其他城市百货的招商人员也正是参观了这一个专柜，才决定将嘉媚乐引进他们的门店。

对于百货店而言，尽管门店面积有限，能开出的化妆品专柜是有天花板的，但也需要引进增量的产品。在精油这个类目中，嘉媚乐当时除了少数几个带着傲慢的欧洲品牌，几乎没有竞争者，因此很多百货招商高管们其实别无选择。嘉媚乐还在专柜内开辟了精油芳疗体验区，由 BA 为顾客做护理服务。靠着跟 MAOGEPING 异曲同工的差异化体验式销售做法，嘉媚乐的尖刀顺畅地打开了百货渠道的局面。

2006-2014 年：百货开店潮，国货品牌扶摇直上

佰草集、MAOGEPING 和嘉媚乐踏入百货渠道的两年后，百货行业迎来巨大变化，一股上升趋势将它们推了上去。

数据显示，1996 年全国的重点零售企业有 215 家，无一例外都是百货店，但随之而来的盲目扩张和降价大战带来了激烈的竞争，成本高涨，利润骤减。同时，新型业态不断涌现，百货店内忧外患，逐渐陷入负增长的低谷，直到 2005 年跌入谷底。其间，一些国货化妆品品牌也从百货渠道撤离。

但从 2006 年开始，国际知名百货公司纷纷进入中国市场，国内很多大企业也开始掘金百货行业。例如，2007 年 5 月，万达集团成立万千百货，到 2009 年曾 26 天内开出 5 家百货店，创造了百货业第一发展速度的记录。

随着百货渠道开店潮的到来，国货品牌在百货渠道也拥有了"扶摇直上"的大好机会。

原本从 CS 渠道迅速崛起、站稳 CS 渠道第一品牌地位的自然堂，在 2006 年正式将触角伸向百货渠道，并很快实现突破；珀莱雅也在代理商的辅助下，2007 年在东莞开出了第一个百货专柜，并在 2009 年正式进军百货渠道；2007 年，曾在 2001 年就开设过专柜的丸美正式进驻百货渠道，很快便发展出近千个柜台……当时，从 CS 渠道崛起的一批品牌纷纷开始进军百货，以期提升品牌调性。

提前进入百货渠道的佰草集、MAOGEPING 和嘉媚乐，相较之下则有了一些先发优势。

MAOGEPING 在 2015 年前几乎没有打过广告，全靠百货专柜的体验式销售来做品牌。2005 年 9 月，杭州银泰 MAOGEPING 专柜隆重开幕，在没有大型促销活动支持的情况下，单柜第一个月业绩就超过 60 万元。此后 12 个月里，该专柜便实现了年度销售

额超1000万元,并先后两年荣获了银泰系统颁发的 Leading Brand 奖项。

定位高端的 MAOGEPING 品牌在选择进驻百货网点时,相比网点数量更注重单店质量。化妆学校为 MAOGEPING 品牌的销售输出了专业人才,这些化妆技术过硬,更能理解和表达 MAOGEPING 品牌理念的 MA(彩妆师)为专柜的销售提升和品牌发展做出了巨大贡献。有数据表明,到2015年 MAOGEPING 品牌已成为中高端主流百货渠道第一高端国货彩妆品牌。

早期,嘉媚乐用精油护肤的差异性说服百货店的高管们,一个网点一个网点进行拓展,以图靠单店经营样板增加说服力。也正是得益于嘉媚乐的团队比较"勤快",对单点的精细化运作取得成效,品牌形象、产品陈列、终端培训、会员服务等各方面均打下了坚实的基础。

经过三四年的耕耘,嘉媚乐在规模体量和影响力达到一定阶段后,获得了中高端百货的入场券,快速地进驻了一些更加优质的百货店。2008年,嘉媚乐零售额(非企业营收,通常按出货量折算)达到7个亿,2010年更是突破10个亿,位居国货品牌百货渠道第二。2013年,嘉媚乐全国百货专柜会员人数突破百万。

而佰草集在这一期间,更是获得比此前更大的爆发。2005年,佰草集在亏损了7年后首次实现了盈亏平衡。此后,佰草集以年均70%的速度增长。单品牌店打开市场后,佰草集也在百货渠道风生水起,形成单品牌专卖店、百货、SPA 三轨并行的渠道策略。

但之后,专卖店的发展速度被百货渠道远远反超。一个公开数据能说明这个问题:2011年前后,佰草集大约有1000多家专卖店,到了2016年2月,其专卖店只剩100多家,而百货专柜则达到1400多家。

佰草集从严格意义上并不能说是完全靠百货渠道发展起来的,但它在百货渠道实在太有代表性了,以至于少了它,故事便不完整。中怡康的数据显示,2015年百货渠道护肤彩妆品牌市场份额榜单中,佰草集位列第8。在上一年,佰草集的排名更靠前——第7。到这个时期,佰草集不仅是百货渠道国货化妆品第一品牌,也是百货渠道 Top10 中的唯一一国货品牌,堪称代表中国品牌跟国际品牌正面竞争的先锋。

在百货渠道快速发展的同时,它们也纷纷通过多渠道或多品牌道路寻求更大的突破。

2008年,毛戈平创建子品牌"至爱终生"。与 MAOGEPING 主品牌定位核心城市的中高端百货渠道不同,至爱终生品牌从诞生第一天起,就是定位为二三线市场 CS 渠道的。在创立至爱终生品牌时,中国彩妆的市场渗透率并不高,与发达国家相比仍有较大空间。

至爱终生的品牌定位属于CS渠道的中高端线，毛戈平更倾向于将其表述为"用专业的理念去为更多中国年轻女性做时尚快速化妆"，这与MAOGEPING主品牌在价位、产品线、目标消费者上都有所区别。

嘉媚乐则是直接以主品牌进军CS渠道。2011年前后，嘉媚乐在全国的百货专柜数量已经突破1000家，几乎达到了渠道的天花板。为求更大的增长，嘉媚乐宣布进军CS渠道，并很快开到3000家CS网点。

在CS渠道，嘉媚乐同样将在百货渠道行之有效的创新销售策略移植下来。在百货渠道，嘉媚乐会采取精油护肤沙龙和大促的方式，而在CS渠道，嘉媚乐则采取路演活动。在两个渠道的互相赋能下，嘉媚乐在区域市场的知名度日渐提升，在精油护肤市场进一步扎深了根基。

伴随着单品牌专卖店逐渐衰退的佰草集，则走了跟MAOGEPING和嘉媚乐都不一样的另一条道路进入CS渠道——为CS渠道单独订制一个专供系列。2013年，这个名为"典萃"的专供系列问世。

针对渠道推出专供系列是化妆品品牌进行渠道扩张的一个措施。借此分系列进行渠道区隔运营的方式，可以不伤害原有的渠道，又将品牌的势能进行叠加。佰草集很快便用典萃系列开发出2000多家CS网点，网点数量超过百货渠道。

2015年至今：百货式微，渠道跨越何去何从？

根据欧睿国际的数据，2007年，百货渠道占中国化妆品市场的份额为29.4%，仅次于超市渠道。然而到2015年，百货渠道的占比下滑至18.8%，2021年下滑至17%，再未超过20%。

导致这一局面的原因是多方面的。一来，早年间的百货扩张带来了同质化的恶劣竞争，百货单店的经营业绩遭受挑战；二来，随着租金和人力成本的上涨，百货店经营压力明显上升；更重要的是，购物中心尤其是电商的迅猛发展，挤占了百货渠道的生存空间，高端国际大牌们纷纷在天猫开设旗舰店，百货店甚至沦为电商的"试衣间"。

2015年，中国最老牌的百货商场之一天虹商场——曾经开到哪里旺到哪里，上半年在全国关闭了3家门店；中国最知名的百货商场万达百货上半年关闭10家门店，王健林曾表示万达百货差不多一半处于亏损状态；截至8月，英国最大连锁零售商玛莎百货（M&S）关闭了其在中国15家门店中的5家……

经历了10年快速发展期的百货渠道，便在滚滚向前的时代车轮中被逐渐落在了后面。而这一生态体系中的化妆品品牌商，也开始面临问题。

以早年叱咤百货渠道的欧珀莱品牌为例，这个资生堂专门针对中国市场推出的子品牌销量曾遥遥领先，并与欧莱雅集团旗下巴黎欧莱雅、宝洁旗下Olay一同被称为"百货渠道三欧品牌"。在百货渠道，它曾一度占据5%的市场份额，排在它前面的只有雅诗兰黛和兰蔻。

然而，2016年，欧珀莱便被巴黎欧莱雅超越，从此在百货渠道失去领先地位。2022年，媒体报道称欧珀莱撤出多家分公司。

无独有偶，2020年开始，曾经位居中国市场第一彩妆品牌的美宝莲，也开始战略性撤离线下渠道。2022年7月，美宝莲宣布将撤出全国的线下百货专柜。

除去公司的问题外，欧珀莱和美宝莲的困境从侧面映射出百货渠道的动能已经不再，百货已经不再是中国化妆品市场的最大渠道。而在一条下坡路上，佰草集、MAOGEPING和嘉媚乐们在百货渠道也并不轻松。在CS渠道发力的同时，对它们而言更为紧迫的是直面日益下滑的线下渠道，拥抱具有强大势能的电商渠道。

2016年，佰草集开始走下坡路，并出现亏损。佰草集和上海家化在CS渠道虽然付出了很多的心思，折腾了几年，但因为策略的落地性和公司内部问题等原因，在CS渠道并没能再现其在百货渠道的辉煌。

2019年，佰草集陆续关闭了一些盈利能力低的百货专柜，并升级柜台形象，在购物中心开设佰草集"养肤空间"单品牌店。2020年6月，典萃独立成为品牌，正式"去佰草集化"。

不过在电商渠道，佰草集也早在2015年便开始发力。2015年8月，上海家化在天猫开设了"上海家化官方旗舰店"，并在4个月后同阿里巴巴达成战略合作关系，开始建立企业数字化运营体系。在一年后，上海家化斥资近1亿元冠名湖南卫视双11晚会。

在电商渠道的一开始，佰草集的投入产出并没有达成一个比较良性的比例。不过，很快它也找到了直播的流量密码，成就了一个现象级事件。

2021年双11期间，佰草集以"宫廷直播"为噱头，将直播间打造成宫廷形象，通过IP人物的打造，很快在直播渠道打开局面。

一直坚守中高端主流百货阵地的MAOGEPING品牌，则在百货业下滑态势中逆势增长，这可能要归功于拓店上的稳扎稳打，整体的店数和销售业绩均稳步增长。截至2022年年中，MAOGEPING在全国90多个核心城市的中高端主流百货商场开设了近400家直营形象专柜，连续多年销售业绩增长率达两位数。2021年，仅在银泰百货系统，MAOGEPING专柜全年销售额同比增长30%以上。

随着近几年电商渠道的崛起和消费习惯的转变，MAOGEPING品牌采取线上线下双阵营的布局，以升级整体商业版图。

自带东方美学基因的MAOGEPING品牌，在文化自信与社交兴盛的契机下，于2018年跨界和中国顶级文化IP故宫文创合作，2019年1月"气蕴东方"系列产品一面市就被众多消费者誉为"最美的联名彩妆产品""舍不得用系列"，成功出圈，正式打开了品牌的社交声量与线上流量。

2019年，一段MAOGEPING品牌创始人毛戈平20年前的化妆教学视频冲上B站全榜第一，因惊艳妆效引发B站年轻用户热议；同年，毛戈平与深夜徐老师的改妆视频登上微博热搜榜第三位，并产生7亿阅读量，两个热搜话题共产生52万讨论量。在B站上，网友们对毛戈平不吝赞美之词："换头术""人间PS大师"。此后，毛戈平虽露面不多，但以其影响力，依然引发数次社交热议，带动了品牌声量的提升。

近年来MAOGEPING大力布局直播电商，且取得了喜人的成果。据媒体报道，2022年7月，MAOGEPING联手河南卫视，以盛唐文化为切入点推出大美中国乐舞影片，内容登上抖音、微博、B站的热搜热榜，产生近3亿曝光量，并被驻外外交官员在推特上转发宣传。由此参与的抖音电商美妆行业IP活动，也取得了较好的成绩。据壁虎看看抖音版数据显示，活动期间MAOGEPING销售额超过1200万，环比增长442%，其中品牌自播占比超过52%。

结合从百货渠道成长起来的三个典型品牌的案例，我们要从历史的视角保持乐观的是：过去15年间，中国化妆品行业大概每3至5年就会有一波新的发展红利，涌现新的发展机会。百货渠道如此，CS渠道如此，电商、直播也是如此……抓住一波机会，并不能代表品牌就此获得未来的门票；错失一波机会，也不意味着品牌就此沉沦在时代的大浪淘沙中。根据英敏特咨询报告显示，国货美妆如今已经告别流量为王的时代，逐步走向产品为王、品牌为王的时代。从百货渠道崛起的中国化妆品品牌，经历过与国际大牌同台竞争，幸存下来的是文化的沉淀，其品牌理念、格调和品质均是历经时间洗礼的宝贵资产。

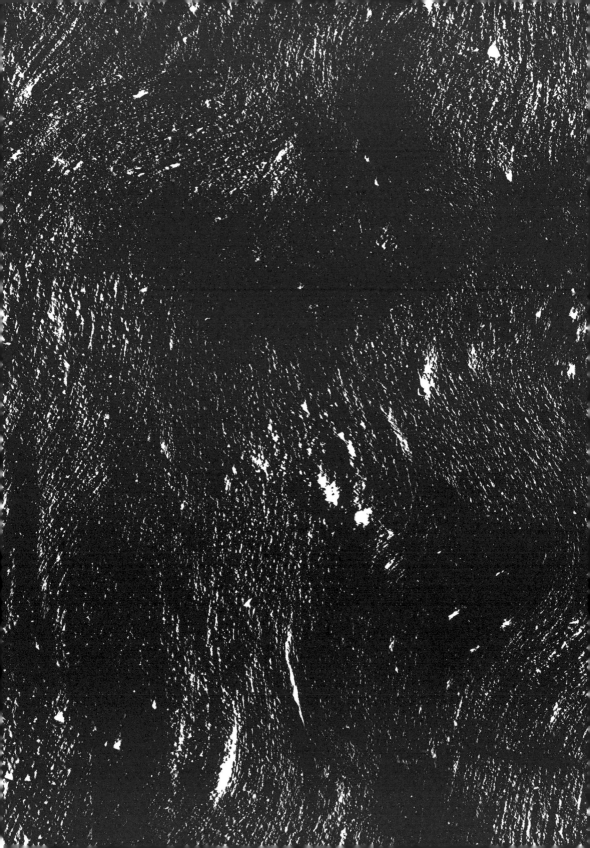

成长于超市的品牌

大渠道，大品牌

文 / 品观战略投资部总监、品观新青年学园主理人 龚云

　　超市渠道曾经是中国化妆品行业的第一大渠道。根据欧睿国际早年数据，2007年超市渠道占据了44%的市场份额。

　　在这个渠道中，同样因国际品牌的强势而堪称竞争残酷——除了洗护沐浴品类中的宝洁、联合利华，还有护肤彩妆品类中的旁氏、巴黎欧莱雅、美宝莲、玉兰油，等等。通常而言，规模体量较小的国货品牌承受不起大型超市高昂的进场费用、运营费用和账期压力，因此超市渠道的国货品牌少之又少。而丁家宜、小护士、东洋之花、佳雪等少数深耕该渠道的国货品牌，本可与国际品牌分庭抗礼，后来也被国际企业并购或淡出视野。

　　这倒给了其他国货品牌做大做强的好机会。

2007-2013：超市渠道大 品牌爆发

　　15年来，崛起于超市渠道的品牌，最典型的案例莫过于相宜本草、百雀羚和水密码。

　　2007年11月，成立于上海的化妆品品牌相宜本草拿到今日资本8000万元人民币注资。对这家当时销售体量还没过亿的企业来说，这笔资金为后来在超市大卖场渠道的爆发准备好了弹药。

　　相宜本草一开始的渠道就在超市。早几年，相宜本草本来铺开全国市场，2003年严明加入相宜本草担任总经理后，收缩了其他渠道，仅保留江浙沪一带的连锁超市。

从2005年后,相宜本草在这一渠道建立了高效的执行体系,销售额连年翻番。

到2007年时,相宜本草实现销售收入8800万元,离"大品牌"还有不短的距离。真正给其带来大的爆发式增长的,是2008年的一个机会——沃尔玛愿意拿出华东区的9家门店,给相宜本草试点销售,如果销售业绩不达标,就拿不到上架资格;如果业绩达标,则获得进入全国门店的入场券。

相宜本草抓住这次机会,发动全公司之力以沃尔玛南京路店为试点进行精耕细作,并派驻了6位BA(美导促销员)进场销售。在促销活动、场内陈列等基础铺垫下,BA可以在终端柜台前向顾客进行推销,不仅可以收获更多的成交顾客,还可以让单个顾客成交更多的产品从而提升客单价。一个月后,相宜本草达到了22万元的销售额,大幅提升品牌单店月销记录,并顺利上架沃尔玛全国门店。

相宜本草最高峰的时候在全国拥有8000多名BA,并建立了完善的培训、激励体系。这支庞大的地面部队就像是精确制导的武器,在终端狙击着每一个潜在的顾客。此后,相宜本草在基本没有广告投入的情况下,单靠强大的终端动销能力,就在多家门店实现50万甚至100万的月销,在超市渠道成功打开影响力,网点迅速铺开:从2008年到2011年,相宜本草的终端网点数量几乎每年翻番。2011年,相宜本草进驻了超过5500多个超市和大卖场(含屈臣氏),2012年上半年这个数字就变为7700多个;从销售额来看,2008年仅有8800万元,2011年该渠道销售收入便突破10亿大关,成为一个超级品牌。翌年,相宜本草递交招股说明书,寻求上市。

2013年,相宜本草销售收入达到23亿元的巅峰。相宜本草爆发的时间段,正是超市业态在中国高速扩张的时期。那几年,国际大卖场沃尔玛保持着每年30-50家的新增店铺速度,本土的连锁卖场华润万家更是保持着每年新增200家以上门店的速度,2011年净新增店铺甚至高达900家。渠道红利当前,显然并不是只有相宜本草一个品牌能够乘风而起。

2005年,百雀羚团队决定对这个已有74年历史、但几乎快要从主流市场销声的国货经典品牌进行重塑。他们找到中国文化作为品牌核心理念,提出"草本"战略。经过3年的调研和论证,百雀羚推出全新的草本精粹系列产品,大幅提高了产品的价格带,从而为塑造品牌和渠道运作留足了利润空间。

2008年,在选择渠道的时候,看到其中国货化妆品已经颇显"拥挤"的CS渠道,百雀羚自认为已没有机会。在与相宜本草同样的时间点上,它也在超市渠道看到了突破口——由于入场费较高且更多面向中低端市场,导致多数本土护肤品牌不愿意入驻,而是将目光投向化妆品专营店渠道。如是,百雀羚彻底放弃原来重度依赖的三四线市场流通渠道,开始大规模向超市渠道投入资源。

百雀羚对大型KA系统进行直营,并将非KA系统和区域性网点交给代理商来运作。同时,百雀羚的代理商利益分配策略也更加灵活,让代理商在操作上拥有了更多的空间,从而激发了代理商的积极性。2008年,光武汉一个城市的销售额就达到700万元,相较2006年的70万元翻了10倍。到2013年,百雀羚在全国代理商的数量达到近400家。

在网点数量高速增长的同时,百雀羚也大力投放广告,提升品牌知名度。2010年,百雀羚提出"天然不刺激,百雀羚草本"的Slogan,进一步清晰了品牌的定位。之后,签下莫文蔚作为品牌代言人,并在《快乐大本营》《中国好声音》等综艺节目投放代言人TVC广告。2012年,百雀羚更是豪掷7000万元拿下《中国好声音》这个当年风靡全国的音乐类综艺节目第二季的独家特约权。这样的情感链接扭转了百雀羚传统老品牌的印象,开始在公共视野展现一个"年轻化百雀羚"的新形象。

到2013年,在外交舞台上被作为"国礼"的事件更是将百雀羚的影响力推向高潮。借助这一轰动性事件,百雀羚获得了远超原有的品牌声量和影响力,销量大增,甚至在一些区域市场超越了相宜本草,进一步巩固了品牌地位。

除了相宜本草和百雀羚,另一个在超市渠道成长起来的护肤品牌——丹姿集团旗下的水密码,也恰好是在2008年开始发轫的。

成立于1998年的丹姿,原本是从流通渠道起家,后来转型主攻超市。经过十几年的渠道拓展,已经积累了大量渠道网点的丹姿品牌成为该渠道早期的佼佼者。2008年,考虑到玉兰油等外资大众品牌的老化,丹姿推出水密码补水系列,强势进军超市渠道。

得益于丹姿集团多年的精耕细作,水密码系列初入超市渠道就非常顺利,第一年就取得了近1亿元的零售额。且水密码以更年轻化的态势承担着丹姿打开国际KA卖场局面的战略责任——起家之初,丹姿品牌主要采取的是"农村包围城市策略",进驻的大多为县城乡镇的B、C类超市。在提升产品价位带的同时,水密码将终端货架升级为背柜陈列,这样做可以更好地升级丹姿品牌形象。

然而很快,水密码系列便脱颖而出,靠着BB霜等明星产品的带动,在丹姿品牌的销售占比持续攀升,水密码专业补水保湿的定位进一步打牢了市场基础。2012年,"丹姿水密码"成为过去式,水密码独立注册为品牌,丹姿集团开始建立多品牌矩阵。

青出于蓝而胜于蓝的水密码品牌,靠着更具市场空间的定位、升级的品牌形象、更高端的价位,迅速超过丹姿品牌,成为丹姿集团旗下的主力品牌。数据显示,2014年,水密码进驻了20000多个超市网点,渠道销售额突破30亿元,跻身中国化妆品商超渠道国货化妆品前三,占集团销售额比例超过50%。

2014-2017：线上线下双线并行腾飞

在超市渠道快速崛起的同时，百雀羚、相宜本草和水密码也在加速布局电商和CS渠道业务。其中尤为值得浓墨重彩的，是它们向电商渠道的跨越。这一时期，电商行业正处在飞速发展的过程中。根据相关官方数据，2008年，中国B2C和C2C的电商交易额为1500亿元；2013年，这个数字达到1.88万亿元，5年增长了12倍。

而作为第一大电商平台，阿里巴巴也正着力推进化妆品电商的发展。2008年，淘宝上线淘宝商城（2012年改名为天猫），正式切入B2C业务。起初，由于假货横行，并没有多少品牌愿意授权给当时仍有很多争议的电商渠道进行官方经营。做B2C需要品牌，阿里的第一个策略是在B2C电商起步期扶持一批专门主做电商渠道的"淘品牌"，以它们的快速成长来带动更多本已在其他渠道成熟的品牌的关注和入场，阿芙、御泥坊、芳草集、膜法世家便是在这一阶段崛起的。之后，阿里巴巴又将这一批后进驻的国货传统品牌扶持起来，进一步做大化妆品的盘面，相宜本草、韩束、自然堂、百雀羚等便是这一阶段的得益者。

除了想抓住新渠道的机会外，相宜本草起初拓展电商渠道的一个重要考量因素是在超市渠道经营的资金压力太大了。大卖场给品牌方结款通常有一个2-3个月的周期，而且经常面临被拖款的难题。为此，相宜本草甚至曾有一个"应收账款部"专门去追踪超市系统的结款。通过代理商去开拓新的渠道，相宜本草希望能找到一条摆脱对现金严重依赖的新的商业路径。

2007年，相宜本草注意到电商渠道的发展趋势，很快就定下和同在上海的代运营服务商丽人丽妆的合作，以买断经销的方式共同开始摸索化妆品品牌在淘宝商城的成长路径。丽人丽妆此前只是一家淘宝C店，也自此起步将业务转向专营化妆品线上代运营，后来成为A股上市公司。

相宜本草在2008年4月上线官方旗舰店，也成为第一家入驻淘宝商城的授权美妆品牌官方旗舰店。上线不久后，相宜本草在淘宝商城的日销售额就超过1万元。到2011年，相宜本草电商销售额达到近2亿元，占当年营收的15%，2012年上半年销售收入进一步扩大到1.4亿元。2012年和2013年，相宜本草在天猫双11大促中均排名前十。

相较于相宜本草，百雀羚的电商起步更晚，而且更坎坷。但从后来的成绩来看，百雀羚达到了目前为止国货化妆品品牌在电商渠道的巅峰。

2010年9月，百雀羚也在淘宝商城上线了品牌旗舰店。起初，百雀羚是自建电商团队来运营线上渠道的,但摸索了一年,并没有取得大的突破,月销售额不到10万元。于是,百雀羚也转而寻求找第三方服务商合作。

百雀羚正巧遇上了从阿里巴巴辞职出来创业的林振宇。当时,百雀羚也找了一些其他的服务商,但更想要找到一个有专注力的、更能理解年轻消费者和自己80年品牌的团队。接手百雀羚的旗舰店后,林振宇通过整合营销、调整产品策略等方式,上线主题营销活动,改变了百雀羚原有的爆款低价策略,两个月后就实现了月销售额突破350万元。

到2013年,"国礼"事件的热点首先在百雀羚的电商渠道得到正向反馈。当时几天后,百雀羚的电商销量直接有翻倍增长的态势,在网络热点更容易发酵并引起话题性的线上渠道开始乘风而起。在当年天猫双11大战中,百雀羚直接冲进化妆品类目前五名,超越同样定位草本护肤的相宜本草。

相宜本草本也可稳站在国货化妆品电商的头部阵营中,然而遗憾的是,2014年相宜本草终止IPO后,多个核心骨干相继离职,团队大震动,业务开始出现大幅下滑,暂时从与百雀羚的正面竞争中退下擂台。

而百雀羚则乘势开始一骑绝尘:2015年是百雀羚在电商登顶的里程碑。当年,百雀羚拿下天猫双11化妆品类目第一,并创下天猫双11单品牌销售新记录,成为在天猫平台首个单日销售额破亿元的化妆品品牌。线上线下的浩大声势产生共振效应,百雀羚当年零售额破100亿元,成功问鼎国货化妆品第一。

2016年和2017年,百雀羚蝉联天猫双11和全年化妆品类目第一,品牌影响力一时风光无两。其间,百雀羚在电商营销和媒体投放上做出了多起经典案例,例如一图到底的《1931》长图广告、《四美不开心》等趣味性广告,都成为现象级事件。

即便如此,超市渠道在百雀羚仍然具有不可替代的价值。2014年,电商所占比例不超过10%。

与相宜本草电商业务和丽人丽妆、百雀羚电商业务和壹网壹创相互成就的故事相仿,水密码的电商业务也与后来成为中国风彩妆品牌第一的花西子有着渊源。

2014年,从网创团队出来的花满天成立了自己的代运营公司——杭州至美,并在8月份拿到水密码天猫旗舰店的代运营业务。花满天在壹网壹创本就操盘过百雀羚,对整合营销十分有心得。据媒体报道,经过3个月的操盘,水密码的旗舰店铺月GMV就从270万元增长到1540万元,并且进入天猫美妆类目前20名。

花满天组建了一个过百人的团队来运作水密码。2015年,水密码旗舰店的销售额达到1.5亿元。据至美团队透露,2017年花满天在水密码的再次成功运营经验上起盘自己的品牌花西子时,水密码的年GMV已经达到5亿元的高度。到2018年,水密码线上渠道已能占到整体销量的30%。

2018年至今:红利退潮,品牌突围

从超市渠道崛起的这三个品牌,渠道拓展的节奏也惊人重合。相宜本草和水密码均在2015年正式宣布进军CS渠道,百雀羚同年也高调推出子品牌海之秘,并宣布集团全力进军CS渠道(2010年,百雀羚推出了气韵品牌进驻CS渠道)。然而此时,CS渠道的红利已经接近尾声,渠道内已经充斥着"寒冬已至"的声音。在渠道飞轮停止转动的时间点上,强如这三个超级品牌,也没能实现力挽狂澜。

而在电商渠道风光多年后,国货头部品牌也迎来了国际品牌和新锐品牌的巨大挑战。

随着国货化妆品品牌在天猫日益壮大,这个已经占据了中国化妆品电商市场最大份额的平台,开始进一步提升平台的品牌格局——2016年,天猫提出"全满贯"战略,要让全球的优质化妆品大牌悉数进驻天猫,以吸引具有更高端消费力的消费者。如此一来,天猫将进一步提升在化妆品市场的覆盖率。

平台的这一政策倾斜,很快就反映在品牌销售业绩中。2018年,决定all in天猫的兰蔻提前半年从全球调货备战,当年即拿下天猫双11美妆类目冠军,并大幅刷新天猫双11活动的单品牌GMV。当年的天猫双11品牌榜单中,从第一到第五均为国际品牌,前三年蝉联双11冠军的百雀羚屈居第六。

如果说跟国际品牌比,传统国货仍存品牌势能差,那么,新锐品牌的崛起对它们的触动会更大。2017年后,天猫投入大量资源扶持新锐品牌。这些从一诞生就扎根在线上的初创品牌,具有强大的增长势能,完美日记、HFP等借助社交媒体的流量红利迅速成长起来,令一众传统国货大牌虎躯一震。

此后,天猫更是逐渐失去了以往对化妆品电商的绝对把控力,抖音、直播日益成为新的增长来源。在价值网络发生迁移时,百雀羚、相宜本草和水密码在已经有了较大体量的基础上,未能像此前抓住超市和电商一样第一时间抓住这一代新的增长渠道。

而在线下渠道,超市的市场份额持续下降,曾经中国化妆品第一大渠道的地位到2018年正式被电商渠道取代。到2021年,超市所占市场份额仅为18.9%,只有2007年的一半不到。超市渠道在这几个品牌的发展过程中地位一直不低,以水密码为例,到2018年电商业务也仅占其30%的业绩。

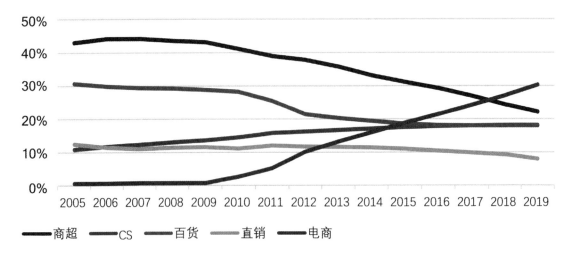

数据来源：欧睿、国泰君安证券研究

　　因此，这几年是百雀羚、相宜本草和水密码面临更大竞争的时期，不过它们并没有坐以待毙，而是保持着开拓精神继续前行。

　　2017年，经营状况跌到谷底的相宜本草迎回了前总裁严明，开始重新以IPO为目标，力图重回品牌发展巅峰。之后，相宜本草自建新零售平台"相宜荟"，并大力度开始投放央视广告，加大品牌的广告曝光力度以稳住市场信心，短短一年时间，相宜本草不仅止住了下滑的势头，而且开始逆势增长。

　　其间，相宜本草围绕"中草药护肤专家"定位，不断创新迭代战略级单品"小红瓶"精华液，并夯实红景天、四倍蚕丝、山茶花等三大系列产品。抛开在面膜类目中的逆势增长不说，相宜本草比珀莱雅还早三年意识到做精华品类的重要性，战略性推出红景天焕亮精华液（小红瓶），当年只卖出10万瓶。随后，这一品类迎来精华品类的增长红利，2018年和2019年，单这一款产品便分别卖出80万瓶和100多万瓶，帮助品牌进一步打入护肤品类的高价值"核心腹地"（眼霜、面霜、精华等价值更高的专业性产品），从而立稳品牌的地位。

　　2020年6月，相宜本草推出高端系列相宜本草·唐，在丝芙兰渠道上架。相宜本草·唐不仅大幅度提高了客单价至280—880元，而且作为屈指可数的能上架丝芙兰的国货品牌，其品牌影响力进一步提升。上线三个月后，相宜本草·唐在当时丝芙兰渠道68个护肤品牌中位居第26名。

2021年双11大促期间,相宜本草天猫旗舰店实现GMV破亿的重大突破,并于2022年618大促期间再次取得惊人成绩。据媒体报道,单是一个面膜品类,相宜本草618大促期间的出货量就应该超过100万件。

经历过如此波折的相宜本草,就像是一头睡着的雄狮,如今醒过神来,威势逼人。百雀羚和水密码则站在超级品牌的基础上,除了在渠道和营销上积极拥抱抖音等新平台外,向产品的深度扎去。

2020年,百雀羚提出"科技新草本",将其上升为企业的整体战略,并与德国默克公司深入合作,推出草本活性成分——"ProVTA原初因"。基于这一新成分,百雀羚推出了帧颜淡纹修护系列新产品。

2022年7月底,百雀羚又围绕新成分"聚光因",推出百雀羚帧颜聚光精华,加入护肤品"核心腹地"的战场。在这款产品的身上,还能看出百雀羚的一个变化:从此前的市场表现来看,百雀羚并不强调明星单品的突出,更希望以品牌的影响力带动全系列产品的销售。然而,近年来在各渠道的品牌普遍采取单品打爆的策略来带动品牌的整体增长。或是看到这一趋势,百雀羚也调整策略,着力聚焦明星单品的打造了。

2019年,水密码看准抗皱淡纹赛道,围绕多肽开发出带有眼部按摩仪的电动眼霜,此后3年,这一款产品经历三次迭代升级,并成为水密码的新一代明星产品。2021年,水密码也签约了景甜和檀健次作为品牌的代言人,并进行全渠道覆盖立体联动。

这5年间,中国化妆品行业发生了翻天覆地的变化,渠道、营销、研发、资本等各领域全面开展高强度竞争,新锐品牌、电商网红、新零售渠道在短短几年间便变一次格局。加之疫情带来的不确定性,使得企业韧性在其中显得尤其重要。尤其是经历过长时间沉淀、穿越过多个周期的品牌,在这一波浪潮中应该具备更强大的应变能力,市场已经看到了。

成长于CS的品牌
破土而出，星火燎原

文 / 品观战略投资部总监、品观新青年学园主理人 龚云

由于加入WTO后的战略偏颇，20世纪90年代的中国日化市场，一直都是国际品牌的天下。本土日化行业经历了肥皂、洗衣粉、洗发水和牙膏的一波波攻势，但在美妆领域的核心赛道上，护肤和彩妆势力依然弱小，市场份额主要由国际品牌占据，正面战场几乎闻不到国货品牌硝烟的味道。

而进入21世纪以后，本土美妆品牌开始发轫，一步步地向国际公司发起渗透，如今已占据了大众市场的大部分份额。对应于中国本土化妆品品牌走出了一条从低端向高端演进的路线，中国CS渠道也走出一个"农村包围城市"的道路，其中尤以CS渠道对本土品牌的成长推动最为重要，这短短的十几年间，成就了今天在美妆领域中的不少顶梁柱品牌。

本篇文章，将讲述从CS渠道崛起的一批国货品牌的共同发展轨迹。

农村包围城市

借助CS渠道的上升之力，丸美在2006年实现销售收入破亿，珀莱雅也在2007年实现3亿元销售额，自然堂则在2008年实现了国货一线品牌的目标。而在它们初入这一渠道之时，或许自己也没想到会这么顺利。

自1996年开始萌芽，百货渠道在此后10年里成为中国化妆品市场最主要的渠道。有数据指出，2003年，百货渠道占据的市场份额高达33.6%，超过整体市场的三分之一。

这个渠道成为品牌竞争的正面一线战场之时，却仅有羽西、东洋之花、一朵等一小部分国货品牌在夹缝求生。2003年，小护士和羽西相继被欧莱雅收购，进一步削弱了国货品牌的力量。

要想实现更大的发展，国货品牌迫切需要找到一个能避开国际品牌锋芒、快速增长的新渠道。

2004年7月，在中国市场一开始以百货渠道为主的资生堂发起"上山下乡运动"，从浙江开始在化妆品专营店"店中专卖店"的试点，第一期开出30多家店，尔后在浙江省开到60家。

资生堂的企图是突破一二线市场的白热化竞争，从二三线市场另寻一条增长线。而在这个下级市场中，CS渠道才是主体。至2007年底，资生堂已在全国签约了2500家这样的专卖店，率先进入，使得资生堂较欧莱雅、宝洁等竞争对手抢得先机，也为这个渠道带来了先进的经营理念，加快了CS渠道的发展。

资生堂的这一大胆决定，也影响了一批品牌对CS渠道的关注与投入。越来越多的品牌坚定了对CS渠道的信心，并快速完成了资本的原始积累。

自然堂母公司伽蓝集团，在1997年成立时是经营专业线的。作为CS渠道最早的成功破局者，伽蓝集团在2001年同时推出美素和自然堂品牌，其中自然堂完全定位日化线。"当时我分析了一些资料，从行业销售数据上分析，日化线是非常大的；其次，外资品牌没有进入专业线的，所有化妆品的大企业都是做日化的。"伽蓝集团董事长郑春颖回忆说。

诞生之初，自然堂没有摸到门路，基本靠自然销售。而美素则撬开了一条新的缝隙：先从专业线切入，一边做美容院，一边帮助CS门店建立后院，开创了前店后院的独特模式。通过美素对CS渠道的试探与了解，郑春颖发现了CS渠道的巨大潜力。

当时，专营店主要经营的是一些低档的外资品牌、大流通产品和不知名的小产品，没有真正的品牌。雅芳全国7000多家，一条街上甚至有好几家店，都以零售为主。这些现象让郑春颖感觉到CS渠道一定会是未来趋势所在。想清楚了，自然堂就开始转战CS渠道。

自然堂进入日化渠道后，在渠道内开展营销培训会，教客户企业经营、营销落地。借助专业线的营销教育优势，很快帮1000家日化店建立了后院，打下了坚实的基础。

独木难成林，CS渠道的沃土，呼唤着想要乘风而起的更多品牌。

2003年，之前从事化妆品代理生意的侯军呈和方玉友在浙江成立珀莱雅品牌，面向全国招募代理商。此消息一放出，侯军呈同村或邻村的80位老乡便拖家带口投奔珀莱雅,分散到全国各地代理珀莱雅品牌。与此同时,很多同乡人受到侯军呈和方玉友的鼓舞,到全国各地开化妆品店。

基于此前代理业务的经验积累,珀莱雅一开始就将 CS 渠道作为主力渠道。首先面临的挑战即是当时全国日化市场价格体系紊乱,急速扩张的渠道野蛮生长。方玉友决定重建行业的价格体系规则,提出全国统一价格体系,在零售产品上标注零售价格,并在官方网站进行产品价格标示。

与资生堂和自然堂的思路一致,珀莱雅也将"引导零售企业规划化经营"作为重要的工作。例如,珀莱雅为化妆品专卖店设计出一套标准"组合拳"——如何陈列、活动、促销、制作条幅,而这一模式迅速复制至全国市场。2005 年 1 月,珀莱雅创立营销精英创富大会,邀请全国零售商合作伙伴集中分享店铺管理与经营心得。

丸美,作为本土屈指可数的中高端护肤大牌,定位专业的眼部护理品牌,定价思路十分大胆(第一款眼霜定价 160 元,当时小护士的眼霜价格只有 17 元)。丸美创始人孙怀庆同样看上了 CS 渠道的发展空间,在百货渠道之外选择了这一当时还不规范的渠道。在 CS 渠道,凭借高端的品牌形象和充足的利润空间,一经进入便得到经销商和优质门店的认可和力推,很快就铺开市场。

不仅是护肤品,国货彩妆的快速崛起,也离不开 CS 渠道的培育。2003 年前后,国内彩妆市场崛起,以美宝莲为代表的外资彩妆品牌占据着一二线城市的主流市场,更为广阔的三四线城市和一二线城市的边缘市场并没有得到满足。国内彩妆品牌还在流通市场低价厮杀,卡姿兰迅速切入专 CS 渠道,建立形象柜、配备美导、大胆投放广告,很快就坐上了中国彩妆品牌的头把交椅。

早期卡姿兰采取的策略是"跟随美宝莲",在国外杂志、发布会上捕捉流行元素并用于产品,将与美宝莲类似的产品用更低的价格铺到终端,让卡姿兰在 CS 渠道得以快速崛起。

卡姿兰是国内第一个敢于投入终端形象柜的彩妆品牌,在 CS 渠道,这一举措树立了卡姿兰良好的品牌形象。将全套试用装投放到终端网点,通过现场试用、化妆体验等方式,卡姿兰的销售获得强大的拉动力,很快便站稳了市场。

品牌化升级

早期品牌与渠道的共同成就过程,不仅帮助品牌迅速做起规模,而且推动了渠道的规范化发展。越来越多的品牌关注到了 CS 渠道,并相继进入到这一新的战场中。

2007年，环亚集团旗下耕耘专业线8年之久的美肤宝进入CS渠道，并专门成立"专卖店事业部"，当年即实现了400%的增长。

立白集团在2006年收购了护肤品牌高姿，高姿之前是在一二线城市的专柜里生存的，有300多家专柜。2008年，立白家族二代接班人陈丹霞接手高姿，将60%的资源分配到专营店渠道。"我发现这一块，真好做！相对于在以前专柜中生存的压力来说，我们国内的品牌在专营店渠道有很大的优势"。陈丹霞表示，到2010年年中，高姿的百货专柜数据基本不变，但是专营店渠道却拥有了超过5000个形象专柜。

在更多品牌进入到CS渠道之际，自然堂、珀莱雅等先行者，已经在考虑渠道突破、品牌升级、多品牌布局等事宜了。

那个时候，即便CS渠道仍然处在"黄金十年"之中，拥有巨大的发展红利，但摆在这些品牌面前的是两个现实问题：一是即便已经具有较大的销售体量，但它们品牌形象仍然较弱，需要从突破到超市、百货等高阶渠道，去建立更好的品牌形象；二是作为最早一批耕耘CS渠道的品牌，它们的网点覆盖到了绝大多数优质大店，但随着这些大店的发展，以及更多后来者的追击，它们需要找到新的增长渠道。

大超市和百货，很自然地进入了它们的视野。彼时顶住压力实现渠道突破，如今评价起来是成功的。但回过头看，初入百货和超市时，自然堂、珀莱雅和美肤宝分别面临着原有渠道商诸多的质疑。然而，当时在中国消费者的心目当中，如果一个品牌在百货里面没有柜台，就不叫一个"牌子"。

自然堂进入超市和百货渠道较早。得益于开拓较早，自然堂在2003年就晋级CS渠道第一品牌。2006年前后，很多国产品牌从经营负担甚大的百货和超市渠道中撤离，也将重心放到CS和一些流通渠道之中。自然堂决定逆势而上，进入百货和超市。

到2015年，根据欧睿的数据统计，伽蓝集团在中外品牌的激烈竞争中，跻身中国化妆品市场份额第五，成为前五名中唯一的中国化妆品企业。彼时，自然堂已经在2600多家百货和超市中开辟了专柜，成为商超渠道的国货第一品牌。

珀莱雅的渠道突破虽然起步较自然堂稍晚，但也取得了巨大成效。2008年，珀莱雅确立"二次创业，走品牌化经营之路"的全新战略。在当时定下"二次创业"的计划时，珀莱雅并不是一次豪赌，而是一次豪迈的抉择。方玉友想得很清楚：这一升级投入巨大，投了有可能成功，而且成功几率很大；不投入，珀莱雅则很难有大的突破，前路不明。

当时，珀莱雅面临着市场定位模糊的问题，便找到营销策划人叶茂中，后者帮助珀莱雅确立了"深层补水专家"的品牌定位，并推出了"早晚水"这一新颖的护肤理念。

借助清晰的品牌定位、核心产品、大S明星代言和大力度广告投放，珀莱雅进入了高速发展期，连年实现翻番。在这一增长推动之下，珀莱雅顺势进入百货和超市渠道。2013年年中，珀莱雅进入了600家左右的大众百货。

按照环亚集团创始人胡兴国的说法，2007年进入CS渠道是第二次创业，而2011年美肤宝则开始了"第三次创业"——胡兴国对品牌再次进行了拆分，大举进驻超市渠道。事实上，美肤宝早两年就与代理商合作试点超市渠道，当时已经成功进入大润发、华润等全国大卖场和当地的区域连锁系统。很快，美肤宝也在超市渠道获得快速发展。在2013年底已经进驻全国2000多家KA和LKA网络，这些超市网络的建立对于后来滋源等子品牌的迅速爆发打下了坚实的渠道基础。

没有渠道，品牌没有深度；没有营销，品牌则没有高度。要想成就"品牌"，需要一手抓渠道，另一手抓营销。为了配合渠道跨越过程中的品牌升级，它们开始投入重金升级品牌形象和营销投放。

2010-2015年，是本土美妆品牌广告营销大战的阶段。在这一时期，央视和各大卫视的剧场、综艺的冠名、植入和贴片广告被美妆品牌哄抢，虽然投入巨大，但在市场上的反馈也是直接的。一方面，品牌提高了知名度，获得更多消费者的认可；另一方面，经销商看到品牌的投入，也更有信心向品牌方承诺更高的销售目标。

2007年，丸美在央视等媒体平台推出"弹弹弹，弹走鱼尾纹广告"，让新推出的弹力蛋白眼精华一炮而红，成为家喻户晓的知名品牌。丸美迎来真正的腾飞，孙怀庆此后找到了做品牌的感觉，在高端品牌的定位之下，高举高打的品牌化营销一发不可收拾。

丸美与L Capital签约仪式。
右一为丸美创始人孙怀庆

尤为加分的一个事件，是在2013年获得LVMH集团旗下L Capital的3亿元注资。作为全球最大的奢侈品集团，LVMH集团成为丸美的第二大股东，意味着中国高端化妆品获得了国际化的门票，给丸美带来了极大的势能。

此后，丸美相继邀请了周迅、鲁豫、梁朝伟、杨子姗成为品牌代言人，开启了多星代言的新篇章。2015年，丸美为眼霜产品投入5亿元广告费用，其中梁朝伟拍摄的《眼》广告片，成为当年行业的现象级营销事件，将丸美的品牌声势带到了更高层次。

2011年，珀莱雅斥资2亿元冠名湖南卫视金鹰剧场。当时金鹰剧场的收视率能达到6%，接近央视春晚，给珀莱雅带来了巨大的势能……自然堂、美肤宝、卡姿兰、韩后等品牌也均开始不余遗力地投放电视广告，"内卷"程度比后来的头部主播资源争夺还要激烈得多。

电视广告时代，随着韩束(此后公司更名为上美，当时旗下拥有韩束、一叶子、吾尊等品牌)在2015年11月5日宣布累计中标总值15亿元的2016年湖南卫视广告资源而到达巅峰。

上美创始人吕义雄中标后发朋友圈称："标中后心情没有任何喜悦感，只有沉重，感觉人民币是越南盾。"韩束起初在电视购物渠道赚得第一桶金，2012年底，靠一支BB霜大举进入线下CS渠道，开始迈向从回款1亿元到回款40多亿元的巨大跨越。2013年，韩束在东方卫视和江苏卫视投放了两个多亿的电视广告，随后在2014年、2015年和2016年便将广告投放增加至3.8亿元、10亿元和15亿元。如此大手笔，吕义雄当时形容这是韩束在"赌博"。

此后，移动互联网将人们的注意力从电视机转向手机，电视广告混战时代谢幕，也开启了一个新的时代。

10亿而立

10亿，是本土品牌发展过程中的一个大坎。跨过这道坎，除了市场份额到了一个新的阶段之外，还在一定程度上意味着品牌在消费者认知中已经形成了不小的品牌印记，并能在渠道中形成强势的影响力和号召力。

2014年，以CS渠道为主力渠道的国货品牌中，已经有自然堂、珀莱雅、丸美、美肤宝等品牌跨过这道坎，跻身本土一线品牌阵营。不久之后，欧诗漫、温碧泉、韩束、一叶子、韩后、卡姿兰、玛丽黛佳等一众品牌也分别来到10亿量级。

然而，CS渠道商业模式是基于品牌自上而下的招商模式，从品牌到代理再到零售店形成一条通路,一级一级、一年一年地订货、压货,增加了渠道利益分配的比重,产品性价比却越来越低,竞争力越来越弱。这套路径成就了一批品牌,但远离消费者的自上而下供给模式,也使整个产业链条越来越僵化。

2015年下半年,CS渠道迎来"零售寒冬",渠道的黄金十年红利期接近结束,百货和超市渠道也面临着增长停滞甚至份额萎缩的困境。即便在此过程中,这些品牌都推出了子品牌,但在渠道失去动能的情况下,多品牌矩阵除了上美、环亚等少数公司,几乎没有什么成效。

除了渠道内国货品牌之间的激烈竞争,国货品牌还相继迎来了系统外的两次较大挑战。

首先,是从2015年线下渠道开始兴起的"进口品浪潮"。消费升级下的需求多元化、国家降低进口关税及跨境电商发展等,助推着进口品在渠道的快速发展。零售店为了寻求突破,掀起了一股引进全球各地进口品的热潮。

其次,是从2017年线上渠道开始兴起的"新国货浪潮"。电商渠道尤其是移动电商的蓬勃发展,迅速成为第一大渠道,笼络了新一代消费人群。HFP、完美日记等新锐品牌借助社交媒体的力量异军突起,短时间内靠资本助推完成了过去美妆品牌花费10年才能实现的积累。与这些新锐品牌相比,线下渠道的强势品牌沦为"传统国货"。

这时,珀莱雅、丸美已经成为上市公司,上美、环亚也相继开始冲击上市。于是,它们纷纷开拓线上,努力摆脱"传统国货"的帽子,其中以珀莱雅最具代表性。

在淘品牌崛起之后,起初进入电商渠道的国货大牌,主要将其作为一个补充渠道。对于很多品牌而言,在电商上获得声量,将得到较大的渠道影响力。当时,全行业都盯着一个关键排名:双11天猫美妆Top10。百雀羚自2015-2017年连续3年蝉联天猫美妆双11第一名,给它带来了巨大的行业影响力。但是,经营电商需要考虑价格管控和线下利益平衡的问题,原本侧重CS渠道的珀莱雅在2012年就成立了全资的电子商务公司,一直没有取得大的突破。

经历5年平稳发展的珀莱雅在2017年底成功登陆A股后,提出"多品牌、多品类、多渠道、多模式"的发展战略,开始在电商渠道猛踩油门。珀莱雅不仅对电商团队进行重组,而且将电商作为增长的主要目标。

很快,抖音的崛起,给珀莱雅带来了一次爆发的机会。2019年,珀莱雅推出了一款"泡泡面膜",靠着这一个单品在短视频中可见的出泡效果,珀莱雅单月在抖音收获6000万销售额,登上抖音美容护肤榜首。虽然这个品类有诸多非议,但珀莱雅借此收获了社交媒体的势能和线上的年轻客户,并推动了股价的大涨。

此后,珀莱雅不断推出新的明星产品,在抖音等社交媒体上的投放更加大胆,抖音自播业务也成为美妆品牌中的率先突破者,电商业绩不断攀高。靠着电商的飞速发展,珀莱雅的营收从上市时的17亿元增长至2021年的46亿元。2021年,珀莱雅公司线上渠道实现营收39.24亿元,同比增长49.54%,而线上业务占据整体的84.93%,全面反超2018年仍占比过半的线下渠道。

另一方面,丸美、卡姿兰、韩束等品牌也悄然提高了电商渠道的比重。截至2021年,丸美线上营收10.28亿,占比达到59.54%;韩束所属的上美公司,2021年线上渠道占比也已超过70%;卡姿兰的线上渠道占比,也在2020年超过线下渠道……

科技致远

渠道是品牌成长的市场根基。从化妆品产业过去的历史来看,每一个渠道的诞生都将推动一批新的品牌崛起;而一个品牌在一个渠道扎透之后,也将进行多渠道的延伸,不断涌向新的上升渠道;在一轮轮渠道格局的变迁之中,总有新的玩家涌现,也总有老的玩家沉沦。

尤其是在社交媒体托举下的新锐品牌潮短短几年中,许多新产品和新品牌如流星般,骤然划亮夜空,又突然陨落消失。在跟随渠道追逐流量的发展过程中,经历了几波周期的各家品牌,也在思考究竟如何才能对抗周期。

随着华熙生物、福瑞达、巨子生物等技术派护肤品企业的快速发展,好的产品、独一无二的技术,成为它们的共同答案。

在泡泡面膜打爆之后,珀莱雅冷静地意识到来得快去得也快的一些边缘性产品,并不能给品牌带来长期的价值。他们认为,从全世界的范围来看,评价一个护肤品牌"厉不厉害"的关键,是要看它的精华、面霜、眼霜等核心产品是否过硬。

2020年,在进行一番市场分析之后,珀莱雅选择了抗初老这一条赛道,推出了双抗(抗糖化、抗氧化)精华,正式向护肤品领域的战场腹地吹响进攻的号角。仅仅两年时间,珀莱雅的大单品策略取得卓越成效,带领品牌由渠道驱动逐渐步入产品驱动的高质量增长阶段。

然而,由渠道驱动、营销渠道到产品驱动,需要国货化妆品企业在研发上补课。

2021年起,国家药监局相继出台多部化妆品新规,以期推动国货化妆品向更良性的方向发展。投入研发,打造有科学依据的产品,开发独家原料,一时间成为各大美妆企业的共同方向。各大化妆品企业加大研发投入,抢人才、研技术,"研发大战"序幕拉开。

不可否认的是，伽蓝集团、珀莱雅、上美、环亚集团、丸美等企业自很早便开始了研发的投入。例如，丸美2014年建立了亚洲最大的眼部护理研究中心；珀莱雅2012年引入前雅诗兰黛研发工程师蒋丽刚任研发总监，2013年就建立了研发创新中心；伽蓝集团2012年投用了面积超过3000平方米的研发中心；环亚集团2011年就投入了二期化妆品研究院……但多年来，多数化妆品企业的研发主要是为了降低产品的明显瑕疵，如减少过敏率等，没有形成自主的研发体系或核心能力。研发的几个端点，比如技术研究、毒理病理研究、细胞层面的开发研究、新材料的开发研究都没有实质性的亮点。

而今天，在基础研究上，伽蓝集团、珀莱雅、丸美等头部企业也开始加大了投入。例如，2021年珀莱雅投资了一家位于西班牙的全球顶级多肽研究实验室，并引入前上海家化首席科学家魏少敏来负责原料、皮肤机理等基础研究；同年3月，丸美正式发布了全人源双胶原蛋白的研究成果，并推出双胶原系列产品；2022年，伽蓝集团基于多年来对喜马拉雅的研究，推出独有的酵母成分——喜默因，并希望以此成分打破国际公司酵母成分开发应用的技术壁垒……

2017年3月，自然堂成立喜马拉雅美丽研究院。右一为伽蓝集团董事长郑春颖

研发是一个需要持续投入的事业，短期内可能难以见到回报，但是长久的有效积累，能够帮助这些已经建立了扎实市场基础的国货大企业，在未来依然能够应对挑战，甚至提供直接跟国际大牌竞争的底牌。因此，在自主原料、自主技术上的努力，是过去靠渠道、靠营销拉动的化妆品品牌，面对未来交出的答卷。

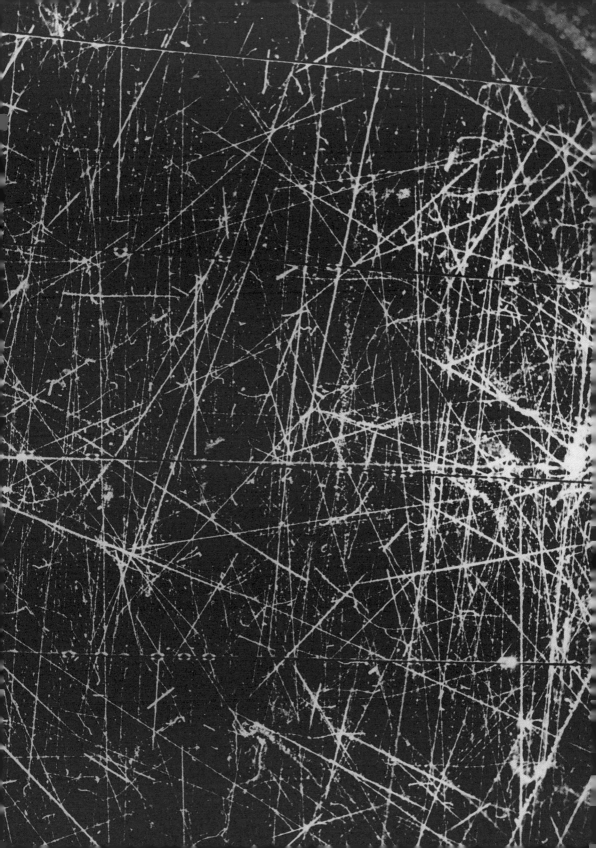

单品牌店
稳扎稳打，厚积薄发

文/《化妆品观察》记者 石钰

1998年8月28日，一家主打中草药平衡护肤理念、风格清新、产品精致的门店，于上海淮海路香港广场开店营业。这是上海家化旗下佰草集开出的首家单品牌店，也是中国本土化妆品品牌开设的第一家单品牌店，从此开启了中国化妆品探索单品牌店业态的历史。

时间过去24年了，似乎已离我们很远。

但随着单品牌店重新成为行业风暴眼，曾经远去的、波诡云谲的单品牌店历史，又一次激荡在我们眼前。这一次，掀起浪潮的主角们，换了。不是韩系品牌悦诗风吟，不是樊文花、婷美小屋这些"常青树"，也不是佰草集等经典国货品牌。

新击楹者们，是近几年崛起的新国货品牌，以花西子、完美日记、橘朵、瑷尔博士等为代表，新国货品牌时隔多年对单品牌店发起新的冲锋，这一次它们携着线上的巨大红利奔涌而来，奏响单品牌店新的旋律……

穿越历史时空，新国货单品牌店正发出"新"的回响，在此背景下，我们尤其需要探明单品牌专卖店的前世今生，为众多品牌先行者眺望前途。

一、国际源流

源自欧美，品牌价值的引领

现代化妆品单品牌店源自欧洲。20世纪七八十年代，欧洲化妆品市场开始兴盛，通过广告的力量，不少超级品牌已经形成。但经过第二次世界大战，欧洲形成了许多新的政治观念和社会思潮，消费者保护运动、女权主义、环保主义等思潮影响了化妆品行业。当时欧洲经济也出现一方面发展停滞、另一方面物价飞涨的奇怪现象，民众开始排斥过于奢华的风格，返朴归真亦成了欧美时尚界的新风向。

1976年创立于英国的The Body Shop(美体小铺)，是欧洲化妆品行业受新思潮影响的一个重要成果。1976年3月26日，安妮塔·罗迪克在英国布莱顿开出第一间The Body Shop门店，她高呼："人人都在不停地叫卖美梦，人人撒谎，女性时时被利用，这个行业的主要产品无非是光鲜的包装加上无用的垃圾。"不同于此前品牌以广告取胜，The Body Shop提倡低廉的包装、天然环保的原料，减少中间环节的零售模式，到2005年已在全球开出2045家店铺，成为世界上第一个以单品牌店模式发展起来的全球品牌。

以The Body Shop为起点，单品牌店迅速在欧美各国风靡。1980年，欧舒丹在法国渥克斯开设第一家门店；1994年，The Body Shop主要原料供应商马克·康斯坦汀也成立了单品牌店品牌LUSH；另有美国天然护肤品牌Origins悦木之源、澳大利亚全身有机护理品牌JURLIQUE茱莉蔻等横空出世……由The Body Shop刮起的单品牌店风暴席卷了全球。

而The Body Shop自成立后贯彻至今的经营宗旨，也为几乎所有单品牌店奠定了相似的品牌基调—坚持用植物、天然原料制造化妆品，有一个佐证是，当时几乎所有单品牌店都选择用"绿色"做店招、店内设计。

并且这一时期的单品牌店品牌，也有着鲜明的品牌态度，如坚持绿色营销、反对动物实验、倡导公平贸易、唤醒自觉意识、维护人权、保护地球，等等。此后，随着科颜氏、The

Body Shop分别于2000年和2006年被欧莱雅集团收购，这类价值观品牌被视为美妆市场上的重要收购目标。

红于韩国，一场关于价格的革命

单品牌店源自欧美，但红于韩国。

如果说单品牌店在欧洲的兴起是化妆品行业关于价值和品牌态度的觉醒，那么在韩国则是一场关于价格体系的颠覆。The Body Shop最大的贡献在于宣传了"天然化妆品"，而单品牌店只是它成就品牌的一个"副产品"，真正将"单品牌店"作为商业模式发扬光大的是韩国人。

上世纪90年代，韩国市场的化妆品行业跟中国的层层代理结构相似，渠道为了生存，通过提高化妆品价格来获取更多经营利润，但消费者却难以获得高性价比的产品。但1997年后，亚洲金融危机爆发导致的消费疲软，造成韩国社会贫富差距进一步扩大，化妆品消费呈现M型结构，20-30岁的年轻女性消费者为了实惠开始选择低廉化妆品。

一部分化妆品品牌开始直接走上街头开店，将产品直接销售给消费者，重构价格体验。ABLEC&C株式会社（曾经韩国化妆品三大巨头之一）旗下的MISSHA谜尚，便是率先吃螃蟹的。2002年，谜尚在韩国梨花女子大学开设了第一家店，首创韩国化妆品单品牌店的运营模式；随后两年，谜尚单品牌店遍地开花，数量增至200家，一时间韩国化妆品品牌均关注到"低价、单品牌店"的模式。

从2003年开始，韩国单品牌店开始了极速狂奔。The Face Shop(菲诗小铺)、悦诗风吟等纷纷入局，开始一窝蜂地争抢市场，经过10年的竞争与发展，单品牌店在韩国化妆品市场的渠道占有率出现了戏剧性的变化：2003—2013年韩国单/多品牌化妆品专营店占比由9:1变化为1:9，单品牌店市场规模也从2010年的1兆韩元(约合59亿元人民币)，增至2016年的3.5兆韩元(约合207亿元人民币)。

单品牌店让韩国传统的访问销售和专营店名存实亡，也逐渐占据韩国化妆品市场的核心。虽然初衷是一场价格革命，但因单品牌店经营需要更注重品牌形象及营销策略的建设，也因此成就了一批韩国品牌。以菲诗小铺为例，2003年开出第一家单品牌店，2015年，其全球店铺数量一度达到3000家。同样，伊蒂之屋、自然乐园、TONYMOLY、悦诗风吟等品牌，也借助单品牌店这一模式，相继走出韩国本土市场，远销海外。

二、中国创新

起源于欧洲，壮大于韩国，单品牌店真正的爆发在中国

过去20余年，经过中国本土化妆品品牌和外来势力的上下求索，单品牌店在中国遍地开花，经历"发展—爆发—蛰伏"的发展周期后，如今迎来新的拐点。

结合大部分行业人士观点，单品牌店在中国的发展，大致可以概括为4个发展阶段：

第一阶段，从1998年至2011年，中国化妆品单品牌店的萌芽阶段，其中两个最典型的品牌是一"芳"一"草"(即雅芳和佰草集)。

1998年，佰草集在上海香港广场开出第一家单品牌专卖店，其时母公司上海家化心中藏着一个"国际大牌"梦，但有限的资金和一线商场"国际大牌优先"的门槛无法让佰草集从高端商场俯冲而下，于是上海家化决定让佰草集优先进军单品牌专卖店。

从1998年第一家佰草集专卖店开业到2004年底的很长一段时间里，佰草集的主要销售渠道都是单品牌专卖店，其间经历从自营到加盟到商场专柜，但煎熬7年都未能实现盈利。直到2005年转机才姗姗来迟。这年，全球最大奢侈品集团LVMH旗下专营高档化妆品和香水的零售公司—丝芙兰到中国拓展业务，佰草集通过和丝芙兰成立合资公司的方式进入丝芙兰中国门店。至此，佰草集终于跻身高端，获得了与阿玛尼、迪奥、纪梵希等高端品牌同等的待遇。

接下来的事情就顺理成章，品牌知名度提升，加盟商、门店以爆发性的速度增长。2005年，佰草集首次实现了盈亏平衡；此后

几年,以年均70%的速度增长。2011年前后,佰草集单品牌店已有1000多家。借单品牌店打开市场后,佰草集也在百货渠道风生水起;如今佰草集依然保留了一些单品牌店,但这些店面已经退居为辅助渠道。

在佰草集开设单品牌店的第二年,美国直销品牌雅芳在广州林和西路也开出了第一家鸭蛋头门店,到2006年,雅芳在华门店突破6600家,营业额接近20亿元。雅芳专卖店在产品开发、营销活动、店铺管理、团队激励、后台系统上均做出巨大创新,可以称得上中国化妆品单品牌店运营的最高水准。雅芳的成功经验,尤其是店铺管理技巧,被许多后来者学习。

佰草集、雅芳相继入局,这一时期也是中国化妆品渠道和本土品牌共同飞速成长的几年,但渠道和品牌也存在着诸多利益冲突,譬如大连锁话语权增加,挤压中小品牌利润;大品牌话语权增加,挤压中小连锁渠道利润。博弈中,植物医生、林清轩、老中医等本土单品牌店开始萌芽,特点是以多品类为核心,统一形象和管理,注重体验。

植物医生,率先探索出了一条成功路径。2004年,"量肤现配"在北京开设第一家店,当时整合了柏氏等多个品牌,定位化妆品专营店。但随着门店发展、扩张,与品牌原有代理商的利益冲突不可避免,无奈之下,创始人解勇琢磨起了自己做品牌。2007年第一家LOTIONSPA(由"量肤现配"更名而来)专

卖店应运而生,后又逐渐更名为"植物医生"。

以单品牌店品牌重新出发的植物医生,在大润发、欧尚、卜蜂莲花等大型超市的招租区域开设单品牌店,这一选址策略确保了客流相对充沛,租赁成本更为可控,植物医生因此开始站稳脚跟。2010年植物医生成为中国规模最大的单品牌专卖店,解勇将其归结为是"商业模式创新的成功""当时实际上是跟随沃尔玛、家乐福、大润发的扩张,迅速扩张全国"。

植物医生开第一家店的前一年,单品牌店渠道另一先锋—林清轩,早早开始了追梦之旅。2003年,林清轩凭借单只芦荟胶和一块芦荟蜂蜜手工皂进入护理用品行业,在品牌成立之后的5年时间里,创始人孙来春一直在思考做一个怎样的品牌,直到2008年林清轩在上海龙之梦开了第一家30平米的单品牌店。"成为品牌不能山寨,要用独特的渠道,注重场景化陈列,通过形象和视觉差异化让消费者记住你,呈现出和别的品牌不一样的感觉",这是林清轩创始人孙来春对于过去经验的总结,也是普遍被认可的林清轩成功的原因。经过17年的发展,当前林清轩已开出超400家单品牌直营店。

第二阶段,2012年至2016年,中国单品牌店极速发展的5年,标志性事件是悦诗风吟、谜尚、The Face Shop(菲诗小铺)等韩系单品牌店在中国市场迎来黄金发展期。

2012年，曾以百货专柜渠道进入中国市场但又黯淡收场的悦诗风吟，以单品牌店模式卷土重来，当年4月在上海开出首店，从此掀起了中国市场化妆品单品牌店的风潮。

悦诗风吟凭借纯净清新的品牌概念与高性价比商品，大受中国年轻消费者欢迎，两年之内开了100家店，2014年后更以每年100家的速度由一线沿海进入二三线城市。同一时间，伊蒂之屋、菲诗小铺等一系列韩系单品牌店进入了消费者的视野，给本土化妆品品牌提供了发展思路。

最先感受到这种刺激的，是娇兰佳人。2011年，娇兰佳人连锁店正面临品牌区域保护的问题，如何解决集团旗下品牌和连锁店的双重发展困难，成了公司的重要议题。娇兰佳人组织高层前往日、韩等地考察学习，当时遍布韩国大街小巷的菲诗小铺单品牌店点醒了蔡丙国。

2011年底，娇兰佳人集团正式开展婷美单品牌店项目，并由娇联公司全权运营。2012年2月婷美在广州市从化区开出第一家单品牌店，店名"婷美"，当时店内虽然仅有80多个SKU，但因婷美当时在行业的影响力，迅速开出的20多家店还是实现了盈利。但到了年底，娇联关停了所有门店，蔡丙国解释称："当时婷美单品牌店，只是简单地将婷美品牌的产品组成一家门店，并非真正意义上的单品牌店。"

升级后的第二代婷美单品牌店于2013年8月8日在广州新市街广百百货斜对面开出，这是婷美都市化的开端。第二代店招换成了"婷美小屋"，产品品类和SKU相比第一代更为丰富。第二代婷美小屋的成功，意味着婷美小屋可以在一线城市生存下来，接下来便是进军一线城市的一线商圈。2014年12月28日，第三代婷美小屋首家店在广州北京路开店，第三代婷美小屋融入法国和韩国设计元素，同时在产品品类上也更加完善，产品特色更为突出，基本实现了娇兰佳人对于婷美小屋的设想—快时尚、高性价、功效量化的单品牌店。

第三阶段，2017年至2018年，韩系单品牌店在中国的黄金时代结束，本土化妆品单品牌店则迎来鼎盛期，覆盖品牌也从边缘到主流，自然堂、卡姿兰等传统一线品牌加入单品牌店这场鏖战。

2017年7月，悦诗风吟第400家门店在上海大宁国际商业广场正式开业，这一年，悦诗风吟在中国也达到业绩巅峰，全年销售突破40亿人民币。

但也正是在2017年，悦诗风吟业绩出现转折。在"限韩令"持续影响下，悦诗风吟不可避免地受到影响。时任悦诗风吟中国区总经理蔡健人曾透露，2017年悦诗风吟虽然在中国市场仍以两位数的高位增长向前发展，但增速已经有所放缓。而从全球范围来看，由于免税店业绩的大幅下滑，悦诗风吟销售额下滑16%。当年，其所属的爱茉莉太平洋业绩也出现下滑，2017年总销售额约348.36亿元，同比下滑10%，营业利润42.27亿元，同比下滑32.4%。

这种下滑势头持续到了2018年。当年8月菲诗小铺宣布撤离中国，悦诗风吟的销售额也下滑7%，爱茉莉太平洋在财报中将其归咎于单品牌店的减产。这意味着，韩系单品牌店在中国走向衰退。

在韩系单品牌店大撤退的同时，本土单品牌店却展现出强劲的增长动力。老中医、植物医生、樊文花等早早布局单品牌店者，在2017年分别累计开到了3000多家、2500多家、2700多家门店，发展之势浩浩荡荡。

这股迅猛之势，吸引了许多一线国产品牌的入局。珀莱雅、自然堂、欧诗漫、卡姿兰、玛丽黛佳等开始布局单品牌店：2017年1月16日，一叶子单品牌店在上海吴江路四季坊开业；3月9日，欧诗漫在德清沃尔玛开出首家单品牌店；9月2日，自然堂首家单品牌店在南京水平方购物中心开业……单品牌店之争的经营主体从植物医生、蜜思肤、婷美小屋等单纯经营单品牌店的参与企业，转变为自然堂、环亚、上美等中国本土化妆品领导企业。

随着新老品牌蜂拥而至，裹挟着新技术、新体验和新零售的单品牌店人声鼎沸、泥沙俱下。有数据统计，2018年进驻单品牌店领域的化妆品品牌多达50余个，有行业人士曾调侃这番盛况称："2018年，我的朋友圈已经开出了30000家单品牌店。"

第四阶段，2019年至今，单品牌店进入深度调整期，唯实力者才能跳脱出来，同时一些新国货品牌试水品牌直营店，一股由新锐品牌引领的单品牌店"新风暴"正在悄然酝酿。

尽管2018年，中国单品牌店市场空前繁荣，众多本土化妆品品牌乃至头部企业，加入"战局"，但折戟沉沙者多。不少品牌在大举进军后，均以亏损告终，最终陆续离场。

有媒体报道，2018年，某头部品牌在单品牌店项目上亏损7000多万；另外有品牌定下的"一年开1000家单品牌店"的宏伟目标，后来也不了了之。在盈利能力低下、运营成本高企、货品丰富度有限的质疑声中，主流品牌的单品牌店项目或停滞、或缓慢推进，行业普遍认为：从2019年开始，单品牌店的竞争已经进入下半场。

在新一轮的优胜劣汰中，一些流量型单品牌店，为了快速布局市场，多以分销的方式拓展，且对选址的要求极高；也正因此，风口过去后，不少单品牌店倒下了。发展强劲的植物医生、蜜思肤等，成为了激流勇进的代表，前者以"高山植物，汉方护肤"理念角逐美妆市场；后者主打"水润养肤"为理念的江南肌肤美学，在单品牌店市场找到了属于自己的差异化特色。

对于这两种结果，解勇提到："如果只是靠单品牌店模式做生意，最大的问题在于模式很容易被效仿，当很多品牌都开始做单品牌店，就意味着仅靠单品牌店模式的创新走不长远，而是需要持续的创新、改革。"

此番论调，后来在单品牌店市场得到验证。单品牌店市场的那些翘楚，无一不是持续创新、提升综合能力，才得以坚挺至今。比如蜜思肤通过嫁接驿氪 EZR 营销助手实现线上精准管理，樊文花推出全景式 AI 皮肤检测仪，通过"诊-搭-护-比-跟"的专业模式，实现私人订制。

在单品牌店"老牌军团"持续进化的同时，新锐品牌们也沿着前人的足迹，重新掀起开单品牌店的风潮。其中，最典型的是完美日记。

2019年1月，完美日记开设第一家线下品牌店，至2021年底，完美日记线下门店数量超过270多家，成为新锐品牌开单品牌店的代表。除完美日记之外，本土彩妆品牌橘朵、小奥汀，香氛品牌闻献、观夏to summer，护肤品牌瑷尔博士、薇诺娜……先后都在开设品牌直营店。

从门店特点来看，新锐品牌开设的品牌店，更强调品类特点和品牌调性。比如香氛、彩妆品牌重点打造"体验感"和"沉浸式场景"，护肤品牌则因当下市场环境更倾向于"功效"的表达。

三、新锐登场

十年一轮回。

10年前，本土品牌在和渠道的博弈中，走上单品牌店的探索之路；10年后，新锐品牌们也出于品牌价值建设的需要，再次开启这段奇妙之旅。经由新锐品牌的"光环"效应，单品牌店再度回到行业主流视野，一股由新锐品牌引领的单品牌店"新风暴"正在酝酿。

在一些行业人士看来，今天新锐品牌开单品牌店有着更为优越的条件。例如，零售实战专家叶光认为："今天新锐品牌开的单品牌店，更有粉丝属性、品牌力的沉淀，也更有流量和推广力的借鉴，甚至在包材、成分上的优势，也能在线下单品牌店有一个比较好的触达体验。"

过去，线下单品牌店孤立无援，且消费者更多地为广告所吸引，品牌效应不足的单品牌店难以快速捕捉顾客群体；再加上早期多数单品牌店在营销和品牌文化的塑造上乏善可陈，单品牌店整体形象较为单一，没有顾客积累和品牌影响力，从而导致许多入局者无功而返。

但如今新锐品牌在跨入单品牌店之前，已经在线上积累了相当的实力，能够承受阶段性的战略亏损，它们有专属的顾客群体、沉淀下来的品牌力，以及相对可以降低推广成本的线上流量对线下的导流。

早期本土单品牌店，多以品类为核心，但店铺整体形象较为单一，大多采用同样的绿色、植物的概念，在营销和品牌文化上亮点不足，缺乏辨识度。大浪淘沙下的幸存者，多在品牌形象、目标客群、产品定位上有所建树一以"高山植物"定位在全国开了4500多家店的植物医生是如此，用一瓶山茶花油敲开国产高端护肤大门的林清轩亦是如此。

　　"今天在化妆品行业，已经很难通过一个新模型快速增长，这是一个有100多年历史的行业，要想在化妆品行业获得长期价值，只能靠长期的积累。"解勇基于自身近30年的实践经验给后入局单品牌店者提出建议。

　　对于自带品牌"光环"的新锐品牌来说，若能够沿袭传统品牌和韩系单品店的成功经验，开单品牌店的成功几率将大大提升。此外，新锐品牌将自己的独立属性以及与顾客之间的互动，尤其是精准顾客群体的互动做好，以差异化品牌调性吸引目标消费群体，或许才是它们做单品牌店的制胜法门。

淘品牌
生于流量，困于流量

文/《化妆品观察》记者 李杏

淘品牌的命运交响曲，咏唱着生于流量又困于流量的怅惘节奏。

2008年，伴随着淘宝商城成立，一批"蚂蚁雄兵"乘着电商春风蓬勃生长，在线上蓝海中奋力搏杀。最终，10余个品牌抓住流量红利脱颖而出，成为"淘品牌"的典型代表。

但流量的狂欢，终究不是品牌的胜利。当传统品牌、国际大牌意识到线上渠道的威力，开始主动拥抱电商平台后，淘品牌的流量红利逐渐褪去。

回过头看，大起大落间，时代红利最终成了品牌发展过程中的兴奋剂。本文将从淘品牌的源起讲起，回溯它们的发展变迁轨迹。

以"免费"开局的互联网美妆品牌

21世纪初，外资国货大辟线下淘金场。此时，百货、超市渠道维持稳定增长，CS渠道开始萌芽，屈臣氏、丝芙兰等外资化妆品零售店开始冒头，线下渠道呈现多足鼎立之势。伴随

着各渠道发展，自然堂、珀莱雅、卡姿兰等传统国货品牌，泊美、悠莱等外资品牌以及其他国际大牌精耕细作，持续扩充各自的线下版图。

对于刚成立的美妆品牌来说，如何开疆拓土成为发展的第一道坎。恰好，此时淘宝的发展让它们嗅到了"天赐良机"。

2006年，成立3年的C2C商品交易网站——淘宝网击败了eBay、日本雅虎，成为亚洲最大的购物网站。调查数据显示，这一年，每天有近900万人在淘宝网上"逛街"。到2007年，淘宝网升级为亚洲最大的网络零售商圈，全年交易总额达到433亿元，其在化妆品频道的销售额，就超过了雅芳在中国6400家专卖店的总销售[1]。

"多金、多用户、快成长"，淘宝的发展，让越来越多人意识到这是发展的沃土，当时还只是御泥坊线上代理商的戴跃锋就表示："淘宝网的兴起，让我坚信一定会诞生一批互联网品牌。"

2007年3月，御泥坊走向网络营销，开设了淘宝C店，凭借对滩头御泥文化的挖掘和

免费赠送面膜的方式，快速打开了市场，并在短期内吸引了一批忠实的消费者。在戴跃锋操盘御泥坊之前，这个诞生于湖南的品牌已运作了10个月，但累积销售额不到1000元。凭借电商渠道的创新打法，戴跃锋靠仅有的3个产品在3个月内将销售额做到了70万元。

尔后，御泥坊一边在淘宝投广告，一边组织消费者发布产品体验感受。戴跃锋回忆："当时，淘宝网的日活跃用户达到500万~1000万，拿下他们，相当于拿下17个城市的目标消费群。"

御泥坊除了在淘宝开店自营外，也把产品分销给其他淘宝店主。至当年年底，御泥坊被评为淘宝网年度化妆品终评榜最热卖单品TOP10，其淘宝旗舰店卖家信用就升至双皇冠。运作仅13个月后，戴跃锋收购御泥坊品牌成为品牌老板。

御泥坊，从此声名鹊起。而在这一时期，不只是御泥坊，更多创业者开始拥抱淘宝。

2007年，在线下仅招到1家代理商的黄晓东同样萌生出开网店的念头。作为膜法世家的创始人，他瞄准面膜赛道，并独创了"水洗面膜"。本以为有了品牌和产品，找到线下代理商是水到渠成的事，但现实总是残酷，线下代理商或观望，或摇摆，"都表示有兴趣，但就是不签单"。

迷茫中，黄晓东注意到，化妆品在网上的销路很不错，已经出现了淘宝皇冠店。一个皇冠，意味着每月1万笔的交易量，这个数字刺激着黄晓东的神经。

在研究淘宝半年后，膜法世家淘宝店正式开业。与御泥坊一样，膜法世家走的也是"免费试用"的路子，即消费者只需付邮费，便可免费在网上领取6种面膜小样，另外试用产品后需要写3条评价。

出乎他意料的是，活动刚上线一周，平均每天便收到几百份订单，10个月后，已送出约20万份小样。黄晓东后来就不送了，不是送不起，而是人要累垮了，团队只有五六个人，抄快递单要抄到凌晨一两点。

此后，膜法世家在淘宝店正式出售小样，4元一包，6包包邮。一个月后，又因为"忙不过来"，膜法世家淘宝店正式停掉小样，开始售卖正装，定价69元一罐，为原价的6折。由于前期打出了知名度，从这个时候（2008年）起，膜法世家的生意真正有了起色。

也是在这一年，淘宝内部拆分出"淘宝商城"，开始服务B2C生意。不过，刚成立时，淘宝商城并不受广大已成名的传统品牌的待见。一方面，这些品牌过去一直都是深耕线下，它们并不愿意在新渠道付出太多精力；另一方面，当时的淘宝曾因产品质量遭到诟病，多

---

① 《淘宝2007年交易额433亿元》，中国证券报，2008年1月22日

数传统大品牌并不想冒险进驻。

淘宝商城急需"标杆"品牌帮助它完成平台升级，而处于初创期的品牌，成为最好的选择。是年，淘宝商城推出"淘品牌"，意为"淘宝商城和消费者共同推荐的网络原创品牌"，而为了让淘品牌真正具有带领意义，淘宝商城开始利用赠送流量及免费推广等优惠政策推动淘品牌发展。

第一代美妆淘品牌的盛世，由此开启。

乘上淘系东风

2008-2014年，可以说是淘品牌的"黄金时代"。在这个时代，阿里巴巴先后依托"大淘宝战略"和"大阿里战略"，帮助更多商家以低成本、高效率的方式进入电子商务领域。在这个时代，美妆淘品牌数量超过10家，除御泥坊、膜法世家外，还有阿芙、芳草集、悠语、长生鸟、贞水、本草怡、柚子舍、植物语、PBA等。

2009年，成立3年、本只做线下的阿芙精油开始"触网"。创始人雕爷透露，2009年，阿芙在线下虽说挤进品类前三，但份额始终不及行业老大的20%，在一位经理的建议下，其在淘宝开设了阿芙C店。

在战略上，阿芙先是借用博客达人的推荐、"限时折扣"等手段吸引流量，后又通过赠送大量试用装、推出包邮卡等举措打开市场。一周之内，阿芙在线上创下20万的销量，网店信誉飙到四颗钻，雕爷惊呼："电子商务

爆发点来了。"2010年，阿芙迎来第一个真正的爆点。在"双11"这一天，阿芙拿下了50万的业绩。一年后，阿芙做到精油品类全网第一。阿芙，也因此成为"淘品牌"的一大代表。

与阿芙相似，芳草集也同样成为淘宝商城流量红利的享有者，在两年内做出了1.5亿元的业绩。

2009年，原本属于广东泛熏芳日化用品集团、月营业额只有100多万元的芳草集，迎来新的CEO吕长城。凭着"半年电脑培训学校的学习经历"，吕长城判定互联网和电子商务前景大好。于是，他开始长达4个月的闭关研究，详尽分析了淘宝网过去3年的交易数据等。基于研究，吕长城对芳草集进行了大刀阔斧的改革。2009年8月，芳草集入驻淘宝商城，先是一口气推出30款新品，同步派发试用装；后又指导代理商布局网络，实行统一的促销活动。经过一系列的推广，芳草集的销量迅速增长，卖一万个产品的周期从一个月缩短至了一天。

据淘宝官方数据，2009年，芳草集在淘宝网的总交易额超过1亿人民币，跻身淘宝五大化妆品品牌之一。至2010年，芳草集年销量已达1.5亿。

同时期，更多淘品牌崛起。认识到淘宝对中国网购消费者近乎垄断性的资源掌控力后，PBA顺势在2009年入驻淘宝商城，并着手推动PBA业务运营重心由官网向淘宝转移。在入驻9个月后，PBA便跻身当年淘宝化妆品销售额前五名，至2012年，PBA的辉煌到达顶峰，销售额

破2亿元,成为淘宝销量第一的BB霜品牌。

当一众淘品牌"弯道超车",先于它们进攻线上渠道的御泥坊、膜法世家更是脚踩"风火轮",成为各自品类的TOP1品牌。

2010年,御泥坊在此前打下的基础上,销量暴增10倍,达到4000万元。当年4月,当御泥坊销售额环比猛增四五倍时,连戴跃锋都惊住了。后来,戴跃锋明晰,爆发点来自他参加湖南卫视"天天向上"节目。在节目上,他演示了面膜的制作过程,在亿万观众面前给自己的品牌做了一次广告。

这种"全渠道引流,淘宝成交"的模式让御泥坊销量成倍增长。2011年,御泥坊销售额暴涨5倍,突破亿元大关,御泥坊一举成为"互联网面膜第一品牌"。

同样,这几年,膜法世家也驶入发展的快车道。2010年1月,膜法世家进驻淘宝商城,10个月后月销售额便逼近300万。当年,膜法世家不仅入选淘品牌,也入选创业家杂志2010年全国黑马企业300强。对于膜法世家几年间的成长,黄晓东归功于电商红利,"电子商务是最大的品牌机遇,膜法世家有幸抓住了它"。

2012年,淘宝商城更名为天猫,改名为"天猫原创"的淘品牌,开始主宰"双11"。

为冲击销售榜,御泥坊等淘品牌牵头抱团,打响了"淘品牌保卫战"。2012年"双11",御泥坊、阿芙拿下美妆排行类目榜的第二、第三名,膜法世家拿下TOP9。

此后,直到2014年,御泥坊、阿芙、膜法世家淘品牌等牢牢占据"双11"美妆类目销售排行榜TOP10。据2013年数据,天猫平台化妆品类目"双11"销售额超5.2亿元,同比增长67%。阿芙以4884万元的销售额登顶,成为当年销售排名TOP1,并蝉联了2014年的冠军。排名第三的御泥坊,销售额超4000万,其中约3616.9万在天猫实现。

	2012 年	2013 年	2014 年	2015 年	2016 年	2017 年
1	雅诗兰黛	阿芙	阿芙	百雀羚	百雀羚	百雀羚
2	御泥坊	美即	美即	韩束	自然堂	自然堂
3	阿芙	御泥坊	百雀羚	巴黎欧莱雅	巴黎欧莱雅	兰蔻
4	牛尔	巴黎欧莱雅	巴黎欧莱雅	玉兰油	兰蔻	雅诗兰黛
5	巴黎欧莱雅	牛尔	御泥坊	御泥坊	一叶子	SK-II
6	美即	百雀羚	自然堂	膜法世家	美宝莲	玉兰油
7	玉兰油	玉兰油	韩束	珀莱雅	SK-II	巴黎欧莱雅
8	相宜本草	膜法世家	玉兰油	韩后	佰草集	一叶子
9	膜法世家	雅诗兰黛	膜法世家	佰草集	卡姿兰	悦诗风吟
10	兰芝	相宜本草	丸美	卡姿兰	美迪惠尔	资生堂

历年天猫"双11"美妆品牌Top10榜单

当时，这些淘品牌参加"双11"活动，平台不仅会通过流量扶持推高销量，而且不会收取太多费用，品牌即使降价大促也不会带来亏损。可以说，这是一个淘宝平台、淘品牌、消费者三方共赢的时代。这一时期，虽然线上与线下偶有龃龉，但总体上，大家相安无事。

流量易逝，品牌难成

但时代之风来则摧枯拉朽，去亦飞沙走石。平台与品牌虽谱写了相互成就的美好童话，但淘品牌的好日子很快到头。

自2015年，淘品牌不得不面对"军中无粮草（淘系流量）"的尴尬境地。

当时，疯狂的"双11"数据狠狠地刺激着线下的品牌，它们意识到电商大势已滚滚而来。2015年，大玩家开始集体夺回被蚕食的市场，如百雀羚、自然堂、韩后等在线下已经大红大紫的品牌开始反攻电商。

并且，曾经对线上渠道迟迟没有进入的国际大牌也开始切割电商的大蛋糕。2015年，全球美妆行业就已有超九成主流高端品牌入驻了天猫平台。2016年，当在国际化妆品公司担任高管多年的古迈出任天猫美妆总经理后，主流国际美妆大牌被悉数收入天猫囊中。

更为重要的是，平台也开始向传统国货品牌和国际大牌倾斜。2014年9月，阿里巴巴在美国纽约证券交易所挂牌上市，开始全球化转型，其对传统本土品牌和国际品牌给出

了更为欢迎的态度。相较之下，享有平台红利对淘品牌来说不再是易事，它们不得不面对越来越高的流量成本。至2015年前后，淘宝的获客成本已从10元涨至200元。

"躺着"赚钱的日子一去不复返，最终的结果只能是淘品牌的节节败退：曾经蝉联"双11"榜首的阿芙在2015年骤然消失于双11 TOP10 榜单；2016年，天猫双11 TOP10已难寻御泥坊、膜法世家等淘品牌的踪迹，而此前重兵线下的百雀羚拿下了冠军。

当"最好的时代"过去，淘品牌不得不思考，如何讲好新故事？

转战线下和奔赴IPO成为当时淘品牌的选择之一。

其一，淘品牌开启布局线下的征途。2015年，御泥坊母公司御家汇正式布局线下，当年共开设16家直营店。至2017年，御家汇已发展70余家线下经销商。一年后，御泥坊又与屈臣氏、沃尔玛达成合作。

膜法世家也在线下大力拓展单品牌体验店及CS渠道。截至2018年，膜法世家开出150余家单品牌店，覆盖CS网点将近3000多家，同时与10余家化妆品百强连锁达成合作，覆盖百强门店700家。

同年，早在线下有布局的阿芙也在上海开出首家线下概念店，当时曾任欧莱雅中国区副总裁的张耀东已加入阿芙，开始着力线下渠道质量的提升。

而阿里也为老伙伴们提供了最后的温

柔；2016，阿里在新零售平台商家大会时，鼓励淘品牌开线下店，还提出一年内为淘品牌实现100家独立专柜体验店的目标。

不过，淘品牌的线下之路并不顺利。2017年，御泥坊的直营店数量减少至7家。2018年，曾一度有"御泥坊停掉线下渠道"的消息传出，数位山西、内蒙古的代理商反馈，在线下，御泥坊不提供样品和试用装，品牌在终端投入的表现并不突出。

其二，淘品牌开始外寻援兵、上市"自救"。2016年，包括美妆行业在内的50多个淘品牌商家递交IPO申请，欲登陆创业板上市。

而为了帮助淘品牌上市，天猫宣布成立"协助商家上市办公室"专门对接上市事宜。当时，近50家淘品牌母公司集中到深交所参加创业板上市座谈会，其中一位参会的企业负责人说"早晚大家都要来这里敲钟的"。

但可惜，在美妆品类中，只有御泥坊母公司御家汇于2018年2月登陆创业板成功上市。膜法世家、阿芙本打算通过被并购"曲线上市"，均以失败告终。

具体来看，2018年，永久自行车母公司中路股份发布公告称，拟以56亿元收购膜法世家所属上海悦目化妆品有限公司（简称"上海悦目"）100%股权。不过，4个月后，中路股份再发公告称，公司终止了上述资产重组计划。而在御家汇上市后，其曾宣布打算以10.2亿元现金收购阿芙精油60%的股权，但6个月后御家汇便发布"终止重大资产重组事项"公告，宣布停止收购阿芙。

可以说，2015-2019年，是淘品牌从高处跌落的遇困时期。不过，需指出的是，部分淘品牌仍披上"新锐品牌"的外衣，享受到了最后一波红利。

如2015年10月，在天猫"双11"彩妆店铺成交额TOP10的榜单上，一个叫"韩熙贞"的黑马品牌，以仅次于美宝莲的销售业绩位居第二，刷新着化妆品行业的想象力。

这一年，依托于淘系平台诞生的韩熙贞，真正面市不过两年左右时间。2013年，韩熙贞入驻天猫后，一路高歌猛进，其通过明星旺旺上线、明星买单、微博互动以及明星店长等活动吸引众多粉丝参与，使其快速成为彩妆"黑马"。在2015年度彩妆天猫畅销单品销量TOP15中，韩熙贞凭借甜蜜之吻唇膏位列榜首。至2016年，韩熙贞还拿下天猫金妆奖唇部品类的年度品类大奖。

与韩熙贞一样，美康粉黛同样借助电商红利实现了跨步发展。2015年，美康粉黛从护肤转向彩妆，它打磨出的第一支口红"醉美东方"在天猫聚划算发布首日销量便突破10万支。2018年，其销售额破10亿大关。

后浪汹涌

不过，即使有韩熙贞、美康粉黛这样在"逆境"中快速成长的案例，21世纪20年代

59

后，淘品牌迎来了更大的挑战。

一方面，小红书等社交媒体爆发，新锐品牌崛起。雕爷曾以完美日记的发展举例："小红书是她的妈妈，微信生态是其爸爸"，完美日记完美依靠了小红书崛起时的巨大口碑红利，带来巨大流量转化，以及"小完子"在微信生态里的各种闪转腾挪。

另一方面，抖音、快手电商为品牌开辟新增量市场。国元证券报告显示，2021年1-10月，抖音电商强势崛起，抢走线上美妆市场17%的份额，与此同时，快手平台的美妆类目也在持续增长。另据抖音快手直播电商年度报告，2021年，抖音、快手平台美妆行业直播销售额超870.98亿元。

在社交媒体崛起、新的流量阵地发生迁移之际，新锐品牌粉墨登场，以更凶猛的流量打法，开启了互联网原生品牌的"后浪时代"。

面对多重竞争压力，"品牌力"成为了淘品牌最大的软肋。在很多业内人士的眼里，拿掉"淘"字，淘品牌都不算真正的品牌。

意识到打造品牌是长久发展之道的膜法世家开始做出一系列改变。一是重研发。目前，膜法世家已获得30多项自主知识产权，其中包括28项发明专利，21项面膜核心专利；此外，其每年自主研发50多项创新配方，并研发超160个创新单品。二是提升产品力。2022年，继绿豆泥浆面膜这一爆品后，膜法世家推出主打抗老、修护的逆时空二裂酵母弹润紧致黑面膜，带领品牌走向更高阶的功效

护肤市场。

御泥坊母公司同样如是。据御家汇2021年财报显示，该公司2021年总投入研发经费6596万元，同比增长38.7%，研发人员新增100多人，申请专利211项。此外，据其2021年年度报告，御泥坊联合中国工程院陈坚院士突破玻尿酸技术壁垒，打造行业最小分子量800Da玻尿酸，推出微800玻尿酸修护次抛精华原液，持续加大科技创新研发产品力度。

而更多的淘品牌，故事已没了续集。曾经作为淘品牌代表的芳草集、本草怡、植物语、贞水等，已销声匿迹。

回过头看，在淘宝发展初期，那时的流量似乎来得过于容易，获客成本也很低，不少品牌在三至五年内被"揠苗助长"。一旦流量褪去，一旦竞争对手开始在平台广告投放上下功夫，淘品牌的利润空间便被大大摊薄。

最终，过度依赖流量的淘品牌，被流量反噬。

犹如茨威格的《断头王后》中所说："那时她还太年轻，不知道所有命运赠送的礼物，早已在暗中标好了价格。"

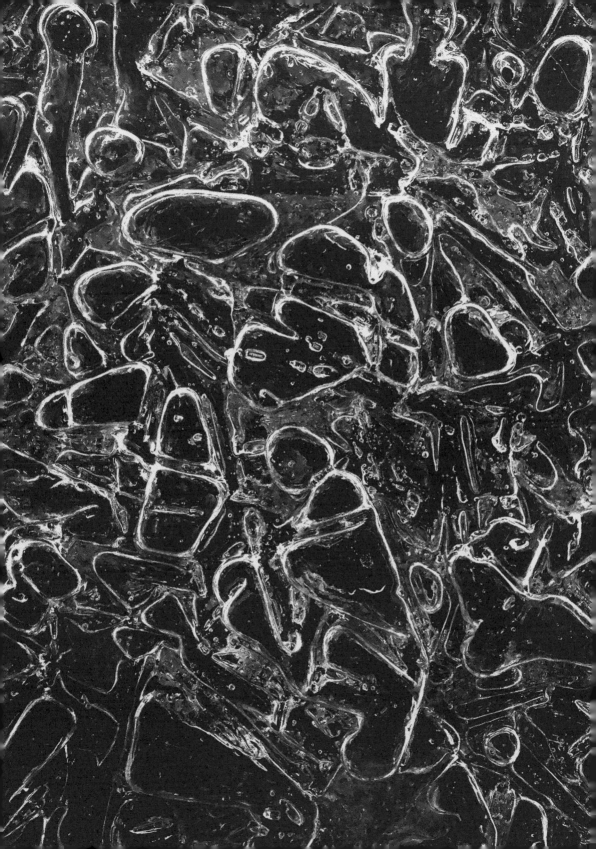

新锐品牌
消费巨变，创新狂想

文 /《化妆品观察》主编 孔慧慧

这也许是中国美妆企业发展史上最具传奇色彩的时刻：

北京时间2020年11月19日，3位80后小伙，带着23位合伙人，敲响了中国本土美妆品牌在纽交所IPO的钟声。

"美股中国美妆第一股""中国最年轻美妆上市公司""国货彩妆第一股"……诸如此类的褒奖，让完美日记站在了时代的闪光灯下，也让中国新锐美妆品牌登上巅峰时刻。

在社交媒体的牵引之下，它们以近乎颠覆式的姿态出现，用前所未有的速度击垮了原有的行业格局。人们惊叹于它们能用短短一两年时间销售额破10亿，也为它们动辄拿到上亿级融资而眼红。

一时间，新消费浪潮铺天盖地，"中国欧莱雅"仿佛近在咫尺。资本的野心夹杂着新一代创业者的梦想，就像紧箍咒一样，扣在了这些只有三四岁的年轻品牌头上。

时代的洪流奔涌向前，当流量和资本的红利转瞬即逝，一大批曾经以速度傲视群雄的新锐品牌，最终被速度所羁绊。舆论织成的大网，又从四面八方朝它们席卷而来。然而，它们也实实在在地改变着潮水的方向。

乘新时代大潮而来

2016年,注定是中国商业史上极具历史意义的年份。

彼时,实体零售裁员、关店的声音不绝于耳,中国化妆品行业,也经历了一场前所未有的寒冬,几乎所有线下门店都遇到了业绩的下降,有人感慨:从业10余年,从没遇到过这种全渠道、大规模的乏力和下滑,就连电商渠道的业绩,也在走下坡路。

就在此时,阿里巴巴集团董事局主席马云平地一声惊雷,宣告了"新零售"时代的到来:"未来10年、20年,新零售将取代电子商务,只有将线上、线下和物流结合在一起,才能诞生真正的新企业。"

紧接着,京东提出无界零售,苏宁提出智慧零售,就这样,巨头们不约而同地托起了一个崭新的风口,引得一众跟风者不管不顾地扎了进去。不过,关于"新零售到底是什么",几乎没有人能够给出准确答案。

当整个商业世界陷入混沌之中,新时代的嫩芽正悄然破土而出。

2016年,在北京知春路,一支临时拼凑起来的年轻团队,在字节跳动创始人张一鸣的带领下,搭起了创业的班子。他们打造出了此后的独角兽企业抖音。

同样是2016年,在上海,从海外购物经验分享平台迭代而来的生活社区小红书,拿到了1亿美元C轮融资,由腾讯领投。小红书将标语换成了"全世界的好生活",大力拓展品牌,吸引商家入驻,移动互联网时代的又一个独角兽浮出水面。

1000多公里之外的广州,微信启动"星火计划",宣布将累计投入1亿元,扶持平台服务商,微信买单功能的正式上线,也让商户免于技术开发就能接入微信支付,移动支付时代全面爆发。

就这样,抖音、小红书、微信,这些移动互联网的产物,用各自的方式,暗暗推动着整个时代商业模式的演变。

与它们几乎同步的是,一股内容创业的风潮正在翻卷涌动。

2016年3月,视频自媒体"Papi酱"获得来自真格基金、逻辑思维等的1200万元融资,由此短视频创作的火苗被引燃。

2016年4月,淘宝直播正式上线,淘女郎成了第一批主播,包括后来的淘宝直播"一姐"薇娅。

2016年7月,内容电商平台"一条",完成1亿元人民币的B+轮融资。

2016年"双11",首次在淘宝直播带货的网红张大奕,创造了2小时2000万元的销售记录,整个"双11"期间,她的店铺成为淘宝第一家销售破亿元的女装店。

从平台的支持到内容创业者的涌现,从资本的竞逐到KOL备受瞩目,2016年,就此被称为"内容创业元年"。

新世界的大幕即将拉开之际,怀着对火热的商业大时代的憧憬,一批热情澎湃的年轻人,盯上了来自移动互联网时代的机会,下海创业。他们大多是80后,接受过更好的教育,有更广的见识。他们从五湖四海涌向各行各业。

2016年,一个叫HomeFacialPro(简称HFP)的功能性护肤品牌,在天猫开设旗舰店。这是一个从O2O美容上门服务平台转型而来的品牌,创始人吕博毕业于浙江大学,并获得阿尔伯特大学硕士学位,曾在宝洁中国市场研究部有长达8年的工作经历。

也是这一年,辗转宝洁、御家汇多年的黄锦峰,毅然辞去御家汇副总裁的职位,携同中山大学校友陈宇文、吕建华一起创业,公司取名"逸仙电商"。

此时,学习园林设计的花满天(原名吴成龙),正在为缔造一个中国本土特色的美妆品牌,而展开一场调研。在此之前,他曾在头部电商代运营企业壹网壹创担任百雀羚的运营总监,带领百雀羚进军电商。2017年3月,在西子湖畔,一个充满诗情画意的美妆品牌——"花西子"创立。

几乎同一时期,橘朵、逐本等一批美妆品牌诞生。与当时的时代大背景非常地吻合,它们都选择以线上作为品牌的主阵地。

逐新消费巨浪而起

所有的故事都在暗中展开，一直发展到人们不得不关注的时候，它们的神秘面纱才被慢慢揭开。

最直接的结果，体现在天猫"双11"美妆榜单上。

2018年，当阿里"双11"的业绩播报大屏定格在1207亿元时，美妆品牌的竞争格局也再次刷新。在天猫美妆TOP10榜单中，兰蔻、OLAY、巴黎欧莱雅、雅诗兰黛和SK-II五大国际品牌垄断前五，百雀羚和自然堂两大头部国货品牌从此前的数一数二排到了第六和第七。更值得关注的是，榜单出现了新的面孔——薇诺娜和HFP。前者是沉淀多年、功能性护肤市场少见的中国品牌，后者是创立仅两年即实现10亿销售规模的新品牌。

近6年双11天猫美妆品牌TOP10						
排名	2021年	2020年	2019年	2018年	2017年	2016年
1	雅诗兰黛	雅诗兰黛	欧莱雅	兰蔻	百雀羚	百雀羚
2	欧莱雅	欧莱雅	兰蔻	OLAY	自然堂	欧莱雅
3	兰蔻	兰蔻	雅诗兰黛	欧莱雅	兰蔻	SK-II
4	WHOO/后	WHOO/后	OLAY	雅诗兰黛	雅诗兰黛	一叶子
5	资生堂	OLAY	SK-II	SK-II	SK-II	自然堂
6	薇诺娜	SK-II	自然堂	百雀羚	OLAY	雅诗兰黛
7	OLAY	雪花秀	百雀羚	自然堂	欧莱雅	韩束
8	SK-II	资生堂	WHOO/后	HomeFacialPro	一叶子	佰草集
9	海蓝之谜	薇诺娜	完美日记	薇诺娜	悦诗风吟	OLAY
10	赫莲娜	海蓝之谜	薇诺娜	悦诗风吟	资生堂	兰蔻

数据来源：根据公开信息整理，统计时间2021年11月1日-11日

在很长一段时间内,"双11"这个引起全民狂欢的"节日",是大多数品牌冲刺业绩的重要节点,更是一场年度排位赛。而薇诺娜和HFP的上榜,打开了新时代的大门。

2019年,创立仅3年的本土彩妆品牌完美日记,登上"双11"全网彩妆品类榜首,与其一同出现在TOP10榜单上的,还有诞生仅两年的花西子。这是新锐品牌受到万众瞩目的时期。霎时间,各大细分品类榜单上,更是出现了一批增长势头强劲的新品牌。

比如,彩妆品类的colorkey、橘朵,口腔护理类目中的参半,个人护理市场的三谷、半亩花田等,它们大多创立于2016年—2018年,用短短两三年时间就实现了销售规模近乎10亿级的跨越。而在以往,要实现这样的量级,得花10年以上的时间。

这样颠覆了固有认知的增速,将整个美妆市场搅得天翻地覆,也引发了人们对新消费时代的创业狂想。

2018年,天猫美妆举办的首届新锐品牌创业大赛,将这样的品牌定义为"新锐品牌"。根据天猫的解读,这些品牌无一例外与天猫搭建起了数据、营销、品牌的全链路创新,基于内容展开的用户沟通方式、品牌建设,成为它们实现弯道超车的主要路径。

就在众人对此类玩法一知半解之时,2019年8月,阿芙精油创始人雕爷在个人微信公众号发布了《真别怀疑了,"新消费"滔天巨浪来啦!》一文,称消费品生产的每一个环节都在发生巨变,每一种消费品都值得重新做一遍。他认为,这波新消费的巨浪,实质是新媒体(新营销)、新渠道、新产品三大浪潮的叠加。①

1. 新营销:内容为王,精准触达

2019年6月6日,工信部正式向中国电信、中国移动、中国联通、中国广电发放5G商用牌照,宣告着中国正式进入5G商用元年,这让已经凭借短视频爆发的抖音、快手,以及图文种草社区小红书,迎来了更大的利好。彼时,抖音和快手的DAU(日活跃用户数量)分别超3亿和2亿,小红书也达数千万。

移动互联网平台的爆发,直接改变了人们的信息获取方式,以往大屏媒介的传播方式被寸屏所取代。敏感捕捉到这样的信号，以成分为主要卖点的HFP，把品牌营销的主阵地放在了微信，迎合了一批"成分党"关于知识科普、成分解析、用户反馈等新型内容的产出，实现了品牌的快速起势；完美日记则选择在小红书上不断投放，通过与美妆博主、素人博主等的广撒网式合作，达到了小红书"满眼都是完美日记"的效果。

网红、KOL这类新兴传播媒介的兴起，在很大程度上是圈层文化渗透的结果，在这种方式之下，消费者更为看重基于情感、价值观等影响之下，与KOL的高效沟通。对于品牌来说，这比以往抢占央视、卫视资源的地毯式席卷要难得多，以往更多考验的是资金实力，而在新媒体时代，则考验着对目标消费群的深度理解。

2. 新渠道：以人为中心，高效转化

用户触达阵地的转移，牵动了渠道的变迁。

2017年，曾经的欧莱雅柜员李佳琦，在淘宝直播的直播间连续6小时试用了380支口红。2018年9月，他成功打破"30秒涂口红最多人数"的吉尼斯世界纪录，"口红一哥"的名号就此打响。

同时期，薇娅创下全天3.3亿元的GMV（成交额）战绩。2020年全年，她直播带货GMV更是破300亿，李佳琦破200亿。此后，他们不断突破极限。抖音、快手等平台KOL的共同搅局，让直播电商这个新时代的新产业，像飓风一样，在整个社会搅起惊涛骇浪，并成为品牌开拓市场的标配渠道。

国风彩妆品牌花西子，便是乘着这股东风而起。根据21世纪商业评论报道，2018年三季度开始，花西子有大批货开始打包给李佳琦推广，2019年3月，花西子散粉在李佳琦直播间出现后，销量持续增长16个月，并在2020年618登顶天猫GMV（网站成交金额）榜首。[2]

在渠道上，新锐品牌赶上了直播电商此类新兴渠道的机会。相比传统渠道而言，变化的不只是货品流通的场所，更大程度上是产品触达消费者的方式。

在工业时代,渠道的迭代主要是以"货"为中心,产品往哪些渠道卖,消费者就只能往哪里走;而到了信息时代,"人"成为中心,"人"在哪里集聚,品牌就被牵着往哪里布局,不论是此前的微商,还是以小红书、抖音、快手等为载体的新零售场景,无不体现着这一点。

3. 新产品:低倍率,高性价比

新的营销方式和销售渠道,决定了必须匹配与之相对应的产品。

根据全球第一大彩妆ODM企业莹特丽披露的信息,2017年开始,公司的订单中,从传统渠道成长起来的品牌需求明显下滑,而基于微商、电商等渠道生长的新品牌贡献了主要业务增量。与此同时,各大头部厂商也逐步下调了起订量。这一方面意味着工厂的研发生产能够支撑起更高效、高频的生产需求,另一方面也体现了多元化渠道并进的市场环境中,品牌细分化、个性化的需求。

这与90后、00后开始主导消费趋势有关。作为互联网原住民,他们最大的消费特征是圈层化,而且随着信息的透明,他们对价格更为敏感。这意味着,以往"一款产品走天下"的路子行不通了,通过个性化、细分化产品,满足消费者的精细化需求,成了摆在品牌面前的课题。

肇兴于美国市场的DTC(Direct To Consumer,直面消费者)模式,被完美日记、花西子、三谷等新锐品牌在中国市场放大。在这种模式下,品牌方既可以与消费者直接沟通,也可以省去"中间商",把更具竞争力的价格给到消费者,打破了以往美妆行业动辄10倍加价率的规则。

万众瞩目之中,各大新锐品牌的销售规模直线上升。2019年,花西子全年GMV同比暴涨25倍破10亿,2020年突破30亿大关,2021年破50亿元;2019年,完美日记母公司逸仙电商,实现营收35亿元,2020年达到53亿元。与此同时,一大批新锐美妆品牌争先恐后地迈入10亿元、20亿元阵营。

因资本退烧而惘

除了新消费巨浪，在新锐品牌崛起的背后，还有两股力量的加持：一个是新国潮，一个是资本。

2017年4月24日，国务院印发《国务院关于同意设立"中国品牌日"的批复》，同意自2017年起，将每年5月10日设立为"中国品牌日"，鼓励宣传知名自主品牌，讲好中国品牌故事。国潮之风就此而起。

当时，一组故宫淘宝胶带缠YSL、迪奥等大牌口红的创意在社交媒体广泛传播，同年10月，百雀羚联手故宫文化珠宝首席设计顾问钟华推出"百雀羚×宫廷文化"限定系列产品，让行业内外都眼前一亮。紧接着的"双十二"，老牌国货彩妆品牌卡婷，用故宫贴纸为口红做新包装，1000支口红在两小时内被一抢而空。2018-2019年，其又相继推出长相思、颐和园、桃花源、春江花月夜系列，成为借助文创IP实现品牌年轻化转型的标杆案例。

此后，一大批美妆品牌纷纷与颐和园、敦煌博物馆等文创IP展开联名合作。2019年，清华大学文化创意发展研究院发布的《国潮研究报告》，将2018年定义为"国潮元年"。"互联网平台提供翅膀，国潮品牌负责飞翔"[3]，成了当时最真实的写照，完美日记、花西子等新锐品牌也被统称为"新国货"。

新消费与新国货两股力量的叠加，撑开了资本的胃口，各路投资机构如潮水般涌向消费尤其是美妆行业，并在2020年达到高峰。

根据消费界报道，2020年全年，新消费品牌共有195起融资事件，其中，有60%发生在美妆个护赛道。[4]根据修远资本整理，2020年，发生在美妆行业的投融资总金额约达262亿。（关于美妆行业更多资本信息，详见本书第二部分资本篇。）

那一年，仅完美日记，就在4月份和9月份接连拿到两笔1亿美元以上的战略融资，估值也一路水涨船高，从2018年的1亿美元翻滚到2020年9月的40亿美元，并于11月顺利登陆纽交所。护肤品牌溪木源更是分别在2020年1月、3月、6月和10月连续拿下4轮融资,成为当年融资轮次最多的美妆品牌。

站在这些时代弄潮儿背后的,是一众知名创投机构,如真格基金、高瓴创投、高榕资本、华平投资、弘毅创投等。

2021年下半年,资本热急转直下,机构不再热衷于新消费。美妆受到直接影响,不少投资人称"短期内不会看美妆"[5]。这给当时正如火如荼的新锐品牌泼了一盆冷水。资本的退烧,意味着大量疯狂砸钱打"流量战"的品牌失去了弹药。

与之相伴的,是品牌前期享受的流量红利已经消退,各路KOL合作成本飙涨,ROI(投资回报率)持续走低,品牌陷入赔本也难赚到吆喝的困境。

这是一盘危险无比的棋局。品牌一旦陷入其中,便会被GMV的蚕丝缠绕住,变得身不由己,不盈利成了它们的阿喀琉斯之踵。

直播进入强监管,更是断了部分品牌的"口粮"。2021年12月20日,国家税务总局浙江省税务局一纸公告,将网络主播黄薇(网名:薇娅)拉下直播电商的神坛。因偷逃税款7.03亿元,薇娅被处以行政处罚,罚款共计13.41亿元,随即遭全网封杀。紧接着的11月22日,朱宸慧、林珊珊两名网络主播也因偷逃税款,被依法处罚。2022年6月,李佳琦直播间突然中断,一直到9月才得以复出。

头部主播的接连坍塌,让一众新锐品牌顷刻间乱了阵脚,进退失据,骑虎难下。"99%的新消费品牌会死掉""新锐品牌已死"等唱衰论调成为舆论主流。市场端,曾经小有成就的品牌,时不时会在一夜之间开始清仓、关店。

踏品牌之路而醒

不论英雄豪杰,都逃不了境遇和时代的支配。当新时代的阳光对它们绽开第一抹微笑之后,突然又猛地沉下脸来。在商业中,没有什么是必然的。就像电影《中国合伙人》的台词:你不会因为落入河中而死,而是一直淹没其中。

2021年下半年开始,摆脱流量依赖,重视品牌建设,成了市场的主流声音。

首先,"决战"线下。

事实上,新锐品牌布局线下始于2019年。当时,完美日记首家实体店便亮相广州正佳广场,此后连续开出200余家门店。2021年下半年,线下已是"战火"纷飞,观夏、闻献、小奥汀、橘朵等连续开设线下直营店,入驻美妆集合店的品牌更是多不胜数[6]。

但线下跟线上是完全不同的玩法和规则,DTC模式下的价格体系,与线下的利润分配之间有一条鸿沟,这是新锐品牌需要跨越的深堑。

其次,研发被提到了史无前例的高度。

据化妆品观察不完全统计,仅在2021年8月2日至20日期间,就有完美日记、花西子和溪木源陆续官宣将布局研发中心。花西子不仅启用了自有综合研发中心、东方美妆研究院,且宣布未来5年将投入10亿元打造东方美妆研发体系。逸仙电商在研发上的投入,同比增长了113.5%,并打造了逸仙Open Lab开放型研发体系。

除此之外,HFP斥资过亿的研发大楼已经启用,Uniskin优时颜、kimtrue且初等新锐品牌,也都逐步建设了独立的研发中心或者与第三方合作的实验室。

研发不一定会成就品牌,但品牌一定以研发为根基。加大研发投入,是历史的必然选择,也是当前形势下新锐品牌摘掉"流量品牌"这个帽子的唯一出路。

2022年5月,逸仙电商宣布启动"二次创业",第一步是实现利润,第二步是持续投入产品研发和品牌建设。

回顾历史是为了更好地前行。对于新锐品牌的这段历史,人们纵然会有各种论调去评判,你很难分清楚它们曾经的辉煌是因为野心,还是梦想,但机会永远属于那些勇敢的追求者。

中国化妆品市场这个剑指万亿的朝阳产业,在经历了30余年的酝酿期之后,必定会迎来突发式的暴涨期,见证这个时期的或许就是新锐品牌,或许还有未来的其他。这注定是一个激情与混乱交融、暴利与风险共舞的时代。

然而,正如彼得·德鲁克所说:"合理的成长目标应该是一个经济成就目标,而不只是一个体积目标。"商业世界充满诱惑,但要玩好这场游戏,需要克制,需要有拒绝无序成长的理智,需要一种无须声张的厚实,一种能够看得很远却并不陡峭的高度。

1 雕爷,雕爷微信号:《真别怀疑了,"新消费"滔天巨浪来啦!》,2019.08.22

2 方文宇,21世纪商业评论:《花西子"沉浮录":生于营销,反受其困》,2021.05.27

3 迟宇宙,商业人物微信号:拼出来的新国潮,2022.01.24

4 可雅,消费界:《资本青睐什么? 新消费赛道大盘点!》,2021.02.13

5 陶文刚、李静怡,化妆品观察:《资本不投美妆了?》,2020.10.27

6 石钰,化妆品观察:《新锐品牌"决战"线下》,2022.02.14

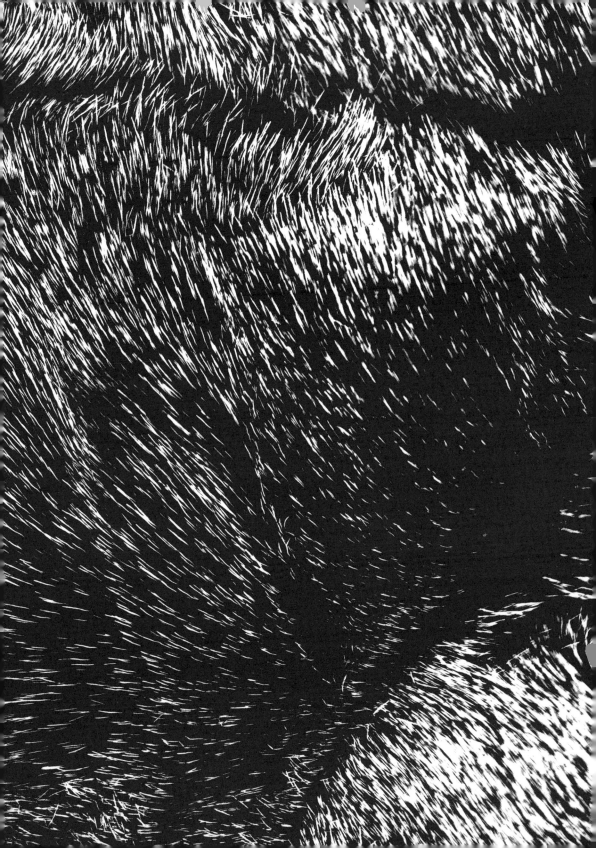

功效护肤
本草立足，科技扎根

文 /《化妆品观察》记者 陈其胜

20世纪90年代初，上海。

一次交谈中，某国际巨头的一位高级管理人员无意中说了一句："你们中国人只会模仿我们！"这句话激起了在场一位上海家化高管的求胜欲，"难道我们就做不出自己民族的化妆品来？！"

1998年，依据中医独有的平衡理论，结合现代科技手段萃取天然中草药精华，面向中高端人群的佰草集诞生了。这是那一时期为数不多以中草药为特色配方、走出了中国路子的美妆品牌。

2011年，在滇虹药业孵化了4年的薇诺娜，被剥离给贝泰妮。它的诞生，让一场基于皮肤学研究的技术新风向，在产业里蔓延开来。数年之后，薇诺娜以超过20%的市占率，一举超越薇姿、雅漾，拿下皮肤学级护肤市场的TOP1。

10年后，在华熙生物等企业的带领下，中国化妆品产业正在合成生物技术领域攻城略地，用科技开启一个新的局面。

几乎每隔10年一次的技术变迁，让化妆品产业迎来一次又一次变革。下一个十年，谁将书写新的故事？

用本草"闯出"中国路子

佰草集的诞生，伴随着上海家化科研实力的进化。

1995年12月，上海家化与上海中医大学、中科院有机研究所、上海医科大学及香港科技大学等7个研究机构共同组成联合实验室,专心于中草药化妆品的研发。此前,上海家化企业科研部人员专程去神农架实地考察当地的药草资源,为佰草集的开发作准备。

"佰草集是当时国内少有的、以中草药为特色配方的化妆品品牌。"前上海家化联合股份有限公司总经理刘玉亮回忆。彼时,以佰草集为代表的品牌,走出了国产品牌单纯模仿的路子,也正式开启了国产品牌以研发驱动产品力的时代。

事实上,佰草集诞生之前,化妆品产业经历了数次迭代,技术也曾有过多次变革。那一时期,在逐步开放的基础上引进和利用外资,是新中国快速工业化的重要经验之一,也是化妆品产业发展的重要推动力。

早在民国时期,来自美国的高露洁、来自德国的妮维雅、来自英国的力士、来自日本的狮王抢滩中国。国内近代民族日化工业也在这一时期兴起。彼时,国内化妆品产业还处于1.0时代——品牌直接使用动植物或矿物来源的、不经过化学处理的各类油脂制成产品。

改革开放以后的20世纪80年代,资生堂、宝洁成为较早进入国内市场的集团军,在它们先期拓展之后,20世纪90年代迎来了外资品牌(欧莱雅、雅诗兰黛等)进入中国的新一波高峰。在多方影响下,国内化妆品产业逐渐步入2.0时代——以油和水乳化技术为基础的化妆品逐渐普及。

而佰草集的诞生,也将国内化妆品产业推到3.0时代——添加各类动植物萃取精华的化妆品品牌蜂拥而至。

2000年,专注于中草药护肤品开发的相宜本草创立。如果说佰草集凭借"本草"这一中国特色成功打破了跨国品牌对中高端市场的垄断,那么,相宜本草则在大众市场成功分得一杯羹。

2003年,相宜本草创始人封帅多次拜访上海中医药大学的名师专家,获得了联合研制的技术支持。2006年,封帅同研发团队一起研发专利技术——导入元。这一专利,让"易吸收"不只停留在营销层面,而是真正用技术来实现。

佰草集和相宜本草等本土品牌的成功,从品牌层面上看,是将"本草"这一特色国粹融入品牌价值中,改变了其品牌属性和基因。它们的成功,给百雀羚品牌指明了方向。

百雀羚确立了"草本护肤品"的品牌属性后,又将定位与佰草集、相宜本草等区隔开来。其"天然不刺激"的诉求,实际上开启了草本的另一个时代——功效之下,寻求更温和的配方。

技术上，百雀羚也在寻求突破。2006年，百雀羚展开"草本能量探索工程"。2009年，百雀羚成立汉方本草研究所。在技术工艺方面，百雀羚采用国际先进的"冷浸泡萃取技术"，极大程度保留草本精华成分活性和完整性。

2010年后，宣称"零负担"等概念的产品逐步占领消费者心智，而顺应了这一波风潮的百雀羚们，也迎来了爆发。数据显示，2013年，相宜本草销售额达23亿。自2015年起，百雀羚连续4年获天猫"双11"国货美妆第一。

这一时期，佰草集、相宜本草以及百雀羚，不仅引领了产业对于草本中医药的挖掘，还让企业研发有了相对系统的体系——正如前文所述，上海家化、相宜本草、百雀羚均建立了自己的研发中心或研究所，并组建了相应的团队。

"药妆"群雄逐鹿

在佰草集、相宜本草以及百雀羚在市场大展拳脚之际，一场产业变革悄然而至。

2009年，一向谋定后动的资生堂和上海家化两大化妆品公司宣布进军"药妆"（这一概念多年后被禁用），前者推出蒂珂，后者推出玉泽。这两起事件成了当年中国化妆品行业的一个焦点，也推动中国"药妆"行业迎来了新的浪高。

两年后，在滇虹药业度过了4年光阴的薇诺娜，被母公司转让给贝泰妮。其基于皮肤学研究、以敏感肌修护的独特优势，在薇姿、雅漾等国际大牌的围剿下，闯出一大片天地。

它们的出现，实际上代表两股力量的涌入。一股是"玉泽们"，它们由传统的化妆品企业推出，专攻功效护肤市场，比如伽蓝后来推出的珀芙研、珀莱雅推出的CORRECTORS等，都属于这一股力量。另一股则是"薇诺娜们"，它们出生于医药企业。本土市场中，云南白药、片仔癀、同仁堂、马应龙等相继推出了相关品牌或产品。

随着这两股力量的涌入，护肤品产业的游戏规则在一定程度上开始慢慢改变。

首先是倡导更"有效"。功效性护肤品针对的肌肤问题包括皮肤敏感、耐受性差等，同时还有美容或术后的肌肤护理修护需求，这些往往是普通护肤品不擅长解决的。基于此，它们一般含有独特的功效添加剂,或某些有效活性成分等。比如,薇诺娜等品牌产品添加的便是云南特色植物提取物。

其次是提供安全证明。功效护肤品的有效成分及安全性须经医学文献和皮肤科临床测试证明,如国际品牌薇姿强调"所有产品均经皮肤科专家在敏感皮肤上的测试",以此强调产品的安全性。又如,薇诺娜以循证医学的逻辑去研发产品,直至安全性和功效性得到验证。

而它们所带来的,正是技术变革。典型如玉泽,其与上海瑞金医院皮肤科联合研发,开发出了PBS(Phyto Bionic Sebum 植物仿生脂质技术),即利用植物中与人体皮肤屏障脂质具有相似结构的成分,补充皮肤中缺少的脂质等,从而达到修护皮肤屏障的功能。

同时,薇诺娜的研发团队通过高效能运用现代生物学技术,集中放大云南高原植物活性功效以解决问题肌肤的各种问题。此外,薇诺娜还为行业带来了诸如等渗亲肤科技、3S液晶层状科技、冷萃科技、NONASORB MS紫外线隔离系统等技术。

与此同时,药企的入局也为产业注入了"活水"。一些老字号制药企业,本身便拥有不少秘方、验方,可以充分利用这些宝贵的产品资源进行创新或二次开发,研发出独具特色的功效化妆品。除了技术和配方外,制药类企业一般技术设备精良,硬件设施完备,技术和安全卫生水平比较高。它们的到来,也加速了化妆品行业GMP认证的逐步实施。

"循证医学、真实世界研究等,让药企或医学专业人才给化妆品行业带来了变革。"伟博海泰首席科学家李和伟说。

刘玉亮博士也强调,化妆品是使用在人体皮肤上的产品,所宣称的功效必然与皮肤发生了一定的物理、化学、生物等作用,所以只有化妆品研发人员对皮肤生物学有了比较深入的了解,才能开发出真正满足用户需求的高品质功效型化妆品。

也正基于此,研发技术正式迈入以研究皮肤科学为主的4.0时代。

不过,"药妆"野蛮生长的同时,监管也随之到来。早在2010年,国家食品药品监督管理局出台了《化妆品命名规范》,明确规定化妆品不能宣称药用疗效。9年后(2019年),国家药监局再次对"药妆"进行严格管控指出,宣称"药妆""医学护肤品"等"药妆品"概念属于违法行为。

虽然"药妆"这条道路已经走不通了,但以薇诺娜为代表的企业,在皮肤学级护肤市场依然席卷了一片天地。与此同时,由"药妆"(此后多被称为"功效护肤品牌")吹起的风,依然没有停下。

原料军备竞赛

2017年，随着消费者意识的觉醒，"成分党"蔚然成风。功效护肤品牌们所强调的成分，也开始在行业内蔓延开来。

这一年，化妆品社媒营销迅速崛起，成分党的概念随着"The Ordinary"等主打强功效并将原料作为产品名的品牌的兴起从海外传入，消费者开始从研究原料着眼关注护肤品的真实功效，带动HFP、润百颜、夸迪等进入高速成长期。是年，以玻尿酸原液为主要特色品类的润百颜护肤品官方旗舰店正式登陆天猫商城，仅用4年时间，润百颜销售额突破10亿大关。而作为最早也最具代表性的中国成分党品牌，HFP 2018年便来到了10亿元级的阵营。

也正是从这一年开始，烟酰胺这款成分在百度平台上的搜索指数就全面超越了"OLAY"和"玉兰油"两大关键词。也就是说，烟酰胺成分为OLAY品牌带来了巨大的舆论红利。成分党的力量有多大？深深陷入产品同质化恶性竞争的护肤品行业开始反思并改变。

在此之前，很多品牌还在玩"概念添加"，对外宣称的有效成分和含量均经不起科学验证。然而自2017年以后，随着消费者对护肤成分的了解日益深入，烟酰胺、视黄醇、维生素A、玻尿酸、富勒烯、多肽等原本离用户很远的原料忽然成为坊间必谈的词汇，让很多品牌的产品研发人员开始着力追求市场上的热门原料，竞争局面一度变成了"这个成分竞品添加了2%，那我就添加5%"。

科丝美诗作为国内外诸多知名品牌的代工厂，觉察到客户在制作产品时的新思路——以成分作为导向，不计成本，做有效的产品。为了满足客户需求，科丝美诗甚至特地从韩国总部调来了一位研发高层到上海，主攻原料成分。

这让已经拥有较好市场基础的大品牌们不仅开始注重产品配方中成分的选择，也意识到要掌握独家的核心成分，从而避免卷入无谓的"成分竞赛"。

而在这一股风潮下，华熙生物等企业迎来了巨大红利。由此，行业也正式进入原料的比拼与研发时代，细胞功效测试、合成生物学等更尖端的技术也慢慢涌现。

彼时，华熙生物首席科学家郭学平带领的研发团队持续活跃在透明质酸研究最前沿。郭学平作为最早一批技术专家，1988年已经开始参与玻尿酸研究，他带领团队与山东大学、江南大学、华东理工大学、中国药科大学等多所顶尖科研院所合作共建实验室,针对透明质酸研发、生物促渗技术体系、益生菌创新合作等领域开展全方位合作。

华熙生物在国内率先实现了透明质酸微生物发酵技术产业化的突破,改变了过去以动物组织提取法生产透明质酸且主要依靠进口的落后局面。无论发酵产率、质量、规模,在业内都位列第一阵营。

而依托发酵技术研发平台、交联技术研发平台、护肤品配方工艺研发平台为核心的研发体系,华熙生物深入研究不同分子量 HA、γ-氨基丁酸、依克多因等生物活性物质及其交联衍生物对人体皮肤的功效,并以此为核心成分,以精简配方、活性成分含量高、功效针对性强为研发导向,开发了一系列针对敏感皮肤、皮肤屏障受损、面部红血丝、痤疮等皮肤问题的功能性护肤品。

同样努力的还有珀莱雅、百雀羚、自然堂等国货头部护肤品牌。

开发"红宝石抗皱精华"等相关产品时,珀莱雅已在多年前就成立了专门开发创新原料的团队,以考察各种抗皱原料,并锁定了维 A 醇这一功效较大、但开发难度巨大的成分。

珀莱雅研发团队在考察了国内外各家原料供应商提供的各种维 A 类原料后,并没有拿到满意的结果,便启动了内部基础研发项目,自己琢磨、改进维 A 醇原料。经过一年多时间的研究,他们成功开发超分子维 A 醇。而这一成分,也成为珀莱雅红宝石系列产品的两大核心成分之一,另一核心成分为六胜肽。

此外,百雀羚与全球生物科技巨头德国默克集团进行合作,共同推出具有高科技功效的植物复合抗老成分——原初因ProVTA;2022年,伽蓝集团研发中心历时近10年进行微生物发酵研究,成功自主研发出来自喜马拉雅的超极酵母喜默因……

随着这些大公司在原料上的努力,产业的研发体系在进一步创新中得到完善。

以华熙生物为例,其在原料开发与研发过程中,构建了功能糖及氨基酸类生物活性物的绿色生物制造关键技术体系。此外,华熙生物的研发模式从"市场冲锋-研发供给"逐渐转变为"研发引领-市场成全"。在内部(C 端工作室独创)和外部(B 端合作,高校合作)的创新模式下,通过热门成分的应用与配方研发、机理创新、工艺创新、材料创新、剂型创新的研究,加快高品质产品的创新的速度。

2021年，随着新条例的正式实施，系列配套文件逐步落地。按照规定，化妆品的功效宣称应当有充分的科学依据。随着消费理念的升级，一大批"成分党"也在进阶为"功效党"，不再"唯成分论"，关注重点由"安全"向"功效"迁移。

上述在研发技术上早有布局的企业，也迎来了红利期。比如，在核心技术的推动下，2017年至2021年，华熙生物的功效护肤品体量从0.95亿元增长至超30亿元。珀莱雅也成为为数不多成功转型的传统国货，2019年至2021年，其营收从31亿元增长至46亿元。

政策引导，奋勇直追

高质量发展，成为相关部门的主导方向，也是美妆产业当前乃至未来发展的核心力量及秘密武器。2022年4月，工信部发布《消费品工业数字"三品"行动方案（2022-2025）》，拟推动实施增品种、提品质、创品牌的"三品"战略，提升科研能力是其中的核心之一。

经过多年的攻坚积累，以巨子生物为代表的企业，在重组胶原蛋白方面的研发上，展现出全方位的硬核实力，其"类人胶原蛋白生物材料的创制及应用"项目获得国家技术发明奖二等奖；而以华熙生物为代表的企业，则在合成生物学上及早布局，跟国际大公司相比已取得先发优势。中国护肤品企业在产品理念和发展方向上取得长足进步的同时，包括李和伟教授、杭州雅妍创始人叶琳琳等在内的多位前沿研发技术专家仍冷静地判断认为：中国化妆品产业的基础研发和原料开发，与国际企业相比至少还有20年的差距。

未来，企业比拼的将是系统性的研发实力。"针对成分的研发就要形成一个技术模块，然后组装在一个配方里面。其中的复杂性在于协同、融合、各司其职，且能够起到作用。"花西子首席科学家李慧良表示，国内品牌在一些新原料的开发应用、配方的研究等方面，产生了可圈可点的成果，但要做出更加优秀的产品，还要有"硬科技"力量。

值得期待的是，国内头部美妆企业已然以搭建实验室和研究院为载体，开启了新一轮竞赛，且各有特色。

例如，贝泰妮于2021年牵头建设云南特色植物提取实验室，并专注相关领域研究，同时开展自主、联合研发,成功开发多种贝泰妮专属活性物,如酸浆荨提取物、肾茶提取物等。

华熙生物发力合成生物学这一国际前沿生物技术,"山东省生物活性物合成生物学重点实验室(筹)"于去年底获得山东省科技厅的认定。结合企业自身优势而打造的"合成生物技术国际创新产业基地"已落户北京大兴生物医药基地,并即将投入使用。

同样,珀莱雅在原有研发创新中心基础上,成立国际科学研究院,加强基础研发,重点覆盖细胞、皮肤和原料开发,强化功效性原料的研究。

"精准护肤是中国科学家提出的理论体系,打破了原来同一家公司不同品牌间缺乏核心逻辑的遗憾。"弗图医学创始人梅鹤祥指出,这是一种全新的精准研发体系,对研发在系统逻辑上提出了一种可行性建议。中国有可能会形成一个独立的创新体系,虽然这可能至少需要10年甚至更长的时间。

参考资料

1. 王逸凡,《解密佰草集》,化妆品观察,2008年第3月刊
2. 龚明勇,《药企转向化妆品成败几何?》,化妆品观察,2008年7月刊
3. 李平根,《药妆新浪潮》,化妆品观察,2010年3月刊
4. 吴志刚,《中国药妆启示录,新十年中国式药妆突围》,化妆品观察,2010年3月刊
5. 东方财富证券,《迈向美好生活 HA龙头再出发》,化妆品观察,2020年7月9日
6. 浙商证券研究所,《透明质酸全球龙头,廿载厚积薄发尽享行业红利》,化妆品观察,2020年8月6日
7. 陈龙,《"成分流"风口之下,如何成为HFP/OLAY?》|最燃赛道④,化妆品观察,2019年3月18日

百货渠道

从线下王者,到探索前行

文 / 中国百货商业协会秘书长 杨青松

百货业一直是流通的主要渠道之一,是满足消费者物质生活需求的重要场所,是品质和时尚消费的目的地。尽管改革开放以来,百货业的发展历经波折,百货业的品类结构不断调整,但在经济发展中的作用没有本质上的变化。

一、百货业态发展变迁历程

在中国零售业各个业态的发展过程中,百货店是市场化最早的,这与百货店的历史地位和所有制结构变化密切相关。

在改革开放初期,百货店是流通主体,几乎每个城市都有一座代表零售最高水平的百货大楼,有人形容百货大楼是当年城市的一种生活方式,百货大楼留给人们长久的记忆。彼时的百货店基本都是国有企业,在市场经济快速发展的20世纪80年代中后期,其计划经济遗留下来的经营管理方式已不能满足市场发展的需要。

与今天的零售企业集团不同,当时的百货店大多为单体国营百货,这些企业适应消费需求的变化,逐步开始市场化进程。如1984年,王府井百货大楼实行"政企分开,简政放权"试点改革,并在北京市国民经济和社会发展计划中,实行计划单列。

到20世纪90年代初,大型百货企业开始陆续上市,如鄂武商于1992年上市,王府井和友谊股份于1994年上市,合肥百货于1996年上市……此后,百货业历经了十几年的黄金发展时期。

打断百货发展步伐的,是竞争态势发生了明显的变化。首先是线上渠道,经历了2000-2002年的电商泡沫后,电子商务在2008年卷土重来,并且势不可挡,百货店受到的影响首当其冲,家电、3C类产品开始退出百货店。二是购物中心、大卖场、专业店、专卖店等业态百花齐放,大大分割了百货渠道的份额。

二、近15年百货发展的四大阶段

观察近15年来百货业的发展,根据其品类结构、经营方式、渠道结构等方面的变化,大致可分为四个阶段。

2007-2012年:电商冲击时代到来,品类结构大调整

百货行业从20世纪90年代开始,过了15年好日子,中间虽也有起伏,但总体顺心如意。电商的到来,常常改变了原有路径。

由于资本市场的助推,新浪、网易、搜狐等几大门户网站于2000年相续在美国上市。同样是在2000年,美国科技股因网络泡沫从高位崩落,殃及诸多中国互联网创业公司,8848等一批电商公司在第一次互联网泡沫中遭受了灭顶之灾。

行业经过几年休整,2008年淘宝商城诞生,同年京东从售卖3C产品转向全品类、一站式平台,苏宁易购也在年初上线,有人称2008年为"B2C元年"。电商带给实体企业前所未有的冲击,早期冲击最大的是标准化的电器和3C产品,加上实体的电器连锁店也在分割市场,导致百货店在经营这些品类时,无法获得利润,由此电器和3C产品逐步退出百货店。

随后几年,随着物流速度的提升,以及免费退换政策的实施,电商在服装方面也

开始发力。加之当时百货店受制于传统的经销代理方式,中间环节众多,商品价格偏高,与线上相比,服务经营也显劣势,服装类的经营面积逐年压缩。

多个品类经营困难,在百货困顿之时,化妆品开始冉冉升起,成为百货的明星品类。原因一是消费升级意愿提升,顾客关注大牌,有能力支付高价;二是百货店有品牌的信誉度,品牌商愿意入驻,消费者愿意买单。

2012-2015 年:探索数字化应用,与品牌关系深化

线上快速发展,倒逼百货调整转型,两大方向:一是O2O,线上线下结合;二是深化品牌关系。

在O2O实践中,大型百货企业广泛开展电商业务,提供线上订货、线下取货服务等。行业总体投入很大,但收效不明显。一些早期开办电商平台的企业,前期对线上寄予厚望,但高额投入换来的是低流量和低活跃。后期这些企业纷纷将PC电商和App转为小程序、社群等轻量化方式,早期的PC电商绝大部分关闭。

与品牌商深化关系是发展的必然趋势。百货传统的经营方式是联营,百货管空间,商品和人是品牌商的,百货和品牌两张皮。在供方市场条件下,这样的合作关系无可厚非,但在激烈竞争、众多渠道分流的市场环境下,这种模式弊端尽显。

深化关系的做法,包括通过数字化实现深度联营,百货企业直接开展经销代理业务,重点品牌或品类进行自营……化妆品成为自营占比最高的品类,由于是百货店用自有资金采购,对经营管理的精细化程度明显提高,化妆品的经营水平水涨船高,消费者也更乐于在百货店购买这一品类。

2015-2020 年:渠道分流加速,百货向高端化转型

2015年,是中国电商的移动元年。当年天猫、京东、苏宁等电商平台移动端订单量均超过50%,亿邦动力的数据显示,当年全行业移动订单占比为55%,首次占比超过一半,2016年占比进一步达到68%。到2016年底,全行业App端月度独立设备

数(万台)与 PC 端月度覆盖人数(万人)相当。

年轻人是移动用户的主力,他们也是升级消费的主力,是化妆品消费的主力,两个因素叠加,产生化妆品在线上销售直线上升的态势。百货店经营化妆品优势不再。

出路在于向高端转移。几年中,凡是化妆品定位较高、品类较为齐全的企业,都取得了较好的业绩。北京 SKP、汉光百货、新世界大丸、银泰百货、东百商业、北国新百、南京金鹰、杭州大厦、武汉广场、深圳华强北茂业、成都王府井、西安开元……都是化妆品销售的能手。

2020 年至今:线上线下融合,全面提升商品力

与前几年一定要和线上平台争个高下不同,这几年百货业的数字化策略更为务实,更多采用低成本、轻量化的应用,更注重将顾客带来店里进行体验。例如,在化妆品经营上,有的企业通过小程序派发样品,扩大品牌宣传;有的线上赠送电子券或体验卡,引流到店消费;有的开展专柜到家业务,实现百货类商品的定时达。

同时,由于化妆品类品牌识别度强,标准化程度高,且多为百货企业自营,能够控制库存、价格、订单等信息,更有利于开展线上经营,很多企业线上商城的销售额中,化妆品贡献最大。

百货以经营非必需消费品为主,在经济向好时复苏很快;在疫情等不利条件下,受的影响最大。3 年的疫情,百货行业遭受重大损失。行业积极采取多种措施转型升级,渡过难关,其中提升商品力是核心,包括更清晰的升级的品牌定位、与品牌商更紧密的合作、有市场竞争力的价格、体验化的服务等。

三、近年来百货强化化妆品经营的原因

近几年来,化妆品是百货店增长最快的一个品类,有的甚至达到门店总销售额的三分之一。即使是在三四线城市的百货企业,化妆品也越来越成为核心品类。

分析化妆品在百货渠道快速增长的原因,主要有以下四个方面：

1. 消费有需求

首先是消费升级。对消费升级、降级、分级的讨论很多,但可以肯定的是,在化妆品类上,消费肯定是升级的,特别是近年对中高端化妆品需求明显提升。在京东报告中认为,"95后"高端品牌消费增长最为显著。16-25岁年轻消费者对高端品牌、高价格商品的接受度越来越高,消费贡献逐年增强。

其次是体验因素。这是线上和其他渠道不具备、无法取代的重要因素,对于化妆品的消费,消费者更喜欢百货店中化妆品柜台的氛围,更看重现场触摸、闻香、试用的体验,再加上BA(美容顾问)丰富的化妆品知识和销售技巧,这都是消费者所希望的服务。

除了传统的化妆品售卖方式外,有的百货店还增加了体验和增值服务,例如开辟美容坊,邀约会员体验一对一服务;推出了小班教学,教消费者如何化出当季热门妆容;联合品牌推出美容体验中心,提供面部及身体护理服务等。

2. 百货有优势

首先,时尚是百货的核心要素。无论定位于哪个消费层级的百货、无论在什么区位的百货,没有时尚,卖场就会变得平淡无比,所谓"无时尚不百货"。化妆品是重要的时尚品类,以年轻人为主的化妆品消费人群更是时尚的主流消费者,因此,抓化妆品实现一举多得:增加了门店的时尚性、吸引了时尚消费者、关联了其他时尚消费。

其次,百货具有较强的品类组合能力。百货在体验元素上,与购物中心差距较大,但在招商管理、品类组合能力、品牌商管理上,具有比购物中心更强的优势,这也正是有人提出"购物中心百货化"的原因。

另外,百货大多处于城市中心或区域商业中心,优势的地段对化妆品牌具有吸引力,加上一定的招商政策组合,甚至是"舍得孩子套住狼"的魄力,一般能够吸引中高端品牌的入驻。

3. 竞争者有差异

尽管电商的化妆品销售也在大幅提升,但相对来说,电商渠道、大卖场超市渠道的化妆品更多是大众化和价格带偏低的化妆品,中高端则主要集中在百货渠道。

在陈列方面,百货店的化妆品通过设立专柜品牌形象,有独立的美容顾问。在大卖场超市渠道,品牌陈列无明显分隔,一般没有品牌专有的美容顾问。

购物中心更多关注体验要素的集合,注重吃喝玩乐购同步,因此也就缺乏对特定商品的组合能力,特别是化妆品,做得好的购物中心凤毛麟角。

4. 消费留境内

因疫情影响,出行受到极大限制,原来规模较大的境外消费,现在基本都留在国内了,特别是一些高端、奢侈品类,甚至出现排除、断货、涨价的现象。

在化妆品领域,有类似情况。百货店主要经营中、高端化妆品,特别是高化类,之前有境外消费的,基本都在国内百货消费了。

东方不亮西方亮,几年来百货店鞋服面积大量压缩,但化妆品、奢侈品、珠宝、运动用品等,营业面积都有不同程度的增长,有的企业还努力强化体验和提高效率,在极为不利的市场条件下,依然保持增长。

超市渠道
从高速扩张，到模式创新

文 / 国泰君安证券研究所所长助理、消费研究组组长 訾猛

　　20世纪80年代，"超级市场"的零售业态被引入中国，1981年中国第一家超市——广州友谊商店自选超级市场开业，拉开了中国超市行业的序幕。历经近40年的发展，我国超市行业经历了萌芽—高速扩张—电商冲击—新零售融合四大阶段。其中，2011年之前行业维持10%以上的快速增长，2011年之后受电商冲击行业增速下滑，2017-2021年基本维持1%-4%的稳定增长。

　　在化妆品行业，超市也曾牢牢把控着第一大渠道的地位。根据欧睿国际的数据显示，2012年超市渠道在中国化妆品市场占比高达35.7%，几乎赶上当时百货渠道和CS渠道份额的总和。可见，超市渠道的发展对于中国化妆品行业具有举足轻重的作用。

中国超市行业在2011年之前快速增长，此后增速逐渐下行并趋于稳定

时间	2004-2011年	2012-2016年	2017年 - 现在
行业阶段	超市行业对外开放 + 高速发展阶段	电商冲击行业增速下行阶段	线上线下加速融合阶段
行业特征	超市以销售标品为主，企业以国资和外资主导	超市以销售生鲜等非标品为主，民企主导	互联网巨头入场，行业加速整合
经济背景	人均 GDP 12487元 - 36403元	人均 GDP 40007元 -53980元	人均 GDP 59592元 -80976元（2021年）
人均 GDP 复合增速	16.5%	7.8%	8.0%
人均可支配收入复合增速	12.7%	8.2%	7.8%
社零总额复合增速	17.8%	11.6%	6.1%
代表公司	家乐福、沃尔玛等	永辉超市、高鑫零售、家家悦等	盒马鲜生、超级物种、山姆会员店等
行业集中度	2008 年 CR10 9.1% 2011 年 CR10 10.8%	2016 年 CR10 11.9%	2017 年 CR10 16.5% 2021 年 CR10 16.8%

数据来源：欧睿咨询，WIND，国泰君安证券研究

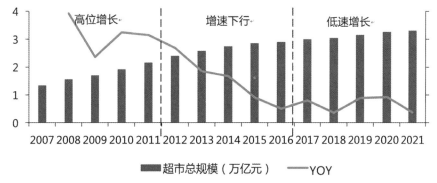

中国超市行业在2011年之前快速增长,此后增速逐渐下行并趋于稳定

高位增长　　　增速下行　　　低速增长

■ 超市总规模(万亿元)　—— YOY

数据来源:欧睿数据,国泰君安证券研究

2004-2011年:政策放开,快速扩张

2001年,中国正式加入WTO,承诺3年内放开国内零售市场。2004年6月商务部发布《外商投资商业领域管理办法》。伴随着3年过渡期的结束,我国零售业正式开启了全面开放的时代,迎来高速扩张期。

在此之前,中国的零售业刚刚起步不久。1981年4月,广州友谊商店的超级商场开业,才算是整个中国大陆拥有了第一家超市。此后,20世纪80年代很多城市的第一家自选超市纷纷冒头,如北京的京华自选超市、上海粮油食品自选商场、杭州菁菁自选超市等。

1992年,国务院发布了《关于商业零售领域利用外资问题的批复》,1995年拓展到食品及连锁经营领域。随后几年时间里,家乐福、沃尔玛、麦德龙、卜蜂莲花、欧尚等相继进入中国。外资超市凭借丰富的市场经验和先进的管理方法,一进入中国市场便大显身手。到2000年,家乐福在中国已开设了26家门店。

本土超市也在积蓄势能。华润万家的前身万家连锁、永辉超市的前身古乐微利、步步高超市的前身湘潭步步高食品公司、美宜佳的前身美佳超市、物美超市都在这期间成立和发展。

2004年之前,超市零售市场由外资企业主导,但由于外资零售业的市场准入受到严格控制,中国本土超市也才刚刚起步。经过了这一段时间的萌芽期之后,很快就迎来了高速扩张。

2003年,家乐福全国门店41家。2004-2010年乘着政策春风,新增门店至180余家。沃尔玛也一路高歌,凭借"天天平价"策略,一扫在20世纪90年代被老对手家乐福完全压制的局面,在2010年已经开了219家门店。

　　家乐福、沃尔玛等外资超市受益于税收、租金等优惠待遇,凭借成熟的管理经验和强大的资本支持赢得消费者青睐,实现高速增长。而国有超市受益于政策支持和网点优势,也实现了快速发展。

　　发家于华南的华润万家在2004年收购了江苏零售巨头苏果超市之后,便一直通过"买买买"来布局全国网点。2005年,全面收购了天津月坛集团的28家门店和宁波慈客隆超市,拓展华北和华东市场。2007年,华润通过收购天津家世界,获得了在西北、东北和中原地区的市场。2011年,华润再次出手收购江西规模最大的零售连锁企业洪客隆。

　　相比国有零售企业的雄厚资金和资源,民营超市由于资本、人才和经验的匮乏,发展相对缓慢,但是民营超市一步一脚印,很坚实。

　　2004年,永辉超市成为福建省最大的"农改超"超市。同年10月,重庆永辉超市开业,这代表永辉开始走向省外,布局全国。2007年,永辉集团引进香港汇丰银行的战略资金4000万美元。2009年,永辉在北京的首家超市开业,正式进军华北。之后两年里,永辉陆续开辟贵州和郑州市场。2010年,永辉上市成功,拥有156家门店。2011年11月,永辉成功收购了北京的"易买得",完成自己的收购第一单。

2004-2010年间沃尔玛和家乐福在华门店数不断上升

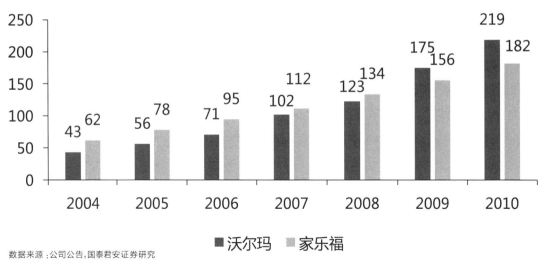

数据来源:公司公告,国泰君安证券研究

21世纪初超市为化妆品第一大渠道

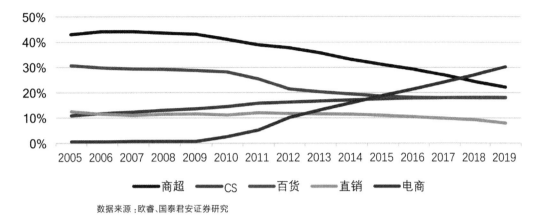

数据来源：欧睿、国泰君安证券研究

超市快速扩张的时期也是我国化妆品行业在超市渠道的黄金期。根据欧睿数据，2005年我国化妆品行业超市渠道占比达43%，是第一大渠道。超市化妆品价格带基本在百元以内，对应目标消费人群以性价比为购买考量因素，尤其在三四线城市，由于百货渠道较为稀缺，大众品牌可以借助KA渠道（主要指大型超市）开拓下沉市场，提升消费者覆盖的广度与深度。

在外资超市迅速扩张的时期，外资品牌也随之抢占先机，占领KA市场。

1997年，美宝莲进入中国市场，布局百货渠道。2000年，美宝莲进入大卖场，布局KA渠道，被定位为大众品牌。根据鱼爪网调查的报告显示，2011年美宝莲在华市场份额为15.71%，品牌用户忠诚度为75.31%；综合竞争力指数位居中国彩妆市场第一名。这与美宝莲在KA渠道积累了深厚的品牌认知度密不可分。另外，诸如旁氏、玉兰油、妮维雅、巴黎欧莱雅等外资大众品牌也在超市货架上影响了一代人的购物选择。

一些国货品牌如相宜本草、百雀羚和自然堂嗅觉灵敏，也早早入局，建立起渠道优势。

这一时期的化妆品和超市渠道，以外资公司主导。本土超市渠道和化妆品国货迅速地成长壮大，成为不可忽视的市场力量。

2012-2016 年：电商冲击，渠道震荡

2012年2月，沃尔玛关闭了在深圳的3家惠选便利店。10月，家乐福也关闭了在绍兴的一家门店。看似无足轻重，但这仿佛是预告了超市零售业一段令人不安的时期。

2013年8月，英国零售商乐购TESCO与华润创业成立合资公司，持股20%，所有乐购门店更名为华润万家。这是外资零售企业一次比较明显的撤退。同时，外资巨头们拓店速度也慢了下来，一边开店一边关店的现象屡屡见报。

但是国有超市的日子也并不如意。华润万家豪掷千金的气势因为业绩表现弱了下来。2015年9月，华润万家被华润创业剥离出售给母公司，原因之一是华润万家业绩不佳和收购TESCO，拖累了上市公司的估值。

但来自淘宝、京东这类互联网综合电商的冲击才是最为直接的。2012年微商成为"通过个人社交平台发布产品"的一种零售模式，同时随着互联网的普及，电商规模爆发式增长，线上消费蓬勃发展。从网络零售社会消费品零售额占比来看，2012-2016年线上消费占比从6.2%提升至14.9%，一定程度上挤占了传统超市的市场。这一阶段超市行业增速大幅放缓，由2012年的10%+降至2016年的2%。

电商平台来势汹汹，既抢夺原有超市的市场份额，对线下实体本身也颇有兴趣。

2015年8月，京东宣布与永辉超市达成战略合作，入资43亿。阿里马上也宣布与苏宁合作，双方互相持股百亿，阿里成为苏宁第二大股东。

此外，消费结构调整升级、超市成本上涨、商品结构同质老化、租约合同到期等也是企业闭店的因素。

随着主体业务增长变得困难，实体超市零售企业积极寻找新出路，开展上线O2O业务、进军便利店市场等自救行动。

2014年，永辉推出O2O平台，"永辉微店App"在福州试点，提供App线上订购、支付和线下门店提货等服务。大润发也正式推出飞牛网，并投资了"喜士多云超市"，希望帮助大润发在不便覆盖的乡镇和中心社区开发更多顾客，带动销售。

2015年，家乐福开启零售变革行动，推出便利店业态"easy家乐福"，开启电子商务O2O业务"家乐福网上商城App"。同时新建区域物流中心，实现覆盖全国家乐福大卖场，但是存在城市覆盖进展缓慢、购物App体验差、物流慢等问题。

同年，沃尔玛全资收购1号店。在此之前，它试图投资控股京东，但被拒绝。沃尔玛的计划是通过1号店的流量连接卖场和山姆会员店。

化妆品企业也没有坐以待毙，一方面随着超市进军二三线城市的脚步扩大市场，占领地盘。另一方面，与超市联手，提高运营水平和系统升级，增强消费者体验感和改善超市化妆品的低价形象，比如建立中高端化妆品专柜和开化妆品零售店。

超市里的化妆品大多摆放在个人护理用品区域的开放式货柜或者背柜，产品以清洁用品和基础护肤品为主。但从2008年开始，超市陆续出现了专柜模式。2011年后受

线上渠道销售占比逐年走高

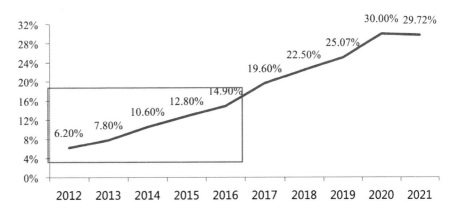

数据来源：国家统计局、国泰君安证券研究

超市整体增速下滑影响，加快了升级的趋势。

玉兰油、欧莱雅、露得清、妮维雅、露华浓和美宝莲等知名品牌在沃尔玛、家乐福、百佳等超市有了岛型专柜，一些销售人员还会穿上品牌服饰。不过专柜品牌还是以欧莱雅、宝洁、联合利华等外资企业为主。

在超市里设置化妆品专营店也是各大超市的趋势之一。2017年4月，"LLABEAU莱碧"在宁波北仑大润发开业。"LLABEAU莱碧"是由大润发母公司高鑫零售有限公司和韩国新罗免税店合资开设的化妆品专营店。

业界对莱碧的评价是"低配版丝芙兰"和"高配版屈臣氏"的结合体，但与它们不同的是，店内中岛区产品按照品类陈列，而不是按品牌陈列。门店有护肤品、彩妆、个人护理和美妆工具等分区，没为各个品牌做明显的标识，目的是了淡化BA推销和提供更好的购买体验。

世纪联华首家美妆零售店"姿舍研"也在杭州开业，这是国内首家大卖场内化妆品区域改造，由世纪联华和杭州橙小橙联合打造。

这类超市内的化妆品专营店一般选择在二三线城市，面向有一定消费力的80后和90后女白领。店内产品单价大都在100元以上，以中高端品牌为主。

但是这类超市的化妆品发展不太顺利。据悉，莱碧2017年预计先行在华东地区开设5至10家门店，在摸索出成熟运营模式和品牌结构后，5年内再计划开出150家。据高鑫零售2017年财报显示，集团在上海、苏州、昆山及宁波开了5家店铺，但之后市场便再没传来新消息。

这一阶段，超市整个零售行业受到电商冲击。从内部看，民营超市逆势走强，外资零售超市显现颓势,国有超市份额有所下降。

电商的低成本、选择多等因素对外资超市的供应链优势产生了巨大冲击,同时国有超市受到电商冲击和人力成本高双面夹击,盈利情况恶化;以永辉超市为代表的生鲜超市建立非标品供应链优势,凭借经营效率和灵活性奠定竞争优势,市场份额不断提升。

2017 年至今:数字赋能,模式创新

2016 年,阿里巴巴率先提出了新零售概念。盒马鲜生在上海金桥广场开出第一家店。盒马鲜生的开业意味着中国超市行业正式进入新零售时代,这家由互联网巨头创办的超市企业打通了线上线下一体化,实现全面的数字化经营。

电商巨头的入局,加码了供应链和物流等基础建设投资,市场迎来新一轮洗牌期。越来越多的线下传统超市拥抱互联网,电商公司将视线投向线下企业。

2017 年,阿里巴巴宣布与上海百联集团战略合作,共同摸索新零售的模式。同年完成了银泰商业的私有化,以 177 亿元持股 74%。2019 年,苏宁易购收购 80% 家乐福中国的股份,而阿里巴巴是苏宁易购的股东之一。2020 年,阿里巴巴取得高鑫零售 72% 股份,成为控股股东,高鑫零售旗下有大润发和欧尚等知名零售门店。可以看出,阿里巴巴的新零售版图从业态到品类一个不落,全面渗入。

同为大玩家的京东也积极布局。2016 年,旗下的京东到家与众包物流平台达达合并,获得沃尔玛入股。互联网巨头腾讯也在 2017 年底以 42 亿元入股永辉超市,不甘人后。

在新零售时代,多个电商、传统超市玩家均做了尝试,但由于超市业态本身毛利率较低,对零售企业经营效率要求高,新零售业态对供应链、配送、履约等方面的要求更高。因此,在提升消费者体验的同时做到低成本和高效率是有困难的,许多传统线下玩家在短期尝试后逐步退出。

华润万家的销售额在 2019 年是全国超市百强之首,受疫情和电商冲击影响,2020年退居第三。面对来自线上线下的竞争对手,华润展开自救行动,涉足了超市、购物中心、连锁便利店和社区店等多个业态和启动线上平台"e 万家",但这并没有助其寻回往日辉煌。

随着家乐福、麦德龙、乐天玛特等超市被内资民营超市入股接手,外资影响力慢慢淡出。内资民营超市因为多年深耕区域市场的优势被线上巨头重资加码,虽然压力重

重,但仍显活力。

与此同时,发展迅速的社区团购凶猛来袭。美团优选、多多买菜和淘菜菜等由互联网巨头孵化的新渠道使超市的生存愈发艰难。

尽管超市巨头们力挽狂澜,但难返旧日时光。超市的经营压力也传导至化妆品行业,影响其渠道布局。

品牌在超市的费用支出和考核要求,使该渠道有一定的进入壁垒,所以越来越多的化妆品企业减少对超市渠道的投入和维护。2018年,美宝莲大规模撤离超市和大卖场等渠道。品牌方解释是因为渠道销售业绩一般,加之难以负担高昂的进驻费、条码费等。

在美宝莲挥别超市渠道的这一年,电商取代KA成为化妆品购买第一大渠道。超市渠道明显下行。

不同卖场收取费用方案有所不同,以沃尔玛为例:化妆品品牌进驻该卖场一般无进场费,DM费每种2000元/次,年底返利2%以内,毛利补偿费按月收1000-3000元不等。永辉系统内,护肤品进驻每个网点需要交300-500元/条码的费用。而超市渠道本身毛利不高,品牌如果没有一定的销量支撑,则无法覆盖其成本支出。

除入驻费用高昂之外,多数KA卖场账期为2-4个月,因此需要品牌有足够现金流支持运营。

大型超市对于供应商的考核指标较高,不仅要求产品具备较高的品牌知名度、品种齐全,而且一般要求规模较大的品牌方安排销售顾问,并配合促销活动等调配销售人员,要求品牌方具备较强的综合竞争优势。

此外,对品牌方而言,超市渠道十分依赖经销商关系。很多品牌缺少对合作方的掌控能力,无法在与经销商的博弈中占优。

一般来说,品牌方通常采取直销模式对接全国型大型超市,如沃尔玛、家乐福、大润发等,以覆盖高线城市为主;以经销代理模式对接区域性卖场,同时实现渠道下沉。虽然数量众多意味着覆盖面广,但另一面是分散且不易管理。相比之下,电商可以直面消费者和把控消费数据,已足够吸引品牌和消费者去尝试。

同时,消费端驱动高端化妆品市场的增长,超市渠道的品牌定价相对较低也是部分品牌战略转型淡出超市的原因之一。2021年,美宝莲不再是"双11"彩色妆销售品牌第一,甚至跌出前十。第一、二名分别是高端品牌YSL和雅诗兰黛。

但是KA渠道覆盖度较广,特别在触达下沉市场有独特优势,具备品牌展示效应和提供线下精细服务的特点。因为消费者在超市渠道购买时的决策时间较短,因此品牌力如知名度等对购买决策影响作用较大。另外，好的商品陈列能促进消费者到柜前停留并完成购买。拉芳家化在上市募资时规划拟投入8100万元，对1200家门店进行货架及陈列建设。

对大品牌来说，派驻导购对货架货品进行管理、与顾客交流宣传产品理念等，对销售促进和品牌形象宣传有重要作用，因此除品牌自身影响力外，超市渠道运营需要多方面精细化管理。但从实践效果来看，超市的运营能力达不到化妆品行业的营销诉求。

整体而言，超市的渠道壁垒高于线上，在一定程度能阻挡竞争对手。因此百雀羚等部分国货品牌虽大力发展电商，但并未放弃KA渠道。百雀羚、自然堂因线下基础扎实仍维持在国货前列。

随着传统电商和直播电商等渠道进一步成熟发展，线上渠道消费者购买、品牌方触达效率均显著高于线下，Z世代等年轻群体网购更是如家常便饭一般。2019年中国零售百强排行里，天猫、京东、拼多多排名前三，超市渠道有高鑫零售、华润万家和永辉超市上榜前十。

2020年疫情来袭，线下业态首当其冲，超市、百货和街边店的客流大幅减少。美宝莲2020年因疫情影响宣布退出百货渠道，2022年7月再次宣布关闭中国线下所有门店，仅保留屈臣氏专柜。

疫情的反复影响了线上生意的稳定，因为生产、人员、仓储和快递物流等受到管

永辉和华润万家市场份额（%）明显提升，本土新贵盒马生鲜来势汹汹

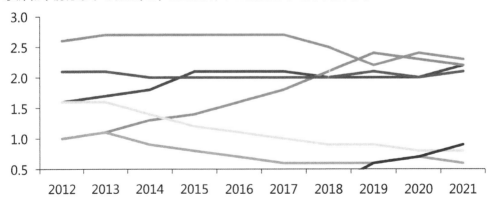

数据来源：欧睿数据，国泰君安证券研究

控,货品无法生产、出库和运输等问题困扰商家。多个美妆品牌的天猫旗舰店不时发布和更新快递公告。

为了应对不确定的风险和分担渠道压力,线下超市在进一步突破线上,通过小程序、公众号和数据系统等结合线下业务。在互联网信息技术不断赋能实体零售的背景下,超市也越发得心应手。随着线上流量到了瓶颈期,化妆品企业再次转战线下,越来越多完全生长于线上的美妆品牌尤其是国货美妆开始进驻线下门店,如完美日记和花西子。线上线下零售融合的趋势更加明显。

2017年至今,整个超市进入1%-4%的低速增长阶段,但推进新零售业务的玩家市场份额结构性提升。线上线下不断融合,整个市场由互联网巨头推动整合和引导。

当前,超市业态里的新零售玩家主要为阿里系的盒马鲜生和各大会员店。

自2018年起,新零售业态代表盒马鲜生凭借重体验的运营模式和阿里电商流量加持快速成长,2021年市场份额升至0.9%,超过联华超市和家乐福两家传统的零售超市,成为跑通线上+线下运营模式的成功案例。

会员店模式主要由于消费者生活水平提升、消费理念发生变化、消费分层现象凸显。而商家端借付费会员制帮助自己锁定目标客群,通过精细化服务来挖掘消费者潜力,为自身寻找新的增长点。沃尔玛旗下的山姆会员店、COSTCO等成为会员店的代表,预计这一业态有望在中产聚集的高线城市抢占部分份额。

没有哪一种商业模式和渠道是永远的主流,只有适应变化,才能走下去。超市渠道在变化剧烈的环境中展示韧性,不被时代抛下,不断打造优势,站稳属于自己的一方天地。

（本文编辑:品观战略投资部运营经理 王慧敏）

CS渠道
从野蛮生长,到专业进化

文 / 品观战略投资部总监、品观新青年学园主理人 龚云

CS渠道,即Cosmetics Stores化妆品专营店渠道,是今天国内许多大企业的摇篮,也是线下渠道中的国货主要阵地。在这个渠道里,诞生并成功培育出珀莱雅、卡姿兰、丸美、自然堂等企业,为本土品牌早期从避开国际公司的正面战争中生存、发展、壮大提供了优沃土壤。

2008年,品观出版《中国化妆品终端变革》一书,明确提出"在未来的10年,专营店业态会发展成为各级市场化妆品的主流终端渠道",形成线下渠道"百货店、超市卖场、专营店三足鼎立的新格局"。如今回顾历史,也确如当时所预测。

作为一个曾经被视为"配角"的渠道,CS渠道中也诞生了娇兰佳人、唐三彩、妍丽、亿莎、千色店、金甲虫、美林美妆、惠之林、东大等在全国或各省份区域大放异彩的连锁系统。在广袤的全国市场巨大的地域、人口、经济差异之下,少数全国连锁、部分省域大连锁、大量区域中小连锁甚至单店的金字塔格局,形成了这个渠道丰富的竞争方式,并不断地涌现着创新的模式。

2007-2014 年: 连锁化扩张

随着在中国大陆市场第200家店在2006年开业,屈臣氏于当年下旬开始迈向大规模向二三线市场扩张的阶段,随后在2011年12月、2014年12月和2017年4月分别开出了第1000家、第2000家和第3000家店。高歌猛进的门店扩张背后,是中国线下市场蓬勃的生意机会。

CS渠道多年来将屈臣氏视作竞争对手,同时将其作为学习的对象,早年间很多的企业化和现代化零售管理思维,都是从屈臣氏脱胎而来。作为国际化妆品零售连锁中

最重要的玩家,屈臣氏也一直甩开着万宁、莎莎等几个身位,并深度地影响着本土CS连锁的经营发展。

从大约2005年开始,"中国拥有15万家化妆品专营店"这一命题便成为行业共识,一直延续到今天,15万家这个公认的基数仍未有大的改变。然而,这15万家化妆品店当时却摆脱不了"非主流"的帽子——绝大多数店铺不在主流城市、不在主流街道、不卖主流品牌,分散在三四线城市、县城、乡镇,以及一二线城市的边缘市场。相对于强势的百货和超市渠道,CS渠道虽然数量庞大,却以夫妻店、三五家店的小连锁为主,缺乏区域性连锁,更遑论跨区域乃至全国大连锁。

经过早年粗放式的发展,CS渠道在这个阶段也已经开始学着具备连锁化的经营理念,并朝着品牌化的方向不懈努力。其间,自然堂、珀莱雅、丸美、相宜本草等品牌力拓CS渠道,与该渠道相互成就,很快就完成了品牌的原始积累。资生堂也在2006年推出悠莱品牌,专供CS渠道。

以资生堂为例,这个日本第一大化妆品公司给渠道带来了美容护肤知识、店务管理、会员管理、库存管理和员工培训的相应扶持。进入渠道4年中,资生堂为中国专营店渠道培训了7000名零售人员;加上资生堂的品牌影响力,拉动了专营店的信誉度。而摆脱了一些流通不知名品牌的门店,开始建立了规范化的经营思路,向着更大的发展空间前行。

2007年,有数据统计,四川省内的CS门店多达7000余家[1]。业内通常提起这个大市场,就要说到泸州金甲虫、绵阳美乐、乐山蓝天三大连锁系统。这三家后来常年位列"中国化妆品连锁百强榜"前10的连锁,当时的门店数量也分别仅有60、40和20多家。

2010年3月,有数据显示,全国范围内门店数量超过100家的CS连锁仅有4家,销售规模超1亿的连锁屈指可数。而2012年,年销售额超2亿元的CS连锁已经达到7家,足见头部连锁增长势头之猛。

少数的区域大连锁搅动着当地市场的激烈竞争,它们以更强的采购议价权、更系统的人员培训能力和更多的网点铺设,成为区域的地头蛇。自此,一些小店变成大店,而大店则陆续开设分店,一部分发展较慢的单店因采购和运营成本无法与之抗衡,渐渐苦苦挣扎至关门停业。眼看着屈臣氏大力扩张下沉、区域逐渐形成大连锁,店主们纷纷意识到,开店得开成连锁。这一现象在全国成为主流,也推动着越来越多的连锁系统的形成。

然而,即便在区域内壮大后,绝大多数的连锁系统仍然停留在其所属的区域或省份,未能实现外埠扩张。因此,绝大多数的连锁系统都带有极强的区域性,而它们的名字出现在行业时，一般也会带有地名。如绵阳美乐、洛阳色彩、湖北金梦妆、广西惠之林，等等。能够突破所在区域进入全国市场摘掉店名前的地名的，只有凤毛麟角，诸侯割据区域市场的CS渠道竞争格局逐渐固化下来。

创立于1988年的广西惠之林是CS渠道的翘楚。2012年，惠之林拥有近60家直营和加盟门店，营收超2亿元。然而，直到当年年底，惠之林才走出其根据地广西北部，到南宁开出第一家店。千里之隔的江苏，一家2003年创立于苏北盐城地区的连锁店张勇洗化，也在大本营开出十几家店铺之后，于2013年才突破自己的区域，到苏州开出5家新店铺——"美丽春天"。

当时全国扩张势头最猛的是娇兰佳人。2005年，蔡汝青在广州成立娇兰佳人，同年5月8日开出第一家店。到2010年，娇兰佳人即在多个一二线城市开出240多家门店，成为本土规模第一的化妆品CS连锁，也是真正意义上本土第一的全国性CS连锁系统。2010年6月3日，在飞速扩张的激情之下，蔡汝青高调地宣布"娇兰佳人到2020年要开出10000家店"的蓝图。

虽然这一蓝图的实现在2015年后遇到阻力，据公开数据显示，2020年12月31日，娇兰佳人在全国仅开到2000余家门店。但在当时，蔡汝青对市场发展的预测是非常乐观的：到2020年，化妆品市场规模达到万亿，CS渠道占据整个市场的半壁江山，达到5000亿市场份额——在5000亿的大市场中做1万家连锁店，也不算痴人说梦。

连锁化扩张成为这一时期CS渠道的竞争主旋律，高速的成长牵动了国际大企业的注意力。欧莱雅、宝洁等国际巨头分别于2009年、2012年宣布进入CS渠道，不过相比于资生堂早期"上山下乡"运动的成功，后入的几家国际巨头在这个渠道则折戟了。

娇兰佳人门店，左图摄于2015年，右图为娇兰佳人第2000家店，摄于2017年

2015-2018年：品牌化升级

CS渠道连锁化扩张的巅峰是"百强直供"。2015年，拥有韩束、一叶子等品牌的上海上美，以及兰瑟、植美村等品牌建立"百强渠道"，在公司运营内部将百强连锁（排名前100的化妆品连锁系统）独立出来，给予专属供货折扣、独立服务团队等相应政策。然而很快，CS渠道进入到了洗牌升级期。

2015年下半年，娇兰佳人创始人蔡汝青发文称"零售寒冬已至"，宣告着整个行业阶段性红利的终结。全国的专营店渠道开始集体发出"营业下滑""增长乏力""生意不好做"等声音。"开店10年，我从没遇到过如此厉害的下降，也很难从以往的经验来解释销售突然的下滑原因。"本土最大的化妆品连锁娇兰佳人董事长蔡汝青感慨，这不仅仅是冬天，而且是个寒冬。蔡汝青透露，当年6月份娇兰佳人零售额同比下降了6%。

这一阶段，正是"购物中心规范化发展并开始由一线城市向二三线城市转移"的时期②。到2016年中，全国范围内已开出近3500家购物中心。购物中心的遍地开花，在下线市场吸走了逛街、吃饭、娱乐的消费人流，让原本盘踞在街头巷尾的专营店变得冷清起来。

零售店经营从思维到人货场的升级，迫在眉睫。一个直观的现象是，进购物中心开店，成为许多面临新的竞争态势的零售从业者选择之一。

2016年开始，品观的记者团队在全国范围内发现了300名为"新青年"的年轻零售创业者。虽然2015年起整个CS渠道都在高喊零售寒冬，但新青年们却普遍没有感受到明显的寒意。在这个群体里，有许多优秀的新入局者，共同选择了以"购物中心"和"进口品"为主要特色做化妆品零售生意。这些年轻人开出的店铺，从选品到装修风格上，均与之前的CS门店有较大升级，在全国范围内快速扩张，呈现一派欣欣向荣之气。

周建雷是浙江地区零售新青年的代表。周建雷于2014年在杭州创立的主打"低价名品"模式的橙小橙，主要售卖进口潮品，在两年内开出的8家店全部选址在Shopping Mall内。2016年，店铺面积约120平米的宝龙城市广场店年销售额高达900万元，福雷德广场约60平米的店，年销也可达600万元。

橙小橙早期就开始着手进行店铺品牌化的打造。例如，周建雷为橙小橙设计了一个名为"橙子哥"的IP，目的是希望以年轻人乐于接受的方式，打造出连锁品牌的独特识别。在橙小橙第八家门店——杭州运河上街店开业时，还有橙子哥人形立牌摆放在店门口欢迎来店顾客。

妍丽门店

经过4年的直营模式摸索,周建雷的经营思路也得到行业的广泛关注。2018年5月,橙小橙在上海美博会上以整店形象进行展出,开放加盟。短短3天时间内,其潮流的货品结构和亮眼的店铺设计大获成功,现场签下200多位意向加盟客户,并在此后两年间开出300家门店。

周建雷是当时很多区域中小化妆品店老板的偶像,而周建雷当时的偶像,却是妍丽。

妍丽——中国本土最大的高端化妆品连锁,最早在购物中心尝到甜头,也是品牌化运作最彻底的CS连锁店。

妍丽经营的品牌大部分是进口品,价位偏高,而且产品以小众偏多。这样的商品定位,决定了妍丽的目标顾客是具有比较高的购买力的人群。而要影响这批高购买力的人群购买相对小众的高端产品,店铺的品牌化运营便是攻克难题的关键。

从1996年开出第一家店,一直到2008年开出第十家店,12年间妍丽所有的门店全部选址在购物中心,从没有考虑过街铺。2008年,全国的购物中心加起来尚不足100家,购物中心店虽未成为主流,却给妍丽带来了扎扎实实做零售品牌的沉淀。

随着购物中心数量的快速扩张,妍丽也加快了开店扩张的脚步。2016年,妍丽在全国有40多家店铺,覆盖华南、华北、东北、西南4大区域,平均单店每月产出是100万-150万元之间。妍丽的定位是:做中国的丝芙兰,做内地的莎莎。

在2018年妍丽周年庆典上,妍丽CEO朱虎诚曾如此总结妍丽20年来坚持做好的三件事:一是组织一盘有价值、有特色的"货",为顾客提供全球高品质的进口化妆品;二是打造专业的营销团队,以品牌营销占领顾客心智,以专业的服务为顾客解决肌肤问题;三是营造集合"美学、人文、时尚、体验、展陈"于一体的Lifestyle美妆畅想空间,为顾客提供更美好的购物体验。

这三点,恰恰是零售店铺品牌化的核心,即在人、货、场三个维度上建立专业、高级的品牌形象。在零售领域建立品牌化的发展路径,也获得了资本的认可。2016年妍丽获今日资本数千万美元投资。2019年1月,妍丽在上海开出第100家门店。2020年7月3日,华平投资、腾讯、星纳赫资本、华兴新经济基金完成对妍丽多数股权的收购和投资。

2019 年至今:全域化探索

"突破:今天直播已经超过16.4万次观看!如果实体店能有这个来客数该有多棒!2020全面拥抱线上!加油!"2020年2月22日晚11点,安徽美林美妆总经理武清林发布了这样一条朋友圈。彼时,全国多地笼罩着疫情的乌云,开门营业这种过去化妆品店每天都在做的生存方式,变成一件难事。

尽管自马云提出新零售理念已过去几年时间,CS渠道探索新零售却始终没有摸到脉门。直到疫情成为催化剂,加速了这一进程。

美林美妆是安徽的头部CS连锁,当时在安徽省已经开出200家直营和加盟店,自有产品占比超过20%。因疫情停摆后,美林美妆像全国很多区域的连锁店一样,门店无法开业,却承受着人员工资、房租等等成本的压力。所以,武清林在2020年春节期间即当机立断,做出了"开播"的决策。

美林美妆早从2018年便开始了线上业务的基础布局,将美林美妆的后台管理软件、财务软件、仓储系统、前台收银软件、小程序商城、微信直播间、企业微信等各个方面打通。2019年9月,武清林引入了在安徽电视台工作近10年的一位高管。该高管还拥有线上教育和新媒体运营的创业经历,是武清林打造线上渠道的理想人选。美林美妆在其引导下梳理了新零售业务思路,仅用了一个月时间,便将线上业务实现盈利。事实上,美林美妆对线上的企图心从10年前便已萌生,但10年间并未取得成功。武清林总结说:"线上线下是两种不同的基因,就算实体零售想做,没有合适的机缘也难。"正是与这位引入人才的合作,才让美林美妆占据了天时地利人和。

2021年,美林美妆的线上业务已经突破1亿元营收,其中小程序直播每个月能稳定在一两百万元。

美林美妆在直播上的成功突破,给了因开不了店或没有客人的化妆品实体行业打了一剂强心针。自2020年1月以后,反复的疫情给化妆品实体生意带来诸多不确定性,电商获得极快的发展。越来越多的店老板意识到,要突破实体店的地域和营业时间限制,避免被电商完全替代,需要借助线上的工具。

电商生意与实体生意的竞争由来已久。自2015年零售寒冬之后，伴随着客流量、营业额和营业利润的日益减少，有部分美妆品牌每年在电商上不断破价的行为，被线下实体店老板们视为背叛。于是，一部分店老板选择抵制这类品牌，作为反击电商的手段。

2016年11月10日，在一年一度的天猫"双11"前夕，有店老板发起"万店签名抵制双11期间低价伤店的2.5折零售的品牌"行动，公开信称"将于11月起开始停止销售该公司新生产商品，或者以同样的价格（2.5折）抛售公司老产品。"19位线下知名化妆品连锁店老板响应了这一行动。

虽然起到了短暂的震慑作用，然而，联合抵制并不能阻挡品牌商在线上的高歌猛进。此后，电商份额不断增大，越来越多从CS渠道成长起来的品牌发力电商渠道。根据欧睿国际的数据，到2019年，CS渠道所占化妆品市场份额开始下滑，从2017年的19.8%跌至2019年的18.5%，2020年和2021年跌至18%以下。实体行业终于认识到抵制并不能解决问题，而要解决问题，需要积极地"师夷长技以制夷"。

在此之前，虽然有些先行的实体店也曾试图借助一些互联网工具来实现O2O打通线上线下流量，但最终收效甚微。由于实体店生意的特殊属性，一批店老板在这个时间段找到了区别于淘系等公域流量打法的新路径——私域，完成从纯线下到线上线下结合的第一个跨越。

私域经济的爆发，是随着微信生态商业化体系的构建而到达高潮的。2017年，微信推出小程序，使得一些小商家也可以高效完成自有商城的搭建。为了推进小程序商城的成交，店家们发现添加顾客微信或组建顾客微信群，是一个高效的办法。2019年，各路商家开始野蛮加粉，将在各个渠道获取的用户导入私域流量池，私域运营的打法开始在业内热起来。

2019年年中，河南平顶山名媛馆创始人庆高阳敏锐把握了私域的发展趋势，在短短一个月的时间内搭建起了私域运营体系。她为自己的十几家店每家都分别建立了顾客微信群，并将顾客按消费金额划分为四个等级，重点运营好月消费在2000元以上的A类顾客。当一个500人规模的A类顾客群建立起来之后，可以在一个微信群里完成至少600万元的年销售额。

广西南宁的明宇美妆创始人赵明宇，从2015年开始就在自己的个人微信中运营自己的私域。赵明宇曾在电视台工作，年轻有活力，凭店老板的个人IP建立了自己的粉丝微信群。2019年底，赵明宇将个人的成功经验复制到明宇美妆的16家店铺，要求店长建立顾客微信群并有效运营。这一步提前布局，使得2020年第一季度在疫情影响下大量化妆品店业绩下滑的大环境下,靠微信群的力挽狂澜,实现业绩平均增长达25%-30%,有的门店甚至业绩翻了一倍。

2019年12月,有赞在武汉开办了"构建门店私域流量循环体系"密训班,来自全国各地的数十位化妆品店主参加。仅仅用两年时间,仅有赞一家基于腾讯生态的SaaS企业就将其在美业的付费商家数量拓展至超过5000家[3]。而使用个人、企业微信与顾客完成直接联系,或建立微信群的店家则不可胜数。

然而,借助私域运营的方法提升店铺经营的客流和转化效率,没有从根本上解决年轻消费者断层的问题。发展近30年来,CS渠道习惯了低线市场70/80后顾客群体的经营,在90后至00后客群的经营问题上,一直卡着一道难以逾越的坎。线上新锐品牌的欣欣向荣,宣示着年轻用户的偏好对整个行业的重塑正在进行。

2019年9月,高端化妆品集合店话梅在北京三里屯开出了第一家店;一个月后,KK集团在广东高调开出第一家The Colorist调色师彩妆集合店。两家模式不一样的店铺,靠着形象鲜明的店铺风格、时尚的新锐品牌或小样,在小红书等社交媒体引起轰动,大量的客流从线上涌入店内,造成门店排长队的盛况,与一众实体门店门可罗雀的景象形成鲜明对比。

自此以后,市场上涌现了一批全新的化妆品集合零售系统,在资本的推动下迅速开满全国市场。就像电商渠道中的直播渠道一样,业内将这一批零售系统称为"新锐美妆集合店",其本质是一种新型的美妆集合店,并不归于狭义的CS渠道范畴之中,我们在下一篇文章将单独讲述它们的精彩故事。

[1]《中国化妆品终端变革》,企业管理出版社,P73
[2]品观App年会丨郭增利:购物中心将成为新品牌策源 http://www.pinguan.com/article/content/15348
[3]中国有赞2021年财报

新锐美妆集合店
从资本热捧,到理性回归

文 / 品观战略投资部总监、品观新青年学园主理人 龚云

主力消费人群的代际更迭,是渠道和品牌在发展过程中面临的最重要挑战。随着 Z 世代甚至 00 后消费的崛起,新锐品牌浪潮涌现,它们在线上渠道获得了巨大发展空间,在线下渠道却分不到一杯羹。

线下渠道同样面临困境。电商渠道份额占比的日渐提升,包括 CS、百货、超市、屈臣氏在内的线下渠道感受到了压力,但更大的压力来自对年轻一代用户群体影响力的衰退。例如,CS 渠道过往近 30 年历程积累下来的发展路径,主要以 90 前的用户为核心群体。用户老龄化,成为难以逾越的一座大山。

在这样的背景下,线下渠道出现一批新的美妆集合店,它们在货品、门店形象、运营方式上均与以往有巨大的不同,获得年轻一代的青睐。业内通常不将这些集合店系统纳入传统 CS 渠道的范畴,而单独称之为"新锐美妆集合店"。

发现新大陆

2019 年 9 月,北京三里屯开张了一家高端化妆品集合店。试营业第一天,来自小红书和抖音等社交媒体的网红和消费者将这家实体化妆品店炒得火热,到晚上 8 点门口依然排队几十米。

这家店名叫 HARMAY 话梅,2017 年就在上海开出了首家仓储式高端化妆品集合店。北京三

里屯店是话梅的第三家门店,正是这家装修风格与常规化妆品店迥异的门店给话梅带来了巨大的业内知名度和影响力。3个月后,话梅宣布完成了高瓴资本领投的融资,投后估值高达5亿元。

早期,话梅的业务主要做海外品牌的代理和淘系代运营,已经积累了一定的进口品供应链资源。进入线下渠道,在线上流量价格上涨的背景下,话梅看到了线下市场的巨大空间。

全新的场景体验,话梅给线下新零售带来了一种新的启发。彩妆,则是线下新锐美妆集合店的爆破点。

数据显示,2012年—2018年,国内化妆品行业市场销售额年均复合增长率为8.7%,其中彩妆市场年均复合增速达到15.4%。2018年,国内化妆品市场规模为4105亿元,同比增长12.3%,而彩妆市场同比增长了24.3%。

从2017年起,线上渠道涌现一大批彩妆新锐品牌,如完美日记、花西子、滋色、橘朵、美康粉黛、稚优泉等一众品牌的异军突起,强烈刺激着创业者和投资者的神经。其中,完美日记成立于2016年,获得多轮融资,在资本的助推下一路高歌猛进,2020年成功登陆美股,市值折算人民币一度破1000亿元,创造了化妆品行业的资本"神话"。

新锐品牌的崛起,几乎与95后甚至00后消费崛起是同步的。到2017年,最早的一批00后已经成年,而Z世代也已经开始大学毕业走入社会。年轻消费者拥有尝新的强烈欲望,心智成熟于国力强盛期,对国货没有偏见,快速地托举起了一大批新锐品牌在社交媒体和电商的成长。但她们只能通过网络购买到这些新颖的产品,在线下逛街购物时,几乎无从找到新锐品牌的身影。

另一方面,在线上渠道实现爆发后,新锐品牌也面临着向线下渠道延伸的要求。2019年1月,完美日记在广州正佳广场开出了第一家线下旗舰店,宣示着新锐彩妆品牌进军线下渠道的野心。

品牌从线上渠道向线下拓展的路径,十几年间一直没有从线下往线上走来得顺畅。早年间,御泥坊就曾大力拓展线下渠道,未能成功。现在,新锐品牌在资本的压力下拓展线下的渴求要更加强烈。

不过,大多数新锐品牌并不具备独立运作线下渠道的能力。纵观整个行业零售业态,即便中国广袤的市场有超过10万家化妆品店,却几乎看不到彩妆集合店,尤其是以新一代消费者为目标群体的美妆集合店的身影。

调色师门店

THE COLORIST调色师率先抓住了"彩妆集合业态缺位"的机遇,开创了首个国内超大彩妆集合业态。2019年国庆节当天,调色师在广州和深圳分别开出两家直营门店。

在近400平米的广州店和300平米的深圳店内,彩妆SKU达到了6000多个,覆盖眼部、唇部、眉部、指甲油、底妆、化妆工具等7大品类。而品牌也相当丰富,既有欧、日、韩、泰、美等国外最火潮流彩妆,又有国内头部的新国潮彩妆,还有一些小众的有调性的彩妆品牌。定位不一,大众和轻奢产品兼备。

调色师的母公司KK集团,此前在业内已开出KK馆和KKV两大零售业态,本身就能共享集团积累起的丰富的国内外美妆品牌资源。加上KK集团当时在新零售领域的影响力,主动找到调色师寻求合作的品牌不在少数。

创立之初,调色师就定位于14-35岁的新消费人群,将未成年的05后消费者囊括其中。开店首月,持续保持着高人气态势,深圳店开店22天销售业绩高达252万元,而广州店则更是高达333万元。这样的业绩,足以吊打国内大部分CS门店一年的销售额。

据了解，当时也有人有类似的想法。调色师的一炮打响，鞭策着更多的人加速下场，名创优品创始人叶国富和橙小橙创始人周建雷就在其中。

名创优品作为中国本土时尚生活用品零售行业的知名企业，彩妆销售在店内有着令人吃惊的成绩。例如，名创优品有一款单价10元的眼线笔，在3年内卖出2亿支，创造20亿销售业绩，而橘朵也曾在名创集团旗下Mini Home以4%的SKU占比创造40%销售业绩。

因此，叶国富将彩妆品类独立出来，单独成立一个彩妆集合店业态。2019年11月，名创为这个新项目签下了130多个彩妆品牌，合作涉及近8000个SKU。两个月后，WOW COLOUR在广州诞生，同样一经推出便在年轻消费者圈层中迅速蹿红。

周建雷曾透露，他在调色师问世之前便已开始彩妆集合店的构想，然而行动却慢了一步。看到调色师的火爆，他加快了门店的设计和体系构建，并于2020年疫情期间，在宁波低调地开张了一家名为Only Write独写的美妆集合店。

独写同样以新锐品牌和小众进口品为主，但与调色师店内几乎全是彩妆不同，独写的品类陈列除了同样以彩妆为主之外，还包括了护肤、面膜和香水品类。第一家店取得了不俗的销售业绩，

ONLY WRITE 门店

据媒体报道200平米左右的店铺开业3天零售额即达到45万元。几个月后，周建雷在杭州下沙开出了一家名为Mcllory的门店，引入大牌小样，进一步将美妆集合店的生意升级，并高调在小红书、大众点评上进行宣传预热，迅速在杭州走红。

资本助力，高速扩张

此后的短短一年时间内，全国各地市场上涌现出一批新锐美妆集合店，包括H.E.A.T喜燃、健康星球、木星予糖、嘻选、B+油罐、Haydon黑洞、Musicolor、朴荔，等等。这些门店的模式大体类似，不管是话梅、黑洞等高端进口品集合店，还是调色师、WOW COLOUR、独写等新锐平价集合店，大都奉行着一套通用的公式：

网红门店设计＋流量产品＋社交媒体推广＝年轻用户群体的美妆消费选择。

1.网红门店设计

话梅的"仓储式零售"方式，将精致的零售空间设计和高端的化妆品产品结合起来，使其成为城市网红打卡地。其每家店均拥有不同的设计主题，每一家门店的设计主题都各具特色——香港店以"药房"为蓝本，产品被隐藏在一个个秩序井然的铝制抽屉中；成都店以区域历史文化中的"蜀道"为意象，用蜿蜒上升的楼梯展现空间语言；上海新天地店则被打造成为一个充满市井生活气息的"超级市场"，美妆和水果、零食、饮料等不同类型的产品和谐共处；北京三里屯店坐落在一座650平米的双层空间内，金属工业风装修风格表达着门店的个性，使其成为独树一帜的城市符号和美学新地标。消费者一头扎进店内，便容易在沉浸式的体验中不知不觉完成购物。

与冷艳风格的话梅不同，调色师门店使用了大量的色彩化视觉呈现方式。例如，调色师店内通常都有一面标志性的"彩妆蛋墙"，是网红和消费者们到店打卡的重要拍摄背景。鲜明的门店形象给调色师带来了巨大的线上话题热度：调色师首店开张第一个月，在小红书上实现双城市关键词第一，在大众点评化妆品板块中实现双榜第一，在抖音上，其门店POI共有428.7万人次看过。

新锐美妆集合店几乎都被这样"卷"入用个性化重塑体验感。例如，后续在南京开业的喜燃新店，定位"美妆情报局"城市主题概念店，利用密码、隧道等主题元素营造出身临其境的"情报局"

空间；B+油罐用"未来科技+彩虹荧光+迷幻甜美"的视觉风格塑造店铺,达到了"想带给客人'掉入米缸'的惊喜感"的目的；黑洞首店则定位宇宙主题,在门店设计上结合零售空间呈现宇宙探索性,通过店内随处可见的太空元素,充分展示"黑洞探索之旅"的独特美学概念。

2.流量产品

很多新锐美妆集合店几乎都推行"不打扰用户"的自主购物理念,弱化店员的推销。因此,真正自带流量的产品,便成为这些门店采购的第一目标。

以调色师、WOW COLOUR 和独写为代表的平价彩妆集合店,彩妆是品类的重心。从Mistine等小众进口彩妆,到花知晓等新锐国货彩妆,再到美宝莲等平价知名国际品牌,这些门店都有涉猎。但能占据主导地位的,大多还是网上炒得如火如荼的新锐国货彩妆品牌。在各系统的门店,新锐国货彩妆品牌的陈列占比大多超过彩妆品类的50%。

品观网的记者在南京德基的喜燃探店时发现,一些消费者会带有明确目的进店,比如想要试用完美日记某款新出的细跟口红,想要看看Girlcult的新款腮红。这些消费者对于这些品牌已经有了认知,他们在日常生活中从小红书、抖音、B站等平台上获取产品信息,进店试用是促成交易的最终推动力。

话梅和黑洞这两家高端集合店,除了在人流量最大的位置摆放大牌彩妆产品外,还大力引入了"大牌小样",堆在最抢眼的位置。在这两个系统中,大牌小样的陈列占比甚至超过20%,几乎覆盖了市面所有主流国际大牌。

虽然存在一定的经营风险(独写和话梅分别因售卖小样被相关部门处罚),但小样给年轻消费者带来了很好的"尝鲜"体验,降低了她们选择平时不舍得的高端大牌的门槛,并给门店带来了可观的目标用户群。因此,这些新锐美妆集合店一度对小样趋之若鹜,并在社交媒体上大力宣传其小样的丰富度。

3.社交媒体推广

即便占据高流量的选址,新锐美妆集合店也不完全寄希望于线下自然流量。能够积极地从线上引流,再从门店转化到私域(几乎每家都做私域运营),并保证常态化的营销投放,是它们的一个重要特点。

通常在开店前或试营业期间,新锐美妆集合店会在小红书、抖音、大众点评等社交媒体平台进行大量投放,为此投入相应费用也在所不惜。例如,在小红书平台,具体内容大多以介绍集合店的地理位置、装修风格,分享打卡照片为主,介绍产品和折扣为辅。投放的内容中,门店所售品牌和产品是重头戏,因为投放的最终目的,是将店铺打造成值得打卡和逛的地点,吸引用户进店。

以独写为例,据了解其每家门店的推广费用是之前的CS渠道所不敢想象的,其探店类营销投放转化到店的数据相当可观,开店初期门店排长队是常态。

为了围绕"网红属性"全面打开局面,新锐美妆集合店不仅投入了巧思,更投入了成本。据知情人士透露,早期彩妆新锐美妆集合店开出一家200—300平米的店投入高达近200万元,抛开租金不说,从装修到货架、货品的成本都有较大幅度的提高。而高端的话梅,一家店的投入估算下来

部分新锐美妆集合店融资情况表(根据企查查及媒体披露整理)

宣布融资时间	新锐美妆集合店	融资金额	轮次	首店开业时间
2019年10月23日	调色师	1亿美元	D轮	2019年10月
2020年7月2日		10亿人民币	E轮	
2021年7月6日		3亿美元	F轮	
2020年1月5日	WOW COLOUR	10亿人民币	战略融资	2020年1月
2021年3月8日		5亿人民币	A轮	
2019年12月6日	话梅	未披露	A轮	2017年5月
2020年9月10日		未披露	B轮	
2021年2月6日		未披露	C轮	
2022年1月19日		2亿美元	D轮	
2021年3月19日	独写	数千万人民币	天使轮	2020年3月
2021年11月1日		4500万人民币	A轮	
2020年12月26日	黑洞	未披露	A轮	2020年12月
2021年9月24日		1亿美元	A+轮	
2020年12月26日	喜燃	未披露	天使轮	2020年7月
2021年12月31日	B+油罐	未披露	天使轮	2020年9月

黑洞武汉楚河汉街店
（图片来自黑洞官网）

需要数百万至千万元。在2017年，CS渠道一家100平米的购物中心中高端进口品店开店成本仅为五六十万元。

就像新锐品牌宣扬"每个品类都值得重新做一遍"一样，新型美妆集合门店试图"重做一遍实体化妆品生意"，很自然地得到了资本的关注。在资本动辄上亿资金的推动下，它们各自得以全力扩张跑马圈地。

靠自有资金支撑和联营的方式，独写早期开店速度并不算快，从第一家店到第10家店，周建雷用了近一年的时间。随着资本的进入，独写在全国多个二线城市快速拿到优质门面，到2022年5月，已经开出了35家店。

速度更快的是调色师和WOW COLOUR——不仅都背靠大的零售集团，而且均拿到巨额融资。仿佛暗暗较着劲儿，二者官方均宣布在2021年初达到300+门店的规模。这意味着每1-2天即增加一家新店的速度，在企业初创期，没有资本的力量根本不敢想象。

而话梅因为模式的独特性，单店投入高、单个城市容纳空间有限、合适选址等诸多限制条件，到2022年5月为止仅有9家门店，但这也意味着融资后话梅开店速度快了一倍，从两年3家店到两年新增6家店。

新锐美妆集合店的估值也水涨船高，不断刷新着行业的记录。2021年8月，黑洞宣布获得A+轮1亿美元融资，据透露，黑洞此轮估值达到10亿美元，算卜来一家门店的估值超过1亿美元。2022年2月，话梅引入一笔2亿美元的巨额融资，单店估值更是超过10亿元，在"资本寒冬"之下令人咋舌。

明星企业的高速发展也带来了很多跟进者。一时间，全国多地涌现出一些具有网红属性的美妆集合店，其中不乏一些模仿话梅或调色师的玩家。疫情之下的美妆零售市场，看上去一片勃勃生机。

理性回归，方兴未艾

2022年4月15日，话梅在武汉开出了其全国第10家门店。选址在武汉天地这一周边聚集着高端居民的商圈，话梅门店的调性与该地老洋房的建筑风格还算搭配。但经过大量社交媒体的前期种草铺垫，话梅武汉天地店试营业第一天却没能重演门口大排长队的戏码。

黑洞2020年12月开张的第一家门店，就选在武汉人头攒动的楚河汉街。这家店带给了武汉消费者全新的体验，小样和高端化妆品、极富高级个性的门店设计吸引着大量年轻消费者，甚至到开店第二个月的周末仍然需要排队。话梅开到武汉来时，黑洞已在这里存在了近一年半，武汉的消费者或许已经不觉得新鲜了。

这便是新锐美妆集合店面临的最大挑战：逻辑起点都是以新鲜感带给消费者强烈的视觉和心理刺激，从而线上线下引来大量流量。但时间一长，门店一多，打卡的社交价值逐渐消弭，大牌小样稀缺性不再，线上爆品新鲜感消失，流量的长期维系和盈利能力便成为亟待解决的问题。

从2021年下半年开始，美妆业内和资本圈不断曝出"新锐美妆集合店多依赖资本，本身盈利性很差"等传言,尤其是2022年上半年,在全国蔓延的疫情导致化妆品实体零售遭遇重大挑战。在资本"退烧"的过程中,新锐美妆集合店似乎已经冷静下来,开始注重健康、可持续的发展。

其中最重要的一件事,就是关闭盈利能力不佳的门店,以从快速扩张的不确定中找到确定性。前期,这些项目拿融资很容易,资本都"排着队要来见创始人",而他们对于项目的要求主要就是"快速开店,然后再拿下一轮"。这样的环境之下,必然出现不少亏损的单店,给企业的经营造成巨大风险。

因此,在疫情的影响之下,大多数新型美妆集合店系统几乎都在2022年快速闭店,优化门店经营思路,以图安全度过当前融资困难、业绩不振的艰难时期,寻求更长远的发展。

笔者认为,抛开经济大环境的影响,闭店也并不是新型美妆集合店模式失败的证明,而是回归理性发展的"挤泡沫"过程中的正常和应然现象。新锐美妆集合店在场和货上的全面革新,再加之结合线上公域投放及私域运营的打法,相较于传统的CS门店均是巨大的进步;它们的出现给了消费者新的购物体验,也给了新国潮品牌更多直接面对消费者的机会,是有巨大价值的。从问世到现在,这个新事物不过短短3年时间,远未成熟,它应该还有广阔的未来。

传统电商
铁打的平台,流水的品牌

文 / 解数咨询创始人 张杨

从20世纪90年代末至今,中国电商的发展历程已超过20年,但中国美妆产业与电商的结缘不过10余年。

这10余年间,电商平台的发展日新月异,依托电商平台诞生、成长、爆发的美妆品牌,如雨后春笋般涌现。它们当中,有企业短短3年就能上市,也有企业经历了数年挣扎后最终走向没落。当然,也不乏企业经历风浪后,历久弥新。

2007年开始,中国美妆行业开始了电商突飞猛进的重要阶段。因此,本文内容将从2007年开始,回顾中国美妆行业15年电商之路。

2007-2011 淘品牌开路

20世纪90年代末,中国第一批电商平台诞生。但电商真正走到大众面前,还是2003年"非典"之后,随着淘宝网和京东商城网的创立而加速实现的。

2008年开始,淘宝商城(后更名为天猫)、唯品会、乐蜂网、聚美优品、聚划算等电商平台相继成立。这一时期,电商"新世界"的大门,几乎是被"挤"开的。

值得一提的是,彼时聚美优品、乐蜂网这一类美妆垂直电商平台就已经诞生,无疑暗示了美妆消费日后成为电商主流消费类目的必然性。

表面上看,是"非典"撕开了中国电商发展的口子,改变了人们的消费习惯,进而催生了一大批电商平台,实际上,是多个客观条件的成熟,为彼时电商的飞速发展做好了铺垫。

以2007年为重要节点,我们由PEST分析方法着手,从宏观角度来看看,彼时有哪些利于电商发展的客观条件。

P政策:国家首次在政策层面确立了电商发展的战略和任务

任何产业的发展,始终离不开国家政策环境的支持。美妆能在电商平台萌芽乃至崛起,与2007年6月1日,国家发改委、国务院信息化工作办公室联合发布我国首部电子商务发展规划——《电子商务发展"十一五"规划》的举措,密不可分。

这是我国第一个国家级的电子商务发展规划,国家首次在政策层面,确立了发展电子商务的战略和任务。反应灵敏的企业,几乎都能从这一政策中嗅到"热钱"的味道。

E经济:GDP整体增速强劲,社会消费表现出巨大活力

消费活力是激发产业活力的根本推动因素。国家统计局数据显示,2007年国内生产总值24.7万亿元,同比增长11.4%;社会消费品零售总额8.9万亿元,同比增长16.8%。

这两大数据增幅,都处于2003年以来5年中的最高值。其中,2007年GDP是1978年的15倍。改革开放以来,我国GDP年均增速达9.8%。

这一连串数据,凸显着我国社会消费的巨大活力,为电商的发展打下了坚实的地基。

S社会:网民人数持续增长,储备了强大的用户基础

截至2007年12月31日,我国网民总数2.1亿人,略低于同期美国的2.15亿,位于世界第二位。2007年一年,中国网民增加了7300万人,年增长率53.3%,在过去一年中平均每天增加网民20万人。

互联网用户数量的持续增长,对电商消费而言意味着巨大的人口红利。

T技术:第三方支付市场持续增长,电商配套设施日益完善

2003年伴随着支付宝担保交易模式的诞生,以及网络购物市场的发展,第三方支付服务开始成为中国互联网最基础的应用之一。

易观国际发布的《2007年第1季度中国第三方电子支付市场监测报告》数据显示,2007年1季度,中国第三方电子支付市场交易总规模143.26亿元,其中互联网支付市场规模139.31亿,占整个第三方电子支付市场的97%,环比增长16%。

可以说,2007年前后,适合中国电商渠

2003-2007年国内生产总值及其增长速度

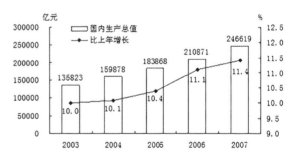

2003-2007年社会消费品零售总额及其增长速度

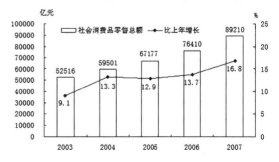

117

道"拓荒"的各项条件已经成型,只差敢于"尝鲜"的企业。这样的背景,往往更能成就一批胆子大、行动迅速的"草根"企业。

2008年4月10日,淘宝B2C平台淘宝商城上线。芳草集、阿芙、御泥坊、膜法世家等作为第一批"淘品牌",迅速跑马圈地。

其中,芳草集曾创下仅用半年时间,月成交额从200万元增长至2000万元的业绩;御泥坊也在2010年,销售额猛增10倍,并在2011年达到近2亿元的销售规模。

它们既代表美妆行业在电商平台开辟了新天地,也打破了美妆赛道固有的品牌座次。

本质上,这些淘品牌是从流量和卖货思路出发,抓住了淘宝的第一波流量红利,并借助平台彼时低价竞争的格局,在供不应求的时代攫取了第一桶金。但由于其中部分品牌缺乏"长线思维",不仅跟不上消费者日益变化的需求,也没有建立起低价之外的核心竞争能力,当日后时代的洪流急转直下,它们开始屡屡受挫乃至走向消亡。

2011-2015 国货大厂"触网"

当第一批淘品牌在电商渠道小有成就时,越来越多的国货美妆大品牌,也开始注意到电商销售的巨大势能。

作为一种全新的销售渠道,电商相比于线下门店,不仅呈现了更丰富、立体、全面的商品,还降低了消费者"货比三家"的成本,提高了交易效率,这很难不让一向就精打细算的传统美妆品牌动心。

2011年之后,国货美妆大品牌"触网"潮来临。

美肤宝、丸美、卡姿兰、韩束、珀莱雅、自然堂……这些如今耳熟能详的国货美妆品牌,均是在这一时期入驻了淘宝商城。以淘宝为切入点,国货美妆逐步打入更多综合电商和垂直电商平台。

这一阶段,也是各大电商平台发展的高光时刻。据欧睿国际的数据,2012年电商渠道占据10.2%的市场份额,较上年的5.3%堪称飞跃。有如此强劲的增长率,品牌商再也无法忽视电商渠道的发展。

或许所有美妆从业者都忘不了,2012年10月一则"陈欧体"广告风靡大街小巷,一夜之间,"首创化妆品团购"的聚美优品和它的CEO出圈了。

更让人诧异的是,这则鸡汤式广告为聚美优品带来了大约上亿的价值。一个月内,陈欧新浪微博粉丝从100万涨到154万;"陈欧""聚美体""陈欧体"百度指数疯涨;聚美优品的UV(独立IP)访问量由100万两三倍地往上翻,一天订单量达20多万,有数据保守估计,彼时聚美优品每天坐收2000万元销售额。

该事件间隔不到两年,2014年5月,聚美优品成功挂牌纽约证券交易所。1983年出生的陈欧,一举成为纽约证券交易所220余年历史上最年轻的上市公司CEO。聚美优品也作为"中国美妆电商第一股"红极一时,成为不少电商人的偶像。

与聚美优品同一年登陆纽约证券交易所的,还有阿里和京东。同样值得一提,这一年,阿里还创下美股"最大IPO规模"记录。

而早于这3家公司两年,2008年诞生、以"品牌折扣商品"为主营业务的唯品会,就已经在纽约证券交易所上市。上市两年,唯品会市值从3亿美元,一度冲上100亿美元。

各大电商平台在资本市场的春风得意,进一步收割着更多美妆品牌对电商生意的向往。

前瞻产业研究院的数据显示,2009年,化妆品行业网络零售额仅124.9亿元,但2014年时,已经接近千亿达975.1亿元。化妆品网络零售额在整个化妆品零售总额中的占比,也从2009年的不到10%,增长至近30%。

"2014年、2015年那会儿,电商多好做

啊!"时至今日,我们还时常听到这样的感慨。

一个同样不能忽视的现象,在彼时发生了:伴随大量传统美妆公司的"触网",美妆电商代运营公司这一角色,开始大量产生。

壹网壹创、若羽臣、悠可等代运营公司,均是在这个时期诞生。这一过程中,它们充分享受到了传统企业转型过程中缺乏线上操盘经验,所释放的线上服务需求红利,并凭借着"电商"概念,深受资本青睐。

一个时代的落幕,总是与另一个时代的开启相衔接。传统美妆品牌在电商平台的阶段性胜利,以2015年天猫"双11",壹网壹创代运营的百雀羚以破亿元成绩,取代上一届冠军——淘品牌阿芙为标志。

相比于第一批淘品牌,这些国货美妆品牌凭借着多年线下销售基础,以及强势电视广告的宣传,积累了强大的用户基数和品牌

聚美优品上市（图片来自网络）

119

知名度。当这批用户对电商购物有了更清晰的认知后，传统品牌可以一定程度依托于线下积累，在线上快速打开品牌销量。

不过，当传统品牌以为能够在电商渠道力挽狂澜，与淘品牌正面较量时，殊不知，一场焦点转移的新战争已然酝酿。

2015-2018 国际大牌入局

2015年，雅诗兰黛集团旗下海蓝之谜、欧莱雅集团旗下赫莲娜两大高奢品牌高调入驻天猫。这两个2000年左右便进入中国市场，且只在高端商场开设柜台的品牌，正式"触网"即被视为高奢品牌圈的一场"地震"，同时也标志着电商之于国际美妆大牌，有了突破式意义。

在此之前，虽已有部分国际美妆品牌入驻天猫，但整体来说，电商在国际美妆集团的规划中，还未上升到足够高的战略地位。在平台端，也没有形成足够大的正向影响，电商仍被打上"低价""假货"等不上台面的标签，与高端品牌一贯的调性相悖。

为了实现触达更大用户群体的目标，天猫美妆提出了"国际大牌全满贯"的策略，即要将在中国市场有影响力的国际大牌悉数招纳进天猫开设旗舰店。以2015年为重要分界线，电商尤其是天猫，开始成为国际大牌"第二官网"，扮演着展示品牌形象、与消费者直接沟通的重要桥梁角色，同时，也让高端品牌通过互联网渠道，触达到了更广阔的市场。

一个特别有说明性的数据是：根据欧睿国际的数据，2015年电商渠道所占市场份额达到18.9%，超出百货渠道0.1个百分点，跃居为仅次于超市的第二大渠道。原本由国际大牌把持的百货渠道，正随着这些大牌的转战电商，市场份额从这一年开始下滑。

天猫美妆联合第一财经商业数据中心发布的《2016中国美妆消费趋势报告》曾显示，2015年，在天猫上，三四线城市消费者购买欧美高端品牌的占比，已达到约30%。西藏、四川、重庆、贵州等中西部省份的消费者，对欧美高端品牌的偏好指数均名列前茅。

在国际美妆集团每年定期发布的财报中，电商对销售额的巨大贡献，也开始屡屡被提及。

欧莱雅集团曾在财报中提到，2015年全年，欧莱雅中国业绩增长仅4.6%，但电商渠道却同比增长了60%；2018年，欧莱雅中国电商业务占比已超过35%。这一阶段，各大美妆巨头都曾因中国市场的巨变，不同程度遭受业绩增长困境，但高端品牌在电商上的良好表现，又迅速为它们扳回了这一局。

国际品牌在电商如火如荼的发展状态，也直观地展示在了天猫"双11"的榜单中。公开数据显示，2015年，TOP5美妆品牌中，国际品牌仅占2席，但到了2018年，TOP5已悉数被国际品牌抢占。

不只是天猫，另一大综合电商平台京东，

内的文字：

海洋愈颜奇迹
由此奢华揭幕

4.21 ~ 4.23
官方入驻 开业盛典

LA MER
海蓝之谜官方旗舰店

2015 年 4 月 21 日，海蓝之谜天猫旗舰店正式上线

对国际大牌也有着强烈的企图心。

2018 年，京东将美妆升级为一级部门，明确打透高端美妆市场的定位。在此之前，京东只有年销售额超过 1000 亿元的业务部门，才会成为一级部门。破格将美妆升级为一级部门，足见京东对于这一市场的重视程度。当年 11 月，碧欧泉、赫莲娜等新入驻的品牌，销售额就已经达到入驻当月的 3 倍。

同年，京东美妆还发布高端美妆珠穆朗玛计划，通过实施精准拉新、微信生态、科技赋能、服务升级 4 大策略，为高端美妆品牌提供更精准的服务。

不管是淘品牌，还是传统国货品牌，在这场没有硝烟的"战争"中，都被国际品牌强势的"下沉"举措，打得措手不及。

国际美妆品牌这套"降维打击"的动作背后，是中国新一轮消费升级带来的红利。

简言之，老百姓兜里的钱变多了。数据显示，2015 年我国人均 GDP 历史性地突破 8000 美元，高品质消费和个性化消费成为一种趋势。高端美妆作为消费当中不可或缺的一部分，在这股浪潮中被带向了新高度。

同时，这一阶段也是我国电商平台，从野蛮逐渐走向规范化发展的重要阶段。

2015 年 5 月，国务院印发《关于大力发展电子商务加快培育经济新动力的意见》，其中明确指出"规范电子商务竞争行为，促进建立开放、公平、健康的电子商务市场竞争秩序""依法打击网络虚假宣传、生产销售假冒伪劣产品等违法行为"。

消费者消费能力和意愿增强，平台环境日益清朗，多方面的保障，为一向注重品牌调性的国际大牌入驻电商平台扫除了顾虑，营造了更为健康的生长环境。

2018-2022 新力量登场

当国际大牌顶着光环，在天猫、京东等主流电商平台"围剿"传统品牌时，殊不知，新锐国货美妆力量正另辟蹊径，悄然酝酿着一场美妆行业的大变革。

小红书是这场变革的开端力量。2018年2月，完美日记开始将小红书作为重点渠道运营，并配合上新周期及618、"双11"大促，加大投放力度，迅速提高了销量。当年天猫"双11"，完美日记开场仅1小时28分钟，便突破1亿元销售额，成为天猫美妆首个成交额破亿元的彩妆品牌。

完美日记的出现，让电商平台纷纷开始意识到，一股新的爆发力量正在诞生。

2018年，天猫美妆发起首届"新锐品牌创业大赛"，通过对中国新锐品牌的筛选、培训赋能与平台性资源扶持，让更多具备潜力的新锐品牌，借助互联网渠道获得弯道超车的商业机会。Rever、自然旋律、Hedone等品牌，均是从这一届大赛脱颖而出。另一大综合电商平台京东，也在通过新锐品牌日、榜单推荐等举措，助力国货品牌出圈。

不同于第一批淘品牌靠低价竞争博眼球，也不同于传统国货美妆固守巨大的成本价格差，这批新锐美妆品牌不仅用标新立异的概念，以及差异化的种草方式，获取了95后年轻消费群体的共鸣，还打穿了传统美妆品牌的价格体系，以极致的性价比为自己赢得了一批狂热的用户。

这是一个用户拥有话语权，消费个性被无限放大的时代。用户的兴趣，决定消费渠道和消费额度。

这样的消费价值观，不只让新锐国货品牌在传统电商上焕发了生机，也培养了直播电商和兴趣电商爆发的土壤，让一批新品牌在短时间内，通过淘宝直播和抖音、快手，快速完成声量、销量的原始积累。

2018年，天猫美妆新锐品牌创业大赛在当年的中国化妆品大会上正式发布

《2019年淘宝直播生态发展趋势报告》显示，2018年淘宝直播平台带货超千亿元，同比增长近400%；加入淘宝直播的主播人数，同比增长180%，可购买商品数量超过60万款。2021财年，淘宝直播的GMV已超过5000亿元。

抖音和快手在电商方面的动作虽稍晚一步，但势头令人侧目。晚点LatePost报道，抖音电商2020年GMV超5000亿元，是2019年的3倍多。快手电商2021年GMV达6800亿元，同比增长78.4%。其中，品牌成为电商业务快速发展的推动力，第4季度快手品牌自播GMV，达到1季度的9倍以上。在美妆行业，以抖音为代表的新电商平台，展现了"恐怖"的增长潜力。2022年年中，截至本文成稿时，抖音平台的护肤品销售体量已达到成立近20年的淘宝的一半左右。而这距离抖音宣布进军电商，仅仅过去了不到3年。

水大鱼大，在新的电商平台快速发展之下，也在重新塑造着美妆行业的格局。花西子、COLORKEY、PMPM、Spes、黛莱皙、朵拉朵尚等一批美妆行业新品牌，便是借助直播电商和兴趣电商渠道，迅速跻身行业前列。

然而，美妆江湖的格局不会一成不变。任何一种电商渠道，也不会只为某一种类型的品牌而存在。

不断涌现的新渠道，虽成就了一批又一批新品牌，但历史的经验已经反复验证，仅凭借渠道释放的红利，美妆新品牌没有办法走向更远的未来，更无法与已经有着多年扎实积累的品牌竞争。

把每一种新兴的电商平台，视为品牌销售的常规渠道，并以高度的敬畏心去研究它们，才能收获渠道带给品牌的复利。

时至今日，新锐品牌之外，传统品牌如珀莱雅、自然堂等，国际美妆大牌如欧莱雅、雅诗兰黛等，淘品牌如阿芙等，在穿越重重周期后，仍然活跃于各大电商平台，在美妆生态中扮演着重要角色。

在美妆电商平台十余年的变迁中，这些品牌或许不是第一时间挖掘到每一个新平台的红利，但它们总能快速顺应时代的变化，掌握每一个新平台的规则和玩法，并快速适应它，在激烈的竞争氛围中，完成"适者生存"的蜕变。

2022年的天猫618大促护肤TOP10榜单上，国货品牌珀莱雅和薇诺娜赫然上榜。可以看到的是，在国际大牌的包围下，仍有穿越多个周期的国货美妆品牌在传统电商平台上呼风唤雨。

在新老国货品牌顽强的支撑背后，可以看到，不管电商渠道如何向前演变，品牌与渠道共生的底层逻辑不会改变。掌握这一底层逻辑的品牌，总能适应时代变化，穿越周期获得新生。

在如今这个个性化消费爆炸的时代，新旧美妆品牌的较量不会停止，美妆与电商平台的传奇交融，也还将浩浩荡荡。作为见证者和参与者，我们与有荣焉。

内容电商
流量易变,内容为王

文 /蝉妈妈COO赵鑫,蝉妈妈数据分析师王佳晗

在信息快速发展的年代,人们对时尚的审美也逐渐提高。信息媒介的升级,专业美妆 KOL 对美妆护肤知识的普及,使美妆信息传播更加多元化,如直播、短视频、自拍、即时聊天、图文等。

从微博崛起的黄金时代,微信公众号铺天盖地的软植入,再到小红书的兴趣种草,和现如今的抖音快手"内容＋电商"的新型互动形式,不同渠道各有特点。本文将以不同强势渠道时期下的品牌案例为抓手,一窥我国美妆行业近几年内容电商的发展历程。

一、2013-2015:
微博黄金时代玩转免费流量与社交裂变——WIS 品牌

2012-2013 年国内社交网络刚刚起步,此阶段正处于经济发展高速时期。随着人们消费水平的提高,穿搭时尚与护肤的风潮渐起。微博作为我国最早一个集流量、社交及粉丝三体一身的平台,吸引了大量年轻用

WIS品牌时间线梳理

破圈拉新从"免费送"做起,利用微博平台属性进行社交扩散

第一次在微博渠道转发"免费送"的活动,是一瓶香水、一本杂志、还有一片面膜,大概两到三个小时就全部告罄,转发量高达8万+,带来5万+的粉丝量

"520希粉节活动",微博渠道当天引发了2亿+话题阅读数,5.4万次转发

| 2011 | | 2014.3 | 2014年销售额过亿 | 2016 |

开始逐步盈利

2013.9   2014.5

WIS品牌创立

第二次微博渠道"免费送"包邮送10万支祛印净化凝胶,12小时内转发超过10万次。此次活动耗费经费超千万,换来300万+粉丝量

销售额突破6亿随后稳定增长

户。当年微博用户集中在18-35岁之间,对美妆内容尤为关注,这部分年轻用户正是WIS品牌的目标用户。

WIS品牌创始人结合了自身的祛痘经历与当下年轻人的祛痘困扰,加之当时市场缺少针对祛痘细分人群的护肤品,于是确定了WIS专注化妆品祛痘类目的发展方向。

当时的微博用户是在浏览广告软文的过程中,被动接收了信息。商品的植入过程是隐性的,引发用户的购买欲望。而在传统电商时代,用户先产生明显的购物需求,再去平台选购。微博逐渐打破了这一购买模式。

WIS在微博每天推送不同的主打产品,比如祛痘印凝胶。它借助微博海量的用户池,广泛触达目标用户。同时也巧妙利用微博广告机制,同个用户多次接收广告展示,通过轮播加深用户对品牌的印象。微博为WIS品牌配备了20+个账号,平均每款主打产品拥有3-4个推广账号,定制化推广内容[1]。

微博的社交功能也被WIS玩转。品牌微博官方账号通过话题和活动,获取"免费"流量。用户主动与品牌互动,转发内容触达更多用户,实现二次传播和活动效果裂变。当官微有了一定的粉丝积累,下一步该做的就是如何进行破圈拉新。

2013年11月,快乐大本营主持人维嘉发布的图文微博,品牌市场声量快速增强。同时期韩庚、谢娜、何炅、李湘等明星对WIS相关信息转发

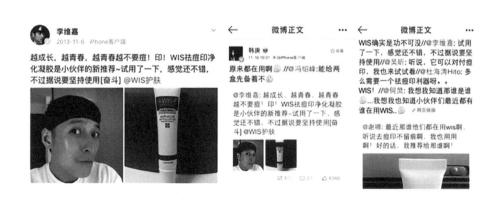

互动,也引起了各自粉丝群体的关注,为WIS带来了二次的传播效果。

除了明星互动式宣传,时尚大V合作也没落下。雪梨sherrie多次推广WIS的广告,以@雪梨sherrie单个账号为例,其视频曝光人数达1.3亿,播放总量达3204W,播放率23.9%,互动率24.3%,每个微博用户都能多次

看到品牌推广,使之深入人心。

　　WIS的官方微博号为了与用户产生更大的黏性,创建了虚拟角色"小希"。通过IP角色的引入不仅让官方微博生动了起来,更让WIS的官微矩阵迅速成形,输出小希大学堂、小希爱八卦等个性化微栏目,深耕品牌自有流量矩阵。借助玩笑八卦与专业护肤理念的双向输出,WIS粉丝转化率极高,直面年轻消费者,形成口碑传播。

　　经过轮番的营销轰炸和用户运营,WIS这个年轻品牌迅速进入大众视野。微博内容以祛痘困难,皮肤差内心自卑等用户痛点为重点营销方向。通过一些现实场景拉近产品与用户的距离,实现种草,再配合淘系渠道做好流量承进行转化。

　　2014年,WIS的微博运营手法爆火,成为业界的标杆范例。遗憾的是,WIS的微博营销创新也止步于此。依旧是铺天盖地的微博营销,但已经跟不上时代的发展,反而因为过度曝光使微博用户感到厌烦。不过从营销传播的角度来看,WIS的微博营销策略放到现在仍不过时。

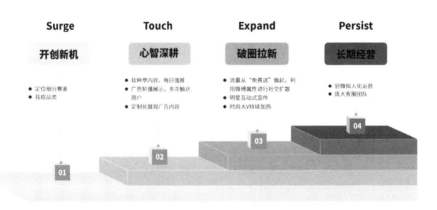

二、2016-2018:
成功捕捉微信公众号生态红利——HomeFacialPro 品牌

　　依靠微博崛起的红利,WIS用大水漫灌的方式刷屏,取得年销售额过亿元的成绩。2018年,依靠微信公众号的红利,HFP屡屡成为10W+爆文里的常客,国货头牌再次易主,HFP荣耀登顶。这时的营销策略依然是站外种草,淘系做流量承接转化。

HFP品牌时间线梳理

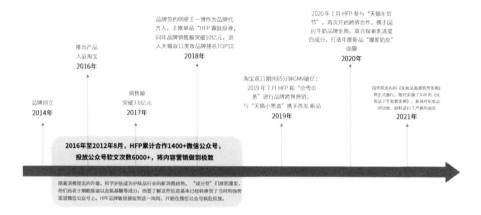

品牌签约明星王一博作为品牌代
言人,主推单品 "HFP寡肽原液";
同年品牌销售额突破10亿元,进
入天猫双11美妆品牌排名TOP10
2018年

2020年1月HFP参与"天猫年货
节",再次开启跨界合作,携手国
民牛奶品牌金典,联合探索牛奶蛋
白成分,打造年度新品"爆浆奶皮"
面膜
2020年

推出产品
入驻淘宝
2016年

销售额
突破3.6亿元
2017年

淘宝双11期间65分钟GMV破亿;
2019年7月HFP和"全家の
茶"进行品牌跨界营销;
与"天猫小黑盒"携手首发新品
2019年

品牌创立
2014年

国家发布的《化妆品监督管理条例》
将正式施行,现代化实施了30年的《化
妆品卫生监督条例》,新版对化妆品
的功效、原料进行了严格的规范
2021年

2016年至2012年8月,HFP累计合作1400+微信公众号,
投放公众号软文次数6000+,将内容营销做到极致

随着消费理念的升级,科学护肤成为护肤品行业的新消费趋势。"成分党"们崛起爆发,
他们热衷于烟酰胺原以及氨基酸等成分,而要了解这些信息基本已经转移到了当时的渠势
渠道微信公众号上。HFP品牌敏锐捕捉到这一风向,开始在微信公众号疯狂投放。

HFP迅速起量的原因绝对离不开对微信公众号的疯狂投放。HFP根据账号内容、气质等定制宣发内容,公司文案写手统一制作各类产品软文,每一款产品有相应软文介绍。比如,女性向账号的内容是女人要白(一白遮百丑)、女人要活得高级、女性要多爱自己一点等这类内容,迎合当时的女性消费者主流心理。

从产品来看,HFP在包装设计以黑白两色为主,迎合年轻群体对于性冷淡风的追捧,用有效成分命名产品。品牌定位是"专业药妆护肤品牌",广告语是"以成分,打动肌肤",通过瞄准成分这一细分赛道,提倡精简护肤,吸引用户。这些细节,为HFP的社交平台内容营销奠定了基础。

从渠道来看,HFP通过微信公众号运营完成了营销投放渠道的建设。适逢微信公众号生态红利时期,HFP品牌主打成分护肤,本身具有话题性。这些知识科普、专业测评、成分解析、用户反馈等为"成分党"提供了丰富的内容,满足年轻消费者对功能性护肤品的需求。HFP在微信公号疯狂地投放广告,通过公众号外溢流量、微博倒流、淘系内容投放拉动天猫店的销售额增长。

2016年3月-2018年8月期间,HFP累计合作1400+个公众号,投放6200+软文[②],对于重点账号会多次投放。通过"功效+品牌故事+优惠"的文案架构深度种草,依靠强大的内容生产力,进行深度用户教育,实现拉新拓客转化。

HFP投放账号矩阵主要有三类。第一类是粉丝量庞大的公众号,如知音、读者、青年文摘、笨鸟文摘、南周知道、名创优品、虎嗅App、丰巢智能柜等,尽可能多触达用户。

第二类是垂直类科学护肤类公众号,如寻药妆、时尚临风、仙女养成大法等。公众号内容以科学护肤为主,通过垂直类公众号触达关注药妆的目标用户,促进读者转化为品牌粉丝,产生购买行为。

第三类是与自身"小众气质"相符的公众号,如余点的 Queen 主义、Katherine 碎碎念、张心容、十三姨的异想世界等。通过深挖核心用户圈层,不断聚焦深度用户,进一步提升社交运营能力,从而扩散影响更多目标受众。

HFP的渠道投放策略从密集投放过渡到集中投放,从野蛮生长走向精细化运营。

从价格来看,在价格策略上采取小容量低总价。15ml烟酰胺原液售卖99元(正常护肤品30ml起步),单品价格亲民,普遍百元以下,让消费者愿意尝试。

从截图信息中可以看到HFP品牌的烟酰胺原液产品对标sk2的小灯泡和olay家的美白瓶,价格对比凸显自己小容量低总价的优势。

(以下截图均来源于名创优品2019年微信公众号)

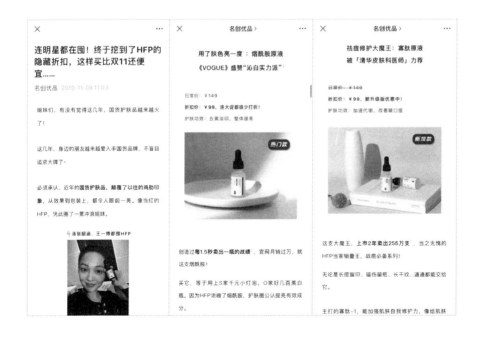

从推广来看,HFP很懂得迎合自身的受众。2018年,HFP签约明星王一博作为品牌代言人,他的粉丝群体也正是HFP品牌的精准消费人群。

王一博出镜的宣传海报、视频、周边产品配套相关促销活动,赢得大量粉丝的追捧,多款产品创下单品销售量突破百万瓶的记录。同时品牌方通过策划一系列的粉丝活动和微博话题,带动粉丝参与话题讨论,形成更大的传播声势。

与此同时,HFP与其他行业品牌联名合作,如奈雪的茶和牛奶品牌金典。跨界营销能融合品牌之间共同的目标消费群体,共享用户,放大品牌效应。

不得不说,在营销策略方面,HFP有过人之处。通过传统的4P打法,用3年走完了普通化妆品品牌十年多的道路。

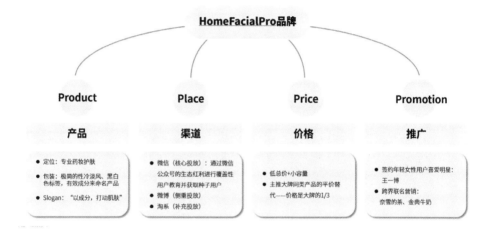

而这迅速崛起的3年,暗中被命运标注了价格。

HFP在2018年通过疯狂投放微信公众号达到顶峰,而后滑落。公众号的转化率严重下滑,这代表着HFP公众号营销模式已经走过了巅峰转化期。用户开始抵触过度营销,并形成自己的购买判断。

三、2018-2020:
小红书特有的 B2K2C 模型先锋者——完美日记

小红书平台的变现路径与微博有相似之处。二者依靠内容互动种草品牌,向综合电商平台导流。同时,利用平台信息流增加达人笔记和专业号笔记的热度。

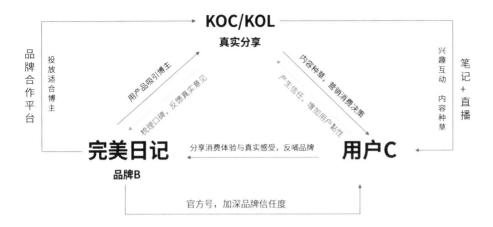

小红书的商业化发展路径是"以社区内容为依托，完善B2K2C模型，形成以种草为核心的广告模式"。

不过一年的时间，依靠小红书的场景种草和特有的B2K2C模型，完美日记这匹黑马杀出重围，成为销冠。而同期WIS和HFP的黯淡，都代表着消费者对过度营销的反感。用户对品牌的营销广告注意力开始分散，内容电商的精细化运营正式拉开序幕。

完美日记的策略是批量化打造爆品，可以分为三步：

第一步，新品发布前在小红书铺设笔记，制造声量；第二步，新品发布时官方号下场推出话题和转发抽奖等活动，促进销售转化；第三步，新品发布后利用前期达人笔记吸引自然流量，用户自发的真实评价既能维持

完美日记品牌时间线梳理

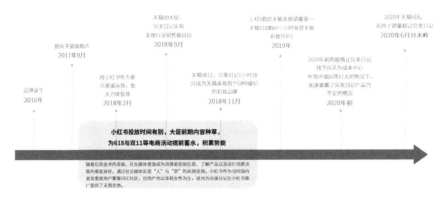

完美日记发布新品打法解析 -《探险家十二色动物眼影》

蓄水期
2019.03.05 – 03.15 声量打造
探险家十二色动物眼影在天猫平台上进行预售,同时小红书多位百万级别粉丝博主发布新品分享笔记,取得用户大量关注度。

← 03.15新品正式上线

增长期
2019.03.16 – 03.31 销售转化
完美日记官方账号推出新品话题"探险家动物眼影"分享,转发抽奖等活动,助推新品销售转化;同时联合多位中腰部美妆垂直类博主分享产品测评,生产打造妆容效果等内容。

保持期
2019.04.01 – 04.15 口碑传播
借靠小红书特有的B2K2C模型,KOC、KOL真实分享影响用户群体消费决策,这时会出现用户自发的真实评价,不但能够维持发布新品的热度,也实现了口碑传播。

新品的热度,也会传播新品的口碑,相关内容会产生二次裂变。

值得一提的是,完美日记会选择在电商平台大促预热的节点发布新品。因为有助于打造爆品,为电商大促积累势能。品牌可通过大促节点冲刺销量,销售额得到爆发式增长。当流量上涨稳定,品牌可搭建私域流量来增加用户复购。

完美日记在小红书崭露头角时,投放方法被许多品牌争相模仿。其投放的核心是建立投放矩阵"明星＋头部达人＋腰尾部达人＋素人",撬动平台池子的自然流量。

完美日记的投放笔记分为垂直类和覆盖类。以内容种草的教程类笔记为主,展示多张使用过程图片。垂直类笔记的标题或文本会提前抛出用户痛点,如"内双不知如何化眼影,怎样有效化大眼妆",随后抛出操作步骤或是解决方案;覆盖类笔记通过打造特定的场景,拉近产品与用户实际生活的关联,实现场景化种草。比如通勤、约会、课堂等日常场景。

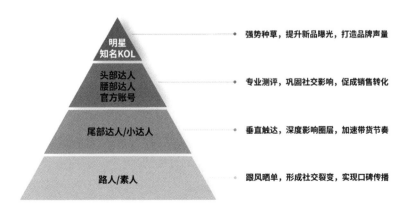

明星
知名KOL
→ 强势种草,提升新品曝光,打造品牌声量

头部达人
腰部达人
官方账号
→ 专业测评,巩固社交影响,促成销售转化

尾部达人/小达人
→ 垂直触达,深度影响圈层,加速带货节奏

路人/素人
→ 跟风晒单,形成社交裂变,实现口碑传播

笔记核心内容能够满足用户主要的搜索诉求，并确定目标人群，如上班族、学生党等。

另外，官方账号主要负责调动用户积极性，内容以品牌活动为主，持续曝光，维护用户对品牌的忠诚度。

完美日记在小红书的营销投放策略大获成功。不仅在美妆类别，在整个消费大类中也是令人难以望其项背。但随着平台热度上涨，日益攀升的流量成本倒逼品牌方着手搭建私域流量。毕竟，品牌持久增长的动力不仅依靠拉新，更要靠复购。

相比风光上市美股的顶端日子，完美日记如今相对沉静下来。曾经

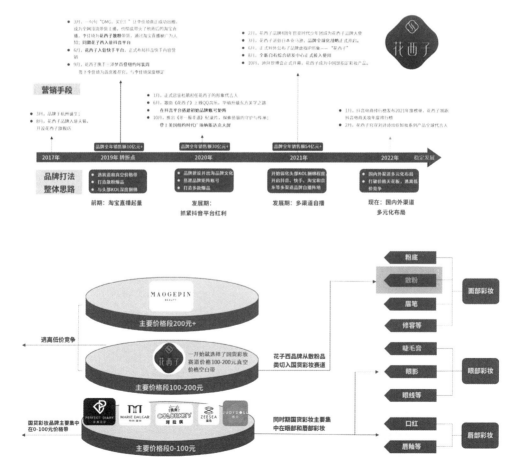

	抖音	账号名称	首次发布视频时间	粉丝数	作品数	店铺好物	商品来源	账号内容
花西子抖音渠道账号矩阵搭建	1	花西子官方旗舰店	19-03	884.6W	1696	173	花西子官方旗舰店	产品展示、直播高光和场景小故事
	2	彩妆有术	20-07	39.9W	350	61	花西子官方旗舰店	美妆教程，以打造中国女妆为主
	3	东方有佳人	20-09	95.9W	240	55	花西子官方旗舰店	古装故事、汉服
	4	花西子客服	20-09	40.7W	230	51	花西子官方旗舰店	客服视角：突出优质售后保障服务，进行产品科普
	5	礼待佳人	20-10	56.4W	203	68	花西子官方旗舰店	礼仪知识分享，古典服装与产品结合
	6	花西子产品教程	21-06	2336	131	50	花西子官方旗舰店	品牌商品使用教程
	7	花西子品牌直播	21-08	12.8w	161	21	花西子官方旗舰店	商品宣传、直播高光片段
	8	花西子在海外	21-09	2469	161	36	花西子官方旗舰店	海外达人使用产品视频
	9	花西子Florasis	21-11	5.1W	162	33	花西子官方旗舰店	新品宣传、产品故事、公益活动、代言人影片
把精准人群输送到花西子官方旗舰店	10	戏曲红妆	21-12	2.9W	11	0	花西子官方旗舰店	戏曲文化传承
	11	花西子礼物精选	22-01	5.1W	282	48	花西子官方旗舰店	时尚美妆小课堂、直播高光片段

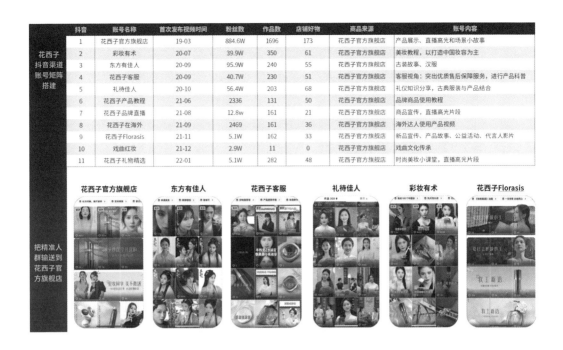

的成功离不开对流量市场的敏锐嗅觉，而现在，完美日记继续要在流量红利时代的转变之际，再次寻找转型之路。

四、2019- 至今：
借力淘宝直播，抓紧抖音红利——花西子

　　根据2019年天猫"双11"数据，李佳琦直播间为花西子带来的总流量高达75%+。自从花西子深度绑定了李佳琦，并邀请这位超头部主播成为品牌的首席推荐官后，花西子的销量如同搭上火箭，保持16个月的持续增长。2020年618节，花西子登顶天猫GMV第一，打败完美日记成为新的国货之光[3]。

　　花西子瞄准的是100-200元的价格空白带。首先是为提升品牌客单价做准备，其次是极大地减少了竞争对手，远离国货彩妆一直以来的低价战争。

　　当时的竞争对手主要聚焦眼部和唇部产品。花西子另辟道路，打造了爆款底妆单品"空气散粉"。这一爆款直到如今仍是花西子的销量王。花西重金押注散粉品类，用一个爆品带动品牌高速成长。

除了爆款单品,花西子也在开发自身的产品矩阵。与一些闭门造车的品牌不同,花西子从品牌起步期就在微博定期招募产品体验官,参与新品的研发过程。用户主动参与其中,能最大程度地调动产品与用户间的情感联系。这既能提供营销素材,又能增强客户的忠诚度。

李佳琦直播间里的品牌方们迎来送往,而花西子是在他的直播间出现次数最多的品牌。与头部KOL深度合作,对品牌知名度和销售转化大有裨益,品效合一效果更明显。

即使通过李佳琦的直播间迎来了高增长,花西子仍有意识地弱化与头部主播李佳琦的捆绑程度,开启品牌自播阵地,把流量逐步过渡至自己手中。2020年6月,花西子开始布局抖音和快手渠道的账号矩阵,还有其他主流社交电商平台,如小红书、哔哩哔哩等。

品牌进入了稳定的发展期,需要积累自身的人群资产和掌握渠道的能力。

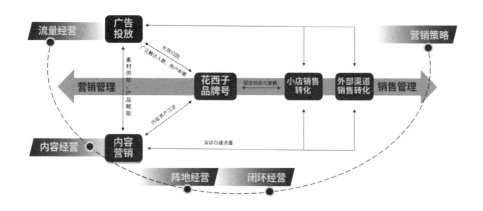

花西子抓住了抖音平台的红利期,风生水起。那么,花西子具体做了哪些动作呢?

首先是流量经营。花西子利用抖音特有的广告投放优势,先后投放了开屏广告,举办抖音挑战赛,创建花西子特有的品牌落地页话题。目的是在抖音渠道快速获得品牌声量,广泛触达人群。

其次是阵地经营。花西子账号是抖音品牌自播的种子选手,早在2021年3月就开启了品牌自播之路。抖音的品牌账号矩阵促进销售转化。各个账号的风格围绕着"东方文化"展开,把精准人群输至花西子官方旗舰店直播间,完成抖音渠道流量的闭环经营。

最后是内容营销。花西子账号矩阵内容各有侧重，如彩妆有术账号重点输出彩妆教程，吸引国妆用户；东方有佳人账号内容偏向汉服、古装，以剧情小故事为主，吸引与古典文学和汉服相关的人。这些子账号能够圈定精准人群输送至品牌主账号，在直播间或是小店完成闭环转化。

随着内容电商与种草平台变多，用户的注意力分散至多个渠道。提升品牌精细化运营内容的能力显得尤为重要。而花西子有着丰富的品牌维度对内容展开营销动作。

在产品上，配方多选择带有文化底蕴的成分，如桃花、珍珠粉、蚕丝粉、松烟药墨等，同时搭配历史人物的故事来诉说产品，与品牌文化相契合。例如，松烟行云眼线液笔便是与三国时期制墨家仲将的故事相结合。产品包装融入东方元素，如浮雕设计、同心锁，打造东方彩妆的产品理念。

在520节点推出同心齐眉套装，618与年货节都推出东方佳人妆奁，在大促节点下推出组合类商品。既能形成"送礼佳品"的品牌心智，又能提升品牌客单价。

在品牌实力上，花西子的一系列动作试图对外传递一个有强劲科研能力的形象，迎合消费者越来越注重企业研发背景的趋势。

母公司宜格集团打造全新自有综合研发中心，深耕以"以花养妆"为特色的自主配方研究，不断完善自有配方库。花西子也与多家顶级美妆科研机构携手，与国际一流的多家原料供应商达成战略合作，遍寻全球优质的11个特色花卉研究基地。

在传播上，花西子同样搭建了矩阵。

以销售为导向，面向大众的方式有跨界联名和明星代言。"花西子×泸州老窖·桃花醉"限量定制礼盒开创了彩妆与白酒的跨界品牌营销先河。花西子的代言人如鞠婧祎、杜鹃和刘诗诗等，贴合品牌文化的东方古典美，而时代少年团的选择是为了贴合年轻女性消费者。

在传承传统文化的高度方面，花西子也颇有建树。2020年10月，花西子携人民日报新媒体及李佳琦共同推出《非一般非遗》纪录片。纪录片第一集是在贵州省雷山县西江千户苗寨里探索苗族银饰的工艺与文化，上线当日观看量便突破1000万，引发网友的强烈关注。花西子趁热打铁，以苗族元素作为设计灵感，将苗银技艺与现代技术结合，共同打造了苗族印象高级定制系列产品。

花西子承担着文化出海、输出东方彩妆文化的品牌使命。这既是品牌自觉，也是大众层面的期许。

花西子曾登上纽约时代广场纳斯达克大屏，发布了"苗族印象"产品的巨幅海报。2021年3月，花西子进驻日本亚马逊，品牌全球化战略正式开启。同年10月迪拜世博会正式开幕，花西子成为中国馆指定彩妆产品。2021年6月，《花西子》这首主题曲上线，由周深演唱，方文山作词，陈致逸作曲，进一步沉淀品牌资产。

这一套组合拳下来，品牌对外传递的信息非常明了。花西子是一个投入了大量的时间、精力和金钱去做品牌建设和文化内容价值塑造的"东方美学彩妆品牌"。

五、阶段性总结

上述案例里的品牌获得成功可以看到有共通之处。

品牌初期从细分赛道入局，确定精准客群。WIS祛痘品类，HFP主打护肤成份，完美日记眼影盘，花西子空气散粉，均是集中精力去打造一款爆品，让用户对品牌有初始印象，再利用"明星+KOL"种草的方式破圈拉新。

不同时间及渠道下品牌营销策略

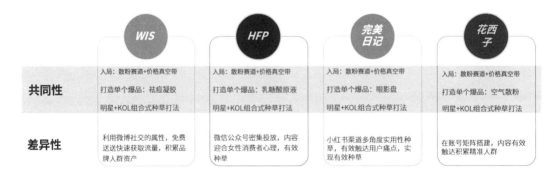

	WIS	HFP	完美日记	花西子
共同性	入局：散粉赛道+价格真空带 打造单个爆品：祛痘凝胶 明星+KOL组合式种草打法	入局：散粉赛道+价格真空带 打造单个爆品：乳糖酸原液 明星+KOL组合式种草打法	入局：散粉赛道+价格真空带 打造单个爆品：眼影盘 明星+KOL组合式种草打法	入局：散粉赛道+价格真空带 打造单个爆品：空气散粉 明星+KOL组合式种草打法
差异性	利用微博社交的属性，免费送送快速获取流量，积累品牌人群资产	微信公众号密集投放，内容迎合女性消费者心理，有效种草	小红书渠道多角度实用性种草，有效触达用户痛点，实现有效种草	在账号矩阵搭建，内容有效触达积累精准人群

这几年大火的品牌，都选对了渠道进行内容种草。抓紧渠道发展的红利期，加上得当的营销策略，品牌站在风口飞起来不是一件难事。

但随着强势渠道影响力的扩张和人群渗透，会吸引各个行业头部品牌入驻渠道，这时会严重挤压靠渠道红利起势的新锐品牌的生存空间。完美日记从小红书起量后，各大品牌争相模仿完美日记的打法，将小红书作为重点投放渠道，广告投放成本不断增加。品牌方对KOL处于竞争状态，KOL报价水涨船高，小红书渠道的红利逐渐消失。

当一个渠道的流量红利吃尽，品牌方就会转战下一个渠道。在没有下一个渠道红利期的时间里，品牌方就要做好全渠道精细化运营，同时要注意产品力和品牌力提升，这决定了品牌的生命周期。

唯有深耕研发，具有持续创新精神，不断迭代产品，品牌才能走远。同时也要注重用户和品牌之间的联动，只有当客户体验和品牌建设之间建立了良性的互动关系，才能使品牌力得以持续地增长。

内容电商发展历史不长，但我们已经见证一个个品牌横空出世，也目睹一个个品牌衰落消逝。不过我们相信，山外青山楼外楼，更有美景在前头。美妆行业一直是尝鲜试新的前沿阵地，勇做弄潮儿，化妆品在内容电商平台的故事还会一直讲下去。

1 盛夏传媒,美妆狙击手:微博段子手出身的WIS:走向10亿背后的小米式营销,2019-06-21
2 我是CK,CK商业逻辑研究:[10/24第82篇]HomeFacialPro2016-2018年微信公众号投放全纪录解读(上),2018.
3 晓梦,消费界:新潮国货给渠道打工,逃不过的结局? ,2021-08-09

社区团购
从平台厮杀，到拥抱价值

文 / 麦营销新零售咨询机构首席顾问 陈海超

2022年春天，上海"十万团长"的身影奔波在各个小区，保障居民的生活。从青菜到水果，从咖啡到炸鸡，从剪发到睡衣，无所不"团"。社区团购再次风风火火地杀了回来，搅弄风云。经历了野蛮生长、激烈淘汰的新零售渠道在特殊时期大放光芒。

但疫情过去后，社区团购却没有迎来新的生机，头部平台也不再攻城略地，而是逐步收缩战场。从2015年至今，这个新兴渠道起起伏伏，行业里也在观望和揣度它的未来。本文将回顾社区团购的历史，一窥化妆品行业在这一渠道的发展前景。

一、社区团购发展历程

起步期：雨后春笋，百花齐放

2015年，拼多多拼团出现，带来了社交电商的新模式：依附于微信的社交生态＋下沉市场。你可以在拼多多找到一款中意的低价商品，分享链接到微信朋友群，请朋友"砍一刀"助力更低价格，或者直接与你一起拼团购买商品，再通过微信完成支付。

这种看似不起眼但"病毒式"的营销裂变玩法帮助拼多多在淘宝、京东两大势力压制中快速崛起成为电商第三极。从微信红包推向大众，经过2~3年用户习惯养成，微信支付和红包也让小金额购物更加顺其自然。微信在2015年已有10亿用户量，基于此的拼团让拼多多以较低的成本获得了广大下沉市场的用户。

但此时的拼多多团购主要体现在购买形式和解决部分销售压力上，还没有形成社区地理位置和以团长为中心节点的供应链考量。

　　而上海的社区平台虫妈邻里至2015年已积累3年的团购经验，崭露头角，开始设立小区提货点。主打产品是手工产品和蔬菜蛋奶，还有坚果零食、米面粮油和新鲜水果等，提货方式是送货上门或门店自提。

　　它是一个以周边社区为核心的社区生鲜平台。创业初期"开特斯拉，卖放心菜"高格调的推广方式树立了虫妈邻里团追求高品质、健康安全的形象，笼络了一批具有较高消费力的忠诚客户。但较高端的定位也限制了扩张，从当时的一线城市市场来看，社区团购仍未形成规模化发展。

　　2016年，长沙市的街头巷尾有一群人双线作战，一边让小区居民扫码加入微信群，另一边联络周边多个店铺老板，与其谈判最优惠的团购价格。再由发起人，也就是"团长"将团购消息发至微信群，居民完成下单。但规模始终受限，商品品类不够丰富，操作方式也停留在手工记账阶段。

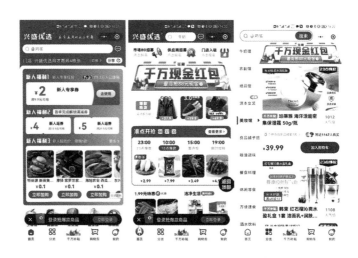

　　2017—2018年间，随着微信小程序等促进社群交易的工具出现，有供应链组织能力的企业得到发展，线下门店开始加入。SKU逐渐丰富，三线城市加速拓展社区团购市场。芙蓉兴盛便是最能体现这一时期社区团购发展的典型案例。

芙蓉兴盛成立于2001年，在湖南市场深耕多年，是当地最大的连锁便利品牌。受线上电商平台的冲击，芙蓉兴盛考虑转型。

2014年，芙蓉兴盛整合了上万家夫妻零售店，开始孵化兴盛优选电商。

2015年门店搭建电商平台，销售店内商品，由店主负责送货给顾客，收取送货费。但由于没什么顾客下单，这种"自配送模式"在运营一个月后以失败告终。

针对上一次失败经验，兴盛优选改进模式，采用"网仓配送"模式。建立自有仓库和配送团队，用补贴吸引顾客，但以亏损2000万宣告结束。

2016年，更靠近采购点的"配送站"模式出炉。在菜市场旁设立配送站，吸引菜场商户成为配送站的加盟伙伴，满足配送站缺货后临时补货的需求。但这种模式让门店参与感不高，最终运营半年后团队解散。

受快递自提点的便利店零售业务的启发，兴盛优选在2017年推出"预售+自提"模式。店长化身为团长，在附近小区招揽顾客，在微信群里发送自家店铺的低价新鲜食材，获得订单信息后录入系统平台，平台凌晨统一采购，次日送至店铺，店主团长通知用户取货。这一模式很快跑通，推广到60余家门店，订单量也快速攀升。

2018年1月，孵化已久的电商平台——兴盛优选正式注册成立。兴盛优选有自己的物流体系阿必达，覆盖"市、区、县、镇、乡"五级服务点。自有供应链是兴盛优选能快速下沉到村镇市场的一大优势，相比其他轻运营模式的社区团购平台有更大的竞争力。

兴盛优选等专业的社区团购平台在二三线城市的成功验证了区域模式的可行性，这加速了社区团购规模化扩张阶段。从长沙兴起，团购企业向北京、江苏、广东和浙江等地迅速铺开。

除了兴盛优选，当时知名的平台有每日一淘、食享会、考拉精选、虫妈邻里、松鼠拼拼、呆萝卜，等等。与此同时，大公司也注意到了等待爆发的社区团购。他们开始布局，注资社区团购创业公司。

2018年8月，十荟团宣布获得1亿元天使轮融资，投资方为真格基金、启明创投和愉悦资本。成立时间不到4个月就能拿到如此大的投资背书，当时赛道的热度可见一斑。据不完全统计，2018年社区团购融资达45亿元人民币。

扩张期：鲜花着锦，烈火烹油

2019年，资本对社区团购的热情延续到年中。从下半年开始，行业进入洗牌期。表现优异的企业被互联网巨头和知名基金压中，比如十荟团获得阿里巴巴A轮融资，腾讯也战略投资兴盛优选。至此，兴盛优选、十荟团和同城旅游集团孵化的同城生活成为区域龙头。

但是也有被淘汰的选手，一些中小创业平台因资金和经营问题等撤出多个城市和宣告倒闭，比如松鼠拼拼和呆萝卜。

2020年，新冠疫情使无接触配送的社区团购保障了民生和安全。这一赛道再受关注，迎来红利期，交易额扩张迅速。据网经社数据显示，2020年国内社区团购市场交易规模750亿元，同比增长120.58%。团购用户已达到4亿人。

所以互联网公司除了投资社区团购企业，也躬身入局。

2020年6月，滴滴的"橙心优选"社区电商业务在成都上线。7月，美团成立"优选事业部"推出美团优选，进入社区团购赛道。8月，拼多多旗下的"多多买菜"试运营。9月，阿里宣布成立盒马优选事业部，后改名"盒马集市"。11月，京东将2019年成立的"区区购"业务升级为一级战略业务。

社区团购是典型的家庭购物场景，从权重上排列，依次为厨房、洗手间、卧室、客厅与阳台。从生鲜到家清大日化，从美妆到个护，覆盖了各个细分场景。这些刚需、高频又贴近用户生活场景的团购产品吸引了大量未被传统互联网深度覆盖的客户群体。

这让陷入用户增长瓶颈的互联网公司看到了新机遇，所以互联网跨界巨头们一入局便引发了激烈的大战。湖南尤其是长沙，出现"百团大战"的红火局面。

2020年11月，长沙社区店铺门口铺满了红色、黄色和橙色的商品海报，0.99元秒杀、3.99元一打鸡蛋、9.9元10斤冰糖橘，等等。小区附近的小商店、小饭馆和菜鸟驿站迎来一批又一批的地推人员，然后挂上了提货点招牌。这是美团优选、橙心优选和多多买菜等平台在长沙开展业务的热闹场景。

长沙在过去几年已经有良好的市场基础，是社区团购的兴起之地，也盘踞着老玩家兴盛优选。几家互联网公司疯狂打广告和送补贴这一举动颇有围攻光明顶的势头，蚕食兴盛优选培育数年之久的份额。美团优选和多多买菜从全国各地调人奔赴湖南，也开出高额薪水从兴盛优选等本地平台挖人。

兴盛优选不仅在大本营湖南受到冲击，在其他重点市场如湖北、江西也受到影响。2020年，兴盛优选日均单达到了1000万，覆盖13个省和161个地级市，但它从2016年至2020年达到的成绩，被互联网巨头半年走完甚至赶超。

然而，几家互联网巨头在湖南市场的进攻并没有那么容易。深耕零售市场多年的兴盛优选不仅有自己的相对优势，比如更有延伸性的供应链和稳定性的团长，也有来自强大资方的支持。2020年7月，兴盛优选获得了8亿美元融资，投资方既有腾讯、京东这样的互联网巨头，也有红杉和KKR资本这样的大型消费基金。

在这场热战里厮杀的头部选手各有筹码，中小玩家勉励维持或被拖垮。至此，社区团购平台的"老三团"（兴盛优选、十荟团、同程生活）与"新三团"（美团优选、多多买菜、橙心优选）格局形成。

调整期：无平不陂，无水不曲

10%以上的高佣金、明码标价的激励和眼花缭乱的优惠券都在催促着团长们不断拉群分货，似乎这种好日子没有尽头。社区团购赛道门槛不高，随着竞争和规模扩大，产品同质化的趋势也愈发严重，一个社区有多个百人以上的团购群很常见。

而快速扩张带来的质量问题和市场乱象，也引起了监管部门的注意。

2020年12月，市场监管部门对行业提出"九不得"，其中包括不得通过低价倾销、价格串通、哄抬价格、价格欺诈等方式滥用自主定价权。2021年3月，市场监管总局对十荟团、多多买菜、美团优选和橙心优选等公司处以罚款150万元的行政处罚。

高额补贴破坏了线下市场，容易形成垄断环境，所以监管部门会加以干预，但这并不能让进攻的大公司停下脚步。2021年2月，兴盛优选完成令人咋舌的30亿美元融资，十荟团在3月也拿到7.5亿美金投资输血。

但从2021年年中开始，情势急转直下，赛道一片震荡。

7月，同城生活在宣布更名转型的第二天就发布公告申请破产。同期，食享离开社区团购赛道,转型做纯线下的零食便利店。

8月,十荟团在多地区大规模裁员,部分业务与阿里巴巴社区电商事业群整合。一个月后,阿里官宣已整合"盒马集市"与"淘宝买菜",升级为新品牌"淘菜菜"。这说明十荟团在阿里内部战略地位的下降,阿里着力扶持自己的品牌。

9月,兴盛优选收缩业务区域,停止对外扩张计划。橙心优选的业务也在大幅收缩。12月,橙心优选从滴滴App下架。根据滴滴财报显示,2021年橙心优选第三季度亏损达208亿。

2022年3月,十荟团小程序无法打开。公司也陷入供应商讨债和员工赔付的纠纷,曾经风光无限的"老三团"之一如此黯淡离场,令人唏嘘。而美团优选、京喜拼拼也在收缩业务,撤离多城。

目前市场覆盖度和用户习惯培育已经完成,头部平台订单量基本稳定,接下来的比拼是关于提升效率的竞争。业务收缩也表明各大平台接下来将聚焦核心市场,提高运营效率,而不是一味地拓展新城市。

大平台业务的收缩,让知花知果、有井有田、九佰街、叮到家、虫妈邻里等区域性的团购平台得以复苏和发展。这些各具差异化特色的小平台无法加入"百团大战",但可以专注于构建适合自身的供应链和团队。因为社区生意是一个长期投入的事情,家庭用户需要高频消费和有稳定感的服务体验。

互联网大平台将运营、渠道和用户流量掌控在手,通吃上下游。它们在实际操作中仅把团长当作履约环节的简单一环,未能充分利用团长的服务性。社区团购发展出的200万团长随着大平台调整也有更多人有"独立"的想法。

区域性的社区平台与团长们一拍即合,夹缝中求生存,走出新道路——团批模式和团店模式。

社区团购的大平台是集中采购统一配送,面向C端做零售业务。而团批模式是渠道供货,团长上架商品、负责推广和发货。团批平台面向团长、夫妻店、社区门店这类小B端做批发业务。

团长利用影响力引导用户去小程序购买,从而获得佣金。佣金利润来源于团长售价和渠道供货价的差价。溢价主要依靠团长的个人IP和用户信任度。团长身份平台化,根据自身供应链资源,可以开展的业务范围有零售、批发和分销,借助快团团这类团购工具,服务多个小区。

团店模式实际是在团批模式上更进一步,落地线下。平台可以自营,也对社区门店开放合作加盟。单个团长的私域流量是有限的,但是门店可以承接更多客流,辐射小区周围1公里,能够标准化运营私域客户。

比如知花知果推出了线下店。店铺既是自提点,也是连锁精品店,不过只能卖知花知果的货品,从而向上控制供应链条。

团批和团购模式本质上是通过更高效的团购工具包装了原有的商业模式,适合熟人经济,但是优势即是劣势,比较容易看到体量的天花板。

当前社区团购阵营主要可分为互联网大厂的资本团与区域化的地方团,双方在打法、客户定位、品牌偏好和客单价等各有所长。

	打法	服务对象	品牌偏好	客单价	亮点	市场
资本团	流量型	大众化家庭消费	品牌	低客单	价格低	存量
地方团	推广型	中高端客户	白牌	高客单	种草强	增量

2022年,资本团关停并转进行深度调整,区域性地方平台复苏重启,独立大团长茁壮成长。不论是大平台还是地方平台,团购是一个方式,大家落脚点是在社区生意,通过生鲜品类切入到为用户构建全品类的家庭生活方案。

后国际化与后疫情叠加的时代,消费者群体持续地深度分级,"成本、效率与体验"三大基础指标将裁剪掉所有生产力落后的零售模式。无论国际大卖场还是地方连锁关店倒闭的消息,不绝于耳。但是社会消费总量市场仍在,不过是用户购物选择更加多元化,包括日化美妆品牌商在内的生产厂家作为价值链缔造者,也要把握好社区团购的趋势机会。

二、日化美妆企业拥抱社区团购众生相

美妆在社区团购平台：毛羽未丰，不可高飞

在手机上的几个社区团购App查看美妆类商品，消费者可以很容易看出差别。

美团优选和兴盛优选关于美妆护肤产品的SKU和洗发护发相当，当天上架有30个左右。美妆以国货品牌居多，如纽西之谜、完美日记、珀莱雅等，洗护沐浴仍是传统品牌，如沙宣、潘婷、阿道夫等。淘菜菜是洗护沐浴占比高，多多买菜更是几乎没有美妆产品上架。

化妆品团购中，洗发沐浴品类是主流，面部护理和彩妆类占比不多。产品价格基本稳定在产品官网价格的5-6折。在社区团购发展初期，消费者时常在平台上找到1.99元舒肤佳沐浴露、7.9元火山岩清洁泥膜等商品，销量不低。其中也不乏知名国货品牌如自然堂和国际品牌如阿玛尼低至几十元的产品上架。

天猫排名靠前的大牌美妆、头部主播的爆品和进口美妆品牌在社区团购平台很容易起量。所以不少平台用进口大牌化妆品引流，但是在兴盛优选平台也发生过知名品牌迪奥和兰蔻存在卫生批准文号、产品与批文不一致的情况。

大部分团购企业的商品界面没有显示产品供货方，即使如兴盛优选提供供应商名称和营业执照，消费者也无法轻易相信产品品质。因为这些产品的官方没有入驻，平台上出现的都是贸易商、百货超市、二三手经销商这类身份。出于产品质量考虑，有消费能力的顾客更愿意去主流化妆品购物渠道，所以社区团购在化妆品市场其实还未形成规模。

对于美妆品牌而言，品牌溢价是企业获取利润的重要方式。社区团购平台长期的"薄利多销"路线容易影响价格稳定，存在打破品牌经销体系和私下窜货的风险，拉低了品牌形象。

即使有心入局团购，在对该渠道没有深入了解和掌控能力的情况下，更多商家也会选择由分销商去谈合作，不会亲自上阵。

在产品结构上，一部分是品牌在售款，一部分是旧款，存在清库存的可能性。并且知名国货品牌选择不多，国际大牌几乎没有，这几乎注定化妆品团购要依赖低价生存。

从产品售后来看，平台界面都要求与自提点门店团长联系，再无任何其他售后服务

界面。然而团长为了佣金，会有代理多家平台的情况，那么团长也无法专注于维护社区团购中化妆品的顾客。

品牌方亲自上阵：随机应变，看风驶船

近两年，受需求放缓、行业流量红利消失、化妆品新政策等影响，加之疫情反复冲击，美妆行业高增长的势头不再。根据国家统计局数据，2022上半年，社会消费品零售总额210432亿元，同比下跌0.7%。其中，限额以上化妆品类零售总额为1905亿元，同比下跌了2.5%。这是近10年来，上半年化妆品零售总额首次下滑。

为缓解疫情和市场环境带来的销售下滑，美妆行业一些品牌如上海家化与威露士等主动出击，挺进新零售渠道，试图分社区团购的一杯羹。

品牌根据自身特点和优势，切入社区团购的方式各有不同，在社区团购赛道都找到切入点，以适合自身的方式运营。上海家化、韩束和威露士这类有知名度的企业选择与资本团合作，征服洗护和三七牙膏这类有地域特色的新品牌选择地方团合作。

上海家化在2022年第一季度通过商用渠道、社区团购和跨境渠道消化销售障碍，以降低疫情对于企业正常经营的影响，实现业绩增长。社区团购是上海家化近两年培养的业务模块，在疫情封控期间，经销商把家化产品组成防疫包做社区团购，并且由他们解决了"最后一公里"配送问题。

韩束联合社区团购老牌企业兴盛优选在全国范围内集中运作韩束护肤品牌日。韩束切入社区团购时间早，曾在2019年一档活动当天售出520万元。

威露士作为家居清洁老品牌，更是直接设立对接社区团购新零售事业部，从组织上保障专渠运行，在各大中心城市物色招募物流服务商，完成履约交付。

征服洗护是前云南滇虹康王总工程师周家礽老先生年过八旬创业项目，励志故事比肩褚橙。征服洗护建立冲突的价格锚定，从社区团购与社群团购左右开弓，取得不俗的业绩。

三七牙膏是舒齿康旗下主打云南植物概念的口腔护理品牌，在地方团入局社区团购。在团长端种草试用，获取良好口碑，达到平台持续复购。

从这些品牌主动布局可以看到趋势，越来越多的日化美妆企业选择社区团购作为

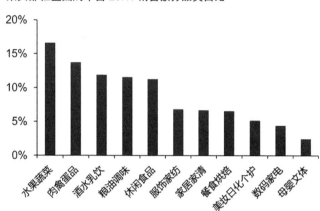

某头部社区团购平台 20H1 销售额分品类占比

资料来源：新经销（互联网自媒体），中信证券研究部

零售的新出口。社交电商的规模化发展是可以望见的美好未来。中信证券报告数据显示，美妆日化个护在头部团购平台的所有品类销售额中占5%左右，是相对靠后的品类，市场还有很大的开发空间。

对于广大化妆品牌来说，社区团购类似早期的电商平台，如淘宝、拼多多一样，目前还在观望和研究。冲锋陷阵的角色还是一直以来对营销渠道变化反应快的国产品牌和代理商。随着平台监管和商品售后服务的完善，品牌商可能会正式入驻和管理。

社区团购产品始于生鲜，发轫标品，走向服务（虚拟产品）。它脱胎于生鲜电商，在互联网公司入局后向全品类电商迭代发展。有别于生鲜电商的即时配送需求，社区团购模式的底层逻辑是"线上预售＋次日自提＋以销定采＋落地集配"。它是依托社区和团长社交关系的一种新零售模式。

截止到2022年，4亿用户已经习惯或者经常进行社区团购购物。200万数量级别团长、2万家配套网格仓和上千家协同仓等都是构筑社区团购赛道的基础建设设施，社区团购模式在社会零售的角色不断上升。"逛门店、搜淘宝、划团购与玩抖音"构筑用户4大基础购物场景，当拼多多、淘宝与京东成为传统电商渠道时，团购（社区＆社群）与直播（抖音＆快手）是用户流量主要迁徙之地，美妆日化企业需要思考自身与社区团购这一渠道的匹配程度和适应能力。

（本文编辑：品观战略投资部运营经理 王慧敏）

代工
中国制造的迭代之路

文 /《化妆品观察》记者 董莹洁

　　加工制造曾是中国在国际社会上的标签之一，尤其是电子和服装产业，很早就在国内形成了完整的代工产业链。相较之下，本世纪初的中国化妆品代工市场，还是一片亟待开发的荒芜之地。

　　经过短短20年的发展后，中国化妆品代工行业伴随着国货品牌的崛起，开始呈现出一派勃勃生机。

　　这段代工企业的发展脉络，也是中国化妆品行业历史长河的缩影。从它们来的路，到它们要去的路，可以窥见未来中国化妆品产业的发展方向。

一、起步：大有可为

　　"当时，化妆品市场上代工模式还不太被认可。国内的化妆品工厂大部分集中在广州，它们既做品牌又做代工，业务混杂，没有诞生以专业ODM自居的化妆品工厂。而国际品牌则选择在中国自建工厂、自主生产。"21世纪初，在中国上海参加过展会，看到了生机勃勃的中国市场，又跑过多个城市做市场调研后，科丝美诗中国总经理崔京坚定地认为，化妆品代工在中国市场一定大有可为。

　　当然，抱有这样想法的，可不止崔京。

1. 国际巨头的默契："早一步来不行，晚一步来也不行。"

　　2004年，崔京揣着10亿韩元来到上海，在奉贤租了一间三室一厅的民房，开始筹

科丝美诗上海工厂

备科丝美诗中国工厂的建设。几乎同期，韩国科玛在中国成立了分支北京科玛，莹特丽进入中国市场。

"我认为，与其说是巧合，不如说大家很默契地达成了一种共识——中国市场未来肯定有发展。回过头来看，大家好像在做一个选择题，恰好又都做对了，因为早一步来不行，晚一步来也不行，一定要在那个窗口期进来。"崔京说。

如今站在美妆供应链顶端的巨头，因为这一次默契，合力改变了国内美妆代工厂的发展脉络。

据公开数据[1]，到2003年底，全国实现化妆品销售额约750亿元，化妆品工业的发展速度高于国民经济GMP的增长速度，保持了多年快速增长的势头。另据对300家大中型化妆品企业统计，2003年1—9月完成销售额162.7亿元，约占全国总销售额的21.6%。

与美业市场繁荣景象相悖的，是化妆品本土品牌彼时的发展困境。据悉，当时中国化妆品市场上外资和内资的份额比是8:2，"外资占大头，本土品牌在夹缝当中生存"。主因在于当时的消费者，80后刚处于20岁出头的年纪，作为改革开放第一代，他们的消费观念有了本质区别，整个中国消费市场都非常活跃，化妆品从奢侈品变为了必需品。

在此背景下，当时入局的外资代工厂，大多有两种心思。

第一种心思是看中了国际品牌在中国市场的占有量，典型如莹特丽。莹特丽国际集团市场运营总裁MATTEOMILANI曾在2014年的采访中透露，莹特丽关注中国市场由来已久，过去10年，他个人至少两次到中国考察，发现这个市场潜力巨大，机会无限[2]。

此时要提及一个起推动作用的品牌——雅诗兰黛。据了解，当时雅诗兰黛将小样的包材交给中国包材供应商制作，但是，包材完成后，还需要回到美国进行内容物填充，最后再大量投入亚洲市场。高额的运费成本以及美国当地的人力成本,让雅诗兰黛有了新想法:劝说合作伙伴——当时已为全球高端化妆品做代工的莹特丽也进驻中国。

考虑到彼时保税区与非保税区在增值税返点上的巨大差异,以及清关手续上的便捷性,莹特丽于2004年把第一家工厂建在了苏州免税工业园。在这1500平方米的标准厂房里,埋下了莹特丽在中国市场发展壮大的种子。时至今日,莹特丽在保税区的厂房面积依然远大于非保税区,但中国客户的占比已经超过了70%。

10余年后,随着中国本土美妆品牌崛起,以及国内劳动力成本的极速上升,保税区即使开放了一般贸易,也难掩生意下滑趋势。区内工厂产能过剩,区外工厂产能已经远远不足。莹特丽创始人、全球总裁Dario Ferrari不得不坦言,"当时(只瞄准外资品牌和海外市场)的决策是错的"。

第二种心思,则是看到了中国互联网经济发展之下,本土品牌的巨大潜力。从入局那一刻起就定位于"为中国本土品牌服务"的科丝美诗,当属代表。

公开信息显示,如今科丝美诗已成为中国市场最大的化妆品ODM公司,国内客户包括上海家化、伽蓝集团、完美日记、花西子等众多头部企业和品牌,其中,很多品牌是在体量很小时,就与其建立了合作。

"本土品牌一点点成长,科丝美诗的生存空间一点点拓宽。科丝美诗是随着本土品牌客户的成长而壮大的,这和我们一贯的理念——和客户同步成长非常吻合。"崔京总结道。根据财报数据,2021年,科丝美诗在中国市场销售额为33.94亿元,同比增长39%,占科丝美诗总销售额的40.89%。截至2021年11月,科丝美诗上海工厂单月产能突破5000万支。

2. 本土代工企业的萌芽:百花竞艳的时代即将开始

2002年,雅兰国际旗下广州雅纯化妆品制造有限公司(前身为广州碧斯化妆品厂),正式转型成为专业承接OEM/ODM/OBM代工业务的化妆品生产制造企业;次年,致力于化妆品活性原料和载体技术的研究创新、功能护肤品技术研究的莱博科技(晟薇药业母公司)成立;2004年,诺斯贝尔在广东中山诞生。

在这一批代工企业诞生之前，国内美妆市场的上游供应链大多以小作坊为主，"老破小"代工厂居多，基本条件比较差。即使是彼时规模相对较大的雅兰国际，此前也是以美容院线产品为主，并没有覆盖到大日化业务线。

如上所述，当时国内市场品牌以外资为主，但广州雅纯化妆品制造有限公司总经理刘山指出，国内的化妆品市场代工意识已经开始萌芽，"很多代理商、品牌商都希望做自己的品牌，一个百花竞艳的时代即将开始"。正是洞察到这个商机，雅纯才果断成为最早一批转型承接代工业务的企业。

当时外资代工巨头的"入侵"，于本土代工企业来说既是挑战，又是幸事。

一方面，外资代工巨头由于实力强、底子厚，给本土代工企业带来了竞争压力；但另一方面，这也让本土代工企业有了与国际顶尖品牌代工厂合作的机遇，学习后者国际先进技术与人才培养，同时，国际上的一些先进原料供应商也进入了中国市场。

以2010年为分界线，刘山把本土和外资代工厂的博弈划分了两个阶段。在此之前，由于当时中国市场蓬勃发展，双方基本上没有直接竞争，国际加工企业服务于国际品牌，国内加工企业服务于国内品牌。但在2010年之后，随着本土品牌市占率提升，它们也普遍开始接触国际加工企业，竞争才激烈起来，"这时本土加工企业一旦存在技术水平、管理水平、供应链生产能力不足等情况，就会被外资企业压制"。

如今，本土代工厂用了12年时间，终于与外资代工厂站在了同一起跑线上，共同推动着国内美妆代工市场未来的故事走向。

二、细分：品类红利

当年开疆拓土的代工厂，现在都已写就各自的剧本。

"全球最大彩妆工厂"莹特丽，为40%的全球高端化妆品牌提供服务，珀莱雅、完美日记、花西子、毛戈平及KATO-KATO等众多国货品牌，都是莹特丽的重要营收来源；作为中国本土最大的综合型化妆品生产企业之一的诺斯贝尔，专注于面膜、护肤品、湿巾和无纺布制品等产品的设计、研发和制造，2021年，其面膜业务营收首次超10亿。

与此同时，上海臻臣成为全球TOP10彩妆制造商，贝豪有了"高端面膜ODM领军企业"的头衔，上海创元被称为"亚洲最大睫毛膏代工企业"。

但故事不是一蹴而就的。这些标签上带有品类烙印的大工厂的建成，与化妆品品类迭代息息相关。

1. 渠道为王，"面膜工厂"兴起

站在中国化妆品第一个黄金十年的开端，KA、CS、商超构成了当时行业的主要渠道。在那个"渠道为王"的时代，市场有着明显的时代烙印，"产品同质化严重，外部市场什么东西火爆，行业就跟风去做什么"。

当年，无疑是面膜最火。

2006年，梁宏丽在观看中国台湾电视新闻时获悉：2005年，中国台湾地区的面贴膜年消耗量就已达到5亿片，而当时中国台湾地区的人口只有2300万。"如果中国内地消费者的面贴膜使用习惯达到中国台湾地区这种水平，那面膜市场就非常大了"。

受新闻"刺激"后，贝豪火速调整方向，全面聚焦面贴膜品类。这是贝豪的第一次全面转型，也是贝豪在面膜品类上不断创新的开始。

此后两年间，梁宏丽满世界寻找新膜布材料，"找遍了全球主要的织布企业，甚至都找到了丝袜厂"。2008年，贝豪原创提出"蚕丝①面膜"概念，并推出第一代蚕丝概念面膜，凭借其"轻薄透贴、薄如蝉翼"的特性，迅速从以传统无纺布面膜为主导的市场中分得了一杯羹③。

往后10余年里，贝豪"死磕"面膜品类，先后推出备长炭黑金面膜、大马士革玫瑰花水面膜、提拉紧致V脸面膜等创新产品，不断拓宽面膜品类新边界。

在这个品类中，还有一个更具代表性的头部企业——全球第四大化妆品ODM工厂、"面膜品类产能全球第一"的诺斯贝尔。

其前身为诺斯贝尔（中山）无纺日化有限公司，此前专注于无纺布的研发与生产，还专门构建了一条水刺无纺布生产线，目的是研发出更适合面膜使用的安全无纺布。2014年，诺斯贝尔推出天丝面膜，从此一炮打响，面膜成为诺斯贝尔在业内的心智认知。公开财报

诺斯贝尔

显示,2021年,诺斯贝尔面膜日产能达650万片以上,面膜业务占比为40%。

值得一提的是,微商的短暂辉煌,成了当时面膜火热的助推器。2013年,"微商鼻祖"俏十岁"在没有一名正儿八经销售员的情况下,一年卖出了超过4亿元的面膜"④。次年,"中国微商第一人"吴召国创办的思埠集团,单靠卖"天使之魅"面膜,一年时间用50万赚了1个亿。

2. 政策驱动,技术催生"彩妆工厂"

彩妆亦是流量时代的爆品。这个阶段,政策是核心推动力,2016年10月,国家取消对普通美容、修饰类化妆品征收消费税,进一步刺激国内购买力。此后完美日记、橘朵、花西子等平价彩妆品牌涌现,不少工厂也看到了机遇。

但技术决定了最终结果走向。相比护肤单一的生产工艺,彩妆工艺和设备都更为复杂,做彩妆的壁垒更高,需要专业工厂介入。

在经历"摸着石头过河""自有护肤工厂发力"两大阶段后,科丝美诗在此时迈入了"彩妆工厂发力"阶段。2016年底,科丝美诗中国第三家工厂在上海竣工,这是其在中国第一家专业生产彩妆产品的基地,年产能达2.5亿支,而此时科丝美诗中国的彩妆总年产能也达到了3.5亿支。

莹特丽则在2018年完成了对护肤品类的基础搭建,将彩妆视为打开市场的新钥匙。据2021年财报,彩妆已成为公司主营业务中占比最大的业务,营收占比达62%,成为真正意义上的"全球最大彩妆工厂"。

在国内,也有人从一开始就瞄准了彩妆市场。2006年,田勇成立华盛化妆品公司,开始化妆品加工业务;2011年,他在苏州成立独立研发机构安诺科斯。2015年,上海臻臣成立，聚焦彩妆制造。

公开资料显示，截至2018年，臻臣研究所库存已有5000多个配方，已成型大货量产的各品牌配方共3000多个[5]。而现在，臻臣已成为亚洲最大的眼影生产基地，也是多个国际大牌在中国指定的唯一生产制造商。

技术上的实力，为臻臣招揽来了大客户。比如完美日记，其在诞生之初就选择臻臣，随着母公司逸仙电商体量的迅猛增长，后来也成为臻臣最大的客户之一。2021年1月14日，臻臣还与逸仙电商共同出资成立上海逸仙化妆品有限公司。

过去，在线下To B时代，工厂与消费端曾是脱离的，市场反馈不及时导致工厂无法听到市场的真实声音。但电商的迅猛发展，缩短了上游与消费者的沟通路径，使供应链能更快感知市场的变化，进而反向推动了彩妆工厂的变革。

以莹特丽为例，过去产品开发周期大多为8至10个月。而现在，可以做到"一个月改17版，一个月定稿，第二个月开始做大货""以前线下客户习惯于我们2-3个月交货周期。当前最极致的案例是，我们从产品的概念提出到产品上市，一个月内可以达成。"崔京说，这种情况在过去是无法想象的。

3. 专业跨界，"冻干工厂"突围

20世纪80年代，李成亮从华东理工大学化学系界面与胶体化学专业毕业。由于该专业的知识与化妆品的制备、研发密切相关，他便自然而然投身到了美妆行业。

"我们发现，中国社会的亚健康皮肤人群基数很大，这是一块需要被有效和充分满足的巨大市场，而功能护肤品是这一问题的绝佳解决方式，当时中国市场在这方面还几乎是一块处女地"。

洞察到这一现象，李成亮在2003年创立了莱博药妆技术（上海）股份有限公司（下称莱博药妆），致力于化妆品活性原料和载体技术的研究创新、功能护肤品的技术研究。15年后，智能制造工厂晟薇药业（上海）有限公司落户东方美谷，开启了以前沿技术转化为特色的功能护肤品在智能制造领域的探索。

在此期间，北京中医药大学博士、自诩"站在化妆品门外的野蛮人"的李和伟，也从制药

领域跨界而来,基于多年制药与冻干技术研发经验,于2009年成立了伟博海泰生物集团。

同年,起步于江苏省生物活性制品加工工程技术研究中心"胶原蛋白项目组"的贝迪生物,也将触角延伸到化妆品领域,无锡可尚生物科技有限公司(下称可尚生物)便是它实现医疗产品到功能性护肤品跨界的孵化基地[6]。

多位"跨界党"联手搅动了功能护肤市场的浑水,而冻干粉成为这一场风潮下最热门的细分产品。

起初,真空无菌、锁定活性成分、不添加任何防腐剂与香精,是消费者成为冻干粉拥趸的主要因素。随着大量代工厂和品牌入局,冻干粉市场也开启了一场又一场的"技术厮杀"。

2013年,伟博海泰首次尝试将面膜与冻干技术相结合,研发出冻干面膜,实现了面膜品类的本质革新,李和伟也由此被业内称为"冻干面膜缔造者"。如今,伟博海泰已经与多个国货品牌合作,打造出玉泽积雪草安心修护面膜、薇诺娜舒缓修护冻干面膜、相宜本草龙胆安心修护面膜等一系列爆款产品。2019年,伟博海泰年销售额实现翻倍增长,达2.4亿元[7]。

三、升级:高质量发展

距离崔京第一次在上海美博会"摆摊",国内美妆代工厂市场已经走过了20年,迈入下一轮经济周期。在亲历了整个过程的刘山看来,国内美妆代工厂市场在这些年中完成了四大转变。

1. 从增量竞争到存量竞争

市场经济体制走过30多年,国内市场释放出巨大的生产力,进入物质相对丰富、市场相对饱和的阶段。此时在制造领域中,头部品牌占据着绝大部分市场份额,新生品牌已经难以杀出重围,基本上整体转变为存量竞争。

这一点上,从近两年美妆新锐品牌退潮可以窥见。2021年下半年,"资本不投美妆"趋势风起。数据统计,2022年一季度,国内美妆行业公开的融资事件达21起。

但对比前两年,资本开始加速入局原料、代工厂等上游供应链端口,比如,芭薇股份、巨子生物、中科欣扬和维琪科技四家上游企业都获得较大数额的融资[8]。

刘山也认为,随着信息技术和生物技术的发展,上游供应链企业会有更大的增量市场在酝酿中。

2. 从模仿到创新

近年来,随着贸易摩擦和市场竞争加剧,企业更加注重技术创新与知识产权保护,提升自己的核心竞争力。美妆代工厂领域,也诞生了一大批拥有核心竞争力的高新技术企业。

以莱博科技为例。截至目前,其先后斩获了30多项国家专利。2018年晟薇药业智能制造工厂正式投产后,晟薇还联合上海东方美谷,创立了东方美谷功能护肤品研究院,在升级技术服务能力的同时,建立完善经CMA认定的化妆品检验检测机构强化配方验证能力,建全完善的技术供应链。

3. 从人口红利到人效红利

过去依托人口红利,我国逐步成为全球制造大国。但近年来,我国劳动力状况产生了明显的变化,两个拐点集中到来:一个是"刘易斯拐点",即劳动力过剩逐渐向短缺的转折点;一个是人口红利拐点,即劳动人口增长率低于非劳动力人口。

"自动化生产设备代替了手工劳作,单位产出比以前更高,人民的消费需求也逐渐升级,从单一功效需求转变为多元化、多维度的使用体验需求。因此,现阶段的人效红利,与企业的工业化水平及产品研发实力息息相关。"刘山说道。

贝豪集团CEO梁宏丽有着相同观点,"现在和未来的年轻人都不愿意进工厂,所以未来的美妆工厂一定是数字化的、智能化的"。2023年初,贝豪就要搬进新工厂,用3年完成真正的数字化转型,打造智能园区。

4. 从中低端制造到高端制造

虽然我国制造业的总量早已稳居世界第一,产业体系趋向完整,但中低端制造占比仍较高。眼下，国内一方面加快传统制造业转型升级，另一方面推动制造业高质量发展，共同促进中国制造业从中低端转向高端。

2022年4月，工信部发布的《消费品工业数字"三品"行动方案（2022-2025年）（征求意见稿）》也提及，至2025年，在化妆品、服装等消费品领域培育200家智能制造示范工厂，打造200家百亿规模知名品牌[9]。

在这些转变进程中，监管政策为美妆代工厂构筑了最后的防线。

2020年，中国化妆品行业迎来"监管大年"。此后两年间，行业"基本法"《化妆品监督管理条例》以及《化妆品功效宣称评价》《化妆品标签管理办法》等10余部配套文件密集出台，引发行业地震。

在新的监管网之下，处于链条最上游的代工厂首当其冲。数据统计，2022年1-4月，全国至少有69家化妆品企业注销了化妆品生产许可证，其中有95%的企业系主动退出[10]。

这是一次短期阵痛，也更是"涅槃重生"。"未来几年，是市场重新洗牌的几年。政策的变化倒逼行业升级，最终目标是好的。中国制造肯定能站得住脚。"一位行业资深人士认为。

李成亮同样持看好态度。在他看来，未来3-5年，中国美妆代工厂将会趋向生产要素的不断集中化、经营方式的不断灵活化、产学研医协作的不断深化、技术创新的不断精良化，以及战略定位的不断精细化。

[1]《中国化妆品生产与市场》论文，作者：张殿义

[2]《布局中国——访全球第一贴牌制造商意大利莹特丽（INTERCOS）国际集团市场运营总裁MATTEO》

[3]大众生活网，2022年6月7日《蚕丝面膜概念首创者贝豪：做中国面膜的骄傲，创新是源动力》

[4]创业家，2018年6月3日，《决战朋友圈：社交电商背后隐藏着不可忽视的三大痛点》

[5]品观网，2018年5月30日《上海臻臣董事长田勇专访：做全球优秀彩妆制造商》

[6]化妆品观察微信公众号，2020年5月22日《17年资深药企"跨界"美妆ODM，可尚能否引领医用胶原新风口》

[7]化妆品观察微信公众号，2020年12月25日，《冻干面膜火了！产品爆卖背后，这家工厂缘何开创品类先河？》

[8]化妆品观察微信公众号，2022年3月19日，《32亿！资本今年这样投美妆》》

[9]化妆品观察微信公众号，2022年4月7日《国家定调：2025年要诞生中国百亿美妆品牌！》

[10]化妆品观察微信公众号，2021年4月25日，《新一轮注销潮要来了！》

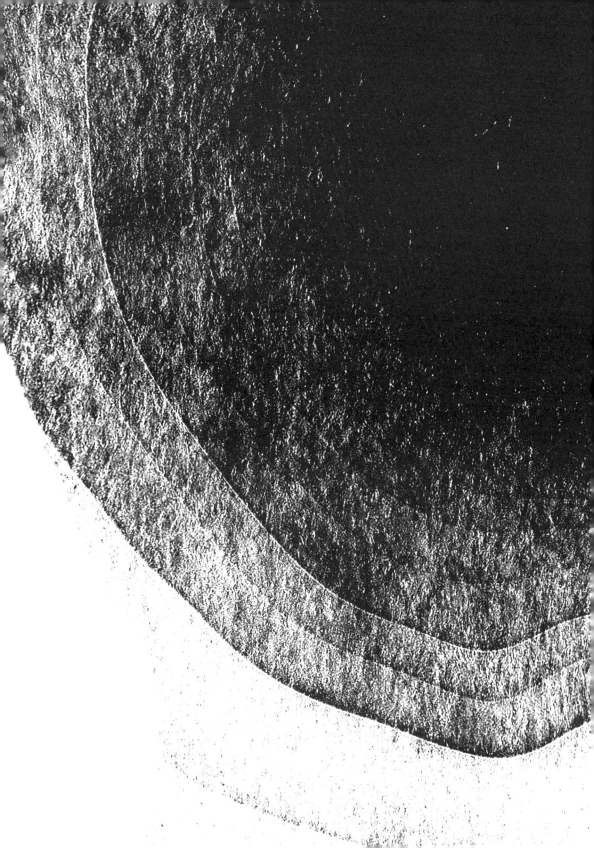

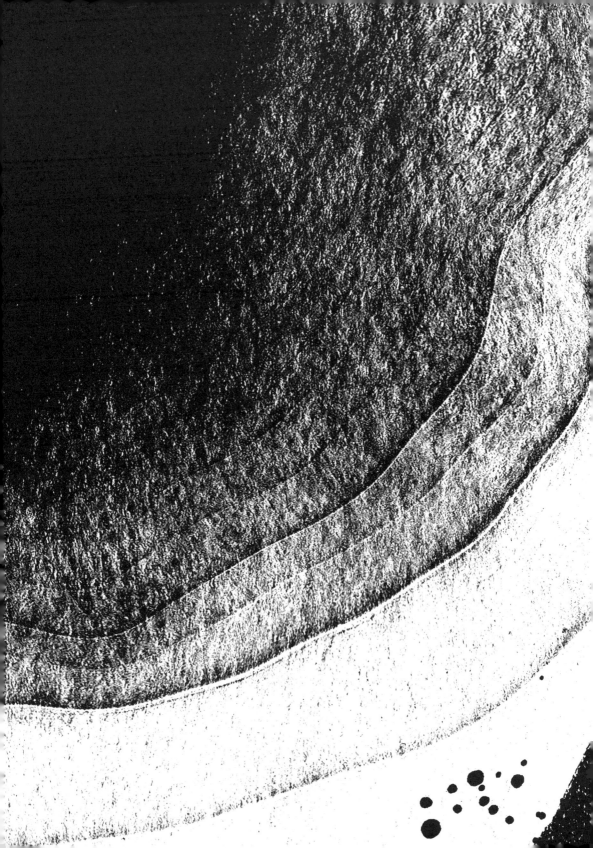

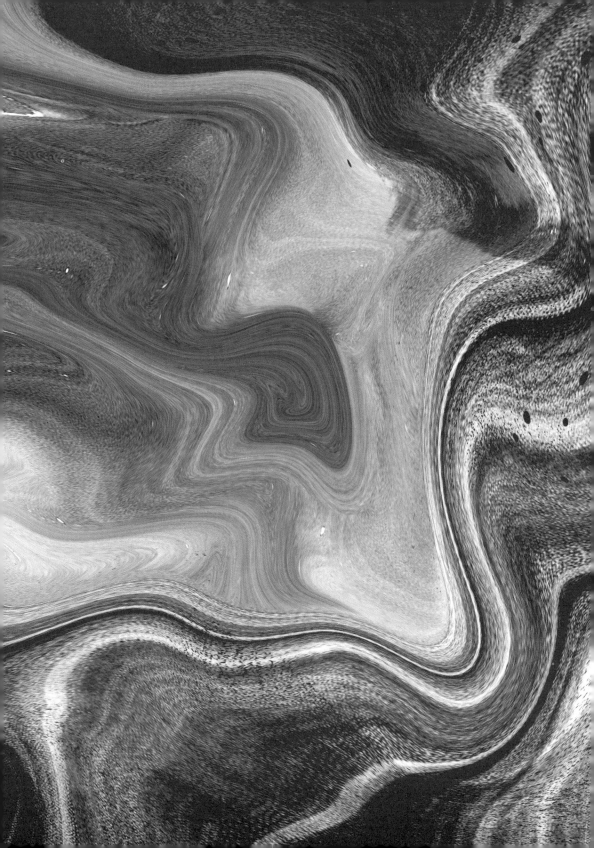

第二部分

资本

创业有高低潮，投资有冷热期，资本是产业创新的重要推手。15年，资本帮助一个个优秀企业从激烈的市场竞争中脱颖而出，助力成就了数以百计的"美丽梦想"。资本与产业的结合刚刚拉开序幕，中国化妆品未来将在资本大舞台上更加长袖善舞，将因此诞生更多千亿级的龙头企业。

初心厚雪，万亿长坡

打造千亿级中国化妆品龙头企业的历史机遇

文 / 修远资本创始合伙人 王俊

一、行业"白银时代"仍将持续，高端化和功效护肤是增长亮点

在经历了近代的萌芽与起步，20世纪80年代与国外品牌的同台竞技，90年代的国牌兴起后，中国化妆品迎来了行业高速发展的15年的"白银时代"。2007年，中国化妆品行业上市企业仅4家，总共市值仅184亿元人民币；而截至2022年6月30日，市场交易较为活跃的化妆品上市企业已经达到41家，总体市值已经达到6757亿元人民币，总体销售规模突破1130亿元人民币，衬托出了世界第二化妆品市场的生机和能量。这些上市企业中有许多行业影响显著的企业，比如国货龙头珀莱雅及贝泰妮、高端国货丸美、医美原料巨头爱美客、华熙生物，等等，不胜枚举，精彩纷呈。

即使在经历了15年的高速发展期后，中国化妆品市场仍然具有巨大的成长机会：消费者对于品质的需求显著提升，对于中高端品牌产品的偏好、以及追求功能性的功效护肤、追求自我愉悦和社交表达的香水等，都在这个阶段迎来了行业增长的新机遇。

日本的百年化妆品发展史可为中国化妆品行业当下的增长道路提供一定参考：我国目前的高线城市人均GDP相当于日本1980年代后期，低线城市相当于日本1970年代后期至1980年代前期，基础护肤品的渗透和增长仍在持续，且中国的抖音、快手等直播渠道触达下沉用户更高效，渗透过程定会快于日本。另一方面，今天我们熟知的日本主打无添加的品牌，大都诞生于20世纪70至80年代，无着色、无香料，首创不含防腐剂、化学添加剂的美容及健康食品品牌FANCL诞生于1980年；主打美白和汉方植物概念的雪肌精诞生于1985年，因此当下也将是中国本土品牌进一步蓬勃发展的最好时机。

而对比另一化妆品市场邻国韩国，其已经完成国产品牌高端化的进程，本土高端化妆品品牌市场份额已达70%上下，而中国的本土高端化妆品品牌市场份额刚超过10%，进程才刚拉开序幕。

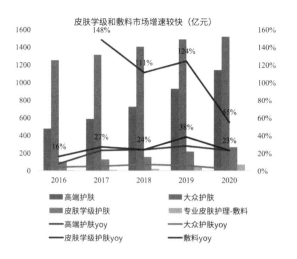

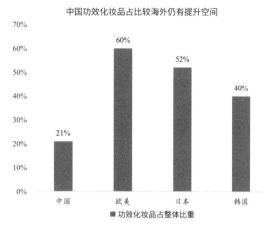

数据来源：欧睿、东方美谷功能性护肤品研究院

　　除国产化、高端化外，功效护肤也将是中国化妆品市场的另一个增长点。据欧睿统计，2021年全球功效护肤市场规模已经达到155亿美元（约合人民币1074亿元），在过去5年保持CAGR 9%的增速持续增长。2017年至2021年，我国功效性护肤品市场规模从133亿元攀升至308亿元，年均增幅达23.4%，远超国际增速；预计至2024年，中国功效性护肤品市场规模将达到726亿元。在经历了过去15年国产品牌快速崛起的"白银时代"后，中国化妆品将进入高端化、功效护肤的"黄金时代"，国产品牌将在高端市场长袖善舞，并有机会通过资本布局和并购整合成为千亿级市值的美业集团。

二、后白银时代，机遇与挑战并存

　　回顾历时15年的白银时代，中国化妆品的高速发展离不开整个中国零售行业"人、货、场"的波澜壮阔的变化和时代机遇。

　　1."人"的方面：化妆品消费者主体从70后、80后为主逐步过渡到90后和00后，即"Z时代"。"Z时代"更加相信民族品牌的力量，更加依托于日新月异的社交媒体获得产品和品牌的信息，也更依赖于线上线下融合的销售渠道；同时他们也更加专注于产品的功效，具有更高的服务需求。这些都给传统化妆品企业带了全新的机遇和挑战，也给一众DTC品牌快速起量提供了契机。

2. "货"的方面： 中国化妆品行业经历了从以营销和市场为主导，到以产品功效性为主导的巨大变化，国货品牌的研发和原创能力日渐得到消费者的关注和认同。至2021年，除在高端品牌板块仍以欧美以及日本品牌占据主导地位外，国货品牌已经牢牢地把握了绝大部分国内的渠道和产品价格带，即使在高端价格带，我们也可以看到国内品牌开始发起强有力的挑战。

3. "场"的方面： 世界上没有其他国家比中国的商业零售和消费者更能体会到"场"的多变，而化妆品是所有这些"场"的重要品类和利润来源之一。过去的15年，消费者见证了化妆品零售的场的不断演变：从商超、百货、CS店等，变为大型购物中心直营柜台、丝芙兰精品集合店；又在电商的推动下，见证了天猫、京东、唯品会和拼多多的巨大成功；再到直播电商的崛起，抖音、快手在流量上取得王者地位，小红书在社交媒体的开疆拓土。每一次的改变和转型，都对化妆品品牌构成了巨大的机会和挑战。

在这波浪潮中，诸多国产品牌很好地把握了时代机会并取得了巨大收益。但另一方面，国产品牌如何能持续不断地提升自己的研发和产品转化能力、品牌形象及高端渠道渗透能力，与国际巨头比肩同行，仍是当下各国产品牌需要面临的课题。同时，层出不穷的国产新品牌通过线上新渠道、DTC等方式不断地争夺用户。现有品牌既要守住自己的优势区域，又要进攻更高的领地，面临双重竞争挑战。

此外，与发达国家的化妆品企业相比，中国化妆品本土企业仍存在着诸多不足（统计截至2022年6月30日）：

中国与国际化妆品龙头企业的体量对比

中国		韩国		全球	
公司	**人民币市值**	**公司**	**人民币市值**	**公司**	**人民币市值**
BTN 贝泰妮	921亿元	LG LG H&H	573亿元	L'ORÉAL 欧莱雅	12,410亿元
华熙生物	684亿元	爱茉莉太平洋 AMORE PACIFIC	409亿元	ESTÉE LAUDER 雅诗兰黛	6,103亿元
PROYA 珀莱雅	465亿元		156亿元	SHISEIDO 资生堂	1,069亿元
Jahwa 上海家化	291亿元	Kolmar Korea Kolmar	44亿元	COTY Coty	450亿元
MARUBI 丸美	108亿元	COSMAX Cosmax	33亿元	Natura&co Natura &Co	240亿元
水羊股份	57亿元	AEKYUNG Aekyung	20亿元	AVON 雅芳	166亿元
LAF 拉芳家化	32亿元	It's Skin It's skin	16亿元	NU SKIN 如新	146亿元
逸仙电商	66亿元	ABLEC&C Able C&C	7亿元	elf ELF	107亿元
龙头企业市值合计		**龙头企业市值合计**		**龙头企业市值合计**	
2,624亿元		**1,257亿元**		**20,691亿元**	

备注：以上为截至2022年6月30日的市值数据。

1.化妆品企业总体经营规模偏小。中国化妆品品牌企业销售额最高的上海家化目前75亿元左右的年收入与欧莱雅超过2300亿元的销售收入差距巨大,即使和亚洲的领先化妆品企业资生堂或者花王比较,也有将近10倍的销售差距。

2.化妆品企业市值规模同样偏小,限制了企业的再融资能力和产业整合需要的资源:国内化妆品相关行业最高市值企业爱美客市值1200亿元左右;品牌企业龙头贝泰妮市值921亿元,与雅诗兰黛的近1000亿美元市值、欧莱雅集团2000亿美元市值的差距较大。较小的市值规模局限了国内化妆品企业运用资本的手段,进一步激励优秀的团队、整合产业上下游资源的能力,以及开拓战略并购和整合的战略机会。

3.产业链上下游上市企业尚且不足。生产制造、研发企业,原材料及新式包材企业的供应商,以及线下渠道主要经销商目前都还没有见到体系化的上市机会。

4.国际化能力和积累还有待比较大的提升。相比较于欧美、日韩化妆品企业,中国化妆品企业的国际化比例偏低。

三、资本布局和并购整合助力国产企业取得技术及品牌的第二增长曲线

中国化妆品市场是多元化需求、多人群服务、多价格带、多品类的庞大市场,这既是增长的机遇,也是对单品牌公司的挑战。从国际经验来看,品牌的定位和服务人群往往是较为精准的,要成为销售超过百亿元、市值超过千亿元的公司,多品牌、集团化运营是必经之路,大多数企业通过股权投资或并购整合来实现技术能力及品牌组合的第二增长曲线。

1.少数股权投资是目前基金行业涉足化妆品板块最普遍的投资,知名案例包括2007年今日资本对相宜本草的早期投资,2013年 L Catterton 亚洲基金投资丸美,2018年及之后高瓴资本、高榕资本、老虎基金等投资完美日记,等等。少数股权投资依旧会是未来中国市场化妆品融资的主要方向。

2.基金并购的投资过去主要以大型美元基金的投资为主,案例包括:2019年中信资本从青岛金王手中接过对高端化妆品线上代运营企业杭州悠可的控股权,2022年凯雷资本对化妆品供应链企业HCP的并购等。我们相信未来随着行业的格局改变,基金对化妆品品牌和渠道商的并购案例将会越来越多。

3.上市企业的战略并购和重组,主要案例包括:平安2010年对上海家化的并购,2016年复星集团对于以色列化妆品Ahava的并购,2021年爱美客对韩国肉毒素企业Huons的战略投资,等等。在未来的10年,类比欧美企业的成长路径,上市企业的战略

并购将会成为中国化妆品企业拓宽边界、构建多品牌战略的一个越来越重要的策略和手段。

展望未来，资本和中国化妆品的龙头及新兴企业的合作会更加注重于基金在运营能力上的深度赋能，对国际国内品牌和研发资源的对接，以及协同对行业生态链的深度融合和打造，具有行业垂直深度的认知以及运营赋能能力的资本将会得到长足的发展。

四、未来 10 年——打造亚洲领先的千亿级中国化妆品产业集团

研究化妆品巨头欧莱雅的发展历史，其真正的腾飞来自1963年的上市为公司打开的融资和并购大门：1964年，在欧莱雅收入超过1亿欧元时，它并购了兰蔻，开启了高端化妆品之路。今天欧莱雅集团的4大业务板块中，高端化妆品部的主力品牌如兰蔻、碧欧泉、赫莲娜、科颜氏、YSL等，以及活性健康化妆品部的主力品牌如薇姿、理肤泉、修丽可等，都是通过并购整合进来的。在中国市场，欧莱雅通过并购羽西、小护士、美即等知名大众品牌，成功完成了国内KA等渠道的深度覆盖。历经100多年，欧莱雅通过资本助力完成了诸多成功的并购整合，对于我们今天来看接下来的道路非常有借鉴意义。

作为世界奢侈品巨头的LVMH集团，也是一个非常成功的并购案例，LVMH集团类似一个并购PE基金，通过不断的品牌并购和多元化布局，获取多个业务增长曲线，不到40年时间里成为全球最大的奢侈品和时尚巨头。

我们相信，未来的中国一定会成功打造出千亿级的化妆品集团，而这一目标需要通过以下步骤逐步实现：

1. 近期的未来内，企业应首先在本土市场实现超过100亿人民币的销售收入，并初步构建完整的品牌矩阵及研发、销售管理体系。

2. 在中期的未来，企业应通过有机增长和精确的战略收购，吸引全球最优秀的人才协助搭建多品牌、多层级的产品策略，实现公司在市场、销售和研发资源上协同效应，打造进一步发展的扎实基础，实现100亿美元以上的收入，其中来自国际市场的销售应该占到整体销售20%-30%的比例。

3. 在远期未来，进行品牌、品类的扩张，并实现高度国际化，成功成为千亿级的化妆品集团。

未来的千亿级化妆品龙头企业必定将会是：

1. 一个科技创新的企业，具备全球研发和原创的能力，融合多学科的交叉知识来

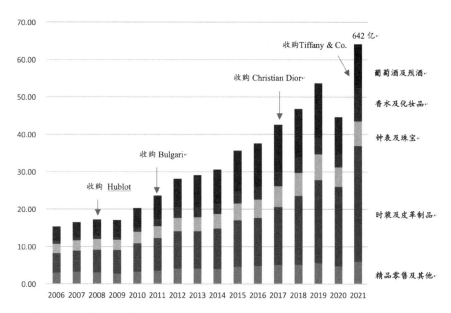

数据来源：LVMH 年报（收入单位：10 亿欧元）

打造最优秀的品牌，满足中国和全球女性对美和健康的永恒追求；不断为品牌提升进行投入，并积累品牌在核心顾客群的忠诚度和认知，而不是简单追求产品性价比或者通过社交流量来促进销量。

2. 一个全球性企业，借助中国生产制造及供应链的强大优势，把握出海及海外布局的机遇，把国货及国潮的魅力和优势，带到世界更广的消费者和人群中去；吸引世界上最优秀的人才，不仅仅是由华人参与经营和管理，同时也选用大量对中国和中国企业有强烈的创业热情、学贯东西的优秀全球年轻人才。

3. 一个可以持续打造战略并购能力的企业，可以通过与行业里最优秀的垂直深度融合的行业基金合作，相互整合资源和运营能力，有效地对在中国有强大销售前景的国际品牌进行并购和整合。

未来的15年，修远资本作为为行业深度赋能的投资机构，将与大家一起见证中国化妆品行业的黄金时代！

累计投融资事件790例
累计投融资金额1200亿
中国化妆品资本15年

文 / 修远资本团队

2007年夏末，今日资本宣布以8000万元人民币的等额美元，投资当年销售额仅8800万元人民币的本草护肤品牌相宜本草，成就了具有广泛影响力的中国化妆品私募融资第一单，也开始了中国化妆品行业与资本的"亲密接触"。借助资本的力量，中国化妆品行业开启了高速发展的15年，也诞生了众多激动人心的"美丽传说"和"美丽估值"。

根据《品观》的资本数据库记录显示，2007年，见诸媒体公开报道的中国化妆品行业年投融资事件仅4例；到了2021年，这个数字升至153例。2007年至2022年这15年间（备注：本文的数据库分析主要覆盖2007年11月－2022年5月期间），中国化妆品行业累计投融资事件达790例，累计投融资金额达1198.58亿元人民币——相对于超过5000亿元人民币的中国化妆品行业总规模而言，这个数字无疑是相当可观的。

年份	天使	A轮	B轮	C轮	D轮	E轮	F
2007		3					
2008		1					
2009	1	1					
2010	2	7	1				
2011	6	6	2	2			
2012	9	7	4		2		
2013	10	7			1		
2014	22	18	5	4		1	1
2015	35	37	9	3	1		
2016	21	29	11	2			
2017	7	22	2	2	1		
2018	21	23	11		2	1	
2019	25	12	3	5			
2020	32	49	6	1	4	3	
2021	43	64	24	6	2	1	
2022	4	12	4		1		
总计	238	298	82	25	15	6	2

梳理2007—2022年这15年的投融资事件,我们可以清晰地看到"前七后八"两个阶段:

"前七",即2007—2013年的7年时间

虽然不乏2007年相宜本草完成中国化妆品行业首单私募股权融资、2009年歌诗玛完成本土第一单化妆品专营店融资、2008年知名电视人李静创办乐蜂网、2010年斯坦福毕业的陈欧回国创办聚美优品、2010年美即控股登陆港交所成为面膜第一股,甚至2007年上海家化收购可采、2008年美国强生收购大宝、2010年法国科蒂收购丁家宜、2011年平安信托收购家化集团、2013年美国强生收购嗳呵,等等。但总体而言,这个阶段的中国化妆品投融资相比于同时期的互联网投资事件来说,实在是太微不足道了。这7年时间,中国化妆品行业累计投融资事件仅87例,只占这15年期间中国化妆品行业累计投融资事件总数的11.01%。

那一时期,依然延续着20世纪90年代开始的中国化妆品市场被外资品牌强势攻占的惯性,而且彼时中国的VC/PE市场,美元基金依然占据着主导地位。虽然资本事件的数量"波澜不惊",但从资本事件所涉及的

战投/收购	挂牌/上市	上市后融资	数量总计	融资额（百万元）
1			4	3,780
2			3	8,828
1	1	1	5	1,382
1	2		13	5,130
	1	1	18	6,048
1			23	792
2	1		21	6,843
3	8		62	5,978
10	6		101	6,025
8	25		96	3,518
8	5		47	8,229
3	1		62	4,355
3	5		54	10,826
3	9		107	26,191
9	3		153	19,518
			21	2,415
55	67	2	790	119,858

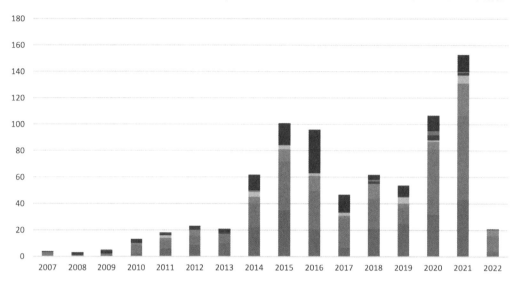

金额来看,已是"暗流涌动":7年涉及资金总额328亿元,占这15年期间累计投融资总额不到三分之一(27.37%)。2008年的金融危机,2012年的中国A股IPO暂停,使得美元基金的活跃度明显下降,从投融资金额看,2009和2012这两个年份的下跌非常明显,显然当时的中国化妆品投融资,主要还是受外部大环境影响。

"后八",即2014-2021年的8年时间

这8年时间,中国化妆品行业累计投融资事件达682例,占这15年期间中国化妆品行业累计投融资事件总数的86.33%。这8年里,出现了2014-2016年和2019-2021年"两度高潮"。

2013年国货品牌百雀羚成为"国礼",这是一个积极信号,也是一个重大转折;2013年微商品牌俏十岁诞生,2014年回款突破10亿元人民币,这是一种沟通方式的突破,也是一种全新可能的展示;在当年"大众创业、万众创新"的时代背景下,更是直接引发了2014-2016年的第一个小高潮:国内电商、移动电商高速增长,电商代运营、O2O电商等投融资事件频现,壹网壹创、若羽臣、丽人丽妆等电商代运营头部公司顺势而起,美啦美妆、

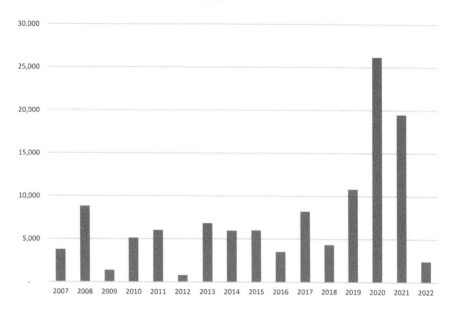

2007.11-2022.5中国化妆品行业历年投融资金额
（单位：百万元人民币）

抹茶美妆、河狸家等O2O代表性平台，在这一时期风头无两；"跨界黑马"
青岛金王这一时期频频出手，接连并购了杭州悠可、广州韩亚、上海月沣等
国内化妆品经销商和代运营公司（2015-2017年的3年期间，战投、收购案
例达26例，占这15年期间战投、收购案例总数的47.27%）；2014年，"药妆
解决方案提供商"莱博股份成为首家新三板挂牌美妆企业、拥有近20年
国货品牌历史的幸美股份成为首家挂板的日化企业，之后约40家中国化
妆品企业挂牌新三板（仅2016年一年，挂牌、上市的家数就达25家，占这
15年期间总体挂牌、上市家数的37.31%）……

　　从投融资金额看，相比之前几年的波澜不惊，人民币基金开始快速活
跃，投资笔数和投资金额都进入活跃期，美元基金则在投资笔数上有所
回落，但单笔投资金额更大，更聚焦快速成长期和头部品牌的投资布局。

　　2017年11月，在上海家化登陆上交所整整16年8个月之后，拉芳家化
终于打破了中国化妆品企业的中国资本市场IPO沉寂，开启2019-2021
年中国化妆品企业私募股权融资和IPO上市的第二个小高潮：珀莱雅、丸
美、贝泰妮、华熙生物、爱美客等相继登陆A股上市，壹网壹创、丽人丽妆、
若羽臣等代运营公司也集中在A股上市，美股IPO的完美日记，更是创造

了从品牌推出到IPO上市仅32个月的资本神话,市值一度超过160亿美元;更为重要的是:"Z世代"人群的崛起、直播的兴起,乃至美妆"集合店"的一度爆红,带来VC/PE资本市场的再度热情高涨……

新冠疫情以来全球流动性快速释放,资本市场的资金量快速增长,百亿规模基金此起彼伏,人民币和美元基金都进入极其活跃的投资周期,中国化妆品投融资事件数和金额都进入大爆发期。仅第二个小高潮2019-2021年3年,中国化妆品行业累计投融资金额就高达565.34亿元,占这15年期间累计投融资总金额的47.17%。

遗憾的是,风光只是短暂,随着美联储不断加息、全球流动性收缩,以及完美日记的资本神话快速跌落神坛,2021年下半年开始,中国化妆品行业投融资重回寒冬期,投融资数量和金额均快速回落。对于行业来说,这也许是件好事,去伪存真,行业可以进入更加健康的发展时期。

"大鱼大水",中国美妆行业的未来依然值得期待!

年份	化妆品品牌	电商销售平台	O2O服务平台	2C服务平台	2B服务
2007	3				
2008	2	1			
2009	3				
2010	7	5			
2011	5	10			1
2012	10	8		1	2
2013	10	2	1	6	1
2014	16	15	17	7	3
2015	25	19	30	16	1
2016	33	13	15	9	9
2017	31	3	4		3
2018	28	5	4	5	7
2019	27	2	1	3	3
2020	74	2	1	3	4
2021	117	10		2	6
2022	16				1
总计	407	95	73	52	41

特点二：化妆品品牌绝对主导 细分赛道阶段"高潮"

虽然《战国策·赵策一》中就有"女为悦己者容"的描述，考古文献更证实商周时期就有女性施粉黛的记录，不过中国自主化妆品品牌只是追溯到120多年之前，但真正开启中国本土化妆品自主品牌波澜壮阔的历史，还只是近些年的事情。

从谢馥春、孔凤春、百雀羚等老字号国货品牌的"老树新花"，到佰草集、薇诺娜、珀莱雅、丸美、自然堂、植物医生、完美日记、花西子等国产品牌的"百花齐放"，"国货当自强"的品牌兴起和渐强历程，每每聊起都让人为之振奋。

美妆行业产业链，主要可分为研发、生产、品牌、销售等环节，每一环节又可再作细分，比如原料生产及研发、生产代工(OEM/ODM)；美妆品牌；经销商、美妆连锁店、电商销售平台、O2O服务平台、美业服务线下店(美容、美发美甲等线下连锁)、MCN、2C服务平台(社区、内容生产、点评等)、2B服务(代运营、SaaS、市场营销MCN、行业信息供应等)。

美妆连锁店	原料生产及研发	MCN	美业服务线下店	生产代工	经销商	总计
			1			4
						3
1			1			5
			1			13
1			1			18
1			1			23
			1			21
1	3					62
2	2		5	1		101
1	4	2		7	3	96
1	2				1	47
8		2	2	1		62
4	3	8	1	2		54
10	7	5		1		107
7	5	3	1	2		153
1	2			1		21
38	28	20	17	15	4	790

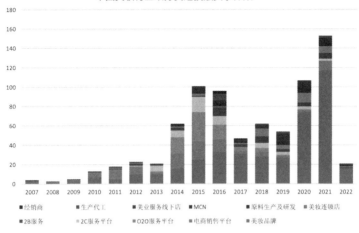

中国美妆行业细分赛道投融资事件数

图例：■ 经销商　■ 生产代工　■ 美业服务线下店　■ MCN　■ 原料生产及研发　■ 美妆连锁店
■ 2B服务　■ 2C服务平台　■ O2O服务平台　■ 电商销售平台　■ 美妆品牌

　　从整个产业链的价值分布来看，化妆品品牌创造的用户价值是最大的，因而享有的利润率和话语权也最大，属于行业链主。从行业投融资的细分赛道分布来看，明显可以看出化妆品品牌的投融资事件总数和投资金额总量，都处于主导地位——在这15年期间，中国化妆品品牌涉及的投融资案例达407例，占15年中国化妆品行业投融资事件总数的51.52%；其次分别是电商销售平台（95例，占12.03%）、O2O服务平台（73例，占9.24%）。

　　个别年份，亦有其他细分赛道受到资本的特别垂青：

　　2014—2016年"第一次高潮"之际，在"大众创新、万众创业"的政策感召下，时值移动互联网的高速发展期，美妆O2O创业公司大量兴起，吸引了不少期望"弯道超车"的资本关注，美啦美妆、抹茶美妆、河狸家等O2O代表性平台受宠。

　　2014—2016年，电商销售平台涉及投融资事件分别为15例、19例、13例，O2O服务平台涉及投融资事件分别为17例、30例、15例，2C服务平台涉及投融资事件分别为7例、16例、9例，3年仅此三项已达141例，占这15年期间中国化妆品行业累计投融资事件的17.85%。

　　2019—2021年"第二次高潮"之际，美妆细分赛道的龙头企业受到资本青睐：生产代工头部企业诺斯贝尔被A股上市公司青松股份并购，医美原料研发及生产头部企业爱美客登陆A股市场；新零售渠道品牌HARMAY话梅、KKV、Wow Colour、黑洞、妍丽等获得超额投资……

　　2019—2021年的3年，美妆连锁店涉及投融资事件为4例、10例、7例，占15年中国化妆品行业美妆连锁店累计投融资事件的55.26%。

中国目前已是全球第二大化妆品市场，年增速基本都是两位数。虽然2022年资本市场大幅回调，完美日记作为新品牌头部光环消失，带来美妆品牌投融资热度的迅速降温。但中国依然是全球化妆品行业增速较快的市场之一，是典型的市场规模大、增长空间大的好赛道，从整个行业趋势去看，美妆品牌依然是未来资本市场的投融资主旋律。

根据欧睿数据统计，2021年我国美容及个人护理行业规模为881.7亿美元，其中护肤行业为455.6亿美元，彩妆行业为101.8亿美元，预计2022-2026年5年CAGR 分别为7.5%、7.3%、8.0%(Vs全球三个分类的增速分别为6.6%、6.7%、7.4%)，较前期增速放缓但仍高于全球市场。另外，从劳动人口的人均化妆品消费金额去统计，中国市场相较于日韩、欧美等发达市场，仍有3-4倍的增长空间。

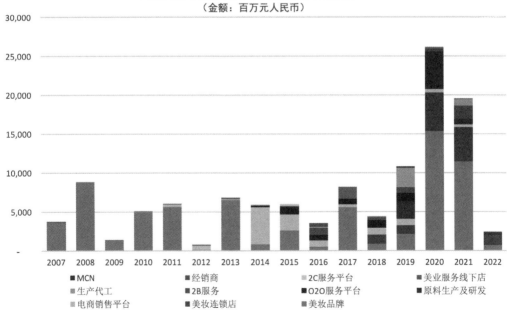

中国美妆行业细分赛道投融资金额分布
（金额：百万元人民币）

特点三：VC 出手次数最多 战投生态布局开始

根据我们跟踪收集整理的资料：自2007年相宜本草首笔融资后，中国美妆行业的投融资(包含私募融资、战略投资、公募上市、并购重组等)持续升温，个人投资、天使轮投资、VC、PE、企业战投等各类资本齐头并进，分别为11例/涉及资金2.24亿元人民币(数据可能明显低于实际情况，很多个人投资案例非公开)、111例/涉及资金5.45亿元人民币、306例/涉及资金125.12亿元人民币、130例/涉及资金239.60亿元人民币、130例/涉及资金401.83亿元人民币；人民币基金、美元基金，新三板挂牌、A股、港股、美股，多元化资本市场竞相怒放……

从资本类型划分：VC的出手次数最多(306例，占15年间中国化妆品行业投融资事件总数的38.73%)，这也反映出中国美妆行业尚处蓬勃发展阶段；其次是PE投资和战略投资旗鼓相当(均为130例，均占15年间中国化妆品行业投融资事件总数的16.46%)。这显然与2017年拉芳家化重启A股IPO后的资本小高潮密切相关，2020-2021年美股也有数家美妆产业龙头企业上市，而新零售连锁品牌HARMAY话梅、KKV、Wow Colour、黑洞、妍丽等获得超额投资，更是直接拉高了该细分赛道的投融资金额占比。

从投资金额来看：战投是最大的资本参与方(超过400亿元)——我们这里定义的战投，包括腾讯、阿里、京东等互联网平台的战投，也包括更多的美妆产业企业参与的投资融资事件，比如欧莱雅在中国的持续并购以完善其产业生态、青岛金王的跨界并购以快速形成其美妆零售集群、完美日记并购护肤品牌、青松股份并购诺斯贝尔头部OEM工厂，等等——行业头部企业通过持续投资和并购，来完善自己的产业链优势、扩大自己的产业生态圈，这是过去15年中国美妆行业日益明显的趋势。

产业链复杂、市场细分、需求多样，这是美妆行业的特点。国际巨头欧莱雅，也正是通过持续并购，获得竞争优势和产业壁垒的持续加强，成就今天全球美妆品行业的领导者地位。随着中国化妆品产业链条中各头部企业的成长壮大，相信行业的并购整合将会持续升温，在投融资金额上预计会继续保持领先。

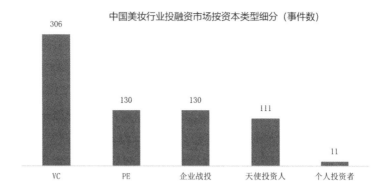

中国美妆行业投融资市场按资本类型细分（事件数）

306 VC
130 PE
130 企业战投
111 天使投资人
11 个人投资者

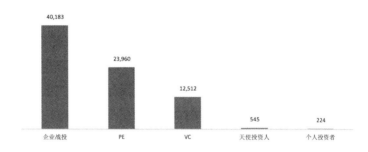

中国美妆行业投融资市场按资本类型细分
（金额，百万元人民币）

40,183 企业战投
23,960 PE
12,512 VC
545 天使投资人
224 个人投资者

　　如果将资本类型作进一步分析，我们发现：就资本事件数而言，一级市场的私募股权融资占绝对主导，然后是新三板挂牌、IPO上市，而国内企业和海外龙头的并购事件相对比较少，这些反映了中国美妆行业尚处蓬勃发展的上升期，还有非常多的行业增长和资本红利；从金额来看，IPO排在第一位，尤其是过去5年，蓝月亮、逸仙电商、爱美客、贝泰妮、欧舒丹、华熙生物、珀莱雅、壹网壹创等各类美妆产业链头部企业相继上市，融资金额和IPO市值在消费行业中都居较为领先地位。虽然就资本事件数而言，国内和海外企业的并购并不多见，但从金额来看，本土收购本土、海外收购本土、本土收购海外，分别位于投资金额榜单的第三、第四和第五名。

　　本土收购本土的代表性事件包括：青松股份收购诺斯贝尔，青岛金王收购杭州悠可、韩亚生物和安徽弘方,唯品会并购乐蜂网,以及青蛙王子先出售给汇通达、交易未完成后继而出售给丝耐洁,等等。

海外收购本土的代表性事件包括:欧莱雅在港股收购美即控股,法国珂蒂收购丁家宜,强生收购大宝和嗳呵,等等。

本土收购海外的代表性事件包括:上海家化全资收购英国知名母婴品牌Tommee Tippee(汤美星)。

随着中国美妆产业的进一步发展,我们预计VC/PE投融资将持续活跃,还有更多的中国化妆品企业将登陆资本市场。另一方面,中国化妆品的行业并购交易,也一定会更加活跃,本土企业收购本土企业、本土企业收购海外企业的活跃度将会快速上升,中国化妆品的头部企业,将会通过持续的国内和国外并购整合,做大做强。

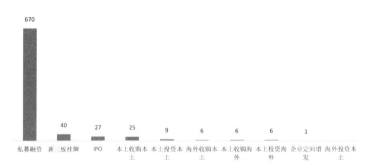

中国美妆行业的资本发生类型细分（事件数）

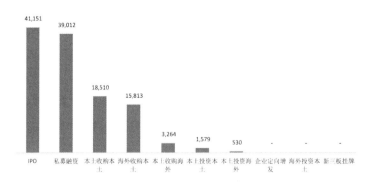

中国美妆行业的资本发生类型细分（金额,百万元人民币）

分析中国化妆品与资本这15年期间的资本参与方，我们发现：

2009年创业板推出之前，中国私募股权投资尚处成长初期，大部分投资还以能否短期内IPO为主要评估依据，中国化妆品行业（尤其是本土美妆品牌及新渠道）彼时都还处于比较早期阶段，加之美元基金当时并不太关注消费赛道的投资，故此，2007-2009年，中国化妆品行业的投融资事件数处于低位水平，但投融资金额相比并不低，主要是因为这3年的并购事件相对较多，拉高了总体金额，比如强生收购大宝和嗳呵、德国拜尔斯道夫收购丝宝集团四大品牌，以及霸王国际2009年港股IPO，等等。

| 年份 | 人民币 | 美元 | 港币 | 总计 | 金额（百万） | | | |
					人民币	美元	港币	总计
2007	3	1		4	3,600	180		3,780
2008	2	1		3	8,822	7		8,828
2009	2		1	3	19		1,363	1,382
2010	7	3	1	11	2,562	27	2,542	5,130
2011	12	5	1	18	5,249	314	485	6,048
2012	11	7		18	288	504		792
2013	17	1	1	19	1,336	12	5,313	6,660
2014	43	17		60	1,075	4,903		5,978
2015	70	16		86	3,196	2,830		6,025
2016	62	7		69	2,541	977		3,518
2017	31	6		37	4,458	3,771		8,229
2018	43	5		48	2,822	1,533		4,355
2019	40	5		45	8,147	2,679		10,826
2020	85	7	1	93	8,646	9,490	8,055	26,191
2021	106	24	1	131	11,205	5,869	2,444	19,518
2022	15	3		18	933	1,482		2,415
总计	549	108	6	663	64,897	34,577	20,201	119,675

2010年开始,中国化妆品行业的投融资进入持续活跃的上升期,随着相宜本草、拉芳、丸美等IPO预期的渐强,中国化妆品行业的高成长、高利润率等特点被逐渐认知,人民币基金开始持续活跃,逐步在中国化妆品投融资事件中逐渐占据主导地位;美元基金则主要活跃在2014-2016年的移动互联网O2O、2019-2021年的美妆新品牌、新零售的投融资领域。

但就投融资金额而言,美元基金的投资单笔平均体量,远超人民币的投资体量——美元基金的规模往往较大,可在后期项目下重注;而且美元基金更偏向于在市场热度高涨期,集中下注细分赛道头部企业。

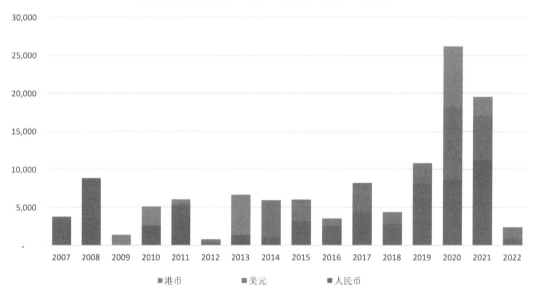

美妆行业投融资按币种划分(金额,百万元人民币)

特点五：红杉资本投资最多 香港市场融资最丰厚

按照投融资事件数,结合投融资金额大小,我们主要根据B轮以后的投资融资事件数排名,筛选出了过去15年间在美妆领域活跃的私募股权投资机构TOP20。

排名	机构名称	天使轮	A轮	B轮	C轮	D轮	E轮	总计
1	红杉资本	5	10	7	3	1		26
2	IDG资本	4	9	4	3			20
3	凯辉基金		2	4	1	1	1	9
4	经纬创投	1	5	3		3	1	13
5	创新工场	2	5	4		1		12
6	顺为资本	1	7	5				13
7	金鼎资本		2	4				6
8	五源资本	2	3	3	1			9
9	挚信资本	1	1	1	1	2		6
10	SIG		9	4				13
11	兰馨亚洲		1	1	1	1	1	5
12	CMC资本			1	2		1	4
13	GGV纪源资本			2	1			3
14	鼎晖投资		1			2		4
15	高瓴资本	1	7	1	1		1	11
16	深创投		6	2	1			9
17	DCM中国		1	2	1			4
18	启明创投		2	1	2			5
19	天图资本	2	8		2	1		13
20	祥峰投资		1	3				4

我们累计记录的IPO（不含新三板挂牌）企业数是27家，其中A股16家，港股和美股各5家，中国台湾股市1家。不得不提的是，2012年10月-2014年1月的政策改革，导致A股市场IPO活动15个月的实质性暂停，以及2015年股灾，证监会暂缓IPO发行，影响约4个月。这两个时期对于中国化妆品企业的上市数量和目的地，都产生了部分影响。从融资金额来看，港股和美股表现突出，上市的大都为龙头企业，融资规模相较比较大，如2009年港股IPO的霸王国际，2010年港股IPO的美即，2020年港股IPO的蓝月亮、朝云集团，2020年美股IPO的逸仙电商，等等。

国内美妆行业历年上市企业数

■A股 ■港股 ■美股

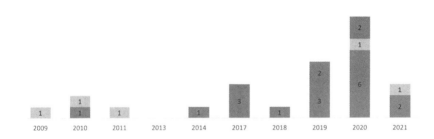

国内美妆行业历年上市企业融资金额（单位：百万元人民币）

■A股 ■港股 ■美股

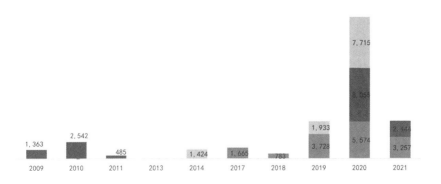

另外，需要补充的是新三板的数据，2014年新三板推出后，国内很多企业都将其视作重要的挂牌融资及资本退出渠道，当年的火爆程度记忆犹新，短短3年时间，新三板挂牌企业就突破万家规模。在这波热潮中，也有众多美妆企业选择了新三板挂牌，我们记录的数量为40家，其中2016年是高峰期，达到25家。2017年随着新三板融资功能的疲弱，以及交易的活跃度低，整个新三板陷入了低迷状态，挂牌的美妆企业也就随之大幅减少，并且不少挂牌企业选择了摘牌。

2014-2017年国内美妆企业新三板挂牌数量

鉴于一级私募股权融资市场数据的可获取性及公司的保密性要求，我们主要对国内美妆行业已上市企业做了中国化妆品行业的估值研究，考虑到A股是主要的IPO上市地，而A股又对发行市盈率有严格的要求，所以这里我们主要分析IPO的融资金额，对于这些上市美妆企业来说，是关键的一次投融资事件。

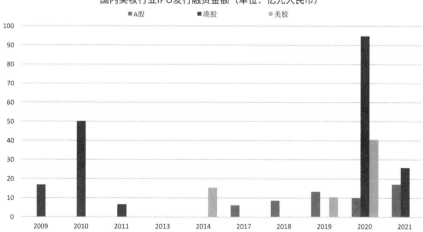

国内美妆行业IPO发行融资金额（单位：亿元人民币）

特点六：创业者群星辈出 化妆品国货自强

回顾过去15年中国化妆品行业与资本结合的历史数据，背后是精彩纷呈的行业案例，是华丽篇章的闪亮时刻。在这些数字的背后，我们看到了最早一批国产品牌如大宝、丁家宜等，在辉煌时刻被外资品牌收入囊中，然后就泯然众人，令人唏嘘，我们也看到了更多国产品牌的崛起和创始人不懈的努力。

比如从浙江做化妆品批发生意开始的珀莱雅创始团队，创立自有品牌，持续投入研发，建立销售体系，在关键窗口期抓住了电商B2C、抖音直播电商等渠道机会，持续成为线上国产护肤品牌的销售头部品牌，A股上市后市值涨了近10倍，成为市值近500亿元人民币的护肤品头部品牌；比如丸美股份的孙怀庆，打造了中国客单价最高之一、也是市场比较难打的国产眼霜品牌，经过两次波折后成功登陆A股；比如从美国回国创业的贝泰妮创始人郭振宇教授，发现云南植物优势与功效护肤的机会，使薇诺娜成为首个受邀参加世界皮肤科大会（WCD）的中国护肤品牌，登陆A股市场后成为目前护肤品牌的市值最高企业；比如完美日记的创始团队，成功运营了国产品牌御泥坊的电商渠道后，看到国产彩妆／国潮品牌的大机

1.美妆行业私募融资金额TOP20

排名	企业	排名	企业
1	KK 集团	11	Ushopal
2	HARMAY 話梅	12	壹网壹创
3	蘑菇街	13	福瑞达
4	逸仙电商	14	河狸家
5	新氧	15	WOW COLOUR
6	Moody	16	丽人丽妆
7	聚美优品	17	Haydon 黑洞
8	阿芙	18	参半
9	云集	19	美尚股份
10	名创优品	20	理然

2. 美妆行业并购金额TOP20

排名	企业	排名	企业
1	美即	11	嗳呵
2	上海家化	12	乐蜂网
3	丝宝集团四大品牌	13	韩亚生物等
4	诺斯贝尔	14	安徽弘方等
5	丁家宜	15	妙巴黎
6	大宝	16	卓悦控股
7	Tomme Tippee	17	嘉玲国际
8	思妍丽	18	韩粉世家
9	OBAGI	19	美得得
10	杭州悠可	20	幸美股份

3. 美妆行业IPO融资额TOP20

排名	企业	排名	企业
1	蓝月亮	11	新氧
2	名创优品	12	丸美股份
3	逸仙电商	13	科思股份
4	爱美客	14	水羊股份
5	贝泰妮	15	云集
6	欧舒丹	16	拉芳家化
7	朝云集团	17	珀莱雅
8	华熙生物	18	壹网壹创
9	聚美优品	19	青蛙王子
10	霸王国际	20	丽人丽妆

会,创立完美日记3年时间,拿到了诸多国内外知名基金的投资,销售收入从0迅速做到超过40亿元,成为国内一级市场估值最高、上市最快的明星品牌,并在美股创造了最高超过160亿美元市值的记录,成为国潮新品牌和DTC的经典案例,并且通过并购迅速打开护肤品牌的布局,将资本工具融会贯通⋯⋯

我们对中国化妆品行业不同资本事件类型的企业做了梳理,列示出私募股权融资、并购控股、IPO等3个代表类型的企业排名。它们是过去15年中国化妆品行业与资本发展的重要参与者以及行业缩影,足可"管中窥豹"。

展望未来,中国化妆品行业必将成为全球第一大市场,国产品牌的占比还会持续提升。过去15年,中国化妆品的产业基础非常扎实,市场需求快速释放,诸多国际品牌和生产企业都在中国深耕超过20年,ODM/OEM的产业链基础世界领先,也诞生了全世界增长最快的线上渠道,这些都是国产品牌持续做大做强的坚实基础。

随着国内生命科学、皮肤科学等与化妆品的逐渐融合,以及中国特有的中草药植物优势资源,我们在原料研发和应用上也会持续地创造新奇迹,形成更多的中国特色护肤理念,并走向全球。从原料研发、配方、生产、渠道、品牌等多方面,国内企业摸爬滚打了超过15年后,积累的能力和势能已经显而易见。

我们相信,中国化妆品的传奇故事还在不断上演!

我们相信,中国美妆产业与资本融合的华丽篇章必将续写精彩!

扫码查看

《2007-2022中国化妆品产业15年投融资数据库》

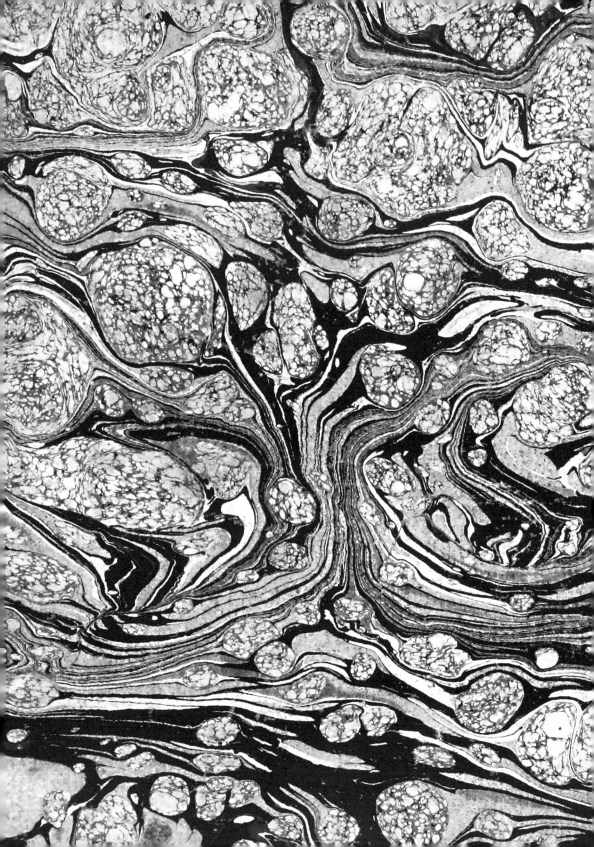

第三部分

人物

时势造英雄，英雄亦适时。成功穿越周期的企业家，
都是时间的朋友，都有着独特的魅力。正是他们，将
中国化妆品产业，推向了一个个新的高点。

养生堂钟睒睒

是企业家,更是超级产品经理

文 /《化妆品观察》特约记者 杨晓峰

在中国大企业创始人之中,钟睒睒可能是最低调的那个。他极少出现在公众视野,几乎不接受媒体的采访。如果不是因为农夫山泉上和万泰生物上市,可能大部分人都不知道"睒"字读什么。

业内熟悉他的人对他的评价很复杂——"超级广告人""与其说是老板不如说是记者""营销大师""包装设计控",但钟睒睒本人更喜欢的标签,还是超级产品经理。养生堂集团能够走到现在,与其打造产品的能力不无关系。

而引起化妆品行业广泛关注的,是钟睒睒以"门外汉"的身份跨界美妆领域。在此之前,很难有人能把他跟美妆二字联系起来。

好在,超级产品经理的有些逻辑在商业上是通用的。

比如,逆向思维。熟悉养生堂产品的人都知道,作为全中国最懂水的企业家,钟睒睒却做了"无水"的化妆品。

又如,执着。对于钟睒睒来说,跨界是巨大的挑战,正因为极具挑战,才有了一探究竟的兴趣。

再如,谦逊。时至今日,经过6年的发展,养生堂在化妆品界已经站稳了脚跟。但在提起化妆品时,他说得最多的依然是这句话:"我们还是一个刚入门的学生,我们要学要做的还有很多。我们要花更多功夫在产品形成之前。"

营销其实没有太大力量。在产品出来之前，所有的行销方案都要完成，包括产品的定位、广告语、推广方向等，我要做什么，要解决什么问题，提前就布局好了。

缘起"朵而"

钟睒睒出身于媒体，曾在《浙江日报》做过5年记者。

因为这段新闻工作者的经历，让钟睒睒的创业之路多了一些感性和敏锐。1993年创立养生堂有限公司后，仅3年就靠养生堂龟鳖丸迅速在保健品行业打出一片天地；1996年成立浙江千岛湖养生堂饮用水有限公司（5年后改名农夫山泉股份有限公司），而后20多年，品类逐步囊括包装饮用水、茶饮料、功能饮料、果汁饮料、咖啡、植物酸奶等多个品种，陆续推出农夫山泉天然水、尖叫、东方树叶、维他命水、水溶C100、茶π等诸多爆款饮品，渐渐成为饮料市场头部企业；2001年收购万泰生物控股股权，从此在生物医药领域强势布局。

而钟睒睒与化妆品的关联，起始于一个叫做朵而的品牌。

朵而诞生于1995年，作为女性保健用品的朵而胶囊，从传统中医配方中吸收灵感，首创了"以内养外"的全新保健美容理念。

"女人的美，是一种感觉，是一种气质，以内养外、补血养颜，细腻红润有光泽。"由钟睒睒执笔写作的这支朵而宣传片，成为当年最成功的广告之一。据养生堂员工回忆，这个广告播出的第二天，仓库中的朵而胶囊就被订购一空。

2005年，为了实现对朵而产品的战略延伸，养生堂又成立朵而（北京）女性生活用品有限公司，正式试水化妆品产业。

定位上，朵而主打的是天然营养型化妆品，这与养生堂保健品的基因一脉相承。围绕这一方向，朵而相继推出过以花瓣、水果、植物米浆等为原料的护肤产品，但都不成功，直到2009年，才最终确立维生素护肤的品牌定位。

彼时，钟睒睒并未亲自下场参与产品研发和运营。在他看来，朵而当年的产品只能算中等偏上水平。不过，要在化妆品领域争一席之地的想法却已在他心里萌芽。

情定桦树汁

钟睒睒希望，他的化妆品拥有一种全新的原料和一个别人没有过的理念，于是他默默等待，这一等就是12年。

早在2015年，钟睒睒就曾坦言，朵而此前做的是老老实实、中规中矩的一类产品，质量好，价格低，然而，也没有太多的创新。对没有十足新意的产品，他总是提不起兴趣，哪怕有利可图。

实际上，钟睒睒那时已经萌生了一个大胆的想法。"我们有各种各样的水，研究得也比较透，包括各类水的好坏、水对人体的各种作用等……水方面我希望能够走到顶尖的路线上去。"

他的设想是，以后要介入化妆品领域的话，很可能第一个会做水，比如补水类产品、化妆品喷雾水等。

凭借农夫山泉的天然优势，他对中国各地的天然水源了如指掌。长白山的低钠淡矿泉、西藏那曲的超高矿化度温泉、大兴安林里的锂锶地下水……他曾安排不少水用于补水护肤品的研发，虽然不乏效果理想者，但与他的要求依然有距离。

后来，随着研究的深入，钟睒睒心目中化妆品"水"的概念也有了很大变化。

长久以来，水都是护肤品配方中占比最大的成分，却几乎不含功效。而当消费者护理意识逐渐成熟，会越来越重视产品功效，同时也更加关注功效成分的含量。

2014年，钟睒睒否定了之前所有的想法，提出了一个大胆设想——"无水配方"。是的，全中国最懂水的企业家，却想做一款无水的化妆品！

这份创新的底气缘于他在原料上的研究。2013年，有人向他推荐了一款桦树汁饮料。这引起了他的兴趣。但随着对桦树汁研究的深入，他惊喜地发现，桦树汁在护肤上的应用远比饮料更有价值。

养生堂的科学家发现，不仅是补水保湿，桦树汁还具备强韧屏障、抵抗损伤老化、抗刺激等多方面的护肤效果。而这一原料，也符合钟睒睒对护肤品功效成分的要求——

不能为了所谓的效果盲目添加成分做组合测试，而是要从最基础的溶剂开始做革新验证，最终是想获得能够保证安全健康的更有效的配方。

工业化妆品生产已经有100多年历史，水从来是配方中最大的比例，养生堂却从底层改变护肤配方的逻辑——以天然桦树汁替代水。

由于采集周期短，桦树汁实现量产难度很大。而钟睒睒偏偏不信邪，又派遣团队在芬兰待了3年，一门心思地研究桦树汁采集技术，硬是把最初20吨的采集量提升到上千吨。

解决了桦树汁广泛应用于化妆品中的技术难题，产品的持续输出便有了保障。伴随着首款桦树汁补水保湿产品的诞生，2017年11月，养生堂化妆品横空出世。此后推出的每一个系列，也都以天然桦树汁为基础原料，并延续了"无水化"的配方研发方向。

"行业里首个以无水护肤理念为基础的品牌""桦树汁护肤首创者"，在无水护肤成为热门趋势的几年中，钟睒睒和养生堂通过颇具前瞻性的创新突破，把这两个标签贴在了自己身上。

创新渠道策略

养生堂化妆品产品沿袭了养生堂集团开发保健品、饮料等快消品的产品理念，渠道策略亦然。

从2018年开始，钟睒睒便将农夫山泉做快消品的方式移植给养生堂化妆品，希望借助强大的渠道力量，"让消费者像买水一样方便地买到养生堂化妆品"。虽然彼时线上渠道表现强势，但达成以上效果的前提，仍是必须在线下"广铺网点"。

布局CS渠道，成为这一策略的重要一环。

但CS渠道有别于农夫山泉此前面向的所有渠道。钟睒睒发现，该渠道面临很多问题亟待解决。比如，经营成本上涨、客群分流严重、利润空间趋薄、库存压力过大、价格体系混乱、产品同质化、产品口碑不佳等。

其中，一部分问题可以通过向CS渠道输送优质的富有竞争力的产品来解决，另一些问题，则需要采取颠覆性的特殊政策，尽力去维护该渠道的利益。

养生堂首款天然桦树汁补水保湿面膜甫一上市，便因极具话题性的"天然补水不用水"概念，引起广泛关注，短短两个月，销量就超过了9万件。而后在线上渠道的销售速度，又超乎了包括钟睒睒在内的所有人的想象。数据显示，2018年，从6月1日零点启动的618档期，该产品在天猫养生堂化妆品旗舰店仅仅两分钟便全部售罄，随后断货 5 天。

销售火爆是好事,但钟睒睒也看到了其中的隐忧 : 货品供不应求的状况,会不会影响到线下渠道供货?

基于这样的考虑,从当年 6 月起,钟睒睒下了一个可能常人无法理解的决定 : 推行线上渠道供货紧缩政策,即线上渠道每周只上一次货,以保证线下化妆品实体店的正常货品供应。 在化妆品行业,像这样控货的,养生堂恐怕是第一例,也是目前唯一一例。

不过,钟睒睒也深知,仅凭线上控货,无法解决 CS 渠道的所有问题。据他了解,品牌为了完成销售任务而往代理商和终端压货的现象,在业内并不少见,这就给 CS 渠道的库存消化带来了极大的压力。因而,除了正常供货外,在 CS 渠道同样有必要推行严格控货政策。

首先,经销商在进货前,需要明确铺货网点,养生堂根据铺货网点测算发货量,不允许经销商有闲置库存 ;而终端门店也根据门店类型限制进货数量,门店想要二次进货,必须等第一批货品全部销售完才行。

这样的"控货不压货"在行业过往的游戏规则中是颠覆性的,理想状态下,不仅可保证消除库存压力,也有利于控制货龄,让消费者买到新鲜批号的产品,获得更好的购物体验。长期来看,也有助于门店的进销存处于良性的发展状态。

此外,为了压制代理商窜货行为,解决 CS 渠道价格体系混乱、恶性竞争严重等问题,钟睒睒还要求推行了严控市场价格的政策。这一政策的核心策略,是保证线上线下产品价格全线统一,不仅在线上通过第三方合作进行严格控价,针对线下门店,更是采取了门店保证金制度,使每个参与者既是利益分享者,也是价格秩序维护者。

对于其他品牌来说,真正做到严格控价并不容易,但养生堂有其天然优势。据了解,农夫山泉市场稽查体系在全国有数千人,以前主要是对农夫山泉水业市场进行价格管理和稽查,而养生堂化妆品,同样能够利用这股强大的力量来管控价格。

需求导向的产品开发

外界评价钟睒睒为营销奇才,然而,他本人却认为营销并不那么重要。

"任何行业都认为产品是靠营销做出来的,我觉得不是,营销其实没有太大力量。在产品出来之前,所有的行销方案都要完成,包括产品的定位、广告语、推广方向等,我要做什么,要解决什么问题,提前就布局好了。这是产品导向的,而不是营销。"2015

年，钟睒睒在接受《化妆品观察》采访时曾说过这样一段话。

后来，他又公开说："广告不是想出来的，必须从制造产品前开始就已经有了你的观念，你才能创造出一个好的广告。这就是为什么农夫山泉的产品和广告都是连在一起的，从产品开始以前基因已经在那里了，产品的生命已经在血液当中，这就是我们的文化。"

在打好上游原料和中游渠道的基础后，钟睒睒对养生堂化妆品推新的引领显得更得心应手。

与开发饮料更追求独立性、不在口味上做妥协不同，养生堂化妆品更加遵从消费者和市场需求，每个产品系列的诞生，都是为了满足某类群体的肌肤护理痛点。比如最先推出的桦树汁面膜和保湿液，即是以补水保湿为核心。

钟睒睒有自己的思考，他认为，推出一款新产品并不难，但一款好产品必须是真正有效的、真心实意为消费者服务的。

尽管品牌创建初期主推补水，但消费者护理需求不仅限于补水，这就决定了养生堂化妆品会致力于开发功效迥异的不同产品。

例如，2019年12月推出的止痒身体乳，针对的则是冬季皮肤干燥发痒问题。钟睒睒了解到，受肌肤瘙痒影响的人群占比相当大，但市面上聚焦解决高龄人群肌肤瘙痒问题的身体乳却并不多，这让养生堂身体乳的推出具备了更突出的意义。

为了实现止痒效果，该身体乳对核心成分做了一定的加法，除天然桦树汁原液外，还搭配了白桦树皮提取物白桦脂醇，而白桦脂醇具有抗炎抗敏、保湿亮肤等作用，是不可多得的天然抗炎成分。此外，产品还额外搭配了牛油果树果脂等植物润肤成分及植物甾醇等明星修护成分，并加入新的独家舒敏技术，有效缓解肌肤瘙痒。

其他如2021年9月推出的桦漾系列，和2022年8月推出的冬孕精华露系列，也都是针对较为普遍的肌肤护理需求进行研发的。前者追求强效保湿、预防和修复敏感肌，后者追求肌肤的抗老、修护和净颜。

不难发现，养生堂化妆品的上新速度并不快，短则半年，长则一年多，远低于绝大多数品牌的产品更新频次。早在推出首款产品系列时，钟睒睒就曾坦言，对于研发进度不会急于一时，并始终坚持一点：一定要在技术上有新突破，才会推出新产品。

反观养生堂化妆品的所有产品系列，在顺应消费趋势的基础上，往往都会通过建立成分和技术的壁垒，打造优于竞品的功能效果。

功夫花在产品形成之前，这一点，钟睒睒一直没变。

华熙生物赵燕
将中国研发带到世界高度

文 /《化妆品观察》特约记者 陈龙

　　获得雨果奖时，刘慈欣被学界评价为"以一己之力把中国科幻文学拉到世界级高度"。赵燕之于化妆品研发，在一些业内人士看来，就如刘慈欣之于科幻文学。

　　在一次访谈中，赵燕坦言外界对她有太多误解："有一些观点将华熙生物误认为医美公司或者消费品公司、化妆品公司，并且只关注个人财富。"

　　赵燕执掌的华熙生物占有近全球半壁江山的玻尿酸生意，并且两次引领玻尿酸产业革命，五棵松体育馆是国内第一个民营投建的奥运场馆……这些成功的过去在某种意义上成了赵燕的标签。然而，标签在帮助人们迅速认知事物的同时，也锁死了人们认知的角度，即便这些角度并非足够正确或足够接近本质。

　　"无论做什么产业，我都奔着六个字：健康、美丽、快乐。它的内涵就是让生命有质量，在有质量的前提下去延长人的寿命。"赵燕对此回应。在商业理念上，赵燕其实

> 无论做什么产业，我都奔着六个字：健康、美丽、快乐。它的内涵就是让生命有质量，在有质量的前提下去延长人的寿命。

有着远大的理想。

透过这层理想,我们也许能找到赵燕最正确的"打开方式"。

全球玻尿酸龙头企业

从现在的成就看来,赵燕的生意无疑是成功的,但是作为一个投资者,赵燕似乎有点"轴"。

谈及赵燕的生意版图,最为众人熟知的便是2000年投资华熙生物,而这盘生意,在起步的阶段并不被外界看好。

2000年左右,从事房地产和金融领域的赵燕机缘巧合结识了山东大学药学院研究生郭学平。在双方的沟通中,赵燕了解到郭学平团队通过传统发酵技术和生物工程技术相结合的方式研发出了透明质酸(俗称:玻尿酸),但面临着营销和管理等难题。

当时,玻尿酸还是个新名词,相关产品也未在国内普及应用。国外常见的生产方式多为从牛眼、鸡冠等动物组织中提取,进口后价格十分昂贵,主要用于医药领域。郭学平团队所研发的发酵法生产透明质酸的方式,则用技术创新撬动了行业变革,让玻尿酸在国内的普及应用成为可能。

赵燕本人是学生物的,发展生物科技一直是根植于她内心的一个梦想。所以听说有机会利用生物科技促进人体健康,就觉得自己是不是可以做点什么。基于这样一个善念,赵燕去到了郭学平的公司参观。而郭学平的一句话"1个玻尿酸分子能锁住1000个水分子"打动了赵燕,她凭借着敏锐的市场洞察力,预见到了玻尿酸未来广阔的市场。

于是2001年,赵燕正式投资华熙生物,与郭学平博士团队共同打造出集玻尿酸研发、生产和运营为主体的产业链。

在风口期选择乘势而上很容易,但是在行业萌芽期就做出选择,并一路坚守下来,这样的选择是困难的。赵燕也曾经坦言,自己在创业过程中遇到最大的困难和挑战是"选择",选择战略方向,选择短期利益或是长期利益。企业家在很多时候是孤独的,必须想清楚,到底要什么、要往哪里去。

2001年投资接管华熙生物的时候,赵燕做的第一件事就是高薪聘请了一位总经理。她不要求总经理卖货提升销量,而是要求总经理制定企业标准。在她看来,规范和标准能把所有人拧成一股绳。

与此同时,赵燕根据自己的理念对企业进行大刀阔斧的"重塑":完成企业

ISO9000认证、按现代企业的组织架构调整企业管理、组织核心人才再学习。

2003年,赵燕决定给华熙生物重新定立一个大的战略目标。当时有了领先的技术,也有了规模化生产能力,所以华熙生物定的目标是成为全球最大的玻尿酸生产企业。

第一步让产能达到世界第一,才有可能到第二步——世界市场占有率第一,所以赵燕决定自己买地建厂。

那时候华熙生物的销售收入只有2000多万,而买地建厂需要8800多万,并且要做到国际化,就需要有GMP、CFDA、FDA的认证,可谓困难重重。

在这种情况下,赵燕克服了各种困难,在2005年的时候建成华熙生物济南生产基地,并生产出全级别的透明质酸。所谓全级别,就是达到医药级、外用级、食品级的透明质酸,整个质量体系都有保证。

2007年时,华熙生物成功成为全球最大的、市场占有率最高的玻尿酸企业。

寻找第二增长曲线

2007年华熙生物位居全球玻尿酸龙头之后,每年的增长超过50%,产品供不应求。在这种情况下,赵燕却感受到了企业的"危机"。

她深刻知道,对于一家企业而言,最可怕的就是思想上的懈怠,这时候公司已经缺乏了前进的动力,仅靠内驱很难让这个充满优越感的企业再向前走。如果没有持续不断的创新,目前的技术领先也可能很快被人超越,那这样的企业还能撑多久?

而且那个时候国际业务占了60%以上,如果人才没有国际化视野,那么现在走得多远,最后跌得就有多惨。

于是,为了让企业保持持续不断的盈利能力,进而激发出持续不断的创新能力,2007年底,赵燕决定到香港上市。内部无法驱动,那么就让公众来监督。

今天回过头来看,赵燕仍旧觉得上市这一步走得是对的,一个原料公司很难有大的发展,没有上市就没有后来的增长。

在香港上市期间,华熙生物组建了新的终端研发团队,新人员的加入对原先的原料研发团队也起到了促进作用,原料团队的内驱力在这个时候被激发出来了。在2011年,他们有一个重大的技术突破,就是给透明质酸带来了第三次产业革命的酶切法。2012年,华熙生物开发的"润百颜"注射用修饰透明质酸钠凝胶成为国内首家获得CFDA批准的国产交联透明质酸软组织填充剂,填补了该类产品的国产空白;2013年在眼科、2014年在骨科方面又取得终端产品突破。

而由于华熙生物是国内第一个拿到三类医疗器械注册证的企业,资本市场将此解读为华熙生物的二次转型,把华熙生物定义为一家医美公司。但其实华熙生物并不是转型,而是战略升级,其核心能力在于基础研究和应用基础研究,是一家创新驱动型的公司,而不是一家产品公司。

除了市场认知出现问题,内部人员理解上的问题也随之产生。发展到2016年的时候,虽然企业每年的终端产品都有很大的增长,但是并没有把企业最核心的东西呈现出来,战略在落地过程中出现了一些偏颇。同时,人一直处于第一的位置会特别容易满足,如果没有新目标,人的内驱力很难被激发起来。

在这种情况下,华熙生物如果想拥有持续不断的生命力,就必须进行战略的再次升级,以及大规模的组织变革和人员调整。于是2017年,赵燕做了一个特别大胆的决定:公司从港股退市,进行私有化。

全产业链平台型企业

原料让华熙生物有了深度,药械让华熙生物有了高度,接下来华熙生物要拓宽广度,进一步完善公司的产业链,因此赵燕决定进军B2C领域。

面向更广阔的C端市场,一定要依靠核心技术优势,做利于生命健康的消费品。玻尿酸作为一个能够给人们带来年轻的物质,顺理成章地指向功能性护肤品领域。

2018年底,华熙生物推出与故宫博物院合作推出"故宫口红",名噪一时,引发文创热潮。

2019年,华熙生物在A股科创板上市,以此快速实现公众对于公司科技创新型企业的认知,并开启更广阔的C端市场发展。

C端的布局,进一步向后拉长了华熙生物的增长曲线。2021年,华熙生物全年营收49.48亿元,同比增长87.93%,主要的增长来自功能性护肤品板块,板块营收达33.19亿元,较2020年同期的13.46亿元增长了19.73亿元,增幅高达146.57%。该板块占整体营收的比例已达到67%。继2021年润百颜跨入10亿元阵营后,2022年夸迪、BM肌活也有望跻身该阵营。

与此同时,玻尿酸在C端的边界拓展到了食品领域。2021年1月7日,国家卫健委正式批准玻尿酸可作为新食品原料用于普通食品添加,华熙生物随之推出国内首个玻尿酸食品品牌"黑零"、玻尿酸水品牌"水肌泉"和玻尿酸果饮品牌"休想角落"。在食品领域的拓展,并非一时兴起,早在2004年,华熙生物就在国内启动了玻尿酸作为食品添加的申报工作，坚持16年终于成功。

此外，华熙生物也在更多的领域，拓展玻尿酸的应用边界，如计生、洗护、宠物、造纸、纺织等多个领域，让玻尿酸这一生物活性物质更好地惠及人们的健康生活。

而华熙生物的主营业务也逐渐发展成为原料、医疗终端、消费终端（功能性护肤品、功能性食品）的模式，成为覆盖生物活性物质从原料到终端的全产业链平台型企业。

生物科技领军者

企业发展的第一个"十年"，华熙生物实现了生产能力持续增长，成为全球最大的透明质酸原料生产、研发和销售企业。第二个"十年"，实现向透明质酸终端领域迈进。步入第三个"十年"，华熙生物正致力于打造成为生物活性材料的全产业链平台型企业。

在赵燕看来，华熙生物发展的一切都基于底层科技实力的支撑，得益于对基础研究和应用基础研究的坚持坚守。

在全球透明质酸产业发展历程中，曾经历了"动物法提取透明质酸、微生物发酵法大规模生产透明质酸、酶切法规模化制备寡聚透明质酸"三次标志性的产业革命，而依托两个研究，华熙生物主导引领了后面两次产业革命。

前者"发酵法"让过去"贵过黄金"的玻尿酸实现大规模生产，能够走入寻常百姓家；后者荣获了"中国专利金奖"的"酶切法"，让玻尿酸的分子量得到自由精准的控制，进而使玻尿酸应用从最初的眼科、骨科、皮肤科，到后来的化妆品、食品、个人洗护，乃至口腔、计生、组织工程、宠物等新领域，不断打破玻尿酸应用的天花板。

2018年以来，华熙生物进一步抢先布局前沿生物技术领域——合成生物学，引领我国合成生物产业步伐。

公开资料显示，华熙生物是目前国内"唯一"集"合成生物"完整研发创新能力、中试转换和产业化能力，以及产品应用和市场转化能力"三大能力为一体的合成生物企业，具有牵头建设企业创新联合体的能力。

目前华熙生物已经搭建合成生物学全产业链平台，其"山东省生物活性物合成生物学重点实验室"已获得山东省科技厅的认定；"合成生物技术国际创新产业基地"已落户北京大兴并投入使用，合成生物学研发团队已组建完成，技术平台已搭建完成。

通过合成生物技术，华熙生物的高纯度麦角硫因、5-ALA、维生素C葡萄糖苷、红景天苷等物质已完成发酵工艺验证；多聚寡核苷酸、NMN和人乳寡糖均已实现突破性进展，处于国际领先研发水平，并依托寡糖体外酶催化合成技术，建成了全球分子量覆盖最广的人体三大多糖——透明质酸、硫酸软骨素、肝素寡糖库。

此外，凭借20余年的研发和产业转化经验，华熙生物还积极打通产学研，与多家科研院校展开合成生物相关领域的研发共创与合作，并建成全球最大的中试转化平台，积极推进合成生物科研成果的产业转化。

一方面，华熙生物不断强化自身科技实力，走在生物科技前沿；另一方面，作为生物科技龙头企业，华熙生物也积极担当龙头企业责任，通过科普展馆等多种形式，实现产业科普，传递科学知识，助力科技强国。

2020年6月，华熙生物在山东济南建设的"世界透明质酸博物馆"正式开馆，这座博物馆是全球首座以透明质酸为主题的博物馆，也是目前唯一一座全景化展现透明质酸产业发展路径及成果的博物馆。博物馆建筑面积4154平方米，以科普视频、文献史料、仿真模拟等多种形式，全景化展示透明质酸的相关知识与应用，以及透明质酸行业的发展历程，传递中国透明质酸产业富有科技力、创新力、生命力的形象。

自开馆以来，世界透明质酸博物馆已成功完成了1000余批次展陈接待，包括政府、机构、企业、学生、媒体、KOL、社会团体等在内10余万人次的参观，及百余次直播活动。

2022年8月30日，由华熙生物自主建设的全球首座合成生物科学馆正式落成开馆，科学馆坐落于华熙生物合成生物技术国际创新产业基地（北京大兴生物医药产业基地内），占地近1000平方米。科学馆以科技感、未来感十足的设计，通过特效互动、仿真模拟、现代光影技术等多元化高科技形式，展现合成生物技术的奥秘。

赵燕强调，华熙生物作为一家生物科技公司和生物材料公司，所做的事情就是通过微生物发酵、用细胞工厂去生产我们所需要的生物活性物。而合成生物技术是重塑地球资源，实现碳达峰、碳中和的底层支撑技术。华熙生物有责任、有义务向大众传递合成生物的科学知识，助力《"十四五"生物经济发展规划》政策落地，推动合成生物绿色制造及我国碳达峰、碳中和目标的实现。

在赵燕看来，合成生物是应对未来不确定性最确定的生物科技。而合成生物的发展方向，更决定了的华熙生物未来在研发领域、企业发展、行业升级甚至是国家战略层面的高度。

赵燕说："我们希望每个生命都是鲜活的，即使活到120岁也能蹦能跳，能吃能睡。这就需要通过生物技术获得相应的活性物，目前我们已经实现从研发到市场的全产业链布局。"如今的华熙生物是一家科技驱动的全产业链平台型公司，专注于"提高生命质量、延长生命长度"的生物活性物质，也许这才是赵燕的初衷。

贝泰妮郭振宇

择高而立，做窄路宽

文 /《化妆品观察》记者 陈其胜

与红杉中国周逵打赌的第28天，郭振宇赢了。

2021年3月，贝泰妮成功敲钟上市，首日以超700亿的市值登上A股护肤品企业榜首。而在贝泰妮之前，护肤品企业市值一度停留在400亿以内。作为贝泰妮董事长，郭振宇坚信，贝泰妮将成为国内首个市值破千亿的护肤企业，并就此与周逵立下赌约。

就在不到一个月后，贝泰妮总市值达1029亿。届时，他成为化妆品行业"最值钱品牌"的掌舵人之一。不过，周逵更是大赢家，他对贝泰妮投资的5000万，为红杉带来四五百倍的回报。

透过贝泰妮的成长，我们可以看到60岁仍意气风发的郭振宇——对事业的笃定和对梦想的执着，是刻在他骨子里的。

2002年，39岁的郭振宇回国创业。这一年，侯军呈和方玉友还未创立珀莱雅；吕义雄在上海创立韩束，开启上美集团的品牌梦想；华熙生物的赵燕则带领团队研究微生物发酵法量产透明质酸，为日后的爆发奠基……彼时，美妆市场一片方兴未艾，正等待他们书写历史。

不过，作为美国乔治·华盛顿大学的终身教授，郭振宇在化妆品行业的开疆拓土，是在数年之后。

2007年，时任滇虹药业董事长的郭振宇，牵头孵化薇诺娜品牌。它的诞生，让一场基于皮肤学研究的技术新风向，在产业里蔓延开来。12年之后，薇诺娜一举超越薇姿、雅漾，拿下皮肤学级护肤市场的TOP1。

"薇诺娜最初的定位就是世界功效性护肤第一品牌，目前我们已经做到中国第一了，从销售额来讲很快就会成为世界第一。"对此，郭振宇有坚定的信念。

10000 美元促成的传奇故事

"如果你的品牌定位是麻雀,就只能飞到几十米高的树梢;如果你的品牌定位是大雁,那它可以南来北往,高飞到百米千米;如果你把你的品牌定位于雄鹰,它将在万米高空翱翔。"

郭振宇所仰望的,是万米高空。

在郭振宇回国前,云南省委省政府曾提出,要把云南生物医药做成当地的一个支柱产业。依托于云南得天独厚的自然资源,当时的云药产业已经有了一定的基础,郭振宇认为这其中必定大有可为。

另外,郭振宇还算了一笔账。"我出国留学是云南省政府地方外汇给的10000美元奖学金,这笔奖学金拿在手里觉得'沉甸甸'的。当时我是云南大学老师,一个月60多元的工资,需要50年不吃不喝才能有这笔钱。"于是,怀揣感恩之心的郭振宇,毅然扎身云南建设。

据公开报道,2003年,郭振宇回国后任职滇虹药业集团股份有限公司董事长、总裁,通过一系列产品策略、渠道改革,带领公司上了一个台阶,营收从1.9亿元做到了13亿元(2014年)。

"刚到滇虹药业,公司的产品线有皮肤科、骨科、妇科、心脑血管科等。当时,公司营收1亿多,各个板块齐头并进,分散资源,就很难打出来。"郭振宇回忆,他选择了产品力

如果你的品牌定位是麻雀,就只能飞到几十米高的树梢;如果你的品牌定位是大雁,那它可以高飞到百米千米;如果你把你的品牌定位于雄鹰,它将在万米高空翱翔。

较强的去屑产品"复方酮康唑发用洗剂"来作为主打,并将"康王"这个商标从其他产品上撤下来,仅让"康王"这个商标代表"复方酮康唑发用洗剂"这个品类。

通过整体的品牌规划及持续不断的传播推广,在聚焦资源的情况下,几年时间"康

王"就变成了中国皮肤科OTC的知名品牌。"做窄路宽"的企业运营逻辑也由此形成。2014年，郭振宇离开滇虹药业，加入贝泰妮，先后出任董事长、总经理一职。

"薇诺娜上市的第一天，我就说薇诺娜是云南的、中国的，同时也是世界的。"在这一信念的引导下，由10000美元促成的传奇故事也由此展开。

要把品牌定位定得比现在的第一还高

2017年"双11"，是一个让郭振宇感到振奋的日子。

这年"双11"大促，薇诺娜首次进入天猫美妆"亿元俱乐部"，且全网全天销售超过3亿。"这一期间，整个云南省卖出去的化妆品大概有6亿多，薇诺娜独占一半，彼时，昆明机场的物流仓中都是薇诺娜的红色包裹盒。"这是郭振宇第一次深切感受到"骄傲"——此时距离薇诺娜诞生已过去9年。

从康王到薇诺娜，郭振宇形成了一套自己的品牌逻辑，即做窄路宽、择高而立、以终为始。而薇诺娜的胜利，是一次品牌定位的胜利。

薇诺娜诞生前后，功能性护肤品牌迎来一波爆发，也逐步迈入群雄逐鹿时期。

"做教授时，我的研究是开发诊断型医疗仪器，就是在'找病'；做滇虹药业是在'治病'。在滇虹期间我担任了世界非处方药协会会长，担任会长的几年间我几乎跑遍了全球，对疾病和健康有了更加深入的理解。到50岁才找到我人生的使命：让人'不病'。在宽广的疾病谱中，我选择了皮肤健康作为切入点，这才形成了贝泰妮打造中国皮肤健康生态的中期使命。"从医药行业转到护肤品行业，郭振宇如此总结。

彼时，欧莱雅旗下的薇姿（1998年7月）、理肤泉（2001年11月）两大品牌，以及皮尔法伯旗下的雅漾（2003年1月）已相继进入中国市场，并在市场掀起一阵风浪。上海家化旗下的玉泽，也在次年（2009年）孵化。

"2010年，护肤品市场成为中国化妆品最大的细分市场。"郭振宇指出，当时外资品牌占据绝对优势，中国本土的护肤品牌为避开与国际巨头的正面竞争，集中在二线阵营中，走中低端路线。

郭振宇观察到，随着生活节奏加快、社会压力加大、环境污染、滥用化妆品及不正规的美容等一系列因素，让敏感肌人群日益增多，所以将薇诺娜定位于专注敏感肌肤的护肤品，以精准的渠道打法以及"极简、高单价"等方式，在大牌围剿的市场上杀出一条血路。

所谓极简，是尽管品类涵盖舒敏保湿、防晒等12个系列，但薇诺娜将SKU精简在百种以内，同时重点发展拳头产品"舒敏保湿特护霜"。2017年—2019年间，其主打"舒敏系列"对公司的营收贡献占比可以达到

38%~40%。

此外，在定价上，薇诺娜采取小容量、低标价、高单价的方式。以"舒敏保湿特护霜"为例，市面上面霜类产品普遍容量为50ml（或50g），而薇诺娜推出15g和50g两款包装，15g容量在天猫旗舰店正价仅68元，除了在价格上更占优势，便于携带的特点也有助于延伸使用场景。该单品5.36元/g的价格，明显高于玉泽、理肤泉等品牌，位居同类产品前列。

据公开报道，2010年之后，薇姿、雅漾等外资品牌在药店渠道发展遇到瓶颈，但薇诺娜反其道而行之，大力拓展药店渠道。

自创立薇诺娜以来，郭振宇便以"循证医学"的理念来打造产品，与国内外科研机构建立广泛合作关系，同时在60余家三甲医院皮肤科做临床验证，并在医院皮肤科的推广下逐步走进药房专柜，且陆续拓展了一心堂、健之佳、老百姓等大客户。

2011年，薇诺娜旗舰店正式登陆天猫商城。在郭振宇"无条件拥抱互联网"的指导下，薇诺娜在线上渠道也迎来了爆发。2015年，薇诺娜线上业务首次破亿。至今，其线上业务贡献占比超80%。坚持"线下医药渠道打基础，线上渠道为中心"的渠道策略，也让薇诺娜抓住了每一次的流量红利。

在郭振宇看来，14亿人口的大市场里，无论切中哪一个细分市场，只要努力去经营，都有机会把自己的品牌做成国际品牌，因为中国市场已经是全球市场。"品牌'择高而立'的方法是瞄准所在的细分赛道，找出现在的第一，然后把品牌定位得比现在的第一还高，这样与其他在这个赛道中的品牌竞争就是降维打击。"

而在"把薇诺娜做成世界第一的功效性化妆品"的目标下，2019年，薇诺娜超越雅漾，以20.54%的市占率排名第一。2020年及2021年，薇诺娜的市占率分别在上一年的基础上提升2.5及2.0个百分点。

"第二品牌"上线

2021年3月，贝泰妮顺利敲钟上市。彼时，由年收26亿元单品牌薇诺娜撑起来的贝泰妮，在资本市场备受青睐，上市首日市值即突破700亿元。一个月后，贝泰妮市值突破1000亿元。截至本文成稿时，贝泰妮依然稳居化妆品品牌公司市值榜首。

资本市场需要"讲好故事"。诚然，在高赛道下增长的薇诺娜，为贝泰妮带来了很多可能性。但其营收占比一度超98%，也令资本市场有些顾虑。纵观行业，欧莱雅、雅诗兰黛等国际美妆巨头，均布局了较为完善的品牌矩阵。

于是，上市之后，郭振宇也推动贝泰妮的品牌扩张之路进一步提速。

2022年6月，贝泰妮领投底妆品牌Funny Elves方里，后者年销已突破2

亿元；同时，公司内部还推出了抗衰品牌AOXMED瑷科缦。

在郭振宇的谋划下，贝泰妮的中期战略将围绕"打造皮肤健康生态"来展开，通过内部孵化、并购、体外投资参股三路并行。"投资彩妆方里，主要是看好其在彩妆领域取得的成功。在主品牌高成长下，贝泰妮也想通过体外孵化加速多品牌战略、增强自身的彩妆基因。"而推出 AOXMED 瑷科缦，对贝泰妮的意义则更加重大。这一定位于高奢抗衰的品牌，被贝泰妮认定为公司真正意义上的第二品牌。

"贝泰妮决心将 AOXMED 瑷科缦打造成中国抗衰老第一品牌。"郭振宇表示，其抗衰老的机理是针对表皮、真皮、表情肌的全层抗衰，前期布局医美渠道打造口碑，接下来通过数字化DTC实现放量增长。

值得注意的是，目前国内抗衰市场上并未出现真正具有代表性的国产品牌。而郭振宇的决心，或正是让瑷科缦成为继薇诺娜之后，第二个能与国际企业掰手腕的品牌。

事实上，对于多品牌的布局，贝泰妮早已有所行动。

贝泰妮招股书显示，2017年至2019年，薇诺娜彩妆品类销售收入复合增速最高，达到71%。2020年，薇诺娜推出适合敏感肌的功效性彩妆——薇诺娜彩妆安心系列，该系列专注解决敏感肌肤群体的彩妆需求。

此外，贝泰妮还以 WINONA Baby 进军母婴赛道。WINONA Baby品牌天猫旗舰店于2021年度正式运营随即成为行业黑马，"双11"活动更是首战成名，在细分行业品类排名 TOP10，同比实现超10倍爆发式增长。

至此，贝泰妮搭建了"护肤＋彩妆＋母婴"的多品类多品牌矩阵。

企业家精神：创新、冒险及合作

"一个好的创始人首先要有企业家精神：创新、冒险及合作。"郭振宇如是说。

事实上，这三点在郭振宇身上有着深刻"印记"——对薇诺娜的"创新"，从终身教授到企业家的"冒险"，与红杉中国的"合作"，都值得称道。

在创新方面，薇诺娜目前仍在升级——薇诺娜的定位本身是舒敏，如今的思路则是"舒敏plus"。目前，贝泰妮产品开发的策略为：推出一代、储备一代、研发一代。"因此我们的新品储备足够，在合适的市场机遇下我们会做好'精准推新'。"郭振宇表示。

敢于冒险，是郭振宇身上的重要特质之一。在拿到加拿大麦吉尔大学电机工程博士学位后，郭振宇又转战生物医学工程博士后研究，而后独立门户在加拿大开研究室，没稳定几天又去了美国乔治·华盛顿大学，刚成为终身教授就辞职回国……在创业之前便不断寻找新的可能，创立的薇诺娜又敢于和国际品牌正面"硬刚"。

关于合作,贝泰妮与红杉中国的"互投"堪称经典。红杉中国于2014年出手投资了贝泰妮天使轮融资,是其第一大机构股东,在贝泰妮上市后获益数百倍;而10年后,贝泰妮反投了红杉中国,成为红杉的LP。郭振宇表示,通过参与红杉基金的投资,可以和优秀的被投团队探索商业合作机会,从而有利于完善贝泰妮的整体战略布局。

不过,透过贝泰妮的成长,我们在郭振宇身上不仅能看到以上三点,还能看到他的坚持与感恩。

从一开始,郭振宇以"循证医学"的方式来打造产品,坚持做科学研究。对于学界出身的他来说,在市场上取得的巨大成绩,并没有在学术上取得的成绩更让他来得自豪。据悉,截至2021年底,薇诺娜产品的安全性及功效性得到了63家医院皮肤科的临床验证。针对薇诺娜的基础研究及临床观察发表了154篇学术论文。

而郭振宇并没有忘记,云南省政府资助的10000美元奖学金,正是他事业的起点。多年后,郭振宇反哺云南——2019年,他在母校云南大学设立创新创业奖;2021年,他又向云南大学捐赠500万元设立"汉生奖学金",计划每年对60名优秀学生进行奖励资助。

"好的人生,是一个过程,不是一个状态;它是一个方向,而不是终点。我这一路走来,一直在追求自己感兴趣的事情,这些事情让我为之兴奋,使我的生活尽在掌控之中。"这一句在云南大学2021届毕业生毕业典礼上的发言,正是郭振宇一路走来的真实写照。

珀莱雅方玉友
以温柔的力量穿越周期

文 /《化妆品观察》特约记者 杨晓峰

方玉友最近一次发朋友圈，还是在 2022 年 3 月 7 日。其中有一段话令人印象深刻："我们很多中国品牌，多年以来，始终面临着很多偏见和挑战。但我们不断努力着，积累着温柔的力量，穿越一个又一个周期，终会觉醒！"

作为珀莱雅 CEO，方玉友亲眼见证了中国化妆品行业数十年的激荡，也见证了同一时代的本土品牌如何一步步走到今天。

当然，这段话更像是珀莱雅从诞生到成长，再到高速发展的缩影。尤其是 2007 年以来，伴随国内美妆市场竞争加剧，企业需要进行更多尝试来寻找新增长机会，以强化持续发展的硬实力。

对于从尝试中汲取的动能，方玉友形容为"温柔的力量"。这不由得让人想起《道德经》中的经典名句："天下之至柔，驰骋天下之至坚。"因时而动，因势而动，看似温柔，实则无比强大。

在方玉友看来，珀莱雅在过去 15 年所觉醒的，正是这种温柔背后的强大。

裂变生长：从单渠道单品牌到多渠道多品牌

自 2003 年创立品牌后的第一个 5 年，方玉友和姐夫侯军呈已经带着珀莱雅，完成了起步阶段的原始积累。这一阶段，主要是围绕主品牌珀莱雅组建团队，开拓并快速铺设线下销售网络。通过将商场营销模式移植到专营店，2007 年时，方玉友的团队已开发了 20000 个销售网点。凭着成功布局 CS 渠道，2008 年前后，珀莱雅的零售额就达到了 20 亿元。

我们不断努力着,积累着
温柔的力量,穿越一个又
一个周期,终会觉醒!

尽管珀莱雅前期发展相当顺遂,但CS渠道的本土品牌逐渐增多,使得竞争赛道变得更加拥挤。2009年左右,关注到这一渠道的不俗表现,欧莱雅、宝洁等国际公司,也开始把目光转移过来,纷纷进驻CS门店。

外来的压力,诱发方玉友开始拓展新渠道。

很快,2009年的一场战略发布会上,珀莱雅正式宣布布局百货渠道。超市网点的开辟工作,也在后续的计划中逐渐得到推进。

方玉友认为,如果当时一个品牌在百货里没有位置,中国消费者的潜意识里会认为它难登大雅之堂。本质上,这是品牌形象的塑造问题。因而他坚信,入驻百货是珀莱雅的必然选择,尽管这会面临CS渠道客户的抵触和在国际品牌"主场"的正面竞争。

为了强化品牌印记,更加顺利地"攻占"百货渠道,2011年,珀莱雅狠下心,做了一件轰动全行业的事—豪掷2亿重金,买断湖南卫视金鹰剧场全年冠名权。

彼时金鹰剧场6%的超高收视率已经接近央视春晚,通过冠名广告的持续性曝光,确实为树立珀莱雅的高知名度打下了基础,经营上的增长也显而易见。数据显示,清宫剧《宫》在湖南卫视精英剧场热播后,珀莱雅全国销售额增长了至少有33%;而2011年,珀莱雅在全国1000多家商场设立了专柜[①]。

此时,伴随着渠道拓展的,还有珀莱雅在品牌矩阵上的变化。

尤其是在护肤品牌蜂拥而至的线下渠道,如果品牌定位单一,很容易陷入定位同质化的不利局势中,而同时坐拥几个定位各异的品牌,则能避免这样的问题,在竞争中占据主动。方玉友深谙此理。自此,另一场由单品牌经营演变为多品牌经营的矩阵革命也在珀莱雅拉开帷幕。

而后，新创建的子品牌都会在主打概念和渠道侧重上区别于珀莱雅。其中，优资莱定位植物护肤，走天然路线，主要进驻CS和现代超市渠道；韩雅定位为韩系珠宝级护肤品，主打韩国护肤科技，主要进驻商场和高端专卖店渠道；而悠雅，则是珀莱雅对彩妆品类的初探，成为其第一个彩妆品牌，专注于个人护理品店渠道；到2012年猫语玫瑰彩妆诞生，珀莱雅多品牌多品类的矩阵，才终于显现出一个相对完整的架构。

此去经年，虽然珀莱雅仍是绝对主导品牌，占据企业绝大多数销售份额，但多品牌多品类矩阵的形成，确实从整体上增强了珀莱雅的综合竞争力，为后续步入快速增长期奠定了基础。同时，企业对主品牌的依赖性也有所减轻，形成了多线并行的业务构建，也让营收增长具备了多种可能。数据显示，2014年，除珀莱雅之外的其他品牌营收占比已达到18%。

方玉友说，从2008年开始，珀莱雅便步入"二次创业"阶段。显然，几年间上至品牌下至渠道的"矩阵革命"，正是"二次创业"采取的重要举措。除了进一步稳定企业的经营，增强了盈利能力外，这些试水经验的积累，还让珀莱雅此后推行多元化战略有了更加明晰的方向。

增长密码：上市后的战略迭代

本质上讲，"二次创业"只是阶段性的胜利，方玉友其实有着更大的雄心。

早在2011年，他和团队就已经下了必须上市的决定。彼时，整个日化行业仅有广州浪奇、上海家化、两面针、索芙特等少数几家A股上市企业，纯粹的美妆公司还没有一家进入A股市场。从市场监管来看，2011年前后日化行业上市成功率并不高，对于珀莱雅来说，同样是一大挑战。

从开始筹备到2017年11月15日在上交所敲钟，珀莱雅前后共花费了6年时间，这比原先规划的周期足足长了一倍。其间，珀莱雅好不容易完成股改，又遭遇国内资本市场的"上市堰塞湖"，中途甚至发生过从A股转去港股寻求上市又重返A股的波折，几经折腾，不仅花了更长的时间，也付出了高昂的费用。

但能够让方玉友愿意去这样反复"折腾"，有个很重要的考量因素：在A股上市，可以强化消费者对国货消费品的信任度，夯实群众基础。彼时的珀莱雅"以上市为先"，在这个过程中，不得不舍弃和牺牲一些东西。但是长期来看,上市之后,珀莱雅迎来了全新的发展,这些舍弃和牺牲是值得的。

2016年的A股市场,美妆企业上市之路依旧艰难。除了企业架构需要规范,经营是否良性、增长是否稳定等,都是必须参考的关键指标。

因而,在上市筹备期,除了股改外,方玉友和团队还探寻了很多业绩增长的可能性。比如,对电商等渠道模式的尝试,便开启了这一阶段。

尽管线下渠道逐渐多元化,但2012年左右,CS门店的销售依然在珀莱雅整体营收中占据大头。一项数据表明,珀莱雅2012年零售额达到了40亿,但在全国的30000多个网点中,只有600多个是百货商场[②]。可见,对CS渠道的依赖还很重。

不过,根据市场反馈,方玉友意识到彼时的CS渠道已经略有下行趋势。随着更多品牌的涌入和连锁系统的跑马圈地,品牌之间、门店之间对客流的争夺愈演愈烈,导致价格战不断引爆,CS渠道自身的健康发展开始受到一定损伤。至于百货、超市等现代渠道,也因单一的销售模式和落后的管理等因素,面临严重的下滑。

而与线下渠道相对应的,是电商的突飞猛进。从2010年开始,国内电子商务便进入高速成长阶段,连年的复合增长率几乎都达到了100%。2012年,网络零售市场规模更是达到13110亿元。这一年,淘宝商城正式更名为天猫,和京东、唯品会等平台一起,引领了以B2C模式为主的经典电商的发展。基于电商的可观走势,不少化妆品品牌开始涉足这一渠道,比如SK-II和兰芝,便是在2012年进驻天猫的。

看到线下衰退、线上崛起的方玉友,自然得考虑渠道策略的转变。2012年,珀莱雅成立了浙江美丽谷电子商务有限公司,陆续布局淘宝、天猫、京东、唯品会、苏宁易购等电商渠道。从2014年开始,线上营收占比开始逐渐提升,到2015年,已达到约23%。只是整体而言,2017年以前的珀莱雅电商发展并不突出,处于一种不温不火的状态。其间,珀莱雅还陆续试水微商、O2O等线上模式,遗憾的是都收效甚微。

上市后,在业绩增长要求的催动下,方玉友对电商的布局力度又有了巨大调整。自那时起,"线上线下结合"的品牌销售模式,明确被更换为"线上渠道为主、线下渠道并行"。这样的变化,为后来珀莱雅电商占据渠道的主导地位埋下了伏笔。

如何以线上渠道为主呢？经过周密规划，结合线上平台的发展趋势，方玉友和团队主要推行了两种路径的打法。

一是加大线上直营渠道的投入。数据显示，2017年—2020年，珀莱雅线上渠道营收年复合增长率为59.8%，而线上直营渠道年复合增长率高达86%，占到线上渠道营收的61%[3]。

二是借助抖音等新兴电商平台进行营销创新。随着淘宝流量红利的触顶，天猫、京东等经典电商推广成本增高，流量及转化率下降，不少品牌开始关注逐渐崛起的抖音、快手、小红书等内容营销平台。尤其是2017年后，这些平台成长速度加快，以庞大的流量基数吸引了不少美妆品牌的目光。该背景下，珀莱雅也将抖音作为重要的营销阵地。

早在2018年，抖音便推出了购物车以及达人店铺，正式切入电商，洞悉到这一先机的方玉友，带着珀莱雅率先入局，通过"摇摇泡泡舞"等活动吸引了一波流量；2019年，抖音小店正式上线，而后又于2020年10月切断外部链接，不再支持第三方商品直播带货，珀莱雅也迎头跟上，立即入驻抖音小店，同时搭建自己的专业自播团队；2021年初，为获取抖音庞大的流量和优惠政策加持，方玉友决定与抖音建立战略合作关系，自此，珀莱雅成为抖音超级头部商家[4]。

除抖音外，珀莱雅还积极通过小红书、微博、直播等渠道进行线上营销推广，以增加品牌、产品曝光度，提振销售。2018年11月面市、2019年关注度和销量最高的爆品泡泡面膜，便是典型的营销案例。

在抖音，珀莱雅将产品卖点融入短视频中，并与大量头部、中部及尾部抖音达人合作，将创意视频进行组合式投放。同时借助小红书、微博、KOL直播等推动裂变传播，不仅使珀莱雅知名度得到显著提升，也让泡泡面膜快速打爆线上。

据珀莱雅2019年年报披露，泡泡面膜天猫旗舰店月销曾多达100万+，破天猫美妆记录，获"抖音美容护肤榜"第1名。而2019年7月，在泡泡面膜的助力下，珀莱雅面膜品类全网销售额接近6000万元。这一案例，让方玉友看到了爆品策略的可行性，同时也冷静地意识到泡泡面膜这样的产品不具有长期增长的可能性，于是在2020年，珀莱雅从精华赛道切入，推出红宝石精华和双抗精华，大单品策略正式得以展开。

从后续市场表现可以看出,珀莱雅大单品策略确实有强大的提振销售的作用。数据显示,珀莱雅天猫平台的大单品占比已从2021年的30%提升至2022年的58%,大单品占比的增长,同时带动了销售毛利率从2020年的63.55%,提升至2022年一季度的67.57%。

此外,珀莱雅在电商平台的整体表现也得到推动,财报显示,2021年"双11"第一阶段,珀莱雅在天猫旗舰店销售额,位居国货护肤榜第二,达到6.55亿元;抖音平台销售额位居国货第一,达到6722万元。而在公司内部渠道结构层面,珀莱雅的线上营收占比逐年攀升,其中,2019年线上营收占比达到53.09%,首次突破半数。2021年财报显示,珀莱雅线上渠道营收共39.24亿元,占比达84.93%,已经远远超过线下。

得益于线上渠道的猛增,珀莱雅上市后的业绩相当稳健,2018年—2021年,营收从不到20亿元,迅速递增至46亿元以上。

构建生态:向孵化平台华丽转身

通过渠道策略取得增长突破的同时,对于企业后续的战略,方玉友又萌生了新的想法。

回顾珀莱雅此前的发展脉络,不难发现,主要的成长路径其实是内生式增长,这就必然存在一定的局限性。而要突破边界,站在上市的新起点上,让企业获得更广阔的发展空间,平台式增长的方向是不错的选择。

珀莱雅的平台化,一方面是将项目放权给职业经理人,采取合作模式,另一方面是做孵化器,即把珀莱雅的生产、研发、供应链、设计等方面的资源共享,做成一个综合平台,来支持更多小品牌创业。

2018年的品观年会上,方玉友就曾指出:"目前珀莱雅正在全力将企业组织模式往平台化和生态化方向发展。"而孵化品牌便是其中一个核心内容⑤。

上市后,珀莱雅明显加快了品牌投资孵化的速度,自2019年起,形成"自主孵化+入股合伙+代运营"的孵化形式。据不完全统计,2019年以来,珀莱雅以三种形式,陆续合作或孵化了护肤品牌TZZ、韩国品牌Y.N.M、彩妆品牌彩棠、西班牙抗衰老护肤品牌圣歌兰、法国植物护肤品牌欧树、日本高端洗护品牌、Off&Relax、高功效护肤品牌科瑞肤等。

以彩棠为例。该品牌由章子怡化妆师唐毅创立，此前发展较为缓慢。珀莱雅入股后，从五个方面做了调整和赋能：其一，挖来其他品牌的公关总监来做彩棠的创始合伙人，抓品牌推广，重新搭建组织架构；其二，与知名设计师团队合作，调整产品开发设计；其三，给予供应链资源支持，大幅缩短上新周期；其四，组建天猫代运营团队，强化线上销售；其五，共享营销推广资源。

如此运作了两三年，彩棠在整体上蜕变明显。2021年，该品牌实现营收2.46亿元，占到珀莱雅总营收的5.33%，同比增长率也达到惊人的103%。同时，品牌在线上平台的表现可圈可点，2022年的三八节活动期间，天猫平台的彩棠GMV同比增长400%，在抖音的自播位居国货彩妆TOP2，销售额同比增长1800%①。目前，彩棠已然成为珀莱雅重点打造的核心品牌之一。

而最能展现珀莱雅平台化野心的，是其与天猫合作的新品牌孵化基地项目。

2020年4月，天猫宣布，将与12个集团长线合作，打造新品牌孵化基地，计划孵化1000个年销售额超过千万的新品牌。而12个集团中，日化企业仅有两家，一个是强生，另一个就是珀莱雅。

这让方玉友看到了推进平台化的更大机会，当年5月28日，便开启了珀莱雅X天猫新品牌孵化基地项目的海选报名，最终通过几轮筛选和宣讲，评比出20个黄金项目席位。

对于新品牌孵化基地的打造，方玉友信心十足，他认为，"有的新锐品牌产品开发能力很强，但运营能力弱，或是受供应链局限产品质量不过关，而珀莱雅除提供场地空间外，会从供应链、管理、产品设计、研发、基金等层面给到全方位的支持，加上天猫的流量赋能，相信能够为新锐品牌提供很大帮助"。当然，更重要的是，能够孵化出更多新品牌。

上市前后在孵化层面积累的经验，使得方玉友对整体的战略构架又有了新的思考。2021年，珀莱雅"6★N"战略正式上线，其中，"6"指新消费、新营销、新组织、新机制、新科技、新智造，"N"指打造N个品牌。无疑，这是对平台化发展战略的又一次升级。

当前，国内化妆品行业的企业基本还是遵循着内生式增长的发展模式，少量企业走外延式增长路线、把品牌公司打造成平台的尝试，也很少看到实际性的成果。方玉友治下的珀莱雅，或许能成为第一个取得重大突破的公司。

罗马不是一天建成的。从2007年至今的15年里，"不断变革、寻求突破"，一直都是珀莱雅的主旋律。基于因时而变、因势而变的勇气,珀莱雅才能从传统企业一步步成长为上市公司,才能从经营品牌慢慢走向平台化。

珀莱雅快速发展的这些年,很多品牌已经倒在了前行的道路上。方玉友心里明白,前面15年很累,往后的日子,他还需要不断学习,不断成长。

"我最近喜欢上了蹦迪,有时能跟年轻人一起蹦到凌晨。"在2020年的中国化妆品大会舞台上,方玉友坦诚地分享他的新爱好。台下的近千人明白,这是他用亲身的投入,去理解年轻人的生活方式,从而保持在市场演变的过程中穿越周期,昂立潮头。

①《营销界·化妆品观察》,2011年9期,宋法冰,《珀莱雅的喜与愁管理》

②《店长》2013年6月号,总第34期,《珀莱雅:一个国产化妆品怎么做到40亿》

③信达证券,汲肖飞,《珀莱雅深度报告:主品牌升级,新渠道助力,多品牌可期》

④德邦证券,郑澄怀、易丁依,《珀莱雅研究报告:战略升维、产品重塑,看珀莱雅涅槃增长》

⑤化妆品观察公众号,2018.12.24,《方玉友:2019年,珀莱雅线上要超过线下》

⑥财通证券,于那、刘洋、李跃博,《珀莱雅研究报告:战略升维,固本求新》

丸美孙怀庆
去更高处博风击浪

文 /《化妆品观察》特约记者 杨晓峰

2007 年，在丸美 CEO 孙怀庆心目中，是一个特殊的年份，那一年他意识到，"自己可以站在一个更高的起点去博风击浪"。

创立于 2002 年的丸美，前 5 年的任务是保证能够活下来，并打开市场局面。而从 2007 年开始，才正式进入聚焦品牌建设的发展期。在"塑造品牌"理念的推动下，丸美早早地就以"品牌"为目标，在化妆品行业史上留下了浓墨重彩的一笔又一笔辉煌成绩。

如今，正处迭代期的丸美，站在上市后的新起点上，已努力迈向步伐更快的发展路径。

对于孙怀庆来说，博风击浪的起点更高了。

着眼于"眼"

提起丸美，"眼部护理"无疑是最耀眼的标签。毕竟，从诞生之日起，丸美便将这一赛道作为市场切入点。

2003 年在行业内超前首次提出眼部"日夜分时"护理理念，2004 年推出中国市场第一支获得特殊用途化妆品许可的产品——眼部防晒乳，2007 年上市丸美弹力蛋白眼霜，开启众多中国女性"眼部护理"启蒙时代……这些成果，无一不彰显出丸美在"眼部护理"领域的先入和专注。

选择从"眼部护理"赛道起家,对于当时的孙怀庆来说,有点"不得已而为之"的意味。

彼时,眼霜市场还是一片不毛之地,入局者甚少。一方面,是因为眼部肌肤娇嫩复杂,较难护理,技术要求高;另一方面,是因为眼霜市场还不够大,消费者还没有受到任何教育。这使得很多人都认为,做眼霜是一件费力不讨好的事,从而导致"国际大牌不屑于做,一般品牌不敢做"。而他,反而觉得是自己的机会。

"创业就是这样,如果一上来就去红海里打拼,初创品牌没有任何优势,存活机会很小;而我选择眼部赛道,就是明显的错位竞争,差异化策略,除了有品牌及品类深度思考,更主要还是创业者要有自己相信的地方,或者说能看到别人看不到的地方。"他深信,随着行业的发展,眼霜品类必定可以做大。

经事实检验,这个当时被迫的选择,是正确的。

比如,经典爆品丸美弹力蛋白眼霜,已在2018年升级至第五代"小弹簧"眼霜,近5年总销量已超过2500万瓶,成为名副其实的"爆品之王"。2018年,在这一爆品的带动

最好的人生就是和一群志同道合的人一起奔跑在理想的路上,回头有一路的故事,低头有坚定的脚步,抬头有清晰的远方。

下，丸美眼部护肤类产品销售收入同比增长23.89%，等到2019年公司上市，眼部护理类在丸美主营业务中的产品占比已达到30.67%。

当然，在孙怀庆一开始的规划中，眼部护理只是尖刀类目，并非丸美品牌建设的全部。在夯实眼部护理第一品牌的行业地位后，他又把野心放在了全领域护肤的延伸上。

在眼部护理领域，丸美曾经创造了"弹弹弹，弹走鱼尾纹"这一耳熟能详的广告词，而在面部护肤领域，"肌肤爱吃巧克力"同样是一例经典。2009年，伴随着丸美巧克力丝滑系列的上市，这句广告词逐渐风行，以对产品特质的精准形容令消费者印象深刻。

同时，考虑到受众群体护理需求的多样性，丸美也在不断积极研究不同功效的细分品类产品，比如防晒、保湿、口服美容产品等。2010年，丸美创新地将"物理反射、化学吸收、生物中和"三大防晒技术集于一身，推出金沙海蓝防晒系列；2011年，技术层面实现化被动保湿为主动保湿的深肌保湿精华系列出炉，进一步在护肤领域获得突破；2012年，丸美还启动了"内养外护"全新战略，打造了胶原蛋白(原装进口)液态饮品系列。

这些系列的陆续推出，让孙怀庆的护肤版图变得更加广阔和丰富。

可以看到，从2007年往后的第二个七年，他一直在努力通过创新突破，开发不同类型的眼部护理和护肤产品，以推动品牌建设并抢占市场。当然，成效也是显著的，这一时期，丸美已凭借快速稳健的发展态势，跻身中国美妆企业第一梯队。

资本的关注，更加肯定了他的成绩。2013年，全球最大奢侈品集团LVMH旗下的L Capital基金3亿元战略投资丸美，成为丸美第二大股东，而这也是L Capital Asia在中国境内投资的首家美妆企业。

"大"战略

一定意义上来说，丸美属于本土美妆品牌对中高端路线积极探索的产物。

从品牌诞生之日起，孙怀庆便将丸美定位为"轻奢"，并描绘出一个自己心目中的品牌画像："令人尖叫的产品，让人愉悦的用户体验，与消费者产生情感共鸣，丸美能提供跟国际奢侈品牌同样水准的服务。"

然而，在21世纪初期的中国化妆品市场，他的这一方向极具冒险性。彼时，国内中高端市场还被国际品牌所主导，百货商场成为它们的天下，而本土品牌多走大众路线，更青睐于批发渠道，这种环境下，丸美想要突围并不容易。

幸运的是，CS渠道的崛起，让他看到了希望。

为了抓住当年的这一新兴渠道，他给到CS渠道代理商和零售店相比外资品牌更高的利润空间，这使得合作门店更愿意对丸美的产品做重点推荐。相关报道的数据显示，2013年，CS渠道对丸美的销售贡献已占到整体销售的70%。在CS渠道的助力下，丸美也逐渐成为本土头部护肤品牌之一。

只不过，孙怀庆并没有这么快满足，他心里很清楚，一个品牌要不断提升市场份额，成为真正的"大品牌"，单靠一个CS渠道是远远不够的，因而在品牌建设前期，拓展多元渠道同样很重要。于是，紧随着CS门店数量的持续增加，丸美还努力进驻百货专柜、美容院、商超等线下渠道。

彼时，丸美的影响力已与日俱增，这让此前倚重于国际品牌的百货专柜也开始改变了态度。有数据显示，2012年时，丸美在全国已拥有超1000个百货公司专柜、超10000个加盟店。

但显然，孙怀庆不会仅仅将目光盯在线下，随着电商的慢慢崛起，在他看来，发掘线上销售平台也是丸美在渠道层面很重要的一环。

2010年前后，主导线上渠道的还是淘宝、京东、唯品会等传统电商，这些平台，无疑是他首要攻占的对象。于是在2011年，丸美便在淘宝商城（次年更名为天猫）开设了旗舰店；2013年，又进驻唯品会、聚美优品等电商平台，算是较早一批走向线上的传统美妆国货品牌。

客观地说，"大品牌"的养成，除了需全渠道加持外，还要有相匹配的营销战略做推动。而在2007年以前，丸美还是一个"三无"企业——一无代言人，二无广告，三无试用装，为了强化营销，2007年，孙怀庆提出了要打一场"全要素"的仗，目的很明确，就是要把"三无"变成"三有"。

在营销层面，他是行业内屈指可数的"天才"。从"弹弹弹，弹走鱼尾纹"的袁咏仪，到"肌肤爱吃巧克力"的陈鲁豫,再到李宇春、周迅,以及后来的"眼"广告系列的梁朝伟、彭于晏等,总是不吝投入,将品牌不断推向新的高度。广告投放上,前些年支出能占到年营收的三分之一,远高于行业10%~15%的水平,中央电视台、湖南卫视等收视率高的媒体平台,都是主要的投放阵地;针对市场,也开始免费赠送试用装。

有数据显示,从2007年起,丸美的增长速度一直保持在30%以上,可见,孙怀庆在品牌建设前期的"大品牌、大营销"战略起到了明显作用。

"双翼"高飞

当企业发展到一定阶段,"上市"总能成为一个绕不开的话题。

而在孙怀庆看来,"上市"虽不是自己的终极梦想,却也是企业发展不可或缺的步骤。"丸美遵循的发展逻辑是'广、深、高、速'理论,'广'即多渠道覆盖、发展,'深'即科学领域的纵深,'高'即建设优秀的品牌,保持高级定位及品质,'速'即融入资本的力量,带来更强的效能。四者缺一不可"。

早在2014年6月,丸美就曾首次提交招股书,随后几年里,为了通过上市发挥资本更强的效能,实现"速"的目标,他一直在强化"广""深""高"三方面的工作。

渠道层面,除稳定和拓展线下销售网点外,丸美与天猫、京东、唯品会等电商平台的合作也在加深。一项数据很能说明问题:截至2019年,丸美线上渠道实现营业收入8.08亿元,同比增长22.89%,成为公司整体营收稳定增长的主要因素;其中,直营、经销电商收入分别为2.62亿元、5.46亿元,同比增长40.12%、16.04%。

研发层面,孙怀庆对丸美一直抱有较高的期待,因而投入上逐渐进行了一些大手笔的运作。比如,2014年就投入近2亿,在广州建成全球最大的眼部肌肤研究中心。据悉,该中心建筑面积达5万平方米,包括研发中心、制造中心、物流中心、信息中心以及培训中心等5大功能性区域。投入使用后,丸美的研发生产实力大增。据丸美招股书,2016年—2018年,公司自主产能利用率已经分别达到71.35%、75.96%、78.35%,呈逐年递增之势。

2016 年，丸美还在日本东京成立肌肤研究中心，引入日本科研专家和团队，进一步强化对产品研发、生产、品质、包装设计、市场运营等环节的把控。

目前，随着研发实力的不断积累，丸美已具有非常高效的产出，"近百人的研发团队，一年研发 81 个专利"。对于这一优势，孙怀庆颇为自豪。

同时，丸美的品牌架构也在发生变化。由于主要战场二三线城市也有广泛的大众消费客群，在布局中高端护肤赛道的同时，为了抓取大众护肤市场，弥补丸美品牌的战略空缺。2007 年，孙怀庆又推动了"春纪"品牌的成立。该品牌定位"天然食材养肤"，涵盖面膜、膏爽乳液、眼部护肤、肌肤清洁等品类，在攻占护肤市场份额上，成为丸美品牌的重要"僚机"。

在构建品牌矩阵方面，对于丸美更具重要意义的，是 2017 年收购了彩妆品牌恋火 Passional Lover，这标志着丸美开始正式布局彩妆赛道。

"我搭建品牌的思路是双翼思维，如果丸美是护肤的这一翼，那么恋火就是彩妆的另一翼，可以展开翅膀让美妆公司飞起来。"看得出来，恋火的战略地位至关重要。

2018 年，恋火被丸美并购一年后，营业收入从 2017 年的 161.83 万元增长至 2667.25 万元，同比增长了 15 倍。近两年，恋火依然保持着良好的增长态势，2021 年获得 600% 的业绩增长，2022 将继续取得高倍速增长的突破，第二增长曲线基本成形。丸美对恋火的重点培育，由此可见一斑。

当然，在冲击 IPO 的那几年，一向注重营销的孙怀庆也没有减轻这方面的投入。2014 年起，他将此前聚焦于湖南卫视投放的营销策略调整为多媒体、多卫视同时密集投放，以期利用平台流量＋热剧网综话题持续影响受众群体；2017 年，加大了对爱奇艺、腾讯、优酷等网络视频平台的投入，随后又大力推进各类 IP 营销，《恋爱先生》《老男孩》《延禧攻略》《如懿传》等 IP，皆是合作对象。

招股书显示，2016 年—2018 年，丸美用于广告宣传类的费用支出分别为 3.38 亿元、2.90 亿元和 3.90 亿元，销售费用占比则分别达到了 71.58%、62.12% 和 72.87%。可以看出，进一步延续了大营销战略。

上市蝶变

只是，孙怀庆可能没有想到，丸美冲击IPO的过程远比想象中要漫长，从首次递交招股书，到2019年7月25日在上交所敲钟上市，前后时间跨度长达5年。

不过，对此他却显得特别乐观："事物发展都不会一帆风顺，曲折往往让我们成熟，成熟往往让我们成功。"

上市后，孙怀庆的"成熟"表现在相比以往更加低调，而丸美的"成熟"表现在于多个层面努力实现蝶变上。

"丸美从擅长线下渠道营销的品牌，如何蝶变为擅长线上渠道营销的品牌，是我的工作重点。"对于什么是上市后的当务之急，他的思维很清晰。数据显示，上市前，丸美在全国有将近200个经销商和1.5万多个零售网点，营收占到总营收的90%以上。可见，线上确实有很大的增长空间。

为了提升线上销售份额，他带领团队，继续推进了对渠道的精细化运营，以此拉动线上销售。2020年3月，受疫情影响，丸美开始重点发展直营电商，和壹网壹创建立代运营合作。此外，还加大了对新兴渠道的投入，将内容电商作为重点突破口，并利用数字化能力提升经营效率，特别是在营销投放和达人合作机制上进一步提效。

据丸美财报，2021年上半年，丸美线上渠道营收5.16亿元，占比终于过半，达到59.22%，足以说明发力线上颇有成效。

产品开发上，丸美的"蝶变"也相当明显。孙怀庆指出，对于产品开发的投入是非常核心的，目的是打造新增长点。一直以来，他本人就十分重视研发科技，在组建强大的自主技术研发团队后，便积极推动先进成分和创新技术的研究。据统计数据，截至目前，丸美已申请了412项专利，研发能力不言而喻。

以2021年—2022年开发的丸美·全人源双胶原蛋白为例，这是中国独家、全球唯一的技术壁垒级双专利成分。丸美通过基因重组的方式，突破性获得和人体胶原蛋白氨基酸序列100%一致的胶原蛋白，凭借划时代的技术突破，革新了重组胶原蛋白的应用。

正是有了孙怀庆精准的战略眼光，丸美在胶原蛋白赛道才能树立这样的领先优势，并开发出具有市场影响力的相关产品。据悉，应用了全人源双胶原蛋白技术的小金针次抛产品，截至目前已跻身丸美"过亿精华"之列，成为最新火爆的大单品。基于该产品的成功，孙怀庆透露，接下来，丸美还会持续梳理货品结构，清洗摒弃非心智的引流品，以大单品带动业绩。

品牌建设上，为提升品牌力，丸美近两年推出了一系列的营销活动，比如与村上隆、陈粉丸、木内达郎等多元的艺术家合作，开展一年一度的丸美眼霜节，不断更新明星代言，组织各大消费平台营销主阵地资源的PK，如超级品牌日、开新日、美妆节等。尤其是今年上半年，还打造了经典IP《大美中国》《了不起的中国成分》，从中获得了高曝光率、高认知度，大大加深了品牌在消费群体中的印象。

不难发现，孙怀庆在丸美上市后力推的多项"蝶变"举措，仍旧是对"广、深、高、速"发展理论的落地。通过践行这一理论，丸美未来的路该怎么走，已然非常清晰。

如今，丸美成为上市企业已有3年，资本力量所发挥的效能，对于丸美的影响越来越深远。而他，还将借助这样的影响，让丸美实现新的迭代。

"最好的人生就是和一群志同道合的人一起奔跑在理想的路上，回头有一路的故事，低头有坚定的脚步，抬头有清晰的远方。"

理想尚在远方的孙怀庆，与丸美的故事，显然才刚刚开始。

参考资料

1.《营销界·化妆品观察》，陈攀，《丸美，七年一跃》
2.《商界》，樊力，《丸美：一瓶眼霜卖30亿的秘密》
3. 丸美招股书

毛戈平
气蕴东方，向美而生

文 / 品观战略投资部总监、品观新青年学园主理人 龚云

毛戈平，一位中国化妆史上的传奇人物，影响了改革开放后一代人的生活和化妆观念。

他被誉为"魔术化妆师"，20 世纪八九十年代，他先后为四五十部影视剧和舞台剧进行化妆造型设计，因其高超的妆造艺术，先后四次被中国化妆界权威机构"中国电影电视化妆委员会"授予"中国影视化妆金像奖"的荣誉。

作为 2008 年北京奥运会开闭幕式演出的化妆造型总设计师，毛戈平带领他的专业化妆师团队全程参与化妆造型设计，呈现了一场大气磅礴又精致婉约的演出，盛唐妆容与优雅的飞天造型，将中华民族 5000 年文明与文化通过"画"笔传播给了全世界。

这双富有魔力的手，在一定程度上可以说启迪了改革开放后中国女性对化妆时尚的认知。他凭借非凡的化妆艺术，不仅成为当代中国化妆师的标志性人物，更是代表了东方化妆艺术的高度而蜚声海外，屡获国际奖项。

千禧之年，在影视化妆造型领域鼎盛之时，他却毅然投入完全不同的化妆品领域，一切从零开始，只为了心中的梦想——创建中国人自己的高端化妆品品牌。他在中国第一个推出以自己名字命名的高端化妆品，开创了中国化妆师创建化妆品品牌之先河，同年，又创立了毛戈平形象设计艺术学校。横跨影视化妆、时尚教育、美妆行业的他擎起了创建中国高端化妆品民族品牌之大旗。

随着中国实施"品牌强国"战略，在当今坚定文化自信的时代，他坚持走建设高端品牌之路，通过 22 年的努力，MAOGEPING 品牌目前在中国中高端主流百货商场取得了傲人的业绩。他的梦想正在被实现。

不断自我要求创新和突破的毛戈平，在变幻莫测的互联网营销环境中，尝试且克制，继续坚持着自己的那份初心。

纵观国际知名品牌及国际一线化妆品牌，均出世界级顶尖设计艺术大师创建，例如香奈儿、迪奥、圣罗兰、纪梵希、芭比波朗，等等，品牌的背后都蕴含着设计师对于审美的独到见解与风格，代表着不同地域及文化。

中国高端彩妆品牌的先行者

MAOGEPING品牌诞生之前，国内中高端主流百货商场里洋品牌几乎一统天下。毛戈平思考着：在中国的高端百货商场里，什么时候能有中国化妆品品牌的一席之地？

他谢绝了所有的影视合作邀约，将全部的积蓄和精力投入到产品的研发之中。依据从业近20年的经验，提炼出光影美学理念，与国际顶尖实验室合作，开发出一套适合中国女性日常妆容但能展现明星般神采的全系列彩妆产品。他对每一款产品品质要求极为严苛，亲自在自己的脸上测试所有的内料、色号。

当期待已久的全套产品生产出来后，毛戈平热泪盈眶，他无比自豪地在第一时间就替换掉了化妆箱中所有的产品。这些产品至今仍是深受时尚女性追捧的明星产品,比如更符合东方肤质肤感的无痕粉膏、打开了大众对光影化妆认知的高光与修容粉膏,以及具有开创性意义的双色鼻影与双色眉影等。

但在当时,他带着心血之作信心满满地来到中高端商场谈合作时,却不被商场认可和接受,他们认为高端商场只做国际品牌,中国品牌只适合在超市和CS渠道销售。虽如此,毛戈平仍坚信,随着中国经济的发展、国力的增强,未来必将会有受世界尊敬的中国品牌。

2003年,通过毛戈平团队的努力,MAOGEPING品牌终于成功入驻上海中高端百货商场,在上海港汇广场开出全国第一家形象专柜,并首战告捷,第一个月就取得了19万元的销售业绩,次年又取得6个月高居全商场化妆品专柜销售榜首的优秀业绩。

通过在上海港汇广场取得的良好销售业绩,验证了MAOGEPING品牌未来的市场潜力。它很快又在上海设立了4家专柜,并陆续进入北京、南京、杭州、成都、重庆等全国一二线城市,真正开启了MAOGEPING品牌在全国中高端主流百货商场布局的时代。

毛戈平坚持认为:"品牌独有的光影美学理念、卓越的产品品质、专业的化妆技巧,必须通过切身体验的方式传递给消费者,让消费者真正感受到产品的品质后再进行消费。"MAOGEPING品牌一直秉承这一行之有效的经营理念。这也得益于毛戈平亲自创办的毛戈平形象设计艺术学校,它以职业教育培训为方向,被誉为化妆行业的"黄埔军校",至今已培养了超过10万的行业人才走向社会,也为MAOGEPING品牌输送了理解品牌理念、技术精湛的MA(彩妆师)队伍。她们成为品牌开疆拓土的先锋力量,用专业和敬业提升了品牌的美誉度,赢得了越来越多的忠实品牌会员。2022年年中,MAOGEPING品牌已在全国90多个核心城市的中高端主流百货商场设立了近400家直营形象专柜,连续多年业绩增长率达两位数。

东方美学的创新突围之路

在文化自信和消费升级的两股风向之下,东方美学与商业社会的交融找到了最佳时机。伴随着综合国力的增强与民族文化自信的回归，更多消费者开始将注意力集中到中国品牌之上。

2018年，毛戈平走在路上看到很多年轻人穿着汉服，敏锐地意识到他期待的中国文化复兴的时代来了。他用梦想与情怀，以及自己的专业赢得了与故宫文创中心全面合作的机会。2019年开始推出"气蕴东方"美妆系列。这个系列的最大特点是彩妆产品的艺术品化，从故宫国宝级藏品中汲取灵感，通过彩妆产品诠释中国传统文化中的东方之美。然而，它不是纯粹对古代元素的照搬照抄，而是现代时尚审美的提炼与升华。

从第一季故宫建筑元素的红墙金瓦系列、第二季气势磅礴的黑漆描金系列、第三季奢华热烈的古典大婚系列到第四季简约高雅的宋风雅韵系列，每季产品都堪称艺术品，在市场上大获成功，被无数消费者赞叹为"舍不得用系列"，令MAOGEPING品牌成功出圈，打开了品牌的社交声量与线上流量。而故宫的海外巡展，都会带上毛戈平"气蕴东方"系列，向世界展示代表中国设计和技术实力的时尚美妆。

"我是一个完美主义者，我做任何一件事时，都想着一定要把它做到最好。"毛戈平在每一季产品上追求至臻至美，而在下一季的开发时，又会自我要求突破从前，这导致他总是痛并快乐着。

设计可以海阔天空，可最终要通过工艺呈现出来。"气蕴东方"系列前所未有的设计需要不断革新突破现有工艺技术、将工业流水线生产改成柔性生产甚至手工作业，并要接受原材料报废率过高、工期过长等问题，这给整个研发生产团队带来了极大的挑战与压力。

例如，古典大婚系列中首创将珍珠嵌入眼影盘中，珍珠的厚度需要逐颗打磨至精准符合粉盘内高度；宋风雅韵系列中的化妆刷，为了完美呈现刷头衔接处的水晶切割面，毛戈平要求纯手工打磨，这已是不计成本的制作；为将宋徽宗《草书千字文》等名作的设计图样压制于粉块之上，需要运用国际领先的3D打印套色技术，为粉块精准上色，才能将宋徽宗的印章这样细小如发丝的纹样，完美呈现出来。

"普通产品报废率通常只有几个百分点，而气蕴东方系列的报废率高达50%左右，我们是把产品当做艺术品来做。"毛戈平希望美妆产品不仅是只有功能价值的美妆工具,更是具备文化气韵的艺术作品。

　　毛戈平对艺术的极致追求还体现在新品的发布上。他以时尚大秀的形式发布每一季美妆新品,这是中国化妆品行业内绝无仅有的,这也得益于他搭建的商业体系的不可复制性。依靠毛戈平形象设计艺术学校拥有的顶尖时尚智库和技术保障,他策划的每一场大秀,都是东方美的时尚盛宴,巧夺天工的妆容造型、美轮美奂的高定服装与光影声乐交织,完美烘托出了MAOGEPING美妆产品的艺术美感,展示了毛戈平的美学高度和艺术造诣。

　　正是这种极致追求和匠心打造,让世界看到了毛戈平的美学设计实力。毛戈平气蕴东方第四季的国色天香·宋韵雅集臻品礼盒荣膺2021年缪斯设计奖(MUSE Design Awards)铂金奖,该奖是全球创意设计领域极具影响力的国际奖项。

梧高自有凤凰栖

　　代表彩妆行业专业开发能力和工艺品质的匠心之作吸引来了更多具有国际化视野的合作方。

　　2019年,丝芙兰给毛戈平抛来橄榄枝,希望开展独家合作。MAOGEPING·LIGHT毛戈平光韵系列诞生了,在丝芙兰这个国际舞台上演绎当代的东方美学,"今天的主流美学不只是东方优雅的传统美学,也可以是古典与当代先锋的交融,这是当今女性的一种全新的表达"。大都市里时尚年轻的女性用买单再次为毛戈平的产品开发能力进行了投票,上市两年,毛戈平·光韵系列一反众品牌在疫情时代线下销售疲软的态势,销量持续创新高,很快登上丝芙兰全渠道独家合作彩妆品牌的榜首。

　　2021年,第19届杭州亚运会组委会向毛戈平发出邀请,希望他能为杭州亚运会这一国际赛事设计开发美妆产品。同年,毛戈平公司成为了第19届杭州亚运会官方指定彩妆用品及化妆服务供应商和特许生产及零售企业。历经一年多的反复修改调整,2022年8月10日,亚运历史上第一套美妆类特许商品"气蕴东方·亚运礼献"正式面市。

"这不仅是亚运会特许商品开发历史上的首个美妆系列产品，还创新性地将杭州韵味和亚运风采完美融入美妆产品，打造出杭州亚运会特许商品的'新玩法'。"杭州亚组委通过官方平台对毛戈平的开发创新能力给予了赞赏。

2022年，毛戈平美妆官宣了与中国国家花样游泳队的赞助合作。毛戈平为国家花游队特别开发防水底妆产品，这也是国家花游队首次获得来自美妆行业的专业技术支持。此前国家花游队参加布达佩斯世界游泳锦标赛时，毛戈平设计的比赛妆容助力姑娘们赢得了4枚金牌。毛戈平每一次在产品设计开发中对传统文化的挖掘、对东方美学的表达，都接轨国际时尚，这是他对中国文化的致敬与创新演绎。他所强调的"中学为体，西学为用"，正是把西方产品的质感、工业化标准体系，与东方写意、中国文化内涵相结合，进而使产品及品牌的表达有着融通和谐的经典之美。

拥抱变化

2019年8月，他为"深夜徐老师"做改妆的视频登上微博热搜榜，并产生7亿阅读量，两个热搜话题共产生52万讨论量。网友们对毛戈平不吝赞美之词："换头术""人间PS大师"……

此前，一位UP主将一段毛戈平在1997年制作的《现代美容化妆技法》教学VCD翻拍搬上B站，这段视频一度冲上B站全榜第一，被无数年轻人视作"美妆区镇区之宝"。究其屡屡爆红的原因，是毛戈平对中国女性面庞的了解和对东方美的诠释能力。新媒体上的爆红，体现了毛戈平自身IP的强大能量，也使互联网和电商渠道为其品牌提供了另一种发展空间。

2020年5月，毛戈平入驻以深度内容见长的B站，不到半年便收获67.7万粉丝，一年多时间里，毛戈平登上微博热搜多达7次，曝光量高达35亿以上。

2021年1月毛戈平品牌抖音账号开始运营，短短6个月，毛戈平品牌在抖音电商GMV达到了3216万，增长近7倍。

紧接着爆款单品在电商平台全面开花：2021年"双11"和2022年618双色遮瑕排名天猫遮瑕类目第一、2022年情人节首日鱼子面膜排名涂抹面膜第一、618首日鱼子气垫排名天猫热销榜第一。

流量变现终究会回归到"真的好用"上。2022年第一季度,毛戈平品牌获评"小红书用户最期待的彩妆品牌"第一位,已赶超众多国际一线品牌。

在规模千亿的美妆消费市场上,彩妆赛道有其特殊性,即时修容的特性决定了产品的核心竞争力在于对国际色彩趋势的把控、对大众艺术审美心理变化的研判,以及产品形态上艺术品位的表达。近22年来,毛戈平持续将这种能力和经验应用在了他开发的彩妆产品上,并一直被验证成功,消费者心甘情愿为这种"懂中国女性的脸"的能力买单。

毛戈平也擅长通过化妆造型的"老本行"向更多人传播中国文化和东方美学。2022年7月抖音大美中国壬寅篇上线,他和河南卫视联手,以盛唐文化为切入点,通过《椒花颂声》的乐舞影片与妆容设计传达美学思考,内容登上抖音、微博、B站的热搜热榜,产生近3亿曝光量,并被驻外外交官员在推特上转发宣传。

不断自我要求创新和突破的毛戈平,在变幻莫测的互联网营销环境中,尝试且克制,继续坚持着自己的那份初心。

新的开始,任重而道远

当中国化妆品市场趋向多元化、精细化、高端化时,当中华民族文化复兴之时,当自己的愿景慢慢实现时,毛戈平觉得他还有太多的事要做 :他要深入打造产品研发中心、强化供应链建设、拓展更多新渠道,持续构建线上线下的联动方式与消费者进行高互动性的交流……

毛戈平常说,创业初期的自己是无知无畏,进入这个行业了才知道创建品牌尤其是高端品牌的艰难。但我们从他追逐梦想的身影上看见了浓缩着热爱与执着、自信与乐观、奋斗与进取的时代精神。

可可·香奈儿创造了香奈儿,但是香奈儿品牌比她走得更远。同样的,毛戈平成就了毛戈平,而毛戈平品牌也将在商业世界和资本市场上超越和突破毛戈平个人的边界。向美而生,注定不凡。我们期待着中国品牌走向世界舞台,让中国的美成为世界的美!

伽蓝集团郑春颖
促进人与社会、环境美丽共生

文 /《化妆品观察》记者 董莹洁

2009 年 9 月 11 日, 伽蓝集团成为中国化妆品行业唯一获邀参加 2010 年上海世博会的企业。

站在这一世界级的舞台之上, 伽蓝集团董事长郑春颖决定由旗下主力品牌自然堂开发一款在产品概念、科技、功效、形象上达到世界一流水平, 能代表中国品牌高度的产品参展。

在那个时候, 大多数中国化妆品品牌还沉迷于"挂靠国际背景"。郑春颖却将眼光放在了最能代表世界高度的中国元素上。地球上最雄伟、最神秘的第三极喜马拉雅山脉, 成为他为这次全球盛会准备的答案——随后, 自然堂以喜马拉雅山脉为源头推出明星产品雪域精粹系列, 从 2010 年亮相上海世博会起畅销至今。

此后 10 余年, 郑春颖带领伽蓝集团与顶尖科研院所开展合作, 团队数十次前往喜马拉雅腹地深处广泛研究和保护那里的植物、水源和矿物等自然资源, 并以喜马拉雅为基因塑造品牌。如今, 自然堂在源自喜马拉雅的核心成分研发上不仅成绩斐然, 推出了多款拳头产品, 而且影响了社会公众对喜马拉雅自然资源的保护意识, 将企业与公益融合起来。

这个未来还将续写的故事, 一如郑春颖创立伽蓝集团至今 20 余年的行事风格: 深思与坚持。他曾做出过很多轰动一时的壮举, 但他更信任时间的价值以长期沉淀品牌, 保持"领先半步"的经营哲学, 不急不慢地将伽蓝集团一直保持在中国本土化妆品企业的第一阵营。

走"自己的路"

"郑春颖是行业里面真正的、从一开始就有品牌意识的人。"业内资深人士反复强调的这句话, 从伽蓝创立伊始就得到了印证。

焦虑是因为没有行动，但我不会。比如，我想到要跑步，那我会马上起来就跑。

2001年，郑春颖带着在东北沈阳开美容院的经验，移师上海。美素与自然堂先后脚推向市场。不过，在专业线上的打法用到日化线上失灵了，郑春颖选择静静观望。

很快，他发现，百货渠道完全被外资品牌占领，但"美妆店是一片蓝海，却没有真正的

品牌"。

带着满腔期许，就这么一猛子扎进去了。完善产品结构、强化营销培训、助力美妆店（又被称为CS店）拓展后院，自然堂在全国CS渠道多点开花——2003年，自然堂晋级为中国美妆店渠道第一品牌。

2005年，郑春颖就开始了集团化规范运作，推出自然堂活泉保湿系列，并打造自主形象产品、请第一位代言人、大规模广告投放，这三步走让伽蓝在行业从此站稳脚跟。

就在CS渠道取得全面成功之时，2006年，自然堂又大举进攻了竞争激烈的商超渠道，在百货商场设立专柜，让行业为之震惊。

"当时行业中大部分的国产和合资品牌，开始从经营成本大、扣点高、资产重的商超渠道撤离，把重点放到CS和流通渠道上。伽蓝决定逆势而行。"郑春颖后来解释道。

很快，自然堂在一众外资品牌中成功突围，涌现了月销售超一二十万元的旗舰专柜。截至2010年，自然堂进驻了2600多家商超专柜。

2008年，伽蓝集团开启"自然堂大品牌战略"，从产品、营销、品牌等维度持续加码，第二年，自然堂雪域精粹系列研发成功，并代表中国品牌参展了2010年上海世博会。

这是自然堂首次推出以喜马拉雅为源头的产品，不仅宣告了自然堂品牌有了自己独一

无二的 DNA，更意味着伽蓝迈入了新阶段。迄今，雪域精粹系列依然是自然堂旗下最畅销的系列产品之一，雪域冰肌水目前累计畅销超过 8000 万瓶，相当于全球每 5 秒就卖出一瓶。

时间走到 2016 年，此时的自然堂品牌，根基已牢不可破，伽蓝乘势启动了多品牌、全渠道、全品类布局，并将该策略沿用至今。在这个时期，面膜、男士、彩妆、香水，一股脑都来了。

如面膜一样，有些产品的诞生节点在很多人看来，好像并不是"恰如其时"。自然堂男士品类在 2018 年推出时，欧莱雅、妮维雅已经分食了本就为数不多的市场份额，"CHANDO colour"更是出身就在红海；2020 年，伽蓝集团首个香水品牌 ASSASSINA 莎辛那上市前，本土香水品牌已经开始"攻城略地"。

"伽蓝走的每一步，似乎都稳扎稳打。""郑春颖从不慌张。"行业的人这么说。

郑春颖肯定了后者的评价，但坚定地否认了前者这个说法，"我并不是说稳扎稳打，只是不愿意跟风去做产品。通常一个新东西出来，伽蓝还是会选择观察一段时间：究竟是概念还是噱头？消费者是一时的新鲜还是持续的追求？"

郑春颖还说："我也从来不认为，一个新需求形成后，第一个进入或者在需求最高峰的时候进入，就会成为最终的赢家。"

这番话是成功者的宣言。这些年，不论护肤、面膜还是男士、彩妆，伽蓝旗下产品都在国内美妆各类目排行榜中名列前茅。

最新的案例是自然堂刚刚在 7 月份进军了个护市场。事实上，过去近 10 年时间，伽蓝旗下研发中心一直在洗护发、身体洗护领域做研究。"在科学机理上或核心功效原料上有新发现吗？产品能给消费者带来更好的功效吗？比市面上相关产品更好吗？"在郑春颖的质疑声中，针对头皮敏感的自然堂头皮护理系列产品终于通过了临床测试，正式在 7 月面世。

做洗护品类，郑春颖决定用做护肤品的方法，不仅用上了自研的超极酵母喜默因和五味甘露，还复配了马齿苋、B5 泛醇等针对敏感肌的原料，用严格的功效检测将洗护品类的功效竞争从"基础清洁"拉升至"头皮功效护理"。

"走出自己的路。"郑春颖强调。

领先半步

郑春颖还有个习惯，较少在团队面前公开表达个人喜好，甚至也会这么要求公司的其他高管。他很清楚，掌舵手的身份决定了他需要更加谨慎、克制的表达，所有的决定都要经过市场调研，而不是"领导拍板决定"。

长期的自我训练之下，郑春颖还形成了自己的逻辑思维 5 要素，即目的、目标、策略、方法、保障。现在,这5要素已经印在了伽蓝人的笔记本上,伽蓝的每一个决定、每一款产品,都要在这些要素之下找到对应的回答。

郑春颖更喜欢在"想好了"以后,在行动上领先市场半步。伽蓝集团在渠道管理上的两场"自我革命",很好地体现了郑春颖所信奉的"领先半步"的经营哲学。如业界所说的那样,"所谓'半步',是恰到好处的适应,不是羽翼未丰时的盲目。

比如,2005年,伽蓝开始实行集团化经营,为了给客户和员工树立发展愿景,伽蓝在北京人民大会堂召开了3000人参加的"伽蓝集团成立大会",并在居庸关长城举行"长城舞龙"和"诚信宣言"活动,打破了吉尼斯世界纪录,这几件事在当时是行业其他企业想都不敢想的,郑春颖竟然做成了。

2010年年底起,伽蓝不断在渠道布局上进行"自我革命",并带给了行业生态以积极价值。

订货会曾是厂家快速回笼资金的重要策略。早年,厂商在大城市找一家高端酒店,来自天南海北的代理商齐聚一堂、谈笑风生,极其顺利地就定走了大半年的库存。但这一模式缺乏对经销商和终端市场的关注与扶持,容易与消费者的真实需求脱轨,不利于渠道和品牌的长期成长。

于是,郑春颖将向代理商和终端店推销货物的传统订货方式,转为帮助终端店改革升级,让厂家和代理商腾出更多精力,重视会员管理、店面形象、产品陈列与销售服务,加强人员培训等。这样一来,牺牲了短期利益,但形成了长期共赢的价值。时间最终交付了答案,"订货会"此后已成为行业历史,有服务、有特色的优质美妆店则从构想变成了现实。

2012年,以自然堂代理商为主体的"伽蓝龙俱乐部"在上海成立。这是一个专门针对伽蓝旗下品牌代理商中,公司规模和行业影响力已达到一定程度的代理商,量身定做的高端俱乐部,基于生意合作,又超越生意层面合作的战略合作组织。

公开资料显示,"龙俱乐部"实行单位会员制,针对这些会员单位的现状,伽蓝通过组织高峰对话、开展商务活动、参与高端平台、提供发展机会等形式,帮助"龙会员"扩大影响力、提升企业经营管理能力、建立行业龙头地位。

于伽蓝而言,每年至少一次的龙会员活动,满载着每一位代理商伙伴与伽蓝的深厚感情及信任承诺,亦是坚守定力,共谋发展的见证。

这一系列领先行业的动作,不仅助力自然堂的代理商,成长为各区域代理行业的龙头企业,渠道第一品牌的地位也由此愈发牢固。

2020年7月,在全球陷入"疫情"之下的危机中,伽蓝又做了一件重塑行业游戏规则的大事：首创"一盘货"模式。在全国设立14个分仓，除了屈臣氏、京东等直供渠道外，其他全渠道均由分仓统一向全国零售门店配货。

换言之，代理商不再进货到仓库，而是全部进到由伽蓝委托第三代为管理和配送的分仓里。这样一来，分仓发出去的每一支产品流向，都有数据记录，也大大提高了产品流通效率，解放了终端压力，更有利于解决窜货、乱价、代理商压货等行业痼疾。

"企业和代理商之间，始终不是价值分配与博弈的关系，而是共同价值创造的关系。"上一次，伽蓝把代理商从承担库存压力的角色中"拯救"出来；这一次，伽蓝要把代理商转化为服务商，背后的关键在于"以消费者为中心"。

仅仅4个月后，伽蓝宣布，86家自然堂代理商入仓，库存下降31%，库存天数从129天下降到了76天，经销商满意度95.8%。截至2021年7月，伽蓝将公司给代理商发货时间从5—7天提升至1秒到账；新品上市铺货时间从两个月提升至两周；费用核销效率则从一个月提升至一天。

2022年4月，在上海疫情的暴发导致许多化妆品企业面临巨大挑战的情况下，伽蓝集团仍然实现当月营收达到上一年的85.6%，便是在建成了一盘货系统、云店系统的前期铺垫之下达成的。

以科技拥抱未来

2017年，国家发布的文件中提到，企业家精神有三层含义：爱国敬业、遵纪守法、艰苦奋斗；创新发展、专注品质、追求卓越；履行责任、敢于担当、服务社会。

郑春颖深以为然。

实际上，伽蓝也早就是这么做的。2010年，伽蓝提出建立可持续发展模型时，表示要以使命为引领，以价值观为驱动，底层逻辑就包括爱国敬业、遵纪守法、回报社会等。"企业家一定要有使命感。这个使命感不是个人使命，而是要把企业的使命作为个人使命"。

近年来，伽蓝的使命主要冲着两个方向：一个是产品科技，另一个数字科技。

前者是产品科技，即研发。"无论哪个行业，如果原材料与核心技术对国外过于依赖，就会有'卡脖子'的隐患。对美妆行业来说，原料称得上推动整个行业发展的源动力，解决原料依赖成为一项迫在眉睫的需求"。

2022年年中，喜马拉雅超极酵母喜默因诞生。这是伽蓝研发中心历时近10年微生物发酵研究，最终成功研发的拥有自主知识产权的核心功效成分。

这背后，有伽蓝自主开发的六大科研平台为背书，包括微生物发酵开发平台、植物超低温冷萃冻干粉开发平台、活花采香与香味开发平台、太空护肤科技开发平台等，助力品牌可持续发展；也有3D皮肤细胞模型、表观遗传学、航天科技这3项科技及60种科学验证"保驾护航"，确保伽蓝生产出的每一款产品的高品质。

后者是数字科技。2020年7月，行业大部分从业者还处于"疫后重建"阶段，伽蓝却在此时开始数字化转型。

这当然也不是一次"拍脑袋"的决定。早在2019年，伽蓝就开始做数据中台的搭建。"一盘货"落地后，"云店2.0系统""本地新零售"等项目也有序推进，深入开展数字化营销变革。2022年8月，又一新系统智慧供应链计划平台顺利上线。

"我知道有人对数字化有担忧，这也是他们一直抗拒数字化的原因——会不会把我的顾客数据都拿走了？"面对少数质疑，郑春颖用伽蓝的价值观回复了这个问题，"利他共赢"。

但他也清楚，一群人，在一起做事，必须要建立起相同的行为准则，才能建立起信任关系。伽蓝承诺，所有合作数字化转型的，将严格根据法律法规使用数据，且目的仅限于提升零售业绩和更好的服务用户，同时采取有力措施保护数据的安全。

2021年底，伽蓝宣布数字化转型取得阶段性成功。现在，伽蓝已完全转型为数字化驱动的生物科技美妆企业。

这些年，除了企业重大节点，郑春颖不常出现在媒体视野中，但在一线，经常可以看到他的身影：2022年5月，上海因疫情停滞，郑春颖在家通过视频发表《改变！迎战！》主题演讲，在稳定军心、指明方向的同时，强调了数字化转型对于企业未来发展的重要价值；8月，伽蓝集团智慧供应链计划平台上线，他出席发布仪式并指出系统创新和业务创新、制度创新的咬合，可以"和一盘货形成协同之势，提升整体效率，创造真实价值"。

"在当下的行业环境中，你有没有比较焦虑的时刻？"笔者最后问道。

"焦虑是因为没有行动，但我不会。比如，我想到要跑步，那我会马上起来就跑。"郑春颖回答说。

欧莱雅兰珍珍
连接东西方之美

文 /《化妆品观察》记者 李杏

1993 年,香港君悦酒店大堂,一场面试正在进行。

被面试者是 30 岁的兰珍珍,她穿着精心搭配的红色毛衣外加一件利落西装,静心等待一场赌注的结局。

在那个以温饱为先的年代,急需找一份工作的她拒绝了其他国际大公司的邀约,将所有筹码押在了欧莱雅的身上。

而彼时,欧莱雅初在香港设立分公司,相比同时期的宝洁、联合利华等,欧莱雅来得并不算早,一切都还处于筑基之时。

"但就是感觉中国消费者会对这个品牌爱不释手。"兰珍珍只觉得,欧莱雅,就是她这叶孤舟想寻找的港湾。

事实证明,兰珍珍押对了赌注。精通法语、了解内地的她最终以中国大陆的"唯一"身份加入到欧莱雅香港,而欧莱雅日后也跃升为中国最大的化妆品集团。只不过,当时的兰珍珍不会想到,她会从一个市场助理蜕变为欧莱雅集团乃至公关行业的先驱;更不会预料到,她将在欧莱雅见证其中国传奇。

"1 号"本地员工

兰珍珍是欧莱雅通过正式招聘引进的第一位中国本地员工,也是欧莱雅中国事业市场发展部的元老。

1993 年,在中国化妆品人均消费 5 元的年代,兰珍珍选中了法国化妆品公司欧莱雅,并拨通了欧莱雅香港负责人秘书的电话,直截了当地表明"要与老板讲话,有事儿找他"。

电话接通,兰珍珍一鼓作气讲完自己想找什么样的工作,她的能力和特长,并将说话时长控制在一分钟内。令她欣喜不已的是,对方没有挂断电话,而是客气地回复:"我知道了,你就是想找一份工作,你可以和我的秘书说,让她定个时间我们见一面。"

企业需明晰，一个
企业的形象就像
一个人一样，它需
要各方面的培养，
才会生命长久，创
造奇迹。

这次对话，彻底将兰珍珍与欧莱雅绑定在了一起。

兰珍珍回忆，这次通话后，已经有另外两家知名跨国公司给她抛出了橄榄枝，并开出令人心动的薪酬。"只有欧莱雅稍显迟疑，对我说感兴趣，并且还需经过另外一位巴黎来的'头儿'的面试"。

"但最后我还是毅然选择了欧莱雅。"兰珍珍说，自己爱美、渴望美，小时候她就会将铁棍烤热给自己烫头发，会打着手电筒偷偷在被窝里抹指甲油，"欧莱雅是最适合自己的"。

是年3月，兰珍珍作为市场助理正式加入欧莱雅。加上她，一位老板、一位秘书，组成当时欧莱雅中国市场发展部的全部阵容。

最初3年，是兰珍珍和欧莱雅中国事业市场发展部最难熬的3年，市场调研、政府关系、供应链建立都需要从头起步。

那时，她和当时的老板频繁穿梭于香港和内地之间，踏遍了广州等地几乎所有销售化妆品的商店，一家家考察、一家家分析，了解诸如内地化妆品市场竞争品牌的销售情况、消费者的消费能力、喜欢的产品类型等，并且每天形成总结，向巴黎总部做详细的汇报。

"每天晚上，梦里都是跑商场，梦见商场里拥挤不堪的场面，梦见密密麻麻、人山人海的情景，甚至梦见自己的鞋子被挤掉。"那些日子，劳碌组成了兰珍珍的生活基调。

但忆起这段岁月，兰珍珍眼里多了几道闪光的瞬间，她不禁说道，当时只是觉得，中国消费者不是因为不喜欢而不能拥有欧莱雅，而是因为没有一个畅通的销售渠道而得到，如果连欧莱雅这样优质的产品都不被中国消费者了解、使用，真的是遗憾。

成为一座桥梁

1997年，在香港"埋伏"4年后，欧莱雅集团携巴黎欧莱雅、兰蔻、美宝莲等品牌正式进入中国市场。在不起眼的阿波罗大厦，兰珍珍等"七八个人，十来条枪"，正式开干。

没想到，本应该很雀跃的她逐渐淤积着一种徘徊、不安的情绪。兰珍珍坦言，当时中国的市场经济迈出了最为客观的步履，但外资企业在中国的发展仍有这样或那样的问题需要解决。这些问题不仅表现在投资的重大决策上，更表现在公司高层对中国的了解、中国消费者对美的理解上。

从事对外交流，做一座沟通的桥梁，成为兰珍珍决定要走的路。

但在那个公关被视为陪酒吃饭、拉关系签合同的年代，兰珍珍所走之路注定坎坷。

当时，欧莱雅推出了一款新的产品，兰珍珍准备主办一场新闻发布会，从媒体软性的角度来协助新产品的推出。但在当时媒体公关实属少见、记者也很少给太商业化的产品做宣传之际，她的这一决定，无疑得到了品牌经理的反对。

"但那时我决心已下，我发誓我要在几乎没路的情况下闯出一条路。"兰珍珍竭力争取了公司大老板的支持，并一个个拜访想邀请的记者，一遍遍向记者讲述新产品的功效、欧莱雅对市场潮流的看法、染发概念在市场潮流所起的作用。反复游说之余，她还细心安排着发布会，力图让记者感受到欧莱雅在化妆品领域所带来的革新。

发布会前一晚，为现身说法，她甚至染了一头亮丽的棕红色头发。

诚至金开。新闻发布会很成功，不仅来了很多记者，而且都对染发表现出极大的兴趣。发布会结束后，越来越多关于染发时尚的报道见诸报端，一股染发风尚开始在中国大地快速蔓延，欧莱雅的产品也随之开始撒向市场。

而对基本的公关工作驾轻就熟后，兰珍珍对公关交流有了新的期待：“不是单纯地配合新产品的开发联系媒体做宣传，而是成为一个对公司的形象有影响、对公司的将来起一部分决定性作用的行业。”兰珍珍开始立足于从中法文化交流上建立欧莱雅的新形象。

1998年秋天，欧莱雅特别赞助了知名抽象派艺术家之一、法籍华裔绘画大师赵无极在中国大陆首次举办的一生（60年）绘画回顾展，兰珍珍亲自客串主持人，带着电视台记者去法国采访赵无极先生，并在他的画室工作整整一周，了解这位大师画作的内核。

画展开幕式上，兰珍珍邀请赵无极先生早年教过的学生到场，当会场的灯光由黑变亮，年近80岁的赵先生看到这些满头白发的学生整齐地站在台上，顿时百感交集，所有人都为之感动，画展取得巨大成功。

这一文化艺术交流，加入了公共关系的热情、创意和人文情感，不仅对欧莱雅企业形象的提升起着用广告换不来的社会效应，更是对美的启蒙起到举重若轻的作用。

“你们无法想象那种震撼。”兰珍珍钟鼓铿锵，“当时中国大多数人可能还是注重最基础的消费，而我们突然花大手笔举办一个他们可能看不懂的画展，实属下了一剂猛药。中国消费者突然意识到，原来，美可以这样表现。”

2002年，兰珍珍在出版的自传中回溯欧莱雅推广美的举措时写道：“有时候我会想，一个企业如何提升自己在全世界的影响力，很重要且容易让人忽视的因素之一，则是关乎这种文化的理念。纵观在世界舞台上叱咤风云的企业，无不是在关注利益之外，还对促进文化的传播和推出全新理念发挥了积极作用。我想，企业需明晰，一个企业的形象就像一个人一样，它需要各方面的培养，才会生命长久，创造奇迹。”

误解与坚持

兰珍珍讲了许多欧莱雅鲜为人知的事，这些事，是在为人熟知的品牌矩阵搭建、研发能力建设之外。

譬如，在进军中国之初，欧莱雅就已意识到化妆品不仅是消费品，更是女性的一种自我表达方式和自我实现手段，品牌需形成与女性之间的高级互动、切实向上引领女性价值。

2004年，兰珍珍积极推动"中国青年女科学家奖"项目的落地实施，以奖励在科研领域有突出贡献的女性，鼓励女性科研工作者在科学研究的道路上坚定自己的信念。

当时，兰珍珍也曾面临误解，被质疑是以公开评奖的名义为自己打了一波好广告。但在兰珍珍看来，商业需要盈利，但在盈利的同时需要为社会创造更有意义的价值。"欧莱雅只是希望成为女性奔向美好生活背后的那一双手。"

至今，此项目已坚持实施18年。18年间，如被评为中国工程院院士、在抗疫中被尊称为"人民英雄"的陈薇，生物学家颜宁等164名优秀女科技工作者获得此项殊荣。凭借这种持之以恒的态度，兰珍珍和所在团队掷地有声地向社会宣告：欧莱雅，致力于不竭赋能女性。

不仅是"中国青年女科学家奖"，这些年，兰珍珍发起、实施了"真情互动校园义卖助学""保护母亲河行动""全球美发师抗击艾滋病"及"企业公民日"等一系列公益慈善项目。

如欧莱雅与中国青少年发展基金会合作的"校园义卖"计划，从2003年起持续至今，已进入北京、上海、广州、武汉、重庆、成都、杭州等数十所高校，资助了数千名贫困大学生。

兰珍珍还记得，2009年，该项目已是一个很成功和成熟的线下营销项目，当时，兰珍珍却决定把这个做了6年的项目全搬到网上，"我就是要尝试一下全面'线上'"。

而后，该活动被搬到学校校内网和当时大火的当当网上。在那个刚刚触网的年代，此次线上活动一炮打响，以相同的成本覆盖了更多的目标人群。"所以时至今日，我非常鼓励我们的品牌去尝试各种新媒体，了解各种新兴渠道"。

在兰珍珍和团队执着做着看似与化妆品企业无关的事时，欧莱雅逐渐在中国扎根。当时的欧莱雅中国首席执行官提到，欧莱雅中国的成就之一在于向消费者传递了"美不仅是必需品，更为人们带来自信、幸福和满足"的理念。

而兰珍珍，则是传递欧莱雅品牌理念的一员猛将。2011年，欧莱雅的一则官方报道曾如是评价她：在兰珍珍的卓越领导下，欧莱雅中国在实现巨大商业成功的同时，始终实践做优秀企业公民的郑重承诺，赢得社会各界的广泛认可，成为中国最受尊敬的跨国企业之一。

把握小趋势，下好先手棋

和兰珍珍交流越深，越发觉得她是以前瞻性的视角远眺欧莱雅的发展。她会谈有关美的觉醒历程、会讲社会的可持续发展。她试图在几十年的时间尺度里，让人理解企业、品牌的内涵，不仅关乎产品，更关乎一些更长远、更利于社会的事。

在她看来，企业传播人员要有"把一株稻草做成一碗米饭、在沙漠里开出花来"的行动力，要有"把握小趋势，下好先手棋"的洞察力。

比如，2012，当欧莱雅中国业绩连续12年实现两位数增长，当中国市场在欧莱雅集团内部的战略地位被提到前所未有的高度时，兰珍珍所在的公共事业部抓住当时在中国几乎无人提及的"可持续发展"，孜孜不倦地推动公司在可持续方面的认知和投资，并联合社科院发布了中国第一本可持续发展报告。

当时，欧莱雅被一些企业质疑：只有大公司才有资源和能力去实践可持续发展理念；对于小企业来说，生存是第一要义；欧莱雅站着说话不腰疼……

但在兰珍珍看来："其实企业应懂得'舍得'哲学，要愿意舍得短期利益，做更长远的事情。如果一家公司，没有在发展前期就将可持续发展理念上升到企业战略层面高度，那么就失去了建立健康良好生态的机会。这样的企业像是一座没有打好地基的大厦，缺乏长足发展的潜力。"

而后那些年，欧莱雅开始加大对污水排放、垃圾填埋、绿色包裹等投入，开始在中国推行集团的"美丽，与众共享""欧莱雅，为明天"等项目，一步一脚印帮助减轻生态环境负担。

不仅如此，欧莱雅一方面推动社会践行可持续发展理念，另一方面带动行业上下游实行碳减排。

对于前者，如2010年，欧莱雅在中国正式发布首份可持续发展国别报告。4年之后，在国家高层论坛中，欧莱雅成为与会一员，当时的欧莱雅全球总裁呈给了李克强总理关于绿色可持续发展理念的报告，一定程度上将绿色消费推上了最高议程。

对于后者，2019年，欧莱雅召开"绿动亚洲，守护地球"供应商大会，积极传播可持续发展理念。至2021年，欧莱雅已带动565家供应商加入CDP（全球性的非营利组织，为全球近12000家公司的提供环境影响评估）。

作为重要成果之一，早在2019年，欧莱雅中国已成为集团首个所有运营场所实现碳中和的区域。此外，据欧莱雅北亚总裁及中国首席执行官费博瑞在采访中透露，目前欧莱雅北亚地区所有运营场所已实现碳中和。

在积极履行社会责任的同时，欧莱雅中国的发展也是一路高歌猛进：2016年，进入中国19年后，欧莱雅便"登顶"中国美妆市场，跃升为中国市场第一大化妆品集团；2018年，欧莱雅旗下6大品牌跻身10亿俱乐部；2021年，中国上海升级为集团北亚区总部……

至今，欧莱雅仍稳居中国美妆市场"龙头"地位，作为陪伴欧莱雅成长的一员，兰珍珍忆起自己在欧莱雅的29年岁月，只是喃喃说道："我的经历没有任何惊心动魄之处，我所做的都是一些简简单单的事，我也有痛苦的时候，但一直以来，我坚信人生必须做成像样的一件事，既然选择了它，就一定要做好。"

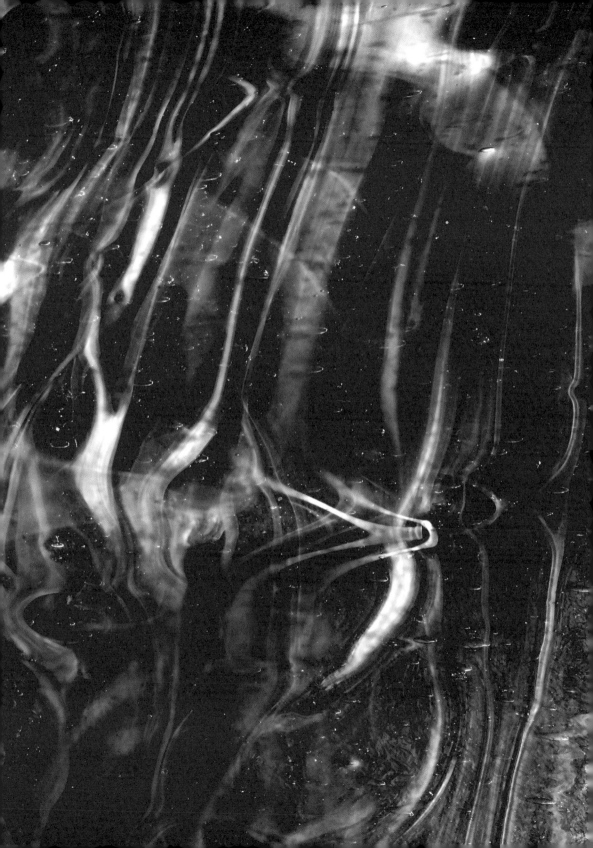

上美吕义雄
"诗人"与"屠夫"

文 /《化妆品观察》记者 陶文刚

吕义雄随手拿过一瓶精华, 拔下瓶盖, 以手掌拍向泵头, 随着轻轻"砰"的一声, 瓶中透明液体瞬间变成梦幻蓝。

"它采用双舱锁鲜技术, 内外舱分别装载不同成分, 消费者可即时生成一款产品。我们一直在为消费者创造更有价值、更愉悦的护肤体验。"

此刻, 上美集团CEO吕义雄眼里有光, 在中国化妆品江湖搏击20年, 他的梦想依然炽热。

一切, 源于喜欢。

"在这个行业每时每刻都如履薄冰, 也不缺赌徒和疯子。我唯一要保持的是, 喜欢这个行业, 喜欢这门生意, 并不断学习, 持续优化。"吕义雄这番话, 或是对上美集团不断穿越经济周期的最佳注解。

"因为喜欢", 纵横行业 20 年

从一个默默无闻的品牌, 到成为中国举足轻重的化妆品集团, 上美集团走过的这些年, 经营战略一直在适时优化, 有一些"基因"却从未改变。

我们的企业文化是'因为喜欢',
我们鼓励每一个人做自己喜欢的
事,这从我生下来那一天就没有
变化。

"我们的企业文化是'因为喜欢',我们鼓励每一个人做自己喜欢的事,这从我生下来那一天就没有变化。"吕义雄说,"我从小就只做自己喜欢的。就像有些人觉得谈生意要喝酒,我不喜欢喝酒,那我就不喝。"

做生意,正是吕义雄从小喜欢做的事情之一。化妆品生意,则是最喜欢的,没有之一。

20年以前,潮汕青年吕义雄还在西安闯荡。2002年的一次出差,让他见识到大上海的商业活力。天生的商业嗅觉,让他决定孤注一掷:转战上海滩。次年,韩束——这个日后"连卖菜阿姨都知道"的护肤品牌,就此创立。

那是一个百花齐放的年代,不少日后响当当的品牌,都诞生于那一时期,如毛戈平、丸美、卡姿兰、自然堂、珀莱雅等。彼时,资生堂、雅诗兰黛和欧莱雅等国际护肤品巨头,都早已入主中国市场。

在本土国货和国际大牌的"围追堵截"下,一个新品牌要突围,并非易事。

但韩束创立之后的一系列操作,不仅奠定了其品牌根基,还将触角延伸至每一个渠道,给中国化妆品史留下了浓墨重彩的一笔。

渠道上，吕义雄几乎将韩束打入了每一个主流渠道，从传统的电视购物、百货商超、CS连锁、KA卖场，再到如今的电商平台、网红带货、品牌自播；产品上，韩束爆款不断，从过去的韩束红BB、"巨补水"系列、红胶囊系列，再到如今的双A醇精华、霜导面膜以及蓝铜肽系列高端抗老新品；营销上，《非诚勿扰》《天天向上》等热门综艺剧集，从不乏韩束的身影。

国货中，是上美集团率先把日化行业的电视广告投放竞争拉到10亿元级别，显示出对稀缺战略资源的前瞻性。

几乎可以说，趋势在哪里，人群在哪里，热点在哪里，吕义雄就在哪里。

当然，上美集团以韩束为代表的前15年，也深深烙上了吕义雄的性格色彩。2017年，上美集团攀至巅峰：营收47.5亿元。

头顶国货化妆品企业"顶流"的那些日子，吕义雄在公众场合的每一次讲话，朋友圈发的每一条文字，甚至每一个新的目标，都会成为新闻引发热议。

品观董事长邓敏曾称"吕义雄是一个数学天才"。一年销售能做多少？明年计划完成多少？增长的部分来自哪里？多少年之后要超越谁谁谁……都在吕义雄的谋篇布阵中。更关键的是，他"做的"这些数学题，正确率颇高。

"经得起多大的赞美，就要承受得住多大的诋毁"。那些年，他收到的认同和赞誉，与受到的质疑和诋毁，几乎成正比。

吕义雄不在乎，他在自己的世界悠然自得。他笑道："你要在化妆品行业挑出三个最开心的人，我一定是最开心的之一。我不太在乎别人讲什么，有些媒体攻击我，我还会帮他们转发。"

你很难想象，身处暗流涌动的商业江湖，一个行业知名企业家，却难见传统生意人的中庸之气。他对自己的剖析，纯粹且直白——"我身上既有诗人的情怀，也有屠夫的果决，所以我适合创业"。

毋庸置疑，不论作为"诗人"，作为"屠夫"，还是商人，吕义雄都称得上功成名就。据弗若斯特沙利文报告，在2021年，上美集团是唯一拥有两个护肤品牌（韩束和一叶子）、年零售额超过 15 亿元的国货化妆品公司，且母婴品牌红色小象年零售额超 18 亿，居国货品牌母婴护理产品第一位。

不惧周期，在蛰伏中修炼内功

吕义雄变了。

尤其近两年，吕义雄出现在公开场合的次数越来越少，他也很少再像以前一样向外界描绘波澜壮阔的商业蓝图。

"一家企业，该发声的时候，你要发得很响亮。到了该安静的时候，你要安静得像尘埃一样。"沉默的这些日子，吕义雄进入了深度思索期。

他坦言，上美集团已不再是国货的绝对头部。"2013 年到 2017 年，上美集团的平均增长达到 80%。2018 年 –2021 年，上美集团进入缓增长阶段，开始面临下一轮周期。"吕义雄认为，化妆品市场遇到了父辈直至我们这一代人都没有面临过的一个问题：它从长达 40 年的增量市场，进入了存量市场。

吕义雄意识到，大屏时代结束了！还有专业人士认为，To B 时代的终结者，是上美集团。而以完美日记等为代表的新锐品牌崛起，则宣告着 To C 时代的到来。

To C 时代，对企业最大的考验有两个，一个是产品力及背后的科研实力，一个是人才团队。

如果说，一名合格的商人总是拥有敏锐的嗅觉，那吕义雄的嗅觉，则总能让他跳出传统的窠臼，打出一张张"升维"牌。

时间回到 2015 年，彼时，中国化妆品年度零售总额首次突破 2000 亿元大关，成为全球最大的化妆品市场之一。但与此同时，跨境电商方兴未艾，进口品浪潮涌动，吸引了越来越多的中国消费者。不过，一片欣欣向荣的市场，少有人能察觉到潜藏的隐忧——在渠道和营销维度，国货化妆品不输国际品牌，但在科研实力和产品品质维度，尚有很大的提升空间。

也正是在这一年，吕义雄率先提出：要"集世界科研服务于中国品牌"。次年，上美集团就在日本神户成立科研中心，成为唯一在日本自建规模化科研中心的国货企业，韩束的基础研究，也始于这一年。

强大的"科研天团"，开始陆续成团。前宝洁全球首席科学家、基础研究核心人员之一黄虎，前资生堂科学家、配方带头人内川惠一等7名全球顶尖科学家纷至沓来。这些科学家，此前均在国际化妆品集团担任高级研发职务，平均化妆品研发工作经验超过30年。截至2022年6月30日，上美集团中日研发中心共吸纳了超200名科研人才。

科研助推之下，上美集团的成就慢慢被看见，公开资料显示，上美集团已拥有3大基础研究成果、200多项专利、20篇国内外顶级期刊论文，其中，专门为韩束制备的双菌发酵产物已有两代独家原料。

吕义雄认为，在应用科学领域，上美集团旗下的品牌与国际品牌已没有差距。不过，基础研究领域才刚刚起头，还需努力。

韩束红胶囊水和今年新推的蓝铜肽产品，是吕义雄心目中最能代表上美集团品质的产品。他难掩自豪："面对我们的产品，我自己有时候都会陶醉。不过，我相信更多的惊喜，会在未来不断呈现。"

吕义雄的人才观也开始转变——"不能说我吕义雄就是万能的，人才机制的建设，才是上美集团下一个时代的储备"。

他不再像以前那样凡事冲锋陷阵，他将自己的角色定义为一位"配合者"。最近几年，吕义雄花了很多心思为上美搭建一套更加科学有效的人才管理体系——高层，吸引各领域顶尖人才；中层，内部培养和提拔；基层，以行业领先薪酬招募高素质年轻人才。上美集团还采取"师傅带徒弟，徒弟带徒孙"的培养模式，让任何一个岗位都可以找到接替者，并将工作经验和技能一代代传承。

对人才的重视，吕义雄并不浮于表面。2020年那场疫情，不少企业一度被迫减薪甚至裁员，吕义雄不仅不裁一人，还做出了总部职能部门基层员工涨薪的决定，可谓行业一股清流。

"上美集团是一家彻底放权的公司，未来一定能够培养很多人才。"吕义雄说道。

科研和人才之外，吕义雄也开始"大补"零售基因，不仅收回天猫旗舰店，还大力布局抖音直播等渠道。在2021年的抖音"D-Beauty心动日"品牌活动中，韩束品牌短短9天，总GMV破6000万元，全渠道曝光量破3亿元，又跃居为新渠道的代表性国货品牌。

锻造韧性，冲浪下一个20年

吕义雄曾计划构建一个"背靠中国，面向世界"的全球商业版图。这幅蓝图里，有日本，有纽约，也有巴黎。不过，在诸多因素影响下，他认识到："以目前的实力，还追不上梦想的步伐。"

习惯了快速攻城略地、富有冒险精神的吕义雄，开始学着在"慢"字上下功夫。"上美集团会有阶段性的快慢，但它一定足够有韧性。梦想可以定得很远，路，要慢慢走。错的，对的，都要走，走过经济周期，你就会变成一家优秀企业。"

慢下来，也体现在企业文化中。曾经，上美集团的企业文化是"多元、乐观、创新和冒险"。如今，吕义雄用"传承"换掉了企业文化中的"冒险"二字。

对于任何一位企业家而言，敢于慢下来，无疑是一种莫大的勇气和智慧，这来源于他对市场的精准预判。"流量生意不管多领先，企业都不会长久。美妆本质是卖梦想，流量生意算得太精准，少了些美妆应该具备的梦想与浪漫情怀，而这些对美妆品牌至关重要。"吕义雄的诗人情怀，由此可见。

在他看来，不只是上美集团，今天的中国化妆品企业，离走向世界都还有一定距离。只有在科研、产品和营销等多个维度突破，才能支撑走出去的梦想。可无论如何，打造世界品牌这个终极目标不会改变，只是经营策略会因时而异。

吕义雄认为，要做世界级品牌，一定要走多品牌、全渠道之路。化妆品靠单一品牌或产品，很难辐射全部人群，全渠道策略将是任何有梦想的化妆品公司都会走的一条路。

除韩束、一叶子和红色小象这三大主力品牌，上美集团在"品牌总经理制"的机制下，也在各大细分领域培育新的品牌。如newpage一页、极方等，都获得了良好的市场反馈，newpage一页的核心单品仅用4个月时间，就迅速登上了天猫热销榜＆好评榜Top1，该品牌有望成为上美的第二增长曲线。

上美集团的多品牌之路，走得也越来越稳。一个化妆品集团，能让行业人士和消费者随口都能数出几个"有名有姓"的子品牌，这在中国本土化妆品企业中，并不多见。假以时日，未来在各个细分领域都有上美集团的品牌作为"排头兵"，也并非奇事。

何为品牌？吕义雄对此也有独到见解。他认为，广告不是品牌，渠道是品牌，广告＋渠道，也是品牌，这是中国化妆品的底层商业逻辑。唯一不同的是，如今的广告和渠道方式，正在发生变化。

家乐福、沃尔玛和屈臣氏等传统渠道日渐萎缩，一些新的渠道开始崛起。这要求上美集团必须在新的时代，适应新战场的打法。

"化妆品是一个美丽的梦想，它需要讲故事。在今天这个渠道和媒体大迭代的时代，将品牌做窄，更有利于品牌与消费者的沟通。"吕义雄认为。

基于此，上美集团对韩束和一叶子两大品牌的定位进行了全新升级。韩束从"专研亚洲肌肤之美"，升级为"科学抗衰"；一叶子从"新鲜有营养"，焕新为"修护肌肤屏障"，并主打技术壁垒更高的纯净美容；红色小象保持不变，主打"至简成分，安心有效"。

全渠道和多品牌之外，吕义雄还有更大"野心"。

他认为，所有线上渠道都属于传统渠道，线下才是未来的新增渠道。生活方式品牌，则是这一新增渠道的趋势，上美集团未来会探索线下生活方式品牌。

吕义雄解释道，中国商业的发展，一定是围绕消费者的需求，这是永恒不变的商业逻辑。今天线上的繁荣，恰是促进线下在未来崛起的基础。但线下的崛起，不是卖货渠道的崛起,而要融入消费者的日常生活,打造消费者喜欢的场景和生活体验,由此打造一个全新的事物,即生活方式品牌。

关于上美集团的未来,吕义雄表示,化妆品是一条很好的赛道,值得长久去经营。既然要从事马拉松式的赛跑,就要做好今天,活好今天,一点点攻坚克难,去经历周期的变化。

因为喜欢,吕义雄在化妆品行业驰骋了20多年,而他表示:"最少还要再干20年,而上美集团的存在,就是在不同的时代,探索每一个时代的价值。"

卡姿兰唐锡隆
二十年筑一梦

文 /《化妆品观察》记者 石钰

在中国化妆品产业的发展史中,2001年是个很重要的年头。

2001年之于中国化妆品产业,就像1999年之于中国的互联网行业——如今发挥着重要影响的几个互联网巨头基本上都在那一年成立。

这一年,东北人郑春颖在上海一口气推出了自然堂、美素两个品牌;这一年,在影视界如鱼得水的毛戈平创建中国第一高端彩妆品牌"毛戈平MAOGEPING";这一年,广东的洗发水品牌集中式大爆发,一批企业找明星代言、投放电视广告,广东卫视几乎被洗发水包揽——当时景象,就像2008年前后的护肤品广告霸屏湖南卫视。

如今回望2001年,我们无法清晰地解释为什么一些标志性的企业会在2001年前后集中出现,但能够肯定的是,这个时间段对中国而言,有着不一样的意义。

这一年,中国申奥成功,新世纪的到来带给人们更多想象空间,加入WTO给中国企业带来更多的机会,20多年的改革开放所蓄积的势能开始释放,人们变得信心满满,中国人开始有意识地打造自己的品牌。

这一年,还发生了一个现象级事件——F4花美男组合诞生,中国女人开始变得集体"疯狂",中国市场变得前所未有地重要,也变得越来越丰富多彩。

也是在这一年,一个名叫唐锡隆的潮汕男人,踏入美妆行业,开启了中国彩妆行业的加速度。

只有真正经历过寒冬并存活下来的中国品牌，才更有生命力，并真正赢得消费者的信任。

潮汕男人的品牌梦

时间追溯到 20 多年前。

2000 年前后，正是化妆品批发生意当红的时候，全国各地卖的化妆品大多是从批发市场出货。这个生意一度火到什么程度？在当时广州最大的日化批发市场——兴发广场里，如果你有一个档口，即便坐在门口，也有人来送钱。

许多人靠着批发销售日化用品赚得盆满钵满，其中就有唐锡隆的表哥。看到表哥做得风生水起，唐锡隆认为化妆品是门好生意，遂决定一起加入。

然而，唐锡隆很快看到了这门生意的弊端。他发现，化妆品经销商在品牌商与零售商之间只承担了运输商的角色，谁都可以来批发，价格不统一，从经销商到零售商的利润也没办法保障，市场上还经常出现窜货的情况。

为什么没有一个既能保障经销商利润，也能维护零售商利益的品牌？唐锡隆决定自己来做一个这样的品牌。

做品牌，也有不同的选择。当时大多数本土化妆品企业选择做洗发水、家庭洗涤用品甚至防晒霜，尤其是洗发水市场，一夜之间涌入 20 多个品牌，几乎将整个中国日化市场搅得翻江倒海。但唯独彩妆,无人问津。

唐锡隆却恰恰选择了这条"无人选择"的路,在他看来,没有人做反而说明竞争小、有机会。2001年,在距离兴发广场半小时车程的中旅大厦里,卡姿兰应运而生。当时,很多同行都选择在兴发广场附近租办公室,既方便,成本又低。而他故意选择远离批发市场的CBD办公,即是表明自己要走"品牌"的道路。

理想信念之火一经点燃,就永不熄灭。伴着卡姿兰的诞生,想要打造一个"品牌"的唐锡隆迈入了全新的创业时期。

卡姿兰切入彩妆市场的时候,虽然本土彩妆品牌极少,但这个赛道已有多个国际级选手布阵:以露华浓为代表的专业彩妆品牌主攻高端商圈、百货商场,斯时如日中天的直销巨头雅芳推出up2u主打开架彩妆,欧莱雅旗下的美宝莲则通过渗透力极强的超市和连锁便利店渠道占据市场主导地位。

主流通路基本被国际品牌把持,本土彩妆品牌囿于低端无序的发展格局,从形象到价格定位大都给人低端、廉价的认知——这与20世纪90年代国内电器产业十分相似,本土品牌都被挤压在边缘地带。

但本土电器企业以品牌战切入低线市场,群雄逐鹿、快速崛起,一举打破欧美日品牌主导的格局,也形成了良好的市场认知。

国产家电企业珠玉在前,唐锡隆从中获得灵感,打开了新思路,他打算在彩妆业复刻错位竞争的突围之路。

最果决的老板

当时,在二三线城市的街上,有许多面积不大但装修时尚的化妆品专卖店,这些小店没能进入美宝莲这样的国际彩妆大牌的"法眼",但却成了卡姿兰的突破口。

唐锡隆找代理商,进入刚萌芽的专营店渠道进行终端操作,从容易做起的低线城市开始,学习"农村包围城市"策略,这一举措帮助卡姿兰在创立初期迅速打开了局面。

如果说选择专营店渠道,让卡姿兰在极其艰苦的条件下破茧而出,那么,唐锡隆的长远眼光和运作市场的清晰思路,则助推卡姿兰成功走上国内彩妆第一品牌的宝座。

当年启动市场,唐锡隆立意跳出国产彩妆低端无序的发展格局,打造具备心智优势的品牌,为此他提出了一个合作条件:不做单品零售,任何销售商想要从卡姿兰拿货,必须成系列整套进货,且必须配备有灯光、试妆镜的品牌专柜。

这一堪称惊险"跳跃"的举措,在化妆品行业从未有过先例,但唐锡隆却十分坚持。

在他的运作下,卡姿兰从0到1为终端提供设计、制作、安装、陈列展示摆设技巧等服务,并对代理商、业务员和化妆顾问进行长期针对性的专业培训,扭转了当时国内彩妆无形象柜、无化妆师、无培训的尴尬,率先在专营店统一零售形象。

不仅如此,卡姿兰刚起步便将运营费用集中投入到品牌打造,启用明星代言人。2004年,张柏芝凭电影《喜剧之王》《星愿》及《忘不了》横扫各大电影奖项,唐锡隆当即决定拿出前三年的全部利润邀请张柏芝代言。

这对于一个初创3年的品牌,又是一个冒险决定。但正是这一关键性抉择,将卡姿兰推向了第一个历史高点。根据媒体报道,从2005年到2008年,卡姿兰始终保持50%左右的年均增长速度,到2008年网点达到8000家。

2009年,卡姿兰又拿出当年全部回款的30%投入电视广告,让"卡姿兰大眼睛"的口号响彻全国,铺天盖地的广告投放加上差异化的渠道布局,为卡姿兰赢得了高回报,2011-2014年,卡姿兰连续4年增长。

站在20年后审视唐锡隆的这一系列举措,用事后诸葛亮的方式赋予其远见卓识的战略家光环,似乎也是很合乎商界逻辑的叙事方式,但实际上在那个批发生意仍然十分红火的年代,这需要超人的眼光与魄力才能为之。

也正是得益于唐锡隆的创举,为品牌和代理商建立长期信任关系打下了坚实基础。唐锡隆很少混迹行业圈,也不擅长酒桌那一套,但卡姿兰代理商有很多已经跟随了品牌10余年,他们对唐锡隆高度认可,"执着、大气、胆识、果敢、该出手时就出手",很多代理商都把卡姿兰放在第一位。

"当时我也没想那么多,只考虑了两点:消费者为什么要买卡姿兰的产品?渠道客户又为什么要卖卡姿兰的产品?"回顾创业伊始,唐锡隆总结说,"消费者需要越来越好,性价比足够高的产品;渠道客户需要合适的利益机制和长期的信任关系。"在此后20余年的发展过程中,唐锡隆关于这两个问题的答案也从未变过。

在利益与情怀之间,利益是商业的本质;而在投入与获取之间,投入又是品牌力的源泉。唐锡隆就是那个将利益和投入平衡得很好的人,他既不忘做品牌的初心,又能用商业的繁荣带给品牌希望。

产品即是人品

唐锡隆是一个热爱阅读的人,他读《毛泽东选集》《任正非传》,广泛涉猎国内外不同的行业和企业的相关书籍,从阅读中汲取知识、自我突破。

在企业经营上,唐锡隆十分欣赏华为创始人任正非,他的很多理念与任正非不谋而合。"任正非曾说华为要做中国科技企业的一把伞。华为把伞撑起来,不压榨、不扰乱市场,让那些中小企业也都有钱赚,中小企业有钱赚了,才能有更多的资金投入产品,吸引更优秀的人,才能成为更好的企业。"

唐锡隆同样希望卡姿兰为中国彩妆撑起这把伞。十数年来,中国彩妆品类很少打价格战,正是因为卡姿兰作为领导者,从不打价格战、不伤害渠道。"卡姿兰有责任维护中国彩妆的市场健康秩序,为中国彩妆的从业者撑起足够的发展空间。只有这样,大家才能从长远出发,做出让消费者满意的高品质产品。"唐锡隆对外不止一次强调。

除了长期主义发展眼光,唐锡隆和任正非一样——极度重视产品。在员工心目中,唐锡隆是公司首席产品开发经理,每天工作生活两点一线,将大部分时间、精力都用在产品研发上。

2001年的一天,刚创立的卡姿兰正在进行口红膏体测试,研发人员反复擦拭嘴上口红的动作,引起了唐锡隆注意,"这样反复擦拭口红,唇部皮肤会不会干燥破皮?有没有一款口红可以滋养唇部,既能滋养唇部皮肤,又能满足显色需求?"于是,他告诉研发团队:"要选最好的营养成分加在口红里,让每个涂口红的女生,唇部滋养健康,并且更显色。"

于是,卡姿兰第一支"双芯"口红就此诞生,"双芯"口红将养护功效与口红相结合,打破了人们对口红产品一贯的认知,被众多国内外品牌争相模仿。在"双芯口红"之后,卡姿兰接连创造了一个又一个明星产品，其中包括因为一句"卡姿兰大眼睛"广告语深入人心的大眼睛系列，以及一年卖出250万盒的蜗牛气垫CC。

"每一款产品从开模到研发生产、出库，我会盯每一个细节。"唐锡隆表示，"同样的产品，你要比别人有更高的附加值，在做好产品的基础上，还要做出别人做不到的功效和特点，否则，你做得再好，别人如果比你做得好，那你就是差。"

因为这份坚持，在同期创立的本土彩妆品牌相继被市场淘汰时，卡姿兰却能穿越20年市场周期，经历渠道变化后，仍保持领先位置，甚至在与国际大牌的较量中也毫不逊色。

不在一线，但永远在"一线"

唐锡隆并不是一个活跃于台前的老板，他甚少出现在媒体的视线中，也从不出席行业活动，仿佛离一线很远。

但他时时刻刻又身处"一线"，这让他总能透过问题看到本质，做决策时从不慌张。在市场环境好的时候，卡姿兰也没有盲目追求扩张，而是先追求做强，把企业的基础能力做强，从产品研发到生产，从内部管理到渠道管理。

2013年，当行业大部分企业仍然采取"总监—大区经理—省区经理—代理商"的销售体系时，唐锡隆发现每一家企业的发展阶段和规模不同，在管理模式不能"一刀切"。他当即决定在终端进行一系列改革，从相对粗放的管理转变为彻底的精细化管理。

2014年，卡姿兰撤销大区经理，由原来的四层级简化为三层级，并相应地增加省区经理。省区经理驻点代理商公司，一方面承担公司总部赋予他的职责，另一方面协助代理商合理地规划库存、动销，及时协助解决门店反映的问题。

这一决定，当时在行业引起轰动，赞成者有之，反对者亦有之。但唐锡隆笃定这种扁平化管理，既能最大程度地调动省区经理的积极性，同时也能让公司总部与代理商的沟通更加透明，执行力更强、效率更高。

结果证明，管理层级的减少，助推卡姿兰在2014年走向第二个历史高点。这一年，卡姿兰先是明星单品气垫CC席卷彩妆品类市场，再是彩妆周动销活动引消费狂潮，销售额创业内动销标杆;继而与收视率第一的湖南卫视联手,拿下湖南卫视多档王牌栏目冠名权。

根据品牌官方数据显示,2014年,卡姿兰的网点超过11700家,涵盖了CS、百货、商超等渠道,成为中国彩妆市场TOP 5中的唯一国货品牌。

"我虽然不在行业露面,但是经常观察其他行业的变化,也向其他行业的优秀企业学习,太阳底下没有新鲜事。"唐锡隆说道。

也恰是因为唐锡隆始终身处"一线",卡姿兰在中国彩妆市场从未掉队。面对化妆品行业近两年发生的洗牌和动荡,唐锡隆亦有着清醒的认知,"手机、运动服装这些行业,都发生过洗牌,而且更加残酷。只有真正经历过寒冬并存活下来的中国品牌,才更有生命力,并真正赢得消费者的信任。"

在激荡的竞争背后,唐锡隆也敏锐捕捉到市场本质变化。"这20年来,变化最大的是伴随互联网成长起来的年轻消费者,他们是网络时代的原住民,接收信息的渠道更加多样化,消费习惯和购买行为也与之前发生了根本变化"。

基于此,卡姿兰积极增加网络曝光、拓展电商渠道直播。如在线上启用"口红一哥"直播与评测,带动新品"水吻唇膏"突破千万级销量,成为爆款,后续又直接将直播视频投放在分众电梯媒体上,线上线下形成双线联动。

虽然在线上起步较晚,但卡姿兰作为中国彩妆代表做了许多尝试,并且取得了不错的成绩。2020年,唐锡隆站上"一线"亲抓电商部门,谋求更大的突破,"线上潜力很大,这是一个大的趋势,我认为最少要做到50%到100%的增长,领导者还是要站出来"。

在唐锡隆看来,竞争可以让企业发展得更好,但要保持自己的节奏。"我不会关注某一个对手如何,而是会更关注整体大环境的变化,关注产品本身、关注消费者、关注产品细节,才是一个品牌能保持生命力的根本"。

激情燃烧岁月里的坚守

实际上,从卡姿兰诞生的那一刻,就承载着"中国品牌崛起"的梦想。悠悠20载过去,这个梦想不仅未因岁月蒙尘,反而更加熠熠生辉。

20载风雨路,唐锡隆见证了中国彩妆市场的沉浮起落,他亲历了国际大牌在千禧年前后争相涌入,也见证了国货彩妆品牌近5年来的崛起,但唐锡隆从未动摇,"卡姿兰的愿景就是要让中国女性用上全球最好的彩妆产品,国际品牌能做到的,卡姿兰也能做到"。

在这一愿景支撑下,卡姿兰20年只扎根彩妆一个品类,从研发、生产制造,到渠道建设、品牌策划,再到消费者洞察,点点滴滴,二十年如一日的专注。其间,唐锡隆还不忘打造中国彩妆品牌的高端形象,2004年,宝洁旗下 Covergirl 封面女郎准备进军中国市场,美宝莲降价30%迎战,价格降到和卡姿兰一样,但卡姿兰却反其道而行之,涨价一倍,"我一直抱着要比国际品牌做得更好的心态。"唐锡隆表示。

却顾所来径,苍苍横翠微。在"让中国女性用上全球最好的彩妆产品"使命驱使下,唐锡隆2016年提出了"打造中国的世界级彩妆集团"的愿景,近年来卡姿兰的动作,也正在朝这个方向迈进。

卡姿兰与多家国际巨头供应资源展开深入合作,大手笔投入开设意大利研发中心,聘用国际研发专家,不断夯实专研基础,构筑产品壁垒,进一步引领中国本土彩妆市场高端化、功效化研发的新趋势。

并且,卡姿兰正在打造一个以彩妆为主的多品牌矩阵。目前,卡姿兰集团拥有四大品牌,分别是专业彩妆卡姿兰,米兰高定彩妆品牌歌洛施(GLOSSIP),重新定位升级的潮牌凯芙兰,以及全球首个微整专业彩妆品牌莉诗悠(LIZU)。唐锡隆透露,未来不排除收购孵化一些新品牌,以形成多元化的品牌矩阵,全面对标国际现代化彩妆集团,进一步提升集团全球化、专业化的布局。

在这份坚守下,卡姿兰奏响了中国彩妆品牌的最强音。2010-2018年,卡姿兰一直稳居中国彩妆市场前三,并且,在美宝莲和巴黎欧莱雅从2015年开始市场份额逐渐下滑的时候,卡姿兰仍然保持持续增长,走在行业前列。

如果要对中国过去30年的彩妆产业的发展做一个总结,那么可以肯定地说,唐锡隆和卡姿兰书写了中国彩妆半部历史。

长路漫漫,无问归期;漫漫长途,终成归途。未来,卡姿兰或许将面临更加严峻的挑战,但好在,唐锡隆一直知道自己要什么,卡姿兰要什么。

植物医生解勇

秋天的蚊子猛如虎

文 /《化妆品观察》记者 石钰

1992年1月17日,农历腊月十三。

时年88岁高龄的邓小平,在女儿邓楠的搀扶下,悄悄登上了一列普通绿皮火车。这趟列车的运行轨迹,改变了许多人的命运,也改变了整个国家的命运。

邓小平的南方谈话震撼人心,让举国上下为之一振,也让许多人从中嗅出了巨大商机。受南方谈话精神感召,泰康人寿董事长陈东升、复星集团董事长郭广昌、中诚信集团创始人毛振华等人,投身市场经济的大潮。这批在1992年南巡后成长起来的企业家也被称作"92派",与前几代的创业者不同,他们大多是知识分子,因而这批精英"下海"经商,对于整个社会具有某种特殊的意义。

多年之后回望,1992年由此成为一批人改变人生轨迹、实现人生价值的重要契机。自此之后,"下海"潮流浩浩汤汤,植物医生品牌创始人解勇,也是这人潮中的一员。

理工生"下海"

1990年从西安建筑科技大学(原西安冶金建筑学院)毕业之后,"天之骄子"解勇原本可以跟那个时代的大学生一样,服从国家分配,但他却选择"自谋职业",南下广东,在一家民营企业工作了两年多。

尽管大学主修建筑机械专业,但解勇真正的爱好却不在此,课程之余他看了很多不同的书籍,

我们要做长期有价值的事情,就是要做正确而长远的事情,而这种事情往往是困难的事情。

美国王安电脑有限公司创始人王安、福特汽车公司及克莱斯勒汽车公司总裁李·艾柯卡……这些名人传记向解勇传递了一个深有触动的信息:很多人都是从销售做起,而后通过自己的努力最终实现了梦想。

在广东工作两年之后,解勇来到北京从事化妆品推销工作。他应聘了一家法国化妆品企业,这家企业因为刚刚打入中国市场,销路不理想,希望通过新招聘员工的本地关系,打入北京各大商场渠道。

当时最传统的推销方式是找熟人、拉关系,如果亲戚朋友在商场有熟人最好,便于业务开展。但解勇在北京一个熟人也没有,他只能拿着地图,看着商场名字直接去拜访负责人、主管,吃过无数次闭门羹、见识过数不清的冷脸,但解勇凭着自己的执着、真诚和勤奋,把业务做到了第一。

在这个过程中,解勇深刻体会到:"抓住顾客的需求比找关系、找熟人更重要。"解勇每次帮忙站柜台,面对顾客心里始终想着这一点;每次拜访商场负责人,也会将其灌输给对方,这对于其日后创业功不可没。

然而,在解勇干得劲头十足的时候,公司却出了问题。因产品属于胶囊包装的半成品,在国内实际上并无权证进入正常的销售渠道,公司决定撤回法国,解勇和他一手录用的销售、导购同事,都面临着失业。

"没办法,下海吧。"出于心中的一份责任,解勇带着这批员工走上创业之路。

三次蜕变

创业并不容易,尤其是在那个年代,除了不断摸索、蜕变,别无他法。

1994年解勇创建北京明弘科贸有限责任公司(植物医生公司前身),创业之初,解勇规划的业务和商业模式是:做各大品牌在北京的总代理商,将代理的产品对接北京的终端经销商。

凭借团队之前在北京化妆品市场打下的渠道基础,解勇的代理业务发展得不错。按照原本的发展思路,这家公司或许会发展成化妆品代理大鳄。但世事多变,于是解勇的人生故事有了新的写法。

1998-1999年,连锁超市、大卖场在中国以一种不可想象的速度迅猛发展,家乐福、沃尔玛在全国疯狂开店,华联也开始布局全国。这些巨头以批量订货的议价权,与厂家直接对接、直供,由此大大压缩了明弘科贸这类中间代理商的生存空间,尤其是在北京这样的KA非常强势的市场。

这样的尴尬一直持续到2004年,在意识到代理商的局限性且破解无门之后,解勇决定终止化妆品代理业务,开始了第一次变革。

摆在解勇面前的一共有三条路:第一,转型品牌商;第二,做中间物流;第三,从代理商转为经销商,自己开店。"第一条路,我们还不具能力;第二条路,没有价值。"考虑到做超市渠道资金周转的问题和渠道的长期可控价值,解勇最终选择了最后一条路。

2004年,明弘科贸在北京国展家乐福开设了一家名为"量肤现配"的独立门店。因为之前在这个行业摸爬滚打,解勇在业内颇有名气,开专营店也算顺风顺水,轻而易举就有了许多不错的合作厂家。再加上专营店多品牌,容易对顾客形成差异化策略,解勇追随家乐福、沃尔玛、大润发的脚步,北到哈尔滨,南到深圳,都有量肤现配(后改名LOTIONSPA)专营店的踪迹。

也许每一条成功之路都充满荆棘,在专营店刚有起色的时候,新的问题出现了:因为厂家直供门店的模式,在多层级游戏链条中动了区域代理商的奶酪。刚开始是个别品牌,接着越来越多的品牌需要撤掉,解勇再一次站在了命运的转折点。

随着撤掉的品牌增多,解勇决定向工厂直接定制发展直营品牌,由此,解勇将公司的策略由经销商转型为品牌商,而这正是之前解勇认为不具备能力的第一条路。

2007年,LOTIONSPA开出了第一家单品牌专卖店,尔后逐渐更名为"植物医生"。经历多次蜕变的解勇,在市场、资源方面有了一定的积累,对于新品牌、新产品也有了更灵活的营销手段,专卖店也开始以固定的绿色形象出现在消费者面前。

做"秋天的蚊子"

和解勇最近一次聊天,他形容自己是"秋天的蚊子","秋天的蚊子不会乱蹦乱跳,看准一个猎物就会全力扑上去"。

这种状态,也可以用来概括他领导下的植物医生的发展,对渠道的选择、对做实体店的坚持、对打造一个真正的化妆品品牌的信念。

交谈中,解勇说话不疾不徐,不落下每一个重点,始终围绕主题。当要带领企业走向远方的时候,他同样如此,确定方向后全心全意,一个猛子扎进去。

从2007年转型进入单品牌店领域,解勇在这条赛道迄今坚持了15年,其间单品牌店潮起潮落,创业者涌入退出,而解勇却一直坚守着。

在一年又一年的实践中,解勇愈发相信,品牌产生的地方依然是实体店。从2007年开始,植物医生门店数量稳步递增,2010年,植物医生坐上单品牌店头把交椅,且盈利模式已然成熟,90%以上的门店基本实现盈利。

门店广布全国各地,植物医生的零售能力已毋庸置疑,但距离成为一个真正的品牌,依然很遥远。"单品牌店既是做品牌,又是做零售。"解勇对单品牌店发展有其思考,对于植物医生来说,下一个重要任务是,如何成为一个品牌。

解勇的微博上有一句话,静静传递着他的品牌理念:"没有特点不叫品牌。"他认定,想要长期发展,就必须给品牌注入内涵,必须寻找一件更有价值的事情。

为了给植物医生寻找独特的定位,解勇将目光投向了植物成分。经过调研,他发现高山植物有得天独厚的取材价值。2014年,解勇与中国民族植物学泰斗裴盛基教授相遇,后者对高山植物应用于医药、化妆品有着深入研究,曾婉拒了欧莱雅、爱茉莉太平洋等多家国际巨头的合作,一心想做出一个中国的高山植物化妆品牌。

裴盛基教授的想法和解勇不谋而合。是年,中科院昆明植物研究所和"植物医生"正式决定成立"植物医生研发中心",聘请裴盛基为首席科学家。研发中心的主要任务,是对适合化妆品的植物基料进行基础研究。次年,植物医生的品牌定位也正式确立为"高山植物,纯净美肌"。

研发中心如同技术助推器,极大丰富了植物医生的高山植物品类线。历时近3年的研究,植物医生首个真正意义上的"高山植物产品"——石斛兰系列于2017年问世,产品上市即大卖,在消费者中形成了口碑效应。目前植物医生热销的几百个高山植物产品,也均出自该研发中心的研究成果。

与中科院昆明植物研究所合作后,植物医生也并未就此止步。2017年植物医生与云南生物与文化多样性保护中心联合发起"生物多样性—高山植物保护行动",此后解勇坚持在"生物多样性"保护项目上持续投入。

这些年,解勇的工作重心和对外公开的亮相,基本也围绕着"高山植物"。他在社交平台并不十分活跃,但每次发声定与"植物"相关。多年积淀,如今植物医生已将"高山植物,纯净美肌"的绿色健康护肤理念植入人心。在解勇看来,这也是植物医生真正崛起于市场,并且多年来持续发展、屹立不倒的真正原因。

中国品牌出海梦

2019年,对于植物医生来说,是具有特别意义的一年。在精耕单品牌店赛道12年后,解勇的事业版图扩张到了日本。

是年4月28日，带有"DR PLANT"绿色LOGO的植物医生店铺亮相日本大阪心斋桥，解勇内心百感交集，这是植物医生第3000家门店，同时也是中国护肤品牌专卖店在日本市场迈出的第一步。

于解勇而言，这一步背后有着许多不为人知的辛酸。早在多年前，解勇就有布局海外市场的想法，此前在国内，植物医生将悦诗风吟作为竞争对手，一边学习借鉴对方优势，一边想着如何超越对方。而悦诗风吟作为一个国际品牌，植物医生想对标这样一个单品牌店，自然也不能将视野局限在国内市场上，而是应该尽量国际化。

解勇也坚信中国化妆品走向海外的机会很大。2017年年底，植物医生尝试在美国销售石斛兰系列产品，但结果不甚理想，解勇观察之后发现了症结所在——美国人很难信任中国的化妆品。这次试水效果未达预期，解勇开始考虑，是不是可以考虑换种方向来开拓海外市场？左思右想后，他把目光移向了与中国相邻的日本。

植物医生大阪心斋桥店

日本护肤品市场的竞争之激烈,不输于世界上其他任何一个地区,但日本人的护肤需求与中国人极为相似,多倾向于保湿、美白等,因而,消费群体的抓取会更为精准。2018年6月,植物医生将石斛兰鲜肌凝时系列推往日本东京的繁华商圈;次年,植物医生在日本开出第一家店,聚焦于石斛兰、灵芝、雪莲3个系列。

这家店能够成功开出来,费了解勇不少心力,单是石斛兰这一原料,就给植物医生进入日本造成了不小的障碍。石斛兰在中国是珍稀植物,这层身份使得该原料起初被禁止出口,解勇费了很多周章,才最终解决这个问题。另外,在日本化妆品界,石斛兰是从未用过的原料,日本对新原料采取的是备案制,因而在备案上也花费了一定时间。

好在结果喜人。2020年,植物医生心斋桥的两家单品店业绩创下心斋桥商业街第一增长记录,植物医生石斛兰鲜肌凝时面膜在日本COSME网站更创下了护肤品类和面膜品类的口碑评价第一记录。解勇对植物医生以中国品牌的身份征战日本市场信心十足,"我们会高举来自中国的旗号,不会装扮成日本本土品牌"。

迄今,植物医生已在日本开设了11家单品牌店。

"孤独"的逆风者

和行业里大部分创业者不同,解勇没有享受过特别的时代红利,既不像过去一批本土品牌借着CS渠道红利拔地而起,也没有感受过今天如功效护肤这般的市场红利。即便是在2007—2017年单品牌店发展极为兴盛的10年里,单品牌店也未能成为化妆品主流渠道。

风口未曾惠顾过解勇,他是一个"孤独"的逆风者。

在解勇过去走过的28年,支撑其公司逆风飞扬的,是"深刻理解消费者需求"。"创业者一定是市场的敏锐感受者,你必须了解你的顾客、了解市场才能去创业。"交谈中,解勇频频强调。

植物医生开第一家店就设置了体验项目,当时LOTIONSPA门店里的刮痧服务,让其一炮而红。直到今天,植物医生门店仍设有体验区,以便让消费者体验护肤品的功效,最终选择更适合自己的护肤品。植物医生的优质服务,为其留下了许多固定客源,其中很多成了植物医生的会员。截至目前,植物医生的会员人数已突破1700万。

为了加深对消费者的了解,植物医生在几年前专门成立了一个IT部门,配备了100多位员工。走进植物医生北京总部,有一个特别的空间,空间内的数字监控墙上,一套可视化的全国营销数据系统时刻在运转。这套系统被视为门店后台运营的重要支撑之一,能实现深度的会员运营,最终描绘出一幅幅清晰的消费者画像。

植物医生始终坚信唯有不断推出好产品才能真正取信于消费者,立于"不败之地"。现在,解勇70%的时间和精力,都用在和产品经理沟通上。在他看来,真正有竞争力的产品,是从市场中感悟出来的,"只有从市场中感悟出消费需求和消费的潜在需求,才有所谓的产品力"。

众争之地勿往,久利之事勿为。今年,解勇创业进入第28个年头,植物医生门店数量一举突破4500家,销售额突破43亿元。回望植物医生的发展,解勇感慨万分。这一路走来,植物医生的发展并非飞速,其间还常常走错路、走弯路,但从未想过走捷径、钻空子,而是"宁打一口井,不挖十个坑",在这个伟大的时代中,专注地做好一件"小"事。

作为单品牌店赛道的领头羊,植物医生已在中国化妆品产业刻下深刻烙印,它向前迈出的每一步,都伴随着对传统文化精髓的深度继承与对现代科技结晶的良好运用。正如解勇所言:做实体,是一件正确而困难的事;做专卖店,更是一件极其考验顾客黏性与信任的难上加难的事。"我们要做长期有价值的事情,就是要做正确而长远的事情,而这种事情往往是困难的事情。"

丝芙兰陈冰
带丝芙兰跨入"真我时代"

文 /《化妆品观察》记者 陶文刚

一转眼,陈冰加入丝芙兰中国已是第5个年头。

作为丝芙兰大中华区总经理,陈冰上任时间并不长。但在她的带领下,这家叱咤中国高端化妆品零售市场的连锁品牌成功进行了全渠道转型,在快速变化的市场环境下,继续成为中国高端美妆市场的佼佼者。

截至2022年9月,丝芙兰中国已在90个城市开出324家线下门店,并入驻9大线上平台。在全渠道变革下,丝芙兰2021年的销售实现双位数增长,新增280万会员,与数千万数字会员建立链接。

全渠道变革的成绩,陈冰归因于团队的力量。"变革的成功,不在于某一个人,而要让更多人愿意尝试改变,接受挑战,这是我一直以来拥抱变革和转型的关键"。

陈冰这番话,不仅适用于丝芙兰,也是她个人职业生涯的写照。

和丝芙兰一起踏上新征程

2018年,丝芙兰母公司LVMH集团交出了一份漂亮的答卷:营业利润同比增长21%,达到100亿欧元(按当前汇率约合698亿元人民币)。丝芙兰的销售额和市场份额实现双增长,线上销售额增长迅速,尤其在北美和亚洲地区。

事实上,丝芙兰进入中国5年之后,就实现了100家店的目标。2010年-2018年,在店铺数量翻倍的境况下,丝芙兰的单店收入依然连年增长。

这一时期,中国化妆品零售渠道正处于调整期,线上与线下激烈交锋,硝烟弥漫,且彼此之间的界限日益模糊。

变革的成功,不在于某一个人,而要让更多人愿意尝试改变,接受挑战,这是我一直以来拥抱变革和转型的关键。

线下渠道,一批"美妆零售新物种"开始初显锋芒,话梅、NOISY BEAUTY 和东点西点等零售店的出现,让年轻美妆消费者有了更丰富的选择。

多年来,丝芙兰一直牢牢占据着中国高端美妆零售市场,但与此同时,新兴渠道对美妆消费人群的分流和抢夺,也呈愈演愈烈之势。

2018年底,陈冰接棒丝芙兰大中华区总经理一职。对她而言,这是一次全新的征程,也是一场新形势下的挑战。

此前20多年,陈冰一直在大快消领域深耕,先后供职于强生、利洁时和联合利华。2014年,陈冰被外派到美国负责联合利华旗下品牌的全球业务拓展,跑了十几个国家。2016年回到上海之后,陈冰负责联合利华旗下的品牌 Blue Air。

加入丝芙兰,是陈冰第一次主动走出"舒适圈"。

"丝芙兰最吸引我的地方就是'突破',这与我个人的信念不谋而合,我切实感受到中国美妆市场正在高速增长,这也让我看到了丝芙兰的新发展机会。"陈冰坦言。

诚然。丝芙兰是一家不断打破传统的公司。

20世纪70年代,丝芙兰就为消费者提供免费的产品试用服务,创造了一种前所未有的选购环境;1997年,互联网世界混沌初开,丝芙兰已建起了自己第一个网站;2005年,丝芙兰进入中国,次年即开设中国官网,成为国内最先布局线上渠道的高端美妆零售品牌……

时至陈冰入职，丝芙兰同样呼唤一次全新的突破。

陈冰意识到，拥有众多全球品牌矩阵的丝芙兰，在中国这个高速发展的市场，依然有巨大的引入和培育空间。此外，尽管线上渠道如火如荼，但主打高端美妆零售的丝芙兰，需要进一步提升消费者的线下体验。如何打通线上和线下的壁垒，是丝芙兰在新环境下能否实现新增长的重要命题。

寻求突破的大幕，由此拉开。

变革下的挑战与突围

陈冰加入丝芙兰之初，摆在眼前的首要任务，是"用最快的速度推进全渠道转型"，这也是决定丝芙兰能否成功突围的核心战略。

全渠道转型，意味着丝芙兰要在线下门店、电商平台、社交平台等多个渠道布局，并聚焦消费者体验。

陈冰认为，不论市场环境如何变，消费者体验的重要性都不会改变。比如，一款护肤品用在脸上的感受，给皮肤带来的变化，呈现出来的妆容，都是消费者体验的一部分。这些，也是丝芙兰认为高端美妆零售理应保持的"初心"。

"增长势头一片大好，为何还要转型？"在团队中，也不乏类似质疑的声音。她意识到，如何让团队相信全渠道转型的必要性，在短时间内扭转丝芙兰过于依赖线下渠道的现象，是转型路上要解决的第一只"拦路虎"。

转机，源于那一场不期而至的新冠疫情。

受疫情冲击，线下零售业务一度几乎停摆。团队有人建议，应该做直播。对此，陈冰也十分认可，于是很快拨了预算，并调动内部一切可用资源支持直播业务。

仅仅用了5周，丝芙兰的直播平台便宣告诞生。由此，丝芙兰在线上线下渠道完成了一次"无缝衔接"。经此一役，丝芙兰团队进行了自下而上和跨部门的通力协作，更多人开始相信全渠道转型的光明未来。

直播业务，仅仅是陈冰上任后主导变革的重要事件之一。

更能代表丝芙兰全渠道转型精髓的，是陈冰于2019年提出的"本真零售"。它的核心，在于回归零售初心，以消费者为中心，进行全渠道布局，"在任何地点、任何时间通过产品、服务和内容触及消费者，带给消费者'真我'"。

一名线下消费者，从她进入丝芙兰门店的那一刻起，就能体会到丝芙兰的"本真零售"的妙处。仅以微信工具为例，在微信公众号菜单栏，消费者可直接跳转至小程序，进行在线咨询、订阅资讯以及下单购买。不论消费者身处何地，都能搜索最近一家丝芙兰门店，并预约多种美妆定制服务。

丝芙兰还通过线下门店引入Fragrance Studio美力探氛站、Foundation Finder底色由我系统及Virtual Artist虚拟系统等数字化美妆设备，为消费者创造了一个充满乐趣的沉浸式购物体验。

以消费者为核心的根本，是洞悉消费者的需求。一年一度发布的《丝芙兰高端美妆行业白皮书》，是推动品牌与消费者建立有效沟通的重要途径。此外，丝芙兰官方App的"美印社区"，集结了一大批美妆爱好者，他们分享的美妆产品和护肤心得，也如实反映出消费者最真实的需求。

3年的转型之路，陈冰始终坚持一个策略：以空杯心态，设置好架构，配置好资源，然后放手让团队去做。

陈冰也深知，变革并非一蹴而就，即使身处变革之中，也应回归初心，不能操之过急。"要在成本可控的范围内不断试错，从试错中，找出一条更清晰、可以突飞猛进的道路"。

让世界看见东方美妆之光

陈冰，带给丝芙兰的最大变化之一，莫过于品牌矩阵的创新。

背靠世界第一大奢侈品集团LVMH，丝芙兰旗下在售的美妆品牌已经达到170多个，形成了国际大牌、新锐品牌、高端国潮品牌、自有品牌"四足鼎立"的品牌矩阵。

在早期，中国本土国货要想进驻丝芙兰，并非易事。自陈冰加入丝芙兰之后，她主动加快了丝芙兰与国潮品牌的合作步伐。

陈冰眼中的国潮品牌，不仅是一种设计风格，更是一种产品思路。那些融合了中国传统养肤成分的配方或技术、带有中国元素的产品理念与品牌故事，以及通过中国传统工艺提升的设计感，都是丝芙兰对高端国潮美妆品牌的选品考量。目前，国潮品牌占丝芙兰选品的10%左右。

大量引入国潮品牌，源于陈冰对这一品类的信心。她说道："我坚信国潮品牌能够发展成国际潮流，中国消费者坚定不移的国际化视野，让我们对高端国潮品牌充满信心。丝芙兰不仅要把好的产品'引进来'，更要把本土品牌'带出去'。"

相宜本草即是一个典型案例。

2020年6月，相宜本草推出高端系列INOHERB TANG相宜本草·唐，并在丝芙兰上架。由此，相宜本草·唐的客单价大幅提升至280元-880元，3个月之后，在丝芙兰渠道的68个护肤品牌中，相宜本草·唐跃居第26名。

除了相宜本草·唐，丝芙兰还与众多国货品牌建立了合作，如与上海家化联合孵化的Herborist TaiChi佰草集太极、与化妆艺术大师毛戈平共同打造的MAOGEPING·LIGHT毛戈平·光韵以及与彩妆品牌玛丽黛佳合作的COLOR STUDIO BY MARIE DALGAR玛丽黛佳色彩工作室等。

此外，一些小众新锐国潮品牌也成为丝芙兰的新宠。如为保护云南茶林而诞生的中法奢华护肤品牌CHA LING茶灵、以"草本智慧，平衡为美"为核心理念的WEI蔚蓝之美、专注于科研和成分的轻医美护肤品牌Face Symbol分子乐园等。

为了进一步助推"国潮涌动"，2022年夏天，丝芙兰又推出"就耀中国造"丝芙兰中国品牌发光计划，计划在3年内扶持5个本土美妆品牌，助推其成为销售过亿的高端美妆代表，并逐渐登陆国际舞台。

目前，该计划已取得突破性进展，其中CHA LING茶灵入驻丝芙兰不到3年的时间，累计销售额在2022年7月率先突破亿元大关。

"丝芙兰立足中国市场17年，对消费者所需有着深刻洞察，故此能因地制宜地孵化与支持高端国潮美妆。丝芙兰将通过强大的全球网络，扶持这些品牌登陆国际零售渠道，让世界看见中国美妆之光。"陈冰对国潮美妆满怀期待，且充满信心。

做丝芙兰中国的"护航人"

进入中国17年来，中国即将成为丝芙兰的最大市场之一

在渠道端，除遍及全国的线下门店，丝芙兰在线上渠道也四处开花。目前，丝芙兰已布局官方自营网站、官方App、微信小程序、天猫、天猫国际、京东、京东到家、抖音小店、美团等9大主流电商平台。

作为美妆行业势在必行的大趋势，私域生态也成为丝芙兰的重点布局路径之一。早在2018年，丝芙兰就通过上线微信小程序商城，率行业之先布局微信私域生态，此后更通过小程序直播间、Smart BA等项目打破渠道界限，一共吸引了数千万会员。

2021年，丝芙兰小程序GMV同比增长超38%，同年618战绩更创下小程序GMV过亿的新纪录，同比增长超60%。丝芙兰社群私域用户增长近10倍，销售额增长突破10倍，微信小程序直播的观看人数突破23万，创下当时历史新高。

毫无疑问，在陈冰的引领下，丝芙兰的 3 年转型，不论在消费者体验、品牌矩阵还是渠道拓展方面，都已成功突破，并由此夯实丝芙兰在美妆零售界的龙头地位。

"如果说丝芙兰是快速成长的行业龙头，那我就是平衡、创新、可持续、规范、诚信的护航人。"陈冰如此定义自己的角色，"进行了3年的全渠道转型，一个最大的改变就是，我们更希望不要与市场脱节，能够继续在引领市场的变革当中推进公司的发展。"

带领丝芙兰成功转型，但陈冰并未有丝毫懈怠。她认为，"人生需要终身学习"，并保持时刻拥抱变化、不断寻找突破的状态。这种突破，不仅是工作，也体现在陈冰的生活之中。

陈冰表示，女儿是一名艺术家，她自己深受女儿的影响，对艺术充满热情。此外，她还热衷于慈善事业，并致力于教育、女性职业成长等社会项目。为表彰陈冰做出的社会贡献，欧洲ECR组委会曾授予她"新一代领袖"奖。

"希望在我的引领下，丝芙兰能够让更多人继续以美发声，并将美转化成大至对世界、小至对身边的人有所裨益的事物。同时，我也希望可以通过企业以及自身的力量，为女性赋权，引导社会朝着美与善的方向蓬勃发展"。

从"小我"的价值实现，到"大我"的自我要求，在"美"这件事上，陈冰用行动，不断描绘出一个又一个新的可能。

科丝美诗崔京
立志全球,扎根中国

文 /《化妆品观察》特约记者 石薇

2020年1月下旬,武汉暴发新冠疫情,全球都将关注点放在了最早发现和重视这小小病毒的中国。彼时,许多旅居中国的外籍人士因对疫情的恐慌纷纷离境,却有一个原本已经回到当时还比较平静和安全的韩国开始休假的韩国人,毅然决然地返回上海。

这个男人叫崔京。在上海的奉贤,有着他从零开始一手建立起来的中国市场最大的化妆品代工企业——科丝美诗中国。他放不下在中国的同事,要跟他们同进退。

从2004年租用厂房起步,到2021年营收过30亿,崔京是中国化妆品行业波澜壮阔的发展历程的见证者,也是"推波助澜"者。

回想多年以前,他放下一切来到中国开办工厂,就如这次"逆行"一般坚决。对于中国,他有着特殊的感情。

为了来中国,辞掉总部职务

很多人说时势造英雄,但往往忽略了前提:英雄选择时势。科丝美诗在中国的时势,背后其实是崔京的选择。

在助理申英杰眼里,崔京是一个对自己非常"狠"的人。外表儒雅温和,内里却是一股"狠"劲和魄力。

前往中国发展是崔京向集团极力主张的,没有犹豫。当时,他在科丝美诗韩国总部已是元老级别的重要高管，前途一片光明。为了不给自己留退路，崔京甚至辞掉了在总部的职务。抱着破釜沉舟的心态，他在心里暗自做了决定："3年内一决胜负，不成功，便成仁。"

之后，他孤身一人来到上海，开启了和家人长达近20年异国两地的生活。他将全部精力投入到科丝美诗中国的发展中，很少有机会陪伴家人。

崔京也是一个谋定而后动的人。进入中国前，为了评估科丝美诗落地中国的可能性，他花了足足6年时间做准备。

早在1998年，崔京还是科丝美诗管理部部长，一次出差来杭州的机会，让他第一次踏上中国的土地。趁此机会，他也去北京和成都转了转。旅程中，崔京最大的发现是：中国很少能看到化妆的女性，如同一片"美妆荒漠"。而当时在韩国，女性化妆已经相当普遍，连车间女工都会化全套的妆容。

2002年，崔京第一次来到上海参加展会，收获了许多合作邀请，前来咨询的人络绎不绝。但当时科丝美诗还未在中国建厂，合作难以开展。他拿着咨询者在展会上留下

"给客户和消费者带来巨浪般的感动。"科丝美诗在做的事，正是搭建强壮的骨骼架构，让客户顺着自己的骨骼生长。

的名片,按照上面的地址,一家家登门拜访。"其间,火车、汽车、自驾车,什么交通工具我都体验过。"只是为了和未来的客户近距离接触,从他们那里获取中国化妆品市场一手的信息和诉求。

崔京预感到:"化妆品在中国将会有很大的市场,我们应该来中国开拓市场。"之后几年,在大量调研、了解中国市场的基础上,崔京对中国市场的前景愈发有信心。他认为:中国有可能成为科丝美诗在韩国之外的第二大市场。

此时,市场上有越来越多的人向他提出诉求,希望科丝美诗在中国建厂或者合作办厂。崔京判断,是时候来中国了。

从 0 到 30 亿

"进入中国18年,从营收数据来看,科丝美诗几乎一直呈现高速增长,你觉得最核心的原因是什么? "

当我问出这个问题时,本以为崔京会聊聊科丝美诗的技术实力,或者市场洞察,抑或客户服务。毕竟,这些是公认的科丝美诗的优势所在。但崔京只用了简单的7个字

科丝美诗中国 2012-2022 年上半年营收	
年份	营收(亿元)
2012 年	>3
2013 年	4.5
2014 年	7.5
2015 年	10.7
2016 年	16.2
2017 年	21.7
2018 年	27.5
2019 年	27.7
2020 年	27
2021 年	34
2022 上半年	15.61
注: 数据来源于公开报道整理	

概括:中国市场的机遇。

这个回答,不得不说很"崔京":谦虚低调,永远不过高评估个体的能力。

虽然他是科丝美诗中国的灵魂人物,也是科丝美诗中国在中国成就第一大化妆品OEM/ODM企业的领路人,但他总是极力弱化自己对科丝美诗中国的作用和影响。"我对科丝美诗中国来说是一个很不起眼的存在,只是带领大家选择了一个方向。更重要的是员工,员工的优秀衬托了我,大家都觉得我很成功,其实我做的是微不足道的。"

诚如崔京所说,从2004年进入中国算起,科丝美诗的确遇到了两次红利期。

第一次是赶上中国化妆品市场高速发展的黄金期。2008年金融危机,中国实行了一系列刺激经济的举措,为化妆品市场发展提供了先决条件。本土品牌和外资品牌高速发展,连带着对上游工厂的需求大幅提升。科丝美诗中国第一家护肤工厂也于此时落成,得以承接来自下游快速增长的研发和生产需求。

第二次是紧紧跟上彩妆与线上崛起的风潮。2016年10月,国家取消彩妆消费税。化妆品从奢侈品定位向日用品过渡,彩妆消费门槛降低。与此同时,经历以美宝莲、卡姿兰等为代表的彩妆品牌多年启蒙,以Z世代为代表的新一代消费者彩妆意识已然觉醒。之后,以完美日记、橘朵、花西子等为代表的平价彩妆品牌如同雨后春笋,彩妆市场迎来"春天"。

化妆品品类格局发生变化之时,渠道变革也在悄无声息地进行。彼时,整个互联网市场从PC端转向移动端。电商快速崛起,大批社交媒体涌现,线下经济开始向线上转移。

科丝美诗再次跟上这股风潮,一面投资3亿元人民币兴建彩妆工厂,一面加速布局线上客户。2016年更是直接开了一家天猫多品牌旗舰店,借此对电商这个全新的领域有更多的了解。

科丝美诗中国的客户结构也第一次出现变化,从过去的以线下客户为主转变为线上客户占主导。据崔京透露,到2022年,科丝美诗中国线上客户和线下客户对销售额的贡献比重已经达到7:3。

根据科丝美诗中国过去10年财报和接受采访披露的数据,除了受疫情影响的两年业绩没有明显增长以外,自2007年至今,科丝美诗中国几乎一直以超过20%的增速增长,中间一度连续10年平均增速不低于40%。

筚路蓝缕,以启山林。

崔京带领科丝美诗中国从0成长为年销超过30亿元的顶级化妆品代工厂。这既是历史机遇,也是个人奋斗。

他从科丝美诗中国总经理一路升任为科丝美诗集团副社长。在中国业务以外,同时兼顾着韩国、印尼和美国等地的业务。

2014年,崔京获得上海市政府颁发的白玉兰纪念奖。这是专门针对为上海市经济建设、社会发展和对外交流等做出突出贡献的外籍人士设立的奖项。

把中国作为市场,而不是工厂

从过去到现在,中国的化妆品市场不缺抱着圈钱思维进入行业的人或者企业。他们对行业没有热情,不关心市场和需求,只求赚一波快钱。

作为外乡人的崔京,却在一开始就明确科丝美诗的定位 :把中国作为市场,而不是工厂,为中国本土中高端品牌服务。"了解中国意味着要去接触中国的文化、了解中国人的性格、甚至去研究中国的历史和风俗。虽然这些东西表面上看和了解中国市场关系不大,但如果深入了解了中国,一定会对中国市场有更宏观的认识和更深的感触,又何愁做不好中国市场呢? "

为此,崔京经常去拜访客户。他一般选在每周五出发,下周一返回。

之所以作这样的安排,一来是不用牺牲平日宝贵的工作时间——那时科丝美诗中国还是起步阶段,各项事务都在迈向正轨,招聘、生产、财务等管理上的事务都需要崔京亲自监管,不能脱身;二来周末拜访客户,对方员工不一定开心,但老板一定是极力欢迎的,如此也能传递出科丝美诗"勤快务实"的印象。

对中国了解日深,崔京愈发意识到 :用韩国观念抓住中国市场是不可能的。"中国地域辽阔,气候、文化、城市发展程度和居民消费水准千差万别,了解各地区特性是根本。只了解语言远远不够,要有彻底'中国化'的决心"。

在崔京的带领下,科丝美诗开始加速"中国化"的进程。

首先是管理的中国化。近几年,科丝美诗的中国高管比重逐年提升,韩国高管逐渐退出一线,更多地发挥顾问的作用。科丝美诗中国销售和生产部门已经做到由中国高管管理。

其次是技术的中国化。科丝美诗李庆秀董事长曾说:"要让中国研究院尽早独立自主开发配方。"韩流曾在很长一段时间里备受中国化妆品消费者的追捧,科丝美诗韩国总部便直接为中国公司的技术和配方层面提供支持。但这样的局面已经开始逆转。

一方面,科丝美诗中国与国内知名高校开展项目合作,将前沿的原料和工艺融入产品;另一方面深度接触中国消费者,通过开展人群测试、化妆品私人订制,以把控中国市场的趋势和动向。

如今,来自科丝美诗中国公司的技术创新,正在越来越多地支持韩国总部。不少中国研发人员开展的创新,也应用在国货品牌之上。未来,科丝美诗还将斥资7亿元人民币建立顶尖的研发中心。

最后是原料的中国化。2022年8月29日,科丝美诗中国召开了首届原料商大会。崔京在会上提到,近年来,科丝美诗不断吸收更多优秀的中国本土原料。从2021年到2022年,科丝美诗的中国原料采购金额提升66%。此外,从2018年到2021年,科丝美诗的中国新原料引入数增长2800%。

成就中国品牌,是途径,也是使命

2008年,科丝美诗曾定下"202020"的目标,即到2020年实现20亿营收。这个目标比预期早了3年就实现了。而今科丝美诗中国公司在集团的各公司中,业绩排名第二,仅次于韩国总部,不远的将来有望成为第一。对于科丝美诗来说,这家位于中国的分支机构更大的机会在于中国本身,一是助力中国民族品牌复兴和成长,二是助力中国品牌走出去。他对中国品牌充满信心:"中国品牌去到哪里,科丝美诗的海外工厂就等在哪里。"

从鲜有人化妆的街头到如今很多年轻女孩全妆出门,中国化妆品市场发生了翻天覆地的变化。

随着零售、品牌各端的快速演化,供应链端也在加速进化,包材行业品质实现大跨步式提升,供应链从分散和幼稚变得集中和成熟。大部分代工企业聚集在广东省和长三角地区,形成了超强的产业集群,甚至成为地方的特色名片。

中国化妆品市场的巨变中,崔京带领的科丝美诗中国,一定程度上扮演了中国化妆品代工模式"引路人"的角色。

刚进入中国时,崔京经历过近3年的迷茫期。当时,科丝美诗中国的发展迟迟没有迎来转机,一度觉得前途一片黑暗。"那时候,定好了明确的方向,但是没有办法证实那是正确的。"崔京确定的方向,就是将ODM代工模式引入中国化妆品市场。

但对于当时还处于混沌状态的中国市场来说,ODM模式是一个全新的概念。许多本土化妆品企业对于ODM模式不了解,也不信任。

据崔京过去接受采访时透露的信息,最初,即使是科丝美诗中国已经合作的客户,对技术要求也没有特别看重。"他们的要求仅是生产力的指标,能否按要求生产出他们需要的量,工厂的运转是不是正常才是他们关心的重点。"

为了培育市场,崔京不断向品牌宣导ODM代工模式的优势,并对客户加以甄选,注重理念一致。经过长久的积累,科丝美诗中国逐渐取得一批本土客户的信任,并和他们"打成一片"。

正是因为崔京在中国市场的发展初期就不遗余力地强调ODM和技术的重要性,科丝美诗也逐渐成为美妆产品品质的代名词。

当一个产品宣称由科丝美诗代工,很大程度上能够增强它在终端的信任度。

随着ODM模式在国内的普及,在探索化妆品代工厂的边界上,科丝美诗又一次成为"引路人"。"目前为止,科丝美诗相比其他企业可能是更有技术优势,但我认为技术优势是有限度的,服务才是最后的护城河。"崔京曾在接受采访时如此说。

近几年,在完善全流程服务触角上,科丝美诗中国做了许多创新。比如拿下韩国高端化妆品牌彤人秘中国区的独家分销权,借此传递科丝美诗能够帮助中国品牌走出去的服务能力。

再比如顺应市场新锐品牌崛起的趋势,启动"少量生产体系"降低新品牌试错成本和进入门槛。以及推出OBM服务模式。从过去的"卖种子"升级到"卖苗木",进一步增强客户对科丝美诗的黏性。

在科丝美诗上海工厂的办公室天花板上,挂着许多韩文和汉字双语的标语。其中有一句话,是到访的客户注意到后都会拍下照片并传送到社交媒体上的:"给客户和消费者带来巨浪般的感动。"科丝美诗在做的事,正是搭建强壮的骨骼架构,让客户顺着自己的骨骼生长。

在科丝美诗中国工作15年以上的员工有18人,10年以上的员工有74人,5年以上的员工有894人。如此稳定的团队,离不开崔京的人格魅力。

"一家优秀的化妆品制造商,必须有灵魂人物。"跟随崔京一起在中国打拼18年的申英杰说。

参考资料

1.化妆品观察:《兵武面对面 | 叫兽对话崔京:科丝美诗如何成就中国第一加工厂》

2.COSMAX科丝美诗:《科丝美诗总经理崔京成功入围2014年白玉兰纪念奖》

3.COSMAX科丝美诗:《科丝美诗的那些年,那些事儿》

4.COSMAX科丝美诗:《资讯 | COSMAX 首届原料商大会顺利召开》

5.化妆品观察:《韩国科丝美诗入华十年 2014预计实现销售7.5亿》

6.化妆品观察:《对话申英杰:科丝美诗的强大,远不只研发与生产》

诺斯贝尔范展华

行走江湖,活在童话

文 /《化妆品观察》记者 李静怡

路灯影影绰绰照进车里,坐在后排的范展华刚刚调整好姿势,徐小凤低沉磁性的嗓音就已经飘满车厢。

"不经意在这圈中转到这年头,只感到在这圈中经过顺逆流……每一串汗水换每一个成就,从来得失我睇透"。

那段时间,范展华经常听这首《顺流逆流》。那是诺斯贝尔2022年开工会议召开前后。疫情、新规、涨价等多重因素全盘倾轧,不少同事情绪低落,言语间透露出对未来的隐忧。范展华察觉到气氛中的消沉,在开工大会上,语调高昂地宣布:"不要低估我们18年来的努力和沉淀。越是艰难的时候,越能体现我们的价值。要对诺斯贝尔有信心。"

"有信心",这是范展华坚持的信条之一。正是这种信条,让他在回顾诺斯贝尔过去18年的发展时,能够毫不迟疑说出:"一切都很顺利。"他像是活在商业江湖里的"老顽童",四方厮杀过,归来仍诉说周遭是童话。

"人是可以被驯化的动物"

范展华人生中最大的意外出现在19岁那年。

彼时,改革开放已迈入第15个年头,虽偶有波澜,但整体上看,仍推动中国对外经济日渐活跃。国家统计局数据显示,1993年,中国全年进出口贸易总额达1958亿美元,较1978年的355亿元(约合49.05亿美元),增长了约40倍。

春江水暖鸭先知。东南沿海地区的人们率先感知到对外贸易中蕴藏的广阔发展前景,年轻的范展华也信心满满,在大学志愿表单上填报了某知名财经大学的外贸类专业,准备乘着开放之风,大展拳脚。

然而人生转折点在提交志愿表之前到来:范展华在"服从调剂"那一栏,画下了一个小小的"对号"。直到拿着天津纺织工学院寄来的录取通知书,茫然看着"非织造材料与工程专业"（以下简称"非织"专业），范展华才隐隐感知到似乎哪里不一样了，毕竟"完全不知道这是个什么专业"。

但在1993年秋天，19岁的范展华还是成了天津纺织工学院第二届"非织"专业的学生，随后第一次接触到了"无纺布"这个词。数年之后，这个以"剪裁后不会虚边"为最大特点的材料将为他的创业之路提供无限灵感，并在此后贯穿他事业生涯始终。

但灵光乍现的那一刻到来之前，范展华只觉得很多事情已经无法改变，于是只有接受。"人是可以被驯化的动物"，很多年后，回忆起那场改变了他人生路径的意外，范展华以此句作结。

在那个朝气蓬勃的年代，远见卓识的大学辅导员没有遵循"学好数理化，走遍天下都不怕"的固有观念，而是断言：通向未来有三把"钥匙"——计算机、英语、驾驶证。范展华

相信了，在选修会计专业之余，还学透了计算机和英语。大学毕业后，他又很快考取了驾驶证。如今，20多年的驾龄为范展华积攒了超50万公里的驾驶里程。

那时还不知前程，但他体内商人的血液已经开始翻涌，这让他想到，也许将来商业应酬时需要跳舞。于是，范展华又去上了两期舞蹈课，没能出师，舞蹈功夫也没为商业上的成功助力，但此后酒醉的夜晚，也能靠着跳舞自娱自乐一番。

将通向未来的"三把钥匙"悉数收入囊中，"被驯化"的范展华勤勤恳恳扎在了无纺布领域。

有所为，有所不为

人可以"被驯化"，但不能"被驯服"。此后的人生中，范展华始终把握着人生的主

不要低估我们18年来的努力和沉淀。越是艰难的时候，越能体现我们的价值。

287

动权。

1999年,范展华闯入面膜领域,成为中国无纺布面膜时代的开创者之一。2004年,范展华应诺斯贝尔创始人及大股东邀请,作为创始股东之一联合创办了诺斯贝尔化妆品股份有限公司,正式开启了化妆品代加工业务。

千禧年前后活跃在广州长寿路及兴发广场上的美容店店主和摊贩们,或许还能回忆起那时常常出现在市场上的范展华,详细收集着不同客户的反馈,过段时间,总是带来更新迭代过的新产品,满足了某个需求点。

一个"从客户中来,又到客户中去的"良性生态圈就在熙熙攘攘的市场上形成。

蛰伏在体内的商业基因自此大动。从那时起,范展华就意识到,"企业的发展,实际上就是一个不断满足客户需求的过程"。而随着诺斯贝尔的壮大,这个在满足客户需求中形成的"良性生态圈",也随着其客户的增加而逐步扩大。

经过18年的发展,如今,诺斯贝尔客户群体已涵盖联合利华、宝洁等国际知名品牌,自然堂、相宜本草等国货大牌,也有完美日记、花西子等新锐品牌,此外,不少知名社交电商品牌、微商品牌,都已加入诺斯贝尔客户群。

这些背景差异巨大的客户,对诺斯贝尔提出各种各样的需求。但在范展华的规划中,满足客户已知的需求并无法体现企业实力,

诺斯贝尔要做的,是预判客户的需求,并提前布局解决之道,"ODM企业应该做一些品类的风向标。比如,面膜明年流行什么趋势,就要看诺斯贝尔会发布什么"。

范展华早已确立了这一目标,即通过精准的市场洞察,提前发掘市场趋势。"当品牌方来问我们明年要推什么产品的时候,诺斯贝尔应该告诉他们需要做什么产品,以及产品的原料、配方、卖点分别是什么,这才是企业价值的体现"。

以无纺布面膜为开端,过去十几年间,诺斯贝尔陆续推出天丝面膜、冻干面膜、纳米速溶精华贴等贴片面膜类新品,以及60余款涂抹式面膜,引领着中国面膜市场的发展方向。

同时,诺斯贝尔拓宽产品线,逐渐形成以面膜、湿巾、护肤品为核心的多品类矩阵。2020年,诺斯贝尔察觉到底妆、卸妆类产品的机会点,及时推出相关产品,助力花西子、完美日记等新锐品牌突围,诺斯贝尔的企业影响力也因此辐射至更多的化妆品企业及赛道。

这些丰富多样的产品储备,无一不代表着行业最前沿的流行动向,诺斯贝尔也始终在满足客户需求中稳步前进。

在诺斯贝尔某资深员工的记忆中,范展华情绪很少出现波动,但有一次,业务部门没能完全满足客户的需求,范展华罕见地发了脾气。

在这不断前行的步调中，偶尔地，范展华也会按下暂停键。对于有些几乎是一夜间爆火的产品，即便客户直接带着需求上门，范展华也会拒绝。

虽然已成为全球第四大、中国第一大的美妆代工企业，但拒绝客户仍然不是一件容易的事。每当这个时候，范展华与同事就需要伏案查阅相关文献资料，再整理成文，将拒绝的理由一一罗列，再细致讲给客户听，直至对方理解。

而范展华拒绝的，多是他看不懂、研究不透的事物，"凡是看不懂的东西都是不持久的"。

这种"有所为，有所不为"，像是范展华在以自己的方式，捍卫着他心中的美妆"童话世界"。

"只要市场还有需求，诺斯贝尔就一定会被需要"

2017年，范展华收到同行相赠的一本书，他晒在朋友圈里，配文"行走江湖，活在童话"。

这很像中国传统文化中的"乐天知命"，不管环境如何，始终以平和、乐观的心态去面对。实际上，范展华还不到"知天命"的年纪，但在诺斯贝尔的发展历程中，他曾数次表现出这种淡然与乐观。

2015年，诺斯贝尔年营收首度突破10亿元。对于很多企业来说，这能算作是"里程碑式"的事件，但诺斯贝尔并没有举行特别的庆祝仪式。

回忆起当时的心情，范展华表示："没有什么特别的感受，一路走过来就觉得是自然而然的。大家也都没有什么特别的反应。因为当时也不知道能破10亿元，好多东西都是事后总结的，而不是前瞻就能看到的。"

仅3年后，诺斯贝尔年营收加速冲破20亿元大关。这一历史性时刻，再次被时间的洪流匆匆带过，只在外界的报道中留下或轻或重的一笔。

而随着市场的变化，诺斯贝尔放慢了前进的步伐，没能在又一个3年到来之际，完成第三个10亿元的突破。范展华没有太焦虑："这只是时间问题，对于这一点，我内心是确定的。"

同样确定的是，市场永远会需要化妆品，而"只要市场还有需求，诺斯贝尔就一定会被需要"。

大学时期的辅导员为范展华指明了"通向未来的三把钥匙"，20多年后，已成为诺斯贝尔掌舵者的范展华，也找出了"企业走向未来的三把钥匙"，即生产优质产品的能力、服务好客户的能力，以及研发创新能力。

"关于前两点，诺斯贝尔已经做出一定成绩，目前唯一制约我们的就是研发创新。"范展华表示，以目前的情况来看，代工企业只要把研发创新做好了，没有理由会缺少客户。

为此，诺斯贝尔早已开始布局，除了在企业内部实行"分田到户"，将研发团队划分为不同小组，给予组内领导者极大自主权，以刺激企业内部研发创新积极性，诺斯贝尔还与暨南大学、深圳大学等高校及研究院共建研发中心，联合进行原料与技术研发。

在内外部"双管齐下"的带动下，诺斯贝尔在研发创新方面成效斐然。仅2022年，诺斯贝尔完成的配方备案已超250个，新开发并通过验证、稳定的新配方超770个。

诺斯贝尔始终在既定轨迹上前行，一路顺遂，波诡云谲的商业江湖不曾伤它半分。

范展华的办公室里挂着一幅照片，是由约1000个人的头像组成的一大幅图。图片正中，是一个显眼的"10"。那是2014年，诺斯贝尔创立十周年之际制成的。当时，企业员工仅千人左右，而今已扩展至5000余人。

8年过去，员工来来去去，图片上那1000个人早已四处分散，范展华始终不曾摘下那幅图。

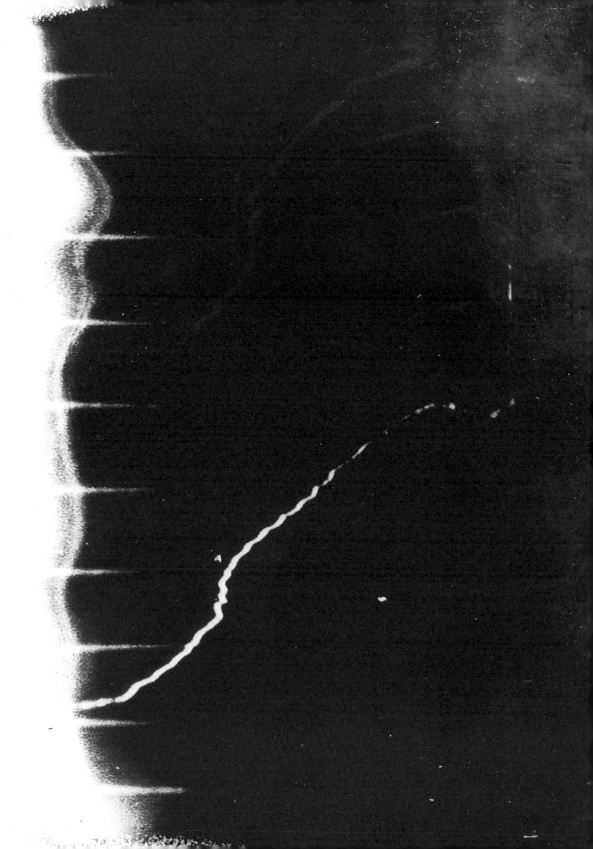

修远资本严明
理性思考，感性行动

文 / 品观战略投资部总监、品观新青年学园主理人 龚云

2003年初，受到上海交大MBA总裁班同学——相宜本草创始人封帅的邀请加入相宜本草的时候，严明已经创业5年，公司销售规模比创业仅3年的相宜本草还大一些。

回想那个选择，严明也认为颇具戏剧性。2002年年底，交大MBA总裁班几位同窗在其中一位同学的公司交流"企业如何做绩效考核"的话题，得益于之前在外企的先进管理理念和经验的熏陶，严明做出了一个系统性的方案，获得了同学的认可。在这次交流中，封帅认识到在基本的薪酬体系之外绩效激励对企业管理的重要性，便邀请严明每周去一次公司，帮助相宜本草梳理管理体系。

2003年3月，封帅干脆邀请严明加入相宜本草公司。严明本对化妆品行业一无所知，但帮助封帅做梳理这半年下来，他看到像相宜本草这样的初创公司，在缺乏完整的管理体系的情况下也能盈利，化妆品应该是个不错的赛道。机缘巧合的是，他恰好找到了可以接手自己公司日常管理的合伙人，便在封帅的办公室门口摆了张小桌子，当起了封帅的特别助理，全身心地投入到相宜本草的化妆品事业中。

又半年后，封帅和严明开始形成分工：严明出任相宜本草总经理，负责企业的日常管理运营；封帅则担任董事长，负责产品和品牌建设。自此，相宜本草开启了波澜壮阔的十多年，严明也结下了跟化妆品的难解之缘。

做一家好公司

回顾严明的职业历程，可以说是在前瞻性判断之下大胆突破造就的。用他自己

什么时候都要保持
学习的心态,就像起
初去到相宜本草的
时候一样。

的话来说,叫"理性思考,感性行动",意思是经过周密的思考后,就大胆地去实践,不计较一时的成败得失。

加入相宜本草之前,严明共有在国企、外企和创业三段社会经历。他总结认为,在国企的5年教会了他如何"做人",在外企的5年教会了他如何"做营销",创业的5年教会了他如何"整合资源"。拥有这些宝贵财富的严明,就像打通了任督二脉,很快就在相宜本草展现出一个高手的能力,很快获得了公司上下的认可和信任。

新官上任,严明放了三把火。

第一把火,是做信息化。在3M任职时,他惊叹于3M早早就建立了打通全球市场信息的系统,于是立下给相宜本草也建立信息系统的决心。起初,相宜本草团队由于缺乏认知和经验,还不能理解和应用所购买的金蝶系统,员工也产生了一些怨言。但是封帅选择无条件信任他,并给了这一工程3个月的缓冲期。缓冲期过后,金蝶系统在相宜本草公司成功上马。他还给一线的业务负责人发放电脑和相机,让他们下终端的时候拍照片用邮件回传一线信息。信息化武装了业务员,使得相宜本草的终端执行能力变得更加强大。有了这一基础,相宜本草2010年投入2000多万元采购更先进的Oracle系统,系统升级的过程就很顺利。一直到十多年后的今天,相宜本草仍在因信息化体系的健全而受益。

第二把火,是做组织体系。严明来之前,相宜本草业务员的奖励是以"发货数"为指标的,他将其改为了以"开票"为指标,继而又过渡到以"回款"为指标,形成了更加健康的激励体系。进而,他又建立终端BA培训体系,在人手不够的情况下,甚至亲自担任培训讲师给BA讲课,在提升BA素养的同时,也提升了自己在化妆品行业的专业度。

第三把火，是做业务聚焦。严明来到相宜本草后，并没有全力冲刺销售，反而收缩战线。相宜本草的业务原本是全国市场铺开的，网点远达东北、西北市场。严明判断，当时的相宜本草很难实现"比较健康地做全国业务"，于是果断砍掉了其他市场，仅保留江浙沪和北京4个市场。除此之外，相宜本草原本还有一些能够盈利的梳子之类的小商品业务，但严明决定做品类收缩，让相宜本草聚焦在潜力更大、毛利更高的化妆品主业，砍掉跟主业不相关的其他业务，将相宜本草变成了一个纯化妆品品牌。

这三把火，让相宜本草在严明到来的第一年基本没有增长，但是打下了坚实的企业基础，建立了健康的运营体系，变成了一家"好公司"。相宜本草2003年仅有2000万元左右的销售收入，2006至2007年即开始连年翻番，到2008年增长至8800万元，迎来了企业发展的新阶段。

第一笔风险融资

2007年11月，看到相宜本草在清晰的品牌定位、完善的管理体系和营销体系、向上的企业文化三大基础上发展势头凶猛，今日资本徐新用1000万美元注资进来，成就了中国化妆品品牌领域的第一笔风险融资。

在融资之前，严明曾在描绘相宜本草公司未来图景时憧憬地对封帅说："保守一点计算，如果保持每年25%的增长，再过10年，相宜本草也是一家很不错的公司。"然而，资本的进入，给严明提出了更高的要求，也带来了更大的企图心。

相宜本草与资本一起明确了5步走的品牌发展战略：先做"商超第一本草护肤品牌"，再做"商超本土第一护肤品牌"，再做"商超第一化妆品品牌"，再到"中国本土第一护肤品牌"，最后达到"中国本土第一化妆品品牌"。

为了调动员工的积极性，相宜本草开始做股权激励。严明对团队说："我们用3年的时间，干5年的活，拿8年的回报。"很快，团队的动力被极大激发，相宜本草后来也陆续从外部引入了包括前欧莱雅中国区的高管陈海军等在内的优秀职业经理人，进一步成为一家拥有强大团队的头部化妆品企业。

2008年，相宜本草开始大规模发力超市渠道，迎来一波快速的爆发。

当时，相宜本草决定重新打开沃尔玛等一些之前经营不太好的大卖场系统。沃尔玛尽管也有自己的顾虑，但还是愿意拿出上海的9家店给相宜本草试售：如果卖不好就会被下架，而如果抓住这次机会，就能拿下沃尔玛全国的门店。

相宜本草于是采取单店突破的策略，一家店一家店攻克。提出"排面到、人到、活动到"的终端打法,增加派驻专业的活动美导面对面与顾客交流,以使她们获得更好的产品体验。封帅甚至和严明一起下到市场一线亲自去看望和鼓励一线美导,给每天完成任务的美导买哈根达斯冰激凌。哈根达斯在当时还是高消费的代名词,员工非常兴奋,销售更有积极性。在终端销售PK的激励体系下,月销不到10万元的店很快做到20万元、30万元直到50万元的月销,高峰期甚至有两家店做到100万元月销,在卖场内的份额不断攀升。这样的业绩不仅让相宜本草在3个月内就进驻了全国的沃尔玛系统,同时赢得了全国各大超市系统的普遍认可,很快铺开了全国超市渠道。

相宜本草在很多系统店内都取得了领先位置。"我们有一个在屈臣氏的柜台因为业绩太好,在店内的销售占比很高,店长为了平衡不同品牌的业绩,就把我们调到一个相对背面的位置。后来我们去交涉,跟她们说'越好的化妆品就更应该让越多的消费者来享受',才被调回原来的位置。"严明回忆当时的市场表现说,"BA对我们的品牌也更有信心了,一看原来相宜本草这么牛,就把我们的产品卖得更好!"

严明还主动去发现和开拓新渠道。当时超市大卖场本就是一个新兴渠道,短时间内的快速发展触动着他思考"未来应该还会有更多新兴渠道产生"这一问题。2006年,他注意到了电商。当时,市场上已经有一些小型的电商平台出现,严明判断,这些新事物有可能成,有可能不成,但是如果不去尝试,可能就会失去一波好的机会。

他还有另一重考量——超市渠道太吃现金了。做超市渠道的品牌经常面临结款的难题,严明为此很苦恼,甚至专门成立了一个"应收账款部"去追踪结款。然而做电商渠道,得益于相宜本草在超市渠道经营基础带来的品牌声誉,他可以采取买断经销的机制去优化现金流,降本增效。

于是,他找到了丽人丽妆创始人黄韬。当时丽人丽妆还只是一家名不见经传的卖化妆品的淘宝C店,也做着服装和其他业务,由于很快便摸到电商的运营窍门,迅速成长为淘宝皇冠店。和严明沟通过后,黄韬感受到相宜本草做品牌的决心,也认同双方一起管控价格、做大品牌的原则和目标,便放弃原有业务,从淘宝C店转型成为化妆品代运营商。相宜本草成了丽人丽妆第一个美妆代运营客户,也成为第一个入驻淘宝商城(后改名为天猫)的授权化妆品品牌。

此后,相宜本草和丽人丽妆互相成就:在2008年,相宜本草就成为全网国货美妆品牌NO.1,此后持续多年在电商渠道位居国货第一阵营;而丽人丽妆则凭借化妆品代运营业务在2020年成功登陆上交所主板上市。

离开与回归

2013年，相宜本草销售收入达到23亿元的巅峰。已经提交招股说明书的相宜本草，本可成为中国化妆品行业第一家纯美妆上市公司。然而，封帅一个突然的决定，带来了相宜本草巨大的震动。

2014年6月，在递交招股说明书两年后，经过综合考量的封帅决定终止IPO，严明选择无条件信任封帅的这一决定。但很多员工自此失去了动力，变得懈怠，随着许多核心高管的离职，相宜本草的势头也开始下降。严明本是一个不断寻求新的突破的人，不久后，他也离开相宜本草，履新亚商资本创始合伙人，仅保留所持有的相宜本草股份和董事职位。严明希望，能出去多看看市场上的创新企业，"看看相宜本草有哪里没做好"。

任职相宜本草的12年，严明在国企和外资企业之外，又拥有了民营头部大企业的成功实践经验。这使得他向投资人的转型很顺畅，同时也比纯投资出身的人更有优势。

2015年3月，严明敲定了亚商资本对纽西之谜领投的1000万美元投资。当时，严明和纽西之谜创始人刘晓坤为处在迷茫中的纽西之谜一起确立了一条"进口品开单品牌店"的路径，协助纽西之谜拿到这一笔关键融资。刘晓坤是如此评价严明的："对我们团队来说，之前做的是10亿以内的品牌，当品牌继续做大后，我们在管理经验上是相对缺乏的，所以其实虽然我们看重钱，但更看重严明带来的管理经验，这是无法用金钱来衡量的。"后来，纽西之谜发展飞速，不断抓住轻医美、抖音流量等趋势，连续获得多轮融资。

在初试投资的半年后，封帅不定期找严明喝茶，交流相宜本草的一些情况。自终止IPO以后，相宜本草的势头急转直下。他给了封帅很多建议，但缺了深度且持续介入，还是难以实现妙手回春。封帅感慨地对他说："你在的时候并没有什么感觉，当你离开后才发现，原来你在我看不见的地方做了很多重要工作。"

到2017年上半年，相宜本草又有几位老骨干离职，企业发展迷失了方向，且在经营上陷入困境。面对企业这种不利情况，在封帅的邀请下，严明便跟亚商集团创始人陈琦伟请辞，带了几位老同事重回相宜本草。

临危受命的严明很快便从乱麻中厘清思路。他判断，相宜本草的困境关键是品牌投入减少带来的品牌势能下降和上市终止之后销量下滑带来的信心缺失的问题，于是从这两方面对症下药，开始力挽狂澜。

他首先推动相宜本草跟央视合作，投入央视《大国品牌》节目做势能广告，并落地到终端陈列形象上，提升终端影响力。《人民日报》还对严明进行了两次专访。借助这两次大的曝光机会，严明阐述了相宜本草中草药化妆品的理念，和未来相宜本草的发展规划，稳住了市场对品牌的信心。

同时，在虹桥机场开设相宜本草专卖店，在人流量最大的交通枢纽立稳形象。虹桥机场登机楼有一块广告大屏，费用不低，严明认为它是一个很好的建立品牌势能的广告资源，一签就是3年。2018年，相宜本草签下中国台湾明星陈立农成为新代言人，在陈立农生日时，相宜本草为他在虹桥机场登机楼大屏上做庆生广告。相宜本草红景天系列产品借陈立农生日话题获得热度，而陈立农作为新生代明星则借高势能广告资源获得地位，二者互相成就，令年轻消费者也为之振奋。

于内，严明则亲自下场为相宜本草重新梳理战略规划。他首先着手建立了相宜本草中草药创新研究院，从种植基地到成分提取，再到技术研发创新和专利申请，强化相宜本草的草本护肤定位并加以坚守，规避掉相宜本草因追随市场热点而迷失品牌自我的问题。其次，围绕清晰的战略目标，他大力推进企业组织建设，开创项目制，在完成公司目标的前提下，拿出公司超额利润分配给员工。员工在激励之下动力高涨，2018年，相宜本草便重回增长正轨。

回归相宜本草的3年，严明通过一系列维稳措施稳住了公司的发展节奏，也如自己所说带回了一些创新举措。例如，2017年他就为相宜本草带回了"私域运营"的前瞻理念。在做投资时的一次出差途中，严明看到某化妆品的店员给顾客打包发货，其中就有相宜本草的产品。询问得知是顾客与店员之间形成了信任关系，便不再来店里购买，而直接通过微信下单购买。严明判断这是一个能极大降低企业运营成本、提升资金效率的经营方式，便推动相宜本草私域体系的建设，并成立了"相宜本草荟"商城。2020年后，私域运营的理念开始在化妆品行业风靡，而严明则提前了3年就开始深度实践。

在一次录制东方卫视《波士堂》栏目的过程中，严明被栏目观察员提问："2014年终止IPO是否是一个错误的选择？"当时，封帅虽然不在节目录制现场，但也同步参与了该栏目。因此，对严明而言，这无疑是个很具"挑战性"的问题。面对观察员的问题，他回应说："虽然不是正确的决定，但也不是失败的决定。"在他看来，失败无可挽回，但错误可以纠正。2020年7月，相宜本草再次对外公开重新备战IPO的目标。但因严明此前有多起化妆品项目投资背景，身份已不再适合任职，便保留股东和董事的身份，二度离开相宜本草。

从康品汇，到修远资本

　　这次急流勇退，严明带着认可和信心，重新出发去做新的项目。

他曾经在国外看到商店里摆了琳琅满目的"MADE IN CHINA"的商品，却几乎看不到中国制造的食品。感慨于国货崛起的任重道远，并看到国货化妆品的崛起趋势，于是，他带资入场担任上海的生鲜零售连锁企业康品汇的董事长，计划"用做化妆品品牌的理念，去做一下生鲜零售"。

严明是在2015年以个人名义投资进入康品汇的，从做过线下渠道的品牌进入零售领域，对他而言并不存在距离感。他很快调整康品汇的战略和策略，推动康品汇快速发展。2017年，适逢互联网巨头开打生鲜大战，美团想要加速布局生鲜赛道。美团点评产业基金龙珠资本团队在深度考察康品汇门店，并与严明交流两小时后，果断决定了投资。当年11月，龙珠资本完成对康品汇的A轮融资，这也是龙珠资本在零售行业的第一笔投资。

在生鲜大战中，拿到A轮融资的康品汇也快速从20家店开到将近100家店。经过股东们的经常碰撞，康品汇决定加快扩张速度，尽快完成从100家门店到200家的布局，在长三角市场占据优势。然而，生鲜零售火热的拓张竞赛比新型美妆集合店有过之而不及，门店租金水涨船高，市场竞争堪称惨烈。再加上阿里、滴滴等互联网巨头的进入，把本是实体连锁店盈利品类的生鲜类目作为引流品开展价格大战，使得包括康品汇在内的纯生鲜零售连锁面临着巨大的挑战。"判断不行，就快速关店，不要拖。"严明果断关闭经营状况不佳的门店，大规模收缩风险资本进入后新拓的门店，以防陷入危机。

如今，严明给康品汇制定的策略是做一家小而专、线上线下两栖的生鲜企业，等到度过这一段时间再寻求机会发展壮大。2022年，他重新回到投资领域，与几位业内资深人士共同发起修远资本，投资方向主要聚焦在化妆品。

决定发起修远资本的时候，正是化妆品行业投资狂热退去的当口。他判断，过去几年虽然有很多大资本大手笔投资进来，但是真正懂化妆品行业的投资人并不多。而国货化妆品仍有巨大的发展空间，其投资潜力并不是一时的成败就能定论的。

严明的根据主要来自他对市场格局的三点分析：一是中国化妆品市场体量近5000亿，但没有一家超过100亿销售规模的本土化妆品企业；二是本土品牌占中国大众化妆品市场份额不超过50%，而相比之下，韩国是大约占70%，日本是超过80%；三是本土品牌在中国高端化妆品市场中处于绝对劣势，而韩国和日本同样由本土品牌占各据50%和70%的本国高端市场份额。因此，从规模化格局、大众市场竞争格局、高端市场竞争格局分别去看，中国本土品牌都拥有巨大的机会。

做修远资本，团队中有来自原L Capital的王俊，有棋盘资本的创始人马宏，有来自美团龙珠资本的史鹏飞。四人均有多年的化妆品投资经验，其中王俊还曾主导了L

Capital对丸美的3亿元投资。这几位更像是一群有理想、有情怀的"有缘人","赚钱已经不是这些人的唯一追求了,我们还是希望用我们的经验和认知,给化妆品行业、给创新企业做一点赋能。"严明说。

在修远资本的对外介绍资料中写着6个字的Slogan:远见者,同求索。面对这份新的投资事业,已过知天命之年的严明依然踌躇满志:什么时候都要保持学习的心态,就像起初去到相宜本草的时候一样。

致谢

近20万字的内容终于完成了，作为《走出少年——2007-2022中国化妆品产业十五年》一书的主要执行人，我谨代表品观对所有给我们完成工作予以帮助的人表示最真诚的感谢。

首先要感谢的是修远资本的马宏、严明、王俊和史鹏飞。和修远资本的几位老师一起讨论合作写这本书的想法时，我们都感到一拍即合。修远资本的几位都是品观的老朋友，彼此已经合作多年，有着很匹配的价值观。除了用投资的方式来赋能行业，他们还要用写书的方式来帮助从业者梳理过去的得失、帮助新入行者全盘呈现行业的图景，从而推动行业在历史的基础上朝更明确的方向发展，我们能深刻地感受到他们几位身上对化妆品行业的激情和情怀。他们多次和品观一起讨论书稿框架的优化，碰撞出了许多智慧的火花，还承担了第三部分"资本篇"的内容撰写，分析了800多条历史数据，用投资人的严谨思维尽力完善此书。

其次要感谢本书的所有作者。近15年来，中国化妆品行业的发展一日千里，不断涌现出新的品牌和渠道，新的从业人群不断带来新的玩法。因此，本书是一个纵向和横向全面梳理行业的大工程，内容涉及宽广、历时久远，需要庞大的团队来执行任务。

品观的采编团队是优秀的。为了完成本书的写作，我们几乎将品观最精干的主力都占用了。他们平时采写内容的任务就特别繁重，是品观熄灯最晚的一个办公室。为了完成布置的任务，品观的主编孔慧慧带着石钰、陈其胜、陶文刚、李杏、董莹洁、李静怡进行了大量的企业和人物采访，进行了一遍一遍的文章修改，只为了尽力将历史客观、到位地呈现和正确地引导价值。

为了呈现出对行业更具价值的内容，除了品观的采编团队之外，品观还借助了业内许多朋友的力量。他们在各自所处的领域有长期实践或深入观察，写成的专业内容支撑起了许多精彩板块，如中百协的杨青松秘书长、解数咨询的张杨老师、蝉妈妈的赵鑫和王佳晗老师、国泰君安的訾猛老师及麦营销新零售咨询机构的陈海超老师等。

第一部分的内容每篇文章字数都在6000字左右,在日常繁忙的工作之外,他们花费了大量时间和心血来收集资料、完成撰文。由于本书成稿时间较短,我们几乎只给了他们1个月的写作时间。当我给他们发出约稿邀请的时候,他们无一不是爽快地答应下来。"很有价值,品观在带领大家做一件意义重大的事",是我收到最多的约稿回复。有些稿件甚至是在深夜发给我的,令我感动不已。

我们过去培养了很多资深的记者,如杨晓峰、陈龙和石薇,因为各种各样的关系,他们如今分散在各行各业。但是一听说我们要写作这本书,他们纷纷抽出业余的时间来予以远程协助,并各自分担了数量不等的文章,以他们在业内多年的媒体经验为本书助阵。其中杨晓峰作为在品观工作过7年的资深媒体人,其才华曾得到许多企业家的认可,更是一人承担了4位企业家的人物稿件,保质保量地完成任务。

再次,要感谢我们战略投资部的同事王慧敏。为了让我专心推进本书的统筹,她主动承担了部门的很多工作。本不是文字工作者的她同时还协助完成了好几篇稿件的编辑,展现出了一个名校硕士的精炼文笔功底。

感谢品观的董事长邓敏和CEO范围。作为我的老板,他们不仅对交由我来负责本书内容予以最大的放权,协调开本该归于我的其他工作,还在具体的内容上事无巨细地帮助审稿、修改。我们一起开了无数个讨论会,对每一篇稿件进行把关,充分体现了专业媒体人对内容的敬畏,也迫使我对写书的任务不敢有丝毫怠慢。

感谢所有接受采访的企业家和行业专家,他们才是本书内容的基石。

最后也感谢本书的所有读者。一本书如果印刷出来被放在书架上变成装饰品,将毫无价值。只有读者认真地阅读,才是对我们以上所有人的最大支持。

品观龚云

2022年10月于武汉

图书在版编目（CIP）数据

走出少年：2007-2022中国化妆品产业十五年／品观，
修远资本主编. -- 上海：文汇出版社，2022.12
ISBN 978-7-5496-3925-0

Ⅰ.①走… Ⅱ.①品… ②修… Ⅲ.①化妆品—产业
发展—研究—中国— 2007-2022 Ⅳ.① F426.7

中国版本图书馆 CIP 数据核字 (2022) 第 210798 号

走出少年：2007-2022中国化妆品产业十五年

主　　　编 ｜ 品 观　　修远资本
责 任 编 辑 ｜ 戴 铮
装 帧 设 计 ｜ 智 勇

出 版 发 行 ｜ 　文匯出版社
　　　　　　　上海市威海路755号　（邮政编码200041）
经　　　销 ｜ 全国新华书店
印 刷 装 订 ｜ 上海颛辉印刷厂有限公司
版　　　次 ｜ 2022年12月第1版
印　　　次 ｜ 2022年12月第1次印刷
开　　　本 ｜ 720×1000　1/16
字　　　数 ｜ 260千字
印　　　张 ｜ 19.25
书　　　号 ｜ ISBN 978-7-5496-3925-0
定　　　价 ｜ 98.00元

序

这是我主编的又一本与教育相关的论文集,目的是为奋斗在一线的教师,尤其是青年教师提供一个相互学习、探讨、交流的平台。

俗话说:"十年树木,百年树人。"任何一个人的成长与发展,都需有个过程,都有规律可循:从粗疏到精细,从幼稚到成熟,从起步到巅峰,从自然到自由。一个刚踏上讲台的新教师,到成长为一个师德高尚、业务精湛的优秀教师,无不是在教育教学实践中坚持不懈地探索、创新,再探索、再创新,一步一个脚印地前行,一个台阶一个台阶地攀登中实现的。

探索与创新是同存共济密不可分的,探索是创新的源泉,创新是发展的阶梯。探索和创新,往往以教育教学工作中遇到的困扰或发现的问题为依据,进行思考和研究,探寻解决困扰或问题的新方法、新途径;抑或结合时代发展产生的新理论、新技术对教育教学改革形成的新课题,开展研究和试验,创造出新的教育教学模式和新的教育理念。宾夕法尼亚大学有这样一句校训:"毫无特征的努力,便只是一事无成,而创新,便是解决这一问题的钥匙。"探索就是一系列以创新的方法解决问题的实践,在这过程中,探索者思他人之所未想,发他人之所未见,行他人之所未做,在别人还没走过的地方踩出一条路来。这就需要进行探索的教师具有发现问题和解决问题的新思路和新视角。既要继承前人,又不因循守旧;既要借鉴别人,又有自己独创;这是融责任、勇气、方法、态度、精神于一体的实践,是促进发展的唯一通衢。

古人云:"业精于勤。"探索和创新贵在于一个"勤"字,它像钥匙,助力你开启成功的大门;它像阶梯,引导你走向事业的巅峰。这个"勤"就是在探索、创新中勤于学习,勤于思考,勤于实践,勤于变革,要耐得住挫折,经得起失败,不为掌声的诠释,不为刻意的征服,只用辛勤的汗水化作追求的脚步、心中坚定的信念。在这过程中没有可借鉴的经验,也无可套用的模式,一切都须在实践中探索,在探索中完善,在创新中巩固,往复循坏,不断升华,最终创造出新的经验或方式,成就自己职业生涯的光辉。

本论文集共收录四十八篇论文,作者皆是来自教学第一线的教师和教学管理人员,论文的内容都是他们在教学过程中有关课堂教学、学科建设、课程管理等方面实践所获得的经验和感悟。虽然遣词论述显得稚嫩,行文逻辑不够严谨,但这些源自实践探索所得的感悟和经验却蕴含着探索的真知灼见,闪耀着创新的思维火花,能够为广大投身于教学改革的一线教师提供参考和借鉴,有如一块垫脚石,助他们站得更高,行得更远。

"路漫漫其修远兮,吾将上下而求索。"人生就是一个努力探索、不断创新、螺旋上升的历程,没有捷径,只靠勤奋。我执念于斯,躬行于斯,也宣扬于斯。"千淘万漉虽辛苦,吹尽狂沙始到金",人生的道理很简单,你要发展,想要成功,就必须付出足够的努力! 愿与有志于教的同行者共勉。

李惠琴

二〇一九年十二月

目　录

关注热点，表达自我

　　——关于利用热点事件　培养学生写作思维的思考　顾　瑾 1

高中作文教学中的师生互动　刘　芳 8

利用学生作业锻炼写作能力的若干研究　蔡荪卉 13

民办高中学生语文经典阅读初探

　　——从专题性研究到整本书阅读　朱　婷 20

信息技术在民办高中语文阅读与写作教学中的应用初探　朱　婷 28

"把"字句教学设计　马立娟 36

浅谈网络流行语"囧"和"萌"　马立娟 48

初中文言文教学情景课堂构建的实践研究　王　菲 57

强学科思维　促能力发展　高　蕾 66

挖掘古诗文教学中的"中国味"　陈　熙 73

初中语文与国学教育的有效整合分析　于长虹 80

关注学习经历，提升语言素养

　　——浅论"读写结合，以读促写"的写作改革　黄小律 88

民办高中学生数学思维培养的几点做法　申圣桂 97

民办高中数学"分层教学"的实践与探究　申圣桂 102

教给学生怎样的数学？

　　——《椭圆的标准方程》引入案例有感　张莺莺 108

数学史在高中数学教学中的应用　孙　猛 111

试论高中数学教学反思的重要性　孙　猛 115

浅谈数形结合思想在高中数学教学中的应用　汪娟娟 120

运用教师智慧点燃学生求知的智慧火花　康兴梅 125

浅谈小升初的数学衔接教学　韩　洁 133

数学差异性教学的探索　王　健 138

数学教学中鼓励和信任策略的运用　王　健 145

学生参与式数学课堂评价模式的实践　张玲利 152

关注过程方法，提升核心素养　陈　鸣 159

数学整数规划及其应用　柳丽芳 165

高中英语单元主题阅读教学之文本解读策略初探　韩　冰 181

交互式电子白板在高中英语课堂教学中应用的探究　王　越 188

英语教学语言规范运用的思考　林易恕 195

从"阅读习惯"到"习惯阅读"　张　珏 199

运用积极心理学原理促进学生自我发展　冯敏华 206

初中英语教学方式转变的实践与思考　周晶莹 213

翻转课堂与微课在英语课堂教学中运用的探究　潘　洁 217

DIS技术在物理实验中的作用和应用　张轶扉 223

项目式学习在中学物理教学中应用的研究

　　——以"串联电路故障分析"为例　何欢欢 227

浅谈"DISLAB"在初中物理实验教学中的利与弊　卿　金 235

借助多媒体技术助力化学有效教学的实践研究　徐靖波 239

基于培养学生化学"实验探究与创新意识"的课例探究　徐靖波 246

基于核心素养的高中化学作业设计与改进

　　——以硫氮及其化合物作业设计为例　毛　羽 254

论化学学科核心素养在课堂教学设计中的渗透　刘建厂 272

浅谈民办学校教育中的师生关系　瞿香君 280

论高考"3＋3"新模式下历史备考之"两翼"

　　——基础落实和主题复习两手抓　汪乐华 298

浅谈地理教学中的德育渗透　朱　玮 303

创设真情景培育学生地理实践力

　　——以《岩石》课堂教学为例　杨　生 309

初中美术课堂教学设计的思考与探究　扈金娥 317

体育教学中体育核心素养的体现和发展策略

　　——以上海市民办风范中学为例　陆海峰 322

高中体育社团现状与对策之研究　张记怀 335

不同发展阶段中学体育教师课堂评价语言的观察研究　郭伟男 355

高水平运动员"学训"管理现状及对策研究

　　——以上海市普通高校游泳队为例　江治洲　何　晶 373

关注热点，表达自我

——关于利用热点事件　培养学生写作思维的思考

顾　瑾

摘　要： 在媒体、自媒体蓬勃发展、资讯发达的当下，一桩事件往往会有多方进行披露、评论和剖析。学生借由不同视角能更客观、深刻地了解事态、更辩证地进行思考；有利于培养学生的思辨、批判能力，有利于写作时旁征博引，有力论证。在写作教学中，指导学生关注社会热点事件，备好写作的素材；同时充分利用时事热点的时代性、即时性、现实性特点培养学生成熟、客观的思考方式，掌握展开多层面的、多角度思考与思辨的写作方法。

关键词： 热点事件　议论文写作　哲理思辨　批判思辨

一、问题的提出与背景

1.《普通高中语文课程标准(2017年版)》强调培养学生的逻辑思维、辩证思维和创造性思维，提升思维的深刻性、敏捷性与批判性；上海高考作文考题也体现了近年来上海语文教学的方向——培养学生思考问题的能力，鼓励发表意见。从这两个方面看，高中议论文写作在学生思辨能力的要求上有越来越高的要求。如何合理分辨是非，能否理性分析自己的论证是否符合逻辑，可否由此及彼地进行联想、由浅入深地进行探究……这些都是学生写作中面临的问题。教学过程中，教师要帮助学生培养思维能力，提升其思维品质。

2. 每到写作文的时候，总有些学生感觉无话可说。这里的无话可说除了思辨能力不够外，比较现实的困难还有缺乏有力有效的论据。高中学生课业压力大，缺乏广泛和深度的阅读，也没有开阔的视野，面对作文本和考试卷的时候往

1

往腹内空空。

3. 写作课的教学时间是有限的,教学内容是有阶段目标的,要抓住点滴时间,帮助学生养成勤于思维、精于思维的习惯和能力。

4. 选择热点事件作为写作素材的积累主要有这几方面的考虑:一是时事热点有很高的社会关注度和议论度,易引发学生的讨论兴趣,激发学生的热情;二是在媒体、自媒体蓬勃发展、资讯发达的当下,一个事件往往会有多方进行披露、评论和剖析,学生借由不同视角能更客观、深刻地了解事态、更辩证地进行思考;三是社会热点层出不穷,但相同的社会背景和环境下容易出现相似的事件,这些事件可以进行比较、归类、辨析,更有利于培养学生的思辨、批判能力;也有利于写作时旁征博引,有力论证;四是近年来上海的高考作文命题从"评价他人生活",到"预测",再到"被需要",都是针对社会现象进行评论的作文。这些作文题都有关注人生,贴近生活的特点,看似容易入手,但更容易将学生的思维品质拉开差距。时事热点的时代性、即时性、现实性不仅仅为这样的命题备好写作的素材,更是在培养学生的成熟、客观的思考方式。

二、研 究 意 义

1. 提升思维品质成为作文训练的一个重要部分。
2. 搜集、积累属于自己的议论素材,有助于学生解决写作困难。
3. 利用碎片时间,借助热点事件的评析,促进学生思维能力的培养。

三、思维途径与支架

(一) 对于热点事件的辨析

社会热点事件普遍是指在社会中引起广泛关注、参与讨论、激起民众情绪,引发强烈反响的事件,通俗点说就是被很多人熟知且讨论的事件。

舆论对于热点无外乎三种态度:赞扬、批判和褒贬兼有。我们要教会学生看待这些事件的时候,要知其然也要分析出所以然来。

(二) 运用辩证法,多角度分析原因

从辩证法角度看,一个事件的产生总有其内因与外因,内因是事物发展变化的根据,外因是事物发展变化的必要条件。一个热点能被人们广泛流传或讨论,

是内外因综合作用的结果。学生在进行思考的时候,是否能细致周到地进行辨析,需要我们给他们搭建一定的支架,帮助他们建立思考的路径。

对于一个热点事件,我们明确要求学生进行内外因挖掘,途径如下:

1. 根据材料确定主体对象。

2. 从内外两角度挖掘原因——

内:主观认知、性格品质、志趣追求、人生经历……

外:他人、家庭、学校、社会风气、制度、国情、历史、文化、人性特点、民族特性……

以高二学生探讨《红海行动》热映的原因为例。大多数学生从演员的敬业、制作成本的高昂、导演资历深等方面进行分析。这些都是影片本身的条件,是事件发生发展的内因,学生能从这些角度观察问题,体现了他们把握事情的基本能力。但仅从这样的视角发出的议论往往流于片面和表面。要寻找方法将片面和表面去除,引导学生从更多的视角看问题。

一是继续从内因角度分析:"并不是所有拥有以上条件的电影都能热映与热议,能不能说说看这部电影还有什么其他因素吸引了观众与媒体。"在这个过程中,笔者提供了两方面的参考,一是当下电影院在放映的电影,二是网络的一些影评。在经过比较与借鉴之后,学生纷纷发言,从制作团队(导演、制片、演员、技术等)的合作、坚持到投资方的变化(军方的参与);从编剧的独到眼光到观影者的审美要求的提升;从市场分析的大数据运用到宣传策略的不断改变……学生的思路随着讨论的热烈不断得到拓展,对于问题的分析也不断准确与深入。

二是从外部因素角度思考,补充客观条件。《红海行动》之前,还有《战狼2》同样赢得过高票房,林超贤另一部作品《湄公河行动》也取得了很好的口碑。这些作品都是近一两年上映的,它们的成功是否有共同的原因?学生进行归纳后发现:它们都宣扬了主流价值观,都弘扬了我们的民族自豪感和自信心,这一类作品的成功都反映了随着国力的上升,国人的自我价值观、文化自信心普遍上涨,正是在这样的社会背景下,作品才有这样的骄人成绩。这样一来,分析一部电影的价值,已经不仅仅在于电影艺术的本身,还在于研究电影背后的精神,更在于通过这一个现象发现了一个社会的现状与一个群体的意识形态。

从演员、道具、制作成本到团队合作、技术变革再到市场期待、国民意识形态……学生的认知经历了事件——个人——社会——时代精神这一系列变化,对热点的讨论有了深度。兼顾内因与外因思考的方式,是学生展开多层面的、多角度思考与思辨的一个方法。

（三）批判思索,合理辨析真伪

批判思维,是把一切置于理性范畴内加以省察和评判的意识和能力,是通过理解、质疑、查证和推理等探究活动考察论证的合理性,从而决定应当相信什么或不信什么的思维方式。批判思维不等于批判和否定,它是发现错的,就反对;发现是对的就维护;发现是对的但存在问题就改进。当出现有争议、批评意见较大的热点的时候,批判精神更能帮助我们辨析事物的发展规律、事件产生的原因。

在用批判思维分析热点的时候,可以从对象(他人的论证或者是观点)、目标(确定什么是可信,什么可做)、态度(怀疑)、工具(逻辑、实证、悬置)四个维度来作简单地分析。

巴黎圣母院被烧事件后,有网友发言:"我无法同情,因为我想到了159年前的圆明园!""这是因果报应!""我们圆明园也要募捐!"有些网友表示强烈支持,有些网友表示要理性思考。

对象:无法同情(隐含复仇的快感)

目标:辨析巴黎圣母院起火与圆明园被烧是否能造成中国人心理上的情感勾连。

态度:怀疑。是否真的无法同情或者不可同情。

工具:从实证看——

• 巴黎圣母院是法国甚至欧洲百姓们的共同的圣堂,圆明园是清帝王私人园林。

• 巴黎圣母院的建成有各阶级民众的支持与赞助,圆明园建造时剥削了大量民脂民膏。

• 那些鼓吹为圆明园被烧复仇的人言论激烈但行动上却缺乏具体爱国行为

• 巴黎圣母院并非依靠从圆明园掠夺的财物进行营造。

• 巴黎圣母院失火为意外,圆明园毁于战争。

从归属性质来看,巴黎圣母院与圆明园所属对象不同,不能等同而视;从情感倾向角度看,巴黎圣母院并未对中国人民造成过伤害;从发言者行为与目的看,并不一定为真正的爱国行为;从失火原因来看,两者不能形成因果。

从逻辑推断来看,某些网友的发言是有许多逻辑问题的,比如

（1）混淆概念——巴黎圣母院属于法国,但并不等于法国;现在的法国政府并不是当初的法兰西帝国。

（2）错误归因——巴黎圣母院并不是圆明园焚毁的原因;两者只是都被毁于火而已。

（3）诉诸情感——试图用共情、爱国等情感方式来操控其他人的情感取代对两者的具体关系的辨析。

所以,从实证与逻辑辨析来看,某些网友的"复仇论""因果论"是伪命题,"无法同情"的结论缺乏合理依据与推断,"不能同情"的态度我们并不能赞同。

四、由此及彼,自我表达,促进思维能力转化

学生们对热点能进行准确地辨析,形成自己的价值判断,这只是思维提升的一个阶段,我们的目标还是希望学生能落笔成文,在理解材料的基础上表达自我的思考。在实际写作时,提供给学生一个"引述事件——找出关键词——表达观点——阐述理由——得出结论"的结构框架,要求学生在理性分析材料后提出自己合理的、独立的见解并进行有理有据的阐释,这就近乎当下高考作文的写作要求了。除此之外,我们还尝试以下一些方法使学生的说理更有力度与深度:

（一）横向拓展,运用联想与想象,拓展思维的广度

一个事件背后折射的是一种社会背景,一种意识形态,由个体到群体,从特殊到普遍,学生进一步思考这社会背景与意识形态的成因及普遍意义和价值。

例如,在对"《红海行动》热映"现象进行多角度、多层次分析之后,要求学生在每一个角度之下,提炼核心词汇,形成一个观点。学生围绕合作、敬业、民族自豪感、自信心、专业素养等关键词,提出各自的观点:合作才能创造最大价值、民族自信心的提升改变了民族形象、谨守专业素养才能赢得真正的认可……在此基础上,进行联想与想象,佐证论点的合理性与更大的内涵,如韩寒怒怼《摩拜创始人胡玮炜套现 15 亿:你的同龄人正在抛弃你》是毒鸡汤,指出"抛弃体"文章是贩卖焦虑。——提升专业素养,进行清醒的思辨,不人云亦云,不靠情感鼓动,才能真正深得人心;里约奥运会国人不再执着于关注奥运金牌,更关心运动本身,追求平等自由——文化自信来之不易,这样的自信使中国人更从容、理性与大气;我们在国际上大胆说 NO,拒绝洋垃圾事件——国力的强大使得国人更有

自信与底气;"一带一路"倡议的实现是我国与多个国家合作的结果——团结才能有力,合作才能共赢……

学生多层面、多角度全面分析的能力是一个"根",联想与想象是在这"根"上发芽生长的"叶",尽可能地发散与拓展,这样才有可能创造出新的思想来。

(二)问题引导,纵向挖掘,深入探究

对于一个问题或观点能有多层面的思考,通过是什么——为什么——怎么办的问题引导,由浅入深地进行探究。以西安女车主维权事件为例,学生有以下的表达:

最近一名女士在西安利之星4S店买了一辆60多万元的奔驰轿车。新发动机还没有开出店门就漏油了,女车主多次和利之星沟通却遭到一再的推脱,最终无奈坐引擎盖哭诉、维权。事件上传到网络之后,一个星期的时间就把事件解决了。

难道维权一定要用"闹"来解决吗?在这个"闹"的背后,隐藏着许多消费者的无奈和妥协。碰到小额的消费侵权,得到的赔偿与维权花费的金额和精力相比不值一提;一些大公司的"店大欺客",抢占资源优势造成企业和消费者地位的不平等;还有很多消费者会败在经验和信息的不对等上。就西安奔驰女车主维权事件上看,市场监管与执法的缺失更是致命……所以,大多数消费者要么选择忍,要么选择"闹"这样方式"维权"。似乎不"闹一闹",我们也找不到更快、更廉价的解决方式。

"闹"到的仅仅是自己的正当权利吗?不,它的影响远不止这一点。女车主曾在一次采访里自言:"我现在非常害怕,害怕我做了一个错误的示范。"郑州的一位女车主也遭遇了相似的事情,这位女车主说:"难道你们也要我爬到引擎盖上哭?"可见,"闹"已经成为消费者的第一反应与选择,长此以往,谁还会选择合理、公正的方式解决问题呢?会不会有人产生一种只要"闹"一切都能得到的无赖心理呢?谁能说"医疗纠纷"变成"医闹"时,还会有支持者呢?当"闹"成为一种常态,合理的诉求必将被挤压和忽视,社会的诚信、法律的公正、国家的公信力都会受到冲击。

女车主之"闹"到此已经因和解而暂告一段落,但相关部门应该再"闹"起来:如何监管市场、如何使行业更规范、如何简化维权流程、如何落实相关政策……职能部门越"闹心""闹脑",消费者就越平和理性。

学生从热点事件中看到的关键是"闹",进而提出问题为什么要"闹"？"闹"会造成什么样的后果？面对"闹"的现象应该有怎样的反思？在层层追问中,事件的影响从解决现实问题引入到现象背后的成因,再到对社会、法律、制度、人性的思考,学生的表达就有了途径、有了凭借。

得益于网络时代的发展,学生获取的信息越来越多、越来越快,如何快速、准确地分辨事件的真伪、合理不合理？如何形成成熟、符合逻辑的观点？如何论证？如何准确表达？这些都是学生写作中的具体问题。合理运用哲学的、逻辑的方法,从辨析到自我表达,希望学生们能在反复的练习中找到自己的思维方式,提升思维品质。

参考文献

[1] 徐飞:《尊重材料与表达自我》[J].《语文学习》,2019 年第 1 期;

[2] 邓彤:《写作目的:亟待开发的任务与写作资源》[J].《中学语文教学》,2019 年第 1 期;

[3] 余党绪:《说理与思辨》[J].《语文学习》,2018 年第 3 期;

[4] 周康平:《论述类写作教什么？怎么教?》[J].《语文学习》,2018 年第 1 期。

高中作文教学中的师生互动

刘　芳

摘　要：高中作文教学是语文教学的重要组成部分，对学生的价值取向、思想意识和情感观念等方面有良好的引导。但长期以来作文教学课堂效率较低，教师说、学生心不在焉地听，针对性不强的现象比较突出。本文着重介绍通过多媒体微视频和经典作品的解读激活学生的思维，提高课堂的效率，实现良好的师生互动。

关键词：议论文　师生互动　微视频　经典

《语文学科教学基本要求》明确指出，高中生能围绕观点，写出有理有据的议论文。因此，作文教学是中学语文课堂的重要组成部分，其课堂教学的基本形式是师生互动。学生只有通过与他人（教师、学生等）进行有效思想互动，才能更好地建构自身的写作知识体系，从而能动地发展其主体能力，即"下笔如有神"的能力。课堂，从本质上讲，就是师生之间、生生之间心灵对话互动、情智同步发展的交往过程。这就意味着师生主体的共同参与，心灵的沟通，智慧的共享，精神的愉悦满足。高中语文的作文教学，教师也应教会学生认真思考，理性思辨。

然而，当下的作文课堂教学状况是怎样的呢？我们不难发现这样的异化现象：学生或是作虔诚聆听状，而心灵封闭；或是呈龙腾虎跃态，而心不在焉。学生无法真正走进素材，理解核心的思想，只能隔岸观火，雾里看花。面对上述种种问题，在学校"翻转课堂教学"的教育改革精神的引领下，针对议论文成为主要考场文体的现实情况，结合自己多年作文教学的经验，我开始将多媒体微视频和经典著作的解读融入教学中，使师生互动更加有话可说，在互动中彼此成长，切实提升学生的议论文写作技能。

一、"微视频"的利用提高课堂的效率

优秀的议论文,审题立意准确、结构清晰、论据充实、语言文采出众。语言的表达需要学生日积月累地大量阅读,非一朝一夕之事。于是,我着重从审题、结构等方面,运用微视频课件,围绕一个主题,让学生对知识点有清晰的了解。在写作构思时,编写写作提纲不啻为一种好的方法。老舍先生曾说:"有了提纲心里就有了底,写起来就顺理成章;先麻烦点,后来可省事。"所以在讲解议论文结构特点时,我先提纲挈领地把知识点展示出来,何谓并列结构,如何确立分论点。然后利用微视频给学生展示优秀的范文,在课堂上与学生一起讨论好文章有什么特点,在师生互动的交流中,学生对议论文的结构就有了更清晰的认识,掌握了提炼分论点的基本方法,并学会举一反三,拟定写作提纲。

微视频展示:

第一课时:

教学目标:熟悉并列式议论文结构并能熟练运用

课题:关于议论文写作的结构

并列议论式:围绕中心论点排列几个议论段落,一段一个分论点

结构模式:

开头:或故事,或引用,或开门见山交代总论点

分论点一:

分论点二:每段一个相同句式的句子交代或引出分论点(分论据)

分论点三:

结尾:从"为什么"的角度深化论点

并列结构例文一篇:

稳 中 求 胜

梁山智有吴用,道有公孙,武更是好汉如云。英雄如雨,却以宋江为首。蜀国谋赖孔明,勇让关张,却以刘备为王,东木西金,南水北火,却以戊土居中。何也?

宋公明为人沉稳,刘备做事敦厚,戊土谦稳厚实,终脱颖而出,施展风采,各得其所,故曰:为人沉稳,稳中求胜,吉。

沉稳从志而来。一个人若没有远大的志向,只沉迷于现实的花花世界之中,自然无法拥有沉稳的性格。班超投笔从戎,志在报国,在对匈奴一战中从容不

迫,沉稳冷静,终弘扬国威,不教胡马度阴山。林则徐斩钉截铁,志在禁烟,在与洋人交涉中不卑不亢,稳中含刚,终虎门销烟,让洋人胆战心寒。有远大的志向,眼光便放得远,心胸便沉稳下来,故曰:非有志者不能稳也。

沉稳从难而来。一个人若没有经历无数的挫折与磨难,身陷蜜水与褴褛之中,自然无法拥有沉稳的性格,一遇困境,便心浮气躁,岂能成所谓大事者哉。君不见文王拘而演《周易》,仲尼厄而作《春秋》,左丘失明厥有《国语》,孙子膑脚《兵法》修列。没有经历磨难,便无法形成沉稳的性格,也就无法取得辉煌的成就。始皇建秦以来,不居安思危,身陷声色犬马,终心浮气躁,毫无沉稳。一夫作难而七庙隳,身死人手,为天下笑。倘若秦王不念纷奢,经历磨难,以求沉稳,则可递三世以至万世而为君。

沉稳从无欲而来。孟子曰:"无欲者,可王矣。"无欲就是没有私欲,做大事者,不能因蝇头私利而毁坏全局,只有这样才能练就出沉稳的性格,赢得最终的胜利。如来佛祖抛除私欲,性格沉稳,终修成正果,普度众生,诸葛孔明淡泊明志,宁静致远,终运筹帷幄,功成名就。有了私欲,心中自然无法沉稳下来,遇事则慌,处事则乱。霸王以一己私欲,赶走亚父,气走韩信,终被困垓下,遗憾千古,长使英雄泪满襟。霸王之败,后人哀之。后人哀之而不鉴之,则必使后人而复哀后人矣。

宋公明以沉稳之心赢得了好汉的拥护,刘备以沉稳之心赢得了半壁江山,而自然界的大山以沉稳的性格也在四季中变化出不同的色彩。让我们拥有一颗和大山一样沉稳的心吧,在我们的人生中也变化出不同的色彩来。

这是一篇语言简洁明快、干净利落,学生可以借鉴的并列式议论文。利用十五分钟时间,我把内容通过微视频展示给学生看,使同学们对如何围绕中心论点切分分论点有初步认识。我先抛出一个问题:"请问大家这篇文章的中心论点是什么?"在认真思考后,有同学找到了答案,那就是第二段的"为人沉稳,稳中求胜"。接下来,师生共同讨论,"文中有几个分论点,它们是什么?"班级里每个人都若有所悟,有同学就迫不及待地说出了三个分论点,它们都在每个段落的开头,结构工整:"沉稳从志而来,沉稳从难而来,沉稳从无欲而来。"于是,我就趁机肯定同学们:"大家找得很好。令人可喜的是,这三个分论点,并非在同一平面上展开,更是层层深入。"

除了关注结构,师生又对文中所用例证进行了分析。学生发现举例论证均来自高中语文课本。于是我们又一起找寻文中的名人事例。同学们很快找到文中提到的人物如宋江、刘备、孔明、班超、林则徐、秦始皇、楚霸王等，均为人所熟知。更为难能可贵的是，作者将古典诗文如《出塞》《过秦论》《阿房宫赋》及名人如孟子、孔明等的"名句"信手拈来，且运用得十分熨帖。

课后我给学生布置作业，要求再次认真观看视频内容，以《人要有意气》为中心论点，运用本节课学习的方法，按照并列式结构，从"为什么"或"怎么办"的角度写出分论点的提纲。从课后的作业反馈看，一部分同学已经掌握这一方法，学会写层次分明的写作提纲。微视频的运用极大地促进了作文课堂效率的提高。

二、"经典著作"的解读引导学生的思维

高考议论文的写作不仅要求结构脉络清晰，而且讲求有理有据。"有理"即观点正确，符合事物的客观规律和人们的是非观念，紧扣材料的中心。光"有理"还不够，还需要"有据"，即用切实有力的论据来证明观点，这样文章的观点才令人信服。论据的选择首先要求的是准确无误，真实可靠，不能胡编乱造。为了让同学们学会选择正确的论据，我决定从他们熟悉的文学家作品入手，以古代散文中的经典之作为欣赏对象，吸收前人在语言表达和谋篇布局方面的技巧，领会他们不仅引经据典，而且运用大量的材料阐述作者思想的写作方法。

比如在写"谈勤俭"这一传统美德话题的文章时，课堂上我先展示了司马光的《训俭示康》。作者以深邃的政治眼光认识到一个人对待物质生活的态度，直接关系到事业的成败。他语重心长地告诫儿子司马康应洁身自好，不受侈靡的社会风气影响。我让学生在文中先找正面的事例，看看哪些名人的节俭事例能论述"由俭入奢易，由奢入俭难"的观点。学生经过仔细阅读，在文中第三段找到了李文靖公居室狭窄、参政鲁公家无器皿果肴待客、张文节公做宰相后节俭的事例，逐渐理解了选择典型的论据能有力地论证观点的写作技巧。接下来我向学生提出了疑问："如果整篇文章只有正面事例，没有反面事例，论述是否会更有力？"不少同学提出了自己的看法，认为反面事例能给人警醒，正反事例的对比更能突出中心论点。于是，我再次让学生走进文本，引导他们寻找作者列举了哪些反面事例。同学们的思维再次被唤醒，在文中找到相关的事例，如石崇和管仲，因崇尚奢侈而败家的论据。师生在作文教学的课堂上通过对经典著作的深入解读，共同感受了大师们驾驭文字的"匠心独运"和充沛气势，在互动中辩证思考，

把握议论文论据运用的正确方法,让学生真正有路可循。

"问渠那得清如许,为有源头活水来。"通过不断的实践,我逐渐对作文教学的师生互动有了更深入的理解。教师与学生应该是教学过程的平等参与者,又同为受益者。"师生互动"是构建生动活泼的课堂氛围的必要手段。建立新型的师生关系,教师应是学习的组织者、促进者和帮助者,师生之间的活动是双向交流和相互驱动的过程,教学重心必须由教师的教转向学生的学。教师的主导作用应突出表现在推动和鼓励学生学习,激发学生的兴趣、求知欲和问题意识上。为此应设计能使学生有效、深入、扎实学习的教学策略,以确保达到培养学生的语文素养的这一教学目标。

所以,教师必须不断更新自己的教学理念和原有知识结构,增加知识的储备,改进教法,更上一层楼。利用多媒体教学和经典著作的解读等方法提高作文教学的课堂效率,积累新鲜的素材,使课堂气氛更活跃,学生写作兴趣更浓厚。身处日新月异的时代,语文教师亦需要不断追求卓越,乘着信息技术的翅膀,做一个与时俱进而又有"语文味"的教师。但愿,在师生的共同努力下,高中语文作文教学的课堂能做到"授人以鱼,不如授人以渔",每个人都能获得思想的力量。

参考文献

上海市教育委员会教学研究室编,《上海市高中语文学科教学基本要求》[M].华东师范大学出版社,2016年9月版。

利用学生作业锻炼写作能力的若干研究

蔡荪卉

摘　要：针对作文和作业的特点，指导学生学会在日常作业训练中提高自己的语言文字表达能力，在日常教学中把作文的基本理念渗透进去，让学生每一天都接受到一点作文方面的训练，从而锻炼并提高学生的写作能力。

关键词：作文　训练　教材文本　热点　思维

一、概念的界定，国内外研究现状述评

1. 概念

作文对于学生的重要程度不言而喻，150分的试卷作文就占了70分，几乎占据了高考语文分数的半壁江山，所以对作文的高度关注从来就是教师和学生的共同认识。多年来，有关作业的有效性的研究已经数不胜数，如何提高作文教学水平的文章也不胜枚举，无论是从文体而言的记叙文、议论文，还是从文题而言的命题作文、材料作文、话题作文、漫画作文等，都被无数人研究、琢磨、品味、钻研，出现大量优秀研究成果，有很多值得教师借鉴的方法和具体措施。作为语文老师，我也一直在琢磨作文，一直梦想着让自己的学生作文水平即使谈不上一日千里吧，也能日积月累，水涨船高，在高考中能成为学生的垫脚石而非拦路虎。那么到底如何真正有效地提升学生的作文水平呢？仅仅靠几节作文课和他们写的几篇作文，这是远远不够的。所以我一直在思索，能不能在日常教学中就把作文的某些理念渗透进去，在每一天都让学生接受到一点作文方面的训练，从而锻炼学生的写作能力？

于是我把视线投向了学生天天都要完成的作业上。作业是学生学习阶段必

不可少的项目,也是教师教育过程中必不可少的一个环节。它可以考查学生上课的参与程度和理解能力,是教师了解学生水平的一个重要窗口,也是提升学生成绩的一个重要步骤。那么能否把作文训练和作业有机结合起来,既完成了对文章的理解,又训练了学生的作文能力,实现双赢呢?我想,只要操作得当,坚持下去,是可以做到的。

2. 本课题国内外研究现状述评

现在对于学生写作的研究资料比较多,也很有针对性和指导意义,对于现在学生写作的薄弱环节及存在问题都有广泛的讨论,针对学生作业的布置与成效的研究类型文章也有很多。但是我阅读下来,如何把作业和作文有效连接起来的研究还不是太多,涉及的深度与广度也不够,所以在这方面很有必要展开深入的研讨和研究。

二、研究意义及研究方法

1. 研究意义

针对作文和作业的特点,指导学生学会在日常作业训练中提高自己的语言文字表达能力,要有效率和质量,能在较短的时间内写出一段文字优美、含蕴深刻的语段,体现作文的要求:有中心,有方法,有内容。

2. 研究方法

教师首先要采用行动研究,即自己也要参与到研究中来,以身作则,先自己做一遍再教学生怎么做,最后再放手让学生自己做。在研究的过程中采用互动法、探究法。

是哪些原因使一些高中学生连基本的作文都写不出来?教师认为主要是学生缺乏相应的阅读量和写作训练。于是研究假设形成,在此基础上,教师决定开展对学生写作的指导教育;半年后,教师评估学生的学习进步情况,有针对性地调整一些措施;一年后再对学生的学习水平作测试,如果发现学生的写作水平得到有效提升,则本阶段研究暂告一段落。

三、研 究 内 容

1. 以文本为蓝本布置作业,锻炼学生的仿写能力

此研究的要求是选择一些特点鲜明、结构严谨的现代文语段,要求学生仿造

这些段落写一段文字,作为当天的作业。第二天教师改好以后立即反馈,打铁趁热,让学生在练习中逐步掌握语段的结构,感悟美文语段的写作要领,包括写景的先后顺序、议论的总分安排、记叙的详略结合,等等,为以后写完整的文章打下良好的基础。

2. 以文本为母本布置作业,锻炼学生的想象能力

上海高考考纲明确规定"根据文章内容,进行推断和想象",说明"推断和想象"是考察的重点之一。通过续写可以锻炼学生的想象、语言表达能力,还可以培养他们的情感、道德以及价值观等人文素养。比如《项链》的结尾是披露真相后戛然而止,那教师就可以让学生通过联想和想象续写"玛蒂尔德知道真相后……",这样一可以让学生在续写中加深对课文主旨的把握和了解,二可以锻炼自己的语言组织能力,三可以提高学生和课文的衔接水平。

3. 以文本为基础布置作业,锻炼学生的评价能力

评价是议论的另一种表述形式,会评价其他文章是学生走向思维的缜密、思路的开放的一种表现。如果说之前的仿写和续写更多锻炼的是学生的形象思维能力,那么学会评价文章则能培养学生的逻辑和推理能力。在作业中安排这一块练习,是为以后学生写议论文打下坚实的基础。

4. 以教材为素材布置作业,锻炼学生的选择材料能力

学生写作老是感觉没什么可写的,要不光是抒发一点空洞议论,言之无物,要不用一些老套的材料,乏善可陈。原因之一就是年轻的学生缺少对生活的积累以及对生活的体验。老师就要尽量帮助他们填补这个空白,从教材中借用资料就是一种很好的方式。教材的作用很多,不仅仅是上课用到,课后作业也要使用它。而且语文教材取材的外延等同于生活的外延,具有弹越性和开放性,所以从教材中选择材料作为写作的内容是很合适的方法。但是平时不练,就别期望学生在作文中会灵光一闪,合理合适的运用材料。所以就要在平时的作业中训练他们具有这种意识,以教材为素材布置作业,锻炼学生选择、运用材料的能力。

5. 以现实生活为出发点布置作业,锻炼学生关注社会,加深思维能力

作文是反映生活的,一旦离开生活,作文就会变成空中楼阁。现代著名作家巴金说:"我写文章如同生活。"而且我们的教材也都是来自生活,在教学中我们要鼓励学生用生活的标准去解读,用生活的经验去理解。在作业中也可以体现出来这一点,让学生从另一个角度获得新的感受从而萌发出新的思维火花。

四、实 践 操 作

1. 立足于课文文本的训练

课文是学生写作的很好范文,也是教师比较容易入手的一个触点。教师可以选择课文比较经典的语段,另外设立一个主题,让学生模仿语段的结构、语言、层次等写作,培养学生的语感和手感。

例如在讲完萧红的《回忆鲁迅先生》,学习了作者运用平淡无奇的语言,截取生活中的琐事去描写刻画人物的手法后,我让学生也运用这种手法去描绘身边的人,甚至可以模仿原文的语句。学生大多写得不错,下面是一个学生写他的同桌的文章片段:

A同学的笑声是明朗的,是从心里的欢喜。若有人说了什么可笑的话,A同学笑得脖子一直往后仰,真叫人担心他的脖子会断掉。

A同学走路很跳跃,尤其使人记得清楚的,是他刚放学,他背起书包往背上一挂,同时左腿就伸出去了,一蹦一跳地跳出教室。

A同学喜欢吃,课间嘴巴总是吧唧吧唧个不停,嘴巴尖尖地嗫着,像只小松鼠,他的桌肚里永远堵满了零食,从辣条到大饼,从鸡蛋到面包,从不间断。有次上课他正偷偷摸摸吃东西,老师一回头刚好发现,他一口蛋糕卡在喉咙里,卡得翻白眼,我们差点叫救护车。

……

很明显这篇文章有很多地方是模仿《回忆鲁迅先生》,后来我当堂念这篇作文时,学生都哈哈大笑并很快指出A同学是谁,说明还是写出了A同学的特性。这也正是我此次作文训练的目的,我希望学生能细致地观察身边的事物并能流畅地记录下来。

2. 课外拓展的延伸

新版语文教材总主编、北京大学中文系温儒敏教授说:"统编新教材主治不读书、少读书。"这句话说明新课改是要求学生加强阅读。语文的内涵外延是无限的,我们教师可以利用教材给学生推荐与之相关的文章阅读,这样一则可增强学生对文本的理解,再则可以解决学生底蕴不足的问题,三则拓宽学生的知识面。例如《跨越百年的美丽》作者是著名学者梁衡,他的散文以理性分析见长。那我们能否以学习课文为契机,拓展一下他的其他文学作品,学习其写作特点,吸收其中的营养？为此我推荐了梁衡的多篇作品给学生，如《觅渡，觅渡，渡何处》《把栏杆拍遍》《晋祠》等。在教学沈从文的《边城》时，我推荐他的自传和别人对此文的评价给学生阅读，学生可以得知他的故乡、他的经历、他人对他的认知和评价等，从而更好地理解《边城》的情感。之后我会布置学生写写阅读心得，长短不限，重在有自己的思想。有位学生就这样写道：

"边城是沈先生心中的桃花源，很难想象在土匪四出的湘西会有这么一块山清水秀，民风淳朴的地方。那里的人是沈先生对心目中人性善的一面的体现，这些真善美更集中汇聚在翠翠一人身上。她纯真无邪，善良淳朴，她是边城的山水孕育出来的精灵，此人只应天上有，人间难得几回见。所以当我们看到文章在翠翠未知的等待中结束时，我们无比心疼，心疼这个美丽的女孩，也无比欣慰，欣慰她没走上她妈妈的老路。

感谢你，沈从文，感谢你用优美恬淡的笔触书写了这么一个人间天堂，你让我再一次感受到了文字的美妙。"

毫无疑问，通过这样的作业，让学生加深了对教材的理解，在语言的斟酌上，文字的排序上也有训练。

其实我们的教材选择的基本都是大师之作，衍生出去的东西有很多很多，老师可以选择的内容也有很多很多，那么老师可以从中加以挑选再提供给学生，这也符合现在语文整体阅读的需要。把这个作为作业布置下去，也可以预防部分学生偷懒，起到一定的强制作用。

3. 社会热点的分析

苏联教育家苏霍姆林斯基在《给教师的建议》一书中指出："教育的和谐性就在于如何把人的活动与下述两种技能协调和平衡起来：一方面，是对客观世界的认识和理解；另一方面，是自我表现，自己的世界观，观点、信念、意志力和性格在积极的劳动中，在创造性中，在集体成员之间的相互关系中发现和表现。"这句话点明了生活与创作的关系以及生活对创作的重要性。

现实生活有很多事件，而我把关注点放在社会热点上。现在社会热点新闻层出不穷，作为一个社会人，学生不能一直躲在象牙塔里，而是应该面向社会，接触、了解、讨论、分析这些社会现象的优与劣、得与失、强与弱、利与弊等。起初学生的思考无疑是浅显和幼稚的，但是能走出这一步就是一个良好的开始。

比如关于星巴克猫爪杯事件。我一看到此事的报道，立刻在课堂上出示其材料并让学生讨论。学生大多是针对消费者的行为提出意见，认为他们是非理性的病态消费,盲目随从,很多人不是喜欢这个杯子而是为了面子,虚荣心强;有少数学生想到了营销方,提出他们是饥饿营销,人为制造抢购热潮;还有个别学生谈到有黄牛在里面推波助澜。在此基础上我指导学生把材料的对象分门别类划分,一类是销售方,一类是消费者,每方再指派学生为他们辩护,这样学生挖掘出了营销方这样做是抓住了消费者心理,开发了经营的渠道和途径等观点。还有社会上出现的夸夸群现象,我也让学生进行讨论,学生大多持支持或反对态度:支持方,认为夸夸群的出现满足了人们精神需求,能让人调整心态,减缓压力等;反对方认为夸夸群不能解决现实问题,只是满足了人们的虚荣心,容易迷失自我等。我再引导学生思考夸夸群出现的社会原因,思索它的存在有无合理之处并推测它的未来命运。在发言和思考中,学生的思维能力无疑得到了极大的锻炼。这样也便于学生面对作文材料能多角度多方面思考,并能做到有条有理有层次。

一年多来,我让学生讨论的社会热点问题除了以上,还包括以下这些论题:

直播课堂能不能解决教育公平的问题?

996是不是正确的企业文化?

我们要把眼光瞄向黑洞还是海洋?

逆行小伙的崩溃击中了谁?

街道统一招牌合适吗?

谈谈自己的家风。

女车主坐奔驰车引擎盖上哭诉反映出什么问题?

……

以上都是一些社会热点问题。陶行知先生说过:"生活即教育。"生活永远是最好的教育素材,这样的训练可以帮助学生提高运用书本知识分析问题的能力,也可以让学生及时掌握社会动态,能激发学生的学习兴趣,培养学生的分析能力和思辨能力,当然这对教师也提出了更高的要求。

4. 更深层次的探究

现在的学习不再仅仅是老师的传授学生的接受,而是要提倡"探究性学习",这种学习方式强调学生通过自主学习而获得研究能力、思考能力、沟通交流能力、自我管理能力以及社会交往能力。这是教育适应未来社会而进行积极转型的表现,而且这种表现正在全球范围内盛行。特斯拉曾发出过一则招聘广告:"我们在寻找从未存在过的人。"什么叫"从未存在过的人",其实就是一直都存在,只是从未被命名。世界是由"从未存在的人"创造的,他们需要什么样的能力?"在以前的时代,我们有99％的时间不用特别考虑未来,因为未来跟100年前不会有太大区别,但是今天完全不同,十年就会有巨大变化。"阿里研究院高级顾问梁春晓在教育创新峰会发言时说:"一个时代生产方式的变化,影响到教育的形态。"学生思维能力的加深体现在看待问题的深度、广度和能否辩证地看待等方面,这些体现在写作上就是看他们的作品能否一针见血地看清问题实质,能否一分为二地看待某种现象,能否清晰合理地提出建议或方案。语文教学一直着重学生的思维能力和分析能力的培养,在作业中,在片段的写作中同样可以窥斑见豹,训练学生思考力度的深入和全面。

五、研究基础(可行性分析)和主要参考文献

课题研究可行性分析

文无定法。感情真挚,言之有物的文章就是好文章。"曲不离口、拳不离手"的天天写作训练可以让学生熟悉课本的内容,模仿教材的写法,流利的写作思路,纯熟的写作笔法,较快的切入主题,熟练地组织结构,在考试有限的时间内交出一份较好的作文答卷。

参考文献

[1] 罗晓辉:《高效阅读与写作》[M].四川文艺出版社,2010 版;

[2] 董菊初:《语文教育研究方法学》[M].语文出版社,1998 版;

[3] 余昱:《走向学校语文》[M].广东教育出版社,2003 版;

[4] 吕叔湘:《吕叔湘论语文教学》[M].山东教育出版社,1981 版;

[5] 叶圣陶:《叶圣陶语文教育论集》(上下)[M].教育科学出版社,1980 版;

[6] 杨俊:《你也可以成就"传奇"》[J].《中学语文教学参考》,2010 年第 8 期;

[7] 主要网站:"中学语文教学资源网""中学语文网中网"。

民办高中学生语文经典阅读初探

——从专题性研究到整本书阅读

朱　婷

摘　要：世界各国正在积极进行课程改革,强调学习的可持续发展,希望学生能以批判、创新的眼界去面向未来。"核心素养"是我国第九次课改的聚焦点,其中"阅读素养"是语文学科核心素养的重要构成因素,对于从单一形象思维逐渐走向抽象逻辑辩证创造性思维的高中学生来说非常重要。"阅读兴趣衰减""阅读能力低下"已成为中学生们的普遍问题,网络时代阅读碎片化、浅表化、功利化、娱乐化对培育学生语文核心素养造成极大的障碍。民办高中生更需要有合适的方式方法去发展他们的阅读兴趣,提高他们的阅读能力。

关键词：语文核心素养　阅读素养　专题性研究　整本书阅读

联合国教科文组织一份名为《教育造福人类与地球》的报告中指出：教育领域迫切需要取得更大的进步。各个国家都正在积极进行课程改革,强调学习的可持续发展,希望学生能以批判、创新的眼界去面向未来。美国、日本、韩国等国家都强调语言的基础性,注重语言能力的培养,各国也极为重视母语和传统文化的教育。我国在新中国建立后经历了九次课改,"核心素养"是我国第九次课改的聚焦点。《普通高中语文课程标准(2017 年版)》中就提出"凝练核心素养",推动落实"立德树人"的根本任务,"厘清本学科教育对学生成长和终身发展的独特贡献,通过基于核心素养的教学,帮助学生形成必备品格和关键能力"。"阅读素养"是语文学科核心素养的重要构成因素,是"基于与身心发展特点相结合的不同阅读阶段""掌握运用识、记、读、背、写等方式对阅读材料进行阅读感知、阅读理解、阅读评鉴和阅读表达所需具备的基本阅读知识与阅读策略,形成结合个人经历与阅读材料生成互动与意义建构以及分析、评价阅读材料的能力,发展阅读的个性体验、情感表达与兴趣、习惯培养,融合阅读知识、能力与情感实现个人目标与社会参与"。[1]提高学生的阅读素养,对于从单一形象思维逐渐走向抽象逻辑辩证创造性思维的高中学生来说非常重要。

一、民办高中学生特点及其经典阅读的必要性

在高中语文教学第一线工作十余年,我明显发现现在的学生越来越不喜欢阅读,特别是民办高中的学生在语文学习上。即便是读课文,读的时候往往一目十行,不认识的字,不理解的词都是一扫而过,再没有我们儿时拿工具书去查,去找老师问的情景,连书下的注解都懒得移目而视。学生们读别音、写错字的情况积重难返,难以纠正;不思考、不质疑、没有思辨能力更是常态。"阅读兴趣衰减""阅读能力低下"已成为中学生们的普遍问题,网络时代阅读碎片化、浅表化、功利化、娱乐化对培育学生语文核心素养造成极大的障碍。在这样的大环境中,我们教师个人就似蚍蜉一般难以撼动沉积已久,缺乏人文精神、人文情怀的当代学生阅读这棵参天大树。民办高中的语文老师既要和学生错误的学习态度作斗争,又要和其他科目老师抢时间,而学生较差的语文基础更是让老师们无从下手。面对这般状况,我坚信比抱怨、指责更重要的是提出对策、寻找出路,民办高中生更需要有合适的方式方法去发展他们的阅读兴趣,提高他们的阅读能力。语文课堂的教学时间是有限的,每个学期的教学任务也是定量的,向课堂要效率就成为我们的必要抓手。于漪老师说阅读教学中要学好课文,"教材中文质兼美的文章是学生学习语言文字的范例,应从内容和形式的有机结合的高度,既让学生整体感知,又能对精彩的局部含英咀华"。语文课文中都是名家的经典篇目,有着丰富的"美育因素","自然美、人文美、语言美,无处不在"。[2]

文学作品中,散文是很重要的文学体裁之一。季羡林先生在《漫谈散文》中说到,优秀的散文家"大都是在意匠惨淡经营中,简练揣摩,煞费苦心,在文章结构和语言选用上,狠下功夫。文章写成后,读起来虽然如行云流水,自然天成,实际上其背后蕴藏着作者的一片匠心"。散文可以抒情,可以叙事,可以议论,更自由、更灵活,更能凸显作者的匠心和个性。我于高二散文单元教学中选择了老舍先生的《想北平》这篇课文,通过两个课时带领学生领略老舍先生选取平凡事物

抒情的匠心和妙处,以及他对北平刻骨铭心的热爱之情。课后学生们反馈,两节课的时间不足以让学生领略到作为语言大师的老舍先生的魅力所在。看似平淡的语言和描述也难以让学生们明白为什么老舍先生会被赋予"人民艺术家"的称号。

借助学校的"经典阅读平台",我指导学生进行课外阅读,让他们先阅读老舍先生的散文,并且写一篇五六百字的读后感。当我看到收上来的相似度极高的读后感后不禁啼笑皆非。一开篇都是大段的老舍先生的生平简介,然后是来自"度娘"的作品内容概括,五六百字洋洋洒洒却漏洞百出。即使有一些极少数的精辟的观点和成熟的文字也绝不是他们的原创。这不是读后感,而是一篇篇的大型摘抄文。学生们说:"老师,我们没有想法,也不知怎么入手。"

二、专题性研究到整本书阅读教学实践

鉴于学生的不理想的阅读写作习惯,我需要帮助他们寻找切入口。我首先肯定他们去搜集相关资料为其所用的方法,他山之石,可以攻玉,阅读他人的观点和文章是有益处的事情,可以拓展他们的思路。接着用半节课的时间和学生一起,借用思维导图来梳理他们阅读的老舍的散文和他们"摘抄"的观点、态度。最后我们总结了老舍散文的几个切入点:分类、创作源泉、散文风格、语言风格、作品中的生命意识,等等。但这几个切入点太大,而且单从某一篇散文来谈过于单薄。最后由学生选取感兴趣的角度自行组队,每个小组在课余时间分工合作,通过网络平台搜集一些资料,如:作家的生平事迹,涉及相关专题的具体作品,他人对专题、作品的评论文章。同样再以思维导图的方法先做读书笔记,继而进行梳理和筛选,形成他们各自的小专题。

最终,我们确立了五个专题:其一,老舍先生作品的语言风格方面的三个专题:"语言质朴,情真意切""含泪的微笑,委婉的幽默""浓郁的京味儿,俏皮却又深刻"。其二,老舍先生作品中的生命意识的两个专题:"母亲的生命教育""热爱生命,赞美自然"。每个学生根据自己的兴趣选取一个专题,结合具体的作品来谈谈自己的理解和感悟,根据自己的能力形成800—2000字的小文章或小论文。

有同学在阅读散文时问我:"都说老舍先生最爱的是北平,为什么我看到老舍散文中很多是在写济南和青岛呢?"我说他提的问题非常好,推荐他去读李耀

曦先生《老舍散文中的济南》，也鼓励他可以多读读相关文章。后来，学生和我说他越来越喜欢老舍的文字了，读起来像诗一样，给他很温暖的感觉。他很喜欢老舍先生自己说的："把湖山的秀丽轻妙放在想象里浸润着。"看了老舍先生的散文，他都想去济南走走，不过估计等他去了或许就和想象的不一样了。他开始有点明白艾青为什么会写出"为什么我的眼里常含泪水？因为我对这土地爱得深沉……"他想去看看老舍先生的小说《骆驼祥子》，初中读过一点，但是太长了，没耐心，又怕和以前一样读不懂，毕竟那个时代离他们太远了。我就鼓励他说，不要紧，我和他一起看。

我找来正在上《走入经典》拓展课和感兴趣的几个学生一起来试着读一读老舍先生的长篇小说《骆驼祥子》。全书一共二十四章，我们约定每天至少阅读一到两章，半个月读完一遍，边读边做读书笔记。一方面摘抄一些自己觉得写得好的词句，当有感触时将自己的感悟也可以写在旁边；一方面通过思维导图梳理小说的背景环境、情节发展、人物性格特征及相互关系、祥子的变化及原因，等等。

半个月后，根据同学们的读书笔记，分成不同小组，进一步了解小说中的风土人情、祥子形象的普遍性、悲剧的外在和内在原因、老舍语言的京腔和幽默、当时社会的女性形象，以及《骆驼祥子》与《活着》的比较阅读。经历了两个多月的修改调整，最终大家用一节课的时间向全班同学展示了他们的研究成果。

三、风范中学部分高中生经典阅读成果

其一，老舍散文专题的小论文和读后感重写。如"语言质朴，情真意切"专题中，同学们分别从口语化、文字的自然亲切、语言的简练直白、白描比喻拟人的手法、描景状物的细腻生动入手来谈。"含泪的微笑，委婉的幽默"专题中，一部分同学说的是轻松俏皮，带有生活智慧的幽默，另一部分同学选择的是老舍作品中曲折冷峻的幽默笔调予以善意的针砭和调侃。"热爱生命，赞美自然"专题中有的学生去写老舍的北平情结，有的学生却选择老舍的第二故乡济南来谈自己的看法，还有一些同学去研究老舍的"摇篮"情结，老舍先生追求的恬淡闲适的逸趣。

学生们也开始有了自己的感悟。有一位同学写到老舍先生作品中的颜色，《五月的青岛》中的绿色："看一眼路旁的绿叶，再看一眼海，真的，这才明白了什

么叫做'春深似海'。绿,鲜绿,浅绿,深绿,黄绿,灰绿,各种的绿色,连接着,交错着,变化着,波动着,一直绿到天边,绿到山脚,绿到渔帆的外边去。"他认为精辟的语言、恰当的文字,老舍先生深厚的文字功底其实来源于对生活的观察。他说现在的他们缺的就是感知美的能力,借用川端康成的话:"美是邂逅所得,是亲近所得",他将他的文章取名为《邂逅美》,呼吁大家学着用文字去温柔地触摸生活中的邂逅。

还有同学在写到老舍从细微、平凡入手来写乡愁时,指出感情不需要华丽的语言,而是来源于生活中最熟悉的事物,"我们所熟悉的地方,山不巍峨却是绵绵的,水不秀丽却是悠悠的,花不红草不绿却是芬芳葱郁的"。他开始明白老舍先生在写《想北平》时,令人动容之处就在于老舍先生写的不是我们知道的北平,而是他的北平。

其二,整本书阅读成果交流分享课。首先学生们通过图片展示了载客用的两轮人力车(从日本传入,北京称洋车或东洋车,上海称黄包车),20世纪二三十年代的女性旗袍,北京的四合院和茶馆,风味小吃中的老豆腐、落花生,北京庙会、祭灶和办寿,等等。接着播放《骆驼祥子》《茶馆》电影、话剧中的一些视频让同学们感受北京人的京腔,向全班同学展示整理过的有关情节发展、人物关系、祥子变化的内外因等比较优秀的思维导图。然后节选他们写的文章《北平的风俗世态画》《虎妞的前世今生》《骆驼与祥子》《小人物形象的共征性》《含泪的微笑》《老舍先生的悲悯情怀》《性格决定命运还是时代造就悲剧》中的部分语段分享给大家。

最后以一位同学的《谁该为祥子和福贵的悲剧埋单》中的一段话作为结尾:"巴金说:'我不能够责备你像你自己责备那样。你是没有错的。一个人的肩上挑不起那样沉重的担子,况且还有那重重的命运的打击。'祥子和福贵的悲剧命运或许可以归责为当时的社会环境在其背后作为推手,其实读到祥子好像也读到我们自己,好似在过去的几年中也遇到一次次失败的打击,努力后却依然不一定成功。但我们却和祥子不同,我们没有被命运摆布,也没有当时社会的无情,我们也不是孤身一人。余华曾经感叹:福贵是'我见到的这个世界上对生命最尊重的一个人,他拥有了比别人多很多死去的理由,可是他活着'。'黑夜给了我黑色的眼睛',我就要用它来寻找光明。我们要向徐福贵学习,面对挫折我们依然有希望,面对困难我们仍旧有梦想。不要去抱怨他人,拒绝为自己寻找借口,只要努力我们就一定能够成长。祥子最终抛弃了原来的自己,而我们却不能永远困在现在的自己里,'不读书,不吃苦,我们要青春干嘛'！亲爱的同学们,'如果老天善待你,给了你优越的生活,请不要收敛了自己的斗志;如果老天对你百般设障,更请不要磨灭了对自己的信心和向前奋斗的勇气'。我们的青春就是我们的资本,让我们都能以梦为马,不负韶华!"

课后,有的同学立马找《骆驼祥子》来阅读。他们说虽然初中时看过《骆驼祥子》,但和现在读的感受完全不一样,现在读有代入感,甚至不时还会有一些感触,不再是去读一个似乎和自己完全没有关系的人的故事。我也鼓励他们可以试着去读老舍先生别的作品。

其三,根据拓展课学生的进一步阅读探究,后来我又开了一节区公开课《走近老舍——经典阅读之老舍专题展示交流》,同学们从自己感兴趣的老舍先生的作品入手,从老舍语言风格和他母亲对其人格影响两方面来展示他们认识的老舍先生。同学们准备得十分充分,受到老师、领导和评审专家一致好评。

这是一次和学生一起,带领着他们从被动学习到主动学习,再到自主学习的小小尝试。在过程中我们也遇到不少难题,他们要和自己的惰性做斗争,从自我学习学着团队合作,从被动接受老师传授知识到进入一个全新领域自我探索,从他人的想法慢慢内化为自己的思考……渐渐地,孩子们也开始认同"思维的钝化源于语言的苍白,语言的苍白源于精神的贫瘠",他们需要多读书,更要读好书。通过交流课、展示课,口头表达和书面表达结合,帮助他们增强了团队合作精神,资源共享,培养了沟通协作能力。读写结合才能全面有效地提高学生语文核心素养,合作共研才能更好地帮助学生从个体走向社会化。

四、民办高中学生经典阅读需分层教学

现在"整本书阅读"正在各个学校如火如荼地进行着,"专题教学""项目式学习""混合式学习""主题情境教学"等各种教法百花齐放,其中专题式教学更为适合我们民办高中的大部分学生。

专题性研究的重点是鼓励学生自主阅读,广泛涉猎不同题材类型的文本,从中博观约取,让学生们带着项目任务去读,帮助他们发现问题、提出问题、解决问题。从范读、再读,充分梳理作品,到研读他人成果,合作共研,形成专题,通过比较集中的阅读学习,图像、音频、文章的交流分享,加深他们的阅读感悟,开阔他

们的思考维度。"超文本阅读"的优势在于能帮助学生从"线性阅读"到"网状阅读",从"单维思考"到"多维思考"。

整本书阅读中"整"和"本"强调的是内容完整,容量更大,要求学生的高思维强度,对于民办高中学习有余力的一部分学生来说,可以拓展课的形式,用专题性研究引领整本书阅读。这样提纲挈领,以点带面,从单篇阅读到"群文连读",结合各种相关的学习资源,形成自己的个性化解读,积累阅读整本书的经验,迁移运用,培养他们的思维能力和正确的价值观,激发他们丰富的情感和个性发展。

五、专题性研究及整本书阅读教学中教师的作用

现今教师的传统角色正发生着变化。上海市建平中学校长、党总支副书记杨振峰在以"教育改革与创新"为主题的"2016明德教育论坛"上的主题发言《基于批判的课程建设》中指出:教师是"资源整合者和促进者",帮助学生在不同领域去寻找相关资源,"让孩子了解这方面知识的盲区,消解这些知识盲区"。对民办高中学生进行专题性研究训练甚至整本书阅读指导,不仅考验着教师的文本解读能力,还对于语文老师的阅读积累和能力素养提出较高的要求。

语文老师是教学引导者和课程实施者,要选择合适的,能够激发学生阅读需求和兴趣的文本;要有重点的选取恰当的学习任务,不能贪多求全;要懂得"整合、聚焦、利用"课程资源。终身学习不仅适用于学生,更要求老师们提高自身的专业水平。不仅要熟悉经典名著,及不同学术团体对其的观点和见解,也要涉猎除文学之外的如政治、历史、社会、心理、美学、经济等不同的领域,更要会引导、精心设计问题,引发学生质疑、思辨。

第斯多惠在《德国教师培养指南》一书中说:"教学的艺术不在于传授的本领,而在善于激励,善于唤醒和鼓舞。"在这一年多的时间里,我感受到:对于学生们,授之以渔更胜授之以鱼。虽然民办高中学生基础非常薄弱,层次也有不同,我们需要引导不读书的学生去读书,激励爱读书的学生重读书。其实民办高中学生大都还是一张白纸,我们可以根据他们的兴趣特点,去引导、帮助他们感受文字之美,提升内在素养,绘出属于他们的多彩图画;让他们能体会到草木皆有味,有能力静下心去阅读,寻觅到安静中的丰富,做一个幸福的人。

参考文献

［1］ 牛丹丹、王星霞:《语文学科核心素养之阅读素养概念探析》[J].《教师教育论坛》,2017
年第 10 期;

［2］ 于漪:《于漪全集(语文教育卷之语文教学谈艺录)》[M].上海教育出版社,2018 版。

信息技术在民办高中语文阅读与写作教学中的应用初探

朱　婷

摘　要： 21世纪是一个充满变化的时代，是一个信息高速发展的时期。为了增强国家文化发展软实力，世界各国课程改革中普遍关注的焦点之一就是母语教育，阅读与写作成为世界各国重视的必修课。信息化时代必然促使信息技术大大改变全球教育的未来，产生革命性的影响。民办高中学生写作困境的源头就是阅读能力和思维品质低下。大众传播媒介的发展，信息技术的变革打破了学校围墙，运用网络、通信技术，师生之间可以突破时间空间的限制，近距离地交流。本文介绍了教师如何在互联网所提供的泛在化学习环境下，融合传统课堂教学与在线学习，厘清不同的知识类型，协调"教学"的各个要素，进而完成"混合式"学习生态的创设，实现课程教学的优化实施。

关键词： 信息技术应用　民办高中语文　阅读与写作教学

21世纪是一个充满变化的时代，是一个信息高速发展的时期，各个国家打破文化壁垒，呈现文化多元化发展的态势。全球一体化下要求的是具有可持续发展的理念和能力的新一代，对高素质人才的知识的广度深度、思维及创新能力都有着极高的要求，因此提高教育质量就成为当今世界基础教育改革的重中之重。高中教育不再是塑造同一模式的读书人，而要为学生们的升学和就业做双重准备，既有适合所有学生的基础课程，也有为学有余力的高中生提供可自由选择的个性课程，提升每个高中生人生规划和独立思考能力，为高等教育选拔出优秀人才，为他们将来能顺利进入社会打下基础。

从国际发展的趋势看，继军事武力、政治经济，21世纪的竞争表现在各国文化教育的软实力上。习近平总书记指出："文化软实力集中体现了一个国家基于文化而具有的凝聚力和生命力，以及由此产生的吸引力和影响力。"因此，为了增强国家文化发展软实力，世界各国课程改革中普遍关注的焦点之一就是母语教育，本国语言承载着自身民族的精神和优秀传统文化，阅读与写作成为世界各国母语教育最重要的必修课之一。

一、新课标对语文阅读与写作的基本要求

为顺应时代要求，我国也加入了课改的浪潮中。习总书记提出的"四个自信"中，"文化自信"是基础、是根本。语文课程致力于加强人文精神和学生核心素养的培育，立德树人，使原本的文化育人功能重新焕发光彩。全球信息化时代，跨文化阅读交流也是必然的趋势，阅读素养业已成为国家软实力的重要指标。新课标注重高中生的生命成长和终身学习发展的能力，通过阅读传承本国文化，理解多元文化，积累语言，并梳理整合，内化后经由写作等方式表达交流，参与到当代文化，进而提升学生的思维品质和审美素养。对阅读与写作的要求不再是抽象的条条框框，而是融入十八个"语文学习任务群"中，学习任务群的层次性和差异性可以满足不同高中生的个性化要求，涵盖他们学习生活甚至将来工作不同方面的需求。

阅读材料不仅仅是单篇课文，新课标从群文阅读到重点强调的整本书阅读，通过任务驱动来增加学生阅读的动力，尊重他们的阅读兴趣，拓展他们的阅读广度，学习不同的阅读方法，培养自主阅读的能力。语言文字运用的能力和品质，贯穿在每一个任务群中，不仅要会阅读，还要求能够很好地表达交流，通过"阅读与鉴赏、表达与交流、梳理与探究"语文实践活动，突出学生的创新能力，增长思维能力，有自己独立的思考，清晰、客观、辩证、包容，读和写密不可分。"阅读是每个人终身学习与发展的关键能力，语文课程致力于培养有终身阅读习惯的阅读者和负责任的表达者，坚守表达的伦理，显示出自己的立场与追求、教养与风度。"

二、民办高中学生阅读与写作现状及原因

高中语文写作教学向来是世纪大难题。每次高考后，批改来自各个学校的

学生作文时,就会发现学生作文存在的问题还是高度统一的:学生们的语文基础不扎实,语言不是贫乏就是寡味,文体不清,概念模糊;很多学生缺乏基本的审题立意能力,论证缺乏逻辑性,积累少。民办高中学生的问题就更为严重:偏题、跑题、构思不明、概念不清,不仅基础差,更是无话可说,无情可抒。

究其原因,首先是学生们平时对语文学习不够重视。没有兴趣,自然就没有积极、主动学习语文的意识。不重视语文,语言苍白,没有阅读,何谈积累。课外阅读的种类单一,无选择性。小部分学生偏理轻文,主要的阅读对象是"学科教材辅导"类书籍;愿意阅读的学生,大部分喜欢读的是"卡通漫画"类作品,语言感知能力差。

其次,读书时间较少,读书方法不得当。据一份中学生课外阅读调查资料统计,即使部分爱课外阅读的学生,用在阅读上面的时间也不多,基本每天平均阅读不超过半小时。没有生活积累,储备量不足,写作自然无米可炊;读书方法不科学,阅读效果差,大多数学生阅读无计划性、无目的性,一般都是随便翻翻,只看自己喜欢的那部分,只有极少数喜欢阅读的学生能够通读全文。此外学生们基本上没有写读书笔记的习惯,也没有意识去边读边想。

其三,学生对写作目的没有正确认识,视写作为洪水猛兽。写作目的只为完成老师布置的任务或是大型考试获取分数不得已而为之。他们没有意识到写作要写出对于生活的感知,自己的独特感受的重要性,要有想象、联想,要有自己的理性思考,写作是自我表达。

其四,缺乏良好的社会环境和家庭环境以及正确的阅读引导。当前社会中信念缺失、价值虚无、享乐拜金等一系列问题让学生困惑迷茫;许多家长只关注考试分数而反对孩子"读闲书"影响功课;学校里语文老师也没有有效地引导学生开展课外阅读,引发学生阅读兴趣。学生不知道阅读能提高他们的写作,以及怎样将阅读和写作结合起来,就更加不愿意去阅读。阅读与写作脱钩,加大了学生不愿读也不会写的困境。

"思维的钝化源于语言的苍白,语言的苍白源于精神的贫瘠。"民办高中学生写作困境的源头就是阅读能力和思维品质低下。在此情境之下让学生自己去面对世界的爆炸式的繁芜庞杂的信息是不切实际的,他们没有甄别能力,对于视听娱乐没有抵抗力,这一代孩子热衷的就是对视频软件的依赖,是对自我认知、文化精神的缺失。高中课程改革就是要改变语文教学"做题多、读书少""听讲多、实践少"的积弊,为学生营造良好的阅读环境,引导他们将课程内容与社会生活联系起来,让学生能关注自我,关注他人,"尊个性而张精神"。

三、信息技术在民办高中语文阅读与 写作教学中的应用策略

新世纪全球教育追求的是平等、高质量和可持续发展。信息化时代必然会促使信息技术在教育改革中的应用,产生革命性的影响,大大改变全球教育的未来。数字相互依存的时代让教育更加个性化和终身化,从一支粉笔、一块黑板的传统教学手段到现代的投影仪、幻灯片,然后加入了电视、录像,再到现今的多媒体和网络通信技术,我们已经进入了"互联网＋教育"的时代。

(一) 信息技术在民办高中语文阅读教学中的应用

教育家布卢姆曾说过:"学习的最大动力,是对学习材料的兴趣。"培养和激发学生探求新知识的兴趣,喜欢阅读,爱上阅读是高中语文阅读教学的前提,兴趣可以激发学生的求知欲,推动他们去探究和学习。

民办高中学生大部分对于阅读没有兴趣,很多同学和我说过,家中有几本初中老师推荐的书,但是买来后就翻了翻,看也看不懂,也就没有再碰了。他们的父母大多是没有阅读习惯的,在业余时间他们不会主动前往图书馆消磨时间,在网络上除去潮流,他们也不大会去阅读文字,更别说整本书阅读了。学生们没有良好的阅读氛围,也没有受到过很好地阅读指导。所以,我们最先要做的是帮助他们设置阅读目标,带着学生们一起去读,在阅读过程中指导阅读方法,给予他们阅读的激励性评价,让学生能体验到阅读的快乐和成就感。当学生掌握比较正确的阅读方法,在阅读中取得进步,感受到阅读中的滋养,他们就能养成良好的读书习惯,愿意主动去阅读。

但是语文课堂的时间有限,阅读需要大量时间,没有老师在身边,学生能够按照我们希望的那样去阅读吗? 大众传播媒介的发展,信息技术的变革使得学校的围墙被打破,通过网络、通信技术,师生之间可以突破时间空间的限制,近距离地交流。

首先,我们在课堂上布置阅读任务,然后学校的"悦读网"和"四叶草"学习系统提供阅读材料和监管学生完成任务的进度,让阅读小组的组长去提醒当天没有完成任务的学生。一开始,是帮助学生建立阅读习惯,每天至少花半小时去阅读,阅读一万字左右。

在阅读的时候,作阅读笔记非常重要。我们的学生只会做一些简单的摘抄、画横线,连批注也没有;读书的时候不知道应该怎么思考,怎么做批注。因此,教师要和他们一起阅读相同文本,将自己的读书笔记拍下来,借用图片处理器进行剪切和整理,通过微信发给每个同学。等到一两个月以后,读书笔记积累到一定程度,再指导学生如何反复翻阅自己的笔记,将其归类,突出侧重点。当遇到大段文字或者某著作主题突出的篇目想要记录的时候,可以通过类似"Scanner Pro""全能扫描王"等相关软件,将文字拍下来,储存到"GoodNotes""Notability"等读书笔记软件中。电子笔记本的优势就在于大容量,方便记录、搜索、归类整理,帮助我们提高阅读效率。特别是它的分享功能非常强大,可以很方便地导出成 PDF,并通过 Airdrop、邮件等分享到其他移动设备和 PC。有的读书笔记软件还可以在阅读资料上做批注并整理这些批注,批注就是阅读时在书页的空白处所作注释、说明、感悟、疑问等文字,电子软件使得批注更加丰富和生动,可以是文字、图片或录音。

其次,阅读方法的指导很重要,根据学生的不同阅读类别给予不同的读书方法指导。对于一些社科文、优秀散文、诗歌等"薄"的文章,要帮助学生读厚,指导学生查证细节,一些重要的知识点要进行补充。课堂的容量和时间有限,在课后可以通过网络链接、微视频、翻转课堂将知识点、拓展内容补充给学生。对于名著等"整本书"的阅读就要帮助学生先读薄,通过"XMind""幕布"等思维导图软件,指导学生看目录、粗读全文,理顺内容,对整本书的结构有一个初步认识。读不懂的地方可以及时在微信读书圈中分享出来,先由学生一起讨论,集中的问题再由组长通过微信和老师沟通,老师可以通过语音、视频、网络链接给予解答或引导。第一遍读完之后,再根据书的内容题材设置任务,让学生再根据自己感兴趣的主题任务去细读作品,深入了解人物、主题、语言,等等。第三遍,由老师推荐百度文库、中国知网等网络资源中相关其他作家相同作品进行比较阅读,还有其他人的阅读鉴赏文本进行参考,推荐书目,延伸阅读作品的外延。在阅读前或者阅读后还可以借用喜马拉雅 APP 中相关的专家解读来加深印象。

(二)信息技术在民办高中语文写作教学中的应用

许多教师常常拿出整节课来进行写作指导,但效果并不是很理想。民办高中的学生没有人喜欢写作,甚至惧怕写作。没有人愿意主动写作,一写作文就拖,最好拖到老师忘记。朱光潜先生说到杜工部的经验"读书破万卷,下笔如有神"时,指出"读书破万卷"是功夫,"神"就是灵感。学生不喜欢写作是因为脑子里没想法,肚子里没墨水,所以写作之前积累很重要。信息技术给了学生更广阔的空间和前所未有的动力。

第一,让学生做好读书笔记。当学生阅读积累到一定的量之后,教师再让他们动笔,但先不写整篇的完整文章。可以借用新媒体写作的平台,让学生先在微博、简书、豆瓣或者小红书上开个账户,每个礼拜发表一到两篇随感,不限主题、时间和篇幅,可以是阅读体验、阅读感悟、阅读想象、阅读推荐等,只有一个要求,真情实感。一方面,可以为自己的阅读做个记录,一方面用输出倒逼输入,同时也鼓励学生们互相关注,互相给予意见和建议。等到他们的文章积累到一定程度,就会吸引网络上的陌生人的关注,更加激励他们多阅读多积累多思想多感悟,在阅读写作的过程中慢慢找到自己的风格和题材。

第二,鼓励学生阅读写作的最好办法就是教师的“下水”。教师也可和学生一样开一个微信公众号发表文章。第一,在里面发一些自己写的文章,一部分是和学生一起写的作文,一部分是自己的阅读笔记和随感,针对一些学生的困惑给予解答,或者是励志、心灵鸡汤的文字。第二,转载学生写的好的文章于其上,大力宣传,给予学生更多的成就感和信心。第三,在平时将每个月的课堂作文存在的问题,解决的方法,修改的文章,范文等等发在公众号里让学生反复阅读,作为平时课堂教学的衍生。

第三,以阅读和写作鼓励性评价激励学生。教师应充分重视对学生的阅读和写作给予恰当并带有激励的评价,及时对学生的阅读笔记和随感作出恰当、合理的评价以及建议和示范批改作文,通过网络的便捷和及时性,发动学生互评互动,分享感受,沟通见解。最后回到课堂里面总结和反思,以期通过作文互评活动促进写作水平的提高,学生互评的时候要求以鼓励和表扬为主,每次就从一个方面来指出问题和修改。

最后来谈一下新课标中的一个学习任务群:“跨媒介阅读与交流。”新课标解读一书中指出,互联网背景下,传统媒介报纸、杂志、广播电视等与计算机网络、手机及各类移动终端等诸多新媒介共同构成大众媒介已开始打破原有各自封闭的状态,“数字原住民”一代正在校园里成长,需要引导学生提高理解分辨的能力,培养求真求实的态度和正确的价值观。

现在我们主要通过公众号和 QQ 平台来参与到跨媒介阅读与交流。公众号是由教师和学生一起运营,师生一起讨论如何排版,如何更有效的传播,帮助他们从实践上去选择内容、拟标题、配乐、配图,等等,再和别的公众号、自媒体平台相比较。比较相同话题之下,不同媒体观点的异同,让他们懂得分辨审视各种媒体信息背后的意图和价值,同时树立坚守媒介伦理和道德的意识。

我们一个学期在 QQ 平台上举行两次读书会,由学生自己主持,每次在前两个月的阅读和写作的基础上,设置一个主题,由学生代表分享大家阅读写作的成果和比较好的阅读写作的方法经验,然后请部分学生分享自己读书时遇到的困惑及解决方法,推选阅读之星,推荐好书和 Bilibili 网络视频、微信音频直播、QQ群组、喜马拉雅 FM 等媒体平台上好的读书节目,并且中间穿插一些与主题相关的和读书讲解的音频视频。

阅读和写作教学中,教师的指导作用非常重要,培养学生正确高效的阅读写作的兴趣和习惯,教会学生正确的阅读写作方法。老师应该是"超级链接",充分利用自己的知识储备,引导学生把薄书读厚,厚书读薄,厚积薄发,加深他们个性化的理解和情感体验。新课标中每一个学习任务群都要求相应的表达交流,强调读和写的关系,教师也要阅读和写作,做好示范,以自己良好的阅读习惯潜移默化地影响学生,用自己写作的实践和方法去引导学生。

四、在"互联网＋语文"的新形势下教师的角色及要求

新课标解读一书中指明"互联网＋语文"是在互联网所能提供的泛在化学习环境下,融合传统课堂学习与在线学习,厘清不同的知识类型,协调"教学"的各个要素,进而完成"混合式"学习生态的创设,实现课程教学的优化实施,"互联网＋语文"不是用技术取代教师。

互联网时代的来临,大众传播各种媒介的快速发展,教师不再是学生知识的唯一来源,整个世界都成为学生学习的平台,那在未来教育中,教师又处在什么样的角色中呢?"语文教师是语文课程开发与实施的主体,不仅要通过组织学习活动建立课程计划、学习材料、学习者和学习环境的联系,保障语文学科课程目标的达成,还要以丰富的学识和人格魅力影响学生,在学生的精神成长及人格塑造中起着举足轻重的作用。"

未来教育中,技术创新很重要,但教师的角色更重要,新技术只是一种手段,关键还是要有好的教师才能有好的教育,才能培养出合格的未来创新人才。新时代向老师提出了更高的要求。

第一，教师在教学中不仅仅只是传授知识，更应加强自身职业素养的培养和提升。学生的学习朝着更深、更广、更个性化方向发展，教师也需要继续学习，树立现代教育思想，不断提高自己的专业素养。备课时要借用现今网络强大的功能去寻找优质教学资源，对文本要有正确和自己的解读。我们要求学生发展核心素养，作为教师也要有钻研精神和创新意识，积极参加线上线下专业培训，注重自我发展和职业规划。

第二，教师必须提高对信息技术运用的熟练程度和应用水平。鼓励技术创新并不是要抛弃传统，教师要在传统教学手段和新技术之间不断磨合、完善，取长补短、优势互补，找到最适合自己学生的教学策略，提高教学效率，提升教学质量。

第三，教师要关注学生的主体地位、兴趣个性、自我规划的不同差异以及学生的全面发展，创设宽容和谐的学习氛围，更有针对性、更个性地帮助他们选择合适自己的学习方式，既传授知识也要训练他们的思维。

习近平总书记指出："中国优秀传统文化的丰富哲学思想、人文精神、教化思想、道德理念等，可以为人们认识和改造世界提供有益启迪，可以为治国理政提供有益启示，也可以为道德建设提供有益启发。"我们要鼓励学生多读书，读好书，积极参与到当代文化建设中来，传播和交流本国优秀文化和精神，增强文化自信。只有注重积累、持之以恒、久久为功，才能真正取得实效。教育技术创新，引入新的技术要素，使教育效率、效益、效果得到提高。高中学生也要学习如何灵活正确客观处理各类信息，善于使用新知识，能批判性地思考，提高创新能力。我们期待科技会让教育有一个更美好的未来，让信息技术为高中生核心素养的提高助力。

参考文献
王宁、巢宗祺：《普通高中语文课程标准(2017年版)解读》[M].高等教育出版社,2018版。

"把"字句教学设计

马立娟

摘　要："把"字句是对外汉语教学中的重点和难点,怎样有效地开展"把"字句课堂教学是很多学者讨论的焦点。本文从教学实践的角度,针对留学生初级阶段的学习特点,筛选教学内容,对课堂教学进行了设计,认为将"把"字句语义、语用特征融入课堂教学是"把"字句教学成功的关键所在。

关键词:"把"字句　对外汉语教学　教学设计

在对外汉语教学中,"把"字句是教学的难点,很多学者都试图从不同的角度阐释和解决这一教学难点。

一、教学基本内容的选择

确定教学的内容是解决这一问题的第一步,同时也是至关重要的一步。适当选择教学内容会使教学事半功倍。

(一) 大纲要求

《HSK 汉语水平考试大纲》是教学的重要依据之一,大纲中对"把"字句的教学内容进行了排序,对于留学生初级阶段的"把"字句教学很有指导意义:

甲级:1. 你把你的意见说一说。(初等语法项目一)

　　　2. 我把信寄走了。

乙级:3. 他把那件上衣放在床上了。(初等语法项目二)

　　　4. 他把大衣丢了。

但大纲的处理存在一些问题。对《HSK 大纲》的排序,邓守信提出:为什么把动词重叠式(V—V)(你把你的意见说一说)作为第一结构来学?他认为低水平的学习者要熟练掌握这一结构是十分困难的,为什么简单结构 SOV 的"他把大衣丢了"放在"我把信寄走了"之后学习?

(二)修改的排序

对于邓守信的观点,笔者非常赞同。对于留学生初级阶段的"把"字句教学内容的选择要考虑到以下几方面:首先,要从结构最简单的基本形式学起,比较复杂的"把"字句不应在初级阶段出现,如"把邮票贴到信封上去"(带"把"字句的连谓句)等。其次,要考虑到学生习得的难易程度。同时,一定要把使用频率高的句型排在最前面。最后,在语用上,受语境影响较少的"把"字句应最先习得。综合诸多因素,由此,我们对"把"字句进行了新的排序:

初级阶段:

i.

(1) 把灯打开。

(2) 把课本打开。

ii. N/代词+把+ N1+V 在/给/到/向+N2

(3) 他 把 大衣 放在 床上。

(4) 把 课本 翻到 第四页。

(5) 你 把 书 还给 他。

iii. N/代词+把+N+ V+了

(6) 我 把 衣服 洗 了。

(7) 他 把 这件事 忘 了。

iv. N/代词 +把+N+ V +结果补语

(8) 他 把 房间 收拾 干净。

(9) 我 把 作业 做 完。

(10) 我 没把 电脑 修 好。

v. N/代词+把+N+V+ 趋向补语

(11) 爸爸 把 车 开 过去。

(12) 他 把 书包带 回宿舍。

vi. N/代词+把 +N+ V +动量/时量补语

(13) 你 把 课文 读 一遍。

(14) 我们 把 下课的时间 延长 十分钟。

(三)关于上述排序的说明

第一,序列 i 中,由于这些句子都是表示"请求""命令"义的,我们没有归纳这些句子的句型,而是把它们单独列出。对初次接触"把"字句的留学生来说,虽然这些句子的句型是新的,但结构简单,语言环境直接,而且最贴近生活,教师在表情、手势的帮助下,可以以最快的速度让学生明确表达的意思。教师的很多课堂指令也是运用这些结构表达的,如:请把窗户打开,请把课本打开。在一方向另一方提出要求、命令时,经常会用这种句式,它同"V+N"结构的句子(如:打开灯/打开课本)在语气加强的情形下,表达同样的命令、要求,可以达到相同的交际效果。但由于受不同人说话风格的影响,有很多表达者会选用"把"字句式来表达自己的意思。这些句式很容易习得,教师在课堂上多次发出指令,学生耳濡目染,掌握这些表达不会有太多困难。在讲解"N/代词+把+N+V 在/给/到/向+N"这一结构之前,讲解 i 类,是很好的铺垫和引入。

第二,ii"N/代词+把+N+V 在/给/到/向+N"。首先,这一结构出现的频率很高。张旺熹的统计得出结论:"说到'把'字句,在人们的印象中,总以为是结果补语和状态补语形式出现得最多,最自然,是典型的句法形式,可是当我们面对来自实际语料的 2 160 个'把'字句时,我们发现,明确表示物体发生位移的 VP 结构就有一半……足见位移特征在'把'字句中占明显的优势了。"[1]其次,此句型被留学生使用的频率高,偏误率小。余文青发现欧美、日、韩学生在使用"把"字句时,"N/代词+把+N1+V 在/到+N2"这个句型出现频率最高,分别为 57.78%、67.03%、35.03%。日韩受试完成此句型达到 80% 以上(出现率+回避率),欧美受试也达到了 74.33%。王光全认为,"表位移"是"把"字句教学的切入点和重点,所以把这个结构放在第二位。

第三,iii"把+N+V+了"结构。陆庆和发现由于可以用于这个结构的动词很受限,所以学生出现的偏误也最多。但是基于其结构简单,邓守信(2001)认为这个结构上是最简单的。同时,出现率不低,在陆庆和调查搜集到的 1 458 个"把"字句中,有 51 例是"N/代词+把+N+V+了",占 3.5%。与"N/代词+把+N1+V 给+N2"(50 例)、"N/代词+把+N+V+得(状态补语)"(60 例)的频率相近,因此把这一句型排在第三位。

第四,"N/代词+把+N+V+动量/时量补语"这一结构在"N/代词+把+N+V+结果补语"" N/代词+把+N+V+趋向补语"这两个结构之后学习。

留学生习得"N/代词＋把＋N＋V＋动量/时量补语"这一结构较慢。在实际的言语交际中,留学生在此结构上出现的偏误率较后两个结构高。所以把"N/代词＋把＋N＋V＋动量/时量补语"这一结构推后学习。对于"N/代词＋把＋N＋V＋结果补语"与"N/代词＋把＋N＋V＋趋向补语"的排序,参考《新实用汉语课本》与《汉语教程》,两种教材还是倾向于将大部分"把"字句加结果补语情况放在加趋向补语之前来讲解。所以新的排列方式就是将"N/代词＋把＋N＋V＋结果补语"放在"N/代词＋把＋N＋V＋趋向补语"之前来学习。

《新实用汉语课本》"把"字句含补语句式出现时间及顺序

出现顺序	句　　式	出现时间
1	N/代词＋把＋N＋V＋(处所宾)十简单趋向补语	第二册第18课
2	N/代词＋把＋N＋V＋结果补语(动)	第三册第29课
3	N/代词＋把＋N＋V＋结果补语(形)	第三册第32课
3	N/代词＋把＋N＋V＋得＋情态补语(形)	第三册第32课
3	N/代词＋把＋N＋V＋时量补语/动量补语	第三册第32课
3	N/代词＋把＋N＋V＋简单趋向补语＋宾(处所)	第三册第32课
3	N/代词＋把＋N＋V＋复合趋向补语	第三册第32课

《汉语教程》"把"字句含补语句式出现时间及顺序

出现顺序	句　　式	出现时间
1	N/代词＋把＋N＋V＋结果补语(动)	第三册下第13课
1	N/代词＋把＋N＋V＋复合趋向补语	第三册下第13课
2	N/代词＋把＋N＋V＋时量/动量补语	第三册下第13课
2	N/代词＋把＋N＋V＋结果补语(形)	第三册下第13课

第五,对于iv中(10)句,参考了姜德梧的观点:"从以上的统计资料来看,'把'字句教学中学生最容易弄错的是否定词的位置,甚至连水平比较好的学生也容易弄错。这是'把'字教学中的难点。在'把'字教学中,所有的教科书都把否定副词要放在'把'字前,而不能放在动词前作为一条重要规则来讲解和练习,但学生还是掌握得不好。因此,我们特别重视这一结构的讲解。"[2]

(四) 教学安排

在考虑每课要分配多少教学内容比较适宜时,根据"结构上较简单,内容上较具体,且高频使用的句型在前;结构上较复杂,内容上较抽象,且低频使用的句型在后"的"把"字句教学原则,将初级阶段"把"字句教学内容分成两课如下:

第一节课介绍 i、ii、iii 三类"把"字句。因为:序列 i 中,句子结构简单,语言环境直接,而且最贴近生活,教师在表情、手势的帮助下,可以以最快的速度让学生明确表达的意思;序列 ii 中,句子结构出现的频率和被留学生使用的频率都很高,偏误率小。序列 iii 中,句子结构的动词很受限,学生出现的偏误也最多,但是其结构简单。所以决定把这三类"把"字句放在第一课讲解。

第二课介绍 iv、v、vi 三类"把"字句,同时对否定词、能愿动词在"把"字句中的位置进行讲解。因为"N/代词+把+N+V+补语"这一句型较 i、ii、iii 中句型复杂,需要在它们的基础上才能理解和掌握,所以把它放在第二课中。另外,"把"字句中否定词和助动词的语序,是教学法和 HSK 考试中的难点,也是学生错误率较高的句型,所以在第二课中,需要教师反复强调并进行大量系统练习,以此巩固。

在进行教学安排时,笔者研究了《汉语教程》《博雅汉语》两本教材,发现这两本教材也都是将初级阶段"把"字句教学内容分成两课,与本文的排序类似。现将两本教材具体的安排以及笔者的一点建议整理如下:

第一课:《汉语教程》(1—6 册)从第二册(下)的第 12 课 (P20)用"提宾说"的方式引出"把"字句,并给出"N/代词+把+N1+V 在/给/到/成+N2(了)"四种句式。我认为直接讲"N/代词+把+N1+V 在/给/到/成+N2(了)"这一结构是缺少铺垫的,对未接触过"把"字句的学生来讲,结构略显复杂。建议教师在讲解这一结构之前讲解 i 类作为铺垫、引入。《博雅汉语》初级起步篇(II)中的第 41 课(P79)以语法专题形式,开始介绍"把"字句。第一种"把"字句具体表述为:"N/代词+把+N1+V 在/给/到/向+N2"。同时本课还介绍了"S+把+N+V+补语"句式,具体包括"主+把+宾+动+结果补语(形容词)""主+把+宾+动+结果补语(动)"和"主+把+宾+动+动量补语"三种句式。我认为《博雅汉语》第一课讲授的句型过多,留学生可能会很难习得,应当减少教学内容。

第二课:《汉语教程》第 13 课(P35)对"把"字句主语的主动性、宾语的特指性、动词的复杂性、否定副词和能愿动词的位置进行了讲解。在讲解时,运用的例句体现出"N/代词+把+N+V+了""N/代词+把+N+V+结果补语(动)""N/代词+把+N+V+结果补语(形)""N/代词+把+N+V+复合趋向补语"

"N/代词＋把＋N＋V＋动量补语""N/代词＋把＋N＋VV"六种新句式。我认为《汉语教程》第二课教学的安排是合理的。《博雅汉语》第 42 课(P88)还介绍了第二个"把"字句语法专题,主要指出了"把"字句中否定词、能愿动词的位置。这一安排显得单调,内容不够充实。

二、真实情景导入课堂教学

在对外汉语教学中,怎样让学生把学到的语法知识,熟练地运用在真实的语言交际中,是一大难点。其唯一的途径是语境,只有通过语境教学,才能把语法讲活,才能使语法起到指导语言交际的作用。在留学生初级阶段的"把"字句教学中,设计适当的语境来导入"把"字句教学是非常有意义的。

例如,老师进入教室时,说:"同学们,现在开始上课。"让学生迅速进入学习状态。然后老师说:"请 A 同学,把门打开。"(重复一遍)"请 B 同学把黑板擦了。"(重复一遍)接着说:"同学们,把课本翻到第四页。"(重复一遍)根据具体的情境,自然引出"把"字句,让学生有感性的认识。这样学生会比较容易接受新知识。

之后,老师再次重复这几个"把"字句,并把它写在黑板上。

(1) 把门打开。(ⅰ类)

(2) 请同学们把课本翻到第四页。(ⅱ类)

(3) 请 B 同学把黑板擦了。(ⅲ类)

老师根据语境,带领同学们分别对于每类"把"字句进行机械模仿。以便强化各类"把"字句结构在学生头脑中的印象。在大量的练习之后,老师必须进行恰当的总结与归纳,向同学们介绍把字句的基本结构特点:"N/代词＋把＋N＋V＋其他成分",也可以在 "把"字句的板书旁列举几个对应的一般陈述句。如:① 打开门。② 翻到课本第四页。③ 擦黑板。并将两组句子的语序进行对比,以此来突出"把"字句用介词"把"把宾语提前的结构特点,以便增强学生们对"把"字句这种特殊句型的理解。

三、将"把"字句的语义、语用特征融入教学

"把字结构"作为一个相对完整的独立的语法、语义单位, 它以表达与目的

意义紧密相关的语义内容为本质特征。它包含了三层含义：第一，"把字结构"本身表达目的的意义；第二，"把字结构"表达目的的实现——结果的意义；第三，"把字结构"表达为了特定的目的而执行特定的行为动作——手段的意义。"把字结构"在语用上的基本规律是，它始终处于一个明确的因果关系（包括条件关系、目的关系）的意义范畴之中，当人们强调这种因果关系时，便使用"把字结构"的语句形式。

大量学者在研究"把"字句为何成为对外汉语教学难点时，把原因归于教师未能让学生充分理解"把"字句的语义、语用特征。"在对外汉语教学中把字句历来是个难点这与语法教学中只重视结构形式而忽略句子的语义和语用功能有关。"[3]吕文华认为："解决'把'字句教学的根本途径是要揭示'把'字句的语义特征，使学生掌握要表达什么意义时必须用'把'字句的语境背景，使学生掌握在什么情况下用'把'字句。"[4]在了解了教学的难点之后，需要找到适当的理论与有效地训练方法，让初级阶段的留学生了解"把"字句的特点，从而提高"把"字句使用的正确率。

可以说，对于"把"字句语用及语义的研究成果是极为丰富的。但是，其中有很多的问题，不同理论之间还存在着一些矛盾。在研究还不够深入的情况下，我们应选择怎样的理论来融入对外汉语的教学中呢？

首先，这种理论能解释大部分语言现象，特例较少。其次，理论不能太过抽象，一定是形象的，易于接受的。如果中国学生都不能很好地理解，那初级阶段的留学生就不可能理解了。最后，理论本身的系统性强。用少数几个，最好是一个角度来解释"把"字句语义特征。

基于以上原则，笔者认为张旺熹先生对于"把"字句的研究是可以进入留学生初级阶段的"把"字句教学中的。张旺熹将"把"字句选择与实际语境交际结合起来研究，认为"把"字句的使用对于上下文是有相关要求的，"当前接句中有成分与后续句宾语同指时，后续句有使用'把'字句的倾向，这一倾向可以用篇章的衔接来解释。'把'字结构以表达与目的意义紧密相关的语义内容为本质特征，在语用上的基本规律是它始终处于一个明确的因果关系（包括条件关系、目的关系）的意义范畴之中，当人们需要强调这种因果关系时，便使用'把'字结构的语句形式"。[5]由此，他还绘制了"把"字句的流程图，表明"把"字句的选择运用由句法、语义、上下文篇章、语义重点、个人风格等因素决定，这些因素形成了一个从强制到非强制的等级关系。

同时,张旺熹在语料分析的基础上,提出了一种新颖的理论,他认为:"把"字句凸显的是一个物体在外力作用下发生空间位移的过程,这种位移过程又通过隐喻拓展形成了"把"字句的四种变体图式。整个理论的特点非常突出,形象性很强、易于理解,而且整个理论用空间位移这一概念贯穿始终,符合我们选择理论的原则。

四、理论融入课堂教学

(一)运用多媒体展现真实语境

把生涩难懂的语法理论融入对外汉语的教学中是很困难的,更不用说融入留学生初级阶段的教学中了。为了使这成为可能,必须运用多媒体技术来再现真实的语境以解决这一问题。通过图片或者视频将"把"字句的语义、语用特征教授给初级阶段的学生。

首先,要把明确表示物体发生位移的 VP 结构介绍给学生。根据张旺熹先生研究,他所选实际语料库的 2 160 个"把"字句中,这种语义占一半以上。同时介绍"把字结构"的语义核心是表达与目的意义紧密联系相关的语义内容。

根据张旺熹先生的研究,提出"把字结构"的标准语句形式:句子(原因)＋把字结构(手段)＋句子(目的),此"把字结构"是作为由于某种原因而需要执行某种特定的行为动作,以实现某种目的的必要手段。我们怎样把这一语用特征讲解使留学生初级阶段的学生能够理解呢? 笔者做了如下设想:

举例说明: 小菲把雨伞打开。(i 类"把＋N＋V")

这个"把"字句明确表明雨伞形体发生变化。单独将这个"把"字句或是让学生将主谓宾句"小菲打开雨伞"替换为"把"字句"小菲把雨伞打开",这种教学方式虽然在初级阶段对学生体会"把"字句的语法结构有好处,学生也能说出正确的"把"字句单句,但学生往往不知道这些"把"字句的真正含义是什么,也不知道在什么语言环境中用这些"把"字句。教材中的语法练习,也常常是以单句形式出现的句子。

所以要再现语境,并将语用特征融入其中:

下雨了(原因),小菲把雨伞打开(手段),这样衣服就不会湿了(目的)。

下文的图片是为说明主谓句等陈述形式和"把"字句在语用上的不同服务的,即"小菲打开雨伞"和"小菲把雨伞打开"的不同。先放出第一张图片:

图片中小菲在打开雨伞,这时问学生:"小菲干了什么事情?"学生回答会是"小菲打开雨伞"。

之后再展示一组图:

第一张图片表示下雨了,第二张图片表示小菲通过外力使雨伞形体发生变化。

老师将完整的句子说出:"下雨了,小菲把雨伞打开,这样衣服就不会湿了。"这时,学生就能够明白"把"字句的使用,是受前接句(原因)与后续句(目的)限制的,所以能够感受到"把"字句与主谓句即"小菲把雨伞打开"和"小菲打开雨伞"语用上的不同。

当然,与图片相比较,视频中的场景就更为形象直观了。因此,在"把"字句的教学中,老师可以专门录制一些动作视频,比如说"炒菜""榨豆浆""包饺子"等录完后,将这些动作场景进行剪辑,在课上给学生播放,并在观看视频后,要求他们运用"把"字句对这些动作片段进行描述。

(二)语境融入"把"字句练习中

为了使留学生准确地使用"把"字句,带有语境的练习题是非常必要的。比如在讲解当后续句与前接句的宾语同指时，后续句倾向于使用"把"。根据这语用特征，可以设计出下面的练习：

妈妈买了一幅画，_____。(A. 她往书桌上放了这幅画　B. 她把这幅画放在书桌上)

小明知道我喜欢汽车模型，就送给了我一个作为生日礼物。_____，摆在橱窗里。(A. 我把它带回家　B. 我带着它回家　C. 它被我带回了家)

又如在讲解"把"字句中"把"的作用是使语义重心转移，将视点放在"把"后的宾语上，即"我吃了饭了"要说明的是"吃了饭"对"我"的影响，"我吃了饭了"的含义是"我不饿了"；而"我把饭吃了"主要说明的是"吃了饭"对受事"饭"的影响，"我把饭吃了"的含义是"饭没了"。根据这一观点，可以设计出如下的选择练习：

_____，不用给我准备吃的了。(A. 我把饭吃了　B. 我吃了饭了)

_____，对不起，你只好去食堂吃了。(A. 我把饭吃完了　B. 我吃完饭了)

五、几点思考

综上所述，在"把"字句初级阶段的课堂教学中，我们应注意以下几个问题：

首先，关于"把"字句教学的基本内容和排序。在对外汉语教学中，"把"字句应该教些什么内容，它应包括哪些句型，这些句型又该如何排序，排序中应该遵循什么原则等都是至关重要的。在考虑到留学生接受能力的前提下，结合他们习得的难易程度、综合结构、频率、内容、语用等诸多因素来安排教学课时和教学内容。然后，将真实情境导入课堂，使学生自然接触新的句型，帮助留学生把语言理论的认识和语言实践的感性认识结合起来，在语境中理解语法并能够在实际交际中使用。此外，着重强调"把"字句的语义、语用特征在对外汉语教学中的重要地位，并探索将其融入留学生初级阶段的课堂教学之中。

与此同时，在"把"字句教学中我们还要注意到不同国籍学生母语负迁移所产生的影响。如靳洪刚(1993)认为，母语是英语的汉语学习者，在学习"把"字句时，要经历"语用化"的过程。这就提示我们：在教学中，要充分注意到不同语言背景的学生在学习"把"字句时的不同特点，以进行有效地教学。刘颂浩(2003)

对不同国籍学生的"把"字句回避现象的研究,与余文青(2000)对于留学生"把"字句使用情况的调查,都说明在教学中要针对不同国籍的学生进行不同侧重点的"把"字句教学。此外,我们要对"把"字句教学减负,老师要分清留学生使用"把"字句出现偏误的原因,是不是由于一些"非把字句错误"引起的,以明确教学的重点。

总之,教师要充分关注当今"把"字句教学的研究成果,并将其创造性地运用到教学实践中去,如此才能改善"把"字句教学现状。

注释:

[1] 张旺熹:《"把"字句的位移图式》[J].《语言教学与研究》.2001 年第 3 期第 2 页;

[2] 姜德梧:《从 HSK(基础)测试的数据统计看"把"字句的教学》[J].《汉语学习》.1999 年第 5 期第 53 页;

[3] 张旺熹:《"把字结构"的语义及其语用分析》[J].《语言教学与研究》.1991 年第 3 期第 101 页;

[4] 吕文华:《"把"字句的语义类型》[J].《汉语学习》.1994 年第 4 期第 26 页;

[5] 张旺熹:《"把字结构"的语义及其语用分析》[J].《语言教学与研究》.1991 年第 3 期第 99 页。

参考文献

[1] Teng Shouhsin(邓守信):《Defining and Sequencing Syntactic Strutures in L2 Chinese Instruct Materials》[J].《暨南大学华文学院学报》.2001 年第 1 期;

[2] 陆庆和:《关于"把"字句教学系统的几点思考》[J].《暨南大学华文学院学报》.2003 年第 1 期;

[3] 张旺熹:《"把"字句的位移图式》[J].《语言教学与研究》.2001 年第 3 期;

[4] 王光全:《"把"字句的原型用法》[J].《北华大学学报》(社会科学版).2004 年第 2 期;

[5] 姜德梧:《从 HSK(基础)测试的数据统计看"把"字句的教学》[J].《汉语学习》.1999 年第 5 期;

[6] 张旺熹:《"把"字结构的语义及语用分析》[J].《语言教学与研究》.1991 年第 3 期;

[7] 刘颂浩:《"把"字句运用中的回避现象及"把"字句的难点》[J].《语言教学与研究》.2003 年第 2 期;

[8] 余文青:《留学生使用"把"字句的调查报告》[J].《汉语学习》.2000 年第 5 期;

[9] 靳洪刚:《从汉语"把"字句看语言分类规律在第二语言习得过程中的作用》[J].《语言教学与研究》.1993 年第 2 期;

[10]　刘珣、张凯、刘社会、陈曦、左珊丹、施家炜：《新实用汉语课本》[M].北京语言大学出版社,2003 年版；

[11]　杨寄洲：《汉语教程》[M].北京语言大学出版社,2009 年版；

[12]　李晓琪、徐晶凝、任雪梅：《博雅汉语：初级起步篇 ii》[M].北京大学出版社,2005 年版。

浅谈网络流行语"囧"和"萌"

马立娟

摘　要：近几年来，"囧"和"萌"这两个字风靡网络，出现在各大论坛标题等，至今仍活跃在人们的生活中，但是这两字的意义已经发生了变化。本文将从社会语言学的角度，追溯"囧"和"萌"的源头，分析其在当下的运用，及其流行原因，来论证将成为被大众所接受的具有新意的新词。

关键词：囧　萌　社会语言学　网络文化

　　"囧"字突然火爆的具体时间已经无从考证，只知道其起源于日本的颜文字 Orz，2004 年在日本、中国大陆与中国台湾地区俨然成为一种新兴的次文化。这种看似字母的组合并非是一个英文单词，而是一种象形符号，在日文中原本的意义是"失意体前屈"，代表一个人面向左方、俯跪在地，"O"代表这个人的头、"r"代表手以及身体，"Z"代表的是脚。Orz=跪拜（五体投地的意思）。中国台湾的网民受到"Orz"的启发，用"囧"替换掉了"O"，使得日文中的失意体前屈的头部具有了更加写意的表情，写作"囧"。"囧"这时念"窘"。同时从字形来看，"囧"字极像一张人脸：里面的小"八"字像人愁眉的样子，"口"字像人的嘴巴，然后便因为其形象性迅速地在各大论坛以及网站流传开来，并被赋予多种新的意义，成为 2004 年最火的一个网络流行语，并且现在依然广泛被应用，俨然有成为常用字的趋势。这个原本只存在于字典中的生僻字，现在用百度搜索引擎进行搜索，竟然有超过 1 亿的搜索结果！被称为是"史上最牛古汉字"。

　　"萌"这个字则是从古一直沿用至今，是一个常用的汉字，但是其也同样在网络环境中焕发了新的光彩，拥有了与之前不一样的新的意义，并被大家所接受从而迅速使用起来。

一、"囧"和"萌"的意义

(一)"囧"的意义

1."囧"的古义

"囧"在甲骨文中就能找到其原始字形,《现代汉语词典》中并没有收录"囧"这个字,甲骨文中的"囧"和金文中的"囧"都是圆形,是一个象形字。关于"囧"的形义,主要有以下几种:

(1)窗户、光明义

①许慎《说文解字·囧部》(以下简称《说文》):"囧,窗牖丽廔闿明。象形。凡囧之属皆从囧。读若犷。贾侍中说:读与明同。俱永切。"[1]段玉裁《说文解字注》说:"丽廔双声,读如离娄,谓交疏玲珑也。闿明谓开明也。象形。谓像窗牖玲珑形。"这里的囧的形状,就像一个窗户一样。

②《辞海》:"囧,举永切,音憬,梗韵。或作冏。窗牖丽廔闿明也。见《说文》囧部。段注:丽廔双声,读如离娄,谓交疏玲珑也。闿明谓开明也。"闿明,也就是开阔明朗的意思。江淹《杂体诗》中就有"囧囧秋明月"。韩愈也有诗云:"月吐窗囧囧。"这里的囧,就是光明的意思。

③《中华大字典》:"囧,俱永切,音憬,梗韵。一义为窗牖也,《说文》囧部,窗牖丽廔闿明,象形。另一义为光也,同炯。韩愈诗:'月吐窗囧囧。'"

④《汉语大词典》:"jiǒng。《广韵》俱永切,上梗,见,同'冏'。窗透明,引申为明亮。"《说文·囧部》:"窗牖丽廔闿明。象形。"江淹《杂体诗·效张绰杂述》中就有:"囧囧秋明月,冯轩咏尧老。"李善注:"囧,大明也。"囧,一本作"冏"。

综上所述,"囧"本应该是一个象形字,甲骨文与金文中的"囧"皆是圆形,以此来表现窗户的形状,并且由窗户引申出光明、光亮等意,也是正确的。可以说,"囧"从说文解字来看,其本意是像窗户之形,是象形字,引申为光明。

(2)书篇名、人名

《辞海》:"囧命,书篇名。书序:穆王命伯囧为周太僕正,作囧命。传:以囧见命为篇。"

《中华大字典》:"伯囧,人名。《书》囧命序。穆王命伯囧为周太僕正。按释文,囧本作臩。"

这一句话有不同的解释,但不管是作为书篇名还是人名,总而言之,囧是有这种用法的。

(3) 祭名

于省吾先生:"囧为祭名,契文亦作囧,通盟。即《周礼》诅祝盟诅之盟……囧米连文,盟谓要誓于鬼神。"[2]

(4) 仓廪义

于《殷墟文字甲编一册》:"己巳贞:王其登囧米于祖乙?"这篇卜辞中,囧或谓有仓廪之义,如是,南囧米者南仓之米也[3]。

(5) 地名

李孝定于囧字取形赞成窗说,于辞义则认为是地名:"卜辞囧为地名,且多与米字同见。"[4]但是其并没有说是什么地名。姚孝遂、肖丁先生意见类似:"卜辞囧字正像窗牖丽廔闿明玲珑之形,而均用为地名,无例外。"[5]赵诚先生说:"'囧'构形不明。甲骨文用作地名。"[6]

(6) 牛耳义

近人殷康《古文部首》一书提及囧为"牛耳形",并作图释。

2."囧"在当今的新义与用法

在当下,网络用语日新月异,"囧"字已经不完全是自己本身的意义,而被网友们赋予了新的意义,有沿用本意的,也有网友自身发明的。

(1) 作形容词,表示明亮

"囧"本就有明亮的意思,在网络上这个意义被沿用了下来,有时会用来替换"炯炯有神"。如:

① 韦小宝睁开囧囧有神的眼睛,为接近美女 boss 而奋斗啦。(http://games.enet.com.cn/article/A1120081022048.html)

② 他目光囧囧地盯着我,仿佛我是从外星来的。

例1里的"囧囧有神"就是替换"炯炯有神",做形容词,既显示了网游角色形容眼睛明亮而大的样子,又体现了其表情的怪异,显示与众不同,为网游宣传起很好的吸引眼球的作用。

同时值得注意的是,网络上"囧囧"不仅有明亮的意思,同时也夹杂着一种奇怪的、不同寻常的意味在里面,是"炯炯"的升级版。

就如例 2 中的"目光囧囧"也是做形容词,跟后文联系起来表现了他看见我的行为之后不仅眼睛睁大,并且还表现出因无法理解而无语的表情。

（2）作形容词，表示郁闷、无奈、尴尬、强大、怪异

网络上最常用的并不是"囧"作为光明的意义，而是由网友自创的意义。由于囧的字形极像一张人脸：里面的小"八"字像人愁眉的样子，"口"字像人的嘴巴，网友们便由这个纠结的表情，创造出了与之相匹配的含义。加之其与"窘"的读音相同，所以"囧"便有了表示郁闷、无奈、尴尬等意。如：

① 今天买了双囧鞋，鞋里有个囧字，当场惊了，李宁真囧……

② 最让她(杨二车娜姆)盛名四起的，是在湖南卫视《快乐男声》的"红花教主"造型，她的"大嘴""麻辣"让她位居"囧女星"行列应该不为过。

③ 本人男，今日误入女厕所，太囧了……

例1里李宁新出的"囧"款新鞋，让人觉得十分的新奇与时尚，造型十分独特。这个"囧"字就表现出李宁造型很强大之感。

例2里表示杨二车娜姆头顶红花、身着长裙、脸涂浓妆的造型非常的与众不同，行事风格也很别具一格，同时也稍显怪异。一个"囧"字就体现了她的独特之处。

例3则是网络上最常用的用法，在做了一件非常无语或者非常蠢，让人有些不好意思的事情之后，表现一个人心中既尴尬又无奈还郁闷的纠结心情。

（3）表示恶搞、搞笑、有创意

在忙碌的社会里，网友们愿意从网上找些乐趣来缓解生活中的压力，分享些身边搞笑的事情在各大网站上，所以以搞笑、轻松为目的的各个网站也纷纷用"囧"来表达自己的搞笑特点。如：

① 如果天生"囧"气十足，无处发泄。如果你天生有当"囧囧火星人"的特殊潜能。如果你想一日一囧，无处不囧，宣泄不愉快的心情，那么就赶快加入"囧人王国"的伟大行列吧！"囧人囧事"是个适合你的地方，那里充斥着"恶搞"的元素。(http://www.52gkk.cn/)

② 哪个民间高手会比冯小刚这位囧界大腕还囧？让我们拭目以待吧。(好前途网 2009—03—06)

例1便是一个搞笑事迹搜集网站的宣传语，搜集这些搞笑的有趣的事情用来娱乐以及让大家发泄情绪，就用"囧"这个十分形象的字来制造出一种恶搞、幽默的氛围，比单纯用搞笑等词更直观，更能引起网站阅读者的兴趣。

例2中的冯小刚是一个喜剧名导，以丰富的创意为人所称道，这里的"囧"，正是体现了其搞笑、有创意的特点。

（4）作动词，有被打败了，使郁闷之意

"囧"同样可以作为动词使用，表示一种无恶意的被打败了，服了别人，或者使某人郁闷的意思。如：

① 你能不这么丢人吗？囧死你算了。

② 明知道下雨竟然忘了带伞！我整个人都囧了……

例1中的"囧死"，就是表示被打败了，服了的无奈之感，对于友人做出的举动实在是佩服，服了对方了，表示无语。

例2中就是表示对于下雨忘记带伞的郁闷之情。特别提出，"囧死"是网络里"囧"作为动词使用的时候，出现得最多的一个词组，表达了极度的"囧"意。

（二）"萌"的意义

1. "萌"的本意

"萌"是一个从古沿用到今的字，但是古今的意义有所出入，主要有这些：

（1）草木的芽。

许慎《说文解字·艸部》："艸，芽也。从艸明声。武庚切。"段玉裁《说文解字注》："艸，木芽也。"

（2）发芽，开始发生，比喻事情刚刚显露的发展趋势或情况，开端。

①《韵会》：菜始生也。

②《博雅》：始也。

③《韩非子·说林上》：圣人见微而知萌。

（3）不动貌。

《庄子·应帝王》：乡吾示之以地文，萌乎不震不正。

（4）耕亦曰萌。

《周礼·秋官》：薙氏掌杀草，春始生而萌之。《注》：谓耕反其萌芽。

（5）姓、地名、草名。

①《正字通》：五代蜀裨将萌虑。

②《史记·货殖传注》：属广汉，今利州县。

③《集韵》：眉兵切，音明。蕨萌，草名。

（6）通氓。

《管子·山国轨》：

谓高田之萌曰：吾所寄币于子者若干。《注》：萌，民也。《战国策》：施及萌隶。

（7）同茵。

《尔雅·释训》：存存、萌萌，在也。

（8）读芒，义与芒通。

《唐韵古音》：读芒。《扬雄·幽州牧箴》：义兵涉漠，偃我边萌。叶下康韵。

《礼·月令》：句者毕出，萌者尽达。《管子·五行篇》：卝木区萌。区萌即句芒也。

2.“萌”的网络用意

（1）作形容词，表示可爱，多用于少男少女，用在物或动物上时有拟人意。

“萌”的网络新意的来源，来自日本的 ACG（英文 Animation、Comic、Game 的缩写，是动漫、漫画、游戏［通常指电玩游戏或 Gal game］的总称）界的网络用语“萌”。“萌”是由“燃”所变化而来。日本热血类 ACG 作品（即让人心潮澎湃、激动的作品。引发激动的要素，通常有友情、亲情、爱情、理想、牺牲、冲突等，有励志意味）中经常使用“燃”即“燃烧”这个词来形容热血沸腾的状态。在日文的 IME 输入法状态下，输入“燃”的罗马拼音“mo e”，则会显示“燃”和“萌”两个词，而“萌”排序在前面。ACG 爱好者们为了区别因为看到可爱的角色而产生的热血沸腾的状态和传统的热血状态，借用同音的“萌”来代替“燃”，所有这些“萌”的对象，其共性主要呈现年轻、可爱的特征。

① 今天出场的新角色超级萌！！

② 猫咪老师好萌啊～

③ 新的设定变化好多，可是这种感觉根本就不萌啊……

例子中的“萌”均表示可爱的意义，形容人和动物皆可。同时拥有作为形容词的一般用法，可以作谓语、定语、可以受程度副词和“不”的修饰。

例 1 中的“萌”表示新出场超级可爱，形容人，引发人的喜爱之情，同时是形容词的一般用法，可以用程度副词“超级”修饰。

例 2 中的“猫咪老师”是《夏目友人帐》中的角色，具有拟人形象的猫角色，这里的“萌”就是形容动物的可爱，作谓语。

例 3 中表示虽然漫画对角色进行了新的设计和更改，但是这种更改显得一点都不可爱，受“不”的修饰。

（2）作名词，指“萌”这种概念，即包含了“萌”的各种元素在内的“萌文化”，

多用于来说明能引发"萌"这种感觉的特征

① 恶意卖萌可耻!!!!

② 对于这个没有萌的世界绝望了……

例子中的"萌"均作为了名词出现,如例一的"卖萌"指的就是"摆出可爱的姿态",例二则是指没有能引起萌的感觉的特征出现。

(3) 作动词,表示"喜欢"或"使喜欢"。

"萌"作为动词,表示"喜欢"或"使喜欢"的意义,符合现代汉语中动词的一般用法。

① 歌王子里我最萌的就是真斗了! 傲娇属性不能再美! 一下子就萌起来了!

② 我一点都不萌这个角色,太讨厌了。

③ 总结一下自己萌过的各种属性。

④ 已被先生萌死勿救! 先生把我给萌死了!!

例子中的"萌"都是作为动词存在,表达了"喜欢"或"使喜欢"的意义,展示了作为动词的一般用法,作谓语,可以带宾语和补语;可以受"不"和程度副词修饰;可以接"着、了、过";可以使用"把"字句、"被"字句。

例1表现了对真斗这个角色的喜爱,最喜欢真斗这个角色,展示了动词的一般用法,带宾语和补语。

例2表明了对角色的不喜欢,受"不"的修饰,表示否定。

例3就是要总结自己喜欢过的各种属性(如傲娇、冰山、腹黑等),动词的一般用法带"过"。

例4表示先生要使我喜欢到死,我喜欢先生喜欢得不得了的意思。这是"把"字句和"被"字句的结合,同时也有后加"了"的一般用法。

注意虽然都有"不萌"的用法,但是一个是作为形容词表示不可爱,另外是作为动词表示不喜欢。

(4) 作副词,"萌杀",表示要萌死人。

"萌"字做副词的用法较少,最常见的就是"萌杀"的用法,表示为……所倾倒,被……萌死了。

① 新款游戏简直萌杀我!! 掉入了坑中出不去了!!

例子中表达的就是被游戏所吸引,为游戏所倾倒,特别喜欢这款游戏的意思。

二、"囧"和"萌"在当下流行的原因

语言是对社会发展变革反应最为灵敏的,现阶段流行的"囧"和"萌"字,自然就反映了当下社会结构、社会价值体系,社会心态与生活方式等。我们可以从语言环境、语言变异和社会心态等方面来分析两字的流行。

(一)语言环境

当今世界,科技飞速发展,互联网的运用使得人与人之间的交流更加便捷,同时也使得人们更容易搜索到各种不同的信息,有利于信息的传播,而且在传播过程中,旧的信息也会随着人们不断发展的需求演变出新的信息。

同时,使用互联网的多数是年轻人,思想活跃,喜欢新鲜的事物,追求个性,展现自我,倡导创新、追求时尚,往往不愿意接受现实生活中某些语言标准的约束。开放的网络给年轻人为主的互联网用户提供了创造发挥空间,为网络流行语的产生与发展提供了必要、可能的条件。

在这个前提下,同为亚洲文化,同时也是一种流行文化的日本 ACG 文化迅速传入中国,并且在海峡两岸暨香港流行开来,还衍生出了赋有本土特色的新的用法,使得"囧"这个原本的生僻字焕发青春,以其形象性在原本意义上被赋予新的意义,由于其新意义的新奇性与贴切性迅速流传开来,成为一个流行字,且基本使用符合当下需求的新意义。同时也使"萌"衍生出了新的意义,且这个意义同样也由于切合了当下的需求流行开来。

(二)语言变异

语言接触中会有一种语言处于强势地位,一种处于弱势地位。这种情况被称为弱化或泛化,即语言的变异。语言是对社会发展变革反应最为灵敏的,所以不论是书面语、口头语还是网络用语,都在随着时代的变化而不断发生改变。

"囧"作为一个甲骨文,却能在当下网络飞速发展的时代成为流行语,不得不得益于它顺应时代的潮流而发生了意义的变异,从字形出发,赋予了郁闷等新的含义,并且显得新奇而形象,符合网友们的需要,使得"囧"字在网络上大放异彩。

"萌"字在吸收了日本的文化之后,一样发生了意义的变异,但是这个变异并非毫无道理,"萌"的草木发芽之义可以引申理解有"幼小""娇嫩"的意思,所以ACG 爱好者们把"萌"字用来形容长相"幼小""娇嫩""可爱"的女性也是符合常理的。在合理的意义上异变出了与之前不同但是目前需要的意义,正是"萌"字

流行的原因之一。

(三) 社会心态

社会心态是整个社会的情绪基调、社会共识和社会价值观的总和。"囧"和"萌"字的流行正反映了整个社会的一种群体的心态。社会在飞速地发展,与之相伴的是高速的快节奏的生活,与之俱增的社会压力。网民们迫切希望有一种更加简洁、直观的表达,来直白地表现出自己的郁闷、纠结的心情,一吐心中的不平,同时达到一种放松自己的效果。"囧"的这个形象,刚好符合了那种微妙的心情,一字胜千言万语,同时又快捷方便,迎合了大众的心理,从而得以流行。同样,"萌"在表达感情上不仅能表现出那种可爱的感觉,还带有一些因为可爱而产生的激动之感,更带有了喜欢的意义。一个词同时包含了多种的意义,满足了大家想要快切吐露心声、表达感情的要求,所以也流行开来。

最早观察分析新词新语的吕叔湘、陈原先生曾明确地指出:新词新语既包括不久之前产生,其含义、色彩和表现形式都给人们以新颖感的那种词语,也包括旧有词语的新义项、新用法。"囧"和"萌"字正符合这个标准,脱胎于古意,拥有了新的用法,古今完美结合的新词语,在这个社会普遍流行,大家用这个形象的字来表达自己的心情。虽然它拥有网络语言的一些通病如挑战语言规范化,随意创造网络词语所造成的语义混淆等,但总的说来,它的有用性还是得到了人们的认可的。人们有理由相信:"囧"和"萌"在网络语言的运用中会长期地占据一席之地的。

注释:

[1] 许慎:《说文解字》[M].中华书局,1985 年版;

[2] 于省吾:《甲骨文字诂林》[M].中华书局,1996 年版;

[3] 陈炜湛:《甲骨文简论》[M].上海古籍出版社,1999 年版;

[4] 李孝定:《甲骨文字集释》[M]."中央研究院"历史语言研究所,1970 年版;

[5] 姚孝遂、肖丁:《小屯南地甲骨考释》[M].中华书局,1999 年版;

[6] 赵诚:《甲骨文简明词典》[M].中华书局,1988 年版。

初中文言文教学情景课堂构建的实践研究

王 菲

摘 要：文言文教学是初中语文教学的重要组成部分。文言文学习一方面能让学生了解我国悠久的历史文化,感受古文化的魅力,另一方面也能培养学生学习文言文的能力,感受语言的魅力。本文将就建构主义理论指导下的初中文言文教学情景课堂的构建对改变现行文言文课堂所作的尝试,做一些总结和思考。

关键词：初中文言文　存在问题　情景教学　建构主义　教学范式

一、问题的提出

在新教材的编排中,文言文的比例由过去的 20％增加到 40％,教学要求也相应地提高了。文言文的教学引起了空前的关注,许多教师都致力于文言文教学的改革和研究。但是,在实际的文言文教学中,初中文言文教学仍存在问题,表现在以下几个方面。

(一) 教学方式缺少灵性

在应试教育的驱动下,许多教师研究的不是如何把课讲得生动有趣,也不是如何把文中所蕴含的思想精髓讲明白讲透彻。教师教学的依据是《考试大纲》而不是《教学大纲》。在课文中寻找的是那些可能会出现的考点,而不是作品本身的文化底蕴、思想内涵。正因为如此,教师对文言文教学内容的设计过于细致,细致到流程的亦步亦趋,细致到课文中的每一句话,每一个字。教学中教师苦口婆心地一字一句地讲解,一字一句地翻译,而学生在课本上把要点记得密密麻麻,生怕漏掉了一个字词的意思,结果一篇经典美文被肢解得七零八落,支离破碎。这种枯燥僵硬的填鸭式教学,让学生学习兴趣顿消。学生不仅没有从中品味到古文的美妙,反而品味出了味同嚼蜡的平淡与沉闷,文言文课堂教学气氛缺少生气。

(二)教学忽视学生的主体性

传统的文言文教学通常把疏通文义放在第一位,经常听见有老师这样说:"文言文最好上了!""上文言文,不就是翻译课文吗?"在文言文教学中,教师重翻译、轻能力,"师讲生记"的现象严重,文言文所具有的语言简练、文质优美、富有韵味、结构精当的特点被忽视,学生应主动吸收知识的特点被忽略,教学过程和教学方法的随机性和灵活性被淡化,教师将教学活动变成一种格式化的流程。

(三)学生缺乏良好的学习情绪,对文言文有畏惧心理

文言文教学通常采用教师按部就班逐字逐句满堂讲的常规模式,这种"师讲生记"的传统教学模式使文质兼美的文章灵魂顿失,浑然天成的精美结构被"肢解"得支离破碎,破坏了古文的美。一篇文章毫无美感可言,留给学生的只有字词的解释,文句的翻译。久而久之,学生就望"古文"而生厌,甚至会产生畏惧心理。

另外,古代文学作品中所描绘的生活画卷,所展示的思想情怀,离学生的生活背景较遥远,加之文言文又有较多的语言障碍,使文言文和现实生活"脱节",这些对初学文言文的中学生来说,往往难以体会,学习难有获得感、成就感,给学习情绪造成障碍。

二、建构主义理论对初中文言文教学情景课堂构建的指导

新课程要求教师关注过程与方法,关注教学环境的设计、活动的设计,这是因为学习都具有情景性。学习情景作为引发学生主动学习的启动环节,已成为新课程的重要组成部分。情景课堂具有形具、情切、意远的特点,在课堂教学中,能巧妙地把学生的认知活动与情感活动结合起来,从而达到平衡、协同大脑两半球的相互作用,在特定的教材相关情景中,能有效地训练感觉,培养直觉,发展创造。从这个角度来看,情景课堂的构建符合新课程"以学生为中心"的基本要求,与建构主义以学生为中心的学习观相一致。

(一)建构主义的基本内容

建构主义也叫结构主义,最早提出者是瑞士的皮亚杰,他坚持从内因和外因

相互作用的观点来研究学生的认知发展,认为学生是在与周围环境相互作用的过程中,逐步建构起关于外部世界的知识,从而使自身认知结构得到发展。学生的认知结构是通过同化与顺应过程逐步建构起来的,并在"平衡—新的平衡"的循环中得到不断的丰富、提高和发展。

在此基础上,科尔伯格在认知结构的性质与认知结构的发展条件等方面作了进一步的研究;斯腾伯格和卡茨等人则强调了个体的主动性在建构认知结构过程中的关键作用,并对认知过程中如何发挥个体的主动性作了认真的探索;维果斯基创立的"文化历史发展理论"则强调认知过程中学习者所处社会文化历史背景的作用,并在此基础上以维果斯基为首的维列鲁学派深入地研究了"活动"和"社会交往"在人的高级心理机能发展中的重要作用。所有这些研究使建构主义理论得到进一步的丰富和完善,也为实际应用于教学过程创造了条件。

建构主义理念下的情境教学强调学生对知识的主动探索,主动发现。如前所述,建构主义认为:课堂教学不仅要考虑教学目标分析,还要考虑有利于学生建构意义的情景的创设,强调"情景"对意义建构的重要作用,把情景创设看作是教学的重要内容之一。

(二) 建构主义对学习情景设计的有关理论

1. 建构主义认为,知识不是通过教师传授得到,而是学习者在一定的情境下,借助学习过程中的其他人(包括教师和学习伙伴)的帮助,利用必要的学习资料,通过意义建构的方式而获得。学习环境中的情景必须有利于学生对所学内容的意义建构。

2. 建构主义提倡在教师指导下的、以学习者为中心的学习,既强调学习者的认知主体作用,又不忽视教师的指导作用。学生要成为意义的主动建构者,在学习过程中要把当前学习内容所反映的事物尽量和自己已经知道的事物相联系,并对这种联系加以认真的思考。教师要成为学生建构意义的帮助者,在教学过程中要通过设计符合教学内容要求的学习情境和提示新旧知识之间联系的线索,帮助学生建构当前所学知识的意义。

3. 建构主义强调"学习情境"对意义建构的重要作用,认为学习总是与一定的社会文化背景即"情景"相联系的。在实际情景下进行学习,可以使学习者能利用自己原有认知结构中的有关经验去同化和索引当前学习到的新知识,从而赋予新知识以某种意义;如果原有经验不能同化新知识,则要引起"顺应"过程,即对原有认知结构进行改造与重组。

(三) 课堂教学中学习情景设计的基本原则

1. 真实性。建构主义认为,知识并不是对现实的准确表达,它只是学习主体基于自己的经验背景建构的一种解释和假设。学习情景越真实,越接近学生已有的知识经验,学习主体建构的知识也就越可靠,就越能有效地促进学生对新知识的理解。因此,新课程背景下的学习情景设置,素材应是生活中的真实问题,内容应关注学生学习的新问题,目标应瞄准教学时的核心问题,方法应体现怎样合理地解决问题,呈现方式应贴近情景中的大问题,操作解释需要能随机进入课堂教学。

2. 针对性。学习情景设计应针对课堂学习目标,问题应指向学习重点、难点和学生的学习需求;学习情景设计应适应学生实际,有利于创设愉悦的学习氛围,激发学生的主体意识;学习情景设计应有助于学生感受过程与方法,积累认识和解决问题的直接经验,体现新课程倡导的知识与技能、过程与方法、情感态度与价值观并重的课程理念。

3. 科学性。科学性是指学习情景设计必须符合客观事实,所涉及的事实、知识和思想、方法必须是真实的,符合科学规律的,在情景中所倡导的情感、态度与价值观的导向是正确的。学习是一个探索真理的过程,因此决不允许在设计的情景中出现科学性的错误和反人类的导向,这是学习情景设计的最基本的原则。

三、初中文言文教学情景课堂构建研究的主要内容

1. 搜寻适用情景教学的初中文言文种类

根据情景教学中"充分利用形象,创设具体生动的场景"这一特定的要求,并不是所有的文言文都适合运用情景教学法,一般能运用此种教学法的课文应该具有翔实的故事情节(如《伤仲永》),鲜活的人物描写(如《核舟记》),生动的生活画卷(如《三峡》),丰富的思想情感(如《岳阳楼记》)。

2. 归纳适用情景教学的基本教学范式

(1) 利用换位思考,充分联想来创设体验情景

将现实与古文,将学生和文中人物换位联想,使学生站在事件发生的背景之下,以文中人物的身份来体验情感、思想及心理活动。

(2) 利用媒体来创设视听情景

多媒体技术通过文字、图像、声音、数据、动画和视频等对信息进行统一的数

字化和交互化处理,使文言文课堂由单一的耳闻为主的接受方式变为以视听等多种感官的共同协作,这将会大大拓展学生学习的空间,激发学生学习的兴趣。

(3)利用实际表演来创设故事情景

表演活动是一种特殊的认识活动。学生在表演时必须同时思考如何说话、如何动作、如何设计,这就能引起和促进学生把"动作"和"思维"紧密结合起来,这正顺应了学生好奇好动的特点,使学生在亲身动手创作的过程中,愉快地、主动地发现问题,解决问题。

(4)利用教师充满激情和感召力的描述,来创设语言情景

由于学生的生活距离作者写作时代比较远,学生在学习过程中往往难以正确理解和把握作者的写作意图,更难以深刻体会和欣赏曼妙的语言文字。因此可以通过教师形象的语言,让学生的感知、思维、记忆和想象进入特定情景。如交代人物的经历、时代背景,让学生从教师的语言中体验文本深涵的内容情景。

3. 探索情景教学中教师的指导策略

(1)教师要善于营造宽松、民主的课堂氛围

在教学中,教师要注意发扬民主,面带微笑,运用表情、眼神、姿势等肢体语言,对学生的学习给予鼓励、肯定和赞许。保持良好的师生关系与和谐的课堂氛围是学生学习文言文积极性得以提高的保证。

(2)教师要充分为学生创设体验的情景

教师在课前对于文章所可能涉及的种种情景要做好充分的准备,并选择最能符合该文章特色的方式来设计,课堂中能通过一个个情景,将所教的内容渗透在里面,既使学生体验到学习的乐趣,同时也完成了教学目标。

(3)教师要注重学生学习文言文能力的培养

爱因斯坦曾说:"提出一个问题往往比解决一个问题更重要。"因此,在文言文教学中教师应注意引导学生仔细观察,认真探索,培养学生发现问题,提出问题的能力,从而发展学生的创新能力。

4. 情景教学中的资源的整合

(1)尝试与多种学科整合。(如:音乐、美术、信息科技等学科的整合)

(2)尝试与媒体技术整合。

(3)尝试与网络资源整合。

四、初中文言文教学情景课堂构建的策略

在当前情景课堂教学中学习情景设计存在着诸多问题。据笔者观察,老师在教学中设计的学习情景往往多而杂,一方面会导致学生疲于应付,对教学重点和难点很难把握;另一方面,也剥夺了学生自由思考、自由想象、自我学习的时间和空间,不利于学生思维能力的提升。比如:有的老师设计的学习情景并不是教学的载体,并不是教学的有用资料和素材,并不能辅助教学,仅仅是为了活跃一下课堂气氛而创设的一个小插曲;有的老师设计的学习情景,由于有太多的无关因素的刺激和干扰,反倒冲淡了教学的主题和重点;有的学习情景层次太低,对学生缺乏吸引力;有的则超越了学生的生活经验,过于理想化,学生无法感知等。这种种做法,使"情景"失去了它应有的功效。因此,正确的策略对改变当前文言文教学现状是极其现实而必要的。

(一)创设背景情景——使学生有参与文本的基础

古代文化源远流长,时代的隔阂造成现代中学生对古文化背景了解很少,有了背景知识的铺垫,就有助于激发学生对文言文的兴趣,从而产生参与的欲望,为学习文言文打下了扎实的基础。

例如:在上《出师表》时,笔者让学生在课前搜集有关诸葛亮的故事,在上课时先请学生交流。学生表现十分踊跃,一生说:我是从书中的注解知道的,诸葛亮字孔明,《出师表》是诸葛亮出师伐魏前写给刘禅的一篇奏章。又有一生说:我在易中天《品三国》中知道刘备生前非常信任诸葛亮,三次请诸葛亮出山帮助他兴复汉室。在学生交流所搜集的背景资料后,我表扬了他们能从多种渠道收集信息的做法,然后开始和学生一起共同研读《出师表》。

这个环节,教师让学生多种形式、多种渠道搜集信息,整理资料,体现了《语文课程标准》的能力目标要求。一方面充分体现了学生的自主学习,另一方面也是为下一步良好的学习情绪打下了基础。

(二)创设悬念情景——使学生有急于解答的心理

教学活动中创设问题情景,能激发学生的求知欲,培养学生思维的灵活性和独特性等个性品质。

例如:教《核舟记》一文,为激发学生的兴趣,笔者要求学生对文章的2—5自然段进行一次绘画赛,看哪位同学画的核舟上的人、物、题词等与课文中所介

绍的位置一模一样。然后把同学的作品投影在屏幕上,大家一起来修改。这鲜活的情景不但调动了学生的积极性,而且有助于学生理清作者的写作思路。

(三)创设开放情景——使学生有自主学习的空间

表现在学生心理的安全性方面,学生在课堂教学中的心态是开放的、自由的、不受压抑的;表现在教学内容的开放性方面,即不拘泥于教材,也不局限于教师的知识视野;表现在思维空间的开放性方面,教师要重视对学生进行开放性的思维训练,不能轻率否定学生的探索;表现在教学结果的开放性方面,不满足于课本、权威、教师的所谓标准答案。

如在上《愚公移山》这篇文言文时,学生对文章所要赞美的古代劳动人民不畏困难、坚韧不拔的战斗精神表示质疑,认为这种做法是卖傻力气,做无用功!学生的情绪非常激动,已经完全忘我地投入到辩论之中了。当时我意识到,如果此时强力压制学生,势必会破坏训练的宽松气氛,打击学生的质疑精神,甚至是自尊心。因此,我心平气和地说:“我刚才所说的‘战斗精神’并不是背离科学、无视客观实际的胡干蛮干,而是一种以尊重科学和客观实际为前提,敢于挑战困难,勇于克服困难的心理状态。”在分析完以后,我表扬了学生敢于质疑的精神,也希望其他学生都能学习这种敢于质疑的精神。在这一过程中,学生的思维得到了开放,学生的主体地位得以体现。

(四)创设成功情景——使学生有再次学习的激情

要鼓励学生去获取成功,让学生时常保持取得成功的信心,多引导,对学生微小的成绩也及时给予肯定,特别要让学生保持对疑难问题探索研究的耐心、决心、恒心。例如《曹刿论战》中对庄公形象的分析,有些学生问:“鲁庄公作为一个国君难道没有值得肯定的地方吗?”对于这个问题,学生争论不休,通过讨论、探究,基本形成一致的意见,即作战前能接见曹刿,作战时能听从曹刿的意见,说明他是一个比较开明的国君。对于“公问其故”,有的同学说它是一个目光短浅的人,理由是取胜了还不知道取胜的原因;有的说他是一个不耻下问的国君,理由是作为一个国君,不懂的地方敢于向曹刿请教,可谓智者见智,仁者见仁。学生在问题中养成了思考的习惯,发问学生的自豪感油然而生。

五、情景课堂构建在初中文言文教学中取得的初步成效

笔者把以上研究内容和相关操作在所执教的班级做了试验和尝试,将传统

文言文教学方法与情景教学的教学方法的各方面情况做了对比,取得了初步成效,表现在以下几个方面:

(一)师生角色得到转换

在传统的课堂教学中,教师是中心,学生处于教师的严格管理和制约中,师生角色的差异容易使师生关系对立,这将在一定程度上限制学生潜能的发挥,学生容易出现被动学的情况。

在构建了情景课堂后,教师可以把枯燥的文言知识用声、形、色俱全的形式展现出来,教师可以在展现的同时对学生加以指引,使自己成为真正的助学者。在此过程中师生间的交互增加,从而由被动的受教育转变为学习活动的主动参与者和知识的积极构造者。由于教师的这种转变,使学生和教师处于平等地位,减弱了学生对教师的恐惧心理,从而使学生敢于踊跃发言,课堂气氛活跃。

(二)学生学习方式得到优化

情景教学采用适合学生认知水平的呈现方式,改变了僵化、封闭的单元结构,并以学生实践活动为主体,教师的"教"与学生的"学"紧密地联系在了一起,这种教学法改变了学生的"被动、孤立、灌输式"的学习方式,构建了"自主、合作、探究式"的学习方式。

(三)学生学习兴趣得到激发

俄国文学泰斗托尔斯泰说过:"成功的教学所需的不是强制,而是激发学生的兴趣。"捷克教育家夸美纽斯指出:"兴趣是创造欢乐和光明的教学环境的主要途径之一。"由此可见,教学中激发学生学习兴趣是何等的重要。

在情景课堂中,通过教师的"创设情境",营造了良好的学习氛围,使学生不由自主地进入角色,积极主动地参与活动,全身心地投入学习,学生的兴趣得到了激发。

(四)学生学习效果得到提高

从情景教学的定义来看,情景教学最大的益处在于它能激发学生良好的学习情绪,从而学习的效果也会大大地增强。

笔者把实验班和对照班的文言文学习情况按照中考文言文考查要求分别从文学常识、句意理解、人物形象、主旨把握这四个方面作比较,把两个班各项的得分率作对比,结果是运用情景课堂教学模式的实验班成果显著。

1. 实验班学生对于学习文言文的兴趣、习惯及学习能力、学习效果明显高于对照班。以学生小刘为例:该生其他学科较为突出,但对于文言文学习兴趣淡漠。自实施情景教学以来,该生学习古文的兴趣越来越浓,能积极地参与到文言文学习中来,并主动地阅读了大量课外古文的书籍,文言文学习的能力得到提高。

2. 在一年实验当中,对于实验班教学效果和对照班教学效果做了记录,现将实验班和对照班成绩摘录如下:

	2016—2017 学年度			2017—2018 学年度		
	上	下	提高率	上	下	提高率
实验班:	70	72	2%	76	80	5%
对照班:	69	71	3%	72	74	3%

以上成果表明,此项实验的开展是成功的,情景课堂的构建是有助于激发学生的学习兴趣,改变学生的学习情绪,优化学生的学习方式,提高学生的学习效果的,学生的主体性地位也能得以巩固。但在初步取得成效的同时,笔者也在思考一些问题,比如:是不是每节课都需要创设教学情境;如何合理地运用多媒体资源;教师如何在情景教学中发掘学生的学习潜力,等等。因此,在今后的文言文教学中,还要不断地探索出更加切合学生实际的文言文教学模式,让学生更好地领略古文化的魅力。

参考文献

[1] 高雪梅:《如何提高学生学习文言文的兴趣》[J].《语文教学与研究》,2015 年第 8 期;

[2] 徐升、周杰:《文言文教学中趣味点的挖掘和利用》[J].《语文教学与研究》,2016 年第 6 期;

[3] 许洁珊:《为文言文教学走近生活搭桥》[J].《语文教学与研究》,2017 年第 3 期;

[4] 孙保民:《怎样激发学生学习文言文的兴趣》[J].《河南教育》,2016 年第 2 期;

[5] 包建新:《文言文教学:需要转变的几个基本观念》[J].《现代语文(语言研究版)》,2016 年第 4 期;

[6] 郝小奎:《改进文言文教学的思考》[J].《学语文》,2015 年第 5 期;

[7] 何克抗:《建构主义学习理论与建构主义学习环境》[J].《教育传播与技术》,2015 年第 6 期;

[8] 贺同柱:《课堂教学公平问题的原因探析》[J].《吉林教育》,2014 年第 4 期。

强学科思维　促能力发展

高　蕾

摘　要: 在部教版语文教材全面推行的上海,作为一名语文教师在教学过程中应该培养学生哪些能力? 通过何种方式培养? 这是大多数教师关注的问题。本文以培养学生的关键能力,提升学生的学科素养为核心问题,从日常教学中的语言、思维、文化、审美的四个角度,特别是思维能力的培养入手,对日常教学的一些经验进行了归纳总结。

关键词: 思维能力　语言　文化　审美　信息技术

语文教材几经改版,2018 学年上海市新预备年级学生统一使用部编教材,无论是教材中的文言文还是现代文,文章的篇目较以往二期课改教材有一定的改变和扩充,由此可以看出国家想要培养拥有学科核心素养和关键能力的学生这一意图。

学科核心素养是核心素养在特定学科(或学习领域)的具体表现,就语文学科而言,其核心素养主要包括四个方面: 1. 语言建构与运用; 2. 思维发展与品质; 3. 文化传承与理解; 4. 审美鉴赏与创造。

根据学生思维成长规律,我觉得通过思维训练为切入点,借助信息科技手段,提升学生的关键能力是尤为重要的教学目标。人的思维最初是人脑借助于语言对客观事物的概括和间接的反应过程,童年期思维的发展从具体形象思维逐步向抽象逻辑思维过渡,比较稳定的抽象思维能力开始形成,青少年期思维的发展过程中抽象逻辑思维逐步占优势,辩证逻辑思维得到发展。此时通过一系列方式方法来提升学生的思维品质,时机也比较合适。

每一门课程都有其独特性,语文课程的基本特点是工具性和人文性的统一。在教学中有效地落实这两个基本特点,就要对学生的思维进行有效的训练,使其为阅读、写作和语言运用服务。

根据我之前的教学工作，结合我校智慧课堂的教学实践，对如何发展学生的思维，提升思维的品质，我归纳了以下几条主要途径：

一、关注语言特殊形式

在进行思维训练时，首先我们应指导学生关注文本的一些特殊之处，特别是语言和文本形式的特殊表达方式。

众所周知，语言和思维是相互依存，共同发展的关系。语言是思维的工具，思维借助语言得以开展，同时语言也离不开思维，语言反映人的思维，思维能够提升语言的品质和内涵。所以，无论是语速的快慢、语调的抑扬、语序的常变或是修辞等手法的运用，在教学时都是教师要引导学生深入思考、用心关注的重点。

运用现代化教学手段，通过对音频的不同方式的剪接，能深入开掘语言的宝藏，能训练学生对语言的敏感度，提升他们的文字感受力。例如在本学期所学的文言文中就有一句孟子评价王的话，他说："无或乎王之不智。"从现代文的语序角度来看，这句话应该是"王之不智无或"。那么孟子为什么不这样说呢？我将两种不同的朗读顺序录制在音频文件上，让学生反复聆听，感受其中的区别。通过比较，学生能从中领悟到这种反常规的语序主要起到了强调作用，强调了"对大王的不明智不用感到奇怪"，更好地表达了孟子的主张。在教学时，我还使用希沃白板的遮盖功能，将两者的顺序进行调换，通过诵读、比较、讨论、分析，最终帮助学生理解语言文字蕴含的思想内涵。

二、建立有效思维模式

思维能力的获得不是一蹴而就的，而是凭借很多条件长期积淀慢慢培养的，它要经过学习、质疑、提炼和内化等过程。所以在教学时，我比较注重文本内外的关联，帮助学生建立从局部到整体，从具体到抽象，从课本到生活再回到课本的思维模式。

语文的改革一直在深入进行中，最近的群文阅读和整本书阅读有其思维训练的价值。以往我们在教学时，学生们接触到的部分文本是碎片化的，缺乏完整性,这对学生思维的建立和品质的提升并无太大帮助。我在教授冰心的作品时向学生们推荐了她的一系列作品,让学生系统的了解"冰心体"的特点,同时具体深入地掌握冰心作品的三大题材。有了课本学习,学生们在脑海中就会形成对这类文本阅读的方法;有了群文阅读,学生们就能对不同的作品进行比较和质疑;有了阅读积累,学生们就能对相似处进行提炼归纳。有了以上过程,学生们的思维方式才能内化为自己的学习体验,最终成为可以迁移的经验。我校的"悦读网"为学生提供了广泛的阅读学习材料,充分借助这一信息化平台,对学生的阅读思维有长足的帮助。我们每周有一节阅读课的时间,有时会运用这一平台来完成网上阅读,拓展学生的阅读量。

除此以外,学生思维的养成其实与学生生活体验的积累有着密切的联系,举三反一是提炼归纳,举一反三是展开激活,通过日常教学和教师指导这些途径,最终的目的是使学生的思维回到课本,结合文化和生活经验帮助他们更好地走进作者、理解文本,进而用自己的生活阅历与作品形成共鸣,更好地形成深入全面思考的思维方式。

三、锤炼思维提升能力

在培养学生思维能力的同时,我既注重学生思辨性思维的养成,又注重对学生的思维进行保护和锤炼。

通过信息搜索,我发现思辨性思维主要包含以下几个方面:谨慎谦和的态度,全面收集信息的习惯,分清主次关系的能力,有条理的思考和表达,对信息是否可靠的判断,知道信息和观点立场之间的关系,辨别观点背后的假设、立场和视角,比较观点和依据的优缺点。通过课堂教学的比较阅读教学、利用信息化手段,对具有可比性的句与句、段与段、文章与文章等相关内容进行比较,让学生在隐去部分内容的情况下思考原文和修改文本内容的差异性,形成以上几种能力。运用比较法这一有效手段,通过对两个乃至多个语言材料的差异性的关注,强化对文本独特性的掌握。在教学过程中的比较可以是横向的也可以是纵向的,纵向的比较有助于学生了解作者的前后变化,感受作家在不同年龄阶段的不同创作风格;横向的比较内容比较繁多,可以是相同题材不同主题的比较,也可以是行文结构的比较,可以是语言风格的比较,抑或是题材丰简的比较……经常进行比较思维能够帮助学生更好地理解文学作品创作的独特价值,对语言的感知力和深度思辨力也会不断提升。这种比较以往是很困难的，但是在信息技术高度发达的今天，我在教学时可以通过 iPad 直接导入资料，发送到学生的手中，大大提高了效率、增加了学生的思维深度。

其次，我还非常注意保护学生思维的积极性。学生愿意思考并将思考的结果通过语言表述出来，恰恰能够暴露学生思维中出现的问题，教师如果能够及时给予有效评价，通过"班级优化大师"的技术手段，为积极回答问题的学生加星，就能调动他们的积极性。一次在课堂教学中，我和学生们一起探讨"铁公鸡"的词语含义，有一位学生站起来回答说：铁公鸡就是一毛不拔。我首先肯定了学生敢于表达思维的做法。当然，这种评价如果只是一味鼓励和宽容，课堂只是学生七嘴八舌的地方，学生的思维却未必有所提升，所以评价中还应该包括对于学生思维的矫正和挖掘。我接着询问他答案存在的问题：铁公鸡是名词，而一毛不拔是动词。及时指出学生回答时暴露的问题，并不断引导学生深入思考，是教师的重要职责，这样才能做到思维意识的保护和思维品质的提升。

这种层层深入的思维训练不仅锤炼了学生的思维，也保护了他们的积极性，可谓一举两得。

四、语言文化审美并重

文章开篇我提到了关键能力的四个层面。虽然思维的发展是我教学关注的重点，但是其实语言建构与运用、文化传承与理解、审美鉴赏与创造也是我们一线语文教师在教学中应该关注的重点。

1. 语言的构建和运用

美国哲学家、教育家杜威指出："语言是一种关系。"语言的产生是因人与人之间存在着交往和交流的需要，这种工具性显示出语言的价值。语言的建构从浅层来分析，可以理解为句子的表达要合乎现代汉语的语法规范，这是一个具有语言表达能力的学生所必须具有的能力。在日常教学中，我会借助文言文的特殊句式教学来渗透现代汉语基本语法规范，让学生在语言运用时做到有章可循，有法可依。

当然，语言最重要的还是应用。除了课堂上的问答，小组的讨论以外，我还坚持让学生利用课堂教学时间进行两分钟演讲，从预备年级的"自我介绍"到初一的"成语故事"，再到初二的"今天听我来说诗文"，学生的口头语言表达能力在不断地提升,包括每次假期的音频作业录制,这些都是让学生的语言构建和运用能力不断完善的方法。这些活动都要借助信息技术来完成,演讲的 PPT、上传"四叶草"的使用,都是学生在学习中助其一臂之力的重要媒介。

2. 文化的传承与理解

相较语言的提升,文化的积累更不可能在短期内一蹴而就,需要日积月累的感染和熏陶。语文教学是母语教学,要发掘其中的文化魅力其实有很多切入点。

(1) 汉语中的字词很多都带有传统文化基因,我们学校本学期就购买了一套《汉字树》,无论是象形、指示、会意、形声或是假借转注,汉字和许多西方文字相比,更具有文化魅力,在课堂上的有效解读,能够帮助学生增加文化认同感。例如:"秉"这个字,是由"禾"和"手"这两个部分组合而成的,课堂教学时学生们常常会对这个字的理解有歧义,其本质原因是对造字法缺少必要的认识,所以,通过我的教学,学生们对汉字的构成会有更多的认识,激发他们对祖国文化的学习热情。

(2) 诗词中还有许多具有明显象征意义的意象,比如"圆月""松柏",会引发人们对于团圆和高洁品质的联想,又如"柳"与"留"的谐音也经常会被文人用于诗词创作中表达送别、分离之意。学生们只有解读、理解并传承这些文化密码,才能读懂汉语的丰富意境。我们的主要任务不是事无巨细的讲清讲明,而是要在学生们的心中播下一颗种子,用我们课堂的教学,让这颗种子生根发芽,茁壮成长。我尝试过用画画的形式来展示诗歌的意蕴美,以往反馈给学生需要很长一段时间,现在只要拍照,打开"希沃助手",学生的作品就能马上上传到教室的屏幕上,这个环节深受学生的喜爱,也让他们能更形象地理解诗歌的意象。

(3) 韩愈早就提出"文以载道"的观点。的确,中国文化和中国的历史仿佛就是共生体,许多文章不仅在叙述着悠悠历史长河中的史实,同时也渗透了汉语文化的传承积淀。抗金的岳飞、牧羊的苏武、出塞的昭君、浣纱的西施……他们用自己的故事,构筑成了中国一个又一个广为流传的富含精神文化的经典。鲁迅先生曾说:只有民族的,才是世界的。因此,弘扬民族精神能帮助学生们更好地锻炼和养成国际视野。

(4) 教师的教学语言,对于文化的理解和传承而言同样负有不可推卸的责任。人们常说:好的教育是随风入夜、润物无声的教育。其实教育是如此,教学也是如此。教师的课堂语言对于学生而言是最好的文化汤剂,让学生在耳濡目染中感受文化的魅力,同时去效仿去传承甚至是超越。不仅如此,教师在作业本上的留言同样可以达到相同的效果。所以,要想让学生文化的传承和理解方面有进步和提升,教师应该成为长流水,给予学生文化的养分。

3. 审美鉴赏与创造

什么是美? 美,是人类的正常需求。人之所以异于其他动物,就是因为我们除了吃饱穿暖的生理需求之外,还有更高层次的需求,美就是其中之一。

如何让学生在初中阶段通过语文教学能够对审美有初步的认识,我觉得我们教师要赋予学生一双善于看待生活,发现事物独特美好的眼睛。在语文课堂上我们要指导学生专注于事物本身的形象,发现其中的内在精神,一种向善向上的精神,这便是在以一种审美态度去欣赏外界的事物。其实民间有句俗语说得好: 各花入各眼。如果从文学的角度来诠释,我们就会说"一千个读者,就有一千个哈姆雷特"。的确,每个人对于美的感受都是独一无二的。

语文教学以"审美鉴赏与创造"为关键能力之一,其宗旨就在于满足人性的需求,通过教学让学生体验到文学带给人的愉悦、情趣,唤醒学生对文学的渴望与热爱,在审美鉴赏过程中培养个性创造力。结合以上理论,我觉得我们要将审美的培养分两步进行。

第一,通过教学,能够感受、分析并理解具有普适性的美是审美教学的第一个环节。语文的课本是审美的最好教材,富有意境的导入、文本文字的比较锤炼、好词好句的欣赏积累、作者构思的精巧绝妙、材料详略的妥帖安排、主题立意的挖掘提升……毫不夸张地说,美无处不在。所以我们要充分借助教材,通过我们教学,让学生们发现具有普适性的美。如朱自清的作品《春》,无论是作者修辞手法、儿化音、叠词,包括动词和形容词的使用,这些都是能带给学生美的享受的素材。在课堂教学中,我们通过品读、分析进而理解文本美在何处。这种就是具有普适性的美,是符合大众审美眼光的一种审美能力的培养。

第二,如上所言,每个人作为独一无二的个体,他或她对于美的敏感度是各有千秋的。所以,除了在教学过程中指导学生发现文本所体现的最主流的美以外,作为教师,还应该鼓励学生有个性化的思考,发现别人还未品悟到的隐藏的美。其实这个环节也是非常重要的。现代社会对于人才的需求是开放的、多元的,我校作为媒介素养基地校,注重学生综合素养的培养,学生的审美除了要符合大众的眼光外,还应有自己独特的个性。所以,在文章教学过程中,我会尝试用开放性的问题让学生们各抒己见,通过对媒介作品的制作表达他们对美的不同理解和感受。在此过程中,作为教师要及时对学生回答过程中暴露的某些偏差予以纠正,因为我们虽然鼓励学生在审美方面具有自己独特的个性,但是绝不能够让其成为以丑为美、以恶为善的滋生地。

综上所述,在语文教学过程中,我觉得培养学生的思维能力是最为重要的一个方面,但是语言、文化和审美也是并驾齐驱不可偏废的重要组成部分,信息技术的使用使我的教学事半功倍。新一轮的课程改革已经在如火如荼的进行中,我们作为一线教师要借助改革的东风,改变我们的教学思路和教学模式,为培养学生终身学习的素养添砖加瓦。

参考文献

［1］ 中华人民共和国教育部:《普通高中语文课程标准》[M].人民教育出版社,2017 年版;

［2］ 华东师范大学教育科学学院、华东师范大学第一附中编:《分类集中分阶段进行语言训练实验课本》[M].上海华东师范大学出版社,1982 版;

［3］ 郑桂华:《略谈指向语文关键能力培养的教学策略》[J].《中学语文教学》,2018 年第 5 期。

挖掘古诗文教学中的"中国味"

陈　熙

摘　要：《初中语文新课程标准》指出,语文教学应"逐步培养学生探究性阅读和创造性阅读的能力,提倡多角度的、有创意的阅读,……在发展语言能力的同时,发展思维能力,激发想象力和创造潜能"。古诗文阅读教学在积累基本文言知识的层面之上更应注重全面深入的文本解读,在弘扬理性思辨精神的同时探索作品丰富的人文意蕴和弘扬中华优秀传统文化。

关键词：古诗文教学　语文核心素养　审美情趣　传统文化

　　2017 年 1 月,中共中央办公厅、国务院办公厅印发了《关于实施中华优秀传统文化传承发展工程的意见》,文件阐明了继承发扬中华优秀传统文化对建设社会主义文化强国的重大战略任务的重要意义,并提出要将它贯穿国民教育始终,以幼儿、小学、中学教材为重点,构建中华文化课程和教材体系。

　　古诗文作为弘扬中华优秀传统文化的重要载体,既肩负着传统语文课程"语言建构与运用"和"思维发展与提升"的语文素养培养,又突显出"文化传承与理解"这一维度的语文素养提升要求,因此古诗文的教学在初中语文教学中日益显现出重要地位。然而现实教育中存在着形式单一,内容僵化的局面,古诗文的课堂教学长期停滞在只注重"字字落实,句句落实"的文言字词积累层面,对于文本内涵的把握浮于表面,授课环节往往缺乏理性思辨色彩以及对作品丰富人文意蕴的探索。

　　中学古诗文教学应明确：学生对古诗文的阅读与理解应该是一种"建构性的阅读",教师的授课目的在于指导学生实现语言建构、文化建构与精神建构。教师在古诗文教学中应该着力避免模式化的教学方式,注重结合古诗文本身的文体特点来整合与渗透中华优秀传统文化,在课堂教学中融入语言教育、审美教育、情感教育,在整体提升语文核心素养的前提下进行古诗文教学的新探索,让古诗文教学更具有"中国味"。

一、关注文本语言形式,增强语言表达的"中国味"

古代诗文的语言形式和现当代文学作品有着很大不同,这种"不同"之于当代学生在古诗文学习时的直观而笼统的感受恐怕就是文言文是"之乎者也",而白话文是"的么了呢"。这种陌生化的语言形式和我们的生活用语差别较大,而且古典诗文作品所根植的历史文化背景和当代学生的现实生活环境也相去甚远,这就给学生学习古诗文造成了一定的障碍。

在大谈培养学生核心素养的今天,作为语文教师,应该深刻认识到语文核心素养区别于其他学科的特殊性和唯一性,即语言建构与运用、思维发展与提升、审美鉴赏与创造、文化传承与理解。语言不仅是交流的工具更是思想的工具。古代诗文作为中国传统文化的最大载体,独特的语言形式背后承载着的是作者们基于中国文化与精神土壤的思想内核。因此古代诗文的教学必须立足于文本的文体特点和语言形式,从而引导学生体悟阅读古代诗文的感受,进而从整体上提升学生的文言阅读能力。

《初中语文新课程标准》要求学生"欣赏文学作品,能有自己的情感体验""对作品的思想感情倾向,能联系文化背景作出自己的评价",还要能"品味作品中富于表现力的语言"。这其实包含了语文核心素养中几个不同维度的要求,而在古诗文的教学过程中要落实这些要求都必须基于特定的语言内容和语言形式。

苏轼的《记承天寺夜游》语言典雅精炼,意蕴深刻,是一篇千古名篇。其中的"但少闲人如吾两人者耳",就是一句非常具有"文言文味"的语句,它的词语释义、语序结构都与现当代白话文有着明显的区别,而这句话恰好也正是理解这篇文章作者深邃情感的点睛之笔。这句话里包含了两处古今异义词,分别是"但"和"耳"。"但"在现今常用的语境中是一个表转折关系的连词,表示"但是",而在古诗文中它的意思是"只是",带了一种遗憾的意味在其中;"耳"在文言文中放在句末作助词用,表示限制语气,相当于"而已""罢了",现在则指身体上的器官——耳朵。"闲人"则是这句话里意蕴最丰富的一个词,它在词典里有多重解释,分别是:一、亦作"间人",亦作"闲人"。指潜入敌方,侦察情况,刺探情报,进行颠覆活动的人;二指清闲无事的人;三指不相干的人,如《水浒传》第三十八回:

"若真个是宋公明，我便下拜；若是闲人，我却拜甚鸟！"四指帮闲食客。如何引导学生在这多重释义中筛选出正确的语义，教师还是要着眼于这句话特定的语法结构。在现代汉语里，定语一般都放在中心词的前面，起修饰限制的作用。但在古代汉语里，为了突出和强调定语，有时也会把定语放在中心词之后，这种情况叫作"定语后置"。所以如按现代汉语的正确语序，这句话应变为"但少如吾两人者闲人耳"，翻译成现代汉语即只是缺少像我们两个这样的"闲人"罢了。那么这句话要突出强调的也就是像"我们两个这样的""闲人"与寻常人的不同之处。这句话中的"闲人"作何解？为何说我俩是"闲人"呢？这便可作为文章阅读的一个切入点，教师不妨由此设疑激趣。

纵观全文，文章首句点明故事发生时间是"元丰六年十月十二日夜"，是夜月色正好，苏轼于是相约与好友张怀民共同赏月。月光松柏本是自然中的寻常之物，人们看得多了，自然并不放在心上，然"我"与友人却能从容沉醉于这番自然的美景之中，感受其中的意趣，从而自有一番闲适悠然之感，这是"闲人"的第一层含义。然而苏轼又如何能在深夜有这般闲情雅致邀友赏月呢？联系写作背景，亦可得知，时苏轼因"乌台诗案"被贬至黄州为团练副史，这是一个"不得签书公事"的有名无实的官职，因此他才会自嘲地说自己和张怀民是无事的清闲之人，这也正应和了词典中所列词语注释中的第二条解释。苏轼称自己与好友为"闲人"，虽是对自己的一种豁达宽慰，表达了自己不汲汲于名利的坦荡胸襟，但又何尝不隐含着壮志难酬的沉郁悲凉之感呢？

中国文人写诗作文，讲究的是一种"不着一字，尽得风流，语不涉己，苦不堪忧"的含蓄隐晦之美。因而这句"但少闲人如吾两人者耳"用古典诗文中常见的定语后置的形式加以表述，凸显了语境中大量留白的引申意，充分激发鉴赏者的联想，给人余味悠长之感。这种含蓄宛曲也是中国人自古有之的一种文化精神内核在语言表述上的一种外显形式。

阅读教学应该凸显出文本的个性化价值。在古诗文教学中，教师应该有意识地引导学生去关注文本特定的语言形式所承载和表达的特定的思想感情，如文言字词的一词多义，古今异义，词性活用，以及一些特殊句式，如《愚公移山》中的"甚矣，汝之不惠"《爱莲说》中的"莲之爱，同予者何人"《陋室铭》中的"孔子云：何陋之有"《岳阳楼记》中的"微斯人，吾谁与归"等等。这些古诗文特有的语言形式都可能成为一篇古诗文理解上的突破口，教师课堂教学的一个抓手，只有关注了这些文言文特有的语言形式，才能领略古诗文中语言表达所独具的"中国味"。进而归纳整理出这一系列不同文体的语言特点,如"说""铭""记"等,梳理出一套古诗文教学的语言运用规律。从抽象的教师"贴标签"似的知识点灌输,到学生自主归纳,进而做到对中华优秀传统经典作品的正确理解。

二、感知文本内在意境,提升"中国式"审美情趣

新课标中对语文学科的性质与地位有明确的定位,指出"语文是最重要的交际工具,是人类文化的重要组成部分。工具性与人文性的统一,是语文课程的基本特点"。又在课程的基本理念中提到"语文课程还应通过优秀文化的熏陶感染,提高学生的思想道德修养和审美情趣,使他们逐步形成良好的个性和健全的人格,促进德、智、体、美诸方面的和谐发展"。在这一方面,古诗文教学具有着得天独厚的优势和举足轻重的地位,因为它是"中国文学美学特质的集中体现,也是中国文化精神的集中体现"。我们学习古诗文并不是说要在当代日常生活中也用"之乎者也"来沟通交流或习文写作,而是去理解渗透着中国传统文化精神的思想理念和审美追求。语文老师应该通过古诗文的教学引导学生走近我们民族的文化脉络,继承这种源远流长的文化情感,从而树立有"中国式"印记的人文精神。

中国文化的最高境界都凝结在一个"和"字之中。中国文化讲求顺应自然之道,这在古典文学作品的审美实践中体现在了人与自然和谐交融的意境渲染里。比如被苏东坡赞为"味摩诘之诗,诗中有画;观摩诘之画,画中有诗"的王维写作的《山居秋暝》中就有"竹喧归浣女,莲动下渔舟"这样人入画境,与自然和谐一体的描绘。

魏晋南北朝时中国传统情感美学观正式形成,对中国美学有着里程碑式的纪念意义。这个时期的各种书画、文学作品中所传达出的人对自然的顺应,人与自然相和的情感美学成为了一种文化审美倾向并一直流传下来。

《世说新语》中的《咏雪》一文讲述了有关才女谢道韫的一个脍炙人口的小故事。她将"白雪纷纷"比作"柳絮因风起","公大笑乐"。这个"公"是谁呢?是谢安,东晋最负盛名的政治家和名士。从"公大笑乐"这个举动可以看出他对谢道韫这个比喻的赞赏。为什么将白雪比作柳絮要优于比作撒盐呢?因为"盐"只写出了雪的白,而"柳絮"却能把雪的色、形以及其飘扬状形象地描述出来。但我认

为这其实还隐含着一种审美情感的倾向性。柳絮是自然之物，又是因风而起，轻盈随性洋洋洒洒于天地之间，带给人一种"美"的情感体验。反观胡儿的比喻，盐是人为的向空中抛洒，这样的说法将原本白雪纷纷的自然景致描摹成了一种人为的对自然情态的拙劣演绎，缺少了"万趣融其神思"的审美悟性，降低了那种"自然而化"的文化审美意境。

在古诗文的授课过程中，对于中国传统美学理念的贯彻和渗透是非常有必要的。它能引导学生更为深入地剖析文本作品的精神内核，感受经典作品的文化价值。

中国古典美学的另一特点是"以我观物"的审美认知方式。所谓"以我观物"就是认识到物象所蕴含的内在之"美"，把握住与物象的特征所契合的象征化、物化的"人格""人情"以及与"人"有关的某种深层意义。子曰："知者乐水，仁者乐山。"就是将"智者"与"仁者"的品性投射到自然的山水中去，山和水的特点也反映到人的素质与修养中来。王国维的《人间词话》中就提到："以我观物，故物皆著我之色彩。"其实我们对于这种"以我观物"的审美认知方式应该并不陌生，它渗透于我们课本所学习的众多古诗文作品之中。如《小石潭记》中的"坐潭上，四面竹树环合，寂寥无人，凄神寒骨，悄怆幽邃"。面对小石潭凄清幽静之景，更激起作者凄凉的联想，因此形成了感情从"乐"到"凄"的巨大转折。柳宗元在环境描写中自然纯熟地融入自己的主观情感，景随情迁，使得《小石潭记》成为中国传统文学作品中山水游记的杰出代表，历来为人所称诵。初中课文中接触到的《天净沙·秋》中的"孤村落日残霞，轻烟老树寒鸦""青山绿水，白草红叶黄花"，先是描绘了一幅暗淡、萧瑟、冷清的迟暮秋景图，随后镜头一转，以五种色彩明丽的秋天景物组合成一幅明朗绚丽的秋景图并最终成为这首曲子的主旋律。环境的改变皆源于观物之人心境的改变，于是景物之中也蕴含了人情，山水之间也映照出意境。

在古诗文教学中贯穿对中国式审美内涵的渗透是必不可少的。这种渗透能帮助学生促进对作品的思辨性阅读，并达成对文本由单一"阅读"到深入"鉴赏"的转化。从一篇古诗文的阅读理解中归纳演绎出对中华传统经典阅读作品的系统性了解，提升对语言的形象感、意蕴感与情趣感的多方位把控，让古诗文教学回归学习主体，养成良好的阅读素养，最终构建个体化的古诗文阅读情感经验，实现创造性阅读。

三、理解文本精神内核,塑造"中国式"价值观

价值观是指人类在判断客观事物对于自身意义、价值方面的一种基本认识与态度,价值观是支撑人类精神世界、支配人类社会行为的准则与标杆。在当今这个科学技术迅猛发展,社会经济快速增长的时代,语文学科作为一门基础的人文学科更有必要肩负起对于学生的价值观引领与正确导向的作用。语文教材中收入的古典诗文都是中国传统文学作品中的精华,其中凝聚着中华民族源远流长的人文精神和积极的传统价值观。因此,教师在进行古诗文教学时,尤其应当指导学生学习用历史的眼光和现代观念来审视和理解古代作品的思想观念,体会其中蕴含的中华民族精神和价值观,从中汲取民族智慧,使优秀的传统文化价值观化为语文的骨血。

古诗文作品所根植的古典文化土壤与现代文明和价值观之间的众多差异往往会形成学生理解文章主旨的一道沟壑,像《愚公移山》这篇古文学习的经典篇目就是一个典型的例子。在讲求利益最大化和实用主义的当今社会,学生不免会对愚公看似愚笨而又不自量力的挖山之举提出异议:他为什么不选择搬家呢?这样不是省力许多,而且更加现实可行吗?学生发出类似的质疑是可以理解甚至是值得鼓励的,他们对愚公做法的不理解其实是基于融入了自身经验与思考的一种理性提问。教师不应该一味否定,而是应该允许学生更多地阐发自己的观点,因为这种价值观的碰撞也是古诗文教学的一种魅力所在。

此外教师在古诗文教学中可以采用归纳方法,引导学生整理作品主旨内容之间所传达出的传统"中国式"价值观的共通性。如学习篇《孔孟论学》《伤仲永》《为学》《黄生借书说》;治国理政篇《公输》《王顾左右而言他》《生于忧患,死于安乐》《邹忌讽齐王纳谏》;言志篇《爱莲说》《陋室铭》等。

教师在授课过程中应当指引学生理解,虽然历史在变迁,时代在发展,但这些流传千古的优秀文学作品中所蕴含的"仁义礼智信"的中国传统价值观和"重义轻利""遵道贵得"等高洁质朴的处世哲学,应当伴随着这些优秀的古典文学瑰宝被学生所了解、吸收并幻化成新时代的中国青少年所应具备和继承发扬的一种人文品格,不断净化和陶冶他们的情操,提升自我修养,发展成为最终使他们受益一生的立人之本。

在国家教育部颁发的《完善中华优秀传统文化教育指导纲要》中指出:中华

优秀传统文化是中华民族语言习惯、文化传统、思想观念、情感认同的集中体现。古典诗文作为凝聚着中华民族历史长河中被广泛接受的语言形式、审美标杆、价值取向的典型代表,具有极为丰富的思想内涵。教师只有在古诗文授课过程中挖掘出文本中所蕴含的"中国味"语言形式和思想逻辑内核,才能真正引领学生感悟到中华文化与思想体系的博大,以及中国历代文人墨客千百年来孜孜以求的那一方精神世界。

参考文献

［1］ 蔡可:《从"问题思考"到"任务解决"——聚焦有质量的语文学习》[J].《语文学习》,2018 年第 10 期;

［2］ 唐甜、徐鹏:《高中古代诗文学习活动设计建议》[J].《中学语文教学》,2018 年第 10 期;

［3］ 吴功正:《中国文学美学》[M].江苏教育出版社,2001 版;

［4］ 张法:《中国古典美学的四大特点》[J].《文艺理论研究》,2013 年第 1 期。

初中语文与国学教育的有效整合分析

于长虹

摘　要：初中语文教学的目的是要求学生在深入体会语文含义同时，可以进行有效文化交流和沟通。利用科学合理的教学方式，使学生可以在学习语文知识的同时了解传统文化，能有效提高自己的思想和修养。在语文学习中融合国学思想，让学生弥补语文课堂的缺陷和不足，把语文知识和国学教育相结合，实现语文知识和综合素养同时提高的目标。

关键词：初中语文　国学教育　有效整合

国学教育能有效提高学生的思想素质和道德品质。把初中语文教学和国学教育有效整合，能更好地提高学生的语文核心素养，同时使学生在语文知识的学习中感受到国学教育的重要作用。如何使二者有机整合，在教学过程中发挥其重要作用，需要广大一线老师和相关教育研究部门加以研究，以开辟适合的途径和方式。

1　国　学　教　育

国学是一个国家的固有学问，广义的国学有历史文化，也有思想、学术知识，同时还包括文学艺术和数术方技等，其范围很广。狭义国学则是指一个国家的传统思想文化，这是国学核心含义，集中体现国学本质[1]。我国的国学教育是对学生进行相应知识的渗透，让学生读经诵史，获得中国传统思想文化知识，了解国家的历史文化，感受到传统文化内涵，提高学生的思想道德品质。

2 初中语文与国学教育结合的问题

2.1 学校不重视国学教育

初中时期的教育,是对学生进行人格和思想品质培养的最佳时期,教师在教学时必须予以重视。可是在现有的教育教学中,很多学校不重视国学教育,不能给学生提供相应的国学教育条件,致使缺失了国学教育机会,阻碍了语文知识和国学教育的有效结合[2]。特别是部分学校,因为增加了文化课程,学校用其他课程来代替国学教育课堂,使学生失去国学教育机会。例如,考试前夕,老师在国学课堂讲授语文知识或复习数学习题等,使学生缺少了国学教育时间,不能进行国学知识学习。这是因为学校领导的不重视,使国学教育不能顺利进行,影响了学生学习积极性。

2.2 专业老师少,不能正常开展国学教学

要把语文与国学教育有效结合,初中学校一定要有相应的教师队伍,学校具有一批掌握国学专业知识的老师,这样才能有效开展国学教学。可是如今教育条件下,有些学校因为缺少相应的国学专业知识的教师,不能很好地开展国学教学课程,学校安排了国学课堂,可是因为没有专业老师而不能真正把国学知识传授给学生,也就不能有效整合国学教育和语文知识,影响了学生的学习兴趣和思想发展。

2.3 没有灵活多样的教学方式,使学生缺乏学习积极性

初中时期是学生学习的重要时期,老师要有效激发学生学习积极性,一定要应用各种有效的教学方法实施国学教育。假如老师还是使用传统单一的方式给学生讲授国学内容,就不能激发学生的学习兴趣,也不能提高学生的学习效率。这种传统的老师讲学生听的教学方式不能激发学生学习积极性,会降低学生进行课堂教学的参与积极性,使课堂教学不完整,还会影响学生思维发展,不能集中注意力在课堂学习国学和语文知识,更谈不上国学教育和语文教学的有效整合。

2.4 缺少实践活动,不能有效进行课程整合

现代的教育教学方式随着时代的发展在改变,有关教师要重视对学生进行实践体验的培养,使学生通过具体实践活动,把教学知识和生活实践有效整合,深入理解和掌握知识内容含义。所以,在教学中有效开展实践活动,促进教学质量和效率的提高。可是实际教学中,老师并没重视实践活动,认为实践活动浪费

时间,并且学生和家长也要进行配合,要求具体实践场所,可是这些条件因学校没有完善的基础设施及公共条件,致使学生不能顺利实施实践活动,也不能通过实践掌握和深入理解语文知识、了解知识来源,在语文课堂教学中不能有效应用,也就不能把国学教育和语文教学有效整合,对学生的学习质量产生重要影响。

3 国学教育和初中语文教学整合的原则

3.1 以学生兴趣为基础,不加重学生负担

兴趣是学生学习国学和语文知识的基础,教师要应用相应的教学方法激发学生学习的热情,调动学生学习兴趣,引导学生积极参与。教师要鼓励学生随时读书,随地学习,要在轻松的氛围里读经诵典。教师以熟读思想引导学生对经典国学进行多读背诵,不刻意要求学生深入理解含义,使学生在默读、齐读、听读等各种诵读的过程中逐渐熟读背诵并理解其中含义[3]。这样学生没有学习负担,会在语文教学中融合国学经典内容,在不知不觉中培养和提高学生进行课外阅读的能力,同时接受和理解国学思想,提高自己的修养素质。教师对学生增加的古诗文不在考试范围,也不对学生要求默写和必须背诵,但是学生都很感兴趣,听课入神,诵读积极。国学课堂的教学,可以让学生都能对其讲授的格言、警句等流利背诵,思想积极,开心交流,对学习非常感兴趣。比如,初中学生喜欢畅想,其思想丰富。教师可以组织学生诵读沪教版八年级上册的《白杨礼赞》,通过诵读,让学生感受作者茅盾表达的情感,课文是赞美白杨树的精神和美,表达的是对抗日军民的赞美情怀。学生诵读和理解课文后,教师引导学生想象和体会:我们今天幸福生活是革命先辈用自己的身躯和斗志换来的,是来之不易的。我们今天应怎样回报先辈的付出和牺牲呢? 我们要怎样学习白杨树精神呢? 力争上游、挺拔、坚强不屈,我们要在自己的学习和生活中做到:正直、严肃、质朴。

3.2 以教师组织和引导为主实施师生平等对话

结合如今的新课标思想和要求,在课堂教学时,要以学生为主体,教师组织和引导有效实施教学。教师的组织和引导可以确保课堂教学的有效性,培养学生正确读书思想和理念,深入挖掘国学知识内容,有效和语文教学相结合。首先,深入挖掘课本当中的民族文化精髓。初中语文教材中的文章很多都非常优美,含义深刻。有的写社会生活,歌颂人情美;有的写自然景物,歌颂祖国河山;

也有的写寓言童话,讲述道理。教师在讲授知识时,进行民族文化思想渗透,让学生获得相应教育。比如,部编版六年级下册的《北京的春节》和《藏戏》两篇文章,一个是我们中华民族的传统节日,一个是藏族文化的精髓,在教学中教师不但要传授阅读方法,还要带领学生了解传统文化、民族文化。要达到这个目的,教师必须引导学生挖掘课本中民族文化思想"亮点",应用文章分析、思想总结、表达和写作方式详解等形式对学生进行思想、道德教育。其次,教师要选择和应用有效的教学方法。初中时期是学生从童年向青年发展的过渡期,这是学生的重要转变期,具有幼稚与成熟、独立与依赖、自觉与冲动等各种矛盾特点,这个时期学生情绪不稳、心理复杂。所以,在进行教学时,教师要考虑学生心理特点应用相应的合适的教学方法。方法合适恰当,学生才会容易学习知识,促进其受到健康心理教育,进而可以在语文教学中融合进民族文化思想,学生获得更好的道德品质。

3.3 以学生为主体开展教学

教师要以学生为主体,让学生有思考的空间,在语文教学时平等交流,让民族文化教育深入人心,体现其人文价值。尤其是学习古诗文,老师、学生、古人产生心灵共鸣,感受古人情感,体会和认识写作者的思想。教师引导学生探究和理解文本的人文精神[4]。比如,学习沪教版七年级上册的《卖炭翁》,教师要引导学生体会卖炭老者烧炭的艰辛、卖炭的艰难,感受当时社会的黑暗,老者的一车炭被抢,反映了唐代宫廷不考虑百姓疾苦给其制造灾难。这样的教学通常是开放型课堂,教师鼓励和引导学生积极发言,各抒己见,让学生表达自己的情感,教师和学生多角度研讨古人情感,认识和懂得中国古人的思想。在课堂教学时,教师以学生为教学主体,尊重学生,使学生作为课堂主人,教师引导学生和课本直接接触,对我国古典文化和语言进行直接感受。教师为学生提供和传统文化接触的机会,积极主动感受传统文化内涵,这是语文课堂教学的重要形态。在初中时期,学生是比较感性的,进行文本朗读、语言文字品味是其学习文本的重要方式。应用课文朗读、编排表演、朗读比赛、大家齐读等方式读出感情色彩,体会文章情感,了解和懂得文章传递的道理,使学生受到相应教育和触动。比如,学习沪教版八年级上册的《木兰诗》时,教师可组织学生默读、齐读、表演读等形式让学生熟读课文,体会文章表达的木兰参军的爱国情怀。教师不要直接给学生讲解道理,可应用多媒体课件播放电视剧《花木兰传奇》的片段,同时组织学生读课文,让学生感受到花木兰的坚强、果敢,热爱父亲、热爱祖国的精神。再比如,学习沪教版八年级上册的《卜算子·咏梅》时,教师把陆游的《卜算子·咏梅》提供给学生,先组织学生阅读陆游的词句,体会和感受陆游得不到皇帝信任,受到攻击和排挤,伤感悲凉的心情。和其对比,朗读毛泽东的《卜算子·咏梅》,这首词句与陆游的明显不同,体现了毛泽东的文学才华,寄托了主席的另一种情感,是无产阶级革命家乐观豪迈情怀。教师让学生反复朗读两首词,体会不同作者不同时间地点的感受,同时要想象不同的场景。在具体教学过程中,教师都是以学生朗读和分析为主,教师在其研讨过程中进行及时的引导和提示,学生感受到平等、信任、理解、尊重、自由,并且让学生受到了鼓励和感化,使学生在不知不觉中主动朗读、分析、理解文章诗句等,感受文章作者的情感,体会到民族文化的魅力。

3.4 创新思想和教学方式

在初中时期对学生教育,要遵循其心理发展规律。在具体的教育中要应用各种新方法和新思路对学生进行国学教育。首先,语文课程的基本背诵积累。以多读多背诵的方法开展语文教学,在朗读背诵的基础上让学生感受到国学思想,接受到国学教育。老师鼓励学生每天都背诵,对有背诵困难的学生要降低要求,逐渐给其增加阅读和背诵量。要用一定的时间对学生的朗读和背诵进行检查,及时调整朗读背诵技巧和方法,提高学生的学习效率。比如,组织学生小组共同学习,比赛和监督朗读背诵;比如组织演讲比赛,激励学生自主阅读和背诵;比如利用多媒体展示,形象生动的声音画面促进学生学习积极性等。其次,潜移默化进行国学教育。同时应用各种形式对学生进行传统文化思想渗透,比如,学校的广播播古曲、名著欣赏;在班会开展学古人活动;以板报形式宣传各种国学经典教育等。最后,语文和国学教育相结合。新课改要求学生进行大量阅读,在进行课外阅读时,老师鼓励和引导学生阅读国学经典著作。把国学教育融入教学,在语文学习评价时参考国学教育思想;设置相应的读书课堂,教师和学生研究读书阅读方式;开展兴趣小组,国学经典诵读是其中的一项内容;利用课前十分钟,早读提醒时间、课后爱好展示等方式,引导学生进行国学精华分享,进而进行相应的国学教育,促进学生思想品质的提高。

4　初中语文与国学教育有效整合方法

在初中语文课程教学时,要有效融合国学教育,具体教学要遵循上述原则,让学生在学习语文知识的同时接受国学教育,提高其民族文化思想,提高其综合素质,给学生的今后发展和成长奠定良好的基础。

4.1 实施国学教育培训,提高教师的重视程度

因为应试教育的长期影响,现在有些学校和教师对国学教育认识不深,不重视学生的国学教育,进而影响了语文教学和国学教育的整合[5]。因此,初中学校要实现把语文教学与国学教育融合,必须加强教师的国学专业知识教育培训,提高教师对国学教育的重视程度。教师在教育培训中提高自身国学素养,提高其专业能力和水平,然后利用课堂教学给学生传授国学教育知识和思想,使学生提升个人素养,增强学生的语言表达和交流能力。比如,学校定期开展语文老师的教学学习活动,以"学国学,育人才"作为主题对教师进行教育和培训,在学习和教学的过程中,学校结合国学思想培训活动对教师的工作进行调查和检查,以确保教师真正认识到国学教育的重要性,并有意识的应用于自己的课堂教学中。只有学校和教师真正重视国学教育,才会促进语文与国学教育的有效融合。

4.2 设置国学课堂,促进学生主动参与学习

如今的国学教育有缺陷和不足,学校和教师要提高教学效果,必须营造良好的相应教学环境和氛围,让学生在轻松和谐的情境里学习国学。因此,学校有必要增设相应的国学课堂,国学课堂和语文教学相联系,要根据学生和学校的实际情况,与学生的学习特点相结合。在国学课堂帮助学生强化学习国学知识,促进学生主动参与国学学习。比如,可以开设专门学习《弟子规》的国学课堂,根据学习的内容和学生的想法,引导和鼓励学生分享自己的观点,在课堂中学生可以自由发言和讨论,老师和其他学生都会对其观点进行解释和评价,这样的课堂氛围活跃,学生学习兴趣高。学生提出的观点要结合自己的和身边的实际例子,老师和其他同学的解释和评价也要结合实际例子进行分析和讨论。在学习过程中逐步引导学生树立正确的人生观,培养良好的道德品质,提高学生的综合素质和修养,进而实现了对学生的全面教育。

4.3 应用各种新型教学方式,增强学生的学习兴趣

如今的教育和时代发展相适应,很多的教育者都在研究和应用各种新型教学方式,以增强教学的有效性,激发学生的学习积极性,培养学生的学习兴趣。在国学教育和语文教育整合教学中,更要应用各种新的教学方法,增强学生的学习信心,对学生进行全面教育和培养,使学生能积极主动把语文学习和国学教育

联系在一起,并有效接受和理解[6]。在具体的教育教学时,教师要结合学生的特点和学习情况,灵活应用不同教学方式。比如,学习沪教版八年级下册的《湖心亭看雪》时,教师可结合现代的多媒体教学工具,展示相应的杭州湖心亭的景象,同时播放相关诗句。学生一边观看课件,一边欣赏诗句,感受作者张岱诗句的情感,当时明朝灭亡,作者追忆往事,缅怀以前的繁华,在诗句中透露出思念故国之情,有着沧桑凄凉的感觉,带着淡淡的哀愁。另外,教师也可以通过组织相应的活动调动学生的学习热情,鼓励学生在语文知识当中融合国学教育,学习语文知识时,提高国学素质。比如,根据学习内容定期组织各种主题班会,让学生交流探讨;可以组织校园文化艺术节,鼓励学生根据语文知识和国学教育思想自由创作;也可以开展书法比赛,要求学生积极参与,并书写积极健康的内容等,这些教学活动会增加学生的自信心,促进学生积极学习国学知识。

结　束　语

综上所述,初中时期是对学生进行思想培养和教育的最佳时期,学校和老师都要重视学生思想修养的培养和教育。因此,要把初中语文与国学教育有效整合,针对实际情况对教学现状存在的缺陷进行分析和研究,采用相应的方法和措施进行解决。在具体教学时,学校和教师都要真正重视和认识到国学教育的重要性,采用各种灵活教学方式,激发学生的学习积极性,增强学生自信心。在学习语文知识的同时提高其综合素质,逐渐实现学生的文化知识学习和思想素质共同提高。

参考文献

[1]　金丽红:《国学经典诵读与初中语文教学的有效整合》[J].《文学教育》(下),2017 年第 5 期;

[2]　揭开发:《在初中语文教学中进行国学教育的策略分析》[J].《课外语文》,2017 年第 6 期;

[3]　王文湘:《国学经典诵读与初中语文教学的有效整合策略》[J].《新课程》(中),2018 年第 5 期;

[4]　南敬兵:《在初中语文教学中渗透国学教育》[J].《试题与研究:教学论坛》.2016 年第 1 期;

［5］ 张丽霞:《初中语文课本中如何"渗透"国学教育》[J].青少年日记(教育教学研究),2015年第 6 期;

［6］ 陈远荣:《在初中语文教学中实施国学教育应注意的问题》[J].《师道:教研》,2016 年第 1 期。

关注学习经历，提升语言素养
——浅论"读写结合，以读促写"的写作改革

黄小律

摘　要：作文教学要真正取得激发学生的写作兴趣、提高学生逻辑思维能力、提高学生语言表达能力、培养学生创造能力的成效，教师就应加强学生的思维训练，培养创造性思维能力；加强表现方法的训练，培养综合表达的能力；加强师生间情感交流，开掘学生的写作潜能。通过"读写结合，以读促写"的方式夯实课本教材，关注学生的学习经历，引导学生积极参与课内外活动来丰富经历，鼓励学生写下独特的体验和个性化的感悟，从而提升学生的思维品质。

关键词：读写结合　以读促写　挖掘教材　语言素养

作文教学是语文教学的一个重要组成部分，它是衡量学生语文学习效果的重要尺度，教师应充分挖掘教材内容，改革教学方式，提升学生的思维品质。教师应充分利用教材，将合适的文章或语段与学生的生活相结合，引导学生通过积累、仿写、迁移等方式提升语言素养，在体验生活中挖掘"真善美"，将写作作为学习生活中一件有乐趣的事。

作文教学教师应着重抓好学生的语言与思维方法指导培养学生，养成良好的思考习惯，提高逻辑思维能力，形成思维的准确性、周密性、广阔性和深刻性，具备能运用简洁、明确而又流畅的语言将思维内容准确表达出来的能力。这样，提高学生的写作水平和写作能力才能由希望变成现实，提高作文教学质量才会由可能转为必然。

一、读写结合,以读促写

语文课本学习是作文教学的良好抓手之一,能给予学生很多营养。以部编版语文教材六年级上学期第一单元为例,无论课文内容还是语言形式,都是写作的极好教材:宗璞在《丁香结》中面对困境的乐观淡然;纪伯伦的《花之歌》以花的口吻,借助浪漫的想象和多种修辞手法,描绘出花的美好,花的灵性;老舍《草原》中对无边无际的草原真挚的赞美:"蒙汉情深何忍别,天涯碧草话斜阳!"《古诗三首》的韵味和深情,虽历经岁月的风尘,仍然朗朗上口,音韵优美。

基于"读写结合"的训练要求,六年级上学期第一单元"热爱生活,热爱写作"的单元写作目的可以设定为:1. 引导学生用心观察生活,捕捉印象深刻的人、事、物,记录自己的感受体验。2. 指导学生将观察中发现的素材运用于写作,充实写作内容。教师可以围绕学生熟悉的校园生活提出几个启发思考的问题,"你最喜欢的老师是哪位?""你好朋友的优点是?""你最感兴趣的课是?""你觉得校园哪最美?"请学生带着问题去观察生活,可以是一位喜爱的老师、可以是美丽的校园环境、可以是新结识的朋友、可以是有趣的课程等,鼓励学生多参与各种校园活动,多到校园走走看看,多与教师、同学接触交流。

以读促写是重要的教学方法。语文教学中的"课文教学"与"作文教学"是相互融合的,教师应意识到阅读与写作的密切关系。美国韦斯特在实验的基础上得出下列结论:"学生可以通过阅读来学会写作,其效果与通过写作练习大体相同。"叶圣陶说过,学习的"出发点是知",而"终极点是行""多读作品,多训练语言,必将能驾驭文字"。老师以单元教学为抓手,结合"以读带写,以写促读"的重要方法,"春风化雨""润物细无声"地引导学生掌握读写的方法,以点带面,点面结合,提高学生语言素养的综合能力。

二、结合课文,浸润德育

1. 立足文本,挖掘文本

"生活中不是缺少美,而是缺少发现美的眼睛。"对于新来学校的学生来说,语文书上的课文首先就是优秀的学习和模仿资料,教师要抓住文本中的教学重点,攻克教学中的难点,总结每篇文本的语言特点和写作方法进行指点和引导,以此调动学生积极地阅读文本,提升学生将课文里学到的方法活用到自己的文章中的能力。

在学生阅读的时候,教师要总结文本的写作特点、中心主旨、语言风格等,引导学生联系自己的生活经验展开丰富的联想。如阅读《丁香结》,这篇课文是从视觉、听觉、嗅觉、花的内涵品质等角度描写丁香花的。通过多角度描写的写作方法,就可以引导学生将课内所学迁移到课外自己生活中见到的其他植物,如月季、玫瑰、水仙花、蜡梅、梧桐树等,学生可以模仿作者的观察角度,用多感官细致描写刻画植物的特点,通过将花拟人化来凸显花的品质,升华文章中心:如小草的坚韧、蜡梅的不屈、水仙的高洁等。学生通过细致的描写和丰富的联想上升了文章的立意,让学生在整个写作训练的过程中感受到作文练习是对自己思想的总结、发掘、延伸,是对自己思维能力、语言素养的培养和提高。

学生范文:这么多桃花,一朵有一朵的美丽。瞧瞧这一朵,很美;看看那一朵,也很美。如果把眼前的桃花看作一幅活的画,那画家的手法可真妙啊! 我忽然觉得自己就是一朵美丽、淡雅的桃花,穿着粉红的衣裳,站在阳光里。一阵微风吹过来,我便翩翩起舞,粉色的衣裳也随风飘动,不光是我一朵,所有的桃花都跟着我舞动。风过了,我停止了舞动,静静地站在那儿休息,小鸟飞过来告诉我清早飞行的快乐;小朋友们走过来,告诉我玩游戏的乐趣……

评语:学生能借物抒怀,通过拟人的修辞手法写出了桃花的生动形态,借以表达对桃花生机勃勃的赞美,也体现了作者对生活独特的观察和深刻的体验。

2. 建立桥梁,互相勾连

引导学生写作时,还要建立课内所学的方法与课外丰富生活的联系,从而建立起彼此之间的勾连。比如阅读老舍的《草原》,就可以联系课外老舍的作品或其他作者写草原的作品,比较书本的阅读链接中碧野《天山景物记》和邦达列夫《草原》在描写草原内容和情感上的异同;读懂了课文中主客聚会的欢快场景,就可以想象如果自己置身于这个场景中会怎样,联想自己生活中类似的生活场景,会用哪些写作方法来表达自己的情感? 当学生理解了写景时要融入自己独特感受、课内外灵活迁移的方法,就可以尝试在自己的习作中恰当运用。

学生在《花之歌》中学习作者塑造不同花朵的内在品质的方法,体会花朵向往光明、与万物和谐共处的鲜明形象,从而抒发作者失意时不顾影自怜,得意时不孤芳自赏,无论处于哪种境遇,总是积极地向往和追求光明。可以鼓励学生运用第一人称,用借物抒怀的方式,从花的视角描写四季更迭花开花落的景象、想象花的日常生活、揣摩花的品质追求,学生还可以通过人称的替换来体会第一人称的好处,读来更身临其境,更具亲切感和说服力。

立足课文,引导学生将课内积累与自身生活相结合,将一课一得迁移到课外活动中。如常见的表达方式,在人们生活中,记叙、议论、说明、抒情常常是自觉或不自觉地综合运用的,作文训练就应该按照生活的规律,将这些表达方式作为一个整体,有计划地让学生在每一个年级都能有所训练,由易到难,由简单到复杂地螺旋形地上升。这样,学生才能熟练地驾驭各种表达方式,灵活自如地在写作过程中加以运用,完整而严密地表达自己的思想、感情。

3. 单元设计,提升品质

教师可以借助单元教学来实现"读写结合,以读促写"的教学目的。根据学生学情和单元要求为每个单元设计单元写作目标,根据写作发展的规律,一堂课突出一个重点,每课有一得,学生每写一个片段,就能对所学的重点有所了解,教学的效果可能会更好些。引导学生沉浸文本、体验生活,遵循"写作源自生活"的教学规律,通过课文关键语段的朗读、思考和沉浸,引导和鼓励学生用眼观察生活,用心体悟生活,再模仿课文的好词好句、写作手法、中心思想等,写下生活中独特的体验和个性化的感悟,从而抒发学生的真情实感。

单元写作目标应与课文教学目标相互勾连。教师要运用"单元主题"教学方法对教材内容进行有机地整合、分解,将课文中的亮点和行之有效的方法并入相关阅读中,坚持读写结合。举一反三,减轻了学生的负担,使学生和老师在课上品得更加有滋有味。学生学会了表达的方法,学会了如何锤炼语言,使学生感受到了文字的优美,从而提高了学生阅读的积极性,培养起学生语文学习的兴趣。

写作源于生活,教师可以借助"单元教学"为框架,以"读写结合"为抓手培养学生的思维品质:通过想象、联想和推理,融入新颖、翔实、典型的思维材料,融入自己真情实感的生活细节和自己对生活的深刻感悟。教师可以启发学生借助观察和体验来思考新奇的校园生活,比如春秋游、运动会、值勤周、拓展课等,从丰富多彩的活动中体验校园文化,感受师生之爱,同学之情。可以运用文本中学到的方法,从视觉、听觉、嗅觉、触觉等多角度体验新学校生活,从而得出具有个性化的感悟和独特的情感体验,通过感受"真善美"打开学生对生活敏锐的触角。

4. 以情动人,改善评价

低年级的学生刚进入中学,教师不要对写作质量和数量的要求操之过急,要根据学生的年龄与心理特点,采用合适的教学方式来指导学生进行个性化写作,帮助学生进一步体会真实写作的乐趣。教师可以创设情境帮助学生增强情感体验,如"探寻老字号"、"我眼看招牌""妈妈,我想对你说"、"看,我的校园!"等,让人人有话说,有情谈。

阅读是积累别人的东西,生活才是自身的真实感悟,这两者都是写作的主要途径,如何融合是很重要的。"热爱生活,热爱写作"的写作练习可以聚焦校园真实生活,老师带领孩子们去学校有特色的区域走一走、逛一逛、看一看、摸一摸、闻一闻,调动学生多方面的感官去感受生活。学校有一洼清澈的池塘,池塘周围有一面涂鸦墙,还有爬山虎和各种美丽的花卉,池塘里的游鱼"往来翕忽,俶尔远逝,似与游者相乐"。池塘上还有一座美丽的彩虹桥横跨其上。老师不仅要调动学生的多感官,从而全面观察身边的美景,还应该引导学生从不同的视角来观察景色:可以用平视、俯视、仰视的角度来观察同一场景。

范文欣赏:

看,我的校园!

预备(3)　文/张修乐

"枯藤老树昏鸦,小桥流水人家。"一方小池是美丽的,那美好的校园内又怎能少了小池呢?

校园里有整洁的宽敞的大路,道路两旁整整齐齐的法桐。一进校门,便闻到一股芳香,啊! 正是那片玫瑰花和紫罗兰散发出的香味。你看,有好多只蜜蜂穿梭在花丛中,辛勤的采集着花蜜;你听,朵朵鲜花露出幸福的笑脸,迎接着蜜蜂弹奏的属于春天的乐章。

看! 我的校园里的小池是多么美丽! 小池上有座古色古香的小桥,在踏上小桥前,一根芦荟在迎接你,还有两株沿阶草也十分热情。走上小桥,池水清澈见底,一条条小鱼在池内欢快地游着,好似在追逐嬉戏。再往里走,无数的小花便会簇拥着你。那些小花有些底部呈淡粉色,第二层是黄色,第三层是橙色,在顶端白色的包围下,小小的花蕊也是小巧玲珑的。忽一转身,三棵体型庞大的棕榈树骤然出现在眼前,再向上看,粗壮的树枝上有一根根的小刺,原来棕榈树也会藏龙卧虎。

走上阶梯,才发现整个水池呈猫爪形,仿佛在提醒我们:学习也要像猫一样小心翼翼。再向水池顶端眺望,几片睡莲浮于水面,花含苞欲放,碧绿如翠,每一个角落,似乎都是一幅极品山水画。

学校还是学习知识的海洋,把一个个知识浅薄、年幼无知的小孩教育成知识渊博、彬彬有礼的人才,我衷心地感谢我的学校。学校是知识世界,为我的将来打下基础;老师是园丁,让我学到了本领。我永远不会忘记我的学校,我更感谢不图回报、无私奉献的老师。老师是人类灵魂的工程师,他们像蜡烛一样燃烧自己的青春,用心血来浇灌我们一棵棵正在成长的幼苗。每天,当我们沐浴着晨光来到学校,感受着老师的辛勤培育。我们的学校是个团结友爱的大家庭。在这里,我们都能感受到家庭般的温暖。同学们有时会因为一点小事而争吵,但是相处得非常融洽,非常快乐。在我们有困难的时候,老师就帮助我们;在我们失败的时候,老师就鼓励我们;当我们犯错误的时候,老师就耐心教导我们……老师对我们的关怀,就像春风化雨一样,滋润着我们幼小的心灵!

看,我的校园如此美丽。我在校园里与同学经常交流。美的景,善的德正在我们的校园内生根发芽!

写作心得:

本文是我来到新学校后的所见所闻所感,我的观察视角是从学校的环境和校园里的人入手的。我看到的美丽整洁的校园和热情友好的同学,还有传授知识的老师,这些都让我感到新鲜有趣。同时,我也感受到良好的学校一定要有深厚的文化内涵,"美的景,善的德正在我们的校园内生根发芽"!

同学评语:

作者从生活小事入手切入主题,善用环境描写来凸显学校环境,生动贴切,显得环境与学校的文化氛围完美契合。通过细致的人物刻画再次凸显了主旨,深化主题。

——茅文博

本文在描写方面十分生动传神,巧妙运用了多种修辞手法,并且能够服务于文章主线,借外物侧面烘托人物心情。在选材方面真实贴近生活,对于自己的校园生活有细致的观察和描写,文末的中心句提升了主题。

——刘家米

本文选材贴近生活,便于驾驭。同时作者以独特的视角引导我们去关注生活,书写生活,品味生活。正如作者所写,生活中的小细节值得去思考和体悟,从而凝结成自己的人生哲学,为成长助力。

——王诗佳

教师评语:

小作者用心感悟生活,体悟生命中的真情,从校园的池塘一角观察到美好的校园生活,从同学们朗朗的读书声和老师的循循善诱中感受到深厚的校园文化。小作者借助景物描写、材料选择和材料组合等方式表达了对于学校的热爱。

教师还应从评价标准、评价方式上多鼓励,对于有亮点的作文要勇于打高分,给予学生更多的写作信心。评价方式可以更多元化,比如设计"写作心得"和"同学评语"两个板块,小作者能写出写作感悟,与同学积极互动交流,同学之间的互相点评加强了写作兴趣和表达能力。

教师可以充分调动每位同学的积极性,将他们的文章汇编成集,作为青春成长纪念。如有条件可以将学生的作品编成小报在教室张贴,在小作者同意的前提下供全班同学阅读、交流、让学生感受到"以我手写我心"的乐趣所在。"生生"、"师生"之间可以加强思维火花的碰撞,对同学作文精彩之处给予充分的肯定和鼓励,对不妥之处提出修改意见,并指导学生对自己的习作进一步修改完善。

作文的提升关键在于教师如何细心地去发现隐藏在那些杂乱无章的语句中的闪光点,并且公正地、实事求是地给予评价,尽可能地从鼓励的角度进行分析、指导,使学生从失败中看到成功,产生"再写一次"的冲动。不断的成功体验,便会激发起学生写作的兴趣,产生强烈的写作欲望,变"要我写"为"我要写"。鼓励孩子积极借助修辞、典故、细节等来表达真挚的情感,教师要允许学生在作文里表达真实丰富的情感,鼓励孩子多思考,注重从课文迁移知识、方法和思维,培养学生的语言素养、提高学生的语文核心素养。

5. 鼓励表达,提升素养

加强思维训练,培养创造性思维能力是提高学生作文水平的重要途径。许多学生的思维停滞在浅表层,没有进到理性分析和综合的深度,缺乏创造力。要对作文教学进行改革,首先必须从改变思维方式着手,期望通过对陈旧的思维习惯和思维定势的改变,能有效地提高学生思维活动的质量,培养写作的创造力,从根本上提高写作水平。

1. 改变思维习惯——培养发散性思维

学生害怕写作文实质上是受思维习惯的束缚,不善于展开联想,触类旁通,以知之求不知。因此,作文教学中,应积极引导学生打破思维习惯的桎梏,大胆展开联想,培养发散性思维能力。要鼓励学生尽可能多地寻找解答和答案,并将自己的联想所得,有机地组织进文章里。作文的内容丰富了,写作时就有可能"思接千载,视通万里"。反复实践,就能逐步养成学生多面向、多角度地认识事物、解决问题的能力。

作文教学中,培养学生的发散性思维有着广阔的天地。不仅在写作内容上如此,在遣词造句上("一义多词""一句多式"),在文体上("一题多作"),在命题上("一文多题"),都能培养学生积极思维、大胆联想、灵活变通的能力。

2. 打破思维定势——培养求异思维

写作文,求同易,求异难。因此,作文教学中要积极引导学生去表现、去标新立异,去创造。当然,这"新"和"异"必须扣住作文命题这个点,只要在思维方式上不随大流,打破定势,独辟蹊径,去发掘命题中蕴含着的深层的意思,这样的立意才能避免雷同,富有新意。如以"从'班门弄斧'说开去"为题训练学生写作,一般情况下,学生大都会从在行家里手面前卖弄本领这一角度立意:做人不可狂妄自大、应该谦虚谨慎。如果打破这一思维定势,进一步引导学生从新生力量后来居上的角度作逆向思维,就能想到:应该勇于在行家面前"弄斧",不要怕砍歪了,通过实践,不断提高,应该提倡"班门弄斧"精神。同一命题,产生截然相反的两种观点,很明显,后一立论是另辟蹊径,发别人未发之言。这样的训练,就有助于学生往事物的深处想,往细处想,往人们不注意而又有新意的地方想,作文时才能有话可讲,写出的文章才会有新意。

3. 敢于提出不同见解——培养批判性思维

作文教学的思维训练,还必须注意学生的批判性思维的训练和培养。要积极鼓励学生敢于提出与大家(包括教师)不同意见,甚至相反意见,要善于针对不同意见积极引导学生展开讨论,"是非不辩不明""思维不辩不活"。只有通过热烈的讨论,学生对事物的理解才能深入,对理论的理解才能深刻。即使学生说错了,也应以鼓励为主,热情指点、引导,这样才有助于学生解放思想,大胆探求新问题,寻找新见解,发展创造力。思维能力的训练,着重解决的是作文内容的问题,而要将内容恰如其分地、完整地表达出来,必须依靠语言。我们可以以点及面,训练学生把文章写具体、写生动。

4. 以段联篇,指导学生把文章写完整、写深刻

中学生作文训练,是否与文学创作一样,必须"成篇",这历来是众多语文教师争论的重点。其实就"作文练习"的性质看,它与别的学科的练习题应别无二致;就作文的结构看,它可分解为开头、主体、结尾三个部分,各个部分在写法上各有不同的要求。如果要在短短的一小时左右完成一篇"完整"的作文,这对一个尚处于"学写"阶段的中学生来说无疑是有很大困难的,训练也很难突出重点。如果在作文训练中分阶段,有重点地练写立意、构思,练写选材、组材或练习写开头、结尾,根据写作发展的规律,一堂课突出一个重点,每课有一得,学生每写一个片段,就能对所学的重点有所了解,教学的效果可能会更好些、更大些。

5. 积极鼓励,正向引导

教师应引导学生尽可能地去捕捉事物的特点,并借鉴课文的表现手法来丰富自己的写作内容。帮助学生意识到:可以细心留意具有特色的事物,可以通过比较发现独一无二的事物,可以根据自己的内心感受重点捕捉容易忽视的事物,帮助学生有意识观察生活,感悟生活。教师可以有意识地把语文学习和学生的日常生活结合起来,提示、引导学生在生活中注意观察思考,留心收集整理,让语文学习成为生活的一部分。还可以通过活动过程记录表、精彩瞬间照片集、思维导图、九宫格、"正眼看招牌""学写广告词"等多种形式,引导学生调动各种感官观察生活,在观察中捕捉美好、有趣、有意义的事物,养成观察生活,主动搜集写作材料的良好习惯。

教师要以激发学生的智慧和潜能为己任,培养学生重观察、重个性、重表达的学习经历。激发学生写作的兴趣,鼓励学生吸取他人的长处,融合自己的作文加以完善,提高学生的写作兴趣和语言素养。

参考文献

[1]　于漪:《于漪老师教作文》[M].华东师范大学出版社,2012 版;

[2]　洪兴荣:《对传统作文教学的反思及改革的探索》[J].《现代教学》,2008 年第 213 期;

[3]　高盼盼:《初中语文核心素养目标演变研究》[J].《南京师范大学学报》,2016 年第 6 期。

民办高中学生数学思维培养的几点做法

申圣桂

摘　要：如何培养学生的数学思维，怎样设法提高学生的数学思维能力，从而把民办高中的数学教学从过度繁重的劳动中解放出来，这是民办高中教学必须面对的现实问题。教师要针对民办学生的实际基础去培养他们能解决基础问题和中等层次问题的数学思维。能力的提升不是一朝一夕的事，也不可能一蹴而就，需要我们沉下心来苦练基本功，夯实基础。

关键词：入学新生　课堂教学　思维容量　作业和练习

数学教学目标之一就是培养学生的思维品质，提高学生的思维能力，使学生在掌握数学基础知识的基础上，体验数学思维过程，学习数学思维策略，从而达到勤于深思，独立探索，善于发现，探究创新，以更好的应用数学知识解决现实中的实际问题。数学思维能力是指能从数学角度观察，设计和进行数学实验，对数学现象和理由进行比较、猜想和分析，对数学现象理由和结论进行综合、抽象和概括；能对归纳、演绎和类比进行推理；能合乎逻辑地、准确地阐述自己的思想和观点；能运用数学概念、思想和策略解决数学理由；辨明数量关系，形成良好的思维特性。

数学课堂教学就是不断地提出理由并解决理由的过程，理由是数学的核心。因此，无论是在数学教学的整个过程，还是在教学过程的某一环节，都应该十分重视数学理由情境的创设。在情境创设中要尽量创设一些与社会实践有关联的、符合学生认知水平的情境，把将要学习的新知识恰到好处地从生活中引入，引导学生质疑，从而提高学习数学的兴趣，有效地激活学生的思维，激发学生的求知欲。要达成此目标，必须做到以下几点：

第一，抓住刚入学的高一新生。对一个学校来说高三最重要，但对数学的教学来说高一是最关键。为什么这样讲？由于各种各样的原因,民办高中的学生都是一些普通高中都没考上的学生,民办高中给他们提供了圆高中梦的机会。普遍来说民办高中的新生学习习惯不好,数学思维能力比较低下。进入高中后,由于习惯和思维的问题,初始的作业没办法准确完成,只能是想怎么写就怎么写,一点没有章法。我曾跟高一刚入学的新生开玩笑讲:"奥运射击冠军是指到哪就打到哪,而你们是打到哪指到哪。"因此,高一的数学教师必须从最基本的方法、习惯抓起,要有耐心,一点一滴的细心地去指导、慢慢地培养学生的数学思维,带着学生去分析、推理,让学生享受每道题的学习过程,从中获得兴趣,形成能力。当然刚开始的教学效果不可能会明显,但长期坚持,效果必然会慢慢地显现出来,尤其是到了高二、高三就更加明显,教师会感到教学越来越得心应手,学生也感觉学数学比以前轻松些。这样做有个必要前提:学校一定要给数学老师营造这样的教学氛围——允许班级间的均分差在一个合理的范围内,不要过分强调分差值,支持老师大胆地努力地去培养新生的数学思维能力,培养学生学习数学的好习惯。有时学习习惯的培养也是一种数学思维习惯的培养,学习数学的思维能力有了,学习习惯也就好了。反过来,学习习惯好了,也能促进数学思维能力培养。

第二,抓住课堂。课堂是培养学生数学思维的主战场。要发挥主战场的效益,前提是认真备好课,不打无准备的仗,不打无把握的仗。因此,日常的备课中,要准确把握学生的基本情况,有针对性地设计培养数学思维的教学和训练的内容,同时在课堂教学中视学生接受的具体情况加以调整或充实。在例题的讲解中,一定要指导学生认真阅读题目(有些老师认为没有必要,汉语学生都会)——其实这也是培养学生的学习习惯——分析条件、分析结论,引导学生思考由条件得到什么结论,或由问题的结论需要具备怎样的条件,如何把两者联系起来? 必须让学生经历学习的过程、思维的过程。

例如:已知函数 $f(x)$ 是定义域为 R 的偶函数,且 $f(x)$ 在 $[0,+\infty)$ 上是增函数,$f\left(\dfrac{1}{3}\right)=0$,求不等式 $f(\log_{\frac{1}{8}}x)>0$ 的解集。这显然不是一般意义上的解不等式,但我们必须转化为一般意义上的解不等式,这是从结论去分析。从条件出发如何用函数在区间上的单调性、奇偶性和 $f\left(\dfrac{1}{3}\right)=0$,这样我们得到不等式:$f(\log_{\frac{1}{8}}x)>f\left(\dfrac{1}{3}\right)$ 或 $f(\log_{\frac{1}{8}}x)>f\left(-\dfrac{1}{3}\right)$,进而有不等式:$\log_{\frac{1}{8}}>\dfrac{1}{3}$ 或

$\log_{\frac{1}{8}} x < -\dfrac{1}{3}$，这样的对数不等式都会解。当然我们也可以借助于函数的图像，利用数形结合的知识解决此类问题。根据偶函数图像关于 y 轴对称，由 $f(x)$ 在 $[0,+\infty)$ 上是增函数可得 $f(x)$ 在 $(-\infty,0]$ 上是减函数，由条件 $f\left(\dfrac{1}{3}\right)=0$ 可知函数图像过点 $\left(\dfrac{1}{3},0\right)$ 和点 $\left(-\dfrac{1}{3},0\right)$；满足不等式 $f(\log_{\frac{1}{8}} x)>0$ 的函数图像必须在横轴 x 轴的上方，因此得到结论 $\log_{\frac{1}{8}} > \dfrac{1}{3}$ 或 $\log_{\frac{1}{8}} x < -\dfrac{1}{3}$ 转化为对数的不等式求解。

通过这样的分析、理解、训练，长此以往学生也就养成这样的思维习惯，数学思维能力也就慢慢地培养起来了。

第三，课堂的思维容量。数学课堂容量首先是思维容量的问题，而不应该仅仅是题量的问题。有时看上去一节课是讲了很多题，感觉容量很大，其实思维的容量很小，就围绕一个知识点在训练、重复。

例如：例 1. 求函数 $y=2\sin^2 x+5\cos x-1$ 的值域。这道题我是和学生一起分析，最后转化成关于 $\cos x$ 的二次函数在区间上的最值问题。如果我接着给出这样的题：

例 2. 求函数 $y=-\cos^2 x+\sin x-1$ 的值域。

其实，例 2 和例 1 是一道类型相同题，形式虽然不同，思维方式则完全一样，解题过程也完全一样，这能说容量增加了吗？只不过是题量增大。例 2 只能说起到巩固和训练的作用，而不能说思维容量提升。

如果例 2 改为：求函数 $y=-\cos^2 x+\sin x-1$，$x\in\left[-\dfrac{\pi}{3},\dfrac{2\pi}{3}\right]$ 的值域。虽然增加了并不显眼的条件，容量就大不一样了，思维就得到延伸了，现在这道题不但起到巩固和训练例 1 的作用，而且至少增加求函数 $y=\sin x$，$x\in\left[-\dfrac{\pi}{3},\dfrac{2\pi}{3}\right]$ 的值域这样的知识点，避免学生去死记硬背，生搬硬套，自然数学思维能力会提高。

第四，课后作业。数学思维训练仅仅依靠课堂的容量还是远远不够的，必须重视科学设计课后作业，引导学生去训练、去实践、去操作。作业的设置必须要体现思维能力的培养和提高，切不可简单地让学生去重复和机械性的训练。如果有些内容发现学生基础不好,或课堂接受差,就把上课讲过的例题改个数字作为课后作业,或布置的作业与例题几乎雷同;特别是学生做错的题,第二天不能重复做一样的题,即使所用知识点和思维方法不变,但呈现的题目要有所变化,哪怕是换一种提问的方式也比这个强,学生也觉得是新题,要解决必须去思考;否则不利于思维的培养,而且可能导致学生做作业只会不断地翻看笔记,离开笔记不会完成作业。严重依赖课堂笔记。笔记只能是学习中临时的拐杖,而不能成为学习的终身伴侣,不解决这些问题,良好的解题习惯也难以养成。

我曾经这样布置作业:

第一天:若关于 x 的代数式 $\dfrac{x^2 - 8x + 20}{mx^2 + 2(m+1)x + 9m + 4}$ 恒为负,求实数 m 的取值范围。如果第一天本道题做得不够理想,或没有达到我布置作业的目的,那么第二天我会布置这样的题:若关于 x 的不等式 $\dfrac{2x^2 + 2kx + k}{4x^2 + 6x + 3} < 1$ 的解集为 R,求实数 k 的范围。这样做的目的就是让学生解题时多思考,而不是让学生只要翻看前一天订正的作业就能解决这道题。正确的作业设计,内容应包括:新授课作业、纠错作业、已有知识的巩固。新授课作业是课堂的变式训练,培养学生的思维的延续性;纠错作业培养学生思维的批判性;已有知识的巩固培养学生思维的敏捷性。

第五,课堂练习、试卷。课堂练习、试卷是检测学生掌握教学内容的情况,同时也是反馈教学效果,因此,提高课堂练习、试卷的质量,要体现思维能力的要求,使学生认识到取得好成绩必须要有好的思维,好的学习习惯,而不是题海战。课堂练习体现教学思维的精神,培养学生必须认真审题,从而培养学生思维的目的性。试卷注重学生学习知识的连贯性,注重学生独立思考,培养学生思维的创新性。试卷的命题采取不断的交叉命题,这样可以使训练体系呈多样性,如果试卷一直由某位老师命题,会有局限性,没有广度。这也从一个侧面证明了民办高中的数学教学团队精神更重要!

学生的数学思维培养好了,思维能力提高了,教学的成效也就出来了,在避免题海战的同时,也是为减负增效做了贡献。

参考文献

[1] 王艳芳、徐顺维:《数例极限概念的教学与学生数学思维的培养》[J].《科技信息(科学研

究)》,2008 年第 17 期;

[2]　彭建涛:《新课程背景下高中数学教学方法研究》[J].《教育教学论坛》,2014 年第 7 期;

[3]　王翠娜:《新课程理念下高中数学课题有效教学的策略研究》[J].《上海教育科研》,2010
　　年第 4 期。

民办高中数学"分层教学"的实践与探究

申圣桂

摘　要：高中学生在学习成长和发展过程中存在着差异,不同学生的数学基础及对数学知识的接受能力的差异客观存在。如果在数学教学中采用一个标准和同一要求,这既不符合学情实际,也不符合个性化教育的要求,因此,分层教学势在必行。分层教学遵循孔子的"因材施教"思想,尊重学生的个体差异,为不同的学生创造相适应的学习条件。分层教学充分体现了教师的主导作用和学生的主体作用,使不同层次的学生都能完成学习目标,都能得到充分发展。本文介绍了民办高中数学分层教学探究的实践,解析了如何进行分层教学的策略。

关键词：民办高中数学　分层教学　教学策略

俗话说：十个手指有长短。高中学生在成长发展过程中也同样存在个体的差异,对数学的兴趣和爱好,对数学知识的接受能力等差异也是客观存在的。尤其是民办高中学生,不但数学基础参差不齐,而且学习能力的差异更大,导致学生对数学知识的理解与知识能力掌握的差距很大,这势必对高中阶段的数学教学带来不少的困难。此外,在数学教材编排上还存在初、高中教学的衔接问题。例如：韦达定理在初中为选学内容,有些学生在初中阶段根本就没有学习,可是在高中数学教学中这却是重点内容,应用特别广泛。在这样的情况下,如果高中数学教学不顾学生水平和能力差异,仍采用一个标准,同一个要求,同一方法来授课,势必造成"数学基础好、接受能力强的学生吃不饱,那些基础比较薄弱的学生则吃不了"的现象。这样的教学必然不能面向全体学生,充分照顾学生的个性差异,不利于学生个体的充分发展,甚至会出现严重的两极分化；也违背了"因材施教,循序渐进"的教学原则,不符合让每个学生都得到充分发展的要求。面对这些现实情况,在民办高中数学教学中试行"分层教学"就显得尤为重要。

一、"分层教学"的思想

"分层教学"的指导思想是教师的教学要根据学生客观存在的差异展开。学生客观存在的差异决定了不同层次的学习要求,因此,教学也要针对学生不同层次的学习需求而区别对待,分层进行。分层教学强调教师的"教"一定要适应学生的学,针对不同层次学生的实际,在教学目标、内容、途径、方法和评价上区别对待,使各层次学生都能在各自原有基础上得到较好提高和充分发展。

分层教学要根据学生的数学基础、学习能力的差异和提高学习效率的要求,结合教材和学生学习的可能性,按教学所要达到的基本目标、中层目标、发展目标这三个层次,将学生分为下、中、上三个层次。分层教学中的层次设计,就是为了适应学生认识水平的差异,根据人的认知规律,针对学生的个别差异把学生的认识活动划分为不同的阶段,进行因材施教,逐步递进,在不同的阶段完成适应认知水平的教学任务,以便"面向全体,兼顾个体,使每个学生得到充分发展",逐渐缩小学生间的差距,达到提高整体数学核心素养的目标。

二、"分层教学"的原理

人的认知,总是由表及里,由浅入深,由具体到抽象,由简单到复杂的。教学活动是学生在教师的引导下对新知识的一种认知活动过程,数学教学中不同学生的认知水平存在着差异,因而必须遵循学生的认知规律进行教学设计。分层教学中的分层设计,就是为了适应学生认知水平的差异,根据人的认知规律,把学生的认知活动划分为不同的阶段,在不同的阶段完成适应认知水平的教学任务,通过逐步递进,促进学生在较高的层次上把握所学的知识。

由于学生基础知识、兴趣爱好、智力水平、学习能力、学习动机、学习方法等的差异,接受教学信息的情况也就各有不同,所以教师必须从实际出发,因材施教,循序渐进,才能使不同层次的学生都能在原有基础上学有所得,逐步提高,最终取得预期的学习效果。

高中数学的核心素养是:数学抽象、逻辑推理、数学建模、直观想象、数学运算、数据分析。这就决定了现行高中数学教材理论性强,运算能力要求高。但民办高中的学生数学基础普遍较弱,对大部分学生来说常常出现这样的情况:"上课听懂了,作业不会做",进而导致教与学陷入困境。就民办高中学生目前的状况,若依《上海市高中数学教学基本要求》的规定按部就班完成授课,根本无法保证全部学生"一步到位"地通过学业考试,与培养学生数学核心素养的教育目标相违背。很多民办高中数学教师为完成教学任务,往往采用增加课时,延长学生在校的学习时间,搞题海战等方法,这显然与减负增效背道而驰,大大挫伤了学生学习的积极性,也严重影响了民办高中的教育教学质量。

因而,只有充分认识到学生差异是客观存在及民办高中的教学现状,认真探索"分层教学"的有效途径,使数学教学更有效,才能让民办高中的数学教学从根本上摆脱困境,全面提高教学质量。

三、民办高中数学"分层教学"的策略

1. 备课分层。分清学生层次后,要以"面向全体,兼顾个体"为原则,以教学基本要求、考试说明为依据,根据教材的知识结构和学生的认知能力,将知识、能力和思想方法融为一体,合理地制定各层次学生的教学目标,并将层次目标贯穿于教学的各个环节。对于教学目标可分五个层级:A 知道、B 理解、C 掌握、D 简单应用、E 简单综合应用、F 较复杂综合应用。对于不同层次的学生,教学目标要求是不一样的:下层学生达到A—D;中层学生达到A—E;上层学生达到A—F。例如,在教授"两角和与差的三角公式、二倍角公式、半角公式"时,应要求下层学生牢记公式,能直接运用公式解决简单的三角问题;要求中层学生理解公式的推导,能熟练运用公式解决较综合的三角问题;要求上层学生会推导公式,能灵活运用公式解决较复杂的三角问题。

2. 教学分层。课堂教学是教与学的交流,是师生的交流,也是学生与学生的交流。调动所有学生的积极性是完成分层教学的关键所在。课堂教学中要努力完成教学目标,同时又要照顾到不同层次的学生,保证不同层次的学生都能学有所得。在课堂教学设计时,就需要全面考虑到各层次学生学习要求,设计的问题应随学生的思维水平的不同而有所区别。对思维水平低的学生,问题设计的起点要低一些,问题的难度要小一点,思维的步骤铺垫得细一些,使他们感受到成功的快乐,从而提高学习的兴趣;对思维水平能力较高的学生而言,问题设计的起点就可高一些,问题的难度大一点,思维的跨度大一些,使他们的聪明才智

得到充分的运用,从而享受挑战的快乐。在组织教学中,必须以中层学生为基准,同时兼顾下、上两层,要注意调动下层学生参与教学活动的兴趣,不至于受冷落。一些比较难的问题,课堂上可以不讲,课后再给上层学生辅导时讲。课堂教学要始终遵守循序渐进,由易到难,由简到繁,逐步上升的规律,要求不宜过高,层次落差不宜太大。要保证上层学生在听课时不至于无事可做(题太简单),下层基本听懂,即下层"吃得了",中层"吃得好",上层"吃得饱"。例如,学习了函数概念后,可设计如下一组问题:

① 函数三个要素?

② 如何求自变量 x 取 2 时的函数值 $f(2)$?并说明 $f(2)$ 与 $f(x)$ 的异同。

③ 自变量是否一定用 x 表示?两个函数相同的条件是什么?

④ 说出函数 $f(x)=x^2-x+1$ 的定义域、对应法则、值域,并求 $f(2)$,$f(a)$,$f(x-1)$。

⑤ 下列各式能表示 y 是 x 的函数吗?为什么?

(1) $y=\sqrt{x-1}$ (2) $y=\dfrac{1}{\sqrt{3-x}}$ (3) $y=\sqrt{x-2}+\dfrac{1}{\sqrt{2-x}}$

(4) $y^2=x$

⑥ 下列各组中是否表示同一函数?为什么?

(1) $f(x)=x^2$ 与 $y=t^2$ (2) $y=x$ 与 $f(x)=\dfrac{x^2}{x}$ (3) $y=\sqrt{x^2}$ 与

$y=x$

先让下层学生解决①②题后,请中层学生解决③④题,再由上层学生解决⑤⑥题。从而使全体学生悟出道理,学会方法,掌握规律,提高了下层学生的信心,使下、中、上层的学生都有机会参与解决学习数学中的问题,全程参与学习的过程。同时教师做到精讲多练,消除"满堂灌"。另外,还要注意不要为了照顾下层的同学而设置一些没有质量的问题,为了提问而提问,这样的教学看上去很热闹,也分层了,但教学效果会大打折扣。

3. 作业分层。课后作业是教学的一个重要环节。如何设置分层作业呢?课后作业如果一刀切很显然不行,往往使下层学生吃不消,上层学生吃不饱。为此应该根据不同层次学生的学习能力,布置不同的课后作业。每次的作业可以分三个层次:基础题、中等题和难题,而且主要以基础题和中等难度的题为主,难题较少(1—2道题)。基础题和中等题每个层次的学生必须完成,难题下层学生可以选做,中层学生必须完成一题,上层学生要求难题全做。布置作业要精心安排,既有巩固新知识的题,也要有已学知识的纠错题。一般学生能在 30 至 40 分钟内完成,例如在"一元二次不等式"的教学中,布置如下三个层次的作业供各层次学生完成:

基础题:

解下列不等式:

(1) $x^2 - 4x > 5$,(2) $-x^2 - 2x + 3 \geqslant 0$,(3) $14 - 2x^2 \geqslant 3x$,(4) $x(x+2) < x(3-x) + 1$

中等题:

求下列函数中自变量 x 的取值范围:

(1) $y = \sqrt{x^2 - 9}$,(2) $y = \dfrac{1}{\sqrt{x^2 + x - 20}}$,(3) $y = \sqrt{-x^2 + 4x - 4}$

难题:已知不等式 $ax^2 - 2x + 6a < 0\ (a \neq 0)$

1) 如果不等式的解集是 $\{x \mid x < -3\ \text{或}\ x > -2\}$,求 a 的值;

2) 如果不等式的解集是实数集 R,求 a 的值。

分层次布置作业充分考虑到学生的接受能力,并由不同层次的学生选择适合自己的作业题,克服了"一刀切"的做法,使每个学生的思维都处于"跳一跳,够得着"的境地,从而充分调动学生的学习积极性,对下层的学生也没有过大的压力,可以减少抄袭作业的现象,减轻学生的课业负担,提高学生学习数学的兴趣,也有利于减负增效。

4. 评价分层。为了及时反馈教学效果和掌握学生知识学习的能力和程度,做一些阶段性练习考核测试是必要的。如何进行命题非常重要,根据下、中、上三层次学生的实际水平,同一份试卷拟定出不同层次的测试题,包括基础题、中等难度题及难题。一般填空题 1—6 都是基础题,每个学生都必须正确完成;7—10 是中等难度,要求中层和上层的学生必须正确完成,下层的学生尽力去完成;11—12 题是难题,中层的学生尽量去完成,上层的学生必须完成。选择题 11—13 依次是基础题、中等题和难题,这部分题跟填空题的要求一样。解答题 14—16 题是基础题、17 是中等题、18 题是难题,要求和前面基本相同。每次考核对不同层次学生的分值要求也不一样,会设定一个比较客观的分数段客观评价每一位学生,并不是按分数高低排序简单地评价。在每次考核后,每层次的学生应作适当的微调,下层比较好的转到中层,中层较好的转到上层,当然上层不理想也会落到中层,中层学习有困难的也就自动跑到下层。这样一来,基础差的学生感到有奔头,基础好的学生也不敢有丝毫放松。

5. 辅导分层。因为学生的学习层次不同,为了照顾到每个学生个体,教师需要提优补缺,特别给没有过关的下层学生个别辅导,给上层学生拓展思维,进一步提高解决难题的能力。这样可进一步使下层学生"吃得了",能奋发向上;上层学生"吃得饱",能充分发展;形成一种你追我赶的学习数学的氛围。

四、"分层教学"的效果

分层教学使不同层次的学生的聪明才智都得到充分的发挥,既调动了学生学习数学的积极性和主动性,使学生感到轻松自如,也提高了学生学习数学的兴趣。分层教学符合因材施教原则,保证了面向全体学生,特别使后进学生得到最大限度的发展。分层教学使不同层次学生的基础知识、基本技能和学习能力都有所提高与发展。由于教学目标、课堂教学、作业、评价符合学生的实际,提高了学生的学习效率。由于分层教学提高了课堂教学的有效性、针对性,也做到了减负增效,学生的数学成绩一定会有所提高。

最后需要指出的是分层教学对教师的要求更高,教师工作量更大。这就更需要发扬团队精神,备课组、教研组资源共享可以适当减少教师的备课时间,减轻教师备课的工作量,把更多的时间用在补缺提高上。当然分层教学中教师要有强烈的责任心,求实、创新的工作作风。面对学生"参差不齐"的实际水平,在民办高中数学教学中正确地运用"分层教学",可使学生的学习目的性更明确,自觉性更强,学习兴趣更浓厚,达到缩小两极分化,大面积提高数学教学质量的目的。分层教学是一种动态的教学,操作难度大,有待在今后的教学实践中进一步探讨与改进。

参考文献

[1] 杨德海:《合理利用课堂生成,有效增强教学效果》[J].《甘肃教育》,2017年第22期;
[2] 万全:《新高考改革中高中数学教学方法的探究》[J].《中学课程辅导(教学研究)》,2017年第14期。

教给学生怎样的数学?

——《椭圆的标准方程》引入案例有感

张莺莺

在日常的教学中,经常会思考这样的问题:教什么(学什么);怎样教(怎样学);如何评价。在关于"怎样教"的讨论中,给我印象最深的问题是:教给学生怎样的数学? 学生在教学过程中的主体地位如何体现。

首先是使学生感受数学是一个建立联系的过程。刚踏入工作岗位的时候,在高中数学的教学中,我经常会碰到这样一个问题,那就是刚刚教给学生的知识他们过几天就忘记了,为了使学生拥有长时记忆,只得不断重复地进行解题的训练,但是效果并不明显。随着时间的推移,在教学实践中积累了一定的经验之后,在不断地总结教学效果之后,逐渐发现,其实新旧数学知识之间是存在一定的联系的,在教学过程中作为教师必须把握数学概念、公式与定理的来龙去脉,并让学生亲身经历知识的形成和发展过程、知识的应用过程、知识的反思和重组过程。这样的过程使学生对所获取的知识更加深刻,这样的知识才能真正成为他们自己的知识,获得真正意义上的学习能力。

其次是使学生参与解题推理活动。我们的学生在学习过程中往往对老师的一些概括性的概念、结论等采取死记硬背的方式去记忆,但是真正在解题时却一点头绪也没有,那是因为对这些概括性的概念、结论并不是在研究事实和现象的过程后形成的,而是听老师讲解后知道的。因而学生在学习过程中必须主动参与、积极思考,依靠自己的实践去获取知识。

1978年5月,一篇名为《实践是检验真理的唯一标准》的文章,在中国思想理论界引起巨大震动,引发了席卷全国的关于真理标准问题的大讨论。如何让学生体会到这句经常挂在嘴边的话在教与学中的正确性呢? 在《椭圆及其标准方程》第一课时的教学过程中,我尝试着让学生自己动手进行探究。

这节课主要是学习椭圆的定义,并推导出椭圆的标准方程。对于椭圆,学生并不陌生,如何激发学生对椭圆进行进一步研究的兴趣,引导学生自己去探索并发现椭圆的定义,从而推导椭圆的标准方程,是这节课成功的关键。我先让学生观察圆柱形水杯的水的边界面的形状,接着又请他们观察倾斜的水杯的水的边界面又是什么形状。得出椭圆的结论后,我设计了这样几个问题:

问题1:生活中还有哪些椭圆的实例?学生举出了橄榄球、椭圆的镜子等一些例子,这时我又展示了手机按钮、太阳镜镜片、椭圆果盘、椭圆的图章等生活中常见的椭圆物体,使学生们感到生活中处处有椭圆。

问题2:椭圆是怎么画出来的?我事先准备好画具——一根绳子、两个钉子,请一位同学为大家演示画椭圆的过程,其他同学注意观察。在画的过程中,大家又发现原来椭圆那么容易就可画出,不免都跃跃欲试,乘势我就让大家动手操作,亲身体验画椭圆的过程。

问题3:在同学们画椭圆的过程中,椭圆上的点具备什么几何条件?怎样的点的轨迹是椭圆?学生从直观的过程中发现在平面内到两定点的距离和等于定长的点的轨迹是椭圆,但是这样对椭圆所下的定义显然是不完整的。

问题4:如果把绳子缩短一点,得到什么图形?再短一点呢?学生们发现随着绳子的不断缩短,椭圆越来越扁了。

问题5:绳子短到什么情况下就画不出椭圆了?学生很容易就观察到当绳长等于两定点之间的距离时,就画不出椭圆了。

问题6:此时得到的是什么图形?以两定点为端点的线段。

问题7:如果使绳长小于两定点间的距离,则点的轨迹是什么?轨迹不存在。

问题8:对于椭圆的定义还有哪些地方需要补充的?最终使学生得到完整的椭圆的定义:在平面内到两定点 F_1、F_2 的距离和等于常数 $a(a > F_1F_2)$ 的点的轨迹叫作椭圆。

通过生活中大量优美的椭圆图形创设情境,引入新课,激发了学生浓厚的学习兴趣和强烈的探索欲望;让学生亲手画椭圆,亲身体验到椭圆形成的过程以及确定椭圆形成的条件,逐步抽象出椭圆的定义。这样使学生充分参与椭圆定义的推理活动,由此所获得的知识是深刻的、宝贵的、自己的。

第三是使数学教学逐步转变为关注数学问题解决的过程。在学习中很多学生都会错误地认为解决问题等同于解题,其实不然。数学问题解决的过程是通过创设情境,激发学生的求知欲望,使学生亲身体验和感受分析问题、解决问题的全过程。在数学问题解决的过程中,首先要使学生感知、理解问题,即了解问题给出了哪些已知条件和有用的信息,知道要解决什么问题。根据目标信息去搜集条件信息,注意发现问题中的隐蔽条件,充分搜集有用的信息。其次要把问题中的主要内容同学生原有认知结构中有关的数学知识和方法联系起来,并把这些已有的知识和方法作为重新组合成解决问题的新方法的依据和基础,继而寻找解题的突破口,确定解题的步骤,明确先求什么,再求什么,最后求什么,通过解答问题得到最后的答案,同时对解答结果进行检验和评价。

通过数学问题解决能使学生对数学知识形成深刻的、结构化的理解,形成自己的、可以迁移的问题解决策略,从而产生浓厚的学习数学的兴趣。

第四是使学生感受到数学是一种交流方式。在有限的课堂教学中通过师生之间的教学,同学之间的交流等互动,培养学生的思维方式和方法,有效促进数学思想与数学观念的形成,把数学融入他们的日常生活。

参考文献

[1] 袁楚容:《试论新课程背景下高中数学教学方法》[J].《求知导刊》,2014 年第 6 期;
[2] 吴丹丹:《初中生数学解题能力培养的若干策略》[J].《中学数学》,2018 年第 6 期。

数学史在高中数学教学中的应用

孙　猛

摘　要：数学素养包括知识、才能和思想三个方面,即数学知识、数学能力和数学思想素养。这三个方面彼此联系,层次由低到高。形成数学素养的关键是要在知识传授、才能培养及有目的有计划的素质教育中让学生理解数学蕴涵的精神、思想、观念、意义等内容。在数学教学中有意识地向学生介绍数学的发展史,引导学生从中发现、了解数学的思想和方法、数学研究中的科学精神及数学的美,并培养他们运用数学的思想和方法去处理数学问题和现实问题的意识。

关键词：高中数学　数学史　数学素养培养

在教学过程中,发现一些数学素养不是很高的学生,数学对于他们来说太脱离生活,脱离自己的认知,在学习过程中缺乏参与感。有一次在讲"复数"的新课时候,我提出一个问题:在古代,人们是怎么记数的? 让学生都发挥出自己的想象力,积极参与讨论。然后我向他们介绍古代时候只有 1 和 2,后面的数字都没有,一旦比 2 多的时候就统一称为很多,比如说放羊的时候,丢了 3 只羊,只能表达为丢了很多羊。在这个过程中,学生的积极性就提高了很多,顺利进入"复数"的新课内容。

从这案例中,我发现:在数学教学过程中,结合教学内容适当介绍一些数学发展历史中的故事,能有效地引发学生学习兴趣,提高学习效益。在2017—2018 学年担任高三年级教学,高三的任务是繁忙的,但是我还是抽出一部分时间和学生分享了很多数学的历史以及数学家的故事,由此来引导学生更好地学习数学。我向学生介绍欧拉是数学历史上最高产的数学家,他还创造了一批数学符号,如 $f(x)$、$\sum$、i、e,等等,使得数学更容易表述、推广;还让学生看了费马大定理论证过程的纪录片。费马大定理被提出后,经历多人猜想辩证,历经三百多年的历史,最终在 1995 年被英国数学家安德鲁·怀尔斯彻底证明,这个过程体现了数学的锲而不舍的精神;见证了不同时代的数学家都可以经历跨时空的精神上的交流,数学及数学家不断的延续和传承的过程。除了纪录片,我还推荐学生看了《美丽心灵》的电影,使很多学生成了约翰·福布斯·纳什的粉丝,对数学的学习愈发的热情。我告诉学生,现在的数学体系其实还是停留在十八九世纪,只不过在不断完善,但是没有创新,这对学生的触动很大,有的学生就在"综合素质评价"课题论文中提到了这个问题。

通过实践证明,数学史和数学的学习是密切相关的,他们相互促进,数学史真实地反映了数学成长的过程,学生从中认识到数学也是一步一步完善的,和他们的学习一样,一点一点的获得新知。

数学史教育早在 19 世纪就被西方数学教育工作者所认识。这种认识又与 18 世纪的一种教育理念密切相关:法国实证主义哲学家、社会学创始人孔德(A.Comte, 1798—1857)提出,对孩子的教育在方式和顺序上都必须符合历史上人类的教育,因为个体知识的发生与历史上人类知识的发生是一致的。这种理念使后世数学教育家相信:数学史对于数学教学来说就是一种十分有效、不可或缺的工具。19 世纪的数学教育杂志——法国的《新数学年刊》以大量篇幅刊登东西方数学史、数学文献方面的文章:英国著名数学家德摩根(A. DeMorgan, 1806—1871)强调数学教学中应遵循历史次序,美国著名数学史家卡约黎(F.Cajori, 1859—1930)强调数学史对数学教师的重要价值,法国著名数学家庞加莱(H. Poincare, 1854—1912)在出版于 1908 年的《科学与方法》(Scienceet Methode)中认为数学课程的内容应完全按照数学史上同样内容的发展顺序展现给学生,美国著名数学史家和数学教育家、国际数学教育委员会第二任主席史密斯(D.E.Smith, 1860—1944)提倡数学教育中对数学史的运用,著名数学家和数学教育家波利亚(G.Polya, 1887—1985)也持有与庞加莱类似的观点,等等。

学生学习数学的过程也是继承人类文化的过程,因为人在本质上是文化遗传物,世世代代积累的文化要由人来继承。所以在高中数学教学中向学生介绍一些数学史,不仅可以激发学生的学习兴趣,还能促进其数学素养的提升。

笔者通过在教学中多年的探索与实践,认为数学史对高中数学教育的积极作用主要体现在以下四点。

一、揭示数学知识的现实来源和应用

高中数学课程标准指出：讲数学一定要讲知识的背景，讲它的形成过程，讲它的应用，让学生感觉到数学概念、数学方法与数学思想的起源和发展都是自然的。历史往往揭示出数学知识的现实来源和应用，从而可以使学生感受到数学在文化史和科学进步史上的地位与影响，认识到数学是一种生动、基本的人类文化活动，进而引导他们重视数学与当代社会发展之间的关系。所以说，在高中数学的教学过程中，渗透数学史的知识是十分必要的。

二、理解数学思维

一般说来，历史不仅可以给出一种确定的数学知识，还可以给出相应知识的创造过程。对这种创造过程的了解，可以使学生体会到一种活的、真正的数学思维过程，而不仅仅是教科书中那些千锤百炼、天衣无缝，同时也相对地失去了生气与天然的、已经被标本化了的数学。从这个意义上说，历史可以引导我们创造一种探索与研究的课堂气氛，而不是单纯地传授知识。这可以激发学生对数学的兴趣，培育他们的探索精神。历史上许多著名数学问题的提出与解决的方法和过程，不仅有助于他们理解与掌握所学的数学知识，而且具有强烈的励志意义。

三、数学历史名题的教育价值

对于那些需要通过重复训练才能达到的目标，数学历史名题可以使这种枯燥乏味的过程变得富有趣味和探索意义，从而极大地调动学生学习数学的积极性，提高他们的兴趣。对于学生来说，历史上的问题是真实的，因而更为有趣。历史数学名题的提出一般来说都是非常自然的，它或者直接提供了相应数学内容的现实背景，或者揭示了实质性的数学思想方法……这对于学生理解数学内容和方法学习都是很重要的。许多历史名题的提出和解决都与大数学家有关，让学生涉猎这些数学名题，能使他们感到自己正在探索一个曾经被大数学家探索过的问题，或许这个问题还曾难住过许多有名的数学人物。学生在探索中获得成功的享受,这对于学生建立良好的情感体验无疑是十分重要的。

向学生展示历史上的开放性的数学问题将使他们了解到,数学并不是一个静止的、已经完成的领域,而是一个开放性的系统,认识到数学正是在猜想、证明、错误中发展进化的,数学进步是对传统观念的革新,从而激发学生的非常规思维,使他们感受到,解决恰当的、有价值的数学问题将是激动人心的事情。数学中有许多著名的反例,通常的教科书中很少会涉及它们,结合历史介绍一些数学中的反例,可以从反面给学生以强烈的震撼,加深他们对相应问题的理解。

四、榜样的激励作用

古希腊数学家阿那克萨戈拉晚年因自己的科学观点触怒权贵而被诬陷入狱面临死刑的威胁,但他在牢房中还在研究"化圆为方"问题。阿基米德在敌人破城而入、生命处于危急关头的时候仍然沉浸在数学研究之中,他的墓碑上没有文字,只有一个漂亮的几何构图,那是他发现并证明的一条几何定理。17世纪初,鲁道夫穷毕生精力将圆周率 π 的值计算到小数点后35位,并将其作为自己的墓志铭。大数学家欧拉31岁右眼失明,但他仍以坚韧的毅力保持了数学方面的高度创造力。由于他的论文多而且长,科学院不得不对论文篇幅做出限制,在他去世之后的10年内,他的论文仍在科学院的院刊上持续发表。通过介绍数学家在成长过程中遭遇挫折的实例,对学生正确看待学习过程中遇到的困难、树立学生学习数学的自信心无疑会产生重要的激励作用。

总之,数学史揭示数学知识的现实来源和应用,揭示数学在文化史和科学进步史上的地位与影响,进而体现其人文价值,数学教学中适当介绍相关的数学史料,可以引导学生体会真正的数学思维过程,创造一种探索与研究的数学学习气氛,激发学生对数学的兴趣,培养探索精神,都有重要的意义。

参考文献

[1]　张奠宙:《中学数学教材中的"数学文化"内容举例》[J].《数学教学》,2013年第4期;

[2]　中华人民共和国教育部.《普通高中数学课程标准(实验)》[M].人民教育出版社,2004年版。

试论高中数学教学反思的重要性

孙　猛

摘　要：子曰："学而不思则罔，思而不学则殆。"教师在教学过程中，会要求学生在课后多思考，把订正做好。同样的道理，在教学之余，教师要自觉地把自己教学的课堂，作为一个研究对象，进行深入的思考和总结，对教学中成功的部分继续进行，不足的地方要及时改正，目的就是提高课堂效率，在有限的时间里让学生收获最大。

关键词：高中数学　教学反思　不足　改进

教学反思是教学活动中极其重要的一个环节，是教师在教学之后对自己课堂教学过程进行总结和反思。其方法一般是将自己课堂上满意的地方和可以改进的地方进行记录，并且与预想中的教学效果进行对比，取长补短，为接下来的教学活动积累经验，总结教训，在不断反复循环中，提高教学水平。教学反思是教师不断进步的一个重要手段。

一、课堂教学反思的基本内容

课堂反思其实就是自己对课堂教学的研究，一般从哪几个角度进行教学反思呢？

1. 找到课堂教学中每一个亮点

在一节课结束之后，我们对课堂教学进行全面回顾，对于感觉在课堂上做的好的方法、方式一定要及时记录，以在以后教学中灵活使用这些好的教学方式；对于教学中与学生互动交流中闪光的地方，要及时归纳和积累。如果一个教师持续不断地积累每节课教学中的每一个闪光点每一个好的细节，那么日积月累你的课堂将处处是闪光点,处处是让学生恍然大悟的瞬间!

2. 反思课堂教学中不足的地方

没有什么是十全十美的,教学也是如此,没有缺憾,没有失误的课堂教学是不存在的。作为教师来说,在教学中失误在所难免,关键是要及时通过反思发现教学中的失误,并在教案或者课本上标出失误点;可以请教有经验的教师,听取他们的意见,找到产生失误的根本原因,然后尽量在以后的教学过程中减少或者避免失误。

3. 积累课堂教学中的教学智慧

课堂教学是需要智慧的,每一节课都是动态的,几十个不同的学生各有不同的思维,在教学进行中教师即使准备得再完善,也会在课堂中出现超出预测的情况。遇到这种情况,教师解决好了,往往会是一节课的亮点,可以和学生擦出智慧的火花。这些情况往往是可遇不可求的,考验的是教师的机智和智慧。教学相长,在教学过程中教师也在不断地完善、提升自己。对于课堂中出现的这些小"意外",教师要及时记录总结,进一步提高自己的教学智慧。

4. 提出课堂教学中的疑惑地方

万事千变万化,没有什么是一成不变的,课堂教学也是如此。学生学习新知识是一个生成的过程,老师的课堂教学是一个发展的过程。对于教学过程安排设计,教师都常常会产生一些疑惑:比如这节课如何引入,这样安排好或者不好;或者一个问题,用什么方法解决最有效。教师可以把这些疑惑、思考记录下来,供以后自己钻研,或者找机会请教专家,进一步完善自己的教学。

5. 记录学生不同见解之处

在教学过程中,老师是引导者,学生是课堂的主体。高中数学的学习需要学生多思考,要会提出问题。对于一个班的学生,总会有很多新的想法以及对一些问题有更加独到的见解。对此老师要给予学生肯定和鼓励,并把这些想法和见解及时记录下来。这些都是对教师的教学过程的完善,可以丰富自己的教学素材,拓宽教学思路,进而提高课堂水平。

二、课堂教学反思的几种类型

教师在要求学生学习的时候把握好三个时间段课前、课中、课后,对应课堂教师反思也可以分为课前反思,课中反思,课后反思。

(一)课前教学反思

课前教学反思是上好一堂课的前提,是准备一堂课的基础。课前教学反思,要具备一定的前瞻性,从宏观方面去把握课堂教学。课堂教学之前,了解学生对所教的内容已具备的认知水平很重要,要坚持以学生情况去确定教学难易度和方式,这个需要老师具有较强的预见性。一是预测学生在学习过程中会产生哪些困难,会遇到哪些问题;二是如何突破这些重难点,采取什么样的方式和策略。这就要求老师在上课之前做好下面三点准备。

1. 熟悉教材内容,明确教学目标以及教学重难点。要紧抓教材的基础,再进一步丰富教学内容;在分析教材中对教学内容进行进一步加工,呈现给学生更精彩的课堂;

2. 了解新课标的教学理念。明确完成教学目标采用的教学方式以及教学相关的策略;

3. 要充分的了解学生,知道学生的长处短处。在课堂上学生是教学的对象,只有在充分了解学情的基础上,才能准确把握教学内容、教学难度,才能设计最合适的教学过程。同时还应尊重学生的差异,除了关注学生整体的情况,也要关注学生的个性。在新课标的要求下,因材施教,让学生在40分钟课堂内有高效的收获。

通过严谨的课前反思设计出来的教案,符合学生现有认知情况,是最适合学生的,这样可以让每一节课堂教学更具针对性,更有高效率。

(二)课中反思

课中反思就是在课堂上教师要时刻关注学生的学习情况,关注学生学习的效果,确保教学活动积极有序地进行。

在课前准备得再完美的教案,由于学生、教师甚至环境等具体因素,也有可能达不到理想的效果。因此教师在教学过程中需要仔细观察学生的情况,及时根据学生学习效果,相应地去调整教学计划。这需要教师有很强的应变能力,能根据学生情况及时地调整教学,顺应学生学习的需要进行教学,使得教学效果更加理想。教师在教学过程中要多与学生互动,听取他们的意见,及时了解学生们的困惑,要善于在动态的教学中抓住契机,使得课堂教学更加活跃。

课堂中出现意料之外的情况,教师可以这么处理:

首先,当学生提出一些意料之外的问题时,教师不要轻易地忽略,要看看学生问题中有没有闪光点,符合不符合本节课的教学内容或要求;其次,对于提出问题的学生,要加以肯定,这样可以使学生心理上有成就感,从而激励其他同学积极思考和发现问题、提出问题。然后教师对于学生提出的问题要及时给予反馈,在课后对自己的教案加以补充,从而达到教学相长的目的。

总之,教师在课堂教学过程中,课中反思体现了教师的自我观察、自我调整、自我改变。自我调整是在发现新问题,解决新问题的过程中得以实现的。

(三)课后反思

教学之后方知自己的不足,即使再成功的课堂也难免有疏忽、失误的地方。课后反思是反思整个教与学,总结课堂教学完成的情况,反思教学目标是否合理,教学内容是否得当,教学方式是否合适等。课后反思具有一定的批判性,反思所得可以为以后的教学提供参考和借鉴。

教师在教学过程中,一定要注重课后的反思。上完课之后,回顾整个教学过程,总结出课堂的优点和不足,客观地评价教学任务是否完成,教学重难点是否突破,是否达到理想的教学效果。课后反思也可以多听听同事和学生的反馈。作为教师,要敢于接受学生所提出来的合理的建议,师生配合,使得教学反思的效果更加理想。

教学后反思可以围绕以下三个方面进行:

1. 教学内容方面:要确定教学内容是否适切所教的学生,明确教学目标、重点难点是否落实,是否符合教学大纲要求。

2. 教学过程方面:对课前备课,课堂教学,教学过程达成情况进行反思。

3. 教学策略方面:对于教学过程中的教具、教法设计,以及数学思想传递情况,进行反思。

总而言之,教师的职业发展是一个循序渐进的过程,不能操之过急想着一蹴而就。任何一位教师如果想要非常好的教学成果,在教学中不断进步,就一定需要不断的进行总结和反思。不断的反思是一个老师进步的重要手段。作为一名教师,只有在总结反思中积累经验,改正不足,才能提高教学能力,成为一名真正优秀的教师。

参考文献

[1] 张奠宙:《中学数学教材中的"数学文化"内容举例》[J].《数学教学》,2015年第4期;

〔2〕 中华人民共和国教育部:《普通高中数学课程标准(实验)》〔M〕.人民教育出版社,2004年版;

〔3〕 黄荣金:《数学课堂教学研究》〔M〕.上海教育出版社,2010年版;

〔4〕 丘成桐:《数学与教育》〔M〕.高等教育出版社,2011年版。

浅谈数形结合思想在高中数学教学中的应用

汪娟娟

摘　要：数形结合思想是高中数学学习的重要思想之一，实质就是数与形的对应，可以帮助学生将复杂的代数问题几何化。它可以帮助学生感知数学学习的乐趣，培养学生的逻辑思维能力，提高学生的学习能力；可以帮助学生建构数学知识体系。本文列举了该思想在具体章节的几个应用，旨在说明数形结合思想在高中数学教学中的重要性。

关键词：数形结合思想　作用　具体应用

"数缺形时少直观，形离数时难入微"，这句话出自著名的数学家华罗庚。由此可见数形结合在数学教与学之中的重要性。数形结合，顾名思义就是将数学中的数和形结合起来，即数和形之间的一种对应关系。数形结合思想就是利用这种对应关系来解决数学问题的一种思想方法。其实质就是代数问题与几何图形之间的相互转化。数形结合包含两个方面的内容，一是"借形助数"：将抽象问题具体化，即用几何方法解决代数问题；二是"借数解形"：将图形数量化，使形更加精确，即是用代数方法去解决几何问题。数形结合方法本身也体现了数学的化归思想。

一、数形结合思想在高中数学学习中的作用

数形结合是解决数学问题的一种思维方法，更是解决问题的一种重要的能力。它能够帮助学生将复杂的代数问题变成简单的几何问题，进而更好地解决问题。数形结合思想的践行，对整个高中数学的学习有重要的作用：

1. 有助于提升学生数学学习的乐趣,增强学习信心

数形结合思想在具体的学习中,可以让复杂问题简单化,数字问题图形化。以直观的形式解决数字问题,可以帮助基础较弱的同学找到解决数学问题的方法,增强数学学习的兴趣,从而获得更多学习数学的信心,感知数学学习的乐趣;同时还能够帮助学有余力的同学去探知更多的解题方式,让他们的思路更开阔,更有信心去面对未来数学学习中的困难。

2. 有助于培养学生的逻辑思维,提高自我学习的能力

数与形是数学中的两个最基本的研究对象。在高中数学学习过程中,通过对数形的结合和转化,可以改变学生固有的思维模式,增强学生的数学抽象思维能力。针对数学问题进而可以研究出更多的学习策略,探索出更多的学习方法;在数学问题研究过程中还有助于学生发现数学规律,归纳学习方法,从而增强了学生的逻辑思维的培养。学生能够在学习中多方面、多角度的去思考问题,透过现象看本质,提高数学学习能力,增强学生分析问题、解决问题的能力。

3. 有助于数学知识体系的建构,形成科学的数学思想

高中数学不同于初中数学,在课程的设置方面更具有连贯性。每一个知识点的学习,对学生的要求更高,不仅需要学生有一定的理解能力,也更加注重学生逻辑思维的培养,对于一些形成性知识点的理解,学生接受起来也会有一定的难度。如果在教学中渗透数形结合思想,可以更加直观的帮助学生理解一些数学问题,逐步建构属于自己的数学知识体系,进而形成科学的数学思想。

二、当前高中生数形结合思想运用的现状分析

数学学科核心素养指出,要培养学生数学抽象、逻辑推理、数学建模、直观想象、数学运算、数据分析的能力。可以看出,数与形相融合的重要性。但是对于当前的高中生来说,数学学习似乎都基于从已有经验中,套路化的进行数学学习;甚至有很多学生还处于被动的死记硬背状态。数形结合解题意识不强,解决问题只能从数的角度单方面去思考,或者单一的从形的方面去考虑,不能将数与形二者融合。所以在教学过程中,教师必须结合知识讲解,让学生明确"数离不开形,形离不开数"的思想,要有主动将数与形结合的意愿,培养学生自觉运用该

思想解决问题的意识。当然要掌握数形结合的方法,需要教师在平时教学中不断加以渗透和积累。

三、数形结合在高中数学中的具体应用

高中数学学习中,数形结合应用广泛。在集合、不等式、函数、数列、圆锥曲线、复数和三角函数等问题中,如果巧妙运用"数形结合"思想,效果事半功倍。应用数形结合的思想,可以解决以下问题:

1. 解决集合问题

运用数形结合思想,可以更直观地解决集合中的交集、并集和补集等问题。通常借助数轴、文氏图使问题更加清晰。

例1:已知集合 $A = [1, 4]$,$B = [-1, 3]$,求 $A \cup B$。

【分析】　由于集合 A,B 为有限集,在数轴上找出集合 A,B 所在的位置,如下图,我们很容易发现,$A \cup B = [-1, 4]$。

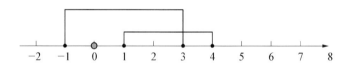

例2:设 U 是全集,$B \subseteq A \subseteq U$,则① $A \cap B = B$,② $C_U A \subseteq C_U B$,③ $(C_U A) \cap B = \varnothing$,④ $A \cap (C_U B) = \varnothing$。

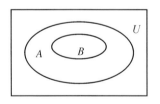

上面结论中正确的是:_____。

【分析】　画出适合条件的韦恩图即知①②③正确。

对于处理集合的问题,用数形结合的方法,可以使集合间的关系直观化。

2. 解决函数问题

利用函数的单调性、奇偶性、最值等相关性质,从数形结合的角度解决相关的函数问题。

例3:若函数 $f(x)$ 是定义在 R 上的偶函数,在 $(-\infty, 0]$ 上是减函数,且 $f(2) = 0$,求满足 $f(x) \leqslant 0$ 的 x 的取值范围。

【分析】　因为函数 $f(x)$ 是偶函数,可得 $f(-2) = f(2) = 0$,根据偶函数

的性质可得函数 $f(x)$ 的图像关于 y 轴对称,由函数 $f(x)$ 在 $(-\infty, 0]$ 上为减函数,做出草图如下,由图像可知 $f(x) \leqslant 0$,$x \in [-2, 2]$。

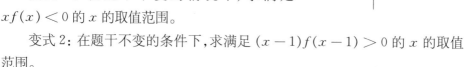

熟悉了该解题方法,我们还可以解决如下的变式题:

变式 1:在题干不变的情况下,求满足 $xf(x) < 0$ 的 x 的取值范围。

变式 2:在题干不变的条件下,求满足 $(x-1)f(x-1) > 0$ 的 x 的取值范围。

例 4:讨论关于 x 的方程 $\mid x^2 - 3x - 4 \mid = a$ $(a \in R)$ 的实数解的个数。

【分析】 正面去解方程,很显然是行不通的,我们不妨把等式的左右两边各看成是两个函数 $f_1(x) = \mid x^2 - 3x - 4 \mid$,即

$$f_1(x) = \begin{cases} x^2 - 3x - 4, & x \leqslant -1 \text{ 或 } x \geqslant 4 \\ -x^2 + 3x + 4, & -1 < x < 4 \end{cases}$$

$f_2(x) = a$ 为常值函数,图像为直线(平行于 x 轴)

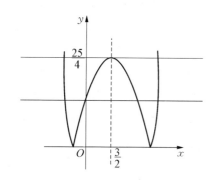

在坐标线中画出函数的图像,由图知:

当 $a < 0$ 时,原方程无解;

当 $a = 0$ 或 $a > \dfrac{25}{4}$ 时,方程有两解;

当 $0 < a < \dfrac{25}{4}$ 时,原方程有四解;

当 $a = \dfrac{25}{4}$ 时,原方程有三解。

上述两个例子,进一步阐述了数形结合思想在函数中的应用。在指对幂中,寻找零点的问题,也需要这个方法去解决,比如已知函数 $f(x) = \ln(x+1) - \dfrac{1}{x}$,试求函数的零点个数。这个问题也是很典型的数形结合法,无法去求解根,所以要从图像出发,转化为两个图像的交点问题去解决。

3. 解决解析几何的相关问题

在沪教版高二数学下册平面解析几何中,要解决直线和圆的关系问题,我们

通常利用圆的特殊的几何性质，去解决圆的相关问题。例如：实数 x、y 满足 $x^2 + y^2 - 4x + 3 = 0$，求 $\frac{y}{x}$ 的取值范围。该关系式为圆的一般方程，化标为 $(x-2)^2 + y^2 = 1$，表示以 $(2, 0)$ 为圆心，1 为半径的圆，学生容易作出圆的图形。设 (x, y) 为圆上的任意一点，$\frac{y}{x}$ 可以看成是圆上的点与坐标原点 $(0, 0)$ 连线的斜率的范围。引导学生画图像发现，当与 $(0, 0)$ 连线相切时，即为所求。再令 $\frac{y}{x} = k$，将其变形为 $y = kx$，也就把该问题转化为求 k 的范围问题。最后利用点到直线的距离公式，可以求出 k 的值，进而确定出范围。本题解决的关键就是借助了数形结合，同时转化到圆上的任意点与坐标原点 $(0, 0)$ 的斜率问题。这种处理，体现了该思想解题的有效性。对于此类问题，我们还可以求 $x + y$ 的最值问题，转换为直线的截距问题去解决。

除此之外，利用复数模的几何意义，也可以将复数中的相关问题转换为圆中的问题，再利用数形结合思想去解决相关问题。同时在向量、三角函数、数列等章节中，也有很多需要利用数形结合来解决的，笔者在这里就不一一列举了。

通过上面的一系列例证，可以发现数形结合思想在整个高中数学中所起的重要作用。抓住数与形关系去探究问题，并解决问题，是高中生在数学学习中必须掌握的一项技能。如果学生们都能学会这一思想方法，相信在未来的数学学习道路中会有别样的风景。但是数形结合思想的学习不是一蹴而就的，不同的问题往往有不同的方法。因此这一思想方法，并非通过几道题目就能掌握的，它需要渗透在平时的学习过程中，这就需要教师在教学过程中把握时机，选择适当的方法，使学生在潜移默化中学会运用这一思想去解决问题。

参考文献

[1] 陈碧峰：《浅谈数形结合思想在高中数学教学中的渗透》[J].《知音励志·社科版》,2016 年第 2 期;

[2] 张君：《高中"数形结合"在解题中的应用》[J].《新教育时代电子杂志(教师版)》,2017 第 8 期;

[3] 殷伟康：《江苏专用最高考》[M].江苏科技大学出版社,2014 版。

运用教师智慧点燃学生求知的智慧火花

康兴梅

摘　要： 教师如何运用信息化的教学服务平台点燃学生求知的智慧火花是当下每一位教师必须要研究的核心内容之一。尤其是"智慧课堂"的及时动态的课堂诊断分析和评价体系，让每位教师能更好地把脉学情，及时地调整教学方式和教学方法，使课堂真正成为点燃学生智慧火花的主阵地。本文通过"智慧课堂"教学的四个案例，探索如何运用"智慧课堂"教学平台让学生积极参与课堂的评价；如何运用所学的数学知识解决实际问题；如何激发学生高涨的数学学习热情；如何让师生的智慧在课堂中充分展示，从而真正点燃学生智慧的火花。

关键词： 智慧课堂　参与式作业评价　浪漫数学　智慧碰撞

　　"智慧课堂"作为一个信息化教学服务平台，已经和我们的数学课堂成功地融为一体，不论是新授课，还是作业讲评课、复习课、习题课，它都能及时动态地诊断分析和评价信息反馈。它能让教师精准的掌握学情，及时地调整教学策略，从而使课堂真正成为促进全体学生个性化成长的主阵地，成为"点燃学生求知的智慧火花"的摇篮。

　　在数学学习的过程中，学生智慧的增长不仅仅体现在分数上。对大部分学生来讲，分数除了反映学生一段时期的基础知识掌握的程度以外，也取决于学生的智商和情商。曾记得有这样的一句话，任何不能用语言描述的收获，都是学生智慧的真正的成长。如一个逐渐克服数学"恐惧症，慢慢产生自信的学生，一个在数学课堂上学会与同伴共同学习的学生；一个在数学课堂上学会了数学表达的学生等，都是被教师点燃了智慧火花的学生。

案例(一)　　　　　　学生参与式作业评价

我评价　我收获　我成长

9月8日数学课新课之前作业讲解时,发现了同学们的问题。对于学生完成的数学作业的评价,不能单纯地用"对"或者"错"来简单评价,而是要发现他们的错误,是在数学学习过程中的"过程与方法"的问题、知识理解问题,还是数学的思考方法问题呢? 如下面两位同学的解答:

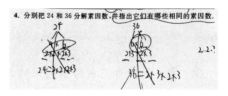

师:第一个同学的问题是什么?

生1:没有理解分解素因数的概念。概念是:把一个合数用素因数相乘的形式表示出来,叫作分解素因数。

生2:这位同学的解答过程是找出 18、28、30 的因式的方法,他把求整数的因数的方法与分解因数的概念混淆了。

师:第一章的内容概念性比较强,容易混淆,因此我们学习这一部分内容时,一定要首先熟记概念,然后才能根据题目的要求,正确地完成。不过,不要气馁,通过同学的讲解,知道了问题所在,掌握了学习方法,数学的学习会是一个比较顺利的过程,学好数学也是你我都能实现的梦想(这是对做错题目的同学的一种鼓励,也是为有数学"恐惧症"的同学舒缓心理的压力。我始终认为这才是作为一名数学老师应该具备的素质。"不仅利用评价和评价结果来追踪学习的进程,还要用他们来帮助学生学习更多的知识。")

师:第二个同学的问题出在哪里?

生1:没有写出它们相同的素因数。

师:这次作业,60%的同学都没有写出它们相同的因数。主要的问题在于,同学们不能沉下心来读完题目的要求,再来做题。而是只看前面,不看后面,这是所有数学成绩不理想学生的需要改变的学习习惯。完整读完题目的要求,再根据要求,在大脑中找出相应的解决规范,这才是数学学习的必要的素质,希望同学们在以后的学习中,慢慢掌握这种方法。

师:这个同学还有一个分解方法的错误。四六二十四,这是我们的习惯性思维,也称为"思维定势"。数学的学习就是不断地打破思维定势,习得新的解决问题方法的过程。分解素因数时,最好是从最小的素因数开始尝试,顺次尝试,以免漏解。

这样的评价,既传授了学习方法,也传授了问题的思考方法。这才是真正意义上的"过程与方法"的教学。课堂评价所提供的信息就是学生努力学习的原动力。让学生感受到,在数学的学习上获得成功是可能的,付出的努力是值得的。

第三张图片,80%的同学马上指出了这个同学存在的问题,是没有把结论如"24=2×2×2×3"等写出来。课堂评价的最主要的目的是如何帮助学生成功地实现学业目标。如何让学生参与到评价的整个过程中,以提高他们的学业表现,从而帮助学生更加自信的投入数学的学习中,动力十足,成为成功的学习者,才是数学课堂教学的精髓所在。

"永远不要低估你的评价和反馈对学生的影响。对我们教师自身来说,那只是登记在成绩册上的一个成绩,或者仅仅是我们用于和其他分数

求平均的一个分值。但是对于学生来说,这个分数有更多的私人意义。这是他们借以判断自己是否能够顺利地学习数学,是否具有数学学习天赋的一个标准。永远不要忽略课堂评价过程所包含的个人意义。"[1]

没有"智慧课堂"教学平台的辅助,这样的一堂学生参与式作业讲评课是无法完成的。

案例(二)　　　　**实 用 的 数 学**

理性消费,不盲目

曾记得一个网友如是说:以前利用淘宝购物,是因为便宜,可以省钱。可是近几年由于商家对于"双十一""双十二"的过度宣传,导致我多花了很多钱。我也有同感,但是我毕竟是理科出身,比较崇尚理性消费,也想把"理性消费,勿盲目"的理念传递给我的学生。一直在寻找素材,恰好遇到练习题中有这样一道题:

大宁影城在暑假面向学校推出了两种办卡优惠。小明办的是第一种卡，交240元，买一张面值300元的会员卡，每次看电影刷卡换票，300元用完为止，最后一次换票如果卡里金额不足用现金补齐。小杰办的是第二种卡，交50元办一张优惠卡，每次看电影凭卡优惠$\frac{1}{5}$。（1）小明和小杰一起看了8场，每场票价50元，那么小明和小杰实际每人花了多少钱？（2）如果小明和小杰一起看了票价50元的电影共11场，他俩实际谁花的钱多？

这是一道非常贴近学生生活的题目。学生在购买的时候也会去计算哪一种方式更合算。照理说这道题目的得分率应该比较高；可是实际上这道题的得分率只有32.6%。学生的解答过程是这样的：

小明：$50 \times 8 - 300 + 240 = 340$（元）

小杰：$8 \times 50 \times \left(1 - \frac{1}{5}\right) = 400 \times \frac{4}{5} = 320$（元）

正确：$8 \times 50 \times \left(1 - \frac{1}{5}\right) + 50 = 400 \times \frac{4}{5} + 50 = 370$（元）

他们想当然地认为，花50元购买的优惠卡，不能消费了，因此没有计算在成本之内。

由于第(1)小题的错误的想法，导致第(2)小题也是与正确答案失之交臂。

第(2)的正确的解答是

小明：$50 \times 11 - 300 + 240 = 490$（元）

小杰：$11 \times 50 \times \left(1 - \frac{1}{5}\right) + 50 = 550 \times \frac{4}{5} + 50 = 490$（元）

答：他们俩实际花的钱一样多。

我又问了一个问题：如果是你，你选择哪一种付款方式来进行消费呢？哪些同学选择第一种消费方式呢？

36个同学选择了第二种消费方式，原因是折扣比较多。只有一个同学说，自己看电影比较多，同时由于获得了优惠卡，因此我可以多去看几部电影。（这其实或许就是商家推销的比较赚钱的消费方式吧。利用人们的这种爱占小便宜的消费心理而设计出来的一种消费方式，是一种发自内心的自觉自愿的强制消费。）这些同学代表了90%的群众的盲目跟风消费理念，

有4个同学选择了第一种付款方式，还有一部分同学对于选择第一种消费方式的同学，用嘲笑的口吻说他们是土豪。我让选第一种消费方式的同学解释

理由。

生1：我认为第二种消费方式是看得越多越划算，一年至少要看 11 场。对于我来讲，我很少看电影，一年最多也就是看个两三场，因此我选择第一种消费方式。

生2：我的第一个理由和他是一样的。我还有第二个理由，因为我的妈妈喜欢乱丢东西，等到我想看电影的时候，卡找不到了。如果还有第三种消费方式，直接现金购票，我会直接购票，否则，因为妈妈的缘故，我们会无缘无故浪费掉一百多块钱。

我说，我也会选择第三种消费方式。因为选择了第一种付款方式的 10% 的学生是一群理性消费群体，是商家最不欢迎的一种消费群体。

择优而行，提倡理性消费，反对盲目跟风消费。这种对知识的批判性的思考和创造性的理解，才是数学课堂要真正传递的东西。学生把所学的知识运用到日常的生活中去，根据自己的实际，运用所学的知识解决实际的问题或作出正确的决策，这才是学生智慧的真正的生长点。

案例(三) **浪漫撩人的数学**
学好数学是必须的

曾听到学生在做数学题的时候，小声嘟囔："会算这些东西有什么用？难不成以后买个菜还能用到一元二次方程，买个西瓜能用到三角形全等，我又不买彩票，学习概率有啥用？"我笑着轻声说："如果想在成年后天天在买菜、买西瓜中度过你的余生，数学从现在开始你就不要学了。"师生一起会意的相视一笑，学生继续做题，我继续若无其事的巡视指导，不时解决来自学生的学科问题和心理问题。

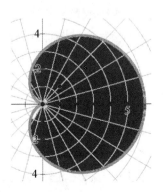

最近，学生在学习平面直角坐标系。对于大部分同学来讲，从一维空间过渡到二维空间是一个很难跨过去的坎。在走廊上听见一个学生恨恨的说，这是谁发明的平面直角坐标系，让我们如坠云里雾里，真想把他们拉出来鞭尸。

我理解他们，更同情他们。上课，随手在黑板上写出一个方程 $\rho = a(1+\cos\theta)$。"现在我给大家变个小魔术。"我打开"希沃白板 5"，把这个函数的图像画出来了。"同学们,发挥你的想象力,看看这是一个什么图形?"——一个饱满的心形跃然纸上,极坐标轴穿心而过。

传说数学家笛卡尔与其教授的瑞典公主相恋,国王暴怒,赶走笛卡尔,软禁公主。为了安慰公主并躲开国王的监察,笛卡尔写给公主的信里都只写了这一个方程式,一遍遍重复着自己暗藏的,只有公主能理解的讯息:"我与你心相通,情同在。"

"你们看,学好数学的人浪漫起来一点不逊色于学习文学的才子,不用三行情书,一个方程就足够了。只有学好了直角坐标系,将来你才有机会学习极坐标系,此时的您也一定可以写出专属于二人的小浪漫,让晦涩难懂的字母化作笔触,起笔收尾,密诉衷肠。感谢笛卡尔,感谢直角坐标系,让你将来有属于你自己的浪漫。不像有些同学经常在微信群里老公、老婆的叫,土得掉渣。"

这时,几乎所有的同学睁大了眼,张大了嘴巴,有极个别同学表面看上去还是原来的样子,细看却是不同,瞧那一双双眼睛亮得像是碾碎了一大把留有余烬的木炭在里头,熠熠发亮。

不论男生还是女生,此时一定是排除万难,立志学好平面直角坐标系(也叫作笛卡尔坐标系)吧。

我的这一番表演,激起了学生尤其是男生的数学学习的热情,只为将来的那一次属于自己的浪漫。

这节课,这个浪漫的数学小故事,把学生的认知的智慧火花点燃了,起码在这一章节的学习过程中,智慧之光会熠熠生辉吧。

案例(四)　　　　　　**师生智慧大碰撞**

完美设计,支离破碎

美国教育家罗格斯纳·艾尔登在《下课后来找我》一书中所说:"实际上课几乎不会完全按照计划进行。"这才是家常的数学课的常态。

教师的课堂教学设计不论有多完美,只有真的落实到具体的教学实践中,才真正是考验教师智慧。因为课堂上的生成和预设很难达到准确无误的统一,甚至当初设想的"完美流程",在课堂中会被学生"灵光乍现"的思维的霹雳炸得"七零八落",怎么办?随机应变,这简单的四个字,对于任何一位老师来说都是一项挑战,挑战你的知识水平,挑战你的教学方法,挑战你的教学智慧,挑战你的心理素质……总之,这其实是最能反映一个教师的教学功底的一环。也是师生智慧碰撞,点燃学生智慧的关键节点。

在教学《三角形的相关的概念》时,我的课堂设计是直接给出三角形的概念以及其他相关的概念,并通过一组组练习巩固这些概念。同时努力创设让学生交流和讨论的机会,让他们把这些概念"内化"到已有的知识建构中。但是这一完美设计,差一点以支离破碎收场。

一切都按照预设进行着。突然,一个同学举起了手,提出了备课时没有预设到的学生的课堂提问,打了一个措手不及。

生1:为什么三角形要用"三条线段首位顺次连接组成的封闭图形"来定义,用"有三个角"组成的图形定义不可以吗?

我及时地把问题抛给了学生。学生叽叽喳喳讨论了后,给出了反例,说明了这样定义的不严谨性,如图(1)。用生生交流的方式,用反例消除了提问学生大脑中的错误认识。尽管老师可以马上给出反例,但是把课堂的主阵地让给学生,让学生慢慢地站在课堂的中央,是智慧课堂的精髓所在。

学生的质疑如一石激起千层浪。接着又有几个同学提出了自己对于三角形概念的区别于课本概念的理解。

生2:三条直线两两相交所围成的封闭的图形,这样定义不可以吗?

学生讨论后,一个同学在黑板上画出了反例图示,如图(2)。

生3:三条线段两两相交,组成三个角,这样定义不可以吗?

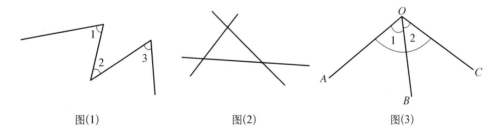

图(1)　　　　　　　　　图(2)　　　　　　　　　图(3)

学生们七嘴八舌,但是也举不出一个足以擦除学生此类认知的反例。

此时,我也没有一下子想出反例,大脑飞速旋转着,寻找反例。足足有一分钟的尴尬,课堂出现翻转,我终于举出了反例,如图(3)。那个沾沾自喜认为自己将要"彪炳史册"的提问者也张大了嘴巴。最后大家一致总结:课本上的定义就是对三角形概念的最好的解释。

这节数学课,原先准备的大量帮助学生理解概念的题目,几乎没有用到。在学生的讨论中,结束了这节课,我长舒了一口气,学生也向我送来敬佩的目光。通过课堂的反应可以看出,大部分学生的智慧被点燃了,积极地参与到热烈讨论中。即使想"难为"老师的一帮"坏学生",也积极开动起了自己的脑筋。

　　尽管没有完成本堂课预设的教学目标,但是学生的收获远远超过知识目标。他们思维的霹雳炸的老师完美的课堂设计"支离破碎",师生的智慧都得到了淋漓尽致地展示,这堂课在师生的智慧碰撞中完美收官。

　　"智慧课堂教学平台"不仅仅为教师节约了做教学PPT的大量时间,尽量多的增加了课堂容量,而且让教师有足够的时间找出学生数学学习路上的"绊脚石"。如:这道题你没有做出来,你思考到哪一步了呢? 再比如,这道题目你做出来了,说说你的想法等等,真正地把课堂还给了学生。这种教学方式是一种师生共同围绕问题,解决问题的互动式教学模式。运用此种教学方法,教师可以倾听,及时反馈,可以与学生展开讨论,还更有可能听到来自教师本身和来自学生们的一些深刻的抑或浅显的、让人意想不到的思想火花;抑或说在课堂上教师真正以自己的智慧点燃了学生的智慧的火花。

参考文献

[1] (美)斯蒂金斯:《促进学习的学生参与式课堂评价》[M].中国轻工业出版社,2005年版;

[2] (美)罗格斯纳·艾尔登:《下课后来找我》[M].中国青年出版社,2012年版。

浅谈小升初的数学衔接教学

韩　洁

摘　要： 小学生在升入初中后，数学学习的内容和学习的方法发生了很大的变化，由原本的直观形象思维逐渐向抽象思维转化。因此，教师必须重视中小学数学的有效衔接，解决好小学数学与初中数学的有效衔接问题，尽快让学生适应初中的数学学习，真正成为学习的主体。

关键词： 小学数学　初中数学　学习内容　学习习惯　教学方法 衔接

　　刚从小学升入初中的学生对中学任何知识都充满了好奇，想学，愿学。初中数学教学内容中有很多都与学生在小学阶段学习过的知识有关，然而随着年级的升高，知识的内容在加深，更为抽象、全面、深刻；思维的方式也产生着变化，要求学生由原本的直观形象思维逐渐向抽象思维转化。但学生的思维方式和学习方法还是停留在原来的基础上，不能适应新知识的学习，导致学习出现一定的困难，打击了他们的积极性和自尊心，在多次失败的打击下，就会逐渐失去学习数学的兴趣。

　　为使中小学生的数学具有连续性和统一性，使中小学生数学知识衔接自如，实现小升初的平稳过渡，初中数学教师应对小学与初中的教学内容作系统的分析与研究，掌握新旧知识的衔接点，做到有的放矢，提高教学质量。

　　以下从教师的教学方法、教材的内容以及学生的学习方式等诸多方面进行探讨和研究。

一、学习内容上的飞跃

　　小学和初中数学的内容和课程设置方面存在着很大差异。小学每课时的教学容量少而且浅显,练习时间较多,学生易理解并在反复的练习中得以强化。而初中数学每课时都涉及多个知识点,知识的系统性较强,练习时间又少,学生扎实地掌握一节课的内容是需要教师下功夫的。

1. 从算术数到有理数

学生在小学时,学习了从客观现实中抽象出来的算术数,进入初中后把算术数扩大到有理数;数的运算形式也相应地在加、减、乘、除四则运算的基础上增加了乘方、开方运算。这对学生来说,意味着思维上的一次跨越。为了使这部分内容教学的衔接更加自然,应注意以下三点:

(1) 引入具有相反意义的量。举一些学生熟悉的实际例子,使学生了解引入负数的必要性及负数的意义,例如零上温度和零下温度,让学生认识到区别具有相反意义的量必须引入负数。

(2) 逐步加深对有理数的认识。教师要让学生清楚地认识到有理数与算术数的根本区别在于出现了正负号,有理数的分类和小学时学过的算术数相比只是多了负整数和负分数。

(3) 加深对有理数运算的认识。有理数的运算实际由两部分组成:小学时学习过的算术运算及中学部分的符号确定,教学中要让学生注意符号的确定,才能更好地解决有关有理数运算的问题。

2. 从数到式

学生在小学时学习的是具体的数字,虽然也接触过一些用字母表示的数,但对字母表示的数的意义的认识是相对肤浅的。进入初中不仅要让学生进一步认识用字母表示数的意义,还要让学生理解字母可以与数字一起参与运算,可以用数、字母、运算符号组成的代数式表示具有某种普遍意义的数量关系。建立代数的概念,进而研究有理式的运算。这种从数到式的过渡,是学生在认识上由具体到抽象,由一般到特殊的飞跃。为实现从数到式的衔接,在教学中应注意:

(1) 认识用字母表示数。比如:加法交换律 $a+b=b+a$,正方形的周长 $c=4a$,圆的面积 $S=\pi r^2$ 等,说明用字母表示数不仅能简明、扼要地表达数量之间的关系,更有一般性和普遍性,可以更方便地研究和解决问题。

(2) 加深对字母表示数的认识。比如有的学生错误地认为"$-a$"一定是负数,要让学生理解负号的作用只是表示相反的量,"$-a$"不一定是负的,它可以是正数、0 或负数。

(3) 加强数学语言和代数式的训练。比如:a 是正数可以表示为 $a>0$,a

的 2 倍表示为 $2a$，用字母表示有理数的减法法则等。

3. 从算术方法到代数方法

小学时多采用算术方法解应用题，初中多采用代数方法解应用题。算术方法解题与代数方法解题之间有着密切联系，但思维方法不同。从小学刚升入初中的学生更习惯于算术方法，对于用代数方法解题感到不适应，不知道如何找等量关系。教学时应注意：

（1）让学生理解用算术方法和代数方法解应用题的异同。

学生在小学已经学习了用算术方法解应用题，进入中学后再学习用代数方法解应用题，一些学生认为这是"多此一举"，因此对这部分内容的学习往往会不够重视。教学中必须提高学生对用代数方法解应用题意义的认识，帮助学生理解用算术方法和代数方法解应用题的异同。这两种方法的区别在于：算术方法是把未知的量放在"特殊"的地位，设法通过已知量求出未知量；代数方法是把所求量与已知量放在"平等"的地位，找出各量之间的等量关系，建立方程求出未知量。

（2）指导学生学会列方程解应用题的分析方法。

应用题的分析是解题关键，只有分析清楚题意，才能合理选择未知数，进而正确列出方程，所以分析题意是解应用题的"前奏"，应当给予足够的重视。要指导学生分析题意的正确方法：① 分析题目类型；② 分析已知量和未知量；③ 分析已知量与未知量之间的关系或其他等量关系。

（3）让学生切实掌握列方程解应用题的一般步骤。

在弄清题意的基础上，再指导学生掌握列方程解应用题的步骤和书写要求：设句（直接设元或间接设元），列方程，解方程，检验，写答句等五个步骤。

二、教学方法上的衔接

小学数学教学中，教师讲得细，练得多，直观性强，小学生的学习以机械记忆、直观形象思维为主；小学数学内容多来源于生活，趣味性较强，缺少较强的逻辑思维的训练。中学教师在教学中应注重设置一定的生活情境，引导学生学习，关注学生学习兴趣的激发和培养，让学生逐步体验由形象思维向抽象思维转化的情感体验。进入初中，相对小学来说，教师讲得精，练得少，抽象性强，初中数学以逻辑思维为主，要求学生用理性的思维方式去思考。在教学过程中，教师要注重学生独立探究和小组合作学习的能力，要将数学的思想方法渗透在日常的教学中,着力于对学生学习能力和思维方式的提升。此外,教师还须关注学生能力的差异,遵从学生的生理和心理特点与学生的认识结构和认识规律,有效地改进教学方法,做好教学方法上的衔接。

1. 查漏补缺,搭好阶梯,注重新旧知识衔接

刚进入初中的学生考虑问题比较简单,不善于进行全面深入的思考,对一个问题的认识,往往注意了这一面,忽视了另一面,只看到现象,看不到本质,这种思维上的不成熟给知识内容明显加深的初中阶段的教学带来了困难。因此,教师在教学中应有意识地多给学生发表见解的机会,在互动交流过程中细心观察其思考问题的方法,认真分析每一个学生,找出每个学生的薄弱点,有针对性地帮助学生克服暂时的困难,尤其要更多地关注学习困难的学生,合理地设置教学的难易坡度,适当地给予成功的体验,有效地帮助他们树立学习数学的信心。

2. 从具体到抽象,一般到特殊,因材施教,改进教法

进入初中的学生需要逐步培养抽象思维能力。小学听惯了详尽、细致、形象的讲解,进入初中遇到老师的精讲、内容的抽象一时会很不适应。因此教师在教学过程中不宜讲得过快、过多、过于抽象、过于概括,有时可借助一些实物、教具,让学生看得清楚,听得明白,逐步由图形的直观性、语言的直观和文字的直观向抽象思维过渡。比如教学一元一次不等式和一元一次不等式组等内容时,恰当运用对比,抓住两组内容的异同对比着讲授,能使学生加快理解和掌握新知识。

3. 计算能力的培养

初中数学学习的开端主要是计算能力的培养,比如,有理数、代数式和方程的计算,都较多的涉及小数、分数的四则运算。但是学生的小数和分数计算能力较弱,分数的通分和约分易错,而且计算速度较慢。如果学生在刚刚进入初中的数学学习时就遇到了困难和挫折,就会使他们对数学学习逐渐丧失信心,这会直接影响学生整个初中阶段的数学学习。而且初中数学的计算也是学习物理和化学的基础能力,因此计算能力不仅是数学学习的基础,更是学生步入初中之后增强学习理科知识信心的一把钥匙。所以从学生进入初中学习起就必须加强学生计算能力的培养,才能使学生的小升初学习做到最基本的有效衔接。

三、学习习惯与学习方法的衔接

在学生刚刚步入初中的时候,教师就应该注重学生的学习方法指导,培养学

生良好的学习习惯。为了提高学生的学习效率,要注重引导学生学会课前的预习和课后复习,认真完成作业练习,学会重视教师的批改和反馈并及时改正,平时做好错题和资料的收集及积累。要重视学生的书写习惯,这是每一名老师都应该认真对待的一项工作,因为不同学科有不同的书写格式和要求。在数学学科上,对于每一种题型都有不同的解题格式,教师不仅要学生书写工整,更要按照解题格式规范、严谨地书写,要把这一点贯穿到学生初中数学学习过程的始终,因为严谨的书写才能塑造出严谨的数学思维,这对于数学学习是至关重要的。

这些习惯和兴趣的培养因学生而异,也因教师而异,每位教师可以根据情况对学生提出要求并加以指导。指导科学的学习方法,培养良好的学习习惯,才能塑造学生科学的数学思想。

总之,小学生在升入初中后,学习任务、面临的升学压力、所处的环境与小学相比发生了很大变化,思维的要求在抽象性和严密性上都有一个飞跃。初中数学教师要更好地做好小学升初中的数学衔接教学,首先应该先全面了解学生在小学都学了什么,哪些内容与初中的数学知识相关联,认真分析研究中小学数学知识的前后联系,把握它们之间的区别和联系,才能真正做好教学上的有效衔接。其次,在教学设计上应该注重贯穿数学思想的渗透,能够为学生逻辑思维的提升奠定基础,使学生在知识、方法和思维上都能与初中数学学习顺利衔接,尽快让学生适应初中的数学学习,真正成为学习的主体,才能为以后的学习奠定坚实的基础。

参考文献

上海市中小学(幼儿园)课程改革委员会:《数学教学参考资料》[M].上海教育出版社,2019年版。

数学差异性教学的探索

王　健

摘　要： 由于学生之间存在差异，不同的学生对数学学习有不同的需求。若用同样的目标去要求，采用同一种方法去教学，显然是不合适的。为了实现"人人学有价值的数学，人人都能获得必需的数学，不同的人在数学上得到不同的发展"的教学理念，数学教学要面向全体学生，满足不同学生的学习需求。这就必须在数学教学中，对学生进行合理的、恰当的分层；确定不同的教学目标和教学内容；运用不同的教学方法；布置不同的课后作业；采用不同的教学辅导及评价措施。实践证明差异性教学是提高教学质量，激发学生学习积极性，促进全体学生共同发展的有效途径。

关键词： 数学教学　差异　分层

由于小升初的入学制度，小学生提前进入初中后，学生的层次差异非常突出。整体上各层次的学生均匀分布，也就是各层次的学生都有，而且人数大致相当。这给教学工作带来了一定的难度，尤其表现在数学学科上。例如，课堂四十分钟，同样的教学目标和内容，有的学生认为老师讲得慢，内容太浅；有的学生却还没有听懂，无法跟上教学节奏。若用同样的教学目标去要求，采用同一种方法去教学，势必导致课堂效率不高。由于学生的家庭环境不一，学习态度各异，学习程度参差不齐，倘若用一刀切的教学方法，势必导致顾了这头丢了那头的后果。牺牲任何一方都不符合我们的教育理念，也不适合当前的教育要求。教育的任务就是要以科学的方法，在承认个体差异的同时努力减小乃至消除各种不良客观因素的影响，充分调动学生的学习积极性，发挥学生的学习潜能。然而，在班级授课制的前提下，如何才能有效地解决不同层次学生在教学中的不同需求？如何才能使不同层次的学生，在原有的水平上都能得到提高和发展？为了更好地发掘学生的潜能,让不同层次的每一个学生都能发挥水平,获得最大的成功,我在数学学科尝试进行了差异性教学实践。

一、对学生进行合理的、恰当的分层

对学生合理的、恰当分层是差异性教学的前提。对学生分层,要尊重学生的人格,尊重学生的需要、兴趣和能力,尊重学生的个别差异,使每个学生在学习数学知识的同时,找到自己最喜爱的部分,使学生的个性得到发展。在对学生分层之前教师要做大量的调查准备工作,全面了解学生。综合多次考试成绩、智力因素、学科基础、非智力因素、平时表现,根据学生的学习基础,结合学生的学习兴趣、习惯等各方面因素,把班级学生分成 A、B、C 三类。

A 类: 学习基础好,学习态度主动,学习兴趣强,具有较强的学习能力;

B 类: 有一定的学习基础及学习能力,但学习上缺少主动性和自觉性;

C 类: 学习基础及学习能力都比较薄弱,缺乏学习兴趣,学习习惯差。

不在班级上公布学生的分层名单,这样隐性的分层,才能真正更好地保护每一位同学,使学生在班级里处于主体地位,发挥其主动性和积极性。在掌握了各类学生层次后,把这三类不同的学生按一定的比例编成四个学习小组。按照搭配的原则编排学生的座位,这样便于学生互助互学。教师从爱的角度,以家长般的情感,做好每个学生的思想工作,保证每个学生心情舒畅地按照自己相应的层次投入课堂学习。

二、确定不同的教学目标和教学内容

首先,立足于教材和教学大纲,根据教学大纲的要求将知识与技能、态度与情感、行为与能力三者融合起来,从立足基础、培养能力、发展智力、全面提高综合素质等方面考虑,确定相适应的分层教学目标。目标分层适宜低起点、多层次、有弹性。其次,根据不同层次学生的基础水平和接受能力;对认识知识的深度和广度;学生对新知识的接受程度及速度;练习与应用的强度等提出不同层次要求。制定与之相适应的目标和要求,期望使各层次的学生都能在原有的基础上有所提高。基层目标主要是对基本知识的认知,在理解的基础上能简单地模仿应用。在不降低要求,不增加难度的前提下,要求各层次的学生都要能掌握;

中层目标要求学生能正确理解有关概念,能进行较复杂的分析和应用,并能用来解决简单的综合问题;高层目标要求学生具有自学、探索、分析、综合问题的能力,能通过分析解决较为复杂的综合性问题,并有一定的创新能力,进行创造性学习和实践。把课堂教学目标细化到层,避免了以往在制定教学目标时存在随意性、模糊性和单一性的弊端,使教学目标更有针对性、具体性。根据分层的教学目标进行分层备课,每节课不是备三个教案,而是在一个教案里分三个层次,主要体现在教学目标、课堂例题及练习、作业的分层。

对于教学内容,无论是新授课、习题课、复习课还是讲评课,都离不开数学问题的解决。数学知识是由数学问题构成的。问题是数学的心脏,解题是学习数学的基本手段。要提高数学教学的效率,必须以解题活动作为中心,把解决问题作为教学的目标。整个课堂设计的指导思想应是"低起点、多层次、高要求"。

教学内容分层,一方面把本节课内容根据知识发展的规律设计成几组不同的问题,每组问题之间要有着密切的内在联系,使知识由浅入深,由单个知识点到综合运用。另一方面是每组问题要围绕一个中心知识点设计习题,习题之间由浅入深分出层次。从而习题与习题之间,问题组与问题组之间环环紧扣、步步升高,形成一条有机结合的知识链。

三、运用不同的课堂教学方法

为了使全班学生在课堂四十分钟时间内都能进行充分有效的学习,在教学方法上注重因材施教,因人而异。再按照学习小组,对不同知识水平和接受能力的学生进行合讲分练。

用问题来组织课堂教学,解答问题时,要求 C 类学生回答基础题,争取回答比较简单的综合题;B 类学生回答简单的综合题,争取回答提高题;A 类学生可以直接回答提高题。使知识发生发展的规律与学生的认识规律有机结合起来,同步进行。使教学指向每个学生的"最近发展区"。

课堂教学上对 C 类学生的指导有所倾斜,如在基本概念、基本训练方面,多给 C 类学生思考和发表意见的机会,然后由 A 类或 B 类的学生评判,演算。这样既保证了 C 类学生的积极参与,又解决了 A 类 B 类学生容易忽视基础的问题。同时,又根据不同层次学生的知识水平,在系列训练中设计适合其需求的具有一定梯度,难易各异的练习题,坚持有的放矢,区别对待。对 C 类学生,设计问题采取小步子,抓基础的原则;对 A 类、B 类学生则要求有一定的难度和灵活性。这样使 C 类学生在课堂问答中不致寸步难行、无从下手,尽量让他们获得成功的喜悦,提高学习信心,并进一步激发其求知欲望,形成良性循环。同时,也使 A 类、B 类学生不至于盲目乐观,骄傲自满。在学习小组中让 A 类学生做老师的小助手,对 C 类学生进行辅导帮助。同时展开小组间比赛,用集体的力量让 A 类学生充满责任感,B 类学生有紧迫感,C 类学生有获得感,从而全面提高整体学习水平。通过课堂差异性教学,使每个学生都在自己原来的基础上学有所得,思有所进,在不同程度上有所提高,获得同步发展和充分的发展,从而达到理想的教学效果。分层教学对教师的专业素养提出了更高的要求,在教学互动过程中,教师要随时随机把握不同学生的学习情况,准确找出教学的中间地带,恰当调节课堂的气氛,采取灵活、有效的教学方法和手段,使不同层次的学生在和谐愉悦的气氛之中,都能够共同学习、共同发展。

四、作业的分层以及分层评价

学生作业分为课内作业和课外作业。课内作业、习题比较基础,全班统一要求,统一完成,除部分选修的拓展题外,基本没有明显的分层。课后作业、习题的分层则较为明显,一般分为三种类型:直接应用的基础题;简单变式的理解题;综合性的提高题。A 层学生要求完成全部类型,B 层学生要求完成前两类,可选做提高题,C 层学生必须完成基础题,也可选做理解题和提高题。作业的辅导和讲评,对 C 层学生尽量实行面批和当面辅导;对 A、B 层学生则以教师启发点拨后的自主学习掌握为主。

不同层次学生的作业、答题采用不同的评价方法。对学习有困难、自卑感强的学生,要多给予表扬评价,寻找其闪光点,及时肯定他们的点滴进步,使他们看到希望,逐渐消除自卑;对成绩一般的学生,采用激励评价,既指出不足,又指明努力方向,促使他们不甘落后,积极向上;对成绩好、自信心强的学生,采用竞争评价,坚持高标准严要求,促使他们更加严谨、谦虚,更加努力。在评价时,对有退步的学生则提醒、鼓励、热情关心,使其树立信心。这样做不但可以帮助学生及时作出调整以适合自身的发展,而且有利于学生看到自身的进步和不足,保持积极进取的学习热情。

五、教学辅导及协调措施

在实践中,教师要特别注重情感的作用,有效地发挥非智力因素的积极作用。积极正确地引导并充分调动学生的学习积极性,从而使他们的学习潜能得到最大限度的发挥。对 A 层学生鼓励挑战自我,主要是培养其创造性思维与灵活应变能力;让 B 层学生树立信心,在原有基础上有所突破并期望递进到高一层次。对 C 层学生来讲,发掘潜力,调整心态尤为重要,在整个差异性教学实施过程中,处理不当很容易挫伤他们的感情,因此要特别注意防止让他们失去自尊和自信。平时利用课间或放学后对 C 层学生进行分类辅导。对他们进行辅导主要是调动非智力因素,培养师生的和谐感情,激发学生的学习兴趣,教会学生学习的方法。对 C 层学生尽量实行面批部分作业,对重点突出稍有难度的问题进行个别辅导。作为教师我必须做好深入细致的思想工作,特别是给 C 层学生以关爱,经常同他们谈心,进行家访,了解他们思想上的顾虑和学习上的困难,及时进行疏导和帮助。使他们切实感受到差异性教学并没有把他们弃之不顾,而是根据学生间学习差异的客观事实,区别对待,使全班学生都能得到提高。每当他们学习上有进步,都要及时进行表扬鼓励,使他们感受到成功的喜悦,树立学习信心。

经过一个阶段的分层教学后,对学生进行科学有效的评价,根据评价的结果对各层次的学生进行适当的调整,以满足不同学生的数学学习需求。在具体处理上,则进行动态区分,既在一个阶段内保持各层次的相对稳定,又根据学生的学习情况变化,给予相应的调整。上升者予以表扬鼓励,下降者并不一味批评,而是帮助他们分析原因,寻找对策,鼓励他们振作精神,迎头赶上。定时考察各层次学生在本层次达标及递进程度。对各层次达标学生给予表扬,让有进步的学生及时递进到高一层次,鼓励低层次学生向高层次努力。对达不到原层次目标的学生及时作心理辅导,解决智力与非智力因素中所存在的问题。总之,对每一位学生都需在情感上给予充分关怀,使之成为鼓励他们不断进步的巨大精神动力。

六、教学效果与反馈

通过一段时间的实践,差异性教学已有了初步的成效。学生的反映是最有说服力的。班中同学都认为,差异教学不仅使每个人了解了自己的学习水平和在班级中的位置,而且有了明确的努力目标和赶超方向。C 类学生一改以往自卑的心理,树立起了学习信心。B 类学生不甘位居中游,赶超 A 类学生,使 A 类学生有了一定的危机感,体会到只有不断努力,才能保持优势。班级学习气氛空前活跃。同学们都感到自己是最大的受益者,而且对自己也有了更多的了解。碰到简单的题目不再盲目乐观,碰到难题也不再畏惧,而且有了一种奋斗拼搏的欲望,大家都在掌握自己应掌握的那部分知识外向更高的层次迈进。

C 类中的小刘同学过去数学成绩从来没有及格过,对数学根本没有兴趣,不愿去学。然而通过一段时间的差异性教学,数学成绩有了明显进步,而且对数学也有了兴趣,像换了个人似的。说起进步,小刘同学说变化是从他第一次考了 63 分开始的,当时老师及时的表扬和鼓励,使他感受到了成功的喜悦,对数学也有了信心。没有一个学生不想把功课学好,也没有一个学生一开始就不愿意学习,但实际情况是确实有一部分学生学习成绩上不去,确实有一部分学生对学习不大感兴趣。究其原因,还是教师的教学方式、评价方式存在种种不合理之处,使一些学生屡遭失败的挫折,久而久之形成了自卑心理,对学习失去了兴趣,或者抱着无所谓的态度,我行我素。因此学习的内驱力是走向成功的第一步,正如教育家苏霍姆林斯基所说:"成功是一种巨大的情绪力量,它可以促进儿童好好学习的愿望,一旦学生受到了成功的激励,他们的学习自信心便会得到恢复,从而勇敢地去攻克新的学习堡垒。"成就感是激励一个人不断进步的重要心理因素。

七、结束语

通过差异性教学实践,我有这样的体会:对教师来说,比提高学生学习成绩更重要的是树立学生对学习的自信心。想把每个学生都培养成优秀生,这是不合实际的。教师应当在学生存在差异的情况下,最大限度地考虑学生的个性差异和内在潜力。用不同的尺度来要求学生,因材施教,使每个学生在其原有的基础上发掘出巨大的潜力,学到一定的知识,达到一定的标准,并全面提高各方面的能力。

初中数学课堂的差异性教学可以满足不同学生的数学学习需求,转化后进生,培养优等生,大面积提高学生的数学核心素养。数学教学中实行差异教学还在探索之中,在具体实施过程中还存在着许多不足之处。因此还要不断总结,大胆尝试,期待在今后的教学中获得更大的成功。

参考文献

[1]　华国栋:《差异性教学策略》[M].北京师范大学出版社,2009 年版;

[2]　张奠宙:《数学教育概论》[M].高等教育出版社,2004 年版;

[3]　冯建军:《教育学基础》[M].南京师范大学出版社,2010 年版;

[4]　斯滕伯格:《斯滕伯格教育心理学》[M].机械工业出版社,2012 年版;

[5]　黄光扬:《教育测量与评价》[M].华东师范大学出版社,2010 年版。

数学教学中鼓励和信任策略的运用

摘　要：鼓励和信任能使人产生巨大的精神力量。正处在青春期的初中学生,渴望能得到家长老师的关注、信任和爱,从而实现自我价值的目标。老师的鼓励和信任能促进学生的积极发展。数学是重要的基础科学,其能使人更合乎逻辑、更有条理、更严密、更精确地思考和解决问题,能增强人的好奇心、想象力和创造性。在数学教学中,只要善于使用鼓励策略,就能调动起学生的积极性,激发学生的信心和潜能,使教学收到事半功倍的效果。

关键词：鼓励　信任　促进发展

在日常生活中,人们会发现这样的现象：一个孩子在做了一件自己力所能及的家务后,如果家长能够及时地表扬和鼓励这个孩子,那么这个孩子以后会经常做一些类似的家务。从心理学的角度来分析：每个人都需要善意的赞美和鼓励。这实际上是一种投入少收益大的感情投资,是一种驱使人奋发向上、锐意进取的动力。也就是说,孩子在乎家长的感受,如果家长能够给予孩子正面的感受,他就会一直朝着良好的方向发展。在数学教学中也是如此,教师对孩子的点滴进步能否给予充分的肯定与热情的鼓励,不仅仅是一个方法问题,更重要的是一个教育观念问题。

所有的人都有被认可的需求,尤其是处在青少年时期的初中学生,这种需求更加强烈。一方面他们还处在童稚未脱的成长阶段,但另一方面,他们的内心都有认为自己已经长大的强烈的成人感,迫切希望获得家长和老师的认可,他们渴望能得到老师的关注、信任和爱。教师的鼓励和信任有利于密切师生关系,拉近彼此距离,建立起融洽和谐的师生关系,有利于创设和谐的课堂氛围,培养学生健康的心理素质,有利于后进生的转变。所以在实际的教学过程中,教师应该千方百计地发现和挖掘每个学生身上的闪光点,用各种方式及时地给予鼓励。

一、想方设法鼓励学生独立思考,自主探究

初中的数学基础知识,大多是从丰富的生活实际背景中抽象概括而成的。在教学中安排"思考""探究""归纳"等教学环节,引导学生经历数学知识的抽象、概括过程,通过观察、分析、猜想、试验、推理、反思、交流等活动获取数学知识,积累数学思考、探究的经验,逐步学会发现和提出问题、分析和解决问题。教师从学生已有的知识和经验出发,鼓励学生"多想、多试、多总结",重视和加强对数学基础知识和基本思想的理解和应用,使学生在获得数学知识的同时,学会思考,学会探究。

在课堂教学提问过程中,教师实行鼓励性教学,注意知识的深入浅出,设计问题时力求简单明了,把容易的问题留给成绩稍差的学生,当回答正确时及时给予表扬和鼓励。如果答错也不加以指责,而是帮助学生分析,鼓励学生再找出正确答案。在教学上开展课堂抢答、分组比赛、学生讲课等多种形式的活动,使学生在学习中有参与感、成就感,使他们获得学习的乐趣,从而有效地调动学生的学习积极性。

例如,在学习同位角、内错角、同旁内角时,教师鼓励学生在两条直线被第三条直线所截的三线八角中,从角的位置关系入手,自己来归纳这三种角的概念及特征。要自己思考、发现并归纳总结概念,对初中学生来说是有一点难度的,是有挑战。虽然学生一开始不能得出令人满意的规范定义,没关系,想得不对,换一个角度再想想看。经过不断启发和鼓励,有学生抓住线和角的位置来考虑,经教师对图形进行适当的难易程度的编排,学生们终于归纳出了三种基本图形,最后理解并得出了正确概念,获得了成功。这种鼓励和启发学生的教学方式强调了学生的主体作用,让学生各感官都参与课堂教学活动。其过程给了学生开放、自由的学习空间,不仅使学生在探索中获得感性认识,也使学生从中获得理性知识。教学中教师尽量多启发,少定论;多鼓励,少批评。引导学生敢想、敢说;不怕想错,不怕说错。让学生弄清问题的来龙去脉,形成科学思维,同时也能提高学生的学习兴趣和积极性。问题的探讨和研究直至问题的解决的整个过程,为学生数学思维和能力的发展提供了舞台,培养了学生探索求知、不怕困难的意志品质,促进学生的积极发展。

二、充分信任学生，使学生获得自信

自信心是实现自我价值和达到目标行为的一个重要前提条件。人的自信一半来自自己，一半来自别人。一个人如果从来就不赏识自己，他不会拥有自信；一个人如果从来就没有被赏识，他也不会获得自信。因此在课堂教学中，教师的一个关注的眼神，一句赏识的话语或是一个赞许的表情都能促进学生积极上进，激发他们的求知欲，鼓起他们的勇气，增强他们的自信。

信任每一位学生。教师往往会比较注重那些思维活跃、性格较外向的学生或学习成绩较好的学生，而对于那些性格内向的学生或学习后进生关注较少。其实，每位学生都有闪光点，他们具有不同的家庭背景，生理、心理、学习特点，不同的生活习惯和兴趣爱好。教师应该以平等的态度对待每一个学生，以真挚的情感温暖学生，使他们在潜移默化中始终感到老师的一片爱心。相信每一位学生，鼓励他们独立思考，开发他们的潜能，放手让他们做学习的主人。教师只有充分信任学生，才能使学生感受到你对他的期待，从而充分信任你，同时学生也有了自信。

加强情感交流。在教学过程中，教师应及时与学生进行情感交流，给予不同学生不同的情感态度。对后进生付出更多的关爱和鼓励，多给他们具体的指导和帮助。课堂上多给他们开口、动手的机会，让他们体会到老师的关爱，使他们与老师的情感形成共鸣，提高他们求知的勇气。当学生遇到困难时，教师要及时与学生沟通，帮助他们排除心理障碍，减少顾虑，增强学生的自尊和自信，促进学生的积极参与；当学生充满激情，思维活跃时，教师就应大胆的放手，把学习的空间给学生，表达出信任的情感，坚定他们独立解题的信心；当学生的学习情绪不高时，教师要予以鼓励，给学生良好的心理暗示，使学生减少胆怯心理，充满自信地投入到课堂学习中来。

采用鼓励的语言，为学生树立能学好数学的坚定信心。当学生作出正确的分析与解题时，教师要根据不同的学生及时给予肯定和鼓励，让学生感受到老师对他的信任，使他们体验成功的喜悦。教师鼓励的语言会给予学生成功的喜悦，使之产生积极的情绪，从而不断强化参与学习的意识。苏霍姆林斯基说过："成功的快乐是一种巨大的情绪力量，它可以促进儿童好好学习的愿望。"总之，对学生应该采用友好的信任的语言，维护其自尊，使他们自信。

及时调整期望值。期望值过高,会使学生的自信心受到打击,使学生在一开始就产生畏难情绪而不利于课堂教学的进行。期望值过低,会造成学生看不到自己的长处和能力,自信心也会受到打击,使学生产生自卑的心理。因此在教学中教师应尽量充分考虑主客观条件,分析学生当前所处的位置,适当提出自己的期望,并根据学生实际情况及时调整期望值,诱导学生自信。

三、注意方法、培养能力;及时表扬,获得学习成就感

数学学习需要充分重视概念、公式和定理,同时,通过解题等实践活动,深化认识和提高能力。学好数学离不开解题,但解题教学需要有正确的指导思想。盲目做题,劳而无功;方法得当,事半功倍。设计不同层次的习题,鼓励学生认真地分析问题、探寻解题思路、落实解题步骤;要引导学生及时反思解题过程,想想问题中涉及了哪些数学知识和思想方法,能得出什么规律;帮助学生领悟数学基本思想,积累丰富的数学活动经验,发展数学能力。

在教学实践中教师可利用课堂提问的机会表扬学生。根据学生数学能力的差别,有针对性地让学生解答一些难易程度不同的问题。一些基本概念,如直接应用课本知识的比较简单的问题,可选择数学能力较弱的学生回答;数学知识综合应用的较难的问题,则应让数学能力较强的学生解决。回答正确的,要予以当堂表扬;回答不正确的也不要批评,而是引导其认真分析错误出现的原因,并对其勇于回答问题的表现进行肯定及表扬。在提问时,教师要注意语气亲切,表扬诚恳,发自内心,使学生感到教师是真诚地关心他们的。提问的难度也要循序渐进、逐步提高。提问的难度以学生通过思考能回答为宜,使学生既不觉得老师是特意挑选容易的问题让他们回答,又让学生通过解决提问获得学习的成就感,最终使得学生更进一步地爱上数学课。

鼓励和表扬能使学生获得学习成就感。这是一种真正闪耀着人本精神的教学方法。在数学教学实践中,能切实有效地解决一些面临的问题,对于提高学生学习数学的积极性,提高数学学习成绩都起着非常重要的作用。笔者曾教过一个班,刚开始接班的时候,学生上课习惯不是很好。上课时,有些学生好像是"身在曹营心在汉",心不在焉的。后来,我采用多种鼓励的教育方法,因材施教。对于思想不集中的同学,我就要求他到黑板上做数学题,即使完全解不出来,我虽不批评他,但是也不是就此放过,而是依然不断启发并鼓励他不要气馁,和他一

起慢慢地把题目解出来、解正确。并告诉他,只要坚持,将来你一定能够把数学学好的。这不但使学生在数学上取得了成功,而且获得了信心。在我的不断努力下,班级学生学习数学的氛围逐渐浓厚,班级的数学成绩也由原来年级的倒数成为名列前茅,这使我深深感受到鼓励和信任对学生的学习是多么的重要。

四、努力开拓学生的视野,立足学生的长远发展

数学课堂是讨论、合作、交流的课堂。思维是数学的灵魂,要想学好数学知识,就要培养数学思维。对于不同的学生来说,他们具有自己独有的学习个性。教师要培养学生不同的思维方式,引导其有效地解决数学问题。在具有扎实的基础知识和基本技能之后,还要注重引导学生把各章节、各知识点之间的内容融会贯通。以课堂讨论的方式进行探讨交流,培养学生总结问题、结论的能力。培养学生精确深入地理解数学理论,把课本"由厚变薄",并概括提取为自己的语言,为知识点的发散奠定基础。

鼓励学生用"一题多解""一题多变"的方法解题,尊重学生在解题过程中所表现出的不同水平,并最大限度地满足其差异发展的需求,实现不同的人在数学上得到不同程度发展的目标。教师适时地给予指导和鼓励,合理地发挥引导者的作用,让学生树立自信,为学生"画龙"添加"点睛"之笔。鼓励学生通过生动活泼、积极主动的学习,在培养更广泛的数学学习兴趣,不断增强用数学的意识和能力的同时,接受数学文化的熏陶,不断提升数学文化素养。

例如,在讨论证明线段相等的方法时,我给学生出了这样一道题:

如图,已知:$AB \parallel CD$,EC 平分 $\angle AEF$,ED 平分 $\angle BEF$

这道题目有趣的地方是:只有题设,没有结论。

我把学生按前后座位的四个同学

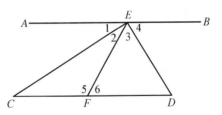

分为一组,全班共分成 10 个小组,每小组作为一个讨论单元,由已知条件出发来探索结论。经过讨论以后,每小组派出一名同学,把所想的结论写在黑板上,比一比,看哪一个小组所想的结论最多。

学生开始讨论,并且不时有同学上黑板写结论。

我负责提醒学生注意黑板上已有的结论不要重复写,并不断地鼓励大家积

极思考,是否还有遗漏的结论。

学生所得的结论中,有相等角、互补角、互余角、特殊三角形等好多种关系,而且令人惊喜的是学生们在写结论时居然能分类地来写结论。

黑板上学生们写出的结论:

相等角:$\angle 1 = \angle 2 = \angle C$,$\angle 4 = \angle 3 = \angle D$;$\angle AEF = \angle 6$;$\angle BEF = \angle 5$

互补角:$\angle AEF$ 与 $\angle 5$,$\angle AED$ 与 $\angle D$,$\angle BEF$ 与 $\angle 6$,$\angle BEC$ 与 $\angle C$,$\angle 1$ 与 $\angle BEC$,$\angle 2$ 与 $\angle BEC$,$\angle AED$ 与 $\angle 4$,$\angle 3$ 与 $\angle AED$,$\angle 5$ 与 $\angle 6$,$\angle AEF$ 与 $\angle BEF$

互余角:$\angle 1$ 与 $\angle 3$,$\angle 1$ 与 $\angle 4$,$\angle 1$ 与 $\angle D$,$\angle 2$ 与 $\angle 3$,$\angle 2$ 与 $\angle 4$、$\angle 2$ 与 $\angle D$,$\angle C$ 与 $\angle 3$,$\angle C$ 与 $\angle 4$,$\angle C$ 与 $\angle D$

相等线段:$EF = CF = DF$

直角三角形:$Rt\triangle CED$

等腰三角形:$\triangle CEF$、$\triangle FED$

此外,还收获一个意料之外的结论:

$$EF = \frac{1}{2}CD \ (直角三角形斜边上的中线等于斜边的一半。)$$

刚看到此题时,学生一片哗然,纷纷表示没有结论的题目没见过,怎么能做?我用自然平和的语调、亲切温和的话语,温柔而鼓励的目光,给了学生真诚、热忱的鼓励,表达了我对学生强有力的信任。鼓励就像雨露,常经雨露的花会开得更艳;鼓励就像是帆,有帆的船能乘风破浪。事实证明,学生们的表现都很棒,并且还给了我意外的惊喜。这道题的设计,就是让学生仁者见仁,智者见智。题目的结论可简可繁,旨在使各层次的学生都有收获,树立每个学生的信心,促进每个学生都得到积极发展。教师在教学中不断总结鼓励对于学生成长的作用与方法,不断改进鼓励的方式方法,让更多的学生在鼓励中燃起希望之光。

总之,鼓励和信任能促进学生积极发展。在教学过程中采用积极鼓励的教学方法,其作用是多方面的,由鼓励所产生的效应也是明显的。学生需要鼓励和信任,就像植物需要阳光和水。鼓励和信任对于孩子们的健康成长和发展是至关重要和必须的。鼓励和信任,如阳光雨露,可以滋润人的心灵;鼓励和信任是良好的心灵抚慰,给人愈挫愈勇、从头再来的力量;鼓励和信任是深层的唤醒,唤醒内心的觉知。鼓励和信任在初中数学教学中的作用不容小视。如果希望学生具有热爱学习的勇气和激情,那就鼓励和信任他们吧,不吝啬美言,这样才能长久地促进学生积极发展。

参考文献

[1] 贯忠喜:《数学备课授课及其结束思路的揣摩》[J].《才智》,2013 年第 28 期;

[2] 张奠宙:《数学教育学》[M].高等教育出版社,2003 年版;

[3] 张大钧:《教育心理学》[M].人民教育出版社,2005 年版;

[4] 陈昌平:《数学教育比较与研究》[M].华东师范大学出版社,2000 年版;

[5] 孙亚玲:《课堂教学有效性标准研究》[M].教育科学出版社,2008 年版。

学生参与式数学课堂评价模式的实践

张玲利

摘　要：作为一线的一名初中数学教师,要想改变大部分同学对于数学的恐惧,甚至厌恶,最好的方法是改变课堂评价模式,让学生参与到课堂评价中来。让他们在参与的过程中,有了"学好数学是可能的,付出的努力是值得的"自信。通过对学生参与式课堂评价模式的初步尝试和探索,归纳出学生参与式课堂评价的方法和形式。

关键词：参与式　评价模式　实践探究

由于中高考指挥棒的影响,学生的学习评价,往往是跃然于纸上的冰冷的分数,久而久之,很大一部分学生对数学产生了厌恶的情绪,更有甚者产生了恐惧的心理。这个结果性的分数,完全不能彰显学生的个性,尤其是忽略了学生的过程性收获。

那数学学科到底需要一种怎样的评价模式? 数学课堂难道就是知识点的教学吗? 除了大纲中规定的知识、方法、思想外,还要教什么? 态度? 价值观? 人生观? ……

我想,让对数学有厌恶或恐惧心理的学生参与到评价的整个过程中,以提高他们的学业表现,从而帮助学生更加自信地投入到数学的学习中,应该是一个行之有效的方法。只有有效的课堂评价,才能真正成为学生进步和发展的动力和阶梯。

课堂评价指的是任课老师在教学的过程中,为促进学生学习和改善教师教学而实施的对学生学习过程与结果的评价。它与日常概念中的课堂教学质量评价,在评价主题、评价对象、评价内容方法上有很大的不同。它评价的焦点是指向学生的学习与发展,既关注学习的结果,更重视学生学习的过程,将评价教师的教与学生的学有机地结合起来。

学生参与式课堂评价指的是任课老师在教学过程中,让学生深入参与到课堂评价、信息收集和信息交流当中,及时地根据学生的学习情况,调整教师的教学策略,帮助学生成功的实现学业目标。

一、改变评价模式中的书写态度,享受思考中的快乐

我知道从学生的书写态度可以窥见学生的学习态度,所以我决定从学生的书写态度即情感目标入手来评价学生,从而帮助一部分具有"数学恐惧症"的学生逐渐克服恐惧心理,慢慢产生自信。

案例 1:
几何学习中的"反其道而行之"

在平常的教学评价模式中,往往要求学生书写端正,卷面整洁。数学中的几何学习,恰恰却是"反其道而行之"。

某位学生在几何学习过程中"动手",把一个干净的几何图形,涂抹得黑黑的,最后很不耐烦的划了一道痕迹。其实这就是向老师完整地展示了一个他的数学学习过程,一个非常努力的思考数学的过程。我表扬了这个同学,并且特别强调,有思考才会有进步。

一个干干净净的几何图形和一个面目全非的几何图形,尽管都是没有做出来,但是每个同学在解决这个问题的过程中,所形成的思考能力是不同的。尽管这种隐形的痕迹是看不见的,但是久而久之,量变会引起最终的质变,长期所形成的思考力就有了质的差别。这就是为什么有些同学尽管数学的起点相同,但是一段时间后,有的同学数学出现了突飞猛进之势,而有的同学还在原地踏步的原因。因此,数学的提高不在于你做了多少不需思考的题目,而是取决于你在数学的学习上,有多少深度的思考过程。

把一个不规则的图形,通过各种尝试,转化成一个规则的图形,这也是一个学生深思熟虑的思考过程的完整体现,也是学生学习能力进步的一种最好的体现。或许现在只有几个同学,到了初二、初三,随着老师评价模式的进一步开展,只要符合学生的实际,相信会有更多的学生,在数学学习能力方面会得到进一步的提高。

案例 2：

作业讲评中的教师的书写范例

有一次，在讲评作业时，我展示了一张代表他们书写的图片(图一)，结果同学们都面面相觑：没有错呀！因为他们都是这样做的。我一一分析，告诉他们做选择题时，应如何向阅读者展示自己的思考过程。然后，我用红色的水笔逐条分析，并且让他们也按照我的格式学习操作。(图二)

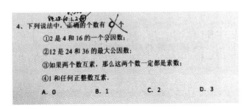

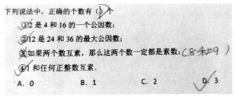

图一 图二

又如第 9 题是一个比较典型的数学建模题(图三)。就是把实际的问题用所

图三

学的数学的知识来解决。我逐一分析题目中的关键的字词，用以说明这是一个用求最大公因数的方法解决的问题，并给同学们展示了我的解答过程以及详细叙述了我的思考过程。让学生在我的书写过程中，慢慢体会这道题的精华所在。

我相信，经过这种评价模式中书写习惯改变和示范作用，会有更多的学生用更多的时间来思考数学，享受思考的乐趣。这种思考过程中的快乐，对学生的最终的数学思维能力的养成有无限的促进作用。

二、关注数学学习过程，提高学生的思维能力

在作业的评价中，以正确率来评价一个学生的数学学习过程，对于数学的优等生来讲，是一个常规的评价模式，尤其是书写，能看出一个学生的笃定的、安静的学习态度。但是，对于正在努力喜欢上数学的学生，尤其是还在数学的道路上艰难奋进的学生来说，有失偏颇，因为他不能很好地反映出一个学生的数学的思考过程。他尽管没有做出这道题目，但是，或许他运用了老师讲过的各种方法进行尝试，进而使得他大脑中的数学知识点之间，有了反复的链接，

久而久之,就形成了数学的思维能力,从而在数学的各个知识点间建立了稳固的链接,真正的数学的核心素养,就在这一次次的数学的努力思考中形成了。

我尝试着从不同学生的作业的情况来给出评价,不仅仅是学生的正确率,还有综合考虑学生的思考质量,给出恰当的评价,从而激励学生在数学上多用心思。曾记得有一位数学老师风趣地说:"让学生把心交给数学,把时间交给其他的学科。"鼓励学生专注以及延长思考时间,从而进行个别的谈话,达到提高学生的数学学习热情,提高学生的数学核心素养的目的。

同时,在试卷的评判时,部分题目的酌情给分也是一种不小的激励。如同样一道开天窗的题目,有的学生的图形干干净净,有的学生很努力地涂涂画画,就反映了学生不同的思考力度。充分思考后,仍然没有做出来,但是学生在整个的过程中,动用了所有的感官,大脑飞速的运转,会产生多少灵感呢? 我们无法测量,但是在后面的讲解分析过程中,学生眼睛发亮的、紧跟老师分析的眼神是让人终生难忘的。学生听完讲解后的"恍然大悟"的瞬间,才是数学上的真正的"可教瞬间"。对学生的影响到底有多大呢? 只有学生自己体会。

任何不能用语言描述的收获,才是学生的思维能力的真正的成长。从教师的角度看,"恍然大悟"就是学生真正理解这个知识点的瞬间,是欣赏数学,重视数学的开端。"真正的理解,涉及把新学习的新的知识和先前的已有的知识连接起来的能力,能把新的知识归入到自己的知识网络系统的相关部分,并能认识到其运用的潜在可能性。"

三、鼓励学生参与课堂评价

作为一名数学教师,常常在陪伴学生的学习过程中,有着不少"有心栽花花不开,无心插柳柳成荫"的意外的惊喜。

案例1:
学生参与作业评价
每次作业讲评,我常常是让学生点评,指出学生出错的问题所在。看到这张图片,70%的学生都知道这个同学的解答是错的,也能准确地说出正确答案。但是能进一步指出这个学生错误的原因,这就是比较深入的思考了。

1. 先分别把下面两个数分解素因数,再求它们的最大公因数.
   12 = 2、2、3 ;
   30 = 2、3、5 ;
   12 和 30 的最大公因数是 2 .

我仍然抛出了这个问题,让答对的学生找出同学出错的问题所在,就像老师的分析一样,这一下子难住了学生们。可是仍然有学生尝试着回答了这个问题,并且一针见血。他说,这个同学的问题出在不知道分解素因数和最大公因数的概念,并熟练的背出了这两个概念。

我趁此机会,让学生们打开了课本,找到了这两个概念,并再熟记概念。我知道,尽管答对的同学有 70%,肯定有很多的同学是"比着葫芦画瓢"的模仿,知其然而不知其所以然。久而久之,淡化了对概念的记忆,理解也就无从谈起,成了做题的机器。从而丧失了数学的思考能力,这才是最可怕的事情。

案例 2:
学生参与新课概念探索

在新授《公倍数和最小公倍数》时,我用类比的方法,讲解的新课效果很好。我先让同学们回忆公因式和最大公因式的概念,再结合这两个概念,类比给出公倍数和最小公倍数的概念。学生的语言尽管不是很严谨,但是他们已经非常努力地在用简练的语言来描述自己心目中的公倍数和最小公倍数了。根据他们的理解,我让他们自己看书,找出自己语言的不足之处,学习课本上严谨的概念,以期再出现类似的情况时,能更好地用规范的数学语言来描述概念。

另一次,根据求最大公因式的方法,我带领学生探索求最小公倍数的方法。从列举法入手(在讲这种方法时,也给出了另外一条规律:两个整数的所有的公倍数都是最小公倍数的倍数,并让同学们记录在课本相关内容处),通过分解素因数探索规律,找出最小公倍数中的素因数与已知的两个正整数的素因数之间的关系,从而用短除法的方法去验证分解素因数法得到的规律。同时,也给出了"特征法"求最小公倍数的方法。

为了打破学生的"思维定势",我让他们自己探索求出三个正整数的最小公倍数,结果可想而知。80%的同学给出了错误的解答。通过分析,得出了如果求三个整数的最小公倍数时,最后的三个整数必须两两互素,才能正确地求出最小公倍数。

在课堂上,时时关注学生的表情、眼神等细节,在课堂的答疑环节,挖掘出的"异样"表情后的困惑和惊喜,以及化解当堂课中学生的知识盲点,找出问题的所在及时调整教学策略,是学生参与课堂评价的重要环节。

只有让学生真正参与到课堂评价的整个过程中,及时地反馈给学生,让他们能及时地了解自己课堂上的积极的、优秀的表现,从而重新树立起数学学习的信心,从不同的方面和层面提高在数学课堂的收获,才能真正地实现二期数学课改的理念。在学生参与式评价的数学课堂上,不同的学生有不同的数学收获:有的收获的是数学的知识方法,有的收获的是数学的交流表达的顺畅,有的收获的是批判性思维能力的提高,有的收获的则是质疑精神……

四、鼓励学生多问多思考,是学生参与式课堂评价的核心内容

很多学生往往有这样一个困惑:上课明明听懂了,偏偏作业不会做;考试题老师讲评完后,自己也订正正确,可是下一次为什么还是不会呢? 有的题目反复讲过 3 遍甚至 5 遍,为什么还不会呢?

其实,学生上课听懂了,做作业时却不会也很正常。因为他们缺少了一个最重要的关键环节——思考。没有仔细的咀嚼消化老师上课讲的思想和方法,即知其然,再经过自己课下的思考,又知其所以然。大部分学生的学习过程欠缺的就是这个自己咀嚼老师上课的知识、方法的独立思考的过程。这个知识点,老师为什么这样讲呢? 这个定义换个说法行吗? 又如这个题目把条件和结论互换,结论还能不能成立呢? 这种种深度的思考,才是掌握一节课的关键所在。可是学生恰恰缺少这个环节,这种思维上的欠缺带来的能力上的不足,才有了听懂了而不会做作业的现象。

同时,不善于分析条件和问题之间的关联性也是问题所在。虽然一听就懂,但是不改变这种被动吸收的学习方法,在数学的学习的道路上,不会走远。而且即使课下部分同学暂时会做了,可能也只是模仿能力的合格,是受短期记忆与天生的模仿能力所决定的,但还是没有真正地消化理解。

某次早自修时间,学生在观看《孔子》视频,恰好有"不知"这个内容。我首先给学生讲解"知之为知之,不知为不知"的道理,接着谈到有些同学因为

要面子,怕问出的问题被同学们笑话,因此关闭了自己求知的大门,久而久之,上课就真的听不懂了,成了名副其实的"学困生",这时候,后悔也来不及了。

我告诉学生我的上课的规则是:先把大部分同学作业中做错的题目重点讲,然后,给出时间让大家消化,提出自己不懂的问题,由老师或者同学当堂答疑;如果上课没有听懂,请马上举手示意,老师会从不同的切入点,再为你讲解,把当堂课的内容消化掉,逐步消除学习路上的"拦路虎"。如果你连最基本的知识都不能好好的学会,真的不知道"面子"是啥东西,"自尊心"有啥作用。"知之为知之,不知为不知",这才是作为一个学生最起码的责任和义务,把自己不懂的知识弄懂,才是作为学生最基本的"面子"。

其实,让学生深入地参与进课堂评价,并非是件难事。他们的每一个"倏忽而逝的迷茫过的眼神""一个紧皱后又马上舒展的眉头",都能够让教师尽收眼底,从而及时地化解学习过程中的困惑,不让它们成为学生后续学习的顽疾。慢慢的,让学生站到课堂的中央,将不再是梦想,而是现实。

变终结性评价为过程性评价,以提高学生的学业表现,从而帮助学生更加自信地投入到数学的学习中,动力十足,成为成功的数学学习者。不断探索和尝试不同的评价模式,进一步培养学生学习数学的兴趣,提高他们爱思考、会思考的能力,是每一位数学教师的责任所在,这一切,任重而道远。

参考文献

[1] (美)古德(Good T.L.)著,陶志琼译:《透视课堂》[M].中国轻工业出版社,2009版;

[2] (美)波帕姆:《促进教学的课堂评价》[M].中国轻工业出版社,2003版。

关注过程方法,提升核心素养

陈 鸣

摘 要：对于过程与方法的再研究内涵指向学习过程与学习方法。本文通过一堂数学课的探究学习的案例分析,揭示如何科学设计过程与方法,提升学生数学核心素养。

关键词：过程与方法 探究与活动 核心素养

一、案 例 背 景

上海市八年级第二学期数学第十二章"四边形"是在学生已经学习了三角形、几何证明后又一个重要的平面几何内容。此前学生已经经历了从三角形到等腰三角形,再到等边三角形到直角三角形的"从一般到特殊"的学习过程,也理解了几何证明的价值与意义,掌握了几何证明的基本要素和方法。

在开展有关平行四边形以及特殊的平行四边形教学时,由于定理多,相似度高,学生在学习时往往产生错误的判断,常常会把定理搞错,或把一些真命题当作定理来用。因此,本单元的教学注重知识体系的构建,在教学中使学生能够自然地、符合逻辑地建立相关知识体系,把握住每个知识点的来龙去脉,梳理出它们的逻辑关系。

所以,我把这一章节的单元结构进行了重新划分。分为三个专题:

专题一：平行四边形(平行四边形的定义、性质、判定内容)

专题二：矩形与菱形(矩形的定义、性质定理、判定定理;菱形的定义、性质定理、判定定理)

专题三：正方形(正方形的定义、性质定理、判定定理)

从专题的设置分析看,是从四边形到平行四边形,再到矩形菱形,再到正方形,这个发展过程是四边形的边的位置关系特殊化,再对边的度量关系、位置关系再特殊化的过程。这一过程与从三角形到等腰三角形,再到等边三角形,再到直角三角形的发展过程一致,都是对多边形的边的度量关系、位置关系的特殊化。

就研究的对象而言,从三角形的边、角、有关线段到平行四边形的边、角、对角线再到特殊平行四边形的边、角、对角线,研究对象一脉相承。因此,在教学过程中,适当加强通过类比方法,使学生理解对多边形知识的研究策略与研究方法,从而真正掌握本单元的有关知识。

我就以特殊的平行四边形矩形菱形为例,经历从平行四边形到特殊的平行四边形矩形、菱形的研究过程,体验"从一般到特殊"的研究方法,感悟类比思想。

二、案例教学过程

古人言:没有规矩,不成方圆。强调的是做任何事都要有一定的规则、做法,否则无法成功。"规"指的是圆规,用来作圆。"矩"就是直尺,用来作矩形。今天,我们来研究矩形的相关性质判定定理。

(一)复习旧知

复习多边形

问:前段学习的多边形的知识点有哪些?

学生答:平行四边形对边相等、平行四边形对角相等、平行四边形对角线互相平分、平行四边形是中心对称图形,对称中心是对角线交点。

问:多边形的研究过程是怎么样的?

学生答:研究图形的边、角、对角线和图形的对称性。

设计意图:梳理多边形的知识脉络,在复习旧知的同时,感受研究几何图形的一般过程与方法。

(二)新课引入

1. 画一个平行四边形

(1)平行四边形的边长不变,改变内角的大小:

问1:请同学观察有没有特殊情况?

学生答：有，有一个角是直角时。

问2：这是什么四边形？

学生答：矩形。

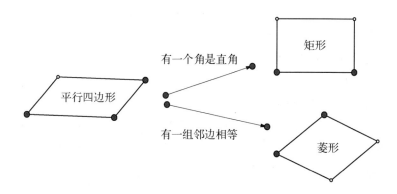

（2）平行四边形的内角不变，改变边的长度：

问3：请同学观察有没有特殊情况？

学生答：一组邻边相等。

问4：这是什么四边形？

学生答：菱形。

2. 学生归纳

问5：矩形的定义。

有一个角是直角的平行四边形叫作矩形。

问6：菱形的定义？

有一组邻边相等的平行四边形叫作菱形。

设计意图：通过实践操作让学生发现特殊情况下的四边形的生成，感受从一般到特殊的研究问题的方法，由学生归纳，培养学生用数学语言的表达能力。

（三）探究活动

1. 性质

问：在定义了矩形之后，如何研究矩形？

活动1：请学生自行研究矩形的性质。

活动2：请将所得到的各种性质进行交流，并选择其中一些作为性质定理。

矩形的性质定理1：矩形的四个角都是直角。

符号叙述：∵四边形 $ABCD$ 是矩形

∴$\angle A=\angle B=\angle C=\angle D=90°$

（矩形的四个角都是直角）

矩形的性质定理 2：矩形的两条对角线相等。

符号叙述：

∵四边形 $ABCD$ 是矩形

∴$AC=BD$

（矩形的两条对角线相等）

设计意图：类比平行四边形的性质的获得，研究发现矩形的性质，理解矩形的性质定理。

2. 判定

问：研究了矩形的性质后，应该研究什么？

活动 3　请学生自行研究判定的方法。

活动 4　对所得到的各种判定进行交流，并选择其中一些作为判定的定理。

矩形判定定理 1：有三个角是直角的四边形是矩形。

符号语言：在四边形 $ABCD$ 中，

∵$\angle A=\angle B=\angle C=90°$

∴四边形 $ABCD$ 是矩形（有三个角是直角的四边形是矩形）

矩形判定定理 2：对角线相等的平行四边形是矩形。

符号语言：

∵四边形 $ABCD$ 是平行四边形　　$AC=BD$

∴四边形 $ABCD$ 是矩形（对角线相等的平行四边形是矩形）

设计意图：从性质定理的逆命题为真命题，进而得到判定定理的这种发现判定定理的一般过程出发，理解矩形的判定定理。

（四）本课小结

1. 矩形的有关知识；2. 矩形的研究思路；3. 自身的感悟。

（五）作业布置

根据本课的学习过程与方法，对"两条邻边长为 $1:\sqrt{3}$ 的矩形"进行研究，并小结归纳研究过程和结果。

三、案例教学反思

1. 注重问题的提出

"问题是数学的心脏,是科学思维的起点。"教育心理学也向我们揭示:学生的思维过程往往从问题开始。有经验的教师在教学过程中,总是通过一系列有一定梯度的、有一定内在联系的问题链,由浅入深地引导学生思考,直至揭示问题的本质。这时候一个个设计合理的数学问题成了学生一步步思考的阶梯,成了激发学生思维的撞针。教学知识与方法从来不是凭空出现的,无论是数学知识还是教学方法,都有着其产生的背景。在教学过程中,我们应该揭开知识或方法的表面,尽可能自然地符合逻辑地开展教学,使学生不仅懂得并掌握知识与方法,更能合理的分析与思考。

在本单元的教学中,为什么要学习平行四边形、矩形、菱形、正方形? 为什么这些图形的定义是这样的? 为什么这些图形的有关定理只有这些? 原本习以为常的教学内容,背后有着值得深挖的内涵。正是依靠这种追根溯源的教学思维,使学生从本质上认识所学知识,更提升了学生在不同背景下发现问题内在联系的能力,增强透过事物现象观察本质的能力,这是真正意义上的数学理解。

2. 注重研究的经历

《义务教育教学课程标准(2011 年版)》中指出义务教育阶段应当让学生获得更多数学的基本活动经验。

在教学中,我们经常发现学生对已经学过的知识方法不能灵活运用。这种情况的出现与学生在学习这个知识时并不了解其发生发展的背景有着一定的联系。只是给出一个定理,然后证明它,这种对学生来说十分突兀的知识是不能让学生合理运用的。因此,教授新知识时教师应当引导学生追根溯源,从原点出发,开展合情合理的教学。本章节中定义的给出、性质定理与判定定理的发现是很好的活动素材。如何对一个研究对象进行定义;不同的研究对象会得出怎样的结论;哪些结论作为性质定理更适合;判定定理是怎么来的? 这些问题的研究与思考都蕴含着数学思维。这些实践活动与思维活动都能丰富学生的数学活动经验,使学生通过这样的研究逐步掌握数学思考的过程与方法,进而学会数学的认识问题和解决问题。

3. 注重定义定理的教学

所有复杂问题的解决都不是凭空想象的,其背后有着基础知识与基本技能的支撑。回到原点,从最基础的知识出发才是解决复杂问题的根本,定理教学时培养学生核心素养的重要基地。

定理教学可以简单包括三个环节:形成的环节、论证的环节、应用的环节。在形成环节中,我们要关注定理产生本身在学生学习过程中的基础在哪里。有的定理在教学过程中需要情景引入,动手操作,猜想的过程。但不是所有定理的教学需要这个过程,譬如说三角形的内角和,因为三角形的内角和学生都知道这个结论。因此,定理教学的形成环节需要具体问题具体分析。论证环节要关注活动,引导;设问,释疑;提炼,优化这三个方面。活动指导是论证环节中一个很重要的过程。在活动中间,学生一定会碰到困难。教师在处理时,可以通过设问把复杂过程拆分为几个学生已知原点,突破难点。所以,设问、释疑是活动中关键的手段,是提炼、优化环节。在学生的整个活动探究过程中,学生的思维活动是有优劣之分的。在活动的最后要让学生明白什么样的思维方式是比较好的,什么样的思维方式是可以把它避免掉的。应用的环节在探究课的过程中体现的比较少,但不能说应用不重要。应用环节的训练体系,层次性的设计是教学考虑的重要手段。层次性从一般的、巩固性的练习到辨式练习再到综合性练习。

参考文献

[1] 上海市教育委员会教学研究室:《初中数学单元设计指南》[S].上海人民教育出版社,2018 年版;

[2] 中华人民共和国教育部:《数学课程标准》[S].北京师范大学出版社,2011 年版;

[3] 上海市教育委员会教学研究室:《思维 能力 素养——中小学数学学科育人价值研究》[M].上海教育音像出版社,2013 年版。

数学整数规划及其应用

柳丽芳

摘　要： 整数规划是指一类要求问题中的全部或一部分变量为整数的数学规划,这是近三十年来发展起来的、规划论的一个分支。整数规划问题是要求决策变量取整数值的线性规划或非线性规划问题,本文主要是在研究整数规划的几种解法后给出一些模型的应用实例。

关键词： 整数规划　分支定界法　割平面法

1

1.1　整数规划的概念

一般认为非线性的整数规划可分成线性部分和整数部分,因此常常把整数规划作为线性规划的特殊部分。在线性规划问题中,有些最优解可能是分数或小数,但对于某些具体问题,常要求解答必须是整数。例如,所求解是机器的台数,工作的人数或装货的车数等。为了满足整数的要求,初看起来似乎只要把已得的非整数解舍入化整就可以了。实际上化整后的数不见得是可行解和最优解,所以应该有特殊的方法来求解整数规划。在整数规划中,如果所有变量都限制为整数,则称为纯整数规划;如果仅一部分变量限制为整数,则称为混合整数规划。整数规划的一种特殊情形是 0—1 规划,它的变数仅限于 0 或 1。

整数规划是从 1958 年由 R. E. 戈莫里提出割平面法之后形成独立分支的,30 多年来发展出很多方法解决各种问题。解整数规划最典型的做法是逐步生成一个相关的问题,称它是原问题的衍生问题。对每个衍生问题又伴随一个比它更易于求解的松弛问题(衍生问题称为松弛问题的源问题),通过松弛问题的解来确定它的源问题的归宿,即源问题应被舍弃,还是再生成一个或多个它本身的衍生问题来替代它。随即,再选择一个尚未被舍弃的或替代的原问题的衍生问题,重复以上步骤直至不再剩有未解决的衍生问题为止。目前比较成功又流行的方法是分支定界法和割平面法,它们都是在上述框架下形成的。

规划在整数规划中占有重要地位,一方面因为许多实际问题,例如指派问题、选地问题、送货问题都可归结为此类规划;另一方面任何有界变量的整数规划都与 0—1 规划等价,用 0—1 规划方法还可以把多种非线性规划问题表示成整数规划问题,所以不少人致力于这个方向的研究。求解 0—1 规划的常用方法是分支定界法,对各种特殊问题还有一些特殊方法,例如求解指派问题用匈牙利方法就比较方便。

1.2　常用算法

求解整数规划的一种自然的想法是,能否用整数规划的线性松弛模型的最优解经过四舍五入得到整数规划的最优解呢?回答是否定的,因为这样四舍五入的结果甚至不是可行解。整数规划比通常的线性规划更加难以求解,迄今求解整数规划其基本求解思路都是按一定的搜索规则,在整数规划的线性松弛模型的可行域内寻找出整数最优解(或确认无整数最优解),因此求整数规划的解需要更多的时间。现通用的解法,主要有分支定界法、割平面法和穷举法等。

2　用分支定界法和割平面法解整数规划

2.1　用分支定界法解整数规划问题

分支定界法是一个用途十分广泛的算法,运用这种算法的技巧性很强,不同类型的问题解法也各不相同。分支定界法的基本思想是对有约束条件的最优化问题的所有可行解(数目有限)空间进行搜索。该算法在具体执行时,把全部可行的解空间不断分割为越来越小的子集(称为分支),并为每个子集内的解的值计算一个下界或上界(称为定界)。在每次分支后,对凡是界限超出已知可行解值的那些子集不再做进一步分支。这样,解的许多子集(即搜索树上的许多结点)就可以不予考虑了,从而缩小了搜索范围。这一过程一直进行到找出可行解为止,该可行解的值不大于任何子集的界限。因此这种算法一般可以求得最优解。将问题分支为子问题并对这些子问题定界的步骤称为分支定界法。

分支定界法已经成功地应用于求解整数规划问题、生产进度表问题、货郎担问题、选址问题、背包问题以及可行解的数目为有限的许多其他问题。对于不同的问题,分支与界限的步骤和内容可能不同,但基本原理是一样的。

其步骤为:

第 1 步——在 LP 的最优解中任选一个不符合整数条件的变量 X_j,设其值为 l_j,l_j 是不超过的最大整数,构造两个约束条件 $X_j \leqslant [l_j]$ 和 $X_j \geqslant [l_j]+1$,将两个条件分别加入其松弛问题 LP,将 LP 分成两个后继问题 LP1 和 LP2。不考虑整数条件要求,求解 LP1 和 LP2。根据需要各后继问题可用类似的方法进行分支,如此不断继续,直到获得整数规划的最优解,这就是所谓的"分支"。

第 2 步——定界:以每个后继子问题为分支并标明求解的结果,与其他问题的解的结果一道,找出最优目标函数值最大者作为新的上界,替换 Z_0,从已符合整数条件的分支中,找出目标函数值为最大者作为新的上界 $Z *$,即有 $Z_0 \leqslant Z \leqslant Z *$。

第 3 步——比较与剪枝:各分支的最优目标函数中若有小于 $Z *$ 者,则剪掉这一支:若大于 $Z *$ 且不符合整数条件,则重复第一步骤,一直到最后得到最优目标函数值 $Z = Z *$ 为止,从而得最优整数解 $X *_j$,$j = 1, 2 \cdots, n$。

"分支"为整数规划最优解的出现创造了条件,"定界"则可以提高搜索的效率。经常表明:在可能的情况下根据对实际问题的了解,实现选择一个合理的"界限",可以提高分支定界法的搜索效率。

分支定界算法它的思路是简明的,可是如果用笔演算将异常的烦琐,应用数学软件 Maple 在计算机上求解就成了合乎逻辑的要求。

2.2 用割平面法解整数规划问题

割平面法是 R.E.戈莫里于 1958 年提出的一种方法,它主要用于求解纯整数规划问题。它仍然是用解线性规划的方法作为基础求解整数规划问题,即先不考虑变量取整这一条件,但增加线性约束条件(用几何术语——割平面),使得将原可行域切割掉一部分,这部分只包含非整数解,但没有切割掉任何整数可行解。直到增加约束条件后最终得到这样的可行域,它的最优解恰好是整数最优解。思路虽很简单,问题的关键是如何找到这样的约束条件(割平面)。目前它的效率比较低,还有待进一步发展。

用割平面法求解整数规划的基本思路是:先不考虑整数约束条件,求松弛问题的最优解,如果获得整数最优解,即为所求,运算停止。如果所得到最优解不满足整数约束条件,则在此非整数解的基础上增加新的约束条件重新求解。

这个新增加的约束条件的作用就是去切割相应松弛问题的可行域,即割去松弛问题的部分非整数解(包括原已得到的非整数最优解)。而把所有的整数解都保留下来,故称新增加的约束条件为割平面。当经过多次切割后,就会使被切割后保留下来的可行域上有一个坐标均为整数的顶点,它恰好就是所求问题的整数最优解。即切割后所对应的松弛问题,与原整数规划问题具有相同的最优解。割平面法的具体步骤如下:

1. 对于所求的整数规划问题,先不考虑整数约束条件,求解相应的松弛问题

$$\max z = \sum_{j=1}^{n} c_j x_j;$$

$$\sum_{j=1}^{n} a_{ij} x_j \leqslant b_j (i = 1, 2, \cdots, m);$$

$$x_j \geqslant 0 (j = 1, 2, \cdots, m)$$

2. 如果该问题无可行解或已取得整数最优解,则运算停止;前者表示原问题也无可行解,后者表示已求得整数最优解。如果有一个或更多个变量取值不满足整数条件,则选择某个变量建立割平面。

3. 增加为割平面的新约束条件,用对偶单纯形方法继续求解,返回1。

2.3 两种解法的应用实例

例 求下列整数规划。

$$\text{Max} Z = 6X_1 + 4X_2$$

St $\qquad X_1 \begin{cases} 2X_1 + 4X_2 \leqslant 13 \\ 2X_1 + X_2 \leqslant 7 \\ X_2 \geqslant 0, \text{整数} \end{cases}$

1) 用分支定界法求解整数线性规划问题

第一步:

输入 with(simplex):

$cnsts := \{2 * x_1 + 4 * x_2 <= 13, 2 * x_1 + x_2 <= 7\};$

$obj := 6 * x_1 + 4 * x_2;$

$\max imize(obj, cnsts union \{x_1 >= 0, x_2 >= 0\});$

计算结果{23,{5/2,2}}

最优解不是整数,按条件 $X_1 \leqslant 2$ 和 $X_1 \geqslant 3$ 将问题 LP 分解成子问题 LP1

和 LP2,再次求解。

求线性规划子问题 LP1

$with(simplex)$：

$cos ts:=\{2*x_1+4*x_2<=13,2*x_1+x_2<=7,x_1<=2\}$；

$obj:=6*x_1+4*x_2$；

$\max imize(obj,cnstsunion\{x_1>=0,x_2>=0\})$；

计算结果：$\{21,\{2,9/4\}\}$

求线性规划子问题 LP2

$with(simplex)$：

$cos ts:=\{2*x_1\quad 4*x_2\quad 13,2*x_1\quad x_2\quad 7,x_1\quad 2,x_2\quad 2\}$；

$obj:6*x_1\quad 4*x_2$；

$\max imize(obj,cnstsunion\{x_1\quad 0,x_2\quad 0\})$；

计算结果：$\{22,\{3,1)\}$

第二轮,按条件≤2和≥3将问题 LP1 分解成子问题 LP3 和 LP4,再次求解。

求线性规划子问题 LP3

$with(simplex)$：

$cos ts:=\{2*x_1+4*x_2<=13,2*x_1+x_2<=7,x_1<=2,x_2>=3\}$；

$obj:=6*x_1+4*x_2$；

$\max imize(obj,cnstsunion\{x_1>=0,x_2>=0\})$；

计算结果：$\{20,(2,2\}\}$

求线性规划子问题 LP4：

$with(simplex)$：

$cos ts:=\{2*x_1+4*x_2<=13,2*x_1+x_2<=7,x_1>=3\}$；

$obj:=6*x_1+4*x_2$；

$\max imize(obj,cnstsunion\{x_1>=0,x_2>=0\})$；

计算结果：$\{15,\{1/2,3\}\}$

子问题 LP3 的最优值 20 不如 LP2 的最优值 22,所以剪掉这一支。至此得到原整数规划的解为$\{22,\{3,1)\}$

2) 用割平面法求解整数线性规划问题

引入松弛变量,写成标准形式：

$$\text{Max} Z = 6X_1 + 4X_2$$

$$\begin{cases} 2x_1 + 4x_2 + x_3 = 13 \\ 2x_1 + x_2 + x_4 = 7 \\ x_1, \ x_2 \geqslant 0 \end{cases} \tag{1}$$

对上述模型不考虑整数条件,用单纯形法求解相应松弛问题的最终单纯形为(表1)。

表1

c_j			6	4	0	0
C_B	X_B	b'	x_1	x_2	x_3	x_4
0	x_3	13	2	4	1	0
0	x_4	7	2*	1	0	1
		0	6	4	0	0
0	x_3	6	0	3*	0	-1
6	x_1	7/2	1	1/2	0	1/2
		21	0	1	0	-3
4	x_2	2	0	1	1/3	-1/3
6	x_1	5/2	1	0	-1/6	2/3
		23	0	0	-1/3	-8/3

显然,$x_1 = 5/2$,$x_2 = 2$ 为非整数解。为求得整数解,我们想办法在原约束条件的基础上引入一个新的约束条件,以保证一个或几个变量取值为整数。为此,在表1中任选一个取值非整数的变量,如 x_1,写出用基变量表示基变量的表达式:

$$x_1 - 1/6 x_3 + 2/3 x_4 = 5/2 \tag{2}$$

将上式的所有变量的系数及右端常数均改写成一个整数与一个非负真分数之和的形式。据此,(3)式可以改写成

$$(1+0) + (-1+5/6) \ x_3 + (0+2/3) \ x_4 = 2 + 1/2。$$

若将带有整数系数的变量整数项留在方程的左边,其余移到方程的右边,

则有

$$x_1 - x_3 - 2 = 1/2 - 5/6x_3 - 2/3x_4 \qquad (3)$$

由于要求变量取值为正整数,方程(4)的左边必为整数。当然,方程的右边也应为整数。又由于 x_3, $x_4 \geqslant 0$,

于是,有 $$1/2 - 5/6x_3 - 2/3x_4 \leqslant 0 \qquad (4)$$

(4)式就是所求的新约束条件,即为了求得整数解所引入的割平面方程。从上面的推导过程可以看出,凡是原所求的整数规划(1)式的可行整数解必然满足(4)式,而(1)式的松弛问题的可行解却有一部分不满足(4)式。这就意味着条件(4)式起到了这样的作用:对整数规划(1)式所对应的线性规划的可行域,保留了其中的所有整数可行解,但割掉了一部分非整数解。建立割平面以后,便可以把割平面方程作为新的约束条件加到原整数规划问题(1)式中,在仍然不考虑整数条件的情况下,利用单纯形法或对偶单纯形法继续求解。为简化运算,也可在(3)式中引入松弛变量简化成下式:

$$-5/6x_3 - 2/3x_4 + x_5 = -1/2$$

将其作为新的约束条件,加入到表2,便形成新的线性规划问题,用对偶单纯形法求解,具体运算过程见表2。

表 2

	c_j		6	4	0	0	0
C_B	X_B	b'	x_1	x_2	x_3	x_4	x_5
4	x_2	2	2	1	1/3	-1/3	0
6	x_1	5/2	1	0	-1/6	2/3	0
0	x_5	-1/2	0	0	-5/6	-2/3	1
	σ_j	23	0	0	-1/3	-8/3	0
4	x_2	9/5	0	1	0	-3/5	2/5
6	x_1	5/13	1	0	0	4/5	-1/5
0	x_3	3/5	0	0	1	4/5	-6/5
	σ_j	114/5	0	0	0	-12/5	2/5

显然, $x_1 = 13/5$, $x_2 = 9/5$ 为非整数解。为求得整数解,我们想办法在原约

束条件的基础下引入一个新的约束条件,以保证一个或几个变量取值为整数。为此,在表 2 中任选一个取值非整数的变量,如 x_2,写出用基变量表示基变量的表达:

$$x_2 - 3/5x_4 + 2/5x_5 = 9/5 \tag{5}$$

将上式的所有变量的系数及右端常数均改写成一个整数与一个非负真分数之和的形式。据此,(5)式可以改写成 $(1+0)x_2 + (-1+2/5)x_4 + (0+2/5)x_5 = 1 + 4/5$。

若将带有整数系数的变量整数项留在方程的左边,其余移到方程的右边,则有:

$$x_2 - x_4 - 1 = 4/5 - 2/5x_4 - 2/5x_5 \tag{6}$$

由于要求变量取值为正整数,方程(6)的左边必为整数。当然,方程的右边也应为整数。又由于 $x_4, x_5 \geqslant 0$。于是,有 $4/5 - 2/5x_4 - 2/5x_5 \leqslant 0$ (7)

(7)式就是所求的新约束条件,即为了求得整数解所引入的割平面方程。从上面的推导过程可以看出,凡是原所求的整数规划(1)式的可行整数解必然满足(7)式,而(1)式的松弛问题的可行解却有一部分不满足(7)式。这就意味着条件(7)式起到了这样的作用:对整数规划(1)式所对应的线性规划的可行域,保留了其中的所有整数可行解,但割掉了一部分非整数解。建立割平面以后,便可以把割平面方程作为新的约束条件加到原整数规划问题(1)式中,在仍然不考虑整数条件的情况下,利用单纯形法或对偶单纯形法继续求解。为简化运算,也可在(7)式中引入松弛变量化成下式:$-2/5x_4 - 2/5x_5 + x_6 = -4/5$

将其作为新的约束条件,加入到表 2,便形成新的线性规划问题,用对偶单纯形法求解,具体运算过程见表 3:

表 3

	c_j		6	4	0	0	0	0
C_B	X_B	b'	x_1	x_2	x_3	x_4	x_5	x_6
4	x_2	9/5	0	1	0	-3/5	2/5	0
6	x_1	13/5	1	0	0	4/5	-1/5	0

c_j			6	4	0	0	0	0
0	x_3	3/5	0	0	1	4/5	6/5	1
0	x_6	$-4/5$	0	0	0	$-2/5$	$-2/5$	0
	σ_j	114/5	0	0	0	$-12/5$	$-2/5$	0
4	x_2	1	0	1	0	-1	0	1
6	⇩	3	1	0	0	1	0	$-1/2$
0	x_3	3	0	0	1	2	0	-3
0	x_5	2	0	0	0	1	1	$-5/2$
	σ_j	22	0	0	0	-2	0	-1

由表 3 得最优解为 $x_1=3$，$x_2=1$，$x_3=3$，$x_5=2$，$x_4=x_6=0$。

对应的目标函数值等于 22。

因为上述的线性规划的最优解已是整数解，所以得整数规划问题的最优解：

$$x_1=3,\ x_2=1。$$

用割平面法解该问题一共进行了 18 次除法、62 次减法、66 次乘法和 7 次加法运算。

3 整数规划应用模型

下面具体介绍一个整数规划的实际应用。

3.1 问题介绍

2008 年北京奥运会取得了圆满成功。在奥运会的场馆建设规划阶段，曾计划在比赛主场馆的周边地区建设由小型商亭构建的临时商业网点，称为迷你超市（Mini Supermarket，以下记作 MS）网，以满足观众、游客、工作人员等在奥运会期间的购物需求，主要经营食品、奥运纪念品、旅游用品、文体用品和小日用品等。在比赛主场馆周边地区设置的这种 MS，在地点、大小类型和总量方面有三个基本要求：满足奥运会期间的购物需求、分布基本均衡和商业上赢利。

作为真实地图的简化，比赛主场馆的规划图中仅保留了与本问题有关的地区及相关部分：道路（白色为人行道）、公交车站、地铁站、出租车站、私车停车场、餐饮部门等，其中标有 A1.A10、B1.B6、C1.C4 的黄色区域是规定的设计 MS 网点的 20 个商区。为了得到人流量的规律，一个可供选择的方法，是在已经建设好的某运动场通过对预演的运动会的问卷调查，了解观众（购物主体）的出行和用餐的需求方式和购物欲望。

按步骤对 20 个商区设计 MS 网点，需要解决如下三个问题：

问题一：根据附录中给出的问卷调查数据，找出观众在出行、用餐和购物等方面所反映的规律。

问题二：假定奥运会期间（指某一天）每位观众平均出行两次，一次为进出场馆，一次为餐饮，并且出行均采取最短路径。依据 1 的结果，测算图 2 中 20 个商区的人流量分布（用百分比表示）。

问题三：如果有两种大小不同规模的 MS 类型供选择，给出图 2 中 20 个商区内 MS 网点的设计方案（即每个商区内不同类型 MS 的个数），以满足上述三个基本要求。

3.2 模型建立

问题一：根据相关问卷调查数据，找出观众在出行、用餐和购物等方面所反映的规律。在大量的（10 600 份）问卷调查的基础上，归纳出观众在出行、用餐和购物等方面所反映的规律。经过对三次问卷调查，共 10 600 份问卷结果的统计分析，我们得出以下规律：

1. 年龄结构：

表 4　年龄结构统计表

	总人数	20 岁以下	20—30 岁	30—50 岁	50 岁以上
第一次调查	3 500	0.109 143	0.579 714	0.202 143	0.108 0
第二次调查	3 200	0.107 714	0.520 286	0.186 517	0.099 714 3
第三次调查	3 900	0.118 587	0.657 143	0.221 429	0.117 143
平　　均	3 533	0.110 755	0.580 189	0.201 792	0.107 264

从表中可以看出：年龄在 20—30 岁的人群占绝对多数，为 58.02%；20 岁以下的青少年儿童与 50 岁以上老人的比例占相当少数，分别为 11.07% 和

10.72%。

2. 性别比例：男(52.17%)女(47.83%)比例基本持平。

3. 出行方式：

表5　出行方式统计表

	公 交 （南北）	公 交 （东西）	出 租	私 车	地 铁 （东）	地 铁 （西）
20 岁以下	0.027 2	0.014 9	0.018 5	0.010 7	0.020 5	0.019 1
20—30 岁	0.095	0.085 7	0.111 7	0.053 6	0.114 6	0.115 1
30—50 岁	0.025 2	0.042 7	0.040 4	0.018 5	0.036 9	0.038 1
50 岁以上	0.015 5	0.029 2	0.019 1	0.007 6	0.017 3	0.018 7
总　　计	0.167 4	0.172 5	0.189 6	0.090 4	0.189 2	0.190 9

从表中可以看出，公交车和地铁是大多数人群的出行首选，分别占总人口数的33.9%(16.7%＋17.25%)和38.01%(18.92%＋19.09%)；其次为选乘出租车的人群，占总人口数的18.96%；只有很少部分(9.4%)人使用私家车。出行方式与年龄结构之间相关性并不明显。

4. 餐饮方式：

表6　餐饮方式统计表

	中 餐	西 餐	商场（餐饮）
20 岁以下	0.011 6	0.052 1	0.047 1
20—30 岁	0.003 6	0.350 3	0.127 3
30—50 岁	0.071 6	0.084 3	0.041 3
50 岁以上	0.043 4	0.029 4	0.034 4
总计	0.224 7	0.525 2	0.250 2

从表中可以看出，西餐是大多数人的餐饮首选，占总人口的52.52%。商场（餐饮）和中餐分别占总人口的22.47%和25.01%。餐饮方式与年龄结构之间的相关性也不明显。

5. 消费额度：

表 7 消费额度统计表

	0—100	100—200	200—300	300—400	400—500	500 以上
第一次调查	0.195 1	0.238 0	0.454 3	0.089 4	0.013 4	0.009 7
第二次调查	0.196 6	0.255 0	0.435 0	0.084 1	0.018 8	0.010 6
第三次调查	0.191 8	0.251 3	0.432 3	0.102 8	1.012 8	0.009 0
平　　均	0.194 5	0.248 1	0.440 5	0.092 1	0.015 0	0.009 7

从表中可以看出,多数观众消费额度在 100—300 元之间,占 68.86％。消费额度在 500 以上的仅占总人口的 0.97％。在各次调查中,观众的消费额度结构保持稳定。

问题二:根据问题一的结果,测算图一中 20 个商区的人流量分布(用百分比表示)观众吸引力模型,进一步确定观众在出行时(一次为进出场馆,一次为餐饮)前往各个交通餐饮设施的可能性。联想商圈的确定理论上著名的顾客吸引力模型,该模型是由美国加利福尼亚大学的经济学者 HuffD 在 1964 年提出的在城市区域内商圈规模预测的空间影响模型,该模型最大的特点是更接近于实际。他将商圈理论具体到以商店街、百货店、超级市场为单位,综合考虑人口、距离、零售面积规模等多种因素,将各个商圈地带的引力强弱、购物比率发展成为概率模型的理论,假定营业能力、竞争力、美誉度相同的数个网点集中一地时,居民利用哪一点接受服务的概率是由该区域网点面积和居民到服务点所花的时间决定的。Huff 概率准则模型为:

$$P_{ij} = \frac{\left[S_j / (T_{ij})^\lambda \right]}{\left\{ \sum_{j=1}^{n} \left[S_j / (T_{ij})^\lambda \right] \right\}} \tag{1}$$

式中 P_{ij} 为消费者从住所前往商区的可能性;S_j 为某类商品在商业区内的总营业面积;根据集中吸引原则消费者总是倾向于总营业面积较大的商业区(商店较集中)以便进行挑选和价格比较,因此 S_j 可以用来衡量消费者倾向于不同商业区的概率;T_{ij} 为消费者从住所到商业区所需花费的时间;λ 指数用来衡量顾客因购物类型不同而对路途时间的重视程度不同,λ 需要通过实际调研或运用计算机程序加以确定。日常服务中,$\lambda = 1 \sim 2$,n 为不同商业区的数量。

类似的,建立观众吸引力模型,用 P_{ij} 表示观众从比赛场馆前往各个交通餐饮设施的可能性;S_j 表示观众主观倾向:即观众在选择不同的交通工具和餐饮方式时,受主观喜好、个人习惯、美誉度等多种主观因素影响主观上倾向于各种交通工具和餐饮方式的概率。T_{ij} 为观众从比赛场馆前往各交通餐饮设施所需花费的时间,λ 指数用来衡量观众路途时间的重视程度,在本模型中取 $\lambda=1$。运用 Huff 准则建立观众吸引力模型为:

$$P_{ij} = \frac{[S_j / (T_{ij})^{\lambda}]}{\left\{\sum_{j=1}^{n} [S_j / (T_{ij})^{\lambda}]\right\}} \tag{2}$$

可见,二者在形式上是完全一样的。

问题三:基于上述两个问题的分析,如果有两种大小不同规模的 MS 类型供选择,给出图 2 中 20 个商区内 MS 网点的设计方案(即每个商区内不同类型 MS 的个数),以满足地点、大小类型和总量方面的三个基本要求:满足奥运会期间的购物需求、分布基本均衡和商业上赢利。

所谓商圈,是指"经营某种产品或服务的某家或某类企业的顾客分布的地理区域",商业上用"商圈"来描述商店的覆盖范围。应用 GIS 原理进行店址选择和优化连锁零售企业网络布局。影响商店选址的主要因素是商圈内的人流量及购物欲望。统计各个商业规划区内不同消费档次的人数(万)和潜在期望消费总额如下表所示:

表8 不同消费档次的人数(万)和潜在消费总额

	0—100	100—200	200—300	300—400	400—500	500 元以上	总额(元)
A1	1.888 3	2.456 0	4.013 8	0.812 7	0.114 7	0.075 7	18 439 600
A2	1.049 0	1.365 3	2.340 5	0.473 3	0.076 0	0.047 5	10 683 500
A3	1.093 9	1.417 3	2.525 7	0.513 1	0.089 9	0.055 5	11 492 800
A4	1.240 4	1.592 9	2.920 6	0.594 3	0.111 2	0.069 6	13 274 800
A5	1.409 4	1.798 4	3.366 5	0.686 4	0.134 3	0.084 8	15 291 700
A6	2.430 0	3.093 8	5.887 4	1.209 4	0.242 2	0.152 7	26 736 850
A7	0.932 1	1.198 4	2.236 1	0.463 6	0.087 1	0.054 0	10 165 450

	0—100	100—200	200—300	300—400	400—500	500 元以上	总额(元)
A8	0.779 7	1.015 2	1.825 0	0.378 7	0.064 8	0.039 3	8 308 350
A9	0.903 8	1.182 0	2.073 7	0.429 6	0.068 8	0.041 5	9 450 600
A10	0.944 9	1.231 7	2.063 3	0.424 3	0.061 7	0.039 4	9 457 650
B1	0.913 8	1.139 7	2.018 1	0.399 8	0.064 3	0.044 9	9 147 300
B2	0.728 3	0.922 3	1.599 2	0.325 3	0.048 1	0.032 7	7 280 450
B3	1.008 8	1.303 6	2.191 1	0.457 6	0.060 2	0.039 7	10 028 400
B4	0.645 0	0.815 6	1.418 7	0.291 1	0.042 9	0.028 9	6 468 450
B5	0.732 0	0.902 1	1.588 0	0.317 4	0.052 4	0.040 0	7 263 950
B6	1.630 3	1.988 2	3.570 3	0.705 3	0.126 8	0.093 8	16 278 250
C1	0.435 9	0.543 4	0.932 0	0.192 2	0.033 8	0.025 2	4 326 450
C2	0.616 9	0.800 9	1.378 1	0.311 0	0.046 3	0.029 6	6 414 700
C3	0.520 2	0.657 3	1.162 4	0.246 7	0.039 1	0.026 5	5 337 200
C4	1.127 2	1.402 8	2.459 8	0.495 1	0.085 2	0.061 8	11 273 450

从附表可以看出：观众每次出行平均要穿过 5 个不同的商业规划区,往返平均要穿过 10 个不同的商业规划区,而在途中每个商业区消费的概率是相等的,因此每个商业区的实际期望消费总额应为潜在期望消费总额的十分之一。

为了确定 20 个商区内 MS 网点的设计方案(即每个商区内不同类型 MS 的个数)。建立整数规划模型进行求解：

目标函数：

$$\text{Max} \sum_{i=1}^{20} (Q_i - E_1 n_i - E_1 m_i)$$

其中,Q_i 表示商业区的实际期望消费总额,E_1,E_2 分别为大、小超市的平均日经营成本。n_i,m_i 分别表示第 i 个商区内大小超市的数量。这个目标函数保证了赢利最大。

约束条件：

1. $E_3 + E_4 m_i \geqslant Q_i$ 其中 E_3,E_4 分别表示大小超市的日营业额上限(受存

储量和上货速度等因素的影响),这个约束条件保证了基本满足观众的购物需求。

2. $Q_i - E_3 n_i - E_4 m_i \geqslant 0$ 这个约束条件保证了在整个奥运临时超市网络赢利最大的同时,每个商业规划区赢利。

3. $| n_i + m_i - n_j - m_j | \leqslant D$ 其中,$i \neq j$,D 表示为了保证均衡性任意两个不同商区大小超市的总数目允许相差的阈值。这个约束条件保证了超市的分布基本均衡。由此可得整数规划模型:

$$
\begin{cases}
\text{Max} \sum_{i=1}^{20} (Q_i - E_1 n_i - E_1 m_i) \\
S.T. E_3 n_i + E_4 m_i \geqslant Q_i \\
Q_i - E_1 n_i - E_2 m_2 \geqslant 0 \\
| n_i - m_i - n_j - m_j | \leqslant D
\end{cases}
$$

其中 m,n 均为整数。

3.3 模型的求解

查阅相关数据,对模型进行试验求解:

取 $E_1 = 25$(万元),$E_2 = 5$(万元),$E_3 = 50$(万元),$E_4 = 10$(万元),$D = 3$。

利用 LINGO 软件求得 20 个商区内 MS 网点的优化设计方案为:

表 9　优化设计方案

商　区	A1	A2	A3	A4	A5	A6	A7	A8	A9	A10
大超市数量 n_i	3	1	1	2	2	5	1	1	1	1
小超市数量 m_i	4	6	7	4	6	2	6	4	5	5
总计	7	7	8	6	8	7	7	5	6	6
商　区	B1	B2	B3	B4	B5	B6	C1	C2	C3	C4
大超市数量 n_i	1	0	1	0	0	3	0	0	0	1
小超市数量 m_i	5	8	6	7	8	2	5	7	6	7
总计	6	8	7	7	8	5	5	7	6	8

可见分布基本均衡。最大赢利为 1 021.199 万元。

参考文献

[1]　刁在筠、郑汉鼎、刘家壮、刘桂真:《运筹学》[M].北京高等教育出版社,1996 版;

[2]　马仲番:《线性整数规划的数学基础》[M]. 北京科学出版社,1998 版;

[3]　胡运权:《运筹学基础及应用》[M].北京高等教育出版社,2008 版;

[4]　李彤:《单级与二级整数规划算法原理及应用》[M].北京科学出版社,2007 版;

[5]　束金龙:《线性规划理论及其模型应用》[M].北京科学出版社,2003 版;

[6]　李胜华:《分支与定界算法的实现研究》[J].《内江师范学院学报》,2003 年第 18 期;

[7]　王丽:《整数规划在实际中的应用》[J].《硅谷》,2011 年第 1 期;

[8]　陈静:《一般整数规划中有效不等式的同步升维》[J].《数学的实践与认识》,2008 年第 23 期;

[9]　Nem hauser GL, Wolsey L A. Integer and combinatorial optimition [M]. New York: Wiley, 1988;

[10]　Caecetta L, Hill S EBranch and cut methods for network optimization [J]. Mathematical and Computers Modeling, 2001, 33。

高中英语单元主题阅读教学之文本解读策略初探

韩　冰

摘　要：英语阅读不仅能帮助学生语感的形成，而且对学生词汇的积累运用、书面表达能力的提高都有很大的助推作用。在全球化大趋势下，英语阅读亦可以帮助人们获取更多信息。在高中英语教学实践中，英语教师在阅读教学中虽投入大量精力，却未能取得等价收获与回报。本文在阐述英语学科核心素养、分析阅读教学现状的基础上，结合笔者在日常教学中单元主题阅读教学实践，探讨在单元主题阅读教学中，如何开展有效的文本解读。

关键词：学科核心素养　单元主题阅读教学　文本解读　英语阅读教学

一、问题的提出

（一）高中英语阅读教学现状

高中英语牛津教材在主题模块下按照具体话题作为文本安排的依据，因此大部分教师在实施教材文本的阅读教学时，能够按照主题单元模式，依次进行。但不可回避的现实是，上海自 2017 年开始的高考题型中增加了六选四和概要写作等新题型，考试选题的文本多来自欧美国家专业杂志、期刊或网站。因此，牛津教材的阅读教学已经完全不能适合高考英语试卷的出题模式的要求，教师在日常教学中必须补充大量不同题材、体裁的语篇。在教学实施过程中，教师更习惯进行知识点讲解，分析词法、语法和句法，又或者就文本内容提几个问题，强调训练阅读技能，未进行有效的语篇分析，忽视了内容学习和语篇产生的背景和意图，忽视了对文本的深度理解。

（二）课程改革的要求

《普通高中英语课程标准（2017 版）》（以下简称"新课标"）指出，普通高中英语课程强调对学生语言能力、文化意识、思维品质和学习能力等学科核心素养的培养。英语课程内容包括六要素：主题语境、语篇类型、语言知识、文化知识、语言技能和学习策略。其中，学生对主题意义的探究直接影响学生语篇理解的程度以及思维发展的水平和语言学习的成效。在开展对主题意义探究的活动中，语篇不仅为学生发展语言技能和形成学习策略提供语言和文化素材，还为学生形成正确的价值观形成平台。笔者认为，高中英语阅读教学应以单元主题为核心，以语篇为单位设计，整合学习内容进行文本解读，引导学生语言能力、文化意识、思维品质和学习能力的融合发展。

（三）学生自身发展的需要

对于上海的中学生而言，学习英语并不仅仅是为了与外国人交流，不单纯只为了提高考试成绩，更重要的是在英语的学习过程中，树立正确的世界观、人生观和价值观，形成多元文化意识和开放包容的态度，更好地适应世界的多极化。因此，教师应该围绕学生的发展特点、生活经验、认知水平等，让学生围绕主题开展阅读活动，重视语篇分析与文本解构，提升学生对语篇的理解和语言思维能力，满足学生的未来发展需求。

二、单元主题阅读与文本解读

（一）单元主题阅读

《新课标》指出，高中英语课程的六要素是一个相互关联的有机整体（见下图），学生围绕某一具体的主题语境，基于不同类型的语篇，运用语言技能获取、梳理、整合语言知识和文化知识，深化对语言的理解。

单元主题语境规约语言知识和文化知识的学习范围，并为语言学习提供语义环境，单元主题阅读可以为学生提供体验非连续性文本的机会，帮助学生建构和完善新的知识结构。

教师在设计单元主题阅读活动时，要结合学生的生活体验和认知水平确定主题，创设语境，整

六要素整合的英语课程内容

合内容,设计探究活动,推动学生的深度学习。

(二) 文本解读及重要意义

语言教学中的文本语篇形式多样,以某种方式记录下的任何材料皆是文本。《现代汉语规范词典》将"解读"一词解释为"通过分析来理解"。与过去阅读理解每题的标准答案不同的是,文本解读强调学生以自己的实际为基础走进文本,了解作者,形成自己对文本的独特见解,体现了开放性和多元性。

在高中英语阅读教学中,有效的教学设计取决于教师对文本解读的水平,它直接影响学生的学习体验、认知过程、情感发展和学习成效。因此,提高文本解读能力是提高课堂教学实效和学生学习质量的关键。"我们(教师)应该从简单地关注阅读技能,或者阅读理解能力的提升和检测变为对阅读素养的关注。"(王蔷)

三、单元主题阅读中文本解读的教学实践

(一) 单元主题阅读教学的内容选择

《新课标》将主题语境划分为人与自我、人与社会和人与自然三大主题语境,涉及十个主题群下的 32 项子主题。因此,笔者在给学生补充课外阅读文本时,会尽量挑选语言地道、时效性强、主题意义积极向上以及引发思维活动的文本。只有语言地道,才能让学生接受纯正语境熏陶,激发学生的阅读动机。时效性强能确保文本所涉及的都是当下热议话题,学生对相关背景信息的了解能够清除一些文本理解过程中的语言障碍。主题意义向上的文本对于发展学科核心素养,实现育人功能起到助推作用。

结合以上诸多因素,笔者在教学实践探索过程中曾经选择"诚信(integrity)"进行单元主题阅读教学尝试。诚信是人类社会普遍的道德要求,是个人立身处世的基本规范,是社会存续发展的重要基石,也是社会主义核心价值观在个人层面的价值准则之一。另外,根据新闻媒体报道,从 2019 年 7 月 8 日起,南京将非机动车、行人交通违法行为记入个人信用档案。显而易见,无论是经济领域、学习方面还是我们的日常生活,都需要每个人守住诚信底线。

因此,笔者选择了以下三篇相关文章: *National Corruption Breeds Personal Dishonesty* from Scientific American, *Ministry of Education addresses Zhai Plagiarism case* from China Daily 以及 *The Right of Choice* from Shanghai Students' Post 作为"Integrity"主题阅读的语篇材料。

（二）单元主题阅读中文本解读的教学设计

1. 语篇— *National Corruption Breeds Personal Dishonesty*

带领学生研读 INTEGRITY 单元主题阅读的语篇—《科学美国人》杂志的文章 *National Corruption Breeds Personal Dishonesty* 时，笔者从 What，Why 以及 How 三个维度对文章进行解构：

What	Theme	National Corruption and Personal dishonesty
	Text Content	National corruption has a negative but limited impact on personal dishonesty
		How to cope with national corruption
Why	Deeper Meaning	National corruption must be addressed
		Educating young people may be a preferred and more effective way, but it may take long
How	Language and Grammar	Starting with an idiom
		Much quotation from the researchers' remarks
	Genre and Structure	Argumentative
		Lead-in — Analysis — Possible solution

通过分析，不难发现该文介绍了一项社会行为调查研究的结果，反映作者的观点：政府（国家、社会）的不光彩行为对普通民众有着必然消极却力度有限的影响力，同时就腐败现象提出了可能的解决之道。

全文结构清晰，语言地道专业且严谨。第一段引用谚语"One bad apple spoils the barrel, so the saying goes. But what if the barrel itself is rotten?"引出主题，引发思考。第二段到第六段或者通过第三人称的介绍描述，或者引用研究人员的原话，具体介绍研究结果：国家腐败会使个人不诚实行为的增加，但这种不良行为是有限度的。最后一段提出了基于实践调查的可能解决方案：与其过去长期将重点放在国家机构工作人员的严控，不如转而教育现代的年轻人。

笔者在实施阅读教学的过程中，同样给学生设置了疑问"为什么文章作者认为教育年轻人比严控国家机构工作人员的腐败更有效"？学生可以从文本中找到最表层的答案，每个人的内心都有两股力量的较量：经济动机和心理动机。更深入分析后，学生应该可以想到如果更关注青年学生维持诚实自我的心理动机,那么若干年后青年学生们成为国家机构的管理人员时,腐败行为有可能得到有效的控制。得出这一结论后,学生们会产生一个新的问题:如何有效培养青年学生的诚实自我动机? 学生经过阅读获得信息得出结论,同时也产生了新的疑问,为后续的单元主题阅读语篇二和语篇三的教学输入了足够的信息,奠定了坚实的基础。

2. 语篇二 *Ministry of Education addresses Zhai Plagiarism case*

作为 INTEGRITY 单元主题阅读的第二段语篇,文章所涉及的"翟天临学术不端"是学生比较熟悉的话题。文章脉络清晰,语言简洁用词简单,基本没有理解障碍。因此,笔者在语篇二的教学中,将重点放在学生批判思维的培养与塑造上。根据翟天临的学术不诚实,结合语篇一设置的疑问"如何有效培养青年学生的诚实自我动机"让学生们认清现状:目前中国的学术不诚信问题绝非个案,我们对这种行为的纵容,甚至为了利益我们尝试这种行为的举动,对个人或国家都是有百害而无一益的。

3. 语篇三 *The Right of Choice*

该文介绍了学术不端的另一个案例:哈佛医学院和波士顿布莱根妇女医院著名心脏病专家安伟萨教授在论文中数据造假,分析了安伟萨教授造假的可能原因,提醒青年学生勿以恶小而为之,并呼吁青年学子们形成正确的行为准则和人生观。

笔者在文本分析过程中,通过指导学生找出立论句和段落主题句,把握结构特征,帮助学生提高语篇理解能力。首先,在略读全文后,请同学们完成简单的配对题,帮助学生对文章结构形成基本框架:

✧ **Match each paragraph with its function in the article.**

Paragraph 1		Introduce an example
Paragraph 2		Draw the conclusion
Paragraph 3		Introduce more examples
Paragraph 4		Lead in the theme
Paragraph 5		Analyze the example

接下来,安排学生带着问题(见下)具体分析文章结构,帮助学生掌握议论文的基本结构,知晓议论文写作的基本要求:通过事例、对比或谚语等引入话题,

论据的使用以及结论的提炼,等等。

Questions:

1. How does the author lead in the topic?

2. What's the similarity and difference between the examples of paragraph 2 and 4?

3. Is the conclusion supposed to be brief or detailed?

最后,通过一系列问题的提出(见下),让学生思考安伟萨学术不诚信的成因,以及谁是数据造假的受害者,继而引发终极思考:谁是日常学习中不起眼的不诚实行为真正受害者?

Questions:

1. How do you think Dr. Anversa ended up losing his integrity?

2. Who are the victims of his misconduct?

3. Who is the victim of small things like copying others' homework?

通过笔者诸多教学环节的设计,学生对文本完成了三维分析:

What	Theme	It's up to us ourselves to make the decision.
	Text Content	The academic misconduct of Dr. Anversa and the causes behind it
		The academic dishonesty in our daily life
Why	Deeper Meaning	We are the victims of our wrong behavior
		The rules and ideals we follow are the core of who we are.
How	Language and Grammar	Start by asking questions
		Be authentic, precise and specialized
	Genre and Structure	Argumentative
		Lead-in — Analysis — Recommended solution

结　　语

在高中英语阅读教学中研读语篇可以帮助教师多层次、多角度分析语篇所传递的意义,设计合理的教学活动。同时,以单元主题阅读为载体,强调语篇分析和文本解读,不仅能提高学生的阅读答题技巧,更有助于提高学生的阅读理解能力,培养学生的发散性和批判性思维,并形成个人见解,促进学生从浅层学习向深度学习的转化。

参考文献

[1] 王蔷:《从综合语言运用能力到英语学科核心素养》[J].《英语教师》,2015年第16期;

[2] 教育部:《普通高中英语课程标准(2017版)》[M].人民教育出版社,2018年版;

[3] 夏谷鸣:《2018年高考英语试题分析与教学策略》[J].《英语学习》,2018年第8期。

交互式电子白板在高中英语课堂教学中应用的探究

王　越

摘　要：随着现代化教育技术的发展以及教学微视频的普及,交互式电子白板已经成为课堂教学中一个重要的展示平台。它的广泛应用给课堂教学带来很多的便利。本文着眼于探究民办高中英语课堂教学中交互式电子白板的应用:分析了目前民办高中学生英语学习效率低下的现状以及存在的问题;结合课堂教学实践中交互式电子白板的应用和教学案例,探究如何在高中英语课堂教学中应用交互式电子白板来提高民办高中学生的英语学习效率,激发他们学习英语的兴趣和树立学习英语的信心。

关键词：民办高中学生　交互式电子白板　英语课堂教学

引　言

长期以来,提高英语教学的实效性是英语教学改革研究的重点之一。课堂是学生英语学习最重要最关键的阵地。荀子说过:"君子生非异也,善假于物也。"在如今的课堂上,粉笔加黑板的模式已成为过去式,英语课堂教学已进入信息化时代,教师可假之物不胜枚举。交互式电子白板在英语课堂教学中的应用很大程度上改变了教与学的模式,提高了课堂教学效益。笔者在民办高中多年的英语教学实践中发现,课堂学习效率低下是影响学生英语学习成效的主要方面。有鉴于此,笔者从课堂教学出发,通过交互式电子白板的应用,探究其对提高学生英语学习有效性的意义和优势。

一、影响民办高中学生英语课堂学习效率的因素

学习效率主要是指学习所消耗的时间、精力与所获得的学习数量和质量之比。针对本校高一和高二两个年级学生的学习情况,笔者进行了一次"影响英语课堂学习效率因素"的调查。调查采用无记名方式让学生完成,回收问卷100%,有效问卷100%。通过调查数据的分析和研究,发现影响学生英语课堂学习效率的因素排在前两位的是:

1. 缺乏对英语学习的兴趣,上课时注意力容易分散

俗话说,兴趣是最好的老师。若是对英语课堂学习提不起兴趣,缺乏积极性,无法进行积极的思维,配合老师的教学,四十分钟的课堂教学效率大打折扣。学习是一种高级神经运动,只有在上课的时候,大脑皮层的相应区域兴奋起来才能形成高效的学习。

2. 教师的教学方法很单一,教学设计缺乏新颖性

学生英语学习的低效和教师的教学也存在很密切的关系。民办高中学生本身英语学习能力有限,学习习惯差。如果再加上教师的课堂教学简单枯燥,教学方法不灵活多变,那效果肯定是可想而知了。

二、交互式电子白板在高中英语课堂教学应用的意义

1. 有助于在真实自然的情境中激发学生的英语学习兴趣

学习语言离不开情境的创设,情境的巧妙创设能够调动学生的学习兴趣,使学生在不知不觉中融入教学情境。交互式电子白板通过视听结合、声像并茂等多种形式生动形象地展示教学内容,扩大了学生的视野和信息量,学生能够怀着强烈的好奇心和学习兴趣积极地投入课堂学习。一旦学生的学习兴趣被激发,随之而来的学习主观能动性也一同被调动起来,兴趣正是积极性的关键所在,由此课堂效率也得到了有效地促进。交互式电子白板的功能灵活多样,教师可以根据情境创设的需要来采用,然后设计出有助于教学有效开展的活动,真正体现交互式电子白板辅助教学的独特之处。

在高中英语教学中,课文之前的引入课 Lead-in 对于激发学生学习新课文新的语言知识是很重要的,其直接影响学生对于接下来学习的兴趣。因此,在新

课文的第一课时的课堂教学活动设计中应用交互式电子白板的多种功能非常有效，尤其是对于英语学习不太积极的民办高中学生而言。

下面就以牛津上海版高中英语教材 S1A 中的 Unit3 reading：*Places of interest* 一课为例来阐述说明：这是一篇介绍四个中国旅游景点的内容。在课前，教师有效地利用电子白板中的资源库，将很多中外经典图片保存在里面。上课时，让学生选取自己认识或曾经去旅游参观过的景点图片，向全班同学做个介绍，学生感到很有自豪感。同时，教师配合图片把一些关键的单词、词组教给学生。这样的形式既能让学生拥有的知识得以自由发挥，引起学生的兴趣，还能将知识融入活动中，一点也不觉得枯燥乏味，自然而然地就把词汇记了下来。

再例如牛津上海版高中英语教材 S1A 中的 Unit2 reading：*Care for your hair*。在引入这篇课文时，笔者设计了一个活动：为不同的脸型设计发型。先在电子白板上显示出各种脸型的英文表达，比如，square shape，oval shape，round face，heart-shaped face，long face，等等。然后请学生根据自己的猜测画出脸型，再从资源库中挑选适合的发型通过拖曳的方式和脸型搭配起来。由于电子白板的应用，这个活动让学生全身心地参与到学习的过程中，唤起他们对学习英语的热情。

2. 有助于在活跃的课堂气氛中调动学生的主体参与性

现代化的多媒体教室里，多媒体控制台和投影屏幕一般是分离的。所以对学生来说，一方面要注意教师正在演示的投影屏幕，另一方面又要注意教师的讲解和黑板上补充的板书，学生的视线不得不往复于教师、黑板与屏幕之间；教师在演示课件时，还要在讲台走动，这必将分散学生的注意力，特别是学习习惯比较差的民办高中学生，最终影响其对知识内容的关注和理解。交互式电子白板灵活的交互控制，既可使教师如以往一样自由板书，也可通过电子白板的众多功能来吸引学生，特别是让学生参与到教学活动中，而不是单纯的看老师操作PPT，这样有利于保持其注意力的集中并且调动了学生课堂学习的积极性。

例如笔者的一堂有关英语议论文写作的区级公开课：

牛津上海版高中英语教材 S2A 中的 Unit2 Reading：*Tutorial centre* 这篇课文是很贴近学生的日常生活的，几乎每个人都有去家教中心上课的经历。而且这篇课文本身的形式也很活泼，是四封来自学生的信件。在信中他们各自表达了对于家教中心的看法，其中更以第三封信 *I go to sleep* 的结构为最基本的议论文结构。笔者认为这是一个很好的切入点，以这封信为依托，利用交互式电子白板的全新模式来上一堂议论文写作课。

首先,教师在电子白板上呈现第三封信,用不同颜色的笔勾画出一些句子,让学生们认识到这些是与议论文结构相关的句子,即三要素:观点概括、持此观点的理由以及对全文的总结。接下来,教师又呈现了一篇类似的文章,让学生走到白板前,用感应笔找出文章中议论文三要素的句子。学生们拿着感应笔,无比新鲜,勾勾画画的同时议论文的三要素再一次自然清晰地呈现在全班学生面前,令学生一目了然,加深了之前对议论文主要结构的印象。

然后,教师设计了一个将段落排序的环节。把五个简单的段落根据议论文结构的三要素:总起、分论点和总结进行排序。这个环节中,电子白板的拖曳功能发挥了重要作用。学生可以随意拖动这些段落,组合成一篇文章,如有不同意见可以随意更改。这个环节的活动有效地调动了学生的积极性,很多学生跃跃欲试。通过完成这个任务,学生的思维在白板上得到了不同展示。

当然光有基本结构的议论文还是不合格的。在提出观点,在每个分论点之间,在文章结尾处都需要有相应的过渡词,这样文章的层次条理才更清晰。在讲解了过渡词的用法后,基于上一个排序活动所生成的文章,教师用幕布功能在刚才的文章旁边拖出隐藏于后面的几个过渡词,引导学生用拖曳的方式把过渡词和文章主体有机结合,最后将多余的不适合的词放入垃圾箱。整个过程灵活自如,学生边参与边思考,最终呈现的文章令学生豁然开朗。

到 writing practice 的时候,教师先选择了一段网络互动视频资源——学生讨论互联网所带来的好处和不良影响,有效帮助了学生对这个话题的理解认识和论点的总结归纳。看完之后,学生很自然地就总结出互联网的优缺点,学生边总结边将自己的分论点写到白板上,而不是教师事先将分论点制作在 PPT 中。这个活动结束之后,学生对于回家作业写一篇议论文的概念已经非常清晰,写起来也会感到比较轻松。

通过实践,交互式电子白板的功能和特点在这节写作课中发挥得淋漓尽致,整堂课学生都热情高涨的参与其中,教学效果大大提升。

3. 有助于在灵活的课堂教学中提高教学的有效性

(1) 动态生成式课堂

传统课件预先将所有的课堂内容包括其中,只能按设定好的顺序演示课件,无法进行二次加工。因此上课主要靠教师操作,学生参与的机会很少,他们只能处于被动接受知识的状态,学生的思维也只能跟着教师之前设定的思路走,限制了学生参与的积极性和创新性。同时,教师也不能随着课堂教学的实际需要而改变,对课堂的生成性问题更是无法适应。

交互式电子白板的出现正好弥补了传统课件的这些缺点。交互式电子白板是一个积件平台,在其资源库中每个教师都可根据自己的教学需要使用资源库中的资源生成自己的教学课件。在实际的课堂教学过程中,教师就可以根据课堂教学需要及时更改课件中的内容,从而使教师的课件个性化,真正适合所教学生的需要。

"动态生成"是目前新提倡的一个重要的教学理念,教学是一个创造与开发的过程,学生应该带着自己对于知识的需求参与课堂活动。交互式电子白板的使用有助于课堂教学中的动态生成。

(2)生成互动式课堂

交互式电子白板为课堂互动、师生互动、生生互动提供了技术可能和方便。围绕交互式电子白板开展学生与教师的互动,学生与学生的互动以及学生与资源的互动,有利于促进课堂从工具性互动向生成性互动拓展,从而激发学生在教师指导下主动的、富有个性的学习。

因为电子白板拥有先进的交互性和丰富的视觉效果等特点,教学活动避免了机械重复无实际交际意义的内容,通过生动形象的场景激活了学生深层次的语言思维。课堂中实现高质量的互动,才能建立一个教师与学生共同建构知识的协同学习环境,才能让课堂焕发生命的活力。传统的多媒体可见更多的是演示功能,课件在演示过程中学生无法参与,因为课件的内容无法更改。电子白板的出现有效地解决了课堂教学教师和学生之间互动难题,把传统教学手段和多媒体教学有机地整合在一起,让教师能轻松利用多媒体教学设备开展教学活动。

下面以笔者英语语法及习题课的教学实践来举例说明。

实践一:

在教授"倒装"这一语法知识点时,要让学生学会按照倒装的形式变化原来的句子结构,学生一开始感到无法适应。教师应用了电子白板,将原来的句子成分拆分成不同的几个小模块,用拖曳的方式将句子的几个模块重新组合,并通过对比原来的句子,很快就让学生明白新的倒装结构的句子到底是怎样变化而来的。在有些倒装句子里有特殊的时态要求,教师可以用拍照功能、放大镜功能进行强调,便于学生记忆。

实践二：

在讲评翻译作业时，教师可以事先将学生翻译的句子输入白板，然后全班一起来做批改的工作，也可以当堂做好翻译练习进行纠错。学生的错误不用老师预设而是在课堂学习中自然生成的。应用电子白板可以做到自由批注，一键擦除，这样一来，在课堂上教师和学生、学生和学生的互动性得到充分的体验。课件还可以课后在老师之间共享，重复使用。

三、交互式电子白板应用后的总结与反思

1. 交互式电子白板在英语课堂教学中应用的优势

（1）电子白板集文字、声音、图片、影像于一体，作为一种新型教学用具，其出色的视觉效果和多种教学功能不仅有助于激发学生的学习兴趣，而且使学生的学习更加容易和便捷。

（2）相对于传统的黑板教学，电子白板能极大地吸引学生的注意力，提高学生英语学习的理解力，有利于调动学生在英语课堂上的主观能动性，积极地投入到英语学习的各项活动中。

（3）电子白板设计的互动理念，以及其技术本身的互动性和操作性特点，作为一种变革性的教学手段，促进课堂教学方式的改革，有助于教师和学生之间、学生和学生之间的互动学习，有助于推动信息技术与英语学科教学的整合。

（4）电子白板给教师提供了一个全新的教学模式和思路，很多功能使教师的课堂教学更生动形象，便于教师对于教学过程的总结和整理，促进教师的专业化发展。

2. 应用交互式电子白板要注意的几个方面

（1）勿将教学复杂化

现在，很多教师没有意识到电子白板可以将传统黑板和多媒体课件整合，而是仍然花大量的时间提前做好课件，把情境预先输入到白板中，课堂上还以播放课件为主。这样的结果，就如捧着金饭碗讨饭，白白浪费资源，没有让教师从原先繁复的制作课件，机械的操作课件中解放出来。

（2）重视学生课堂学习的自主性

交互式电子白板有一个很重要的优越性就是能够随机生成符合课堂教学需要的英语情境。然而，有些教师上课时不管是否适合就将事先设置好的情境拿

来就用,根本没有考虑到学生学习的自主性,电子白板也就沦为了课堂教学的附属品,不能对提高课堂教学的有效性起到积极作用。教学设计应该充分体现探究、合作、自主、体验的精神。不要死搬课件,而是要让电子白板成为帮助学生求知的工具。

结　束　语

《上海市中长期教育改革和发展规划纲要》强调,探索建立信息化教育新模式,引导教师充分运用信息技术创新教学方式,提高教师教育技术应用的能力,让教师能充分利用教育信息化环境提高教学质量,为学生提供更加开放、便捷的学习环境。交互式电子白板正是兼具了传统黑板和多媒体教学的双重优势,并且弥补了它们的不足,以灵活便捷的实用功能赢得了广泛的认可,尤其在高中英语课堂教学中体现了突出的优势。其巨大的潜力使我们有理由相信,随着信息技术的不断改进和软件功能的日益完善,交互式电子白板在以后的教学过程中肯定会有很大的发展空间和良好的发展前景。

参考文献

[1] 李国武:《传统课件与电子白板课件的优势互补分析》[J].《中小学电教》,2009 年第 11 期;

[2] 赵永红:《电子交互式白板在现代教学中的作用》[J].《中国教育技术装备》,2010 年第 2 期;

[3] 张敏:《交互式电子白板在教学中的优势和误区》[J].《中国信息技术教育》,2009 年第 21 期;

[4] 陆丽英:《交互式电子白板让我的英语课堂越来越 Modern》[J].《中国信息技术教育》,2009 年第 10 期;

[5] 林韵:《电子白板演绎英语课堂精彩》[J].《中国信息技术教育》,2010 年第 5 期;

[6] 雷晓娟:《文理导航·教育研究与实践》[J].《中国信息技术教育》,2014 年第 3 期;

[7] 张彩霞:《文教资料》[J].《中国信息技术教育》,2016 年第 25 期;

[8] 臧培丽:《中学生英语·教师版》[J].《中国信息技术教育》,2016 年第 12 期。

英语教学语言规范运用的思考

林易恕

摘　要： 古人云："感人心者，莫先乎情。"亲切的课堂用语能激起学生的兴趣，精练的教学语言能有效提高课堂的效率，幽默风趣的教学语言能丰富学生的素养，促成良好师生关系的形成。英语课堂教学语言受母语等多方面影响，存在诸多问题。该如何规范教学语言，如何提高课堂用语质量是语言工作者一直探索的问题。本文将从英语课堂语言使用现状分析入手，分析存在的问题，提出规范运用英语教学语言的策略及应对措施。

关键词： 教学语言　规范　精练　有效性

教师的教学语言对于学生起到的是示范作用，因而若教师不能很好地运用语言，展示语言的规范性、有效性，便会产生很多问题。在现今的英语课堂教学中，教师的教学语言存在哪些问题，这些问题对学生又有哪些影响呢？

1　课堂教学语言使用现状分析

1.1　习惯用母语授课，使学生脱离语言学习的情景

受母语的影响，在输出语言时，说话者倾向选择难度小，熟练度高的用语。虽然课程标准要求教师尽可能使用英语授课，但在实际情况中不难发现，很多英语教师习惯用汉语授课。我们提倡情景教学，却没有为学生创造良好的学习语言的环境，这就会使学生失去很好的锻炼听说能力的机会。

另一个现象，有些教师习惯性会在英文表述之后补充上中文的解释。这对于基础较薄弱的学生适合，但对于中等及以上的学生不适合，因而在日常的英语课堂教学中不适合采用这样的方法。比如："Turn to page 63."学生收到指令

时,会对所听到的词依次做出反馈,在这个过程中对于所听到的词进行了巩固、加强。但如果老师在说出英文后立马补充上:"翻到 63 页。"学生下意识地会选择后者,用他们所习惯的母语去接受新的内容。这对学生的语言掌握及运用是不利的。

1.2 课堂用语啰唆,使学生把握不到重点

精炼的教学语言能有效地节约课堂时间,提高课堂效率。所谓精炼,便是用最少的语言表达最丰富的内容。啰唆的语言会使教学重点被模糊化,这不利于激发学生思考,无形中给学生的学习设置了障碍。语言啰唆体现在语言的数量及质量上。数量大,容易满堂贯,学生被动地接受教师指令,机械回答,课堂就成了以老师为中心,这违背了课程标准,违背了以学生为中心的教学思想。这样的语言环境不利于学生语言交际能力的提高。重视语言质量,也就是突出重点,抓住关键,这不仅符合正确的教学理念,而且能激发学生敢于思考,勤于总结。

1.3 教学用语难度把握不当,使学生很难融入课堂

注意到这样一个现象,有些教师会有一些口头禅,一堂课反复出现同一个词。单调的语言将不利于吸引学生参与教学活动。有些教师则习惯使用难度较高的生僻词汇,学生不能理解,这就会造成脱节的现象。

用词过易或过难都不利于教学的展开。过易,达不到提高语言能力的目的,反而增添了厌恶感;过难,直接将学生拒之门外,学生无法参与。学生的成就感得不到满足,自然也就不愿意更加深入地学习。教师应该选择难度适中,尤其是学生们新学的词汇进行运用或帮助学生搭建脚手架,降低略高一层次的知识给他们带来的畏难情绪。另外对于在教材中学生新学的一些单词、短语和句型不注重复现和使用,便会丧失一个很好地给学生示范的机会。

1.4 语言生硬,缺乏幽默性,使学生失去兴趣

幽默风趣的语言能活跃课堂氛围。在教学中遇到情况,若教师无法合理地管理自己的情绪和理智,以生硬的语言批评、斥责学生,其后果可想而知。但若换作幽默的语言来处理,效果就截然不同。生硬的教学用语会让学生对课堂内容无法产生兴趣,反之,亲切幽默的语言会激起学生的激情。

在教学过程中,无论是讲授知识,还是对待学生,语言都应亲切,富有情感。特别是对待学困生,更应做到这一点,以维护他们的自尊心、上进心,寻找他们的"闪光点",从而给予"表扬和鼓励",使他们感到自己的进步,激发他们的学习热情。

教学语言除了言语上的用语，其实也包括肢体语言。外教的课堂上总是很生动，很具有感染力。其实除去教学环节的设计外，不难发现外教善用一些"small word"，即使在遇到个别生词的情况下，也能利用自己的肢体语让学生彻底理解。在这个过程中，教师的用语丰富，自然能够更好地吸引学生。另外，课堂用语应尽量避免使用命令式的口吻，与学生建立平等的关系。

总而言之，教学用语体现了教师的教学能力，合理提高课堂用语的有效性将对学生产生积极的影响，有效激发学生兴趣，促进学生思考，引发学生探索研究。

2　策略及应对措施

我校高中英语教研组就课堂语言规范问题，多次研讨规范使用课堂教学用语的策略。针对青年教师实际情况，从实际情况出发，通过学习优秀视频、优秀网络教程、校外沟通、组内交流等方式，规范适合本校学情的课堂教学用语。

2.1　扎实教学基本功，深入课堂更有用

教师个人素养是课堂教学的保障，只有教师的综合素养高了，才能够给学生有效的指导。教师教学基本功直接影响课堂教学用语的规范。扎实教学基本功，包括语言基本功、教学基本功、用语艺术基本功、情感基本功等。在课堂语言方面，应重点关注语言基本功及情感基本功。

语言基本功需要教师教学用语在语音、词汇、句型等方面能起到示范作用。纯正的发音，准确到位的语音语调，是学习外语的基础，在英语课堂上，教师的语音、语调将对学生学习语言起到潜移默化的影响。这个漫长的过程，也是学生学习掌握这门语言的过程。词汇是语言学习中的砖头，只有拥有足够的词汇，才能构建学生的语料库。在英语中一词多义、同义多词是普遍现象，教师能否在合适语境中恰当使用，取决于教师个人的基本功。在现阶段教学过程中，教师应重视语境对于学习有效性的作用。如果把语言学习过程比喻成一串项链，语音是其中最闪亮的那个吊坠，词汇是其中五彩的珠子，那么句子便是连接所有的那根绳子。围绕某个话题，积累经典语句。通过听、背经典句子，使学生形成良好的外语语境，培养语感。

情感基本功需要教师能在课堂上解读出学生的情感需求。一是多用含蓄语，少用命令、警告的口吻。比如学生在课堂上说话，不要说"Shut up.""Stop."，可以改为"Please listen to us.""Please enjoy the class.""Would you like to join us?"多使用"Please"一类疑问句,会给学生思考的空间,增强沟通的有效性;二是调节语速。以学生为本,在课堂语言运用上,从学生的需求及能接受的角度出发,如基础弱的学生,教师的教学用语应语速稍慢,语言简练易懂。三是在适当的场合,可增加肢体语言,既增加课堂趣味性,又能增强语言对学生刺激,强化相关知识点。

2.2 从教学各环节精炼语言

导入。课堂导入必须做到简洁、生动。一堂课,合适的导入便成功了一半。例如,在上海牛津英语高一第一学期课文"Unit3 Places of interest"中以"Could you help my friend make a travel plan?"引入。此问题便是 PBL 教学法的灵活运用。通过设置任务,让学生帮助朋友制定旅行攻略展开文章。若换成"Let's make a plan for my friend"便失去了让学生参与的本意,变成了教师命令口吻,让学生执行,而非学生主动参与其中。

讲授新课。避免生硬用语。教学中应避免同一句式重复使用,否则会让教学显得语言单调无趣。比如想询问学生是否明白,通常不能说"Do you know that?"而应该说"Got it?"或者直接"Understand?"结合上扬的疑问语调"Ready?"以上升的语调询问,可让学生有所准备,而用"Ready!"肯定语调,则让学生即刻进行。同一个词简单的语调变化,便能产生不同的效果。

衔接过渡。在教学环节衔接上,要注重逻辑性。判断教学环节的质量,通常从两个方面展开。一是观察每个环节与具体学习目标的适切性,二是观察所有环节与总体目标的适切性。所以这些环节之间的逻辑关系是什么,便显得十分重要。过渡句便是其中的润滑剂,起到承上启下的作用。例如在上海牛津英语高一第一学期课文"Unit 3 Places of interest"中,通过解读文中不同的 places,结合人们的 interest,就能取得呼应课题的教学效果。

总之,教学语言是英语教师有效的教学工具。能否成功引起学生的兴趣,调动学生的积极性,让学生参与并接纳吸收教师传授的知识,需要英语教师灵活有效地运用课堂教学用语这个工具。因此英语教师必须不断提高自身语言修养,提升专业素质,在教学实践中,探索构建创新型高效课堂的有效途径。

参考文献

[1] 缪静:《浅谈课堂口头教学用语的运用和影响》[J].西藏:《合欢》,2014 年第 130 期;

[2] yinyue412:《谈课堂用语如何为教学服务》[Z]. 网页:音乐 412,2017。

从"阅读习惯"到"习惯阅读"

张　珏

摘　要： 教育部基础课程教材专家委员会明确指出：一个学生的核心素养分为六个方面，即人文底蕴、科学精神、学会学习、健康生活、责任担当、实践创新。其中，"学会学习"是指学生要有自主的学习意识，要有科学有效的学习方法，并且善于学习进程评估和调控；强调学生具有有效管理自己的学习，成就自我发展的能力。英语学科是基础学科，近年来越来越受到重视。英语学习方法的指导，英语学习能力的培养是本文论述的主要内容。

关键词： 自主学习　阅读习惯　享受阅读

　　古人有云："授人以鱼，不如授人以渔。"其意思是说，你送鱼给一个人，不如教会他如何捕鱼。给人一条鱼，只能作为一顿餐食，但是如果你教会了他捕鱼的方法，那么他就能自己捕鱼，一辈子都有鱼吃。

　　对于教育而言，也是这么个道理，只是这里的"鱼"是有限的知识本身，而"渔"指的是学习方法，是习得知识的能力。根据《中国学生发展核心素养》总体框架，中国学生发展核心素养的总目标是培养全面发展的人。在六大核心素养中，"学会学习"是重要的一环，"学会学习"是学生适应终身发展和社会发展需要的关键能力。学生在教师指导和帮助下，不但要学会知识，更要掌握学习方法，学会自主学习，从而达到个人终身发展、社会持续发展的目标。作为一名教师，其责任当然在于传授知识，但是传授学习方法，培养学习能力，则是更为重要、更有意义的工作。"授人以渔"是教育的更高内涵！

　　英语的阅读能力是衡量学生英语技能的一个重要指标，也是英语学习的一个难点。因而，对于英语阅读能力的培养一直是英语教学的一个焦点。英语课本教材的篇章内容是有限的，教师能指导学生完成的课堂阅读乃至课后阅读，也是有限的。但是,如果一个教师能传授学生良好的阅读方法、培养学生自主阅读的能力,那么学生的阅读天地就变得广阔无垠,所阅读的内容则是无穷尽的! 那么,一个英语教师该怎样从日常的教学中落实培养学生的阅读习惯呢?

一、积累词句、促进阅读

培养学生阅读习惯,教师要给学生明确的任务指向,使学生明确在阅读时眼睛看着文本内容,大脑应该思考什么问题,手里的笔应该记录哪些内容。

培养阅读习惯,首先是在阅读中发展学生的词汇学习技能。如,通过语段的配图猜测生词的词义,通过上下文语境领会生词的含义、词性和用法,以及通过词根学习法提高词汇学习的效果等。

我们来看下面这个例句: Children often try to emulate or copy the behavior that they see on television. 在这个句子中 emulate 是超出初中考纲词汇范围的生词,但是根据下文的 copy 一词,显然连词"or"前后的两个单词是并列关系,所以根据语境就不难推测出来,emulate 应该是动词,且与 copy 是近义词,即"模仿"的意思,全句的意思应该是: 孩子们常常努力想要"仿效"和"复制"他们在电视上所看到的那些举动。

再比如,Science of studying plants is called botany. 在这个句子中,botany 是个生词。根据句子结构,science of studying plants 是主语部分,研究植物的科学叫作 botany,那么这个 botany 应该是植物学的意思,再结合七年级所学过的 botanical garden,更加可以印证 botany 这个词确实与植物学有关联。同理 botanist 这个以-ist 结尾的生词应该就是"植物学家"的意思,构词法同 scientist, artist, pianist 等。这样运用词根学习法,能够使积累的知识触类旁通,事半功倍!

在阅读过程中,教师要引导学生重视做好阅读笔记,把生词、好词圈画出来,便于学习和巩固;把文笔优美的句子勾出来,甚至摘抄下来,便于以后欣赏;把语法或者文意晦涩难懂的句子勾出来,以便细细推敲。

如同水中的涟漪一波推动一波,学生在阅读过程中学习词汇到句式,不断积累自己的英语知识,这些积累下来的词汇和句子也一定能更好地促进学生阅读能力的提升。词汇量和阅读能力相辅相成、彼此促进!

二、学会略读、把握大意

培养阅读习惯,要重视训练学生阅读的能力,从宏观上把握全文。

教师不单单是帮助学生领会课堂所学习的语篇的信息,更关键的是在课堂上要注重培养学生略读的技能,教会学生如何抓住主标题和副标题,阅读每一段的中心句把握段落大意,进而领会全文的中心思想。在略读时,学生的目标不是弄明白每个单词的含义,而是获得整篇文章的大体意思。

如下面这篇短文:

Have you ever wished you could change something about your body? If so, you are not alone.

Many people use apps like Meitu Xiuxiu to edit photos before posting them on social media. Some teenagers are even having plastic surgery at an early age. Zeng, a senior 2 student from Chengdu, had a double eyelid surgery done this summer. She and many of her classmates believe bigger eyes look more beautiful.

As teenagers' bodies grow and change, they become aware of the smallest flaw in their looks. They are very worried about it. They can affect their health.

According to Huxiu News, over 60 percent of girls refuse to take part in some daily activities such as going to school, because they feel bad about their looks. As much as 31 percent of teenagers do not want to speak up in class because they worry that others will notice their looks.

One of the main causes is advertising, TV shows and social media. Pictures of "perfect" faces and bodies are everywhere. They suggest that having large eyes, pale skins and skinny bodies is the only way to be beautiful. Magazines give tips about how to lose weight "in days". Advertisements suggest that you should whiten your skin using certain products. And TV shows often make fun of overweight characters. Seeing all these things can make people believe that they should change their bodies.

So what should we do? According to Nancy Etcoff of the Harvard

Medical School , *"We need to help young people in many ways. These ways can include educating students about body confidence in school , as well as encouraging parents to talk to their kids about this topic. After all , beauty comes in all shapes and sizes."Etcoff said.*

通常一篇文章的第一小节起到提纲挈领的作用,往往会抛出主题;最后一节则是重申观点、总结全文,往往是全篇结论。在文中的每一小节,通常也有一个句子是中心句,这样的中心句往往是段落的首句子。

在这篇文本中,学生可以通过略读,迅速把握文章大意。第一小节用设问的方式,提出"你是否曾经希望你可以改变自己的外表? 你不是唯一一个这样想的人"。然后二、三、四、五小节用举例的方式讲述了年轻人过于注重自己的外表的社会现象,也分析了造成年轻人之所以有这种想法的社会环境。最后一小节则讲述了专家关于如何解决问题的建议。这样一来,略读过后,对于文章脉络就把握得很清楚了。至于,文中有没有不认识的生词,根本不影响对于全文主旨的理解。

三、学会寻读、针对细节

培养阅读习惯,提高阅读能力,还要注重培养学生寻读的技能,以准确获取特定细节信息。

怎么寻读呢? 面对特定的问题做寻读时,教师可指导学生根据中心词去文中找寻细节,在整段文字中略去不相干的文字,目标明确、有针对性地搜索关于人物、事件、时间、地点、数字等指定信息。

哪些类别的文章适合寻读呢? 通常,叙事性的文章,我们要把握何时、何地、何人、发生了何事;议论性的文章,我们要梳理脉络,找到论点和论据,脑海里应该有一个粗略的思维导图。另外,当我们看表格、计划书、单据等时,用寻读的方法,也能够更加高效地实现寻找特定信息的阅读目的。

四、做好反馈、检验阅读

人们常常批评阅读不认真的人:小和尚念经,有口无心。阅读,必须是带着思考的。所以,学生良好的阅读习惯就应该包括阅读时积累丰富自己的知识,提高阅读的效能,以及读后进行适当的感悟,要有自己对于篇章段落的思考和见解。

常见的阅读反馈方式,有哪些呢?

1. 做阅读摘记。可以鼓励学生养成做摘记的习惯,摘记阅读过程中读到的那些感动心灵、引起共鸣的句子,或者是抄下那些文笔优美、描写细腻的句子。一本摘抄本,满是精华,岂不美哉!

2. 写书评、编小报。可以要求学生在读完某篇作品后,撰写书评。根据学生英语能力的不同,书评的要求也当然是不同的。对于初中高年级而言,根据他们的语言能力和心理特点,如果读了一本简易本的英语小说,写一篇四百字左右夹叙夹议的书评是比较合理的。对于初中低年级,制作英语小报可能更加适合他们的认知能力和语言水平。

3. 复述分享。可以组织阅读分享活动,要求学生在读完一篇英语小故事后,根据自己的理解,自己组织语言,复述所读到的内容,分享给同伴。从阅读,到理解,再到转述,这是信息获取和反馈的过程,是一个完整的学习过程。

五、培养学生有规律的阅读

习惯的养成不是一朝一夕间的事情,教师要培养学生养成良好的阅读习惯,学生再把这些习得的阅读方法内化为自觉的习惯,是一个长期的过程。如果能在独立阅读时践行这些阅读方法,那么学生就能进行自主阅读、自主学习。

学生有阅读的能力,也得要具体实施阅读这个活动,一身的本领才能得以施展。好比一个大厨收了徒弟,细心教他中西点的烹饪技能,有朝一日徒弟终于学成,饺子、蛋糕样样精通,师傅还得鼓励他、督促他、甚至推荐他上岗就业。徒弟初出茅庐,他遇到实际困难的时候,师傅还得给予帮助和指导,徒弟才能慢慢站稳脚跟,渐渐有所作为。

从培养阅读习惯到学生习惯阅读的这个阶段,老师应该扮演怎样的角色呢?

1. 营造阅读的环境。课堂学习的时间是有限的,也是非常宝贵的。在课堂里花费大量时间去阅读,不现实。所以,培养学生有规律的阅读,所需的时间只能"挤"出来。

教师可以组织学生在教室里设置"英语图书角"。大家把喜欢的、适宜学生理解能力的英语读本带来学校共享。在课间、午间、自习课的时候,同学们可以很方便地从图书角里拿一本自己感兴趣的读物。教室图书角的便利性让学生可以方便地随时阅读,同伴之间还能互相产生积极影响,这样的阅读环境对于学生养成习惯阅读是大有裨益的。

2. 订阅报刊。要想让学生形成有规律的阅读习惯,还必须从读本的源头出发。如果每日有报纸 *China Daily* 到来、每周有杂志 *English Square* 送达,通过阅读这些"如期而至"的读物,慢慢地,阅读也会成为自然而然、有规律的习惯。

3. 电子打卡。现代社会,高科技渗透到我们生活的方方面面,多媒体技术进步一日千里,除了传统印刷的书报杂志,电子阅读刊物和 APP 也满足了人们的英语阅读需求。针对读者不同的词汇水平,APP 会推送和读者英语阅读能力相匹配的读本,非常的个性化。时下比较受欢迎的有"薄荷阅读""流利英语""扇贝英语"等 APP,它们都可以满足不同人群英语阅读的需求。这些 APP 往往有打卡签到的设置,阅读打卡完成每天的学习任务,是很多追求进步的英语学习者的福音。

六、指导学生有选择的阅读

1. 指导学生选择自己喜爱的主题题材阅读。初中生正处于青春的大好年华,求知欲特别旺盛,特别容易对新鲜事物产生兴趣,同时也很难定下心性苦学某一样东西。幸好,阅读的世界是丰富的、精彩的。学生可以根据自己的爱好,寻找自己感兴趣的主题的英语阅读内容,从《哈里·波特》的魔幻,新闻的客观,哪怕是报纸小角落里的一则广告,只要是读者本人感兴趣的,都可以成为被选择的阅读内容。

2. 尽可能选择原版的英语读物。学生选择英语阅读材料,最好是那些原汁原味的读本,才能感受到最地道、最正宗、最规范的英语表达方式,这是毋庸置疑的。原先,这样的原版材料并不多,有了网络,原版阅读材料的取得并非难事。

3. 选择适合自己阅读能力的材料。同样的一本 *The Phantom of the Opera*,有原著版、缩略版、青少年版。中学生选择读本,不能好高骛远,教师应建议学生选择略高于自己阅读能力水平的版本,比如说能认识 80% 的文本词汇,那么这样的版本读起来既会有挑战,又不会高不可攀,往往是最为适合的。

4. 选择有精神营养的经典读本。英语读本内容是浩瀚的大海,选择感兴趣主题,是为了能从主观上激发阅读兴趣,选择原版是为了读到更纯正的英语,选择适合能力水平的,是为了能读懂,选择有精神营养的,是为了读到精华。那些经典名著,是大师们的智慧结晶,不但文笔优美,而且往往还能给人提供精神营养,滋润心灵,启迪智慧。

七、鼓励学生集体阅读

1. 互相督促不掉队。要让学生习惯阅读,养成定期阅读的习惯、爱上英语阅读,不是一朝一夕的事情。同伴督促是一个很好的方法。互相鼓励,互相提醒,彼此为榜样,长期坚持就能把英语阅读发展为一个自觉的习惯。

2. 互相交流增乐趣。独乐乐,不如众乐乐。很多集体活动,往往能给人带来更大的乐趣,也因此更容易坚持下去。英语阅读,亦是这个道理。在读书漂流的过程中,在交流心得的过程中,学生能感受更多的读书的趣味,久而久之这项活动也就生成一种习惯。

3. 互相切磋长学识。一百个人心中有一百个哈姆雷特。对于同样的内容,每个人也许会有自己独到的见解,交流观点是智慧的碰撞,互相切磋能够取长补短。

从培养阅读的小习惯,提高学生的阅读能力,到更高阶的培养学生定期阅读、习惯阅读,甚至享受阅读的兴趣爱好,是学生从客观学习能力到主观学习兴趣的一个进阶过程。

培养学生良好的阅读习惯,用捕鱼来打个比方,就是要教会学生怎么使用鱼网、鱼钩等工具成功地把鱼从水里抓到自己的鱼篓子里。然后,还要督促学生习惯阅读。那就好比学会捕鱼的人,若不去捕鱼,还是得不到鱼。师傅要做的就是在徒弟偷懒的时候给予督促,在水急浪高的水域给予帮助,隔三岔五适时地分享哪条河里鱼多且肥的信息,让徒弟真正学会捕鱼、捕到肥鱼、爱上捕鱼。老师从培养学生良好的阅读习惯开始,然后再是引导学生习惯阅读,帮助学生学会自主学习、终身学习,这才是教育真正的内涵!

参考文献

顾明远、石中英:《国家中长期教育改革和发展规划纲要(2010—2020年)解读》[M].教育出版社,2010版。

运用积极心理学原理促进学生自我发展

冯敏华

摘　要：在现代教育环境下，面对思想、心智开始发展和成熟的初中学生，教师应该以积极心理学中有关积极心理暗示、积极心理引导等理论为依据，对学生进行认知、心理上的积极指导，激发学生的潜能，用积极的途径培养积极的品质，用积极的思想浇灌积极的心灵，通过积极的过程提供积极的情感体验，帮助学生实现自我管理、自我发展，并且用积极的态度塑造积极的人生。

关键词：积极心理　鼓励欣赏　自我管理　自主学习　合作探究自我发展

一、教育现状分析

1. 学生现状分析

有些教师常常抱怨说现在的学生一届不如一届，越来越难教。究其客观原因，这与现在的学生多数是独生子女，家里的老一辈人经常溺爱有密切关系，久而久之学生养成了以自我为中心的思想。另外，如今媒体形式多样，学生们很早就接触到了社会，但是心智不够成熟，不能正确判别是非，容易受外界各种信息影响，这也会造成他们想法多，想法怪异。

2. 教师现状分析

除了以上客观因素，同时也有教师内心主观意识问题的存在。比如说，刚送走毕业班就接新生班级的教师经常会下意识地拿刚送走的、已经教了很久的、得心应手的班级学生与刚刚接手的、还陌生的班级学生来比较。殊不知，这一产生于定势思维的结论,往往是存在偏见的,甚至是武断的。这种思维总是存在于消极的暗示之中,对所从事的教育教学过程就会产生不良影响,造成自身心境不好,思维被动。反之,当教师在接任一个新班级时,用积极的心理暗示想象班级的学生,包括他们的发展、成长的进程目标,以及他们的品质成就,就会心情舒畅,思维活跃,就能客观地了解学生,设计好与之匹配的教育方案,真正做到因材施教。

二、积极心理学的理论思考

随着对多种教育方式的探究与尝试,我发现以积极心理学为指导的教育理论和方法在对初中生教育中有着十分明显的效果。积极心理学是一种全新的心理学理念,其关注的是人类积极的心理品质。在积极心理学视野下,教育的最大特点体现为一切从积极出发,也就是用积极的视角发现和解读问题的积极方面,用积极的途径培养积极的品质,用积极的思想浇灌积极的心灵,通过积极的过程提供积极的情感体验,并且用积极的态度塑造积极的人生。

作为初中教师,教育的对象是思想、心智开始发展和成熟的初中学生,它要求教师以学生积极人格的培养为出发点和归宿点,多角度开拓与发展学生的积极体验,培育学生创造幸福生活的积极力量。因而教师应积极研究如何运用鼓励和信任来调动学生积极性、主动性和创造性,让他们通过参与、合作、感知、体验、提升等多种手段,培养并形成良好的自我行为能力和管理能力。

三、积极心理运用于初中教育教学的策略

1. 体验积极心理,培养积极主动的心态,提升学习的兴趣

学习是一个积极主动的探索过程,而不是消极被动地接受。在平时的教育教学中,教师要善于运用积极的言行、事例让学生了解自我学习能力在今后学习、工作上的重要性,帮助学生改变陈旧的观点,把"要我学"变为"我要学"。只有当学生具有积极主动的心态时,他们才能在以后反复的学习中不感到厌倦,而是保持良好的学习兴趣,并且还会随着学习难度的加深而激发热情。

2. 渗透积极认知方式,培养刻苦勤奋的心态,提升学习的动力

教师要让学生懂得任何一项学习光靠兴趣还不够,还需要刻苦勤奋的心态。

能力的提升是一个持久付出努力的过程,比如每天读一篇短章或做几道难题,一星期、两星期能坚持,但几个月,甚至几年呢? 这就需要学生有吃苦耐劳的精神了。同理,自我管理和合作探究能力更加需要学生有耐心、恒心。教师要在这漫长的过程中,运用多种手段激励学生保持持之以恒的学习态度。

3. 运用积极的暗示鼓励,培养虚心好问的心态,提高学习的能力

多读多问是学习的好方法,教师应该引导学生能够虚心地向老师、向同学学习。比如,英语教学中,在阅读新文章后,教师作简单的引导,鼓励学生互相提问和回答,可以是对文章的细节提问,或是对词汇、句型的理解,也可以是对全文的概括归纳。通过提问与回答,既可以强化学生对文章的把握,还可以培养学生发现问题、解决问题的自主学习能力。

4. 通过积极的情绪体验,培养坚持不懈的心态,激发学习的潜力

任何一种能力的提高不可能一蹴而就,在其过程中会遇到意想不到的困难,会遭受挫折和失败。当学生遇到类似困境,想要退缩逃避时,教师一定要抓住机会,及时给予肯定和积极的情绪鼓励。例如教师可以使用肢体语言,一个眼神、一个微笑,都能激起他们的学习斗志,让学生意识到学习中即使有再大的困难,他们身后有老师的支持,只要永不放弃,就会有奇迹出现,才有可能取得成功。

5. 培养敢于超越的心态,突破学习的局限,形成学习自信力

当学生在学习中形成自己的固定模式时,很少有人会进一步拓宽思路,尝试新的学习方式,在这种情况下,教师应该鼓励学生积极大胆接受挑战,尝试一些新的学习方法。这样积极的学习体验,良好的心态,带给他们的不仅仅是成绩,更是一种优秀的学习品质,即对取得学习成功的自信。

四、教育教学中运用积极心理学的探索实践

1. 以积极心理学为导向,用一种开放的、欣赏的眼光去看待学生的自我潜能、动机和能力

教师要帮助学生正确地认识自己的性格、情绪、气质和思维等方面的个性特征,同时教师还要用信任与鼓励来激发学生的潜力和能力。

记得曾教过的一个男孩子,性格腼腆,从没听他大声讲过一次话,连走路都总是轻手轻脚。上课的时候,老师点名叫到他,他只是涨红着脸站在那儿一言不发。平时询问他的情况,就只是一个劲地向后缩。家长反映,他在家里是个极正

常的孩子,能说能笑。那为什么一个正常的孩子,一进入学校就变得一言不发呢？原来,没入学前,他由奶奶带大,老人不懂得教育孩子的艺术,常常用老师来吓唬孩子,因而在孩子幼小的心灵中打下了这样的烙印:学校可怕,老师更可怕。所以入学后,他就不适应集体生活。他没有亲密的伙伴,只是坐在角落里当观众,成了孤单的"局外人"。与其他孩子相比,他的知识和语言也出现了差距,同学懂的知识他不懂,也没勇气去问。久而久之,他与同学的交流越来越少,差距越来越大。更糟糕的是,上课的时候,他本来就紧张地坐在那儿,如果再有个别提问,他的恐惧便会多了个"更"字,哪里再敢张口讲话？由于以上的原因,他渐渐地进入了自我封闭的状态,这种情况既影响了智力发展,又影响到他的人际交往,甚至逐渐改变了他的性格,使孩子变得懦弱而退缩。

了解到他这种特殊情况的缘由,我决定"对症下药",尽自己的最大努力改变这个孩子,让他能融入集体。课间,我经常让他帮着发发作业本,创造机会让他多和同学接触。刚开始,他往往是扭扭捏捏,多做了几次,才渐入角色。另外,我又试着与他交谈,问一些他在家里的生活,让他有机会多接触老师,消除恐惧心理。不但如此,我还安排几个活跃的孩子坐在他附近,拉着他一起讨论、做游戏。上课的时候,我挑一些简单的、容易的问题让他答,鼓励他:"别着急,慢慢讲。"尽管很小声,可只要他开口,总能受到我真诚的表扬。渐渐的,他终于略微放松了,对老师和同学的问候能做出应答,性格也比原先开朗了许多。经过一段时间的训练,他终于走出了自我封闭的状态,融入了集体,融入了课堂。

长期以来,人们认为教师的职责是控制和训导学生。其实教育是一个改变的过程,目的是引导每一个学生充分发展自己,成为有完整人格的人。现在的学生十分渴望有人去关注他们,了解他们,爱护他们,痛恨被责怪、批评和冷落。所以作为一名教师,应尽量让学生感到受尊重,受信任,受关爱,才能使他们产生安全感,并促使他们以良好的表现来报答教师的信任。

2. 以积极心理学为导向,用一种更加期待的、激励性的语言去鼓舞学生自我的发展,实现自我目标和品质

心理学家艾里克森认为,个体发展过程是通过自我的调节作用及其与周围环境的相互作用而不断整合的过程。教育的作用就在于发展积极的品质,避免消极的品质。

我曾半途接手一个初一的班级。还没上任,我就从多方面了解到这个班级的同学纪律观薄弱,缺乏自我管理能力。那年暑假,第一次返校仅仅来了 19 人,

其余都没请假。面对这种情况,是当场批评呢,还是简单的重复校纪校规?

针对这群特殊学生,我设计了一种出乎学生意外的教育方式。首先,我和学生谈论了这年夏季的罕见高温天气,表扬他们不惧炎热,坚持到校的举动;然后又称赞了他们的父母。看着学生惊讶的表情,我解释是因为他们的父母非常重视教育,非常配合学校教育,从细节上体现了家长的高素质。最后,我提出希望,愿全班学生和家长都能有高水准的表现,这样我们班级就会变得高大上起来。学生们听了直点头,纷纷表示回去要通知其他同学,让他们下次返校都出席。结果,在第二次返校时,除去个别同学因事请假之外,绝大部分学生都准时到校了。以后每次假期活动,学生们都能做到按时参与,养成有事提前请假的好习惯。

由此可见,教师要敏感地去发现孩子们的长处和优点,要理解、宽容、心平气和地对待孩子的不足,要扬长避短,少揭伤疤,让学生多接触正能量。并且在学生体验成功的同时,给予鼓励,让他们自己不断地学习尝试,弥补不足。当然,有时教师进行批评教育时还要注意给学生留有余地,因为一个人不可能十全十美。

3. 以积极心理学为导向,用一种更加支持的、推动性的行动去引导学生自我发展

通过研究我发现,对学生兴趣上的需求与发展要给予支持和推进,即支持并鼓励学生发展良好的特长。

这几年来我积极响应学校号召,带领学生共同营造书香班级,除了开拓阅读角,我还把这项活动与学生的语文学科进行挂钩。

初一的教材中有几篇鲁迅的文章,学生读来觉得晦涩难理解。我分析原因,主要是因为社会环境发生了巨大变化,现代的学生无法体会当时那段混乱、黑暗的历史,所以造成他们读不懂鲁迅。于是我号召学生先查阅鲁迅先生写作时的那段社会背景,了解他写这几篇文章的前因后果,随后大家一起交流讨论,最后请同学们以自己查找的资料为依据,绘制一份关于鲁迅先生的生平、作品的小报进行展示。因为有了自己的劳动与付出,学生们对此特别有兴趣,最后的展示成果也十分令人满意。

初二阶段,语文有一个单元介绍了西方短篇小说。首先,我和语文老师互相配合,用中英文分别略微介绍了西方三位短篇小说之王:莫泊桑、欧·亨利、契诃夫。然后,再引导学生自主查阅这三位小说家的生平和作品,并要求他们做学习小报。因为有了初一时的经验,学生对这项活动可以说是熟能生巧,一幅幅作品版面美观,内容充实。为了激励他们更高的学习热情,我们不仅评出了奖项,而且把这些学习成果在年级宣传栏中做了展示。这下,学生们的积极性更加高涨了!于是我再接再厉,鼓励学生尝试把课本内容编排成小品,评选出优秀的作品在学校的"梦想舞台"上演出。一石激起千层浪,学生们对这个提议激动无比。在老师的指导下,他们很快地自发组成了团队,有编剧、导演、主角、配角、道具师和舞台音响负责人,学生们分工明确、相互配合。甚至在排练《我的叔叔于勒》时,学生根据剧情,结合我们平时的道德修养教育,自主增加了惩恶扬善的结局,充分体现了他们自主合作探究的能力。这个课本剧在表演时,受到了全年级师生的欢迎。

由此可见,设计内容丰富、形式多样的活动,能培养学生的兴趣,开拓学生的视野和胸怀;激励学生从思想上积极改变自身,改变对现实的态度,为自己创造一个崭新而又美好的未来。

4. 以积极心理学为导向,用一种更加理解的思维去促进学生自我发展

教师对学生在学习上的成功和失败都要给予关注和理解(特别是考试成绩公布之后),对学生在生活上的自主和能力都要给予空间和培养(就是教会学生过日子);同时,对于同学交往上的认识与需要应给予宽容和谅解(即引导学生正确地认知情绪、调控情绪),并且,在学生良好品格的建立和形成期,要多加督促与强化。

五、建议与展望

经过这几年的探究和实践,我真切地发现,积极心理学指引下的学生自主能力培养方式方法是值得教师尝试、运用的,同时我们也要注意以下几点:

1. 营造平等和谐关系

积极心理学告诉我们:师生关系和谐友好,学生才会乐于接受教育,才能激发学习兴趣。因而,教师应重视营造一个宽松愉悦的教育氛围,发扬教育教学民主,给学生快乐友爱的享受。平时,还应积极营造一种具有真诚、理解为特征的课堂气氛,使学生能自由参与、自由表达,不但使他们的自主探究能力得到极大程度的发展,还能形成积极的学习态度和人生态度。

2. 评价方式要多元化

评价学生并非只能以考试结果为衡量标准,还可以结合学生的具体表现进行评价,比如从学生资料收集的认真程度进行评价,根据学生团队合作时的表现

进行评价;还可尝试把学生自我管理与发展能力(自我学习能力和生活能力)等结合起来,多方面、多元化地评价学生。

3. 持之以恒给予指导

众所周知,任何一种能力的形成绝非一蹴而就,教师要教会学生静得下心,持之以恒,日积月累,他们的学习能力和自我发展肯定会不断地得到提高,对学生今后的持续学习、自我发展都有巨大的益处。

六、结　束　语

我国著名心理学家张厚集指出,"人文关怀是 21 世纪的主题,积极心理学的本质与目标就是寻求人类的人文关怀和终极关怀"。对此,我的理解是:"心若改变,你的态度随着改变;态度改变,你的习惯随着改变;习惯改变,你的性格随着改变;性格改变,你的人生随着改变。"我们改变不了周围的环境,但却可以积极地改变自身,改变对现实的态度,为自己创造一个新的、美好的未来!

参考文献

[1]　任俊.《写给教育者的积极心理学》[M].中国轻工业出版社,2010 版;

[2]　克里斯托弗·彼得森.《打开积极心理学之门》[M].机械工业出版社,2010 版;

[3]　芭芭拉·弗雷德里克森.《积极情绪的力量》[M].中国人民大学出版社,2011 版。

初中英语教学方式转变的实践与思考

周晶莹

摘　要：教学方式,指为达到教学目的而采用的教师、学生、环境相互作用的方式方法。教学方式分为三个板块：组织方式、认知方式和活动方式。教学方式从价值取向的角度可以分为两类,以知识理解为特征的教学和以问题解决为特征的教学。当今初中生的学习内容和学习时间之间的矛盾突出,如何把科学的教学方式转变的理论概念和目前初中英语教学的实际情况结合,具有研究价值,需要不断地实践与思考。

关键词：初中英语　教学方式转变　单元知识结构

为贯彻落实《中国教育现代化 2035》要求、实现课程改革中要求的建设多样化的课程体系、个性化的培养、实践性的活动体系这三方面的改革深化,初中英语教学可以从教学方式的转变入手。

一、教学方式的概念与分类

教学,指主体和客体的相互作用,其中主体由老师和学生组成,客体是相对应主体的环境。教学方式,特指为达到教学目的而采用的教师、学生、环境相互作用的方式方法。教学方式分为三个板块。一、组织方式,包括人员组织、内容组织和资源组织。人员组织指的是含有人员的组织方式,例如课堂上的小组讨论、社团等。内容组织,根据二期课改的课程方案提出了心理化、结构化、问题化组织教学内容的要求,如以知识结构来组织教学内容、以问题任务来组织教学内容、以案例来组织教学内容等。资源组织,指的是教学环境资源组织,如选择什么样的环境、场所,提供什么样的学习材料等。所以,教学方式又能理解为是教学的组织方式。二、认知方式。读万卷书,行万里路。认知方式分为接受式和体验式,即获得间接经验和直接经验。三、活动方式,例如听课、练习、讨论、游戏、阅读等具体活动。

价值取向会影响教学方式的选择。教学方式从价值取向的角度可以分为两类。一、以知识理解为特征的教学,即基于内容理解的教学类型。此类教学方式通常指首先明晰知识是什么;其次建立知识之间的关联,使知识结构化。教学过程中的情境创设,主要通过老师的启发、讲授去提出问题、做知识的储备,以旧引新;接下来通过一系列的活动去展开教学,包含启发、讨论,引导学生获取信息、加工信息;最终聚焦在对知识本身的理解和应用知识上。二、以问题解决为特征的教学,即基于问题解决的教学类型。此类教学方式通常指首先制定一个解决问题的方案——设计方案;其次通过一系列活动最终去解释真实生活中的问题——形成解释。在教学过程的情境创设环节中,此类教学方式提供更多的学习资源,创设学习环境,在资源和环境的支持下提供任务,组建学习团队,开展一系列的活动。这些活动更加强调体验、实践、讨论、阅读、表达等直观的感受。这些活动中基本包括对问题模型的认识,并在此认知的基础上形成一个解决问题的具体方案——实施方案,最终形成对问题本身的解释,或者应用知识解决具体的问题。相比以知识理解为特征的教学方式,以问题解决为特征的教学方式在交流、应用、表达、表现等方面要求学生参与得更多。

二、转变教学方式的策略

教学方式转变,是教学方式的变革,是深化课程改革的突破口。在教学方式的三个板块中(组织方式、认知方式、活动方式),转变组织方式,尤其是转变内容和资源组织方式,是转变认知方式和活动方式的抓手。教学方式变革可以从研究资源和内容突破。换言之,如果想要转变教学方式,可以以改变组织方式为抓手。

组织方式由人员组织、内容组织、资源组织构成。

转变人员的组织方式,在于思考是采取集体听课的形式,还是分组合作的形式。分组合作学习能够支持探究的深入程度和多样化程度,也能提高操作性,即在有限的教学时间内实现。例如通过分组分解任务,通过小组交流会聚,同样达到课堂目标,增加操作性。

转变内容的组织形式,在于思考是选用知识的形式、问题的形式还是任务的形式。转变教学内容的问题或者任务的开放程度,影响学生探究的深入程度和多样化程度。

转变资源的组织方式,即提供更加丰富的资源,让学生有机会和资源发生更多的相互作用,而不是仅仅停留在教师层面,从而形成多样化的教学方案。展示和交流探究结果是达成目标必不可少的关键环节,体现评价作为学习。当各个小组学习成果呈现的时候,对每一个学生而言可以反思自己的不足,借鉴别人的长处,就是对学生的评价和学生的自我评价。评价不仅仅是为了甄别,而是为了改进,或者说实质上是为了学习。方案设计与实施、倾听与表达在教学中应该得到关注,而不仅仅是知识本身。

三、教学方式转变在初中英语中的实践与思考

在现实教学过程中,每一门课程的具体教学都有属于自己学科的学科核心素养。这些学科核心素养包括学科知识、学科方法、学科思维和相关的情感态度与价值观等,并且在不同的学段有着不同的要求,最终落在学科核心能力。《初中英语课程标准 2016》中提到初中英语课的设计思路应以培养学生的综合语言运用能力为最终目标。这就要求学生拥有"听""说""读""写"综合语言的运用能力。

英语学科中每一种课型的教学目标、教学内容以及培养的英语学科性的关键能力的倾向性不同。所以选择教学方式与学科目标、学科内容、课堂教学类型是息息相关的,即与教学类型有关。初中英语的主要课型有听说课、语法课、阅读课、写作课、讲评课等,鉴于篇幅有限,在此仅对听说课、阅读课就人员和内容的组织方式转变做出研究、提出思考。

(一)听说课教学方式转变的实践与思考

初中英语教学,学生的听和读是理解技能,说和写是表达能力。转变教学方式的人员组织方式,在于思考是采取集体听课的形式,还是分组合作的形式。听说课中,通过小组合作的组织方式,能有效增强学生之间的英语交流,以此提高学生的听力水平和语言表达能力。

听说课的准备环节中,学生可以以小组为单位,交流对听力内容的新词、新句型的预习,以降低听力难度,为接下来的听力训练做好准备。小组探讨听力的

思路,帮助组内成员抓住听力篇幅中的关键词。这样在听力过程中,学生会集中注意力在关键信息上,可以提高听力练习的正确率。

展示环节中,要求小组组员在限定的时间内,完成对话练习,操练重点句型结构。面对面的语言练习,接受能力好的组员能够帮助其余组员,学生之间能够互相纠正对方在口语上的错误,可以更大地提高初中英语听说课的教学效益。

(二)阅读课教学方式转变的实践与思考

初中阅读教学从转变内容的组织形式而言,可以依靠"单元知识结构"的理念,即确定整体单元知识结构和教学目标,设计遵循学生学习心理、符合学生语言能力的阅读活动,促进学生阅读理解和语言表达能力发展。

在阅读课教学过程中,教师要充当引导者的身份,带领学生获取、理解、组织、概括单元的主要内容,构建单元知识结构。过程中,教师要提供学生充足的话题知识作为信息输入,以及结构化知识图的大框架,以此提升学生阅读语言知识的丰富性和逻辑性。例如阅读学习活动的设计,教师可以要求学生利用迁移关联,来构建结构图,引导学生搜寻与文本信息相似的内容,拓展结构,进一步将单元知识结构化,有助于学生深入理解单元知识。整个初中阅读课教学应当是一个学生对已知的单元知识结构不断重组、优化乃至完善的体系,促进学生阅读理解、思维逻辑和综合语言能力的提升。

四、总 结

初中英语教学方式的转变是一个不断探索的过程,需要依据初中英语教学目标、课程标准,从人员、内容、资源的组织方式入手,选择适合课程类型的认知方式和活动方式,并坚持累积教学设计和教学实施的经验。希望广大英语教师共同探索,以转变初中英语教学方式,更高效地提升学生的综合语言运用能力。

参考文献

[1] 徐淀芳:《以教学方式变革和信息技术应用为抓手,深化课程改革》[J].《上海课程教学研究》,2019 第 2 期;

[2] 刘玉静、高艳:《如何提高学生小组合作学习效率》[M].北京师范大学出版社,2016 版;

[3] 列夫·维果斯基著、李维译:《思维与语言》[M].北京大学出版社,2010 版。

翻转课堂与微课在英语课堂教学中运用的探究

潘　洁

摘　要： 教育者对课堂的呈现形式不断探索和改革，为学生展现最完美的教学，让学生掌握课堂当中的知识，并且加以运用。当前由国外引进的翻转课堂(Flipped Classroom)理念，实现了家校课堂(One Room Schoolhouse)的学习模式；国内由胡铁生老师提出了"微课"的概念，这两者值得一线的教育工作者在平时的教学工作中进行不断的探索和实践。本文就英语教学如何实现翻转课堂与微课的良好结合，做了一定的可行性探究，并结合英语教学的需求，如何将翻转课堂和微课以最佳比例的配比形式，将学生所需要掌握的知识点完整的传达给学生，做出了结论。

关键词： 翻转课堂　微课　初中英语　课堂教学

师者，传道授业解惑也。

解惑的过程即是师生互动的过程，在这师生一问一答的互动之中启迪学生理解抽象概念，从一点一滴的积累，最终形成解决问题的思维活动，促成学生的自主思维能力。由此可见，古代的智者就意识到师生互动的重要性了。

伴随着现代化课堂教学技术的发展，课堂教学从一块黑板一支粉笔一本书的单向教学方式开始，学生在这一阶段所需要掌握的都是由老师单向的教学形成的知识体系。仅仅通过老师灌输的知识，其实在学生的脑子里面会形成各种不同的答案。于是人与人之间对于知识的认知就出现了差别。

多媒体技术(PPT)的出现，让学生的认知由记忆为中心到以思维为中心，在课堂上除了老师的讲解之外还会有 PPT 的辅助，使得教师在课堂上讲授的知识变得形象生动起来。在这一阶段，学生对所学的知识不仅仅只是死记硬背在脑子里面，而是去理解记忆。然而在教学的行为方式上依然是以教师为主体。为了改善这样的课堂教学状况,交互式电子白板出现了,它彻底改变了教师的教学行为和方式。课堂的主体由教师单向的教转变为以学生自主的探究学习为主体。在交互式电子白板影响下的课堂教学,教师以问题为中心教学,学生以问题为中心探讨。在教师与学生的互动过程当中解决问题,取得教与学的效果最大化。充分调动了学生在课堂上的积极性,同时又加深了学生对于知识的理解。这一教学方式方面的巨大变革给老师的教学和学生的学习带来了巨大的益处。互动成为课堂上提高学习和教学的最常用的手段,在互动的过程中提高学生的学习积极性。在交互式媒体的协助下,教师随时掌握着课堂上每一个学生的学习状况,这就是互动教学存在当今课堂的重要意义。

回首这些年的教学改革,每一次改革都是教育人对自己教学的反思而做出的改进——如何让学生更好地接受知识而实施的重要举措。显而易见的是,教学随着学生的发展还会继续进行变革,国外引进的翻转课堂(Flipped Classroom)的理念,创始人可汗在"THE ONE WORLD SGHOOLHOUSE"这本书中回忆他的幼年的学习经历时指出:如果想成为麻省理工学院的学生,就必须要比竞争者更加的聪明和刻苦,需要学习和参加更多的课外的课程。这些课程往往是他们被动地去完成的,也是可汗本人不被推崇的,他批判的是这些课程的体现形式有各种弊端,没有将学生主体的特性体现在课堂上[1]。如果是学生主动地去学习,在课堂上以自己为主体进行问题的讨论和学习,既能够加强他们的学习兴趣,又能够针对这节课所学内容制定适合自己的学习方案,因此翻转课堂孕育而生。将课堂上需要讲解的重点和难点通过十到十五分钟的小视频由网络分享给自己的学生,使得学生无论在家里还是在学校都能够随时随地的观看视频,也可以在自己需要的部分暂停重播等加深对知识点的掌握。实现家校课堂(One Room Schoolhouse)的学习模式。[2]在课堂上提供给学生讨论问题解决问题的时间,可加强对视频教学的知识点的运用。与此同时国内的胡铁生老师也对中国的课堂教学进行了反思,2011年发表第一篇关于微课的学术文章,首次提出"微课"概念。微课是根据新课程标准和课堂教学实际,以教学视频为主要载体,记录教师在课堂教学中针对某个知识点或教学环节而开展的精彩教与学活动所需各种教学资源的有机结合体。2012年—2013年微课概念迅速普及,微课教育理念深入人心;微课设计制作及培训成为教育技术应用的一大热点;微课数量急剧增加,主题式、专题化和体系化微课受到关注;在短时间内形成全国"微课热"现象,成为我国教育信息化领域一道独特的风景线。2014—2016

年,以电子书包、翻转课堂、可汗学院、慕课、混合学习、移动学习等新兴在线教育方式的兴起为标志,越来越多的中小学校、高职高校、研究机构甚至社会企业加入微课实践与研究中,微课的内涵不断丰富,微课理论得到进一步充实。类型和表现方式更加多样化,质量不断提升,微课应用效果显著。现在的大部分老师都能够掌握制作微课的要求,教学时间5—10分钟左右,最少的1—2分钟,最长不宜超过20分钟。教学内容较少,突出某个学科知识点或技能点。资源容量较小,适于基于移动设备的移动学习。经典示范案例。真实的、具体的、典型案例化的教与学情景,将课堂上的所教知识点进行碎片化。用不超过5分钟的小视频,将其中一个小的知识点讲清楚讲明白,提高学生在课堂上的掌握概率。这两种教学辅助模式相互之间碰撞的火花,是最值得一线的教育工作者在平时的教学工作当中进行不断的探索和反思。

下文就教学如何实现翻转课堂与微课的良好结合,做一定的可行性探究。

在进行研究之前,我对自己所教班级的学生和家长对于翻转课堂和微课这两种教学辅助模式的熟悉程度进行了调查。调查结果发现,基于学校对微课的推广(79.66%的学生了解至少1—3个有关于微课的网站)和老师的努力(44.07%同学认为老师布置微课作为上课前的预习工作的频率为经常),57.63%的学生对于微课这一概念非常熟悉。我所执教的学生当中对于微课的概念并不陌生,然而在调查当中发现我们还是有很多不足的地方需要改变。在学习的模式当中仍然有62.71%的学生将一些平时的预习工作停留在死记硬背,或者寻求家教或同学的帮助上,并没有求助于微课网站上丰富的资源,制定出个性化的预习方案。也就是说对于微课作为课堂学习的辅助手段,学生们都是被动地接受,更不要谈所谓的翻转课堂这样的国外兴起的以学定教的上课模式(37.29%的学生对于翻转课堂完全不了解,18%的学生表示翻转课堂对个人学习没有任何帮助);更不要说家长对于这一教学模式的理解。

英语学科作为中考乃至高考检测学生掌握语言能力的一门重要学科,它同时也是一门比较特殊的学科,与同属语言学科的语文相比既有共同点,也有不同之处,它需要学生的记忆和实践紧密结合;同时也是一个集合了人生哲理和价值观的人文学科。它不仅要求学生在对单词、词组、语法记忆的基础上加以理解,更重要的是在学习英语的过程中体验不一样的人文文化、人生哲学。因此下文将从英语学科的记忆性、应用性、人文性这三个方面来阐述如何将翻转课堂和微课技术相结合,助力英语教学,将课堂打造成人本教育理念下的有生命的课堂。

一、英语学科的记忆性与微课的结合

很多学生在学习英语的时候最怕的就是所谓的背单词,因此市面上出现了各种背诵技巧的工具书。如何让学生能够按时地完成每课时所需要掌握的单词,我认为微课很好地做到了这一点。由老师录制的两到三分钟的单词解析微课视频,集合了单词的发音、解释和例句,最重要的是单词使用的情景(用小情景剧的方式解释新生单词)。以这四种不同的方式理解地记忆单词,问题就迎刃而解。学生在每堂课之前的预习工作中对单词的记忆再也不会那么枯燥乏味了;并且每一个单词的微课视频学生都可以暂停、重播的方式来调整自己的学习生词的方式。节省了老师的时间,也对不同程度的学生有了针对性的学习指导。

二、英语学科的应用性与翻转课堂的结合

当学生具备了英语的语言基本理论、基础知识后,老师更加关注的就是英语语言的运用能力。作为一种交流工具是否能够基于课本所学知识进行日常生活中的交际,对于英语应用能力比较强的孩子来说,他们对于一些以英语为载体的信息能够很快地适应,开阔了个人的视野,也同时能够为下一步了解英语的人文文化打下基础。那么在课堂教学中应该如何进行渗透呢?首先课堂上的听和说是最能够检验一个学生的语言应用能力。但是纵观当今学生的听说读写的英语水平,英语的口语表达成为最大的难题,课堂上老师的全英文讲解并不能够激发学生们的英语口语的练习,长此以往,就容易成为只能埋头做英文题目不能开口正常交流的哑巴英语学习者。课堂上的英语沟通和交流是非英语为母语的国家学生能够锻炼英语的最佳环境,对这一环境的英语交流的重视就显得尤为重要。如何能够让每一个学生在课堂中都有英语的口语练习,是课堂教学中最重要的一个部分。为解决这样的问题,我设想能否将翻转课堂和微课相结合的技术带入课堂教学中去呢?为此我做了一定的尝试。中学生的口语训练应该从低年级就开始逐渐地熏陶起来,在正常的英语教学当中,老师上课之前会布置给学生一些预习的功课。有些学生觉着这样的预习功课形同虚设,要么看两遍课后单词,要么浏览一遍需要讲解的课文就草草结束预习工作。因此在课堂教学之前,我会相应的录制微课,主要内容是讲解每堂课所需要掌握的重点语法知识点,利用

十分钟左右的讲解提前发布在网络上,在上课之前提出的预习作业上面详细的要求同学们看完看懂发布的视频,并且根据视频的讲解设计一些相应的习题练习放在页面上。这也是给一些不太懂得做好预习工作的学生一个预习的范例。在学生掌握了课堂教学中要学习的最基本的语法知识点后,接下来在课堂教学中最主要的时间交给了这些语法知识点在口语表达当中的运用,对课堂上的英语对话起到事半功倍的效果。对于教师来说,完成这些微课视频的录制并不就是完全完成了对学生的预习作业的检查,更重要的是看完微课的反馈。第一种反馈的方式是在微课后设置的习题的正确率上,对于正确率的统计,能够帮助老师发现班级大部分人对某一个知识点的掌握的程度,从而适当的调整课堂上的教学的重点和难点。在课堂上多多训练学生对于这个语法知识点的表达。第二种反馈的方式则是在视频播放页面下学生的评论,或者现在常见的弹幕,后台统计出现最多的关键词是什么,从而也可以对课堂上面的教学重点进行修正。这样的以学定教的方式使得学生在课堂上能够以最高效率解决他们的疑惑,而不必将所有的知识点全部体现在课堂上。课堂时间的利用率大大的提升,那么多出来的时间就可以引导学生对于本堂课所学的知识点进行问题讨论和解决,从而加大他们在课堂上用口语进行交流的机会。

三、英语学科的人文性与课堂教学的结合

英语学科是一门人文类学科,学生在学习的过程中不能仅仅把它当作一门语言来学习,它的每一个单词、词组、句型当中都包含着一定的人文内涵,让我们了解到异国的不同的风土人情、风俗习惯、历史、文化、地理、社会生活、政治经济、教育科技等等世界文化的多元与丰富多彩。我们的英语教学课本的设计,正是以每一个不同的话题设置单元,将语法知识点以由易到难的形式分配在不同的单元当中。在学生对于每一个单元的基本单词、语法学习的前提下,了解这些不同文化背景下的人文,更加重要的是将我国的文化以英语的方式带出去,带到西方国家,让西方国家也感受到异域文化的魅力。因此我在一些翻转课堂的小视频制作时会额外拓展一些相关的话题,留一些让学生思考的问题,在不同的文化影响下,中国国民对某一个话题某一个现象某一些理论的不同的声音和外界的差别。在比较和讨论的过程中,既能够让学生深刻理解两个国家的文化差异,又能够理性地看待问题。

在全国教育大会上,习总书记深刻阐述了我国的教育,他说我国教育还存在一些问题,但照搬别国经验是解决不了的,必须扎根中国大地,探索更多符合国情的办法,让中国特色社会主义教育发展道路越走越宽广。大到整个国家的教育,小到每一个学生的不同学情的教育,其实整个教育的趋势越来越个性化,越来越现代化,这都是秉承了习总书记的教育观:让每个人都有人生出彩机会。同时这样的教学趋势也是顺应了整个教育的宏观发展。在国内外先进的教学辅助设备和教学理念的影响下,根据所教学生的实际情况制定符合学情和国情的课堂模式是大势所趋。

注释:

[1] Salman Khan:*THE ONE WORLD SGHOOLHOUSE* Hachette Book Group First Edition:October 2012,P89;

[2] Salman Khan:*THE ONE WORLD SGHOOLHOUSE*[M]. Hachette Book Group First Edition:October 2012,P193;

参考文献

胡铁生:《微课给教育带来了什么改变》[J].《中小学信息技术教育》,2018 年 7 期。

DIS 技术在物理实验中的作用和应用

张轶扉

摘 要：本文以教学结合具体案例，阐述数字化信息系统实验（Digital Information System）在物理教学中的作用，论述了物理实验教学与现代科技融合，为提高课堂效率服务及为学生探究实验提供平台的积极意义。

关键词：物理实验 DIS 技术 作用和应用

DIS(Digital Information System)实验是数字化信息系统实验的简称。DIS实验中所用到的设备包括：计算机、传感器、数据采集器和软件。传感器中包括电流、微电流、电压、温度、声波、力、磁、光电门等多种设备。

DIS 技术在物理实验中的作用主要体现在：

一、可以展示现象的动态变化，便于理解物理概念或规律。

概念或规律的得出和理解经常需要借助现象的观察和实验数据的分析，传统实验中难以再现的物理现象和过程，运用 DIS 实验可以清晰、动态地展示出来。

如：在"研究相互作用力之间的大小关系"时，传统的教学方法是先举例：用手用力敲打墙壁，手会觉得疼；用力向后划船时，船前进得就快。或者如图，通过两个弹簧测力计相互施加力并读出测力计的示数，进而得出相互作用力大小相等的结论。

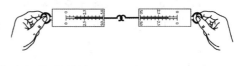

如图所示，使用 DIS 技术后，可以得出大小连续变化的两个相互作用力的大小图像，通过分析不仅更加明确了：两个物体间相互作用力的大小是相等的这一结论，而且可以进一步体现这两个力是同时产生和消失的。

再如：在介绍平抛或单摆运动时，由于实验现象转瞬即逝，学生不易观察和

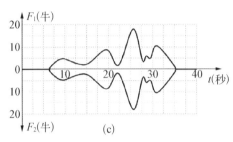
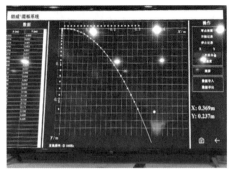

记录过程中的变化情况。传统教学中,教师要在黑板上作图说明,耗时而且不一定能准确表示出过程中每一时刻的运动情况。使用 DIS 技术后,可以非常迅速、准确、直观地在显示器上记录每一时刻的运动轨迹,并且分解出水平和竖直方向的运动路径,为后面教学"力的分解"做好准备。

可以看出,充分发挥 DIS 实验自身的优越性,为学生快速展示事物本质,抽象的物理规律也就变得更形象,更好理解了。

二、数据处理能力强大,便于着重分析实验的过程,从而得出结论。

一个完整的实验过程包括实验目的的确定,实验方法的分析,实验步骤的制定,实验器材的选用,操作过程中的注意事项,再是实验的实施,数据的记录,最后是分析得出实验结论。一节课 40 分钟要完整的把整个实验过程完成,必然会在一些重要环节上处理的比较仓促。使用 DIS 技术后,可以大大提高课堂效率,把有效的时间用于实验的制定和结论的得出上。

如"探究电流与电压的关系"实验教学,前期的实验课题引入和实验步骤的明确大概需要 15 分钟,然后是学生动手实验。传统的教学是通过电流表、电压表测出同一导体不同的电流、电压值,建立 U−I 图线,描点作图,而且为了得出普遍性的结论,还需改变导体重复实验,接着描点作图,整个实验操作过程需要大概 25 分钟,最后还要分析图像得出结论。整个一节课根本来不及,以往教师往往让学生分组实验,一组只做一个导体,然后将各组数据拼凑起来,即便这样,结论的得出也显得仓促勉强。

使用 DIS 技术后,通过电流、电压数据采集器,直接将实验数据输入电脑,直接形成图像,瞬间完成,整个过程不超过 15 分钟,剩下的时间可以非常充裕的完成实验结论的得出。

运用 DIS 技术进行实验探究,数据的采集、运算、分析由电脑完成,可以节省大量时间,使学生有充分的时间来进行思考和理论分析,有利于实施探究教学。

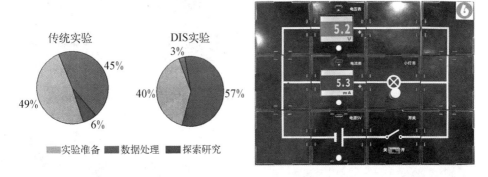

传统实验　　　　DIS实验

45%　　　　　3%

49%　　　　　40%　　　57%

6%

■实验准备 ■数据处理 ■探索研究

"DIS"运用现代信息技术手段进行的实验,与传统物理实验相比在培养学生各方面能力的侧重点上已经有了明显的差异。传统实验侧重于培养细致、认真、耐心等观察习惯;DIS 实验则侧重于培养学生在观察中思考探究能力。

模块化和功能封装是现代工业的特点之一,DIS 具备了这些特点,我们选择想要的模块,如测量类型、测量范围、测量精度是否合乎要求,软件支持的情况。在这种情况下,实验教学将使一些层面相对简化,而使另一些层面更深入。如图是将电学实验器材制作成"积木块"搭建出的实验电路图,电流、电压示数可以直接显示出来。

三、与传统实验互补,使实验数据的测量更加方便。

传统实验中有些数据的得出较为麻烦。如:"研究匀速直线运动中 s—t 关系"的实验中,路程的测量,必须紧盯着放在轨道旁边的刻度尺,而且物体在运动,路程随时会变,必须抓住时间点及时读出相应的数据,难度较大,准确率不高;"探究二力平衡的条件"实验中在匀速直线运动状态下二力的大小难以测出等等。运用 DIS 技术进行实验,则可以非常准确快速地完成测量。(右图是二力平衡实验装置。下图可以用于"研究匀速直线运动中 s—t 关系"、"动量守恒"和"碰撞实验"等实验)

大气压强的测定在传统教学中是用托里拆利实验来完成的,但是由于水银有剧毒,所以在课堂中不宜演示,教师只能以视频的形式放给学生看。使用 DIS 技术后,用数据采集器可以直接将大气压强数据展示在显示器上。

二力平衡实验装置

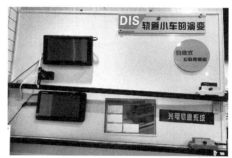
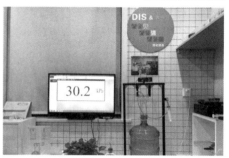

四、提高实验的精确度,减小实验误差。

实验误差可以分为两类:系统误差和偶然误差。传统实验中的绝大部分需要人工读取记录实验数据,因而偶然误差在整个实验误差中占了相当大的比例。而 DIS 实验可以自动采集实验数据,因而基本消除了偶然误差。

DIS 技术优点有很多,但是也有它的缺点:1) DIS 实验操作简便,并用计算机辅助分析实验数据,削弱了学生的观察能力、动手能力和计算能力的培养;2) 学生会使用 DIS 实验,但是对其中的原理并不了解,对过程不够清楚。所以现阶段它并不能完全取代传统的实验。实验教学中应根据实验的具体情况采用适合的实验方式,使两者互为补充,扬长避短是最好的。

参考文献

刘洪志:《例探利用信息技术突破初中物理教学难点》[J].《物理探讨》,2009 年第 9 期。

项目式学习在中学物理教学中应用的研究
——以"串联电路故障分析"为例

何欢欢

摘　要：本文以"串联电路故障分析"为例，探索项目式学习在中学物理教学中的应用；总结将项目与学习内容融合的操作步骤，通过课堂实践使学生体验协作学习解决复杂问题的重要性；探讨了项目式学习在中学物理教学中的操作步骤和实施方法。

关键词：中学物理教学　项目式学习　应用

项目式学习是一种重要的学习模式，其契合以学生为主体的教育理念，符合当前教育改革的大趋势，值得在中学物理教学中推广和运用。笔者采用文献研究法和案例分析法对项目式学习在中学物理教学中的应用进行研究，论证了项目式学习在中学物理教学中应用的重要性、可行性、实效性，通过"串联电路故障分析"的课堂教学实例分析，总结了项目式学习在中学物理教学中应用的操作步骤。

一、项目式学习的含义与研究意义

项目式学习以建构主义学习理论和认知主义学习理论为指导，近年来受到了教育工作者的广泛关注。它是指学生围绕某个设定的问题或目标，综合运用已有的知识和技能，借助多种资源通过调查、研究、讨论等探究活动完成自主学习和知识建构，最终形成成果或解决问题。项目式学习强调以学生为主体，重视小组合作探究的过程，教师在活动中扮演材料、信息提供者以及活动促进者的角色。项目式学习对于培养学生的核心素养，发展学科能力具有重要意义。

项目式学习不再是单纯的教师讲,学生被动接受的传统教学模式,而是学生在真实的情境中感受知识获得的过程。正是由于项目式学习有教学上的优势,它已成为当今课堂教学的流行模式。笔者在中国知网中以"项目式学习"为主题检索出 510 条结果,其中理论研究 202 条占 39.6%,教学实践研究 289 条占 58.4%。其中高职院校课堂实践 135 条占 26.5%,中学拓展型课程实践 93 条占 18.2%,核心课程仅有 61 条占 12%。由此可见研究项目式学习在中学物理课堂教学中的实施具有重要的意义。

二、项目式学习在中学物理教学中应用的操作步骤

笔者以"串联电路故障分析"教学为例,对项目式学习在中学物理教学中应用的步骤进行具体分析。

1. 确定项目

项目式学习并不是仅仅要求学生获得学科知识,更是需要学生根据复杂的问题提出猜想、作出假设、通过验证,最终得到结论,感受知识获得的过程。因此项目确定是开展项目式学习最关键的步骤之一。项目式学习的学习目标不是简单有趣的学生活动而是对所学知识的综合应用,应该具有一定的挑战性,引导学生通过现象观察、思考分析、活动实践等活动,经历解决问题的过程。现实生活中的项目往往比较复杂,很难通过一节课的教学时间完整的呈现出来,这就要求教师根据课程标准和学生的实际情况对项目进行科学筛选,使得确定的项目不仅和所学知识紧密联系,又能体现物理源于生活又用于生活的原理。

现以"串联电路故障的分析"为例,进行项目式教学设计。该项目是基于上海教育出版社出版的教材物理九年级第一学期第七章第三节,于九年级第一学期的下半学期进行。这个阶段的学生已经掌握了欧姆定律以及串联电路的基本特点,该项目即是对所学知识的综合运用。此外该项目的解决方案不是唯一的,能够给学生留下更多的主体发挥空间,进一步提高学生参与课堂活动的积极性。

2. 确定小组

教师根据班级学生的实际情况确定每组的学生人数,由学生自愿结合成立小组。这种分组方式有利于组内成员之间的相互交流讨论。小组成立后,要明

确每个成员的分工,例如项目组长、项目设计师、项目记录员、项目发言人等。项目式学习,团队合作十分重要,因此分组过程中教师要尽可能地尊重学生的意愿,如果出现意外的情况教师应该给予建议。

3. 建构学习

项目式学习要求学习过程中充分体现学生的主体性,但是如果教师什么都不讲,完全放手让学生自己做,由于受到课堂时间的限制很有可能出现到了下课时间依然无法完成项目的情况,这就对教师的教学组织提出了更高的要求。教师需要给学生提供必要的指导,避免学生在实施项目时无从下手。教师要做的是项目式学习的指导者和学习环境的建构者。

在"串联电路故障分析"这节课的教学设计中,学生通过现象观察、思考分析、逻辑推理三个环节体会由感性认识到理性思维的学习发展。在这个过程中教师引导学生通过观察、讨论、推理、对比、总结理解串联电路故障产生的现象及现象产生的原因,为项目的实施做好准备工作。

4. 项目实施

项目实施过程中要求学生做好活动记录,给学生充分讨论和交流的时间,教师要及时观察和了解各小组项目实施进程,对于项目实施有困难的小组给予必要的指导和帮助,使得项目实施有序进行。如果有些小组在较短的时间就可以完成项目,可以鼓励他们思考是否还有其他解决问题的方案。对于学生提出的不能解决问题的方案也不要直接否定,而是鼓励他说出方案,由更多的学生一起参与讨论交流。

5. 成果展示

每组推选一位代表发言,结合实际情况允许学生用文字、图片、表格等各种形式展示成果。成果展示后,由其余各小组同学评判方案的可行性及判断结果是否正确。各小组展示完,如果条件允许,还可以鼓励有其他方案的同学向大家展示分享。

6. 评价反思

项目实施过程中教师认真观察各小组的项目进程,对毫无思路的小组及时指导。在展示环节教师要及时给予学生评价,评价的内容不仅包含方案可行性,还要包括学生在展示过程中的表现,鼓励学生自信的表达自己的观点。教师可以通过学习过程记录单、教师评价、学生自评、组内成员互评等方式,评价学生参与课堂活动的积极性;可以通过组间互评、教师评价的方式评价设计方案的可行性;此外为增加评价的可信度,还可以邀请其他教师参与评价,实现考核评价的多元化。教学活动结束后根据学生在课堂上的表现以及教师的授课体验修改教学设计,进一步的提高课堂教学效率。

三、项目式学习在中学物理教学中的实践

以"串联电路故障分析"为例,分析项目式学习在中学物理教学中的具体实践过程。

活动 1:现象观察

提出问题:每小组桌上是由一个小灯泡和一个电阻组成的串联电路,两个电压表分别测小灯泡和电阻两端的电压,电流表测电路中的电流,闭合电键,观察各电表的示数,并填写活动卡。当小灯泡发生断路故障时,观察并描述实验现象。

电路状态	灯 L 发光情况	电路中电流 I(安)	灯 L 两端电压 U_1(伏)	电阻 R 两端电压 U_2(伏)
电路完好				
灯 L 断路				

在灯 L 与电阻 R 组成的串联电路中,当灯 L 发生断路后:电流表示数_____,电阻 R 两端电压_____,灯 L 两端电压_____。(均选填"变大""不变"或"变小")

活动卡

学生活动:首先观察并记录串联电路中各元件完好时电流表和电压表的示数,其次当电路中小灯泡发生断路故障时记录各电表的示数,并根据记录的结果判断各个电表示数的变化情况。

设计意图:首先当电路各元件完好时记录各电表示数,目的是帮助学生回顾串联电路的基本特点。由于学生生活经验以及推理能力的缺乏,所以在第二个观察活动中直接模拟断路故障,学生通过记录各电表的示数对比断路故障电路和完好电路的区别。

活动 2:分析交流

提出问题:分析灯断路故障时各电表示数变化的原因

学生活动:学生讨论交流,整合优化组内各种观点,最终确定答案。教师根

据学生活动情况选取 1 或 2 组在讲台上利用电子白板解说该小组观点,其他小组同学仔细观察并作出点评。

教师活动:动画模拟串联电路的断路故障,加深对知识的理解。

设计意图:活动 2 中已经体现出项目式学习合作性的特点。由于学生对断路故障的理解有所不同,组内成员也可能会出现不同的观点。本活动要求学生积极参与,懂得发表自己的观点,倾听他人的意见,通过交流懂得合作学习的必要性,感受逻辑推理的过程。学生台上阐述观点有助于锻炼学生的胆量和语言表达能力,培养学生的自信心。教师最后通过多媒体动画模拟串联电路断路故障,归纳总结现象产生的原因,巩固学生对该知识点的理解。

活动 3:实验设计

提出问题:在如图所示的电路中发生了断路故障,且故障只发生在灯 L 或定值电阻 R 中的一处。试从检测灯 L′、电流表、电压表中挑选一种器材添加在电路中,判断发生故障的用电器,并说明理由(不改变原电路灯 L 与电阻 R 的连接)。

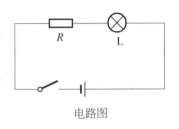
电路图

学生活动:学生从抽屉中取出故障电路板,根据实验要求设计电路,描述观察到的现象,分析现象产生的原因并作出最后的判断。随后撕开电路板后面的标签,验证判断是否正确。最后各小组派一名代表进行成果展示。

设计意图:活动 3 是本节课的亮点,它打破了传统课堂以做题目为知识应用的方式,采用实验设计更能体现出学生对于所学知识的掌握程度。与传统做习题相比,实验设计更加具有真实性,学生在真实的情境中感受问题解决的过程;其次实验设计的方案不是唯一的,学生可以选择不同的实验器材设计实验。另外即使选择的器材相同也会有不同的实验方案,这使得问题具有探究性、趣味性和开放性;再次该活动要求学生动手实验,有助于培养学生的实验操作能力,使得原本枯燥的理论学习课变得生动;最后小组撕开电路板后面的标签,验证判断是否正确,感受成功带来的喜悦。在成果展示环节中小组代表发言,但由于设计方案的多样性,各小组内部可能会出现不一样的意见,这就要求组内成员阐述自己的观点、听取他人的意见,最终得到一个最佳方案,有助于学生学科精神和人文精神的养成。在展示过程中教师要根据每个小组设计的方案及发言人的表现给予评价,鼓励学生大胆表达自己的想法。即使不完善的设计方案也值得分享,不能直接否定。

活动4：观察交流

提出问题：串联电路中小灯泡发生短路故障时的实验现象及各电表示数变化的原因。

教师活动：教师利用电学实验仪器在黑板上演示小灯泡发生短路故障时的实验现象。

学生活动：观察描述实验现象，小组讨论分析归纳总结现象产生的原因。

设计意图：串联电路中短路故障的现象以及现象产生的原因分析活动所占用的教学时间是比较少的。学生通过断路故障的学习体会了透过现象看本质的科学观念，掌握了一定的逻辑推理能力，在短路故障的学习过程中主要运用类比与等效建模相结合，体现出学生对所学知识的灵活应用。

活动5：总结评价

学生活动：总结本节课学习的知识，归纳解决串联电路故障的一般方法；完成学习评估表。

设计意图：通过总结归纳解决串联电路故障的一般方法，更进一步体会串联电路发生断路和短路故障时的相同点和不同点，对学生的能力提出了更高的要求。学生不仅可以对个人和小组进行评价，还需要选出本节课设计方案最优秀的小组，这有助于帮助学生在学习过程中发现他人的闪光点，取长补短促进自身的发展。

四、项目式学习的反思

本节课采用项目式学习方式教学，根据学情，教学内容只涉及串联电路中一个用电器发生故障的问题，通过教学实践，在授课的两个班级12组学生中有10组可以按规定完成项目，这充分体现出项目式学习的优点。但项目式学习在中学物理教学中的应用仍是较新的，在实践过程中还要注意以下几个方面：

1. 项目式学习在中学物理教学中的适用范围

评价一种教学模式在教学中的成效，主要是看该模式是否有效地促进了学生对于相关知识技能的掌握。传统课堂长久的存在早已证明了它独特的优势，项目式学习并不是为了取代传统课堂，而是为了辅助常规课堂教学。就中学物理而言，许多知识都源于学生的生活经验，学生有一定的知识储备，这与项目式学习有较高的契合度，但并不是所有的知识都适合运用项目式学习。教师可以根据教学内容、学生素养、自身情况以及教学环境选择合适的内容采用合适的教学模式，而不是盲目地追赶潮流。

2. 项目式学习的评价机制如何合理完善

学习评价是课程教学中的重要环节，它强调评价主体多元化、评价内容全面化、评价方法多样化。目前项目式学习主要集中在教师与学生互评。其实教师可以根据实际需要，邀请校内外老师和家长参与评价，促进学生多元智能的发展。教师可以通过测试卷、项目实施过程记录单、项目成果展示、学生评价表等多项内容进行评价。

3. 项目式学习对教师和学生提出了更高的要求

项目式学习作为一种新型学习模式，它既冲击着传统课堂教学，也冲击着教师固有的教学观念。促进教师角色和教师观念的转变是开展项目式学习的第一步。项目式学习的教学设计也与常规课堂教学设计有很大的差异，前期的准备工作相对纷繁复杂，建议教师尽可能以团队的形式开展项目式学习。项目式学习是一个开放性的过程，面对课堂上出现的一些意外情况，要求教师通过自己的机智和宽广的知识面才能有效解决。学生受传统课堂教学的影响一般在项目式学习中难以快速进入角色，部分学生在活动中会显得手足无措，也不习惯表达自己的观点。项目式学习对学生的自主学习、收集处理信息、人际交往、团队协作等方面的能力都提出了更高的要求。

五、结　语

项目式学习应用于中学物理课堂教学，有助于激发学生的学习兴趣，培养学生团队协作精神，促进学生学科核心素养的养成。它与中学物理学科知识和课程性质也有较高的契合度，故项目式学习在中学物理教学中的应用是值得尝试的。可能在实践过程中会有一些挑战，这需要教师鼓足勇气带领学生敢于尝试，共同进步，终究会有意外的惊喜和收获，同时，在此学习过程中也会发现学生的潜力是无限的。

参考文献

[1]　胡佳怡：《项目式学习的本质、模式与策略研究》[J].《今日教育》，2016 年第 4 期；

[2]　侯肖、胡久华：《在常规课堂中实施项目式学习——以化学教学为例》[J].《教育学

报》,2016 年第 4 期;

[3] 李津军:《借鉴项目学习法应注意的问题》[J].《天津职业院校联合学院学报》,2016 年第 4 期;

[4] 余文森:《核心素养的教学意义及培养》[J].《今日教育》,2016 年第 11 期;

[5] 王海澜:《论作为学科学习框架的项目式学习》[J].《教育科学》,2013 年第 5 期;

[6] 高多:《项目学习法在高职英语教学中的辅助作用》[J].《教育发展研究》,2017 年第 1 期。

浅谈"DISLAB"在初中物理实验教学中的利与弊

卿　金

摘　要：随着现代社会信息技术的发展和教育改革的推动，DIS实验已成为高中实验教学必不可少的组成部分。正是因为DIS实验给物理教学带来极大的帮助，也有越来越多的初中物理教师用DIS实验代替传统的物理实验。但是否所有的实验都能用DIS实验替代？哪些实验用DIS初中学生可接受，哪些不能接受，如何适量和适度使用DIS实验，如何平衡DIS实验在初中物理实验过程中的利与弊？这是一个值得研究和实践的问题。

关键词：DIS实验　初中物理　实验教学　利与弊

一、DISLAB实验对物理教学的意义

DIS(Digital Information System)实验是数字化信息系统实验的简称。朗威DISLAB以传感器为主要的载体来测量各种物理量，它具有速度快、精度高，便于传输、转换、显示、处理等特点。同时也能实时动态地测量各种物理量，能快速捕捉各种物理信号并将它们转换成电信号输送到数据采集器，这是传统实验器材的弹簧测力计、温度计、电流表、电压表无法相比的。系统在收集和处理好数据后能迅速地绘制出相应的图线，学生通过观察图线可以看出物理量之间的关系，能更直观理解物理现象和规律，节约课堂教学时间，提高课堂效率。在上海市初中物理教材(上海教育出版社)教学中使用频率较高的传感器有声传感器、力传感器、压强传感器、电流传感器、电压传感器、温度传感器。

二、利用 DISLAB 实验进行乐音的特征教学的利与弊

乐音的三特征是声现象这一章的教学重点和难点:学生在知道声音的产生和传播基础上对声现象的进一步探索和学习。以往传统教学是通过钢尺探索音调与频率、响度和振幅的关系。先用相同的力拨动伸出桌面的长短不一样的钢尺,再使钢尺伸出桌面的长度相同,用大小不同的力拨动伸出桌面长度一样的钢尺,让学生观察钢尺振动的快慢和发出声音的特点。总结:当用相同的力时,伸出长度较短的振动得快,发出的声音尖而细,音调高;当伸出桌面长度一样时,用力越大,振动幅度越大,发出声音越大,响度高。利用 DISLAB 实验,① 教师将声传感器与数据采集器和电脑相连,分别让男同学和女同学对着声传器发声,发出的声音大小相同,比较电脑上显示声音的波形有何不同。能直观看到女生声音波形比较密集,而男生声音波形比较稀疏。② 先用声传感器轻敲音叉,再重敲音叉,把两次波形图放在一起。对于同一个音叉,发出的声音越大,它的波形幅度越大。③再让学生对于不同音叉进行实验,即使发出声音大小差不多,但音调高的音叉发声的波形密集一些,音调低的音叉波形稀疏一些。让学生们明确响度和音调是不同特征的物理量,也清楚了它们在声音的波形图上分别可以用什么来反映。波形图显示在电脑上,效果清晰直观,更有说服力。声音听得到,但声音的特征比较抽象,学生难以理解。DISLAB 实验既让学生感到神奇,激发学生学习兴趣,也把常规实验不易观察到的内容利用数字化实验进行验证,帮助学生加深理解知识,这是 DISLAB 实验在乐音特征教学上的利。

但同样在教学实践过程中这形式也存在弊端:

1. 声现象教学是在初二刚学物理教材前言部分后的第一章节,学生们一次函数图像都没学过,对图像的分析能力有限,对波形图的理解也是有难度的。

2. 学生们在这堂课上是第一次接触 DIS 实验,对实验器材及操作都不熟悉,所以在这次上课之前要花一定的时间去讲解和培训。

3. 声音的波形并不是很规则的图线,有时也容易干扰学生,因此教师需要在上课时画一些简单图形讲解,这样更容易让学生理解。

三、利用 DISLAB 实验在其他几个教学内容中的利与弊

序号	知识点或 实验名称	使用的 传感器名称	利	弊
1	相互作用力	力传感器	电脑上会清晰显示出两个物体受力的大小及它们相互作用进展的变化,形象直观展示每时每刻力的大小是相等的。给学生理解抽象的物理概念提供了必要的感性材料	学生知道力有方向,但还没学习矢量,还不能很好理解其中一个力图像在"负半轴"代表的是和另一个人方向相同力
2	探索不同物质的吸热本领	温度传感器	数据处理快速,可以很好地对实验结果进行定量分析,提高课堂效率	实验加热过程中由于对流和温度传感器的灵敏度特别高,开始时会看到温度降低的过程
3	探究通过导体电流与导体两端电压的关系	电流传感器、电压传感器	较短时间准确得出电流与电压的关系,多组数据保证实验结论的普遍性,拟合功能便于学生结合数学让学生理解正比关系	用多个导体进行实验,把几个图像拟合在一起需要较高的技术操作,这在课前也需要花时间去培训

四、总　结

以上利弊是在几个实验的实施过程中发现的问题,当然在其他实验中相信也会有新的问题产生。实践证明:在初中物理教学中,并不是所有的实验都可以使用 DIS 实验方式来探究。因此,教师在实施物理实验教学时,不仅需要考虑物理学科规律的特点和教学要求,还要考虑学生认知的特点和能力。

为了能更好地取得物理实验教学效果,在实际实验过程中如何把 DISLAB 实验和传统实验进行整合,扬长避短,这是值得一线物理教师思考和用实践去改进的地方。对于探究型实验特别是对数据定量分析的实验,DISLAB 的数据处

理能力非常强大,在数据采集和分析上可以节约很多时间,这样可以让学生集中精力去寻求实验结论或物理规律。但同时教师也应清醒地认识到,在物理实验教学中,学生对于 DISLAB 实验在电脑操作上需要一定的时间学习和训练;初中学生对于图像的分析能力也需要逐步培养;需要教师介绍清楚横纵坐标的物理含义,学生才能更好地结合函数相关的数学知识读懂图像,从而找出其中的物理规律。

对于教师来说,DISLAB 实验也是个新鲜东西,在课堂教学时与其他教学环节衔接不够这也是常有的问题。教学过程中往往有多个教学环节,其中穿插有学生不同的小组活动、教师演示活动以及需要结合多媒体信息技术展示过程和结果的实验活动等。在这些活动过程中,学生往往会因为过于兴奋而不能按照教师设计的课堂秩序进行活动,这样,DISLAB 反而会增加课堂教学的难度。教师必须在备课过程中反复斟酌,做好教学预设,针对可能会出现的问题设计好合理安排是非常必要的。

参考文献

[1] 涂冬梅:《DISLAB 在初中物理教学中的实证研究》[D].《华中师范大学学报》,2018 年第 5 期;

[2] 高丽:《DISLAB 系统在初中物理教学中的应用问题研究》[D].《华中师范大学学报》,2013 年第 3 期。

借助多媒体技术助力化学有效教学的实践研究

徐靖波

摘　要： 教育信息化高速发展，助推教育现代化的实现。"学习的微型化和交互性趋势发展"是现今教育改革研究的主流课题。一线教师将现代信息技术应用于中学化学的新授课、演示实验教学、复习课的教学、课堂评价以及家校互动相结合，以提高课堂教学效益，提升学生化学学科核心素养。

关键词： 多媒体技术　化学　有效教学

教育部副部长杜占元在党的十九大期间接受媒体专访时强调："加快教育信息化发展，是对全面推动教育现代化的有力支撑。"近年来国内外学习的微型化、交互性趋势发展迅猛，广大一线教师纷纷顺应这一发展潮流，积极投入现代信息技术与教育教学深度融合的探索。深入研究发挥互联网信息资源的优势，更有效地提高学习效率，降低认知负荷，提升现代化教学能力。

一、开发应用教学多媒体技术的动因

（一）学生的需求

新时代信息化迅猛发展，知识获取方式发生了巨大变化。学生的学习方式由单一的接受性学习变革为有效的接受与体验、研究、发现相结合的学习方式；由单一的个体学习方式转变为独立自主与合作交流相结合的学习方式。

自 2014 年上海高考实行新政起，通过对每年入学的高一新生进行化学学习现状的调研和分析，发现学生更青睐"自主、合作、互动、开放"的化学课堂。同时发现，兴趣是推动学生积极学习化学的巨大动力。学生有了学习的兴趣，就能有强烈的学习需求,在学习中就能产生很大的积极性,就能体验到学习的乐趣。多元、快捷、生动、有趣的多媒体课件、授课平台及评价系统,可以使化学课堂更具合作性、互动性和开放性。

（二）教师的需求

在新课程标准中对化学学科的教学方式和学习方式提出了新的要求。由一张嘴、一支粉笔、一块黑板加简单电教手段组成的传统课堂教学模式,已经满足不了快节奏、大容量的新型课堂需求。为了让学生在化学课堂上获得更多的体验和发现,加强师生、生生之间的互动与合作交流,高速、便捷、图文并茂、有效评价的课堂教学模式亟待开发。

（三）化学课堂教学的需求

新课标对于高中化学课堂教学提出更高要求,在课时相对缩水的情况下,却要完成等量的教学任务。传统的填鸭式的教学模式已不能满足学生活跃的思维与主动探究的学习积极性。传统的教学模式下的化学教学课堂是教师的舞台,缺乏师生间、生生间的互动,缺乏对人际交流能力的培养,不利于学生的全面发展。多元的多媒体信息技术手段可以激发学生的学习兴趣,调动起学生学习化学的内在动机,从而提高教学的有效性,培养学生的创新精神和创新能力。多媒体的应用可以人机交互,即时反馈;可以增加课堂信息量、提高课堂效率;更有利于突破教学的重点难点;使分层教学在课堂上得以落实。

二、借助各种教学多媒体的课堂实践

（一）多媒体的内涵与课堂应用的定位

多媒体,顾名思义即多种媒体的综合,一般包括文本、图像、声音等。由于多媒体具有集成性、控制性、交互性、非线性、实时性、信息使用的方便性、信息结构的动态性等特点,因而被广泛应用于教育教学中。2013年我校《微视频在翻转课堂教学中运用的研究和实践》被立项为市级特色项目,化学教研组作为试点教研组,深入研究以教学微视频为载体、"四叶草"、"K12课课通"平台为互动平台、"希沃班级优化大师"为评价体系、翻转课堂教学为主要形式的教学模式。化学教研组全体教师积极投入项目实践,学习新技术,制作微视频,应用希沃电视和希沃授课助手提高课堂效率;通过"四叶草"、微信家校互动平台,实施家校一体的远程教与学活动。

但随着多媒体对课堂教学渗透的加深,多媒体在课堂教学使用中的一些问题也逐渐显露出来,如课件使用中教师往往会忽视学生动手操作的能力;课件的画面过多,容易使学生课堂思维不集中;学生的学习由主动思维变为被动接受等。如何理性而有效地将多媒体技术应用于中学化学课堂中,是值得深入研究的课题。

(二)化学课堂教学实录

1. 巧用"微课宝"投屏技术,探究化学实验的现象和本质

化学是一门以实验为基础的自然科学,学生通过观察实验现象,探究实验本质。化学旨在培养人不断进取、发现、探索、好奇的心理,激发人类了解自然、探索奥秘的热情,丰富人的精神世界。有些化学实验做起来比较麻烦,实验现象不够清晰,最佳的课堂演示实验效果是 360 度无死角的。学校购置的"微课宝"、希沃电视机以及手机投屏,解决了这一技术难题。当演示实验的视频清晰明了地呈现在希沃电视机上时,激起了学生们强烈的好奇心与求知欲。然后学生们在教师的引领下,自觉地积极思考,深入探究,那么实验原理就迎刃而解了。

教学片段 1:在上《金属的活动性顺序比较》这课时,其中有一组对比实验:根据金属与酸反应产生气泡的速率,来排列活动性顺序。学生如不亲手操作根本看不到小气泡产生的快慢。通过"微课宝"与希沃电视机的对接,学生可以同步观察到清晰的实验实时画面,教师不需要做任何解释,学生就可以得出实验结论,从而推演出实验本质。

教学片段 2:化学变化有快有慢。慢反应的实验现象在整堂课结束也无法观测到,如铁生锈的实验。改用多媒体计算机演示其实验过程,或者将实物变化的图片进行层叠,制作成微视频,一分钟即可完成化学慢反应的整个过程,既节省时间,又活跃了课堂气氛,有效地提高了课堂效率。

实验前　　实验后

为了满足学生对化学实验的好奇心,教师还可将课堂实录或者老师在实验室拍的微视频上传到"四叶草"家校互动平台上,供学生在空暇时间,不受空间限制地

反复观看。由此激发学生的学习兴趣,巩固所学化学知识。

2. 巧用"希沃授课助手"软件技术,降低学习难点、提高课堂容量

教学片段3:图文与动画相结合,学生亲身体验,助推学生理解知识难点。初三学生刚接触化学,对排空气法收集气体原理的理解存在很大困难。教师进行现场的课堂演示也无法清晰表达排空气法收集气体的原理。而将此收集原理制作成多媒体动画课件,设计为两种不同的有色气体,将一种气体把另一种气体从集气瓶中排挤出来的过程,清晰地展示给学生看,学生一目了然。教师利用希沃助手进行实时推送,让学生在电子白板上比画,亲身体验收集气体的实验原理。这一做法大大降低了教学难点,提高了教学效率。

 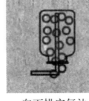

向上排空气法　　　向下排空气法

教学片段4:希沃教学助手的应用,提高习题课的效率。教师可以通过使用希沃白板把教学中的板书、例题和练习呈现在希沃电视机上,还可通过白板的书写功能,圈画重难点或直接书写演算过程;教师也可直接请学生在希沃白板上答题演算;教师还可以把学生在学案纸上解答过程现场拍照,通过希沃电视机与手机之间的投屏功能,直接把照片投屏到希沃电视机上,与学生开展互动、讨论与探究活动。有了希沃电视机、授课助手,教师在课堂上能够实现以导为主,启迪学生智慧,有效增加课堂容量,同时改善教学效果。

3. 巧用"班级优化大师"评价系统,使教学评价更具合理性、科学性

当今社会对人才的定义在发生变化,要求更高,内涵更全,覆盖面更广,中高考招生政策也随之而变。综合素质评价纳入高考招生评价体系,成为多维度客观评价学生的重要参考依据。自2014年起,上海高考进行了新一轮的改革,评价学生的指标分别是基本信息和自我介绍、品德发展与公民素养、修习课程与学业成绩、身心健康与艺术素养、创新精神与实践能力以及学校特色指标。其中前五项与学生的全面发展挂钩,即综合评价的结果完全取决于该学生平时在学校以及校外社会实践中的言行举止、学习态度、为人处世以及综合表现。这些评价指标也是培养初中生的重要参考标准。因此,初中化学学科对学生的评价也应基于这系统的评价体系公正的、有序的、多元化的施行,评价过程应当是循序渐进的、欢乐的、高效的。

"班级优化大师"这一评价系统对学生的课堂表现能即时进行一键点评,随

时记录学生的课堂表现；头像排位，培养学生公平竞争的意识，使学生在学习中获得成功感和满足感；数据同步，保证家长可时刻关注自己孩子的学习情况；升级版成长手册，对学生的在校表现评价更全面、更合理、更智能。

教学片段5：A同学学习化学存在较严重的畏难心理，他在面对老师提问时，表现得不自然、不自信。针对A同学的这一特点，教师在课堂上利用"班级优化大师"的荣誉榜功能，教学中尽量选择简单的题目让A同学回答，给他更多的加分机会，获得成功体验。长此以往，A同学在教师的鼓励下找回了自信，从胆战心惊地被叫起来回答问题，到主动举手回答问题，再到对答如流、自信满满的眼神，任课教师的成就感也油然而生。

综合素质评价可以让老师多方位地了解学生、贴近学生，有利于教师改变教育观念。不以分数作为衡量学生是否优秀的唯一标准，老师们就会发现学生身上更多的闪光点，师生关系更加融洽、课堂内外气氛更加和谐。

4. 巧用"四叶草"家校互动平台，促进家校合作更为便捷、及时

家庭、学校是学生成长的主要环境和场所，它们在不同的时间和空间占据着学生的生活。学校和家庭须通力合作，营造一个良好的教育氛围，凝聚一股强大的教育力量，共同关注学生的学习生活，才能更好地促进学生健康成长和全面发展。在互联网时代下，新型家校联系方式正在发挥它强大的效用，新型家校互动平台（微信、四叶草、班级优化大师、"K12课课通"等）能更实时地传递学生在校内外的学习生活情况；教师还会选择"晓黑板"、微信等平台向家长及时反馈学生在校学习情况，也协助家长管理好学生在家的学习和作息。

教学片段6：化学需要识记的内容特别多，这就需要借助家长之力，帮助学生完成基础识记方面的学习任务。教师将课堂上学生未能完全理解的内容制作成微视频上传至"四叶草"平台，供家长随时督促学

生查漏补缺、巩固知识。另外,教师使用"四叶草"和班级优化大师等软件,开展小组答题竞赛活动,以调动学生背诵、记忆教学识记内容的积极性,敦促学生认真完成识记任务,培养记忆思维的能力。

(三)教学成果

五年多的时间,我校化学教研组配合学校《微视频在翻转课堂教学中运用的研究和实践》特色项目的实践,将多媒体技术应用于化学课堂以及家校互动,学生学习化学的兴趣与日俱增,课堂效果明显提升。多媒体信息技术让学生更轻松地探究化学实验的现象和本质,有效降低学习难点、提高课堂容量,使教学评价更具合理性、科学性,促进家校合作更为便捷、及时。同时,我校化学备课组申报的子课题被评为市级三等奖。教师们在实践中学习,在学习中实践,受益匪浅。

三、课堂实践效果与反思

自 2013 年化学教研组参与学校《微视频在翻转课堂教学中运用的研究和实践》特色项目的实践以来,组内教师的教学思路不断开拓,备课模式日渐便捷,通过网络与学校购置的希沃电视及相关软件,建立课件云共享的模式,有力地促进了教研组的教学成效。

同时也发现了一些问题:如习惯了使用多媒体信息技术的教师们,一旦出现多媒体无法使用的意外, 就会不知如何及时调整;此外,运用多媒体后,课堂教学容量骤增,不大能兼顾学困生,需要课后额外花时间进行辅导等等。基于以上问题,还需要教师们在教学实践中不断探索,不断革新,不断完善,使之更切合校情、师情,尤其是更适合学情。借助现代信息技术优势,推进教学的现代化,切实提高教学效果。

结　束　语

人工智能时代已经来临,知识获取方式和传授方式、教和学关系都发生了巨大变化。多媒体信息技术正推进传统课堂的变革。作为一线教师,应当不断更新自己的教育理念,与时俱进,适应新时代对教师的新要求,熟练掌握多媒体信息技术,将信息技术与课堂教学有机融合,根据所教学科特点优化课堂教学模式,深化新型课堂教学改革,提高教学效益,让信息技术在化学教学中发挥更大的作用。

参考文献

[1] 中华人民共和国教育部:《普通高中化学课程标准》[S].上海教育出版社,2017 年版;

[2] 皮连生:《教与学的心理学》[M].华东师范大学出版社,1997 年版;

[3] 张际平:《信息技术教育应用研究的几个热点问题》[M].《中国电化教育》,2002 年第 3 期;

[4] 上海市普通高中学生综合评价信息管理系统 https://jazp.edu.sh.cn;

[5] 王伟萍:《泛议多媒体在课堂教学中的作用》[J].《兰州教育学院学报》,2016 年第 4 期。

基于培养学生化学"实验探究与创新意识"的课例探究

徐靖波

摘　要：化学学科教学在培养学生化学基础知识和技能、提升学生化学核心素养的同时，还应重视培养学生的环境保护意识。本文介绍了在不同化学课程形式教学中如何培养学生的化学实验探究与创新意识。

关键词：化学拓展课　化学研究课　实验探究　创新意识

党的十八大以来，以习近平同志为核心的党中央对生态文明建设高度重视，明确提出坚定不移地走绿色发展之路，坚持人与自然和谐共生，建设美丽中国。2018年8月15日习近平在全国生态环境保护大会上指出：打好水源地保护、城市黑臭水体治理攻坚战，还给老百姓清水绿岸、鱼翔浅底的景象；坚决打赢蓝天保卫战，以空气质量明显改善为刚性要求，强化联防联控，基本消除重污染天气，还老百姓蓝天白云、繁星闪烁。

实现以上美好的愿景与化学学科有着密切的联系。作为化学一线教师应积极开展各类化学课程的教学，加强学生化学学科核心素养的培养，指导他们将化学的理论应用于生活实践，为国家绿色发展做出贡献。

一、兴趣拓展课

针对学生的实际情况循序渐进地开展各类兴趣课、拓展课和研究课教学。我校初中化学兴趣课涉及如下课程，如：指纹检测、叶脉书签制作、自制汽水、自制豆腐、巧除水垢、衣物小卫士、检测面粉新鲜度等实验。在初中学段开设化学兴趣课，旨在培养学生的学习兴趣、学习态度、情感意志等学习品质。当智力因素与非智力因素相结合,才能将学生的潜力充分挖掘出来。

【案例】 水质检测(初中)

活动目的:让学生通过活动学会水样采集和水质检测中水温度、水气味测定方法。

活动用品:温度计、绳子(有刻度)、取水瓶、标签、锥形瓶、量筒。

活动步骤:

一、教师介绍水样采集和测试水质中水温、水气味测定方法

1. 水温的测定

在温度计上系一细绳,插到水面以下 20 厘米处,静置 5 分钟,提出水面后,立即读取温度计。

2. 气味的测定

(1) 取 100 毫升水样于 250 毫升锥形瓶中,用温水或冷水在瓶外调节水温至 20±2℃

(2) 振荡瓶水样,从瓶口闻水的气味、并与臭水比较

(3) 据下表定性描述臭的强弱,记录数据于下表中

等　　级	强　　度	说　　　　　明
0	无	无任何气味
1	微弱	一般饮用者难以察觉
2	弱	一般饮用者刚能察觉
3	明显	已能明显察觉,不必处理能用
4	强	有明显臭味
5	很强	有恶臭气味

3. 水样采集

(1) 采集方法:将带有重锤的具塞采样器沉入水中,达到所需深度后(从拉伸的绳子看绳子上的标度)拉伸瓶口塞子上连接的细绳,打开瓶塞,待水充满后提出来。若采用自来水或地下水(井水)则先放 2—3 分钟,让积存的杂质流去然后用瓶采集。

（2）水样保存：

Ⅰ：冷藏或冷却

Ⅱ：加入化学试剂保持化学成分在水样中稳定或加入生物抑制剂,使水中待测成分稳定。

二、学生实践

学生分组到校外绕围墙小河处测河水温度、气味,并采集水样。同时立即记录测定数据,水样立即贴上标签以备课上使用。

附：记录表

地　　点	温　　度	气　　味	水样号码

活动小结：1. 学生实践过程中心得总结

2. 学生总结自己测定方法和对已有测定方法进行创新。

初中化学兴趣拓展课旨在激发学生的学习兴趣,操作难度不高,注重培养学生的观察能力、分析能力和概括能力等。

二、研 究 性 课 程

对于参加研究性课程的学生而言,化学的学习不能仅仅停留在学科知识,而是从更深层次挖掘学科的核心素养。在研究性课程中,要注重学生实验探究与创新意识、科学精神与社会责任的培养。

【案例一】 彭越浦支流夏长浦的水质检测

"原来这条河味道大得很,下雨后河面还漂浮一层黑色的东西。"这是住在夏长浦附近居民 2017 年前的真实感受。而今彭越浦滨河水域经过综合整治,不仅水域环境得到了有效改善,而且融景观、生态、人文为一体,成为彭越浦两岸优美的生态漫步空间。

作为夏长浦附近的学校,学生对于河道水质颇感兴趣。2018 届高二学生提出申请,邀请我做课题指导教师,辅导他们完成综合素质评价之研究性学习报告

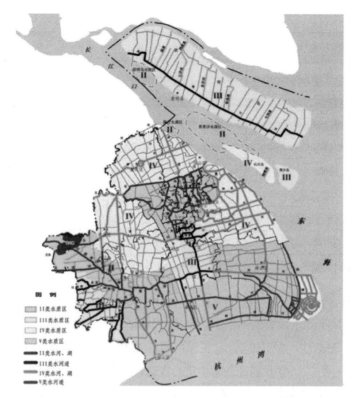

的撰写。经过前期资料收集,学生知道依据地表水水域环境功能和保护目标,按功能高低依次划分为五类:

Ⅰ类:主要适用于源头水,国家自然保护区;

Ⅱ类:主要适用于集中式生活饮用水、地表水源地一级保护区,珍稀水生生物栖息地,鱼虾类产卵场,仔稚幼鱼的索饵场等;

Ⅲ类:主要适用于集中式生活饮用水、地表水源地二级保护区,鱼虾类越冬、回游通道,水产养殖区等渔业水域及游泳区;

Ⅳ类:主要适用于一般工业用水区及人体非直接接触的娱乐用水区;

Ⅴ类:主要适用于农业用水区及一般景观要求水域。

污染物名称	浓度限制	单　位
镉	0.01	mg/L
氟化物	1.5	mg/L
铜	1.0	mg/L

污染物名称	浓度限制	单位
锌	2.0	mg/L
pH 值	6～9	无量纲
粪大肠菌群数	40 000	mg/L
砷	0.1	mg/L
总磷	0.4	mg/L
化学需氧量	40	mg/L
溶解氧	2.0～无	mg/L
氨氮	2.0	mg/L
六价铬	0.1	mg/L

查阅相关信息,上海区域内Ⅱ类水主要集中在黄浦江上游,青草沙、陈行水库及崇明岛东风西沙水库等饮用水源取水口,其余地区的水质一般在Ⅲ类及以下,绝大部分中心城区为Ⅴ类水质区。夏长浦水质在 2017 年之前时而出现黑臭,水质未达到Ⅴ类水的要求。2018 届高二学生进行课题研究期间,水质持续改善,经过一年的研究,通过几项指标的观察与测定,师生共同见证了夏长浦水质的变化。

课题组通过查阅相关资料,制定出实验方案,并设计了实验步骤。从水温、浊度、pH 值、溶解氧、总磷、氨氮以及一些金属离子的含量等检测指标切入,在同一采水点的不同时间进行观察与检测,将数据汇总,画出各项指标的折线图。经过一年半的数据对比,发现总磷和氨氮的指标由劣Ⅴ类转变为Ⅴ类,其他数据基本都在Ⅴ类水质的范围以内。其中通过观察水体表面浮萍的数量与密集度,发现水体富营养化日渐好转,总磷浓度逐渐降低。(上表为Ⅴ类水质的参考指标)

课题组全员参与课题研究,从收集材料到实地考察,再取样后回实验室自主实验。将所测数据与参考值进行对比,数据明确显示夏长浦水质发生了明显的改变,水质呈良性改变,这得益于国家投入大量资金改善区域环境以及区域内人们重视水环境的保护。当然,要进一步提升夏长浦河水水质,还有很多工作要做,保护水环境,任重而道远!

【案例二】 香烟烟雾中几种有害成分的测定

党的十九大报告中重点强调,坚决打好污染防治的攻坚战。党中央对生态文明建设高度重视,坚决打赢蓝天保卫战! 政府部门通过调整产业结构、调整能源结构、调整运输结构等举措,实现空气质量明显改善。

我国于 2014 年 11 月出台了《公共场所控制吸烟条例》,所有室内公共场所一律禁止吸烟。我校 2017 级高一"禁烟课题组"的同学通过观察《条例》落地的实效,希望进一步宣传吸烟对人体和环境的危害。在课题指导教师的指导下,探究香烟烟雾的成分及对人体的危害。

1 资料查阅与汇总

"禁烟课题组"成员自主设计调查问卷、通过互联网查阅资料并去医院实地调查。网络大数据整合及医院走访的一线数据显示肺癌患者中 48% 的人吸烟,37% 的人长期与吸烟者生活或工作在一起。这个数据引发学生的思考,烟雾中什么成分对人体造成的危害最大?

2 确定实验方案

2.1 尼古丁的检验

尼古丁又称烟碱,分子式为 $C_{10}H_{14}N_2$,是烟草内的特征性物质,易使吸食者成瘾。查阅资料显示,其鉴别方法为遇 $Hg(NO_3)_2$ 溶液出现白色沉淀。通过取样通入 $Hg(NO_3)_2$ 溶液即可检出。

2.2 CO 的检验

课题组成员提出两种方案:(1) 用 CO 还原 CuO;(2) 一氧化碳具有毒性,可用新鲜鸡血来验证。由于烟气中存在氧气,方案一预期的简便操作下,未能出现明显的现象,实验宣告失败。

2.3 醛类的检验

银镜反应或新制 $Cu(OH)_2$ 来鉴定。

3 实验探究

3.1 传统实验法

3.1.1 CO 毒性实验

如右图,用橡皮管将注射器与香烟连接,点燃香烟,拉动活塞,即将烟气吸入注射器,再将香烟取下改装导管,将烟气压入新鲜鸡

血中,验证 CO 的存在。将烟气和纯 CO_2 分别通入新鲜鸡血,颜色均变为褐色;再分别通入 O_2,后者鸡血恢复鲜红色,而前者仍为褐色,证明了 CO 有毒。

3.1.2　尼古丁、醛类溶解性及检测

预先注射器内吸入 20～30 mL 水（或酒精），再点燃香烟，拉动活塞，吸入烟气，震荡注射器，多次反复，制成烟气水（或酒精）溶液，分别取样后以验证尼古丁和醛类的存在。烟气的水溶液和烟气的酒精溶液作对比实验，后者现象更明显，也说明尼古丁和醛在酒精中溶解度大。

3.2　利用 DIS 技术半定量检测香烟烟雾成分的含量

3.2.1　制作香烟烟雾发生装置

3.2.2　传感器测量

本实验中用到二氧化碳传感器、氧气传感器、溶解氧传感器、高温传感器、pH 传感器、计算器及相关软件。利用传感器采集数据，将其转化为数字信号，并以数据、表格或图像的形式输出。本实验通过检测香烟烟雾中的二氧化碳、氧气等成分含量以及香烟烟雾水溶液中溶解氧、pH 变化，通过参考数值的比对，来说明吸烟有害健康。

3.2.2.1　温度测定

将高温传感器的探棒从尾部穿过香烟，至香烟中段，点燃香烟，不断鼓气至香烟燃尽，记录香烟燃烧时的最高温度。

3.2.2.2　氧气和二氧化碳浓度

将二氧化碳传感器和氧气传感器放入 500 mL 烧杯中，点燃香烟，向烧

杯中鼓入香烟烟雾,直至香烟燃尽。比对空气中氧气与二氧化碳含量的数值。

3.2.2.3 水中溶解氧和 pH

将溶解氧传感器和 pH 传感器插入盛有 1/3 水的烧杯中,鼓入香烟烟雾,记录溶解氧的最小值和 pH 的变化情况。

香烟烟雾中相关信息参考值如下:

项 目		参 考 值
最高温度 /℃		>500
香烟烟雾	二氧化碳最高浓度 /ppm	>10 000
	氧气最低浓度%	<19%
通入香烟烟雾后的水溶液	溶解氧/(mg·L^{-1})	<5
	pH	>7

以上案例通过两种不同的模式进行实验,循序渐进地激发学生的思维能力,并指导学生尝试用数字化的实验仪器来检测物质及其含量,培养学生的创新意识。整个探究过程中,学生自行设想解决问题的方法、思辨方法的可行性与优劣性,高阶思维得到有效激发与实践。

化学是一门基于实验的学科,教师引领学生进行实验探究,带领学生徜徉在实验的海洋中。视培养学生创新意识为己任,为国家的发展贡献自己的力量。

参考文献

[1] 郑瑾:《香烟烟雾中部分有害成分的鉴定——化学研究性学习初探》[J].《中国西部科技》,2010 年第 09 卷第 21 期;

[2] 任雪明、赵琦:《数字化化学实验技术初步》[J].《浙江大学学报》,2016 年第 10 期;

[3] 习近平:《推动我国生态文明建设迈上新台阶》.《求是》,2019 年第 3 期;

[4] 陈康:《浅谈中学生化学学习与非智力因素关系的研究》[J].《课程教育研究》,2018 第 18 期。

基于核心素养的高中化学作业设计与改进

——以硫氮及其化合物作业设计为例

毛 羽

摘 要： 化学作业是化学教学中一个重要环节，是化学教师用于检测学生对知识掌握程度的手段之一。但是在当前高中化学作业的设计中，作业的形式往往单一，缺乏实践性，无法提高学生素养，学生能力得不到很好的发展，这与目前培养学生核心素养的教学理念是相违背的。本文以上科版高一《评说硫、氮的"功"与"过"》5.1章节作业设计为例，论述了基于化学学科的核心素养，进行化学作业的设计的基本原则和策略。

关键词： 化学核心素养　高中化学　作业设计

1　基于核心素养的化学作业设计的相关概念及理论

1.1　化学学科核心素养

化学是从微观上研究物质的组成、结构、性质与变化，并创造新物质的科学。我国中学化学课程的学习内容，主要包括一些化学基本概念、基本原理和基本方法，研究物质及其变化的基本理念，以及人与自然、人与社会的基本关系和基本准则。

结合我国高中化学学习的核心内容，可以确定我国高中生应该具备的化学学科核心素养。我国高中化学学科核心素养是由"宏观辨识和微观探析""变化观念和平衡思想""证据推理和模型认知""科学探究和创新意识""科学精神和社会责任"等五项内容组成[1]。

高中化学核心素养是高中学生发展核心素养的重要组成部分，是学生具有化学学科特质的关键能力和品格。五个方面核心素养内涵的描述符合中国学生发展核心素养的要求,比较全面地体现了化学学科基本观念、学习和研究化学的基本方法和关键能力。

1.2 化学作业

1.2.1 化学作业的定义

作业是教学活动的有机组成部分,是教学的拓展与延伸,不仅仅是帮助学生理解、复习、掌握和应用所学知识、技能和方法的一个重要环节,还是培养学生良好学习习惯、发挥学生创造力的一种重要手段。

化学作业是教师进行化学教学时帮助学生加深理解、复习和巩固知识,并运用所得知识、技能和方法的一个重要环节,也是教师用来检测自身教学效果,了解学生知识掌握达成度的一种工具。化学作业可为书面练习题,也可以是实践性活动。

1.2.2 化学作业的类型与功能

1. 化学作业的类型

不同的分类标准会有不同的化学作业类型,现归纳如下:依完成主体数量的不同有独立型作业和合作型作业两种;按作业的呈现方式不同,可分为口头作业、书面作业和实践型作业;据作业内容的不同有习题型、调查型、实验型、表达型、讨论型、阅读型等几种;从作业所起的作用,可分成练习型、预习型、扩展型、创造型作业等。

2. 化学作业的功能

(1) 作业的巩固功能

作业的巩固功能是指作业要能帮助学生巩固和记忆他们学到的知识,能帮助学生理解和应用知识。巩固功能是作业所要起到的最基本的功能,若这个功能无法实现,那么其他功能就无法实现。

(2) 作业的应用功能

作业的应用功能是指学生通过完成作业可以将课堂上所学到的知识与技能应用到生活中,解决日常生活中可能会碰到的实际问题。

(3) 作业的发展功能

作业的发展功能是指教师所设计的作业不仅仅要让学生学会对这个知识点的认知与应用,还要有利于学生能力的发展,譬如思维发展,创新能力的培养与发展。

(4) 作业的延伸功能

作业的延伸功能是一个很泛的概念。通过完成某项作业,这种作业可能与所学的知识点没有必然的联系,但是却能培养学生对于某一方面的兴趣、爱好、习惯等。作业的延伸功能是反馈交流功能的一个典型例子,完成作业的过程中能强化师生之间的交流与沟通,也有利于教师对学生进行一个反馈了解。

1.3 研究现状综述

1.3.1 国外关于化学作业设计的研究

美国高中很早就开始从作业方面来培养学生的核心素养。美国高中有一本主流教材,叫 *Chemistry Concepts and Application*(中文版书名为《化学:概念与应用》),这本书中的习题设计非常有特色,不仅习题的组成很丰富,内容注重情境、体现联系,且比较关注学生探究、发展能力的培养。与日常生活、社会技术等密切相关的探究活动题占该书习题总量的一半以上,为学生提供综合应用所学知识参与社会活动的机会,使知识技能在迁移运用中不断地得到巩固和提升。

英国的教材中对于开放题及探究题的比例设置非常之高,纳菲尔德中学的一套化学教材(1992 年版·初高中综合本)中,总习题有 494 道,基础性题目占据 48.6%,开放题和探究应用题的比例分别占据 32.8% 和 18.6%,这足以说明英国高中化学中对于开放题和探究题的重视。

综上所述,从这几个国家的化学作业分析得出:国外已有从化学习题与练习设计方面来培养学生能力的经验,并且取得了相当好的成效。

1.3.2 国内关于化学作业设计的研究

近年来,我国化学教育工作者对于作业改革的热度只增不减,他们希望可以通过改善作业现状,以提升我国化学教育的总体水平。

查阅了相关文献资料,内容涉及出版的专著、论文,以及相关的硕士、博士学位论文,从分析中可知:有学者从作业的作用和功能来展开设计,例如,王云生倡导作业的设计和布置时应该保证作业的主要功能;也有学者尝试改变作业的设计形式,例如,何杰梅认为可以将信息技术应用于作业设计中,建立班级学习平台及创建网络平台,紧跟信息时代的潮流;有学者从作业的内容方面来进行研究,如李志斌所倡导的作业理念是让化学作业走进生活,让学生明白化学与生活息息相关[6];夏新华则通过研究凝练出作业设计的关键点,他认为化学作业的设计要注重将知识与日常生活和社会实践相联系、要结合当今社会热点、要注意作业布置的多样性和新颖性[7]。

纵观以上有关作业设计改革的研究成果,教育工作者的研究主要集中在作业的作用、功能、形式和内容上。从化学作业方面来培养学生的素养,提高学生能力的文献却寥寥无几。

2 基于核心素养的化学作业设计案例分析

2.1 常规作业设计(见附件 1)

在这份常规作业设计中,大部分是化学知识点的简单罗列,是对化学知识的机械记忆和背诵,缺乏对于学生核心素养问题的关注。

2.2 基于核心素养的化学作业设计的原则

2.2.1 阶段性原则

对于不同阶段的学生,作业的要求也会有所不同,教师要熟知每个阶段的学生认知水平,设计不同的作业要求。另一方面,因知识呈螺旋形递增,所以各学段学生经课程学习后所要求的化学学科核心素养会不一样。因此作业设计要遵循阶段性原则。

2.2.2 实践性原则

化学是一门以实验为基础的、与日常生活和生产息息相关的学科,在进行作业的设计时,不能让学生仅仅停留在理论阶段,要让学生在动手实践中获得正确结论。

2.2.3　发展性原则

学生是一个在不断发展的个体,立德树人,培养学生成为全面发展的人是教师教书育人的根本任务。作业是促进学生发展的重要环节,在进行作业设计时,应立足于学生,以发展学生的知识、兴趣和能力为主要目标。

2.2.4　绿色化原则

绿色化原则就是要求学生在完成作业的过程中,具有可持续发展的意识和绿色化学观念。在可以达到相同目的和效果的时候,尽量选择绿色化的物质,减轻对环境的污染与伤害。

2.2.5　迁移性原则

迁移性原则就是学习迁移原则,指学习者能否从一种学习中转移到另一种学习中。教师在进行作业设计时要有意识地创造一个这样的情境:将学生已有知识和技能加以重新组合,从而提高学生学习新知识、新技能的效率。

2.2.6　生活化原则

生活化原则是指所设计的作业要尽可能贴近生活,学生能通过自身的生活经验和常识来快速地获取新的知识与技能。

2.3　基于核心素养的化学作业设计的策略

2.3.1　巩固落实知识点

要培养学生的核心素养,知识的获取与巩固就显得非常重要,因为学科知识是学生发展化学核心素养的基础,没有知识的获取,谈不上素养的培养。所以在进行作业设计的时候,要不断巩固学生新学的知识点。

2.3.2　培养学生的动手实践能力

实验动手能力是学习化学所必不可少的,且学科能力是发展核心素养的保障。因课堂时间有限,所以作业环节应该适当设计动手类习题,增加学生动手实践的机会。

2.3.3　培养学生的探究精神与创新能力

探究学习是目前许多国家和地区比较普遍的一种学习方式。探究方式可以是自己选择一个小题探究或团体合作探究。在硫的章节中,可以在作业中设计两个分组探究实验,如 Na_2O_2 和 SO_2 的反应产物的探究(与 CO_2 的性质对比)。

2.3.4　培养学生的合作意识与环保意识

建设生态文明社会是中国梦的重要内容,也是关乎人民幸福生活、民族兴旺未来的长远计划。习近平总书记说过:"我们既要绿水青山,也要金山银山。宁要绿水青山,不要金山银山,而且绿水青山就是金山银山。"要想建设一个生态文明的社会,需要我们每一个人都具有环保的意识。所以作为一名教师,应当让学生逐渐具备这样一种环保意识。在硫的章节中,可以分组讨论酸雨的成因,提出自己的解决办法等。

2.4 基于核心素养的化学作业设计改进

2.4.1 基于核心素养的化学作业设计思路

本次作业设计由学习理解、应用实践和迁移创新三大模块组成。每一个模块设计不同类型的作业,具有不同的功能与作用。

1. 学习理解模块是巩固知识点的模块,帮助学生达到学业质量水平"1"的要求,为后面学生完成应用实践模块和迁移创新模块打下坚实的基础。

2. 应用实践模块主要是培养学生应用实践能力与分析能力,达到学业质量水平"2"的要求,能用化学知识解释或解决日常生活和生产中的问题,能分析简单的化学问题,具有"绿色化学"的理念。

3. 迁移创新模块主要是培养学生的迁移能力、创新能力及实验探究能力,达到学业质量水平"2"或水平"3"的要求,能设计简单的化学实验方案,懂得控制实验变量、实验条件来完成实验,能收集相关证据,基于实验事实得出结论。以下为基于核心素养的化学作业设计和改进后,部分习题的选择介绍。

2.4.2 基于核心素养的化学作业设计实例

学习理解模块:

1. 下列变化中,不属于化学变化的是 (　　)

A. SO_2 使品红溶液褪色

B. 氯气使湿润的红色布条褪色

C. 活性炭使红墨水褪色

D. "84"消毒液使某些染料褪色

解析:本题考查物理变化和化学变化的判断,测试宗旨是"宏观辨识与微观探析",要求学生能对典型的物质及其主要变化进行分类,从物质的宏观特征角度入手对物质及其反应进行分类(学业质量水平1)。

2. 下列物质均有漂白作用,其漂白原理相同的是 (　　)

① 二氧化硫　② 次氯酸　③ 过氧化钠　④ 活性炭　⑤ 臭氧　⑥ 过氧化氢

A. ①②⑤⑥   B. ①②③④   C. ②③⑤⑥   D. ①④

解析：本题考查物质的漂白性与物质的漂白性原理的差别，考察宗旨是"证据推理与模型认知"，要求学生能从物质及其变化的事实中提取证据，从宏观和微观结合上收集证据，依据证据分析得出结论(学业质量水平 1、2)，考察"宏观辨识与微观探析"，要求学生能说明物质的组成对物质性质的影响，形成结构决定性质的意识(学业质量水平 1)。

3. 下列实验操作与预期的实验目的或结论均正确的是   (   )

选项	实 验 操 作	实验目的或结论
A	向 $FeCl_2$ 溶液中通入 Cl_2，然后滴加 KSCN 溶液	验证 Cl_2 的氧化性比 Fe^{3+} 强
B	向某溶液中加入盐酸酸化的氯化钡溶液，有白色沉淀生成	该溶液中不一定含有 SO_4^{2-}
C	用洁净的玻璃棒蘸取某溶液进行焰色反应，火焰呈黄色	该溶液中一定含有 Na^+，一定无 K^+
D	将某气体通入品红溶液中，溶液褪色	该气体中一定含有 SO_2

A. A   B. B   C. C   D. D

解析：考查实验的操作与实验的目的与结论的判断，考察宗旨是"科学探究与创新意识"，要求学生能熟知简单物质的检验、鉴别的常用方法，通过观察、实验得出正确结论(学业质量水平 1)。

应用实践模块：

1. 银耳具有较高医疗保健作用，干银耳以金黄色为佳。市场上某些银耳呈雪白色，是通过燃烧硫黄而制得，食用后对人体健康有害。雪白色的干银耳制备时，直接利用的是   (   )

     A. 硫的还原性   B. 硫的漂白性

     C. SO_2 的还原性   D. SO_2 的漂白性

2. 煤炭中的硫燃烧产生的 SO_2 是形成硫酸型酸雨的主要因素。生产中常在煤炭中添加石灰石(主要成分 $CaCO_3$)作为脱硫剂进行脱硫处理。下列反应与该脱硫处理方法无关的是   (   )

     A. $CaCO_3 \longrightarrow CaO + CO_2 \uparrow$ B. $SO_2 + H_2O \longrightarrow H_2SO_4$

     C. $2CaSO_3 + O_2 \longrightarrow 2CaSO_4$ D. $CaO + SO_2 \longrightarrow CaSO_3$

3. 请根据已知酸雨形成及危害的资料,提出关于如何治理酸雨的可行性建议。

解析:三道题分别考查了,二氧化硫的性质(漂白性)与用途,生产中煤炭脱硫所涉及的反应,第三题让学生查阅资料了解形成酸雨的原因及其治理方法。考察宗旨是"科学精神与社会责任",要求学生能将化学知识与生产、生活实际相结合,能应用所学知识和方法解释生产、生活中的简单问题(如环境的保护),能阐明化工生产过程中对社会和环境的影响,能提出降低其负面影响的提议(学业质量水平 1、2)。

迁移创新模块:

1. 材料 1:据报道,自 2010 年 3 月 20 日以来,冰岛埃亚菲亚德拉冰盖上的艾雅法拉火山持续喷发,融化的冰川引发山洪,空气中含有大量含氯、硫等有毒物质产生;火山灰扩散造成欧洲大部分航班停飞。

材料 2:1783 年,冰岛拉卡火山群爆发,产生大量的 SO_2 等硫化物,造成人类眼睛灼伤、动物脱皮、植物枯死。酸雨、烟雾等各种极端恶劣天气持续数月之久。

材料 3:酸雨的定义是:被大气中存在的酸性气体污染。pH 小于 5.6 的酸性降水叫酸雨。SO_2 是最常见造成酸雨的酸性气体,SO_2 和 H_2O 反应生成亚硫酸(H_2SO_3),一段时间后,亚硫酸与空气中的氧气反应生成硫酸。

请回答:

(1) 材料 1 所指氯、硫是指(填"原子""分子"或"元素")

(2) 请指出材料中分别属于物理变化和化学变化的一个例子
物理变化　　　　　化学变化

(3) 此类事件提醒我们不但要减少人为地向大气中排放大量酸性物质,自然界本身的因素形成的酸雨危害也应当加强监测;科学判断我区某次雨水是否为酸雨的实验方法是_____。

(4) 请根据材料写出形成酸雨的化学反应方程式
①_____;②_____。

(5) 有科学家认为最近的气候异常主要是全球变暖惹的祸,请提出一个解决全球变暖的设想。

解析:本题为材料分析题,考查酸雨的鉴别方法及酸雨形成原因(化学方程式)。

测试宗旨是"宏观辨识与微观探析",要求学生能对常见物质进行描述和符号表征,能根据实验现象归纳物质及其反应的类型,能结合实例书写氧化还原反应(学业质量水平 1、2, 第一、二、四问);"科学精神与社会责任",能从化学视角解读环境保护等法律法规,关注化学技术在生产生活中可能产生的影响,提出降低其负面影响的建议(学业质量水平 2,第五问);"科学探究与创新意识",要求学生能依据问题设计简单的实验方案(学业水平 1,第三问)。

2. 辩论赛

全班同学分为两组,分别作为正方与反方,探讨二氧化硫的功与过。

解析:这是一个活动题,要求学生能对二氧化硫的性质及用途有一个全面的了解,考查"科学精神与社会责任",让学生明白在化工生产中遵循"绿色化学"的重要性。

2.5 核心素养作业与常规作业的对比优势

与常规作业相比,基于核心素养的化学作业有以下几个方面的优势。

1. 增多了化学作业的类型

以往常规化学作业的类型较为单一,多为文本性作业,本次作业设计丰富了作业类型的多样性,增加了如实践性、探究性、操作性及活动性作业,此种类型的作业可以激发学生学习的兴趣,能更好地理解和掌握知识点。

2. 作业内容方面

常规化学作业,主要是为了检验学生对于知识的掌握能力,作业的内容多为知识类型题;基于核心素养的化学作业,除了让学生掌握知识以外,还可以培养学生的能力,所设计的题型趋于生活化,便于学生学习及理解知识。

3. 作业评价方式多元化

常规化学作业的评价方式多采用总结性评价,而基于核心素养的化学作业采用过程性与总结性相结合的评价方式。过程性评价关注教学过程中学生智能发展的过程性结果,及时地对学生的学习质量水平做出判断,肯定学生的成就,找出所蕴含的问题。

3 结语和展望

时代在不断地发展,社会对人才的需求也在不断地提高,能够适应自身发展和社会发展需要的关键能力和必备品格的人才从来都是社会所需要的。从作业

层面来培养和提高学生的能力的想法会逐渐走进化学课堂中。作为一名化学教师,希望从以下两个方面来继续深入学习和研究:

(1)从化学作业层面来培养学生的化学核心素养不是一个人的发明创造,应该发挥教师集体的智慧与能力,正所谓"众人拾柴火焰高",众人的力量是无比强大的。因此需要建设良好的师资队伍,在这一设计的过程,要集众家之长,这对教师来说也是一个不错的挑战。

(2)进一步挖掘化学作业在培养学生能力和素养方面的作用,在实践中不断地提高其实用性、科学性及合理性,将基于核心素养的化学作业设计推广至更大的教育范围,发挥其最大的教育作用。

参考文献

[1] 中华人民共和国教育部制定:《普通高中化学课程标准》[S].人民教育出版社,2017年版;

[2] 王素珍:《化学:概念与应用·专题作业设计分析及启示》[J].《化学教学》,2015年第5期;

[3] 周青、张新翠、杨辉祥:《中英化学教材中习题的设计对比及启示》[J].《化学教育》,2006年第6期;

[4] 王云生:《重新审视化学作业的作用和功能》[J].《化学教学》,2014年第7期;

[5] 何杰梅:《翻转课堂下的作业改革》[J].《亚太教育》,2016年第1期;

[6] 李志斌:《让化学作业走进生活》[J].《陕西教育(教学版)》,2013年第6期;

[7] 夏新华:《布置怎样的化学作业最能打动学生的心》[J].《化学教学》,2004年第6期。

附件1:

5.1 从黑火药到酸雨

1. 下列说法错误的是 （ ）

A. 单质硫是一种分子晶体,呈淡黄色

B. 硫的化合物常存在于火山喷出的气体中和矿泉水里

C. 单质硫难溶于水,微溶于酒精,易溶于二硫化碳

D. 硫在空气中的燃烧产物是二氧化硫,在纯氧中的燃烧产物是三氧化硫

2. 下列关于二氧化硫的叙述中错误的是 （ ）

A. 在高温下二氧化硫可被催化氧化成三氧化硫

B. 二氧化硫可使品红溶液褪色

C. 二氧化硫既具有氧化性又具有还原性

D. 二氧化硫与水反应生成硫酸

3. 关于 SO_2 的叙述中不正确的是 　　　　　　　　　　　　　 (　　)

　　A. 它与水作用生成 H_2SO_4

　　B. 它可使石蕊试液变为红色

　　C. 它能使溴水褪色

　　D. 等物质的量的 Cl_2 和 SO_2 通入品红溶液中,品红溶液不褪色

4. 下列现象说明 SO_2 具有氧化性的是 　　　　　　　　　　 (　　)

　　A. SO_2 通入酸性高锰酸钾溶液中使之褪色

　　B. SO_2 通入石蕊试液中使之变红色

　　C. SO_2 通入氯水中使之褪色

　　D. SO_2 通入饱和 H_2S 溶液中析出浅黄色沉淀

5. 下列溶液中能够区别 SO_2 和 CO_2 气体的是 　　　　　 (　　)

　　① 澄清石灰水　　② H_2S 溶液　　③ $KMnO_4$ 酸性溶液　　④ $NaHCO_3$ 溶液

　　⑤ 品红溶液

　　A. 只有①②③　　　B. 只有②③⑤　　　C. ②③④⑤　　　D. ①②③⑤

6. 除去二氧化碳中混有的少量二氧化硫气体,可选用的试剂是 　　 (　　)

　　A. 饱和食盐水　　　　　　　　　　B. NaOH 溶液

　　C. 足量澄清石灰水　　　　　　　　D. 饱和碳酸氢钠溶液

7. 关于硫的叙述正确的是 　　　　　　　　　　　　　　　　 (　　)

　　A. 硫的非金属性较强,所以只以化合态存在于自然界

　　B. 分离黑火药(S、C、KNO_3)的成分需要使用二硫化碳、水及过滤操作

　　C. 硫与金属或非金属反应时均做氧化剂

　　D. 1.6 克硫与 6.4 克铜反应能得到 8.0 克纯净硫化物

8. 强热硫酸亚铁固体可发生如下反应: $2FeSO_4 \longrightarrow Fe_2O_3 + SO_2 \uparrow + SO_3 \uparrow$ 若将此反应生成的气体通入 $BaCl_2$ 溶液中,则 　　　　　　 (　　)

　　A. 析出 $BaSO_3$ 沉淀并逸出 SO_3 气体

　　B. 析出 $BaSO_4$ 沉淀并逸出 SO_2 气体

　　C. 析出 $BaSO_4$ 和 $BaSO_3$ 沉淀,无气体逸出

　　D. 无沉淀生成,逸出 SO_3 和 SO_2 气体

9. 人类只有一个地球,保护地球环境人人有责。下列做法能达到相应目的是
( )

    A. 及时焚烧废弃塑料减少"白色污染"

    B. 工厂用高烟囱排放废气防止"酸雨"

    C. 使用车用乙醇汽油防止"温室效应"

    D. 推广使用无氟冰箱防止"臭氧空洞"

附件 2:

5.1 从黑火药到酸雨

一、学习理解模块

1. 下列变化中,不属于化学变化的是 ( )

    A. SO_2 使品红溶液褪色

    B. 氯气使湿润的红色布条褪色

    C. 活性炭使红墨水褪色

    D. "84"消毒液使某些染料褪色

2. 下列反应中,不能说明 SO_2 是酸性氧化物的是 ( )

    A. $SO_2 + H_2O \rightleftharpoons H_2SO_3$ B. $SO_2 + 2NaOH \longrightarrow O_3 + H_2O$

    C. $2SO_2 + O_2 \xrightarrow[加热]{催化剂} 2SO_3$ D. $SO_2 + CaO \longrightarrow SO_3$

3. 下列物质均有漂白作用,其漂白原理相同的是 ( )

    ① 二氧化硫   ② 次氯酸   ③ 过氧化钠   ④ 活性炭   ⑤ 臭氧 过氧化氢。

    A. ①②⑤⑥   B. ①②③④   C. ②③⑤⑥   D. ①④

4. 用下列装置在实验室中进行的制取、检验、收集和尾气处理,不能达到相应
    实验目的的是 ( )

    A. 用装置制取二氧化硫   B. 用装置检验的二氧化硫的漂白性

C. 用装置收集二氧化硫

D. 用装置进行尾气处理

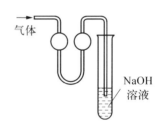

5. 下列实验操作与预期的实验目的或结论均正确的是 （　　）

实　验　目　的	实　验　方　法
除去 $NaHCO_3$ 溶液中少量的 Na_2CO_3	
自来水中是否含有 Cl^-	
证明 Na_2CO_3 溶液呈碱性	
除去 $FeCl_3$ 溶液中少量的 $FeCl_2$	

A. A　　　　　B. B　　　　　C. C　　　　　D. D

6. 湿润的氯气和二氧化硫皆可做漂白剂,若用两者(体积比 1:1)一起漂白一种物质时,漂白效果会 （　　）

A. 增强　　　　B. 不变　　　　C. 减弱　　　　D. 难确定

7. 以下六种溶液:① $Ba(OH)_2$ 溶液　② $Ba(NO_3)_2$ 溶液　③ $KMnO_4$ 溶液　④ 品红试液　⑤ Na_2SiO_3 溶液　⑥ $NaHCO_3$ 溶液,可用于区分 CO_2 和 SO_2 这两种气体的有(　　)种。

A. 2 种　　　　B. 3 种　　　　C. 4 种　　　　D. 5 种

8. 下列说法正确的是 （　　）

A. SO_2 和 SO_3 都是酸性氧化物,二者的水溶液都是强酸

B. 将铜片放入浓硫酸中,无明显现象是因为铜片发生了钝化

C. 硫粉在过量的纯氧中燃烧可以生成大量的 SO_3

D. 富含硫黄的矿物在工业上可用于制造硫酸

9. (1) SO_2 与 CO_2 的化学性质有相似之处,例如: $SO_2 + H_2O \rightleftharpoons H_2SO_3$。小明同学想探究 SO_2 与紫色石蕊试液反应的情况,设计如下实验。(提供的实验试剂与用品有:2 瓶干燥的 SO_2 气体;将紫色石蕊试液喷洒在白色滤纸上,干燥后做成 3 朵紫色石蕊花;一个装有水的喷瓶)请与小明同学一起完

成下列实验报告。

问 题 假 设	实验操作及现象	结　　论
① H_2O 不能使紫色石蕊变红色		
②	将一朵干燥紫色石蕊花放入一瓶 SO_2 气体中,观察不变色	
③ H_2SO_3 能使紫色石蕊变红色		假设成立

(2) SO_2、NO_2 能与雨水反应形成酸雨污染环境。为减少酸雨的形成,以下措施可行的是 （　　）

A. 关闭所有工厂

B. 工厂废气、汽车尾气处理达标后再排放

C. 使用清洁能源

10. 已知 Na_2SO_3 固体与硫酸可发生反应:$Na_2SO_3 + H_2SO_4 \longrightarrow Na_2SO_4 + H_2O + SO_2 \uparrow$ 如图是实验室制取 SO_2 并验证 SO_2 的某些性质的装置图。试回答:

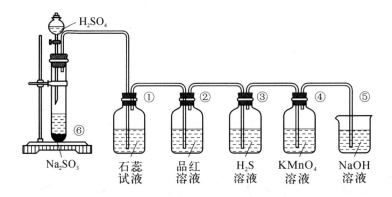

(1) ①中的实验现象为石蕊试液,此实验证明 SO_2 是气体

(2) ②中的品红溶液,证明 SO_2 有性

(3) ③中的实验现象是,证明 SO_2 有性

(4) ④中的实验现象是,证明 SO_2 有性

二、应用实践

1. 银耳具有较高医疗保健作用,干银耳以金黄色为佳。市场上某些银耳呈雪白色,是通过燃烧硫黄而制得,食用后对人体健康有害。雪白色的干银耳制

备时,直接利用的是　　　　　　　　　　　　　　　　　　(　　)

A. 硫的还原性　　　　　　　　　　B. 硫的漂白性

C. 二氧化硫的还原性　　　　　　　D. 二氧化硫的漂白性

2. 煤炭中的硫燃烧产生的 SO_2 是形成硫酸型酸雨的主要因素。生产中常在煤炭中添加石灰石(主要成分 $CaCO_3$)作为脱硫剂进行脱硫处理。下列反应与该脱硫处理方法无关的是　　　　　　　　　　　　　　　　(　　)

A. $CaCO_3 \longrightarrow CaO + CO_2 \uparrow$　　　　B. $SO_2 + H_2O \rightleftharpoons H_2SO_4$

C. $2CaSO_3 + O_2 \longrightarrow 2CaSO_4$　　　D. $CaO + SO_2 \longrightarrow CaSO_3$

3. 请根据已知酸雨形成及危害的资料,提出关于如何治理酸雨的可行性建议。

三、迁移创新

1. 材料分析题

材料一　实验室里可用固体亚硫酸钠(Na_2SO_3)和稀硫酸在常温下通过复分解反应(属于固液常温反应),也可采用金属铜与浓硫酸在加热时制得二氧化硫(属于固液加热反应,制得气体较纯)。

材料二　二氧化硫是无色具有刺激性气味的气体,密度比空气大且能溶于水,其水溶液为亚硫酸。亚硫酸不稳定,易分解为二氧化硫和水。二氧化硫能使紫色石蕊试液变红色,也能使高锰酸钾溶液或溴水褪色。二氧化硫通入品红溶液,品红褪色,加热又呈现红色,说明二氧化硫具有漂白性。

根据以上资料和所学的知识,请你回答下列问题:

(1) 二氧化硫的物理性质(任答两条) _____ 、_____。

(2) 制取二氧化硫气体所需的发生装置(填字母)或收集装置。

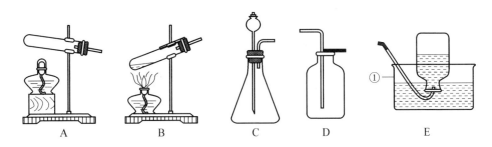

A　　　　　　B　　　　　　C　　　　　　D　　　　　　E

(3) 在收集完气体后应将多余的二氧化硫气体通入 NaOH 溶液(即尾气处理),请你写出这样做的原因(用化学方程式表示)。

(4) 若在上述实验中气体无法收集满,则可能的原因是_____。

(5) 你所学过的知识中,C 装置还可以用来做的实验(举一例即可),写出制取该气体的化学方程式＿＿＿＿＿＿＿＿＿＿。

(6) 某同学错将稀盐酸代替稀硫酸,欲制取纯净、干燥的二氧化硫做性质实验,净化装置中应用＿＿＿＿溶液除去盐酸挥发出来的氯化氢气体,干燥装置中应用＿＿＿＿除去水蒸气。

(7) 请你对上述实验室制取二氧化硫的两种方法进行评价(写出两点即可)。

2. 酸雨对于环境的影响很大,某化学活动小组围绕着酸雨形成的原因展开了相关研究性学习活动。他们查阅资料后知道,酸雨的形成主要是由于某些化石燃料燃烧后的产物中含氮的氧化物(如二氧化氮)和硫的氧化物(如二氧化硫),这些物质溶于水后会生成相应的酸,从而形成酸雨,二氧化硫和水能否发生化学反应生成相应的酸呢? 围绕着这一问题,他们展开了如下实验探究。

提出问题:二氧化硫和水能否发生化学反应生成相应的酸?

作出猜想:二氧化硫和水能够发生化学反应生成相应的酸。

查阅资料:

① 检验某物质的成分是否为酸,酸碱指示剂是一种常用的方法。

② 紫色石蕊试液是一种常用的酸碱指示剂,遇酸会变成红色。

设计实验:他们向水中通入二氧化硫气体,然后滴入紫色石蕊试液,发现试液变红,得出结论,二氧化硫能够和水发生化学反应生成相应酸。

反思交流:有同学提出疑问,紫色石蕊试液变红,不一定能证明是二氧化硫和水发生化学反应生成的酸造成的,也可能是＿＿＿＿和水使紫色石蕊试液变红。

于是,他们又重新设计,进行了如下实验:取四朵小花,用紫色石蕊试液染成紫色,然后将其烘干成为干燥的紫花,分别按如图所示装置进行实验。请你根据他们的实验,完成下列问题:

A. 喷稀醋酸　　　　　B. 喷水　　　　C. 直接放入干燥的二氧化硫中　　　D. 喷水后放入二氧化硫中

(1) 实验 A 中会出现的现象是_____,这说明酸可以使紫色石蕊变红。

(2) 实验 B 中紫色小花不变红,证明_____。

(3) 实验 C 中的现象为紫色小花不变红,证明二氧化硫不能使紫色石蕊变红。

(4) 实验 D 中的现象紫色小花变红,证明二氧化硫和水反应后的生成物使紫色石蕊变红。

实验结论:二氧化硫和水能够发生化学反应生成相应的酸。

总结提升:修改后的实验方案,运用了法的思想设计了一组对比实验,更严谨,更有说服力。

3. 材料1:据报道,自 2010 年 3 月 20 日以来,冰岛埃亚菲亚德拉冰盖上的艾雅法拉火山持续喷发,融化的冰川引发山洪,空气中有大量含氯、硫等有毒物质产生;火山灰扩散造成欧洲大部分航班停飞。

材料2:1783 年,冰岛拉卡火山群爆发,产生大量的 SO_2 等硫化物,造成人类眼睛灼伤、动物脱皮、植物枯死。酸雨、烟雾等各种极端恶劣天气持续数月之久。

材料3:酸雨的定义是:被大气中存在的酸性气体污染。pH 小于 5.6 的酸性降水叫酸雨。SO_2 是最常见造成酸雨的酸性气体,SO_2 和 H_2O 反应生成亚硫酸(H_2SO_3),一段时间后,亚硫酸与空气中的氧气反应生成硫酸。

请回答:

(1) 材料1所指氯、硫是指(填"原子""分子"或"元素")

(2) 请指出材料中分别属于物理变化和化学变化的一个例子
物理变化

化学变化

(3) 此类事件提醒我们不但要减少人为地向大气中排放大量酸性物质,自然界本身的因素形成的酸雨危害也应当加强监测;科学判断我区某次雨水是否为酸雨的实验方法是_____

(4) 请根据材料写出形成酸雨的化学反应方程式
①_____;②_____。

(5) 有科学家认为最近的气候异常主要是全球变暖惹的祸,请提出一个解决全球变暖的设想。

4. 有两个实验小组的同学为探究过氧化钠与二氧化硫的反应,都用如下图所示的装置进行实验。通入 SO_2 气体,将带余烬的木条插入试管 C 中,木条复燃。请回答下列问题:

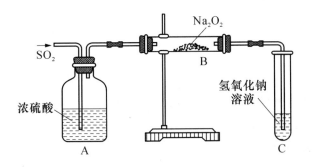

(1) 第 1 小组同学认为 Na_2O_2 与 SO_2 反应生成了 Na_2SO_3 和 O_2,该反应的化学方程式是:

(2) 请设计一种实验方案证明 Na_2O_2 与 SO_2 反应生成的白色固体中含有 Na_2SO_3。

(3) 第 2 小组同学认为 Na_2O_2 与 SO_2 反应除了生成 Na_2SO_3 和 O_2 外,还有 Na_2SO_4 生成。为检验是否有 Na_2SO_4 生成,他们设计了如下方案:

上述方案是否合理? 请简要说明两点理由:
① _____ ;② _____ 。

5. 辩论赛

全班同学分为两组,分别作为正方与反方,探讨二氧化硫的功与过。

论化学学科核心素养在课堂教学设计中的渗透

刘建厂

摘　要: 随着时代发展,教育的地位越来越重要。纵观当前的教育整体改革发展,均是围绕着核心素养展开的。[1]我国也已确立了"核心素养"观念,将之作为课程改革的出发点和归宿。[2]因此要重视核心素养和学科教学之间的关系。化学学科核心素养的培养除了有赖于学生的前期积累,更离不开课堂教学中的渗透。本文深入分析实际的教学案例,探索怎样有效制定化学学科的教学方案,改变原有的教学模式,架构更为新颖的化学教育模式,更有助于提升学生核心素养。

关键词: 核心素养　化学学科知识　教学设计

一、化学学科核心素养

从目前的发展来看,全球的教育领域都紧紧围绕核心素养进行展开。其不单单被看作是课程的最终目标,更是指导课程发展的宏观理论,已成为新时期教育改革的主体趋势。如果站在未来的角度分析,核心素养体系的架构会有效提升公民的基本素质并且推动国家综合国力进一步增强,也对提高国家竞争力有着深远影响。[3]在 2014 年 4 月的《我国学生核心素养指标体系总框架论证报告》中指出,就当前使用的课程标准制度来说,最终目标是为国家培养出高素质的人才,这就需要党和国家将目光聚焦在教育发展之上,全面明确提出学生综合发展的最终期望以及在新时代中各方面基础素养的真正内涵,搭建起更加完善的核心素养培养制度,充分考量学生自身实际,按照不同阶段、不同科目之间的异同点,更好地从横向与纵向上进行融合。核心素养从本质来看,主要是基于中国学生的发展方向,充分结合学科的特点与目标,更好把握关键素养为社会培养出切实需要的人才。[4]因此,学科核心素养是具有学科特色的素养。需要全面把握住立德树人的基本观念,将课程教育的作用真正发挥出来。高中化学课标制定机构将有关于中国学生核心素养培育的意见充分收集,并结合化学本身的特征,明确指出需要将宏观理论同微观研究相结合、将变化思维同平衡意识相结合、将理论推导与模型认知相结合、将实验分析与创新相结合以及将科学道德同社会责任相结合这五大高中化学核心素养。[5]化学研究的是物质的组成、结构和变化,其中对于变化来说,应该进行深入分析,逐步找出过程中存在的理论依据并完成有关推导,掌握从宏观现象探究出微观实质的能力。此外,还需要将重心放在化学研究的道德意义之上。这一切都是为了确保学生具备同社会发展相适应的核心素养。

学生的化学核心素养主要是通过化学学习活动逐步形成的,并能够有效处理同化学相关联的问题。换句话说,化学核心素养不单单可以体现出学生理解客观事物的过程,也能够直观地体现出学生最终的理解成果。培养化学核心素养绝不是能够轻易实现的,而是要通过课堂教学一步步将其落实。由此可见,构建更好的教学模式,有效处理好化学教学中的不足之处,能够真正让化学基础理论传递到学生手中,让课堂教学推动学生核心素养的建立。正如我们所熟知的,基础理论是思想体系的承载物,教学过程是达到最终目标的必经之路。

二、化学核心素养在不同教学环节中的渗透

本研究依托高中化学二年级第二学期(试用本)第九章第二节《石油化工龙头——乙烯》第一课时教学内容,分析教材中的理论知识,并探究化学学科核心素养在这一课中的落实,指导课堂教学更好地培养核心素养。

(一) 把握思想,立足目标

1. 教学设计思想与教学原则

课堂不论怎样去改革,核心永远都是学生主体,要充分把课堂时间交由学生使用,让其能够将自身具备的主观能动作用发挥出来。逐步培养出深入分析的思维模式,提升创新能力以及实践水平成为本课教学环节的关键所在。

(1) 充分遵循探究的思维理念,将学生主体的能动作用以及创造能力发挥出来。让学生逐步在自发性的学习过程中进行合作,并深入分析,从而更好地提

升学习兴趣。确保学生知识储备、技术水平以及人生观等方面的综合发展。

(2) 恰当运用引导—探究、合作—交流、指导—自学等教学方法,架构出实际情境、利用科学手段进行引导、制定实验方案进行探究并将实验结果深入分析,从而获取知识。

(3) 做好充分的教学准备,突破教学难点。首先,设计学生学案引导学生自学,让学生对实验设计及探究方法有心理准备;其次,做好"实验探究中可能出现的情况预测及处理方法",合理安排时间使两个探究能顺利完成。

2. 制定符合发展期望的教学方式,应该充分考量三方面的目标

(1) 知识目标:掌握乙烯的产生途径以及组成结构。从物理和化学两方面特性进行分析,并熟悉乙烯在社会实际的具体应用。

(2) 能力目标:带动学生自发性的完成学习计划并同他人进行讨论交流,逐步培养起从多方面入手探究问题的思维模式,提升创新意识。让学生在深入分析的过程中掌握行之有效的方式,不断提升分析水平。从实验的表征现象入手,深层次的进行分析,让学生掌握收集与整合信息的技术,也为未来的学习奠定基础。

(3) 情感目标:将知识同实际生活相结合,确保可以把学到的化学知识同实际问题相联系并予以有效解决。树立起通过实验来合理分析现象的思维理念。

期望真正达到以上教学目的,就应该突破原有的教学模式,搭建出符合学生发展的教学体系,在实践中带领学生不断去获取知识,搭建出实际问题的背景,让学生感受问题所在,通过自主研究并同他人进行交流。基于学生差异化的认知水平以及性格特征,更好地采用先进的教学方式,注重引导学生向前迈进,搭建起通往知识宝库的道路,让学生主动的找寻规律,逐步让学生树立起终身学习的目标。将知识内容同社会实际相结合,提高创新能力,真正感受到学习所带来的快乐,最终达成提升化学核心素养的目标。

(二) 有效设计,培养核心素养

1. 创设情境,引入新课

【导入新课】 通过展示生活中的乙烯制品(管材、无纺布、塑料、泡沫等),从学生熟悉的东西引出乙烯概念,通过视频播放提醒学生乙烯来自石油化工,说明乙烯是最重要的石油化工产品之一。掌握乙烯在工程项目中的实际应用,明确乙烯是国家石油化工原料中的主要组成部分,对于评定一个国家化工领域的发展情况,乙烯也是重点考量的一个方面。

设计意图：创设真实的情境,学生通过视频真实情景的刺激,产生情感体验,真切地感受到乙烯在实际的生产和生活中的重要价值,激发他们的兴趣和学习的主动性。与此同时,学生也能够将理论同实际相结合,掌握乙烯的具体应用。认识到乙烯在人类生活和社会经济发展中的重要性,应该学习它们的本质,以及如何将理论与实践相结合。真正将所学知识应用在实际之中,展现出化学领域的重要意义,达到提高核心素养的目标。

2. 科学探究 得出结论

【教师】 到底乙烯是什么样的物质呢?(展示实物)这是实验室制得的乙烯,请仔细观察它的颜色和状态。引导同学演练实验室闻物质气味的方法。

【学生】 学生观察,实验(轻轻扇动闻气味),并归纳整理出乙烯物理性质:无色稍有气味难溶于水的气体。收集乙烯时采用排水法。

设计意图:及时设问能促进学生的思考。学生基本活动经验的形成离不开教师的点拨。通过教师的点拨,学生自主运用观察、实验等研究物质性质的方法,自主归纳整合物理性质。

【教师】 依据前面学过烷烃的性质,结合教材提供资料预测乙烯化学性质。

【学生】 快速阅读资料,分组讨论,预测乙烯可能的化学性质。

【投影】 任务一:预测和探究乙烯的化学性质

实 验	现 象	结 论
点 燃		
$KMnO_4(H^+)$		
通入 Br_2 水		

【探究实验】 有了预测猜想,我们应该采取合适的操作或选取合理的试剂来验证了,要保证现象明显、简单易行、安全环保。引导同学注意验证可燃性,需要点燃乙烯,并在点燃前检查纯度。如果期望探究和高锰酸钾的反应就应该将其通入到紫红色的酸性高锰酸钾试剂之中,如果是分析同溴的化学反应则应该将其通入到溴水之中。

【教师】 向学生简单介绍产生乙烯的设备,并为其展示整个实验流程,带领学生进行观测并引发思考。

【学生】 进行分组交流,将观测到的实验现象对应填充到报告中并进行归纳。

设计意图:学生依据已有的知识经验和对提供资料加工认识且独立思考,先预测可能的化学性质,再体会如何设计实验方案。提高学生处理获取到的信息的能力,并树立起深入分析的思维模式。体验"大胆预测,仔细验证"的科学实验精神。通过对实验现象的分析,得出一些结论。亲身体验过的知识要比从他人处听到的知识要掌握得深刻,通过对演示实验的观察思考,求证了预测的正确性,归纳出了乙烯化学性质。真正感受到学习是快乐的,收获成功的满足感。对于教学环节来说,如果想让学生在学习中发挥自身能动作用,就应该让其自主收集资料并形成思考。突破原有的教育模式,让学生使用实验分析的方式来深入探究理论知识,最终架构出化学变化研究的思维体系。

3. 深入分析,理解性质

【思考与交流】 对比乙烯和乙烷的化学性质,为何有差别? 引导学生懂得结构决定性质的道理,乙烯和乙烷结构上存在差异,那乙烯具有怎样的结构呢?

【投影】 任务二:乙烯的结构

依据提供材料搭建乙烯的球棍模型。

分析乙烯分子的空间结构特点。

写出乙烯的电子式、结构式、结构简式。

依据所给资料分析乙烯分子中碳碳键的特殊性。

【学生合作学习】 协调安排小组成员,合作交流,搭建和制作乙烯的球棍模型。完成有关乙烯结构特点的问题和要求的学习讨论,并把交流成果及时整理到学案上。

【学生交流汇报】 将搭建完成的乙烯球棍模型进行比较,并从中发现乙烯中存在的碳碳双键结构以及整体的空间结构。

【教师】 根据汇报,教师及时做必要的解释和总结,落实乙烯的空间结构特点,电子式、结构式和结构简式的正确书写。引导学生明确乙烯和乙烷最主要的差别在于乙烯有碳碳双键,正因如此,导致其分子的组成不同,乙烯比乙烷少了两个氢原子,所以乙烷被划入到饱和烃类别之中,乙烯则划归为不饱和烃。通常将内部具有碳碳双键或者三键的烃统称为不饱和烃。这样来看两者在化学特性上存在显著差异。结合提供的资料(断开 1 mol 碳碳单键平均为 345 千焦,而断开 1 mol 碳碳双键平均为 610.9 千焦,并不是单键的 2 倍,而是比 2 倍略少,看来,只需要较少的能量,就能断开碳碳双键中的一个价键。再看,断开碳碳双键中两个键,需要的能量大小并不一样,其中有一个较小,容易断裂。),继续引导学生掌握碳碳双键的特殊性。

设计意图:利用乙烯和乙烷之间的比较,培养学生的思辨能力,通过分子模型建构,使学生对有机分子的结构认识立体化,有效地降低了结构抽象思维的难度。深入分析模型结构,通过数据分析,学生对"碳碳双键"这一重要结构的认识得到深化。数据举证能有效地解决学生抽象结构问题的认知障碍。学生应该首先完成自主学习,然后同他人进行交流,形成思维的碰撞,将存在的问题有效解决,最终归纳出正确的结论。教师对于正确的结论要充分地认可并给予最大化的鼓励。这种分组讨论的模式,能够让学生自由发挥,提高协作能力,将自身知识储备应用于实际之中,更好地提升核心素养。

4. 把握本质,解决问题

【教师】 应该让学生明确性质是通过结构决定的。然后结合乙烯的实际结构,来分析其独有的特性。

【投影】 任务三: 乙烯的化学性质

乙烯在空气中燃烧,为什么会有黑烟?

乙烯能够消除酸性高锰酸钾试剂的颜色。那么是否可以使用酸性高锰酸钾来将混入乙烷之中的乙烯除掉呢?

依据所给乙烯和溴单质的球棍模型材料搭建乙烯与溴水反应的实验原理。

【学生活动】 协调安排小组成员,合作交流。完成有关乙烯化学性质的问题和要求的学习讨论,并把交流成果及时整理到学案上。

【学生交流汇报】 学生总结、展示共识,汇报讨论结果,展示乙烯与溴水反应原理。

【教师】 教师根据汇报及时做必要的解释和总结。对比乙烷,由于乙烯比乙烷少 2 个氢,含碳量较大,所以燃烧不充分,乙烯燃烧有黑烟。反应物乙烯分子中有两个碳原子,生成物二氧化碳分子中只有一个碳,这说明酸性高锰酸钾与乙烯反应时,乙烯双键完全断开,发生了氧化反应。由于乙烯被反应掉,但又产生二氧化碳,故不能利用酸性高锰酸钾除去乙烷中混有的少量乙烯。带领学生了解乙烯同溴水的化学变化过程中,乙烯内部双键当中能量较低的一面会裂开,并分别同溴原子组合。化学反应中如同乙烯一样,将内部含有的双键断裂,碳原子同其余的原子进行组合,最终得出全新物质的过程统称为加成反应。

【学生活动】 基于上述加成反应的基本理论,尝试推导出乙烯同氢气的化学方程式。

【教师】 从原子利用率的角度分析这几个加成反应,不难发现加成反应之中该项指标最高,同时性价比也最优。

设计意图:通过设置问题引导学生观察、分析、总结,学生可以在独立思考的基础上进行合作与交流,在思考、探索与交流的过程中得出结论,有效地培养学生的分工协作精神,培养学生的自学能力和获取、整合信息的能力。基于观测到的实验现象,探究背后蕴藏的化学原理,找出根据完成推导,让学生真正掌握性质是由结构所决定的理论体系。

5. 应用拓展,概括提升

【教师】 乙烯的其他重要应用;(展示图片)乙烯通过加成反应,可以得到燃料乙烷,快速止疼制剂氯乙烷和酒精等产品,(实物展示)对比储物瓶密封的青橘与成熟苹果共处若干天后的变化。

【教师】 通过这节课你学到了什么知识? 我们还能得到什么?(如学习方法、与小组成员合作学习等)

【学生】 学生总结,提问。

【教师】 课堂小结。

【学生】 课堂练习。

设计意图:了解有机物以及相关化学变化存在的作用。让学生真正做到将化学理论同实际相结合。明确性质是通过具体结构来决定的,并利用性质来探究出实际的应用方向;将注意力集中在化学与实际联系这一方面。站到理论和技术、思维与实践等角度合理地将知识体系进行整合,邀请学生畅谈对于本节课的体会、收获以及反思,关注学生的自主体验的积累,关注学生在学习过程中概括素养的积淀。整个环节中,教师应该针对性的提出问题,更好地带领学生进行自主学习,并整理知识,提升学生的总结能力。让学生充分掌握化学变化的基本理论,同实际有机结合。

三、关于化学学科核心素养在进行
课堂教学设计渗透的反思

化学核心素养的培养一定要同实际相结合。在高中这一阶段当中,化学学科应当注重提升科学素质能力。高中化学课程标准也指出,高中阶段应该继续提升学生的科学素质能力。从这里面可以看出,科学素质逐步转变到当前的核心素养,均是从教学基本内容中映射出来的,也体现了不断深化的过程。由此可见,应当制定出更加有效的教学方案,紧紧围绕着基础的理论体系、物质组成、有机化学以及相关实验等方面,探索出蕴含的核心素养,达到预期目标。

基于以上的分析可以发现,化学核心素养并非单方面的,要同实际的理论知识相联系,这也导致出现一定的差异。因此,教学内容之中蕴含的核心素养绝不会是单一化的。[6]我们每天都在从事教育教学工作,都在自己所从事的学科领域进行着知识和思想的传播。核心素养观念的提出引导我们从主体价值的角度反思自身的教学,重塑自我的教学认知。随着各个学科核心素养建立起完善的制度体系,明确教学模式的改革所带来的积极意义。因此,我们进行课堂教学设计时应尽最大可能地重视学科核心素养渗透。

参考文献

[1] 左璜:《基础教育课程改革的国际趋势:走向核心素养为本》[J].《课程·教材·教法》,2016 年第 2 期;

[2] 张华:《论核心素养的内涵》[J].《全球教育展望》,2016 年第 4 期;

[3] 钟启泉:《基于核心素养的课程发展:挑战与课题》[J].《全球教育展望》,2016 年第 45 期;

[4] 成尚荣:《回到教学的基本问题上去》[J].《基础教育课程》,2014 年第 19 期;

[5] http://www.zjyz.org/xuekejiaoyanzu/ShowArticle.asp? ArticleID=2597;

[6] 车丽娜、徐继存:《核心素养之于教学的价值反思》[J].《核心素养与教学改革》,2019 年第 1 期。

浅谈民办学校教育中的师生关系

瞿香君

摘 要: 师生关系在教育过程中的地位至关重要。在民办学校教育中,师生关系并非只是单一的教与学的关系,它有着复杂的结构。随着时代的发展与变化,民主平等是社会主义师生关系的基本特征。本文分析了在民办学校教育中建构良好师生关系的意义,提出建立民主、平等、对话的新型师生关系时应有的基本态度及教育艺术。

关键词: 师生关系 民办学生 谈心艺术

师生关系是学校教育中最基本的社会关系,良好的师生关系是学校各项教育活动取得成功的必要保证。然而令人遗憾的是,从传统社会沿袭下来的一些思想,诸如"教师为中心"、注重分数轻视能力等,将师生关系局限于单一的"教与学"的关系。这样的一种师生关系很难实现"为社会主义现代化建设事业培养德、智、体、美、劳全面发展人才"的教育目的。特别是在民办学校教育中,由于学生自身特殊的心理状况及行为表现令师生间的相处显得格外重要。本文旨在通过分析民办学校教育中良好师生关系建构的意义,提出在以往师生关系基础上建立民主、平等、对话的新型师生关系的工作方法。

一、问题的提出

在民办学校工作已经十九年了。在十九年的班主任德育工作实践中,我有这样一种体会:要想管理好班级,抓好民办学校学生的思想教育工作,必须建立和谐的师生关系,这是营造温馨班集体的重要因素。一般来说,班主任与学生之间总会有一定的心理距离,要与学生之间形成和谐的关系,班主任必须努力调节

与学生的心理距离,除了严格要求学生之外,还必须无微不至的关怀他们。本文通过教学工作中的实际案例着重探讨以下问题:

1. 民办学校教育中的师生关系应该是怎样的?

2. 教师应该怎么样走进民办学校学生的内心,和他们进行心灵的交流和沟通?

3. 存在严重问题的民办学校学生有着怎样的家庭背景,受着什么样的家庭影响?

4. 对待民办学校的学生首先是道德情感教育还是人文学识教育?

二、文献研究综述

(一) 师生关系及当前师生关系中存在的问题

师生关系是支撑教育大厦的基石,人类的教育活动就是在师生关系中展开、完成的。师生关系,顾名思义就是指教师和学生之间的关系,它可以从广义和狭义的多重意义上来理解。广义的师生关系是指社会上个体之间的相互为师相互学习的关系,孔子所说的"三人行,必有我师焉"就是广义的师生关系。狭义的师生关系特指在学校教育机构中才存在的,通过各种教育活动形成和表现出来的教师与学生之间的关系,本文所要讨论的就是学校教育中的师生关系。[1]这种狭义师生关系的实质,是教师和学生在共同的教育活动中通过相互的认知和情感交流形成的一种人际关系。

从教育学角度来看,教师和学生是处在特定的教育结构中的两个不同的主体,他们分别承担、扮演着不同的角色。教师的职责在于教书育人,学生的任务则是在教师的指导下进行学习,从而促进自身在德、智、体、美等方面的发展,成为对社会有用的人才。从这个意义上讲,教师和学生的关系是一种工作关系,也可以说是一种特定的角色关系。这种人际关系主要表现为师生之间在心理上的亲疏远近关系,带有明显的情感色彩,[2]是教师和学生通过大量的,以教育、教学活动为中心的各种交往活动形成的。因此师生关系是否和谐一致,直接关系到教育工作的成效。

但是,从传统社会发展到今天,我们的教育还是常常将认知从情、意中生硬的抽取出来,将真同善、美割裂,使教育走上一条"唯理性主义教育"的褊狭之路。[3]师生之间的关系被限制为单一的"教与学"的关系。教育者在教学过程中只知道自身的存在,无视学生主体地位的存在,使学生的学习变得很被动,教师习惯将其拥有的知识灌输给处于被动地位的学生,学生也习惯了机械性地接受。类似的填鸭式教学在学校教育中随处可见,师生关系成为纯粹的"教师对学生"的关系,这样无法体现师生关系是双方通过相互认知和情感交流所形成的人际关系。正因为如此,在学校教育中师生之间的矛盾冲突也不可避免地出现,突出表现为以下几点:

1. 从传统社会沿袭下来的"师道尊严"思想

师生双方在具体的教学活动中,处于不同的地位,负有不同的职责。教师的主要任务是"教",学生的主要责任是"学"。教师在教学中以传授知识为主,往往忽略了学生的接受能力及其他各方面的素质培养。教师在这样的教学中是权利的拥有者、控制者,学生只能服从,只能被控制,他们没有权利、没有自由,也没有机会进行选择。教师不考虑学生接受能力的满堂灌、填鸭式的教学风格随处可见;有些教师甚至压抑学生创造性能力的发展,不允许学生在课堂上对自己的意见提出质疑,学生只要"按书就搬、书云亦云"即可。一旦有些学生提出正确但又不同于教师的见解,教师就会很不耐烦的予以拒绝,甚至是批评,认为学生是在存心捣乱。这样的教育方式导致师生间的隔阂,使学生对学习失去兴趣,更谈不上创新精神的培养。教师在这样的思想状态下也会变得不思进取,良好的教学过程无法顺利开展。

我们不否认"教与学"是师生关系中最基本的关系,但它并不是唯一的关系。在整个学校的教学过程中,师生作为一对平等的主体还要体现出相互民主平等的关系特征。但是许多教育者受传统"师道尊严"思想的影响,将自己摆在一个权利者的地位上,在教学上独断专行;学生也习惯被动、机械地去接受,使教育走入"唯师是尊"的误区。学校俨然成为一座"世俗化"的教堂,教师就像"传教士",学习的教材像"圣经",学生就像"迷途的羔羊",是被动接受知识的容器。在这样的教学过程中,师生双方体现出的是"教师对学生"的主从式的不平等关系,而不是"教师与学生"人与人的平等关系。教育所具有的影响人、培养人、促进人的身心健康发展的育人功能无法实现,教育的育人价值也就不存在了。

2. 教师缺乏尊生爱生的职业道德感

教育劳动需要师生双方在情感和行为上达到和谐一致。但是许多教育者只注视学生的智慧因素,无视人的生命情感的丰富性。[4]他们对工作缺乏责任心、对学生缺乏热情,或者对学生采取偏爱或歧视的态度,直接导致师生间的矛盾和情感对立。有些学生已是成年的社会公民,他们有了强烈的自尊心和受到教师尊重的心理意向,但是我们的教育者们还是习惯把受教育者当作物对待,不自觉地实行了非人道的教育:不尊重学生的人格、尊严、权利,用非人道的约束和体罚把学生作为接受知识的容器看待,否定了学生作为一个主体所具有的主观能动性。教育者由于缺乏尊生爱生的职业道德感,而不自觉地把学生看作是消极被动、需要接受教育的对象。教育者如果不及时弥补自己职业道德感上的不足,就会引起学生内心的反抗,造成师生关系公开的或隐蔽的冲突。

3. 忽视民办学校学生独特性问题的存在

独特性是个性的重要的标准,每个学生都具有独特的气质、天赋、智力、兴趣、情感、才能等。尊重学生的个性、培养学生的个性,也是教育的主要内容之一。但是在传统教育思想影响下,学校只强调和重视集体教育,不允许学生表现独特性,甚至是压抑个性的自由发展。同时,教师还经常忽视学生间差异性的存在,他们不能经常深入到学生中,了解和掌握学生的情况和个性特点,却要求学生在接受教育过程中能够达到他们所希望的优秀标准。将学生培养成在德、智、体、美、劳等全方面发展的人才,是教师在教学活动过程中期望的标准,这也是我国教育目的所在。人的巨大创造潜能存在于人的个性中,每个学生的个性只有通过恰当的教育和培养才能得到健康发展。但是教师在教学中忽略学生独特性及差异性的存在,不能针对学生的不同特点给予恰当的引导和教育,那样只会使师生关系进入不协调发展的恶性循环,同样教育活动能否获得成功也无法得到保证。

忽视学生差异性与独特性问题存在的结果,还将导致教育实施缺乏公正性。教师一旦缺乏高度的教育工作责任感,就会在教学过程中盲目行事,对学生做出不公正的评价。他们往往偏爱那些接受能力强,成绩优秀的尖子生;而对于那些接受能力暂时比较差、成绩相对落后的学生,教师给予的可能就是漠不关心、讽刺或批评。当教育活动在进行中失去公正性的时候,师生之间的关系也就很难协调,有效的教育也就很难开展下去。

此外,在学校教育过程中,学生的某些不合理行为,比如自由散漫、学习松懈、违反纪律、目无师长等也会使师生关系陷入紧张的状态。但是,教师作为在教育活动过程中占"主导地位"的一方,应该通过发挥自己的职业道德给予学生正确的人生导向,充分发挥学生的主体作用,使师生关系在一个和谐的状态下展开。[5]

三、民办学校良好师生关系的特点及其意义

在学校教育过程中,师生关系并非单一的"教与学"的过程,它有着复杂的结构,而且随着时代的发展而变化。师生之间不是一个简单的认知过程,而是存在着既独立又合作、既主导又辅导的关系,这也是良好师生关系的特点所在。

1. 既独立又合作的关系

任何有效的教育过程,需要师生双方在情感和行动上的协调一致。学生在与教师交往过程中,一方面有"向师性"的特点,需要受到教师的注意、关心、鼓励和指导;另一方面,随着自己年龄的增长,心理和生理的发展,知识及社会经验的丰富,对教师的人格依附性就会逐渐减弱,个人尊严感、行为选择以及价值判断上的独立性大大增强,在各种境遇中重视表现自我人格的独立性。

学生都十分注重教师对待自己的行为态度,并按照自己的理解作出各种反应,因此教师在教书育人过程中不仅要重视自我独立性,还应当重视和引导学生的独立性。师生间既独立又合作的关系建立在平等的基础上,"独立"不是指教师与学生是两个独立的主体,而是指教师与学生独立的自我人格。"合作"则是师生之间相互平等、相互尊重、相互关爱的心灵沟通。师生通过共同寻求真理相互帮助、相互促进、教学相长。教师在学生面前表现出的不是一副师道尊严的样子,而是要与学生合作,充分体现两者之间相互帮助、相互提高的人际关系,两者在教育过程中是一个既独立又合作的集合体。

2. 既主导又辅导的关系

我们承认,就一般意义上而言,教师较之于学生无论在知识、能力和品德上都应该高于学生。从学问和道德上讲,教师一般比学生知之在先和知之较多。教师是学习的指导者,学生是被指导者,学生要虚心接受教师的指导。教师在教学生获取知识的同时,还要教学生学会自主学习、生活以及做人的方法。1972年,以富尔为首的国际教育发展委员会出版了《学会生存:教育世界的今天和明天》一书。书中提出这样的观点:未来的学校必须要把教育的对象变成自己教育自己的主体。受教育的人必须成为教育他自己的人;别人的教育必须成为这个人自己的教育。1993年,联合国教科文组织同时提出"学会学习"的口号,报告中提出教育的四大支柱是学会认知、学会做事、学会做人、学会共处。[6]现代教

育应当把人的教育放在最优先的地位。

我们可以把既主导又辅助的教育活动形象地比喻为拐杖、扶手、火箭三个阶段。"拐杖"也即传授知识阶段,这个过程需要教师与学生共同完成,教育者充分发挥自己的主导作用,带领受教育者走上正确的求知之路;"扶手"也即传授方法阶段,我们的教师应该甘为人梯,扶持新秀,不要满足于倒给学生的茶,而要教会他们主动去发现与创造,即"授之以渔";最后的"火箭"阶段就是为学生提供视野,让他们在学会方法后能提高学习效率,把这种方法运用于今后的为人处世中。

独立又合作、主导又辅助的师生关系是一种理想化的状态,这一良好师生关系的建构对于教育工作有着重大的意义:

1. 教育气氛的活化作用

教育气氛是指在教育过程中表现出来的一种师生之间的心理环境氛围。在教育活动过程中,师生之间的气氛可能是积极而舒展的,也可能是消极压抑的,或者甚至是充满对立色彩的。师生关系良好,那么,教师就会爱护学生,尊重学生,并把学生看成是自己积极的合作者,因此,在教育过程中不时地流露出爱生与乐教的情感。这种情感被学生感受,他们就会产生轻松愉快的情绪体验和乐学的情感反应,在整个教学活动中,学生会认真领会和体味教师的教育要求,并积极内成一股主动学习的动力。不仅如此,学生还会产生情感迁移,把这种良好的师生情感迁移到其他的各类活动中去,良好的师生关系对教育气氛有活化作用。

2. 学生个性社会化的作用

个性社会化是指个体接受社会公认的个性程度标准使其从个性方面取得合格社会成员资格的成长过程。它是学生社会化的最为核心的部分。良好师生关系的建立正是个性社会化的重要手段。首先,师生关系是学生离开家庭步入社会所面临的一种最为重要的人际关系,学生经常会以师为镜,认识自我,匡正自我。同时,在与教育者的交往中,又是一个学习社会行为规范、道德准则和价值观念的绝好机会,使学生的价值观不断得到发展。其次,人是社会性动物,学生对于人生、社会的了解是从与教师的关系中获得的。学校中的学习生活对于学生人生观、世界观的确立起着重要的作用。师生关系对学生的成长意义重大,甚至决定了学生对社会的信任度及其个性发展。教师在教学活动中不仅要教会学生学会学习,更要教他们学会生活、学会做人、学会与人相处[7]。

3. 对教师职业效能感的促进作用

师生关系通过影响教师的职业效能感而影响学校教育的效果。教师的职业效能感,是教师在教育活动中对自己活动的效率和活动能力的自我认知和评价。

心理学研究表明,教师职业效能感的形成与发展与他的人生观、世界观、教育观和身心健康状态有关,但最直接的来源还是与学生的交往以及在交往中形成的各种情绪体验。在教育过程中,如果教育者与学生建立起了良好的师生关系,那么,学生就会对教育者充满信心,视教育者为知己和朋友,愿意与教育者交流,并以不同的方式充分肯定教育者的劳动成果,比如取得优异的成绩,各项竞赛获奖。教育者在这样的良好关系中不断体验到一种劳动被认可的成功感和愉悦感,这种情感又成为教育者更进一步的动力,这样教育者就会始终把这种劳动看作自己的需要、乐趣和追求。[8]

4. 有效而迅速的信息传输作用

学校教育要取得成效的一个重要条件,就是师生之间的相互认知和理解的程度。要取得相互的认知和理解,必须使两者之间的信息通畅,即教师要充分认知和了解学生,学生要充分理解教师的要求,在良好的师生关系中,教师对信息的接收、加工以及输出比较完善,学生对信息的接收、存贮比较充分。所谓的"亲其师,信其道"就是这个道理。相反,师生关系不良,师生间就会形成一个无形的信息流通屏障,无论教师多么地负责任,学生总是怀疑教师的善意,怀疑教师言论和行为的科学性和公正性,甚至对教师的教育产生抵触情绪,从而大大地限制了信息的接收和内化。在良好的师生关系中,由于"学"的一方是"教"的一方的积极"合作者",因此,他们会对教师的影响给予客观而积极的反应,教育者又可以更恰当地调整"教"的状态,使整个教育过程处于最优化的运行状态。

四、处理民办学校教育中的典型个案和体会

我曾经中途接手过一个班级,这是个在学校里十分"出名"的问题班,全班四十个学生有一半都存在学习习惯差、行为规范差等问题,散漫不羁的学风和班风着实让我这个半路接班的无从下手。凭着对每一个学生负责的态度,我把刚开始的压力化成工作的动力,有针对性地对每一个问题学生给予力所能及的帮助。

小 W 是班级里比较典型的一个问题女生,她在日常学习生活中的表现着实让人觉得矛盾和不可思议。她对待老师有礼貌,但是不会去认真听任何一节课,

也不会认真地去完成笔记或是回家作业,要么就是找一个借口不交作业,要么就是抄别人的作业来交差;她对待同学很热情,但是这种热情不是表现在学习生活上的互帮互助,而是表现在上课时一起讲话开小差,破坏任课老师的教学秩序;她对待朋友虽然真心,但是这种真心有时候却表现为帮朋友出头吵架闹事,一起欺负其他比较文弱胆小的女生等;她对未来美好的生活充满向往和期待,但是总是用一个个谎言让她的父母、她的师长甚至是她自己失望。

从小 W 身上反映出的一系列现象与问题其实也是班级里大部分学生的缩影。在帮助小 W 以及其他学生纠正不正当行为和培养学习兴趣的过程中,我做了很多努力,也总结了一些方法:

1. 以爱心对生命负责

处在叛逆期的她们内心世界是相当复杂的,想要努力学习却又害怕承担学习的艰苦;想要成为一个优秀的人却又不知道自己的前途和未来在哪里;想要体恤父母的良苦用心却找不到合适的话题去沟通;想要纠正身上存在的陋习却碍于面子走不出坚实的第一步。久而久之她们的思想包袱和心理压力越来越大,表现在日常生活中就是与老师、家长的关系恶化,学习成绩越来越差,行为规范越来越差。但是我始终深信一点:这并不是她们想要的生活,她们每一个人都是希望向好的方向发展的,每一个孩子也是很单纯的,并不是如我们所想的那么复杂。

为了更好地帮助她们,我必须走进她们的心里去了解她们,去感知她们心里的快乐与悲伤。每个学生都有着很强的自尊心,特别是作为民办学校的学生,她们大部分是带着一种灰暗阴沉的心理踏进学校的。正因为如此,她们比其他人更加渴望被重视、被尊重,被关爱。在接下去的日子里,我用"以爱心,以信任"的交流沟通方式去走进学生的内心深处,并且用我的真诚让学生深刻地感受到我是真心想帮助她们,绝不是只想让她们用学习成绩来证明我的工作能力,毕竟学生也是会用心去判断好与坏、善与恶的。

记得有一次数学测验后,我像往常一样了解了班级的总体情况,小 W 的成绩一直在呈下滑趋势,那一次她考了一个个位数。可我发现她照样嘻嘻哈哈,评讲考卷时睡觉。中午休息时我和小 W 交谈了一下。我并没有从数学成绩着手,开头只是简单的聊一些班级中琐碎的事情,看她情绪还不错我和她有了以下一段对话。

我问:"小 W,你父母让你进高中的目的是来等一张毕业证书的,是吗?"

小 W 笑着回答:"当然不是。"

我继续问:"哦,那么你父母对你没有要求,每天只要来学校报到一下就好了,是吗?"

小 W 又笑着回答:"当然也不是啊。"

我很严肃地问:"既然这两者都不是,那么你每天来学校的目的是什么?因为我思考了很久都不知道你想要什么。"

小 W 呢喃着:"我,我,我没想好。"……沉默了很久。

我心平气和地说:"以我对你的总体观察和了解,你不像是一个没有追求的人。如果你进学校的第一天就认真对待自己的话,我相信你绝对有能力三年后考进一个二本学校。但是以你现在这种状态长此以往下去的话,我想你三年后的结局只能是悔恨与痛苦。"小 W 低着头不语。

我继续说道:"请把你的头抬起来看着我。我知道每次考试不及格你心里肯定是不好受的,那为什么你要装着很不在乎呢?告诉我,为什么你会变成今天这个样子,你的理想你的追求呢?为什么要自暴自弃?我们都没有放弃你,为什么你要先放弃自己?为什么你无视老师和家长对你的期盼?"

这一串"为什么"之后,小 W 已经是满眼泪水了,而我居然也是泪水在眼眶中打转。我们对视了很久,似乎在这几分钟里我们的心拉近了许多,我想她是真的明白我在为她的表现感到惋惜,也体会到了我对她的关爱。那天放学后,她主动来找我和我聊了很多。在与小 W 的沟通中我了解到她家庭的一些特殊情况导致她心理上的一些阴影,那种想要发泄的情绪又使她变得叛逆,并且结交了社会上的一些小混混;在初中时部分任课老师对她的放任不管又导致她现在的学习基础差、习惯差,对学习毫无热情。那天谈话,她的最后一句话是:"老师,我相信你。我知道你对我们都很好,我会改的。"我在听到她这番话后除了感动之外,心里也很清楚要她付诸实际行动还是挺难的。

真诚地与学生交流确实是一个了解彼此很好的方法,同时在日常学习生活中也要细微的关心她们。我每天的课余时间基本上都拿来和学生进行沟通了,通过这样的交流既拉近了和学生之间距离,让彼此有一种信任感,又从侧面了解了学生的思想变化和内心想法,这有助于我有的放矢的开展下一步工作。当然还有通过给学生写周记评语的过程进行另一种形式的交流。大部分的情况下只要学生的周记有内容,我的评语往往比她们的周记写得还长,这样的过程称之为"以我的真心换你的心"。

2. 关爱与惩戒相结合的策略

在得到彼此信任之后,接着的工作就是由表及里的修正学生的行为偏差,及时改正不良的学习方法。之前我提到过要用爱去感化学生,但这不代表在教育过程中就可以原谅她们所犯的错误,只有刚柔并进的教育方法才能达到事半功倍的作用。对小 W 我是这样要求的,对其他学生我也是这样要求的。

关爱——教育过程中要多用激励的方法,坚持以鼓励为主,以引导为主。在她们取得点滴进步的时候表扬,不仅是在她们个人面前,有时可以在全班面前表扬;帮助她们建立或恢复学习的自信心,及时耐心的解决学生在学习上的实际困难,在任课老师的配合与帮助下较好的解决这些问题以提高学习成绩,让学生有成功的体验,产生学习动力;课余时间在不影响休息和学习的情况下,以一种朋友的身份和她们聊聊天,真诚地为她们解决学习和生活的实际困难,尊重她们的人格、个性和自尊。每一次和学生的聊天,都坚持做到要么都站着聊,要么都坐着交流,为的是让她们感觉被尊重,感觉平等与友好。

记得我曾在小 W 的周记本里写下一段长达一千五百个字的评语,把她的人生比作多米诺骨牌,一次次的失败与挫折就像骨牌搭到一段之后的倒塌,我们可以从头开始再搭,但是生命与时间允许她能重新开始几次呢?总之,在字里行间我让她感受到我的真诚和友善,也让她深刻感受到何为"珍惜"。

惩戒——在学生犯了原则性的错误(破坏任课老师正常的课堂秩序、吵架斗殴事件、屡教不改的不交作业等)时,则会在了解情况之后根据错误性质给予处罚。对于影响班级荣誉的,要在全班面前做自我检讨,并且要得到班级同学的原谅才可以;对于作业不按时完成的就牺牲课余休息时间补做作业;对于逃课的学生就在放学后以加倍的时间留校静坐等。总之不能让她们感觉老师是朋友,有些错误就可以原谅,反而要让她们明白,正因为我有着班主任、老师、朋友的多重身份,所以所犯的错误更不能原谅,因为在她们的成长过程中既要学会学习,更重要的是学会做人。

3. 充分发挥"三合一"的效能

教育不仅是学校的工作,同时也是家庭的工作。只有当学生个人、学校、家庭三方充分发挥作用的前提之下,学生的成长环境才是最佳的。很多家长认为把孩子放到学校之后就完全由学校来教育,自己什么都可以不用管了,这种想法是错误的,这样既增加了学校教育的负担,同时也是造成子女与父母之间代沟的主要原因。为了更好地发挥家庭的作用,发挥父母在子女成长过程中的积极引导作用,我常采用家访、家长会、短信联系等方式进行沟通。

作为一个班主任,如何在最短的时间内对全班同学有一个整体的了解,家访是一个很不错的方法。通过家访,既可以熟悉学生的家庭成员又可以尽可能多的对学生的生活环境有一个直观、感性的了解。

家长会也是联系学生家庭关系的桥梁,一方面可以让家长了解子女一定时期的学习情况和思想动态,另一方面也可以让班主任了解学生在家里的表现,从而更好地开展下一步的工作。各行各业都是需要职业道德感的,在培养学生责任意识的同时也要激发家长的责任感。在坚持不断与家长交流沟通后,大部分家长都能积极配合我的工作。

在了解小 W 的情况之后,我又在与她妈妈的联系沟通中了解了更多的信息,同时我也让他们了解自己女儿的一些心里想法。通过"三合一"的教育方式共同帮助小 W 迷途知返,重拾对学习的信心,感受家庭的温暖。

五、处理民办学校教育中师生关系问题的建议

教育是知、情、意、行相结合的艺术。教师在教学活动过程中只有把学生放到"人"的位置考虑,尊重学生的主体地位,才能建立良好的师生关系,为国家培养出德、智、体等全面发展的人才。教育者通过个人的道德修养和人格魅力,激发学生的学习兴趣,使他们化被动学习为主动学习。今天的师者,不仅是传道、授业、解惑的教育者,还应是能走进学生心里,创造一种和谐师生关系的组织者、辅导者、引领者。

民办学校学生在行为习惯和学习能力上的确是存在一定的问题,但是在心理感受上他们却是细腻而敏感的。他们在与老师的交流中感受着老师的真情以及真情的深度。因此在谈心过程中必须集中注意力,真正达到情感相通、言语相容。我们时常要求学生要学会换位思考去体谅父母和师长,但其实我们在谈心时也需要这样的方法,每次谈心时都应设身处地地去感受学生内心的体验,让学生真正认识到老师是在以关切之心与之交流,这样才会使学生的抗拒或抵触情绪冰融雪化,从而达到将心比心、以心谈心、以心换心的效果。

(一) 施爱于教,了解学生

鲁迅曾说过"教育是植根于爱的",[9]爱是教育的源泉。教育者有了爱,才会用伯乐的眼光去发现学生身上的闪光点,对自己的教育对象充满信心和爱心,才

会追求卓越和创新的精神。热爱学生,是教师激励自己做好教育工作的精神力量。

法国思想家卢梭曾在他的著作《爱弥尔——论教育》一书中提出这样的观点:教育要尊重天性。人类的教育有三个来源,即天性、人事和事物。天性指的是善良禀赋;人事指的是教育者的启发培养;事物指的是教育环境。他认为三者协调才能产生圆满的效果,也就是达到教育的优化。卢梭从性向善的观点出发,认为教育者在从事教师职业过程中要适应受教育者的成长和发展。[10]只有这样,教师才能针对学生的不同发展特点给予正确的教育引导。

教师的爱心是教育成功的原动力。在爱的基础上,教师才能投入他的全部力量,把自己的青春、智慧无私的献给教育事业。同样的,学生只有爱师,才能在将爱转化为自己接受教育的内部动力。热爱学生,有利于创造和谐融洽的师生关系,培养学生良好的思想品德。当一个学生受到教师的爱护和关怀,得到良好的感情体验,他会逐步地懂得如何用高尚的道德情感去对待别人,学会处理人与人之间的各种关系,获得尊重他人、集体与人为善的道德经验。

热爱学生的前提是深入了解每一个学生。苏联教育学家苏霍姆林斯基曾指出:"全体教师要了解涉及每一个学生的一切,即了解他们的思维、情感、天资、能力、倾向、爱好,这是我们的职责。"[11]了解学生,是正确教育和评价学生的前提。教学活动中教师要因材施教、因势利导,只有了解每个学生不同的特点及存在的差异性,我们的教育才能对症下药,促进学生健康成长。

(二) 尊重学生,民主平等

社会的主体是人,一切社会的活动究其本质是人的活动。社会需求的是成熟的人。因而人不但是教育的对象,而且还是教育活动的出发点和归宿点。

尊重学生关键是尊重他们的人格和个性发展。几千年来,师道尊严的思想使教育者缺乏平等意识,形成"唯师是从"的专制性师生观。教育者忽略了人的发展其实就是个性的发展。为了建立良好的师生关系,教育者就必须从尊重学生个性做起。瑞士大教育家裴斯泰洛齐指出:"为人在世,可贵者在于发展各个人天赋的内在力量,使其经过锻炼,使人尽其才,能在社会上达到他应有的地位。这就是教育的最终目的。"[12]

尊重个性首先要求教育者在教育中要平等对待学生,要尊重、承认每个学生的发展潜能。要承认人的差异性的存在是天然合理的,对任何一类学生都不能放弃或不尊重,以此形成正确的人才评价观。[13]其次尊重个性要在教育活动中注重体现个性。要引导学生自觉地、主动地、活泼地发展自我，促进学生成为教育的主体、发展的主体。再次尊重个性要强调教育的针对性。在具体教育活动中，要根据学生的个性特点和他们接受教育的独特方式，选用相应的教育目标、内容和方法。[14]

所谓民主平等的师生关系，首先是人格上的平等。教师和学生作为独立的社会公民应该互相尊重对方的人格、信仰和爱好。其次是学问上的平等。虽然教师的知识和能力在一般情况下要强于学生，但在有些问题上教师就不一定比学生强。正如唐代文人韩愈所说的"弟子不必不如师；师不必贤于弟子"，教师在教学活动中应该尊重学生的意见，与学生共同探讨、共同进步、教学相长。

师生关系是一对充满人性的平等关系，民主平等包括知与情两方面的内容。"知"就是指先知和后知的关系；"情"是指学生与教师一样在人格上的独立。当知与情两者统一，才能构成师生双方各自完整的人格。在人类呼唤价值回归，渴望人与人和谐共处的时代背景下，师生之间的民主、平等和相互尊重显得尤为重要。

（三）交往与对话

教学活动的本质是交往，对话是教学交往的主要形式与途径。教学活动应该是师生通过对话、交往与沟通活动共同创造意义的过程，也就是互相学习，互相进步。

传统的教育把教育者与受教育者限制为一种"传授与接受"的关系。其实，师生之间不仅是一种认识关系，更是一种交往关系，是一种共同创造教育意义的关系。教师的职责现在已经越来越多地激励学生思考；除了他的基本职能外，将越来越成为一位顾问，一位交换意见的参加者，一位帮助发现矛盾而不是拿出真理的人。他必须集中更多的时间和精力去从事那些有效果的和有创造性的活动；相互影响、讨论、激励、了解、鼓舞。[15]

在教学中，交往是一个有目的的活动过程，它是师生间为了协调、沟通、达成共识、联合力量去达成某一个目的而进行的相互作用。它要求师生在交往中学会经验共享、学会合作、发现自我、达成共识、弘扬个体主体性。交往是一切有效教学中必需的要素，强调交往在教学中的意义，有助于更新教师的教学观念；对教师而言，上课是与人的交往，而不是单纯的劳作；是艺术创造，而不仅是教授；是自我发现和探索真理的过程，而不是简单的展示结论。因此，只有师生间存在交流了，我们才能真正地理解和尊重对方。[16]

所谓"对话"是指师生基于尊重、信任和平等的立场,通过言谈和倾听进行双向沟通的方式。师生对话的核心,是师生作为平等主体之间的坦诚相见;是师生双方共同在场、相互关照、相互包容、共同成长的关系。师生关系的核心,是把教师和学生看成是真正意义上的"人",即师生间只有价值的平等,要把学生真正纳入一种平等、理解、双向的师生关系之中。

　　由此可见,这种"我和你"关系的核心是把教师和学生看成与自己平等的"人"。在这种关系中,教师的作用不是降低了,而是提高了,对话和交往要求教师在交往过程中不断反思自我、超越自我,真正承担起师之为师的责任,体现出以人为本的教育理念。[17]

(四) 优化谈心艺术

　　"谈心"在师生相处中起着催化剂的作用,通过晓之以理、动之以情的谈心,使严格的纪律约束在亲切的谈话中让学生主动去接受,师生之间的心理距离也会不断缩小。

1. 谈心的关键在于"情"

　　民办学校学生在行为习惯和学习能力上的确是存在一定问题的,但是在心理感受上他们却是细腻而敏感的。他们在与老师的交流中感受着老师的真情以及真情的深度。教师在谈心过程中必须集中注意力,与学生达到情感相通、言语相容。这样教师对学生的真情实意他们就会感受到,

　　我们时常要求学生要学会换位思考去体谅父母和师长,但其实我们在谈心时也需要这样的方法,每次谈心时我都会设身处地地去感受学生内心的体验,让学生真正认识到我不是在教训他们,而是以关切之心与之交流,用宽容之心给予他们帮助,这样才会使学生的抗拒或抵触情绪冰雪融化,从而达到将心比心、以心谈心、以心换心的效果。

2. 谈心的力量在于"理"

　　用爱心去感受学生的内心体验不代表我们要去纵容学生不合理、不正确的想法。谈心的目的是为了帮助学生树立正确的三观,拉近与学生的心理距离以促进师生之间的和谐关系。在谈心中必须"以理服人",切忌强迫学生被动服从,否则学生会产生强烈的抵触情绪。通过与学生相互交流思想,循循善诱的帮助学生明辨是非,一步步地使学生从错误的思想或行为中走出来。

　　我和学生在谈心过程中是这样诠释"良师益友"的:作为你们的班主任,我愿意也有责任在你们的人生道路上指点迷津,让你们少走弯路或歪路,此时我是

"闻道先于你们"的良师;在创建温馨、和谐的班级学习与生活氛围的时候,我们是相互信任的朋友,我们有着共同的奋斗目标。但不管何时,我首先是你们的良师而后才是益友。这样子可以让学生把握住师生相处的"度"。

3. 谈心的前提在于"导"

谈心要尽可能地把解决思想问题和解决实际问题联系在一起,这就要求我们能找到最恰当的话题"导入"到正题,而且对不同脾气性格的学生采取不同的导入方式。对性格内向的学生可采取"拉家常"的方法,由远而近,先轻后重;对性格较为外向的学生,可单刀直入,一针见血地指出问题,然后心平气和的提出解决办法,在这过程中要让学生感受到老师对他们的尊重而不是霸道;对于性格独特的学生,可从学生当下的内心情绪要求谈起,迂回曲折的渐入主题。总之,话题导入的贴切与否也将影响谈心的最终结果。

4. 谈心的内容来自"心"

教师在谈话过程中要向学生强调"对事不对人"的前提,然后"就事论事"的解决问题。正如之前所言,认真地去了解每一个学生,用心地在观察他们的行为与生活细节,耐心地去收集学生的相关资料,细心地找出他们日常表现与存在的问题之间的联系,以便在谈心过程中有的放矢的开展教育工作。谈话不应该是空洞的,而应该是有因果所以然的,谈心过程中的内容来自班主任的爱心、细心、真心、耐心。

每天和学生相处,谈心交流是免不了的功课。如果教师能充分利用好每次谈话的机会拉近与学生的距离,一个和谐、温馨的班集体也定会在师生之间的真情真心中建立起来。更重要的是,谈心中老师真诚的一句话或一个细微的动作,可能影响一个学生一时的取舍乃至一生。

(五)努力提高教师自身素质

师生关系是一种珍视知识和道德精神价值的人际关系。学校教育的目的,是为国家的建设事业培养德、智、体、美、劳全面发展的人才。因而,一方面教师在与学生交往中要重视学生专业知识的学习成绩和学习态度,教师往往容易对学习努力、成绩突出的学生产生好感;另一方面,学生也非常重视教师的专业知识水平的高低和教学能力的强弱,他们往往尊重和喜欢学问深、教学好的教师。师生双方共同的知识、道德和理想追求,使他们之间形成融洽、和谐的关系。

健全的人格是教师不可或缺的素质,教师只有具备了完善的人格,才能使学生的人格趋于完善。身教重于言教,教师只有以高尚的品德影响学生、感染学生,才能使学生的人格得到充分的发展。同时,教师只有具有良好的心理素质,才能保证学生健康成长。现实生活中,教师也要处理好自己的心理问题,调节、疏导自己的不良情绪和心理状态,充分发挥教书育人、言传身教的典范作用。

教师还要具有广博的学识,教育者不仅要具有扎实的基础知识,还要有培养学生综合素质所需要的拓展性知识。面对专业知识的加速老化,要有终身学习的能力,不断更新自己的知识。在不断进取中完善自我,适应变化的社会和教育。师生在交往过程中,教师通过不断开拓的知识量"授学生于渔",开发和培养学生的创造性精神。在民主、平等、对话的基础上鼓励学生敢于置疑、敢于否定、敢于综合、善于联系,有所发明和创造。[18]

六、处理民办学校教育师生关系的初步成效和几点反思

那个班级经过师生一学期的用心努力之后,情况有所好转,小 W 更在高一下学期的期末考试之前那段时间获得所有任课老师发自内心的表扬,她也在期末考试中英语成绩名列年级第一。在学期末的家长接待活动中,小 W 的妈妈更是激动地感谢我,她告诉我现在小 W 做事有责任意识了,而且考试考得不理想还会觉得对不起老师。或许这是对我工作最好的肯定,我很欣慰。高三毕业升学考试,小 W 如愿考进了一个令老师、家长和她自己都满意的学校。

在这个过程中我用类似的方法和心态与每一个不同的学生相处着,这其中包含着成功的喜悦和暂时见不到成效的焦虑。学生具有多样性,不同的案例也具有特殊性,对此我也进行了反思:

1. 教育需要多大的耐心来继续?

小 W 虽然有了点滴的进步,但是在接下去的学习生活中,这种进步肯定又时常与她那些坏习惯交替出现,对于一个成长中的孩子来说这样的反复是正常的,但是我有耐心去承受一次次的反复吗? 关爱和惩戒的策略到底要把握到怎样的程度才能真正恰到好处? 教育的确是一个长期的需要耐心和爱心去开展的职业,这对于每一个有责任心的教育者而言都是考验。

2. 怎样更好地培养学生的道德责任感,让她们学会做人、学会生活?

教育最终的目的是培养出适应社会主义现代化建设需要的人才。教育质量的好坏,现在固然可以看出来,但关键还是看他们今后到社会上会怎样发展,即解决学生的可持续发展。结合二期课改"以人为本"的精神,培养学生的社会责

任感,提高教育者自身的素质,使教师与学生能够得到良性的可持续发展。

在理论与实践相结合的学习下,教师需要不断提高自我修养,而学生也能做社会的主人翁,学会学习,学会生活,学会相处,实现自我的可持续发展。这也是需要时间和耐心去等待与实践的。

生命是一种责任,任何人都无权随意挥霍。教师如此,学生也是如此。作为民办学校中的一个教育工作者更有一份教育学生如何珍惜生命的责任。真诚地爱每一位学生,尊重他们的人格、个性和自尊;致力培养学生健康心理,培养他们具有爱心、关心社会、关心他人的品质,这是每位教师在教育教学过程中不断摸索和追求的目标。

注释:

1. 孙嘉亭:《也谈教学中的师生关系》.《教育理论与实践》第 20 卷.2000 年第 10 期,第 37 页;

2. 范寅虎:《学校教育中的师生关系之我见》.《教育理论与实践》第 21 卷.2001 年第 3 期,第 59 页;

3. 肖川、王文宝主编:《打破神话——解读"学习的革命"》.中国青年出版社,1999 年版,第 256 页;

4. 蒋永华:《人性关爱:现代教育的呼唤》.《教育评论》2002 年第 4 期,第 16 页;

5. 王正平、郑百伟主编:《教育伦理学——理论与实践》.上海教育出版社,1998 年版,第 113 页;

6. 联合国教科文组织国际教育发展委员会编、华师大比较教育研究所译:《学会生存》.上海译文出版社,1989 版,218—220 页;

7. 徐洁:《民主、平等、对话:21 世纪师生关系的理性构想》.《教育理论与实践》.第 20 卷 2000 年第 12 期,第 16 页;

8. 段鸿、张兴主编:《德育与班主任》.上海教育出版社,2000 年第 1 版,第 65 页;

9. 石炳生:《加强师德建设的途径》.《教育评论》.2002 年第 5 期,第 112 页;

10.[法]卢梭著、李平讴译:《爱弥尔——论教育》(上卷).人民教育出版社,1985 年版,第 22 页;

11.《帕夫雷什中学》:教育科学出版社 1983 年版,第 54 页;

12.《西方资产阶级教育论著选》.人民教育出版社,1964 年版,第 173 页;

13.蒋永华:《人性关爱:现代教育的呼唤》.《教育评论》2008 年第 4 期,第 16 页;

14.孙永富:《"人的教育"是素质教育的核心》.《教育理论与实践》.第 21 卷 2001 年第 6 期,

第 18 页；

15. 肖川、王文宝主编：《打破神话——解读"学习的革命"》.中国青年出版社,1999 年版,
第 258 页；

16. 徐洁：《民主、平等、对话：21 世纪师生关系的理性构想》.《教育理论与实践》第 20 卷,2000
年第 12 期,第 17 页；

17. 黄忠敬：《教学理论：走向交往与对话的时代》.《教育理论与实践》第 21 卷,2001 年第 7
期,第 35 页；

18. 范寅虎：《学校教育中的师生关系之我见》.《教育理论与实践》第 21 卷,2001 年第 3 期,
第 60—61 页。

参考文献

[1] 王正平、郑百伟主编：《教育伦理学——理论与实践》[M].上海教育出版社,1998
年版；

[2] 肖川、王文宝主编：《打破神话——解读"学习的革命"》[M].中国青年出版社,1999
年版；

[3] 史根东、傅道春主编：《教师创新行为案例与评议》[M].中国科学技术出版社,1999
年版；

[4] 任大海主编：《中国教育病》[M]. 四川教育出版社,1999 年版；

[5] 黄全愈主编：《素质教育在美国》[M]. 广东教育出版社,2000 年版；

[6] 杨春茂主编：《师德修养十讲》[M]. 北京大学出版社,1999 年版；

[7] 朱永新、徐亚东主编：《中国教育家展望 21 世纪》[M].山西教育出版社,1999 年版；

[8] 魏敏英主编：《新伦理学教程》[M].北京大学出版社,2000 年 2 月版；

[9] 屠荣生主编：《师生沟通的心理攻略》[M].上海人民出版社,1998 年版；

[10] 卢家楣主编：《心理学与教育》[M].上海教育出版社,1999 年 12 月版；

[11] 陈焕章主编：《教育原理》[M].上海教育出版社,2000 年版；

[12] 段鸿、张兴主编：《德育与班主任》[M]. 上海教育出版社,2000 年第 1 版。

论高考"3＋3"新模式下历史备考之"两翼"

——基础落实和主题复习两手抓

汪乐华

摘　要：高考新模式下，历史作为加试学科之一，课时数量减少，备考时间缩短，如何贯彻课程标准，提高备考实效，这是一个新的课题。本文介绍了历史学科备考复习采用基础落实和主题复习两手抓的策略及意义。

关键词：基础落实　主题复习　学科素养

　　上海新高考"3＋3"模式已经实行三年了，且不说其利弊，单就历史学科而言，地位已经不能和"3＋1"时代同日而语。受到学科难度、学生兴趣、规则制定等因素的影响，容易考的科目选考比例越来越大，不容易考的科目选考比例则越来越小。高中历史学习跨度为整个三年，相比较地理、生物学科并不占优势。加上长期以来存在的对文科只要会背就拿高分等偏见，加试历史的考生的数量和质量都不容乐观。然而，作为一名高中历史教师，坚守阵地和履行职责乃义不容辞。三年来，在生源质量、师资力量有限的情况下，我校历史学科还是培养一批等级考获得 A 甚至 A⁺ 档的优秀学生，这对民办高中而言实属不易。本文认为，历史备考关键在于抓住"两翼"——基础落实和主题复习。两者相互依存，师生密切配合，方能展开腾飞的翅膀，达成既定的目标。

一、构筑历史基础知识的大厦

　　基础知识的作用不言而喻，为各个学科学习和备考的普遍共识。和"3＋1"时代相比，"3＋3"高考检验的三年高中历史知识一点都没少，但实际课时数量却压缩了一半。如何在有限的时间里，依然帮助学生构建一座完整的历史知识大厦,这是备考的首要课题。历史学科涉及的基础内容极为广泛,从第一至第六分册的基础型部分到第七分册的拓展型部分,从古代史到近现代史,从中国史到世界史,无所不包。概括起来,历史基础知识的大厦,主要是由"时、地、人、事、文明成果"构成。

1. 构筑历史的时和空

近两年提出的历史学科的五大核心素养之一就是时空观念。它是指"对事物与特定时间及空间的联系进行观察、分析的观念,以历史纪年、历史时序、年代尺、阶段特征、历史大事年表、历史地图等形式呈现"。历史时间和空间是构成历史基础的最基本要素,可以说,离开时间和空间,历史也就不存在了。可往往说到它,很多学生就头疼不已,更谈不上历史学习和思维了。其实,要掌握这部分基础,需要把握几点:

(1)把握历史时间的顺序性和空间的连续性:

恩格斯在《反杜林论》中曾经写道:"当我们深思熟虑地考察自然界或人类历史或我们自己的思维活动的时候,首先呈现在我们眼前的,是一幅由种种联系和相互作用无穷无尽地交织起来的画面。"历史就是由时间和空间交织起来的精彩画卷。这里,时间的顺序性是指历史活动时间的更替承接。空间的连续性是指物质存在和运动的处所是处处连续、处处均匀的,由此,宇宙才能够成为一个整体。比如,在学习先秦三代夏、商、周时,要知道它们既是同时并存的三个部族集团(空间),又是前后逐次更替的三个王朝(时间)。其中,周朝先后分为西周和东周两个时期(时间),平王东迁洛邑以后的周朝被称为东周(空间)。当然,时间和空间就好比孪生体,相互依存,不可分割,学习时一定要借助大事年表和历史地图,以期呈现一个直观的效果。

(2)把握历史时间和空间的阶段性:

历史是一个呈阶段性发展的动态过程。在不同阶段,表现为或上升、或下降、或循环往复、或迂回曲折。比如 19 世纪六七十年代的世界,从时间上说,这是资本主义制度普遍确立时期。为什么这样说呢? 因为从空间上看,俄国 1861年废除农奴制的改革、美国 1861—1865 年的南北战争废除黑人奴隶制、日本 1868 年开始的明治维新,以及经过三次王朝战争的德国到 1871 年完成统一,主要国家几乎都在这个年代走上了资本主义道路,和 17、18 世纪通过早期资产阶级革命成为资本主义国家的英、法、美一道,真正开始了大国崛起。他们汇成了一股资本主义的洪流,一方面为第二次科技革命提供了政治前提,另一方面也借助这个时机成为现代化国家。当然,这当中,由于资本主义经济政治发展的不平衡性,两大军事集团先后形成,为20世纪初的一战埋下了隐患。

2. 网化历史的人和事

历史人物,是指那些在历史发展中起过重要影响,在历史长河中留下足迹,对人类历史起到推动作用的人物。郭沫若就曾在他的《历史人物》一书中,对屈原、曹植、王安石、闻一多等处于不同时期的历史人物进行了研究和评价。评价历史人物是研究历史的一个重要部分,然而,评价一定是建立在了解的基础上。在娱乐明星偶像盛行的当代,加上历史人物生活的年代较为久远,学生难以产生距离美,因此就更要借助课堂学习,了解历史人物,进而做出相对客观的评价,这是学生学习历史的基础乃至树立正确人生观价值观的重要部分。

当然,了解人物和事件是一个有机统一体。历史事件发生的背景(包括地理环境、经济基础、政治条件、思想因素等)、经过、结果、影响乃至评价等都是构成事件的要素,而且人物和事件、事件和事件之间的关联、对比也至关重要。制作表格进行对比,或者进行古今对照,是很直观有效的做法。比如比较美国历史上的两次资产阶级革命,一是独立战争,二是南北战争,虽然分别发生在18世纪后半期和19世纪中期,但它们一个诞生了国父华盛顿,一个产生了令人敬仰的林肯;一个使美国独立,一个使美国崛起,这里的人物和事件散发着光辉,照耀着美国乃至人类历史。

3. 分格历史的文明成果

恩格斯说:"文明时代是学会天然产物进一步加工的时期,是真正的工业和艺术产生的时期。"这句话揭示了文明包括物质文明和精神文明两方面。物质文明是人类改造自然的物质成果,表现为生产力的进步和人们物质生活的改善;精神文明是人类在改造客观世界和主观世界的过程中所取得的精神成果的总和,是人类智慧、道德的进步状态。高中历史里涉及的文明成果非常丰富,从古代文明到近代文明再到当代文明,从中华文明到欧美文明,从资本主义文明到中国特色社会主义文明,从农业文明到工业文明再到信息时代文明,跨度很大。这一座座文明成果的丰碑,夯实了历史的内涵,彰显了历史的博大,久久扎根于历史的根基中。

为了帮助学生掌握不同时期、不同地域、不同特色的文明成果,也为了授课的连贯性,我一般采用适当重组教材的做法,遵从这样一个顺序:先是中国古代文明(第二、三分册全册)——中国近现代文明(第五、六分册部分单元),再讲世界近现代文明(第四分册全册、第五六分册部分单元)。至于第七分册的内容除了史学的发展和上海地方史,都可以穿插其间。这样感觉只有中国和世界两条主线,学习的脉络更加清晰,学生也更易接受和掌握。

二、上演历史主题复习的大戏

复习绝不是简单的重复,更不是走马观花、囫囵吞枣。基础落实好比在显微镜下观察事物的细节,主题复习就好比在望远镜下观察事物的整体。如果说基础落实的目标是力求全面、不留死角、步步到位的话,那么,主题复习的目标则是,力求综合、提高能力、培养通感、升华认识。

类似于传统的专题复习,新模式下主要分为八大主题:

主 题	名 称
一	大一统帝国与专制主义中央集权
二	儒家思想文化及其对世界的影响
三	中外优秀文明成果的交流与碰撞
四	西学东渐下的近代中国社会转型
五	近代不平等条约体系的形成
六	启蒙思想影响下的西方国家现代化
七	工业社会浪潮下社会生活的转型
八	20 世纪国际政治经济格局的演变

可以看出,主题复习的最大特点是综合性强,思维含量高。它要求学生在更高的层次上把历史知识规律化、系统化,并得出对历史的认识,进而提高自身素养。

1. 立足课标,再次重组教材,树立通史意识

这一做法的目的是,再次打通各分册、各模块、各单元之间的关联,将散见于其中的政治、经济、思想文化等同一方面知识串联起来,给予纵横联系,形成前后贯通的知识系统。比如主题一,主要是讲中国古代政治制度(包括选官制度)的演变过程。专制主义中央集权是中国古代封建社会最基本的政治制度,由秦朝首创——西汉巩固——隋唐完善——北宋加强——明清空前强化而直至顶峰,

贯穿两千多年。这就需要围绕这一主题,把第二和第三分册各单元各课的有关内容进行重整。需要强调的是,重整不是简单的拼凑,在这一过程中,更要激发学生思考:这一制度下,隐含着哪两大基本矛盾?它的发展走向又是如何?基本矛盾在于,皇权和相权之间,中央和地方之间。其发展走向是,皇权不断强化,相权不断削弱直至消失;中央集权不断加强,地方权力不断削弱,由此大一统帝国得以延续。这样重组无疑对教师的历史专业素养提出了更高要求,当然学生由此也提高了对历史整体的认识,逐步建立起真正意义上的通史意识,这是非常必要的。

2. 提纲挈领,培养历史思维,提升学科素养

如果说基础落实是由薄到厚的过程的话,那么,八大主题的复习可以视为由厚到薄的过程。这一过程中,注重历史知识的内外联系,注重中外历史的交汇贯通,使学生从单纯的识记历史向理解历史、认识历史转变,使学生的学习自主性加强,进而使学生的思维能力上一个台阶。比如主题二,通过认识儒家传统文化及其辐射东亚、远播西方的影响,培养学生的家国情怀;主题三,通过中外优秀文明交流的史实梳理,结合现实,使学生认识"文明没有高低优劣之分,只有姹紫嫣红之别",尊重和理解各国各民族的文化传统,形成包容意识和开放心态,等等。

再次强调的是:备考不仅仅是为了分数和等第,更重要的是提升学生的历史学科素养,能够启迪学生心智、助力学生成长,这是备考的最高境界了。

参考文献

[1] 上海市教学研究室:《上海市中学历史课程标准》[S].上海教育出版社,2017 年版;

[2] 恩格斯《反杜林论》研究读本中央编译出版社,2014 年版;

[3] 郭沫若:《历史人物》[M].人民文学出版社,1978 年版。

浅谈地理教学中的德育渗透

朱 玮

摘 要：学校教育工作的目标是在传授学生知识、技能的同时培养学生良好的道德品质、健全的心理素质、高尚的思想情操、崇高的革命理想。地理学科蕴含着丰富的德育教育素材，对培养学生正确的科学的宇宙观、人地观和辩证唯物主义世界观具有重要的意义。本文论述如何结合地理课堂教学，积极创设地理学习情境，加强情感态度与价值观的培养；如何充分挖掘教材蕴含的教育素材，在地理知识传授、地理能力培养中渗透德育教育的建议和策略。

关键词：地理教学 德育渗透

一、背 景 与 缘 由

德育是学校教育的核心内容之一,学校教育的目标不仅要教学生学习知识、技能,更要花大力气教学生做人之道,培养学生良好的道德品质、健全的心理素质、高尚的思想情操、崇高的革命理想。地理学科在学校德育体系中占有重要地位,在培养学生的政治素养、爱国情操等方面具有其自身的特点,发挥着独特的作用。

"专题1：地球在宇宙中的位置"从"古人的天圆地方"论说到现代的宇宙观,人类探索认识世界,经历了由无知到有知,由错误到正确,由迷信到科学的曲折过程。通过这专题的学习,学生可学会如何用正确的态度对看待世界,看待未知事物,也可明确认识事物是一个曲折的过程,正确的思想不是与生俱来的,是人类长期探索的结果。

二、案 例 呈 现

[导入新课]

人类生存在地球上,为求得更好的生存和发展,需要认识人类的生存环境,首先要认识地球所处的宇宙环境。

第一,地球上的许多自然现象,仅从地球自身因素分析无法得到正确、完整的结论,需要从地球所处的宇宙的环境来分析。

第二,随着科学技术的进步,人类将眼光投向太空,以拓展生存空间和资源来源。(引入认识地球的宇宙环境的主题,进而以谈天说地引出本节课的学习目标)

[导学、自主探讨、讨论交流]

先组织同学们根据已有的观察体验,交流对天体和宇宙的认识。在此基础上,提出问题:天体有哪些类型,各有什么特点? 让学生通过阅读 p.2 图 1.1,除认识到要用科学的眼光观察天体外,重点引导学生认识地球宇宙环境的组成,树立正确的宇宙观。

紧扣谈天说地的话题,提出"说地"将要探讨的主要问题:如何确定地球的位置? 地球是一颗怎样的星球? 地球上为何有生命物质存在?

三、地球在宇宙中的位置

[探究指导]

(引导启发)认识地球在宇宙中所处的位置,有助于全面认识地球上出现的一些地理现象,并找出这些现象形成的客观的、正确的原因。宇宙虽然无边无际,处在不停地运动和发展之中,但是有规律可循的。搞清天体系统的形成和层次,可以帮助我们确认和描述地球所处的位置。读图指导,图 1.2 体现了宇宙是按一定层次和结构组成的有序的物质世界。四幅小图分别代表不同级别的天体系统,逐层展示了它们之间的隶属关系。

(方法步骤)

1. 利用天体系统层次图找出地球的位置;

2. 将(P.3)图 1.2 转换为(P.4)图 1.3,或自行设计天体系统层次图,以多种

方式表示地球的位置;

3. 用文字(或语言)描述不同宇宙空间尺度中地球所处的位置。描述层次要清晰。如:可按地月系——太阳系——银河系——总星系的空间尺度顺序描述。也可用自己擅长的其他方式表达。

[自主探究]

学生独立学习,并将自己的见解和设计的图表整理出来。

四、太阳系中一颗普通的行星

[探究引导]

地球到底是一颗怎样的天体? 人类对这一问题的了解,主要来自人类对太阳系的探索和研究成果。聚焦太阳系,分析一组图表信息,了解太阳系"家族"中的成员,特别是各大行星的基本特点,可以透析地球是一颗怎样的行星。

[自学、讨论、点评]

1. 认识地球作为行星的普通性

(学生围绕活动要求,先自学,再分组讨论)

第一步,读 P.4"太阳系模式图",说出太阳系的成员、八大行星距离太阳由近及远的排列,从中认识地球。要求运用图表信息说明地球是一颗怎样的行星。

第二步,分析 P.4 表中各要素的相关数据,运用基本的数理知识比较八大行星的运动特征(即公转方向、轨道平面夹角、公转轨道形状)和结构特征(体积和质量等),进一步认识地球。

(点评指导)点评侧重运用数理知识解读图表信息,并得出结论的能力。如,观察太阳系模式图中八大行星公转方向的箭头,得出同向性特征;根据八大行星的轨道倾角大多小于 4°,得出共面性特征;根据八大行星的轨道偏心率大多接近 0,得出近圆性。根据这些共同特征证明地球并不例外;再从结构特征,如质量和体积等方面比较各大行星,特别是类地行星,得出地球也无特殊之处的结论。最后,以上述探讨的两方面结果来证明地球具有行星的一般特征,是太阳系中的一颗普通行星。

2. 认识地球是太阳系中的特殊行星

为何又说地球又是一颗特殊的行星? 是因为到目前为止,整个宇宙中只发现在地球上存在生命物质。(只提出,侧重引导学生通过对地球行星的普遍性和特殊性特点的认识,学会辩证地看问题。)

五、存在生命的行星

[导学]

　　用人类对火星生命的探测,引发学生思考生命生存需要哪些基本条件;再比较火星与地球的自然条件,引导学生探讨地球上存在生命的条件,形成"自然环境是人类赖以生存和发展的基础"的地理观念。

[自学整理、交流点评]

　　第一步:读图表分析。再次阅读 P.4 图表信息,从日地距离、体积和质量等方面自主推理说明地球存在生命的条件。

　　第二步:阅读、理解教材。即阅读 P.6 信息,理解地球内部物质变化与液态水形成的关系,整理出自己的观点。

　　第三步:讨论交流评议。在自主分析的基础上小组讨论,全班交流。

[活动]

　　如何在茫茫宇宙中确定寻找外星人的方向

　　(指导探究)除地球外,其他星球上是否有存在生命的可能? 如何探寻类似地球的星球? 人类一直在为寻找"外星人"而努力,目前已在太阳系之外发现了几十颗可能会有生命的行星。以小组 P.7 活动形式提出设想,说明如何在茫茫宇宙中确定寻找外星人的方向。最后全班交流。

　　说明:这里所谓的"方向",并不是"方位",而是外星人可能存在的地方。要分析这个问题,需要根据地球上存在生命的条件加以判断。活动只是给出了一种思考的线索,同学们的思考要力争富有创意,敢于"异想天开"。

[拓展]

　　第一步,课堂围绕课本提供的思考线索讨论;再根据自己掌握的信息和理解,提出自己的设想和见解。

　　第二步,感兴趣的同学课后可查阅杂志、资料。根据条件许可,参加校天文馆的相关活动或利用相关网站了解更多的信息,采用网上讨论、撰写小论文等形式深入探究。

【案例反思一】

　　第一部分地球在宇宙中的位置,通过讨论、自主探究,鼓励学生从多角度、用多种形式交流、展示自己的见解,但都需注重科学性,并使学生认识到人类认识宇宙的过程,是一个不断发展、不断修正错误、不断接近真理的过程,我们在缅怀曾为人类天文事业做出杰出贡献、甚至献身的天文学家的同时,也肩负着继往开来,不断探索的使命。

【案例反思二】

第二部分地球是一颗普通的行星,侧重从分析探讨的角度(即从地球的特殊性——是否具备生命物质生存所需要的条件分析,而不是作为普通行星的一般特征角度)、多学科知识的运用(注意运用中是否存在科学性错误)、利用图表信息的能力(利用图表信息进行分析)、描述能力(即条理性和科学性);采用集体评议与教师评议相结合的方式。有利于帮助学生确立任何事物发展都有其普遍性和特殊性的观点;通过运用资料探讨地理问题,形成实事求是的科学态度。

【建议和策略】

课堂是基本阵地。课堂教学,不单是知识的传授和能力的培养,它还包含着丰富的德育内容。

地理教师应当善于发掘教材中的德育资源,充分发挥地理教学的德育功能,在地理知识的传授、地理能力的培养中渗透德育教育。通过地理知识的传授,去有意识地感染学生的心灵,使教学过程既顺理成章,又具有强烈的教育作用,融德育、智育于一炉。通过地理知识的传授,去影响学生的思想、情感、意志和道德品质。当然,这项工作不是一蹴而就的,必须经过长期的、潜移默化的艰苦努力。同时,必须讲究教学方式方法的选择,把握时机,适时适量,有的放矢地开展德育教育。

1. 中学地理教学中蕴涵丰富的情感态度与价值观教育素材,教师在教学中要深入研究教材,挖掘潜在素材,在课堂上相互渗透,抓住时机,适时教育。

例如在"专题1 地球在宇宙中的位置"的教学要求提出"了解地球所处的宇宙环境及其对地球的影响,形成科学的宇宙观"。科学的自然观和宇宙观是世界观的重要组成部分,在中学阶段,有关宇宙的知识主要是通过地理学科来传授的,所以地理学科讲有关地球宇宙环境的内容,肩负着知识教育和世界观教育的双重任务。宇宙是物质的,处在不断的运动和演化之中,地球是宇宙的一员,其物质组成、运动规律,以及发生和演化,都与宇宙环境同源。认识宇宙环境,有利于科学认识自然世界和宇宙,破除封建迷信。所以尽管教材中没有明确写出关于情感态度和价值观的教育内容,但是这些内容却是渗透着每一个知识点,学生也容易联想和理解。因此教师应该努力挖掘教材,适时进行教育,不要让情感态度与价值观形成空话。

2. 地理教学中可创设地理学习情境,加强情感态度与价值观的培养

课堂是实施情感态度与价值观教育的最重要的场所,只有利用好课堂这一平台,才能加强地理教学中对学生情感态度与价值观的培养。课堂导入是一节课的开始,也是课堂教学的一个重要环节。如果教师的导入创设了新颖别致的课堂情境,则能让学生对这节课所要学习的地理知识充满期待,从而激发学生学习地理的兴趣。课改就是要强调学生在课堂上的主导地位,通过创设广泛参与交流、合作、探索的空间,就能让学生体验到地理学习的乐趣。要使学生在学习比较抽象的地理概念和理解地理原理时,对知识理解透彻,可以把自然界的一些现象,让学生在课堂上动手操作做模拟实验,从而加深学生对自然规律的理解。在锻炼学生动手能力的同时,让学生在观察实验的过程中,体验自然界的变化,培养学生求真、求实的科学态度。教学中,只有让学生感到安宁和自由时,学生的主观能动性才能最大限度地发挥出来,学生对地理才能产生积极的情感与态度。

参考文献

[1] 梁学军:《地理教学过程中要贯穿德育教育》[J].《赤峰学院学报》,2006 年第 4 期;

[2] 荣军红:《德育在地理教学中的渗透刍议》[J].《广西师范学院学报(自然科学版)》,2006 年第 23 期。

创设真情景培育学生地理实践力

——以《岩石》课堂教学为例

杨　生

摘　要： 高中地理核心素养包括区域认知、综合思维、人地协调观和地理实践力。其中,地理实践力是地理学科的重要研究方法,也是地理课程重要的学习方式。地理实践力培育应该扎根在日常地理课堂教学中,渗透在日常地理课堂教学的每一个环节中。创设真实生动的活动情景是培养学生地理实践力的关键。本文主要通过《岩石》教学案例阐述学科核心素养导向下,地理课堂教学中培育学生地理实践力的有效途径,凸显"地理源于实践"的真谛,倡导学以致用的实践导向。

关键词： 课堂教学　地理实践力　岩石

　　地理实践力作为高中地理学科四大核心素养之一,是地理学科区别于其他学科的重要研究方法,也是地理课程的重要学习方式,是高中地理学科四大核心素养中培养难度最大的一项。依据高中地理课程标准修订稿的内容,地理实践力强调的是学生在户外考察、社会调查、模拟实验等形式的地理实践活动中所具备的行动能力和品质[1]。因此,仅通过课堂 PPT 展示地理知识点,很难达到培育地理实践力的课程目标。如何围绕培育学生地理实践力的课程目标进行有效的课堂活动设计和课堂评价设置,值得一线地理教师深入思考。本文从创新地理课堂新形式的角度出发,思考如何依托乡土和学校的现有资源,引导学生进行观察、调查、动手、表达等实践活动,提升学生的地理实践力。在本次《岩石》教学过程中,尝试开展了观察岩石标本、欣赏祖国的自然风景图和上海著名建筑、参观校园调查岩石等实践活动,结合地理知识教学来进行地理实践力的培育。

一、设置恰当的课堂真实情景,突出"培育地理实践力"的教学目标

兴趣是学生学习的最佳动力。在有限的教室空间范围内,结合生活实际创设真实情景,有利于激发学生的学习兴趣[2]。课堂真实情景来源于现实情景,同时需要教师依据教学目标对现实情景进行截取、重组和再设计,从而使相关地理知识在教学过程中逐步呈现出来。

活动情景一:

辨认岩石——辨识自然界中的岩石名称及其分类

教具准备:

自然界中的岩石标本若干,并保证它们分属于三大类岩石的不同类别。

活动过程:

分发课前准备好的岩石标本,结合教材中的文字,小组讨论分析,完成学案活动单的填空。"想必大家已经对岩石有了初步的了解,看看自己手中的岩石,想一想它属于哪一类岩石? 思考好之后完成下表。"活动单见表1:

表1 课堂活动单(部分)

名 称	成 因	特 征	代表性岩石
岩浆岩			
沉积岩			
变质岩			

活动成果评价:

通过实践活动,学生分组观察、讨论、表达,了解了岩石的分类,能够运用所学知识识别实际岩石的名称及其所属分类,理解了三大类岩石的基本特征。在活动过程中,学生细心观察,表达用语科学严谨,表现出了求真务实的科学探究态度。最终把平时死记硬背的学科内容通过实践活动较好地掌握,提高了学习效率。

活动情景二:

寻找岩石——找出身边的岩石,说出它们的名称及分类

活动过程:

展示图片"我们的祖国""我们的上海""我们的校园",讲解"这三类岩石在自

然界中广泛存在"。让学生找一找身边的岩石,判断它们分别属于三大类岩石的哪一类,同时强化学生爱国爱校的情感。

引导学生思考以下问题:

观察到什么岩石? 在哪里看到的? 有什么用途? 对我们有什么启示或者说明了什么道理?

我们生活中还有哪些地方会有岩石的应用?

活动成果评价:

在校园寻找岩石的实践活动中,学生深切感受到岩石与我们生活密切联系,岩石的用途广泛,同时体验到了地理知识的应用价值。

可见,教师努力创建贴近实际生活的真实教学情景,为学生提供拓展性学习和交流的平台,促进常规教学内容和地理课堂教学实践活动相融合,有助于深化学生对课堂上理论知识的认识,有利于培养学生的地理实践力。

二、选择有效的个人思考或分组探究活动,培育学生观察、动手、表达等实践能力

活动组织方式的有效性和多样化,有利于活跃课堂气氛、培育学生的团队意识和思维、有利于学生自身发展和社会需求[3]。本节课依据学生的实际水平和课程教学目标,主要采用了以下课堂活动组织方式。

方式一:

观看多媒体演示视频。教师在课堂教学之初,播放三大类岩石动态形成过程的动画视频,学生关注力高度集中,学生学习热情也明显高涨。随后,组织学生根据多媒体展示信息解读课堂活动单上的相关学科知识内容,引导学生对三大类岩石的基本特征有了更深刻的认识,从而激活学生的学习主动性,进一步推动课堂教学呈现良性发展态势。利用多媒体,真实、直观地展现了岩石的形成过程,使学生在观看过程中理解岩浆岩、沉积岩、变质岩的成因及其主要特征。同时,教师利用希沃平台提供的一些信息化教学手段,见表2,力求更清晰更直观地展示地理学科知识、及时获取教学反馈,增强师生互动活动的趣味性和有效性。

进入 21 世纪之后,信息技术的推广深入社会发展的各个方面,也深刻影响着中学课程教学。在地理课堂教学中,利用信息化手段能够展示丰富的视频、音频、动画、地图、文字等信息,创设可供学生直观感知的课堂教学情景,极大地丰富了学生的认知品质,使课堂教学内容更加生动。就地理课堂而言,限于教室

表2 《岩石》课堂教学中的主要信息化教学手段

信息化教学手段	教 学 效 果
希沃白板蒙层功能	先让学生独立思考,再由老师揭晓答案;及时点评、师生互动,且能添加些神秘性,令课堂氛围更有趣
希沃白板放大镜功能	分组表达时,利用放大镜功能让其他小组同学清晰地观察到岩石的特征,直播学生的表达内容,使全体同学聚焦到重点
希沃授课助手	利用实物拍照上传功能,针对学生"摸岩石""找岩石"中遇到的问题给予及时指导和点评;利用文件传输功能分享学生学习单的完成情况

有限的空间范围,可以利用信息技术展现一些宏观或微观的、学生平时见不到或难以理解的现象,增强学生的感性认识;还可以利用新技术手段增强师生互动的趣味性;也可以利用新技术手段及时获取教学反馈,提高课堂教学效率。这种方式有利于增强学生的感性认识,帮助学生较好地理解学科理论知识,激发学生地理探究的欲望和兴趣[4]。

方式二:

实物触摸。触摸到实物,让学生体验到了真实的实践情景。这时学生对理论知识有了基本的了解,但缺少实例分析的体验,在个体思考和小组讨论的环节中,充分增长实践经验[5]。课堂活动设计了观察、动手、表达等环节,引导学生将原有的理论知识与生活实际联系起来,同时体会个人和集体的关系,培养团队意识和严谨的探究态度。

方式三:

实地寻找。新课标实施以来,地理教材中出现了形式多样的实践活动。就课堂教学来说,地理实践活动的场所只能选择教室或者校园。只要地理教师提前做好科学规划、明确分组、指导实施,再及时评价各组成果,便能组织好校内实践活动,进而完成地理考察任务。

基于以上考虑,在《岩石》这节课中设计了以下活动环节,见表3。

总之,通过课堂活动设计,从观赏多媒体,到教室内实践应用,到校内考察,引导学生从识记到独立思考到合作探究,层层递进带着学生对岩石的成因、分类、主要特征、用途等进行多角度的分析、归纳和评价。

表 3　课堂活动组织环节概览

活 动 内 容	活 动 目 标	活 动 形 式	活 动 效 果
1. 岩石的成因与分类	通过观看、欣赏,学生自主学习并记忆基础性知识	观看多媒体视频"岩石的形成过程"	学生初步整理记忆基础知识点
2. 岩石的基本特征	通过个体思考和小组合作探究,提高学生对知识的运用能力、表达能力和解决问题能力	摸一摸真的石头	学生对岩石分类已经较好地掌握,可以独立思考并做出准确判断。但对岩石特征的表述是否全面、得当,依赖各小组合作、探究、讨论的质量高低
3. 岩石的用途	通过实践考察,让学生体验岩石用途广泛,岩石与生活密切相关。激发学生保护岩石、热爱自然的情感	找一找身边的岩石	给予学生更广阔的视角,使学生体会到了将地理课堂知识运用到实际生活的乐趣

三、设计合理的课堂活动过程评价,让学生在实践活动中重视地理知识的"学以致用"

在课堂实践活动实施过程中,发现学生可能有概念不清晰、过程描述漏洞百出、小组合作欠佳等种种问题,反映出中学生对地理知识的理解比较僵化、碎片化,难以将理论知识应用于实际生活。为更好地落实培育地理实践力的任务,在《岩石》教学中,我引导学生"个体思考判断——阐释判断理由——分组表述岩石特征",并选择及时评价、小组互评、教师综合点评相结合的方法,见表 4 课堂活动单和表 5 活动评价依据,努力让每位学生在课堂上及时获取学习反馈,不断提示学生注意"学以致用"。

活动一:观察岩石标本填写下表。

说明:岩浆岩是构成_____的主体;沉积岩是构成_____的主要岩石;玄武岩是大洋底部的主要岩石。

活动二:

分组讨论,对各小组所领岩石进行分析:1) 岩石分类;2) 岩石成因;3) 岩石特征。

活动三:思考三大类岩石循环转化过程。

表4 《岩石》课堂活动单

类型		形成过程	特点	岩石举例
岩浆岩，又称火成岩	侵入岩	在地球内部压力作用下，岩浆沿着岩石圈破裂带上升地壳，_____遇冷凝结晶而形成的岩石	矿物结晶颗粒粗	_____
	喷出岩	在地球内部压力作用下，岩浆冲破上覆岩层，_____冷却凝固而形成的岩石	矿物结晶颗粒细小	_____
沉积岩		出露地表的岩石被风化、剥蚀成碎屑物质，经风、流水等_____作用，经过再度固结而形成的岩石	_____构造	砾岩、_____、_____、_____；_____是主要的沉积岩，是化学沉积；_____被称为燃烧的"石头"，是生物沉积
变质岩		岩石受地壳运动、岩浆活动等影响，在自然环境下，经_____作用使原来成分、结构发生改变而形成的新岩石	_____构造	石灰岩经变质作用形成_____；石英砂岩经变质作用形成_____；页岩经变质作用形成_____

请将字母代表的作用过程写到图中对应的箭头上：A. 冷却凝固　B. 沉积作用　C. 变质作用　D. 重熔再生

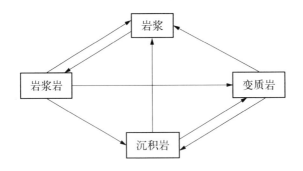

《岩石》教学中，坚持使用了表现性评价、过程性评价和发展性评价，关注课堂实践活动的全过程，也考虑了自评和他评相结合的方式以期对学生进行多角度多维度的理性评价。表现性评价即教师通过观察学生学习过程、记录学生的

表 5 《岩石》课堂实践活动评价依据

评 价 内 容	评 价 标 准
观　　察	对岩石的主要特征观察仔细,判断准确
探　　讨	分工明确,组内补充,密切合作
表　　达	概念清晰,内容充实,积极有效作答

学业成果来评价学生的学习品质和学习目标达成度。过程性评价即教师关注学生在学习过程中使用的学习方式,包括个人思考判断情况、团队合作情况等,并通过自评他评方式来保证如实记录。发展性评价即教师在教学过程中明确设置有阶段性发展目标,通过对学生学习之初和小组合作状态的比较给予评价,及时点评并适时提出改进意见,在此基础上激励学生积极参与地理探究,激发学生大胆地将地理学习与现实生活联系起来。此外,还布置"调查校园内或学校周边的岩石"为作业,进一步强化学生的地理实践力。

小结:

《岩石》教学案例是以"三大类岩石的成因、分类及主要特征"为教学目标,选择了既能反映三大类岩石主要特征、又能激发学生学习兴趣和探究欲望的"摸岩石""找岩石"的实践活动为课堂学习情境。该课堂活动设计以追求培育学生地理实践力的"质"为主导,引导学生通过对课堂真情景下各项信息的加工处理,探究出三大类岩石的成因和主要特征。

在课堂教学中培育学生地理实践力任重而道远,如何借助新技术手段,如何运用过程性评价方式,设计精彩的地理课堂教学实践活动,值得我们不断探索和实践。

综合考虑我国基础教育国情和中学地理学科教学现状,对课堂教学中培育中学生地理实践力的建议如下:

首先,教师应该树立正确的地理实践观念,优化设置地理课堂实践活动。教师在教学过程中应当充分了解学生的兴趣爱好,熟练掌握信息化新技术手段,选取合适、多样的地理教学方式,转变课堂管理和评价形式,鼓励和指导学生多观察、多思考、多动手、多交流,以此最大限度地提升学生地理实践力。

同时学生应当课前认真准备,课上积极参与,课后迁移运用。学生也需要转变传统的学习方式,变被动学习为主动学习,提前预习、认真思考、勤于动手、主动交流、融会贯通,努力将学到的理论知识运用到实际生活中,尝试运用学科知识解决生活中的各种问题。

参考文献

［1］ 中华人民共和国教育部."普通高中地理课程标准"(2017 年版)［M］.北京：人民教育出版社,2017；

［2］ 江培培：《在真情景、真活动、真问题中培养学生综合思维——以"交通运输对区域发展影响"复习课为例》［J］.《地理教学》,2018 年第 18 期；

［3］ 杜家伟：《谈地理实践力的课堂教学落实路径》［J］.《地理教学》,2017 年第 13 期；

［4］ Inoue, Yukiko：Effects of virtual reality support compared to video support in a high-school world geography class［J］. Campus-Wide Information Systems, 1999, 16 第 3 期；

［5］ 小川贺代,小村道昭,梶田将司,小舘香椎子.実践力重視の理系人材育成を目指したロールモデル型 eポートフォリオ活用［J］.日本教育工学会論文誌.2007,31 第 1 期。

初中美术课堂教学设计的思考与探究

扈金娥

摘　要：美术学科新课标提出：学习目标由"关注知识"转向"关注学生"，课堂设计由"给予知识"转向"活动设计"，从而得到"经历、体验"。美术教育对激发学生的创造精神和培养学生的实践能力也越来越重视，美术课堂教育要积极为学生营造良好的美术学习环境；鼓励学生在实践过程中获得丰富的学习体验，并通过多种形式的评价活动发表自己独特的见解。本文介绍了如何根据学生实际情况，合理有效地设计课堂教学，给学生提供更多自主学习、合作学习、相互评价的学习空间研究和实践。

关键词：美术课堂　教学　活动设计　关注学生

走进美术课堂，上好一节生动有趣的美术课，是每个美术教师的追求，也是每个学生的期望。

美术学科不像其他知识类学科，在学生的学习中所占的比重不大。但因它的特殊教育性，其作用也是其他学科不可替代的。美术教学如何吸引学生并调动学生的学习积极性，让学生在学习实践中获得知识形成能力呢？在 40 分钟的课堂教学中既要充分合理安排好教学内容，又能激发学生的学习兴趣，这就需要教师精心设计课堂教学中的每一环节，让精彩纷呈的艺术与课堂教学有机结合，让学生真正成为美术课堂的主体，喜欢上美术课，保持对美术课堂内容的新鲜感。

一、了解教材，关注学生的需求

要让学生喜欢上美术课，就必须让他们感受到，上美术课是一种享受；体验到自己是教学活动的主角,能在这里充分发挥展现自己的才能。这就需要教师认真钻研教材,领悟教材,分析提炼教材,抓住教材的根本,充分熟悉和把握教材知识的系统性,并且在教学过程中善于把教材知识和实际生活联系起来,适合学生学习的需求。

1. 在分析教材内容时,要思考学生的需要:

(1) 能够吸引住学生兴趣的是什么?

(2) 学生需要什么?

(3) 哪些对学生来说最重要?

……

2. 在教学内容安排时,要明确学生的基情:

(1) 哪些教学内容能最大限度地调动学生的学习兴趣?

(2) 哪些教学内容能激发起学生的绘画创造性思维?

(3) 学生会对教学内容哪些方面有不同的想法?

……

3. 在确立教学目标时,要预估学生可接受性:

(1) 学生能否掌握所教授知识和能力?

(2) 对教师所预设目标,学生是否都能完成并达标?

(3) 对于课中不足之处如何改进?

……

站在学生的角度思考,能准确把握所教教材;在进行课堂教学设计时,始终要以学生为主,预先提出相应问题,明确学习的目标,关注所教授教材与学生之间的接触点,进而有计划有目的地去制定详细的教学设计。这样一节准备有序,以学生为出发点的课堂一定会吸引学生。

二、精心备课,了解学生实际情况

教师备课的根本是"备学生"。首先要了解熟悉所教学生的年龄特点,认知程度等,也就是我们常说的学情分析。一节针对性明确的教学活动,学生就能有序的在教师的引导和协助下顺利展开。所以,备课前要求教师必须熟悉学生并能深入地了解学生,将学生的体验、创意、情感、态度渗透到整个备课活动之中。教和学需要用心、用情来体验,备课也是一样需要用心、用情去设计。

1. 了解学生的学习情况

(1) 要了解学生对所教学知识的"已知""未知""想知""怎样知"等原有知识基础,还要了解学生智力水平、学习习惯和兴趣爱好等情感基础。比如六年级第二学期《我认识的色彩》这一单元,学生在小学阶段已经学习过色彩最基本的知识,在进行教学活动设计时,这些知识就作为知识回顾环节进行设计,避免重复学习;而色彩的配色和运用是他们所要学习的新知识,作为重点,设计各个教学环节进行重点讲授。

(2) 要了解全班学生的学习整体情况,还要了解个别学生的差异。在教学内容安排上,选择基础的、有利于每个学生发展的美术知识和技能,结合有针对性的学习指导,组成美术课堂教学的基本内容。

(3) 根据每一节课的教材情况,研究学生在接受新知识时,可能会出现的问题,设计好解决的预案,以备教学中及时判断并进行解决。

2. 了解学生的途径和方法

(1) 可以在平时的课堂教学中,直接深入学生,通过与学生谈话和交流,来了解学生喜欢画什么样的画,所上过的美术课哪一节他们喜欢,为什么? 教师随时加以总结,进而对学生的情况有进一步的了解。

(2) 课堂教学中,还应对所教班级学生的思想、纪律、学习等情况有基本了解和掌握,针对不同的班级情况,适当调整课堂教学活动,使教学更具针对性。

教师要从多方面了解学生,把备教材和备学生结合起来,根据学生的情况把握课堂教学的侧重点,让课堂教学更具有针对性和预见性。

三、课堂教学,设计多种活动

课堂教学中的活动设计,应该一个教学内容,设计多种教学活动,让学生积极地参与课堂学习中。

以六年级第二学期第 6 课《五彩的色环》为例,我设计了如下课堂活动:

1. 观察分析活动

让学生自主地对教师提供的图片进行观察、欣赏,从中发现其内在联系和变化规律。让学生交流观察所看到的色彩知识并提出问题。例如:"从色环图中你观察到邻近色、同类色、对比色了吗?""从色环图中观察到邻近色、同类色的相同与不同点吗?"这种活动可以积极地推动学生的观察和自我学习能力。对于课堂学习本身来讲,很多时候,通过学生的观察交流沟通,更容易引发学生的学习兴趣。

2. 动画演示活动

利用现代多媒体教育手段(计算机动画演示、视频、音频等)展示色彩的四季演变变化,使学生更生动、更直观、更便捷的感受不同季节色彩的变化。这比教师单独讲解每个季节的色彩或一张张图片的展示更具有情趣和吸引力。这种利用多媒体的教学活动,在教学观摩中可以生动、直观地展现出形象的画面,为学生所喜爱。

3. 操作技能活动

课堂中知识的传授无论通过什么途径,比如计算机、图片或更高的科技信息,都是为教学目标服务的。实际操作活动,是学生传递自己的思想和情感的关键一步。像这样的操作活动在美术课堂教学活动中所占比重较大,颇具美术特色,让学生动动手,画起来是学生美术体验活动的重要途径和成果的主要展示方式。例如"选用一种配色方法做配色练习""用水彩颜料制作一幅抽象画",等等。

不管设计怎样的教学活动,都要以调动学生学习积极性和主动性为中心,突出教与学,突出教学的情感性;教师不直接把知识传输给学生,而是通过设计各种活动引导学生去探究、去发现,调动、发挥学生的思维而逐步获得知识的喜悦与成功。

四、合理评价,获得学生的信赖

当学生创作出来一幅幅色彩斑斓、充满想象的作品时,总会有学生问我,会得优吗? 学生总是希望得到肯定和鼓励,作为教师就要对学生的积极参与和热情表示赞赏,对于每位学生做出合理的评价,让他们在美术课上感受到成功的喜悦 和价值。

对于学生的美术作业可以采用多样的评价方法,可以是等第评价,也可以采用等第与评语相结合的评价;有时候也可以采用学生互评、点评和自我评价的方式。充分肯定学生的进步和发展,既调动学生的学习热情,又能帮助他们提高分析和鉴赏能力。

总之,美术课堂教学,不管是在理论上,还是在教学实践上都没有统一的教学方法。教师应把精力花到"创造自己的教学方法"上,通过探索性、自主性、发散式等各种教学方法,来灵活运用于自己的课堂教学中,让学生在实践中敢于创新,勇于创造。

参考文献

刘德谦:《中学美术课堂教学设计》[J].《中国美术教育》,1995 年第 5 期。

体育教学中体育核心素养的体现和发展策略
——以上海市民办风范中学为例

陆海峰

摘　要：本研究采用文献资料法、问卷调查法、访谈法与数理统计法对上海市民办风范中学体育教学中的体育学科核心素养的体现与发展策略进行调查，以了解体育学科核心素养在该校的具体体现，提出发展的策略，以进一步促进该校体育教学的开展，提升学生的体能与身体素质，帮助他们健康快乐的成长。

关键词：体育核心素养　民办学校　高中生　发展策略

1　前　言

自 20 世纪 80 年代以来，对于学生核心素养的构建与更新，在世界各国范围内展开。美国、新加坡、日本等先后对核心素养的定义、框架体系、价值等进行研究。2014 年 4 月，教育部颁布《关于全面深化课程改革落实立德树人根本任务的意见》(教字〔2014〕7 号)(下简称《意见》)，提出核心素养是进行课标修订的依据。教育部组织研究提出各学段学生发展核心素养体系，并以学生核心素养体系为依据，将培养核心素养落实到各学科教学中。

体育学科核心素养旨在提高学生自主健身，培养终身体育意识。高中阶段是普通教育中高层次的基础教育，学生身体发展趋于成熟，具有一定的自主性，是培养运动习惯、提高运动技能、加强社会交际、自主健身、提高自主锻炼的关键阶段。

当前对于体育学科核心素养的研究较少，对于各学段体育学科核心素养的研究更是少之又少。本文立足于高中学段学生的体育学科核心素养研究,对完善学校各阶段的体育学科核心素养具有重要意义。通过对部分中学体育学科核心素养在体育教学中的体现进行调查研究,分析形成原因,并提出发展对策,为高中阶段体育学科核心素养的研究提供理论依据与实践参考。进一步促进中学体育核心素养的贯彻与实施。

2 文 献 综 述

2.1 核心概念界定

2.1.1 核心素养

我国对核心素养的界定是结合教育改革进行的探索,《意见》提出核心素养是学生应具备的适应终身发展和社会发展需要的必备品格和关键能力。

结合国内外相关研究,结合我国教育改革背景,本文将核心能力界定为:学生在接受教育和教学过程中必须形成的品格和关键能力,用以促进个体生命的发展和社会的发展。

2.1.2 学科核心素养

史宁中提出:学科核心素养指学科的思维品质和关键能力。2016 年,教育部课程标准修订组公布的教育部普通高中课程标准,首次将"学科核心素养"纳入课程标准,将学科核心素养定义为:学生通过学科课程学习所形成最基本、最重要的素养,是学生在课程学习和实践活动中养成的具有该学科特征的基础知识、基本技能、基本品质和基本经验的综合。

2.1.3 体育学科核心素养

于素梅将体育学科核心素养定义为;通过体育学科学习,学生所能掌握形成的终身体育锻炼所需、全面发展必备的体育情感与品格、运动能力与习惯、健康知识与行为。

可知,体育学科核心素养集中反映了体育学科赋予学生的独特品质和关键能力。具体包含:运动能力、健康行为与体育品德。(详见图 1)

2.2 学科核心素养研究

《意见》中明确要求,"各级各类学校要从实际情况和学生特点出发,把核心素养和学业质量要求落实到各学科教学中"。学科之间既有共同的核心素养,也有各学科自身的核心素养。

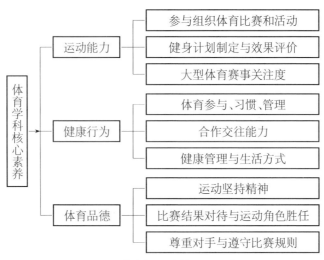

图1　体育核心素养组成要素

学者们对核心素养与各学科之间的联系做了研究,界定学科核心素养的内涵。乔丽君的研究表明,学科核心素质是学科核心能力的培养。邵朝友认为,各个学科的有机结合,是培养学生的综合素质的新课程。学科本身的核心素养体现学科教育价值根本所在。

2016年,教育部课程标准修订组公布的教育部普通高中课程标准,首次将"学科核心素养"纳入课程标准,将学科核心素养定义为:学生通过学科课程学习所形成最基本、最重要的素养,是学生在课程学习和实践活动中,养成的具有该学科特征的基础知识、技能、品质和经验的综合。并且,形成了"普通高中各学科核心素养一览表",包括数学、物理、语文等20个学科84项核心素养。各学科核心素养项目有内涵、指标与具体内容的表述。此后,高中及其他教育阶段各学科核心素养的研究都围绕这些核心素养项目展开。纵观这些研究,不足之处在于仅以单一学科形式出现,缺乏各学科之间联系,综合性不强。

2.3　体育学科核心素养研究

体育学科核心素养是在体育学科发展学生核心素养的要求与目标。教育部课程标准修订组提出的"普通高中各学科核心素养一览表",强调了高中阶段学生的体育学科核心素养,由运动能力、健康行为与体育品德构成。从这一表述中可以看出,高中阶段体育学科核心素养强调学生运动能力的综合表现,重视健康行为的全面培养及体育品德的自我与社会价值的体现,培养指向的高层次性。如图2所示。

运动能力			健康行为			体育品德		
发展体能	运用技能	提高认知	锻炼习惯	情绪调控	适应能力	积极进取	遵守规则	社会责任

图 2　高中体育核心素养结构

赵凤霞将社会主义核心价值观结合体育学科本质,参考经合组织的人与工具、自身发展、社会三个领域,构建成我国涵盖 11 个方面的体育核心素养"鱼骨式"模型。于素梅将体育学科核心素养概括为:体育情感与品格、运动能力与习惯、健康知识与行为三方面内容。通过三方面六指标的解析,构建了体育学科核心素养的基本框架,并结合体育课堂教学,对学生的体育核心素养现状进行分析,总结出以课堂教学培养为中心的核心素养具体培养对策,具有实践指导意义。

对于体育学科核心素养的培养对策研究方面,不同学者通过不同角度进行理论与实践方面的研究。陆秀云建议从提高教师专业素养、体育课堂的德育渗透、学生体育意识与习惯、学生心理健康水平等方面,培养学生体育学科核心素养。马孝志从学校体育改革的角度出发,认为影响体育学科核心素养的因素有制度因素、人文因素、社会因素。提出了注重体育课时效性、师生教学相长、政策支持及健全评估体系、搭建网络信息平台等培养对策。也有研究者提出通过校园会、通过具体体育项目的特点培养学生体育核心素养的对策。

综上所述,学科核心素养的研究仍处于起步阶段,还没有形成共识。学科核心素养研究数量逐年增多,主要集中在内涵、教学、背景研究等方面,具体到各学科整体研究偏少,且多处于对学科核心素养的概念、内容体系等内容的理论研究。体育核心素养的相关研究则以体育学科核心素养的内涵、影响因素、培养对策的理论方面的研究为主。教育部课程标准修订组提出的"普通高中各学科核心素养一览表"中,执行了《意见》中提出的制定核心素养体系的要求,明确了高中生体育学科核心素养界定及构成要素,为本文的研究奠定了理论依据。

3　研究对象与方法

3.1　研究对象

本研究以上海市民办风范中学(下称风范中学)在体育课堂中体育核心的体现和发展策略作为研究对象,主要包含该校高一、高二与高三年级每个年段随机抽取 30 人,总计 90 人进行问卷调查。

3.2　研究方法

3.2.1　文献资料法

本研究依靠上海市图书馆丰富的学术资源,通过中国知网,万方数据库资源平台,运用"核心素养""学科核心素养"与"体育学科核心素养"等作为关键字,搜索文献 94 篇,并根据本研究的研究要求进行分析与整合,形成理论体系,为本研究的开展提供科学研究的理论依据,也为本研究的开展提供方法与指导思想。

3.2.2　问卷调查法

本研究采用自编的《上海市民办风范中学在体育课堂中体育核心素养的体现和发展策略调查问卷》对该校 90 名学生进行运动能力、健康行为与体育品质三方面进行调查。随机选择发放 90 份问卷,回收 90 份,回收率 100%。剔除无效问卷 4 份,问卷有效率 96%。

3.2.3　数理统计法

对收集的学生数据,通过 Spss17.0 进行描述性统计,充分了解风范中学在体育课堂中体育核心素养的体现情况,分析体育课堂中核心素养发展策略。

4　结 果 与 分 析

4.1　风范中学体育课堂中的核心素养的体现现状研究

根据高中体育学科核心素养的构成要素,本研究从运动能力、健康行为与体育品质的九个方面,对风范中学体育核心素养体现情况进行调查,分析体育课堂中的核心素养体现情况。

4.1.1　体育课堂中的运动能力体现调查

根据高中核心素养下运动能力下的三大维度及参与组织体育比赛和活动、健身计划制定与效果评价以及大型体育赛事及事件关注度,进行调查分析,从而得知风范中学体育核心素养的体现情况。

4.1.1.1　风范中学高中生参与组织体育竞赛活动情况

组织与参与体育竞赛活动,是运用所学体育知识的综合表现。调查结果显示,风范中学高中生每年参与体育竞赛活动 0 次的比例为 12.8%,每年参与体育竞赛活动 1—2 次的比例为 39.5%,每年参与体育竞赛活动 3—4 次的比例为 32.6%,每年参与体育竞赛活动 5 次及以上的比例为 15.1%。可见,风范中学高中生参与体育竞赛活动的次数相对偏少,缺少体育实践活动将不利于学生体育能力的发展。分析其中原因可知,高中阶段学生面对的学业压力较大,导致学生参与体育赛事的机会较少。

表1 上海市民办风范中学高中生参与体育竞赛活动情况

每年次数	0次	1—2次	3—4次	5次及以上
人 数	11	34	28	13
百分比	12.8%	39.5%	32.6%	15.1%

4.1.1.2 风范中学高中生健身计划制定认知情况

健身计划的制定是自主参与体育锻炼的一种体现,能够帮助学生养成终身体育的习惯。调查结果显示,在调查的86人中,46人认为很有必要进行健身计划的制定,所占比例为53.5%,24人认为不太有必要进行健身计划的制定,所占比例为27.9%,7人认为没有必要进行健身计划的制定,所占比例为8.1%。可见,该校高中生普遍认识到制定健身计划的重要性。在实地考察中,发现民办风范中学的体育运动氛围相对较好,虽面临着高考的压力,但运动场上每天运动的学生仍占一定的人数。

表2 上海市民办风范中学高中生健身计划制定认知情况

锻炼计划制定认识情况	非常有必要	很有必要	不太有必要	没有必要
人 数	9	46	24	7
百分比	10.5%	53.5%	27.9%	8.1%

4.1.1.3 风范中学高中生大型体育赛事关注度情况

调查结果显示,在高中生对大型体育比赛关注度调查中,有12人经常观看大型体育比赛,所占比例为14.0%,有58人偶尔观看比赛,所占比例为67.4%,16人从不观看比赛,所占比例为18.6%。同时,在观看比赛类型的调查中,56人观看校级各类比赛,所占比例为65.1%,32人观看校内外各类比赛,所占比例为37.2%,35人观看奥运会,所占比例为40.7%,32人观看NBA,所占比例为37.2%,12人观看欧洲足球赛,所占比例为14.0%。可见,学生对于体育比赛的关注度相对较高,但观看的比赛类型主要集中在校内各种比赛,比赛关注的等级程度不高。

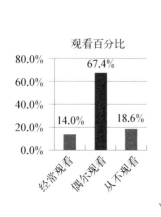

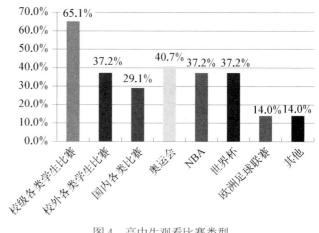

图 3　高中生比赛观看频率　　　　　图 4　高中生观看比赛类型

综上所述,可以清晰地看出,风范中学高中生具备一定的体育锻炼计划制定意识,对比赛关注程度相对较高,但缺乏经常参与大型比赛的经历,缺少更多体育实践过程,核心素养下的运动执行能力仍需提高。

4.1.2　风范中学高中生的健康行为体现调查

根据高中生体育核心素养构成框架,健康行为维度包含的内容有体育参与、习惯与管理、个人社会适应能力以及健康意识与生活方式三个维度。因此,本研究将从三个维度的具体表现进行调查研究,包含锻炼频率与时间、自我诊断以及调节能力、运动参与类型、交往能力等方面。

4.1.2.1　风范中学高中生体育参与、习惯以及管理

调查结果显示,12 人每次参与体育锻炼的时间为 120 分钟以上,所占比例为 14.0%;16 人每次参与体育锻炼的时间为 60—120 分钟,所占比例为18.6%;35 人每次参与体育锻炼的时间为 30—60 分钟,所占比例为 40.7%;23人每次参与体育锻炼的时间为 30 分钟以内,所占比例为 26.7%。可见,只有 32.6% 的学生达到了每天锻炼一小时的锻炼要求。风范中学高中生体育锻炼的时间需要进一步提升。

同时在每周的锻炼频率上,调查结果显示,12 人每周锻炼 7 次以上,所占比例为 14%;14 人每周锻炼 5—6 次,所占比例为 16.3%;45 人每周锻炼 3—4 次,所占比例为 52.3%;12 人每周锻炼 1—2 次,所占比例为 14%;3 人每周锻炼 0次,所占比例为 3.5%。可见,风范中学大部分的学生每周能保证 3—4 次的体育锻炼频率。

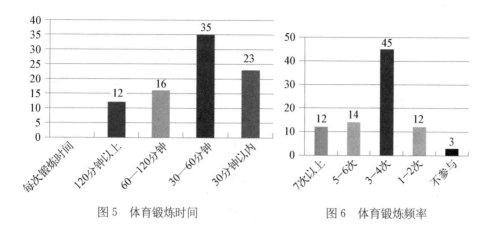

图5　体育锻炼时间　　　　　　　图6　体育锻炼频率

自我诊断和调节的实现主要体现在运动过程中的体育管理方面。调查结果显示,风范中学高中生在体育锻炼自我感知中,28人感觉非常轻松,所占比例为32.6％;35人感觉很轻松,所占比例为40.7％;16人感觉有点费力,所占比例为18.6％;7人感觉非常费力,所占比例为8.1％。同时,在进行准备活动与整理活动中,31人选择会做,所占比例为36.0％;40人选择偶尔做,所占比例为46.5％;15人选择不做,所占比例为17.4％。可见,大部分的学生能轻松自我地进行体育锻炼,同时会在进行锻炼前进行一定的准备活动以及锻炼好进行一定的放松活动,已经具备一定运动习惯以及自我体育管理的能力。

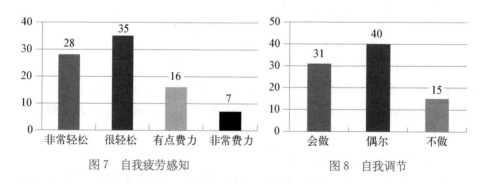

图7　自我疲劳感知　　　　　　　图8　自我调节

4.1.2.2　体育学习中的运动交往能力

合作交往能力是社会适应能力的一种体现,体现了体育学科核心素养内在含义。调查结果显示,在体育学习中,9人认为在体育学习中交往能力非常好,所占比例为10.5％;12人认为在体育学习中交往能力很好,所占比例为14％;49

人认为在体育学习中交往能力一般,所占比例为57.0%;12人认为在体育学习中交往能力不太好,所占比例为14.0%;4人认为在体育学习中交往能力一点也不好,所占比例为4.7%。可见,风范中学高中生在体育学习中,交往合作能力感觉一般的学生占据大部分,反映了风范中学学生在核心素养的交往合作能力方面需进一步加强。

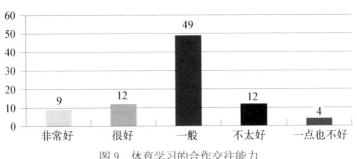

图9 体育学习的合作交往能力

综上所述,风范中学学生能满足一定的锻炼时间与周频率,并能轻松自我的进行体育锻炼与学习,但体育学习中运动强度还不够,体育学习中的合作交往能力需进一步加强。

4.1.3 风范中学高中生的体育品德体现调查研究

根据高中体育学科核心素养下的体育品德维度,可知一般体育品德的表现主要体现在体育精神、比赛结果与比赛道德等层面。

4.1.3.1 体育学习坚持情况

调查结果显示,风范中学学生体育学习坚持的调查中,20人表示非常愿意坚持体育学习,所占比例为23.3%;47人表示比较愿意坚持体育学习,所占比例为54.7%;10人表示不太愿意坚持体育学习,所占比例为11.6%;9人表示一点也不愿意坚持体育学习,所占比例为10.5%。可见,大部分学生能坚持体育学习。

4.1.3.2 比赛结果对待情况

调查结果显示,在对待比赛结果情况的调查中,15人选择了非常符合,所占比例为17.4%;18人选择了比较符合,所占比例为20.9%;26人选择了略不符合,所占比例为30.2%;27人选择了不符合,所占比例为31.4%。可见,风范中学学生在核心素养观体育品德体现上,对待比赛结果趋于主观,过于在意比赛的结果。

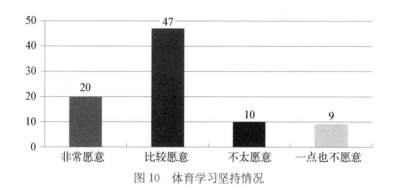

图 10　体育学习坚持情况

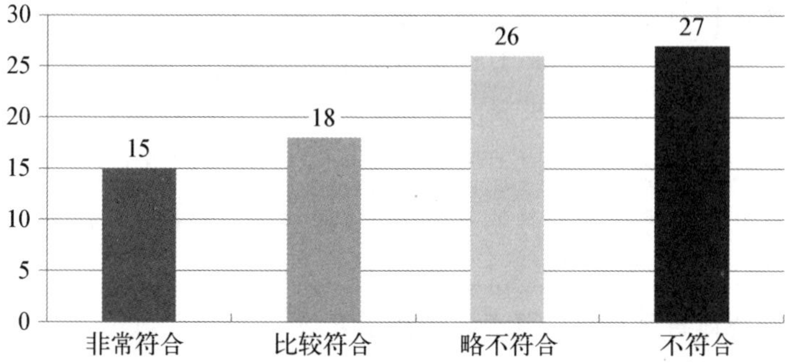

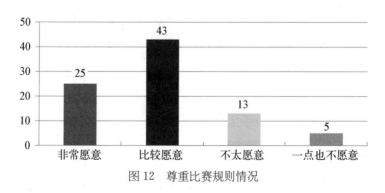

图 11　比赛结果对待情况

4.1.3.3　尊重遵守比赛规则情况

调查结果显示,在尊重比赛规则的调查上,25 人表示非常愿意遵守比赛规则,所占比例为 29.1％;43 人表示比较愿意遵守比赛规则,所占比例为 50％;13人表示不太愿意遵守比赛规则,所占比例为 15.1％;5 人表示一点也不愿意遵守比赛规则,所占比例为 5.8％。可见,大部分的学生均愿意遵守比赛的规则。

图 12　尊重比赛规则情况

整体学科核心素养体育品德的表现为：学生能够遵守比赛规则,坚持体育学习。但风华中学的学生在比赛结果的看待上,仍表现为太过注重比赛的成绩。

5 风范中学体育学科核心素养发展策略研究

5.1 优化教学设计

现阶段高中体育学科核心素养发展,突出问题是目标体系仍不明确,内容不够完善,教学方法相对陈旧。因此,为了进一步促进学科核心素养在体育课堂中的体现,需进一步优化教学设计。

5.2 围绕体育学科核心素养选择教学内容

体育学科核心素养的指标中有高中生组织与参与比赛活动、比赛规则与意识、赛事欣赏的要求,以及学生通过体育学习,增加个体社会适应性,对教学内容的整体布局与重点内容培养提出了更高的要求。单个项目的教学内容的选择,应在发展单个技术等基本素养的基础上,重视包括组合技术、组合战术、比赛模拟、比赛规则、赛事欣赏等方面的教学内容的选择。

5.3 围绕体育学科核心素养改进教学方法

在体育教学实践中,第一,突破传统的接受式学习,要体现学生的主动性。在学生学习活动中,激发学生内在需求,培养学习兴趣,实现提高学习的品质和效率的教学目的。第二,强化学生合作学习,增强学生社会适应性。采用小组合作、分工协作的方式,明确责任分工,使学生自觉承担体育运动角色,采取体育集体实践的形式,培养健康行为与体育品德。

5.4 围绕体育学科核心素养改革教学评价

评价具体操作方面,围绕体育学科核心素养改革教学评价是一个逐步发展的过程。在改革教学评价的初期,可采用定量与定性评价相结合,对于体能、技能等可测量的指标进行定量评价,对于学生在教学中健康行为、体育品德的隐性指标的评价,进行平时记录,贯穿整个教学过程。

6 结论与建议

6.1 结论

风范中学在体育教学中体育学科核心素养的体现主要表现在运动能力、健康行为与体育品德三个维度上,具体表现在运动参与程度、运动认知程度、参与比赛意识以及尊重比赛规则上。

风范中学在体育教学中体育学科核心素养的发展策略上主要表现在应当围绕学科核心素养选择教学内容、改进教学方法、改革评价手段,逐步完善教学设计。

6.2 建议

由于体育学科核心素养的研究属于起步阶段,相关研究较少,本文在一些问题的分析上可能不够深刻。体育学科核心素养的发展成果需要经过实践检验,得出相关研究结论有待长期观察。

由于受限于人力与财力,问卷调查的样本相对较小,需进一步扩大样本量的选择。

参考文献

[1]　陈裕、于婷婷:《普通高中体育学习评价的回顾与展望》[J].《体育科技》,2017 年第 6 期;

[2]　尚力沛、程传银、赵富学、董鹏:《基于发展学生核心素养的体育课堂转向与教学转变》[J].《体育学刊》,2018 年第 25 期;

[3]　钱金国:《基于核心素养的体育课堂学习评价的认识》[J].《青少年体育》,2018 年第 3 期;

[4]　燕凌、马克、李海燕:《论体育学科素养的内涵、构成要素及培养》[J].《体育文化导刊》,2018 年第 3 期;

[5]　尚力沛、程传银:《体育学科核心素养导向的课堂教学:目标、过程与策略》[J].《体育文化导刊》,2018 年第 2 期;

[6]　钱勇:《核心素养背景下体育课程指导纲要发展方向——以浙江省为例》[J].《体育学刊》,2018 年第 25 期;

[7]　王煜坤:《体育学科核心素养培育》[J].《体育世界(学术版)》,2017 年第 12 期;

[8]　于素梅:《学生体育学科核心素养培育应把握的关键与有效策略》[J].《体育学刊》,2017 年第 24 期;

[9]　尚力沛、程传银:《核心素养、体育核心素养与体育学科核心素养:概念、构成及关系》[J].《体育文化导刊》,2017 年第 10 期;

[10]　于素梅:学生体育学科核心素养培育的基本思路与多元途径[J].《体育学刊》,2017 年第 5 期;

［11］ 马肇国：《体育学科核心素养构建立论基础及体系初探》[J].《南京体育学院学报(自然科学版)》,2017 年第 6 期；

［12］ 于素梅：《中国学生体育学科核心素养框架体系建构》[J].《体育学刊》,2017 年第 24 期；

［13］ 陈彩军：《初中学生体育与健康学科核心素养指标构建与分析——以广州白云广雅实验学校为例》[J].《体育科技》,2017 年第 38 期；

［14］ 李仁桧：《足球校本课程对中学生体育学科核心素养的培育研究》[J].《运动》,2017 年第 13 期；

［15］ 薛天龙：《论体育教学中学生的核心素养及其培养》[J].《运动》,2017 年第 9 期；

［16］ 刘金鹏、谢丽华：《试析如何培养学生的体育学科核心素养》[J].《当代体育科技》,2017 年第 7 期。

高中体育社团现状与对策之研究

张记怀

摘　要：体育社团是高中学生参加体育锻炼的主要形式，在促进学生身心健康、提高学生运动技能方面发挥着重要作用。高中体育社团成为学校素质教育的延续，同时也是丰富校园课余文化生活不可或缺的一部分。本文采用文献检索法、问卷调查法、个别访谈法等研究方法，对上海市部分高中体育社团开展现状与管理进行调查研究。在调查研究的基础上，设计、提出加强体育社团管理，促进高中学生体育社团发展的策略。

关键词：上海市高中　体育社团　现状　研究　对策

1　前　　言

近年来，随着上海市高中体育改革的不断深入开展，高中体育专项化教学全面展开，越来越多的高中学生自觉地参与到体育锻炼中来。体育社团在上海市中学中发展迅速，成为体育活动中不可或缺的重要形式。伴随着各类阳光体育活动的丰富开展，学校中的体育社团也成为学生展现才华、施展体育技能、丰富人际交往的广阔平台。

通过本课题的研究，可以使我们更加全面地了解当前上海市高中体育社团的开展情况，对现状作出客观、科学以及真实的评价；归纳总结各方面的影响因素，为学校体育教学改革以及高中体育社团建设，为有计划地将体育社团建设纳入学校体育教学总体计划，将体育教育融入学生的生活提供参考。

2 文献综述

通过期刊网,键入主题词"学生体育社团"检索,找到 2007—2017 年间有关体育社团方面的期刊文章共 65 篇。对有关体育社团的研究进行整理分析,可以看出学生体育社团这一领域的研究还不够活跃,从数量、理论、实际指导意义等方面看,尚不能满足学生体育社团发展的需要。

2.1 体育社团的作用

高中体育社团是指旨在增强学生体质,增进健康,培养中学生体育技能,以个人兴趣爱好和特长自愿方式组成的学生群众性体育组识。社团的活动根据学生自己的爱好选择体育学习、锻炼场所,学生根据自己的学习特点,选择适合自己的学习方式、方法,在最优的组合、专门的教师指导下开展,促进学生个性发展及身心等方面的全面发展,形成一个学生愿学、乐学、肯学的素质锻炼模式。

2.2 体育社团的功能

体育社团活动,作为学校课外教育的一种重要形式,可以促进学生的身体素质发展和身心健康,提高思想素质,共同完成学校课外教育的任务,是实现学校思想品德教育的重要途径,为实现学校体育社团与学生思想政治工作的有机融合提供了新的载体。

2.3 体育社团的管理模式现状

体育社团的主体是学生,当前上海高中的大部分体育社团没有配备专业的体育教师,学生们在亦步亦趋地摸索着前进。参加社团活动时,没有专业教师的指导,社团往往会走很多弯路;没有学校的专职人员与校方沟通,就会造成社团和校方管理上的脱节,造成组织上的无序和管理上的盲区,管理模式还需健全。

2.4 体育社团发展现状

目前上海市高中体育社团种类繁多、覆盖面广;但是,各类学校发展不均衡,规模参差不齐。种类最多的体育社团是篮球队,整体成曲线向上发展;多数会员选择参加一个体育社团,社团成员梯队结构不够合理;活动频率较少、内容层次相对较低;部分学校领导重视不够,管理章程有效性低,指导老师发挥作用小;社团成员参与动机多样,满意度有高有低,多数社团负责人还需要提高专业知识和职业素养。这一切都在很大程度上影响体育社团进一步的发展之路。

2.5 体育社团发展研究现状

从目前体育社团的研究成果看,上海的体育社团还处于初级阶段。对于体育社团的诸多研究都集中于学生体育社团现状的描述上,体育社团对于学生深层次的影响方面的研究甚少,更缺乏哲理性、建设性的研究。基础理论研究没有形成较完善的体育社团理论体系,尤其是体育社团的组织建设、管理体制、运动机制研究显得更为薄弱。而且体育社团现状调查不全面,其他省市的体育社团的发展情况有待纳入调研。另外,在研究内容方面,大部分学者只是对体育社团开展的具体项目进行了一般性的描述,对于不同文化背景条件下的学校开展的体育社团的情况比较、所开展体育项目的类型比较则鲜有涉及,因此,从目前的情况看,研究的深度和广度都不够,无论是研究方法和视角都有必要进一步深化和扩大。

3 研究对象与方法

3.1 研究对象

研究对象:上海市区部分高中体育社团。

调查对象:上海市部分学校高中体育老师、体育社团的负责人和体育社团的成员。

3.2 研究方法

3.2.1 文献资料法

查阅了近年国内相关科研论文 65 篇,为本研究确立一定的理论基础。

3.2.2 问卷调查法

于 2017 年 10 月向社团负责人发放问卷 40 份,并通过社团负责人向体育社团成员发放问卷 200 份,于 2017 年 11 月回收问卷 40 份和 196 份,剔除 7 份无效的社团成员问卷,回收有效问卷分别是 40 份和 189 份,有效回收率分别为 100% 和 97%。为确保问卷调查所得到的数据的真实性,采用"再测法"进行可信度检验,于 14 天后,在第一次问卷发放对象中随机抽取 50 名填写问卷,两次填答问卷的相关系数是 0.89。

3.2.3 访谈法

于 2017 年 10 月下旬访问了 16 名体育老师和 8 名社团负责人。

3.2.4 数理统计法

对调查结果统计分析,为研究结果与分析提供数据。

4 调查结果与分析

4.1 体育社团的类型和规模

20 所学校现阶段共有体育社团 69 个,占全部学生社团总数的 35%。有以下几种类型:

(1) 社团以运动项目命名。如谁与争锋篮球队、羽球天团、无敌乒乓队等共 54 个。

(2) 协会型。篮球协会、足球球迷协会等共计 5 个。

(3) 以学校名称＋种类命名。如市西体质健康测评俱乐部、华模球迷协会等共计 10 个。

体育社团种类多样,覆盖面广,在社团中的分量非同一般,相信这与体育项目得天独厚的师资力量、场地器材等基础设施和良好的体育氛围是分不开的。

在社团规模上,有的社团人数多达五六十人,如球迷协会、羽毛球俱乐部等,有的却不到十人,如女子防身协会。从连续三年的社团人数调查中显示,在同样的生存环境下,有些体育社团成员多、规模大、影响面广,如羽毛球俱乐部;有的社团持续保持较多人数,发展空间很大,如篮球协会;有的社团的人数急剧下降,还在靠社团成员的一腔热情在苦苦维持,如排舞协会。

4.2 学生体育社团组建年限

从表 1 可以看出:2008 篮球队的成立,标志着上海市高中体育社团迈出了历史性的第一步。在 2008 年到 2012 年这六年间,共成立 6 个体育社团,发展较缓慢。2012 年以后,伴随着高中体育专项化教学的全面展开,教育体制改革的逐步深入,体育社团有了更为宽松的外部环境,得到了较好的发展。可见 2012 年之前的体育社团相对较少,整体成曲线向上发展,于 2015 年到 2016 年间达到巅峰时期。

表 1　体育社团的组建时间段的分布

	2012—2013	2013—2014	2014—2015	2015—2016	2016—2017
数量	8	8	12	18	17
该时间段内组建的社团种类	球迷协会 篮球队 羽毛球 乒乓球队 网球 游泳	球迷协会 篮球队 羽毛球 乒乓球队 网球 棋牌社 跆拳道 游泳	球迷协会 篮球队 羽毛球 乒乓球队 棋牌社 网球 游泳 健身健美 武术	球迷协会 篮球队 羽毛球 乒乓球队 网球 游泳 排球俱乐部 排舞 手球 瑜伽 台球	球迷协会 篮球队 羽毛球 乒乓球队 网球 游泳 空手道 滑板 轮滑 健步球 台球

4.3　体育社团参加人员和人数情况

**表 2　上海市高中体育社团内部分会员参加
社团及体育社团的情况调查表**

	加入 1 个		加入 2 个		加入 3 个		加入 4 个及 4 个以上		
	人数	比率	人数	比率	人数	比率	人数	比率	总人数
体育社团	124	65.61%	47	24.87%	14	7.41%	4	2.11%	189
全部社团	32	16.93%	64	33.86%	76	40.21%	17	9.0%	189

从回收的社团成员 189 份有效问卷来看,有 124 人加入了一个体育社团,占调查学生总数的 65.61%,有 47 人加入了两个体育社团,占调查学生总数的 24.87%,有 18 人参加了三个及三个以上体育社团,占调查学生总数的 9.52%,由此看来,大多数的学生会选择参加一个体育社团。表 6 显示,过半的社团会在一周内安排 1 到 2 次社团活动,这样学生就可以选择 2 到 3 个社团(包括其他类社团的),以参加不同性质的活动,丰富自己的课外文化生活。

表 3 体育社团会员结构调查表

	高 一	高 二	高 三	总 计
男 生	44	26	9	69
女 生	43	44	16	103
总 计	87	70	25	182

分析表 3 得出,在社团会员中,男生有 69 人,占会员总数的 42.33%,女生有 103 人,占 57.67%,这说明女生参加体育社团的积极性相对高于男生,这与高中时期男生爱上体育课,女生爱静的情况有明显的反差。心理学显示,女生在 18 到 24 岁之间,会特别的注重外表与身材,形体美是每个女学生的梦想。肥胖不仅带给个人行动不便,也是影响个人自尊、自信的重要成因[21],由此相信减肥与塑身应该是大部分女生参与体育运动的最初动因。另外,在访谈过程中得知,在学生参与校外兼职活动的人员中,男生远远高于女生,相信在这个竞争激烈的社会中,尤其是男生,不愿放弃早一点接触社会的机会,为自己真正踏入社会早一点做准备;相对来讲,女生就有更多的时间去参加社团的活动了。

从调查统计的表 3 还可以看出,一年级到二年级的体育社团会员数量依次成下降趋势。其中一年级有 87 人(占 46.03%),二年级有 70 人(占 36.04%),三年级有 25 人(占 17.93%)。这可能与学业负担的加重密切相关。另外与受体育社团的组织不规范,活动内容单一等缺陷的影响有关,部分会员失去了参与活动的积极性。

4.4 体育社团经费

表 4 体育社团的活动经费来源调查表

	会员会费	学校经费扶持	企业或公众赞助	有偿服务	无经费
有该途径的体育社团个数	44	6	3	2	4
所占总体育社团比例	88.75%	4%	2%	1.75%	3.5%

调查结果显示,现阶段上海市高中体育社团经费来源主要有四个方面:一是会员会费;二是学校经费扶持;三是企业或公众赞助;四是有偿服务(如表演出场费,组织体育赛事,担当裁判等)。但有些体育社团是没有经费的,如健康体质测评

俱乐部。从表4可以看出,社团经费依靠会员会费占据88.75%的比重,能够拉到社会赞助的体育社团仅占体育社团总数的11.25%。由此可以得出,上海市高中学生体育社团本身的生存能力还是较弱的,绝大多数社团的经费来源渠道太过单一。将经费的重担落在会员身上势必会影响会员参与活动的积极性,影响体育社团的发展。

表5　体育社团所用宣传方式调查表

	有此宣传途径的体育社团个数	占所有体育社团个数的比例
电脑(贴吧等零散的、无计划的宣传)	12	30%
墙报、广播、通知等校园宣传	40	100%
通信、人际传播	23	75%
专门的社团网站或论坛	2	5%
报纸	1	2.5%
其他	5	12.5%

从表5可以看出,92.5%的体育社团会为宣传工作花费社团经费。但是从表5的统计得出,有100%的社团会选择墙报、广播、通知等校园宣传方式,75%的会选择通信、人际传播的宣传方式,这些方式所需的经费是极少的。所以在社团经费支出这一块,宣传工作的支出费用应该也是不太多的。

结合对表5分析,再加上学校没有专门为学生准备的免费场地,而羽毛球、乒乓球、游泳等绝大多数项目是需要专门的运动场地的,应该相信大部分的社团会把会费用在租用场地上。像排舞、国标舞、街舞等这些需要专门的教练的协会还会将会费用在聘请教练上面。

4.5　体育社团的活动次数与方式

表6　社团活动调查表

	0次	1次	2次	3次及3次以上
体育社团每周开展的活动(次/周)	2.12%	51.32%	40.21%	6.35%
体育社团每学期开展固定大型活动或比赛(次/学期)	14.81%	39.68%	27.51%	17.99%
体育社团与外校体育社团联合组织活动或比赛(次/学年)	65.08%	21.70%	3.17%	10.05%

看来学校绝大多数的体育社团都能开展社团活动,让会员每周都有锻炼的机会。可见校园内部的社团活动的开展还是很频繁的,这与上海市高中富有激情的学生和得天独厚的体育资源是分不开的。

但表6中的另一项调查结果显示,体育社团与外校体育社团联合组织活动或比赛的开展情况的确不容乐观,仅占全部社团活动的34.92%。这就从侧面反映出上海市高中学生在组织体育社团活动的过程中,将其视野仅局限在学校内部,对社团的活动及未来发展没有长远的规划,这对社团的可持续发展是极为不利的。

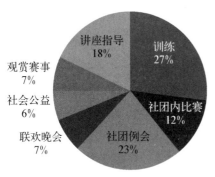

图1 体育社团活动形式分布图

表7 体育社团活动形式统计表

活动内容	训练	社团内比赛	社团例会	联欢晚会	社会公益	观赏赛事	讲座指导
选有此项活动的社团成员数	167	79	45	26	39	46	13

从回收的社团成员的问卷统计得出图1和表7,说明高中体育社团的活动形式主要有:练习、社团内比赛、社团例会、联欢晚会、社会公益、观赏赛事、联谊晚会、讲座指导等8种方式,其中训练的活动频率居第一位。由此可见,体育社团活动形式虽然较多,活动开展频率较高,但大多为缺乏新意、忽视成员感受、内容极为简单的活动,而较有意义、较能锻炼社团及其负责人各方面能力的活动举办的频率较低。

4.6 体育社团的组织管理

4.6.1 体育社团内部的管理

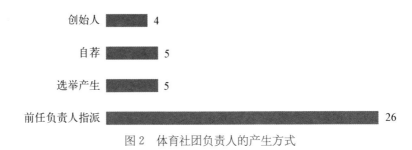

图2 体育社团负责人的产生方式

首先从图 2 可以看出,社团负责人的产生方式有 65% 是由前任负责人指派的,只有 12.5% 的负责人是由选举产生的。这样难免会有不合理的因素,有失公平性,对社团的可持续性发展产生了一定的消极效应。

调查统计得出,在上海市高中学生体育社团中,有社团内部管理章程的体育社团占 23.75%,无社团内部章程的占 76.25%,说明多数体育社团的内部管理比较松散和无序,相信这也是一些社团停办或会员一直减少的重要影响因素。此外大多数的社团还是严格按照体育及社团部的规定,设立相应部门,希望把社团建设得更好。但是如果把社团职务体系比喻成这个系统的骨架,把内部活动章程比喻成血肉,一个只有骨架,没有血肉的系统,能维持多久,这是值得我们深思的。

4.6.2 学校的管理

大部分体育社团没有专职人员与校方进行沟通,造成社团和校方缺少及时的交流,学校重视程度不够;一部分体育社团没有配备专业的指导教师,缺少经费投入、组织管理松散,凝聚力不强,造成场地设施、器材的不完善和活动时间安排的不合理。

表 8　学校领导对体育社团重视程度调查表

	非常重视	比较重视	一般	不太重视	一点也不重视
比例	7.5%	10%	42.5%	32.5%	2.5%

表 9　学校针对体育社团管理制度调查表

	有	有较好执行	没有被较好的执行
有制订体育社团负责人培训制度	0	0	100%
有制订体育社团负责人选拔办法	22.5%	77.5%	0
有制订体育社团活动制度	60%	42.5%	2.5%
有制订体育社团评比、奖励、表彰办法	77.5%	12.5%	7.5%
有制订体育社团财务、审计管理办法	5%	22.5%	72.5%
有制订体育社团场地使用管理办法	27.5%	67.5%	5%
有制订体育社团外聘指导教师管理办法	0	10%	90%

针对体育社团的管理方式和细节,对社团负责人调查统计得出表 8 和表 9,从中可以看出学校领导对体育社团的重视程度还不够,如负责人的培训制度根本没有,其他的部分制度虽然有,但实施过程相对不严谨,导致部分社团负责人

都不知道有该项制度的存在。

表 10　体育社团指导教师的配备情况调查表

	没有	有,但仅是挂名,没实际的指导帮助	有,但发挥的作用很小	有且发挥着重大的指导作用
比例	5%	17.5%	65%	12.5%

由表 10 的结果显示,大部分社团都配有指导教师,但指导老师发挥的作用却不尽如人意。另一方面,体育社团指导老师的工作是不纳入其工作量和年终考核范围的,而且他们的指导工作也没有直接的经济效益,在这样的情况之下,指导老师的积极性和热情也就大大较低。

另外一项调查显示,如果体育社团要健康可持续发展的话最需要学校支持的方面是,经费和场地、器材排在最前,其次是体育社团组织管理能力的培训,最后是健全社团评价、激励的政策与机制。

4.7　体育社团的成员与负责人的参与目的、态度和满意度

4.7.1　从社团成员的视角分析

表 11　社团成员对场地、器材的满意程度调查表

	很满意	较满意	一般	稍不满意	非常不满意
比例	5.29%	14.29%	39.15%	17.46%	23.81%

表 12　社团成员对社团各方面的满意指数调查表

	满意	一般	不满意
活动形式	5.82%	67.78%	25.40%
技术指导	11.64%	25.40%	62.96%
组织管理	9.52%	41.27%	49.21%
交友	24.87%	33.86%	41.27%
活动时间	25.40%	29.10%	45.50%
健身效果	16.93%	36.51%	46.56%

据调查,学生参加社团的动机有参与娱乐、扩大人际交往、缓解学习压力、强身健体、提高运动技能、提高裁判技能等方面的目的和需求,看来多数的会员是

抱着很高的期望值去参加社团活动的。本文针对参加体育社团后的收获成果调查显示,在运动技术能力明显提高、扩大了交际范围、锻炼了社会适应能力、缓解各种压力,愉悦心情等方面,有59.7%的会员认为参加体育社团对技术的提高有帮助,但作用不大,仅有21.7%会员认为帮助很大。对体育社团成员对社团各方面的满意度指数调查得出表12和表13,更加说明了这个问题。再加上场地、器材、指导教师等客观原因都是引起学生反感、不重视社团和对社团满意度较低的重要原因。

4.7.2 从社团负责人的角度分析

对上海市高中体育社团负责人的任职初衷调查,如图3所示,大部分的社团负责人是为了提升自己、对该项目的热爱和服务他人等才选择做社团负责人的,这些出发点都是积极的,因为无论是提升自己还是服务他人,最终的指向只有一条,那就是办好体育社团。社团负责人通过各种努力,切切实实的办好体育社团各项活动,才能促进体育社团的健康发展,才能服务社会。

图3 体育社团负责人
任职初衷统计图

发展才是硬道理。调查表明(表14):为了延长体育社团的发展之路,有65%的社团负责人会与项目的专业人士交流,以提高自己对该项目的认识和管理水平。一般他们会选择学校内的专业教师、社会社团教练员、该项目的优秀运动员等,以期提高自身素质,为社团的发展努力。

表13　社团负责人与该项目的专业人士交流情况调查表

有	没　有	不 好 回 答
65%	20%	15%

表14　体育社团的"实体化"进程调查表

	有	没　有	不好回答
是否与社会体育社团或公司合作?	27.5%	37.5%	35%
是否成立了"公司"?	7.5%	72.5%	20%

由表13和表14得出,学校有27.5%的体育社团与社会社团有合作,如资金赞助、技术指导、联合组织活动等形式。仅有7.5%的体育社团成立了公司,可

见能真正步出校园的社团是很少的。

4.8　对策

4.8.1　针对不同的参与动机,组织各式的社团活动

体育社团相对于其他类型的社团活动,有其独特的鲜明特点。体育活动以身体练习为主要特征,强调个体参与性与集体融合性。这就要求社团负责人要集思广益,丰富社团活动内容,培养学生的体育兴趣,因此,体育社团的活动要多元化,引导学生积极主动地参与到体育社团活动中,在活动中体现自我、勉励自我、超越自我。

4.8.2　加强体育社团的组织管理工作

高中体育社团有别于成人体育社团,管理模式采用自我管理和校团委指导相结合组织开展活动。社团的主要负责人必须按时参加校团委召集的会议,完善各社团的组织框架,内部应设社长、副社长及视具体情况设置各部。社团成员在社团负责人的组织下,统一开展各类活动,成员们在活动中需要进行统筹安排、主动参与、自我管理,进一步增强责任意识和提高责任能力。社团学生的管理要严格,每学期结束要全面对学生作出评价,把特长技能提高和学生品德行为相结合,培养品学兼优的好学生。

4.8.3　引导体育社团走向"实体化"

体育社团作为一个实体存在,学校应该给予更大的发挥空间,充分体现体育社团存在的价值。体育社团实体化过程中可能会涉及场地、组织、管理、考评等许多具体问题,学校管理部门和体育部门应该想方设法创造条件、优化环境、给予支持。比如,可以将一些体育活动的组织工作交由具体的社团组织来承办,学校体育部门协助配合;重点支持那些在实体化方面表现好、成效突出的社团组织;学校和体育部门有针对性地开展业务培训,帮助社团建立一支懂业务、专业化的工作队伍。

4.8.4　加大重视力度,提供展示平台

学校组织了体育社团,应该更多的创造机会展示成果,激励社团的发展。有条件的学校可以定期组织各类体育比赛,鼓励学生参加比赛,放飞自我;每学期结束时,开展成果展示活动,科学全面的开展课程评价。体育社团活动还可以在家校联系平台上展示,既促进社团的良性发展,又宣传了学校的教学成果。

4.8.5　全员重视,充分发挥体育社团的价值

建设体育社团,让学生通过各类体育活动,锻炼健康的体魄,促进身心健康

发展;通过参加社团活动,学生们相互间切磋技艺、学习借鉴,既促进了社团成员特长的共同提高,又促进了大家的相互交流,不仅丰富了课余生活,而且增进了彼此的友谊。学生社团活动还能帮助社团成员形成积极的自我概念,恰当地认同他人,学会正确地面对和接受现实,热爱生活,乐于学习,形成健康人格。体育社团活动的价值不仅仅发展学生特长爱好,还可以引导学生培养正确的价值导向,以积极向上的力量激励学生,促进学生形成良好的思想品德和行为习惯,充分发挥其活动育人的独特价值。

4.8.6 建立体育社团长效管理机制

体育社团的管理,必须以人的全面发展为核心内容,推行人性化的管理,为学生提供技能、素质、能力全面发展的平台。学校各级主管部门有必要整合现有的社团多级构建体系,科学细化社团的分类,避免社团组织建设中的"大而不精""小而不全"问题的出现。建立学校学生体育社团活动和建设的相关政策体系,加大投入,鼓励学生体育社团走向社会;加强指导,抓好对体育社团的统一管理,深入研究体育社团良性发展的机制。此外,有条件的学校还可以结合学校的教育特色,发展精品体育社团,积极开展特色项目,体育社团可以通过树立和经营自己的品牌和项目,吸引社会来"购买",借此来发展自己。

5 结 论

体育社团活动是高中校园生活中重要的组成部分,由于其具有组织灵活多变、形式多样、学生积极主动参与性高诸多特点,业余时间学生可以通过参加社团活动,丰富人生经验与开阔视野。此外,高中体育社团的活动内容与方式贴近不同层次学生的需求,加之参与社团的成员具有自愿性与目标相同性,弥补了特定性组织的不足,因而对于个性突出与性格各异的高中生具有更强的凝聚力与号召力,能充分调动学生体育学习的兴趣,有助于他们发挥体育特长。近些年来,上海市高中体育社团获得了快速的发展,越来越多的学生乐享其中,体育社团已经成为中学校园里一道亮丽的风景线。

参考文献

[1] 吴康宁:《教育社会学》[M].北京:人民教育出版社,1998 版;

[2] 张兆才、陈双、任远金:《学生体育社团在构建和谐校园文化中的作用研究》[J].《铜陵

学院学报》,2008 年第 1 期;

[3]　张美娟、周海涛:《谈学生体育社团的作用及管理》[J].《科教创新》,2007 年第 6 期;

[4]　任远金、刘玉泉、刘守旺:《学生体育社团文化的特征及效用研究》[J].《铜陵学院学报》,2009 年第 1 期;

[5]　任远金、陈双:《论普通学校学生体育社团》[J].《吉林体育学院学报》,2007 年第 1 期;

[6]　高杰荣、陈林华:《上海中学生体育社团发展现状及思考》[J].《安徽体育科技》,2010 年第 5 期;

[7]　韩英灵:《学校教育对学生体质下降的影响及对策》[J].《体育教学》,2007 年第 4 期;

[8]　王耀文:《中学体育社团现状与建议》[J].《遵义师范学院体育学院学报》,2016 年第 5 期。

上海市静安区高中体育社团现状调查研究

调查问卷一（社团成员）

亲爱的同学：

高中体育专项化教学，深受同学们的喜爱，同学们参加体育活动的兴趣也得到了大幅提升，业余活动开展的丰富多彩。针对学校体育社团开展的情况，我们想了解一下您的想法。

对您的支持表示感谢！

个人基本情况：1）性别_____   2）年级_____

3）学校_____

1. 你参加了几个体育社团　　　　　　　　　　　　　　　（　　）

　　A. 1 个　　　　　　　　　　　　　B. 2 个

　　C. 3 个　　　　　　　　　　　　　D. 4 个及 4 个以上

2. 1）你所在的体育社团每周开展几次活动　　　　　　　（　　）

　　A. 0 次　　　　B. 1 次　　　　C. 2 次　　　　D. 3 次

　　E. 4 次及 4 次以上

　　上题选 A 和 B 的同学做下一题，选 C/D/E 的同学直接跳到第 3 题：

　　2）造成你参加体育社团活动较少的原因是（　　）（本题可多选）

　　A. 社团本身活动较少　　　　　B. 社团活动内容单一

　　C. 自身时间较紧张　　　　　　D. 不喜欢该运动项目

3. 你所在体育社团的活动形式（　　）（本题可多选）

　　A. 社团内竞赛　　　　　　　　B. 训练

　　C. 校际交往活动　　　　　　　D. 联欢晚会

　　E. 观赏赛事　　　F. 讲座指导　　　H. 社会公益

　　G. 其他（是什么？）

4. 你所在的体育社团在每学期有固定的大型活动或比赛安排次数　（　　）

　　A. 0 次　　　　　　　　　　　　B. 1 次

　　C. 2 次　　　　　　　　　　　　D. 3 次及 3 次以上

5. 你所在的体育社团与外校体育社团联合组织活动或比赛的次数　（　　）

　　A. 0 次　　　　　　　　　　　　B. 1 次

C. 2 次　　　　　　　　　　　　　D. 3 次及 3 次以上

6. 你对所在社团的活动形式的满意程度　　　　　　　　　　（　　）

　　A. 满意　　　　　　　B. 一般　　　　　　C. 不满意

7. 你对所在社团的技术指导的满意程度　　　　　　　　　　（　　）

　　A. 满意　　　　　　　B. 一般　　　　　　C. 不满意

8. 你对所在社团的组织管理的满意程度　　　　　　　　　　（　　）

　　A. 满意　　　　　　　B. 一般　　　　　　C. 不满意

9. 你对所在社团的交友情况的满意程度　　　　　　　　　　（　　）

　　A. 满意　　　　　　　B. 一般　　　　　　C. 不满意

10. 你对所在社团的活动时间安排满意程度　　　　　　　　　（　　）

　　A. 满意　　　　　　　B. 一般　　　　　　C. 不满意

11. 你对所在社团的健身效果满意程度　　　　　　　　　　　（　　）

　　A. 满意　　　　　　　B. 一般　　　　　　C. 不满意

12. 你对我校的运动场地、器材的满意程度　　　　　　　　　（　　）

　　A. 很满意,是我参加社团活动的动力之一

　　B. 满意,不会影响我参加体育社团活动

　　C. 一般,对我参加体育社团活动的影响不大

　　D. 不满意,严重阻碍了我参加体育社团活动

13. 你参加体育社团的动机是什么(　　　　)(本题可多选)

　　A. 参与娱乐　　　　　　　　　　B. 扩大人际交往

　　C. 缓解学习压力　　　　　　　　D. 强身健体

　　E. 提高运动技能　　　　　　　　F. 提高裁判技能

　　G. 其他(是什么?)

14. 你对所在的体育社团的经费来源和去处了解多少　　　　　（　　）

　　A. 非常了解　　　　　　　　　　B. 较了解

　　C. 不是很了解　　　　　　　　　D. 一点也不了解

15. 你在体育社团里每次用多少时间进行体育锻炼?　　　　　（　　）

　　A. 30 分钟以内　　B. 1 小时以内　　C. 1—2 小时　　D. 2—3 小时

16. 你现在可以掌握多少项体育运动项目?　　　　　　　　　（　　）

　　A. 0 项　　　　　B. 一项　　　　　C. 两项　　　　D. 三项

　　E. 四项及四项以上

17. 你认为参加体育社团对你技术的提高帮助大吗？　　　　　　　（　　）

    A. 帮助很大　　　　　　　　　　B. 有帮助,但作用不大

    C. 没有什么帮助

18. 体育社团对你有哪方面帮助？（　　　）(本题可多选)

    A. 运动技术能力明显提高　　　　B. 扩大了交际范围

    C. 锻炼了社会适应能力　　　　　D. 缓解各种压力,愉悦心情

    E. 其他(是什么?)

19. 明年你继续参加体育社团吗？　　　　　　　　　　　　　　　（　　）

    A. 参加　　　　　　　　　　　　B. 不参加

_____

20. 请对你所在体育社团提出宝贵的意见和建议:

_____

_____

_____

附件 2:

上海市静安区高中体育社团现状调查研究
调查问卷二(社团负责人)

亲爱的同学:

    本人是上海市高中体育教师,目前正在对体育社团在贵校的实施开展现状作一调查分析与研究,目的在于深入了解学校体育的现状,研究学生身心发展的现状特点和趋势。对您的支持表示感谢!

个人基本情况：1) 性别_____　2) 年级_____

             3) 学校_____

1. 贵体育社团成立于_____年

2. 贵体育社团现有成员人数_____2017 年的成员人数_____2018 年的

   成员人数_____

3. 贵体育社团共有管理人员人数_____

4. 贵体育社团负责人产生的方式是?　　　　　　　　　　　　　（　　）

    A. 前任负责人指定　　　　　　　B. 选举产生

C. 自荐   D. 创办人

5. 贵体育社团有明确分工吗？   (   )

    A. 有,且很全   B. 有,但分工没这么明确

    C. 没有

6. 贵体育社团是否有成文的内部章程或规定？   (   )

    A. 有   B. 没有   C. 不好说

7. 贵体育社团配有专门的指导人员吗？   (   )

    A. 没有

    B. 有,但仅是挂名,没有实际的指导帮助

    C. 有,但发挥的作用很小

    D. 有,且发挥着重大的指导作用

8. 你平常和该项目的专业人士交流吗？   (   )

    A. 有   B. 没有   C. 不好回答

    上题选 A 做第 9 题,选 B 或 C 的同学直接跳到第 10 题

9. 你平常和该项目的哪些专业人士交流？   (   )

    A. 学校内的专业教师   B. 社会社团教练员

    C. 高年级学生   D. 没有

10. 贵社团的活动经费来源有(   )(本题可多选)

    A. 会员会费   B. 学校经费扶持

    C. 企业或公众赞助   D. 有偿服务

    E. 其他(是什么?)

11. 贵社团收取会费的使用方向(   )(本题可多选)

    A. 购买器材   B. 租用场地

    C. 宣传工作   D. 上交体育

    E. 其他(是什么?)

12. 贵社团是否有与校外社团或组织(如公司)合作？   (   )

    A. 有   B. 没有

    C. 不好回答

13. 贵社团有没有成立"公司"？   (   )

    A. 有   B. 没有   C. 不好回答

14. 贵社团有哪些宣传方式？(   )(本题可多选)

A. 电脑网络(贴吧等零散的、无计划的宣传)

B. 校园宣传等墙报、广播、通知

C. 专门的社团网站或论坛

D. 通信、人际传播途径

E. 报纸

F. 其他(是什么?)

15. 你认为我校对体育社团的重视程度   (   )

A. 非常重视   B. 比较重视   C. 一般   D. 不太重视

E. 一点也不重视

16. 我校有制订体育社团负责人培训制度吗?

A. 有,且较好的被执行

B. 有,但没有被较好的执行

C. 没有

17. 我校有制订体育社团负责人选拔办法吗?

A. 有,且较好的被执行

B. 有,但没有被较好的执行

C. 没有

18. 我校有制订体育社团活动制度吗?

A. 有,且较好的被执行

B. 有,但没有被较好的执行

C. 没有

19. 我校有制订体育社团评比、奖励、表彰办法吗?   (   )

A. 有,且较好的被执行

B. 有,但没有被较好的执行

C. 没有

20. 我校有制订体育社团财务、审计管理办法吗?   (   )

A. 有,且较好的被执行

B. 有,但没有被较好的执行

C. 没有

21. 我校有制订体育社团场地使用管理办法吗?   (   )

A. 有,且较好的被执行

B. 有,但没有被较好的执行

C. 没有

22. 我校有制订体育社团外聘指导教师管理办法吗?　　　　　　　　(　　)

A. 有,且较好的被执行

B. 有,但没有被较好的执行

C. 没有

23. 为什么你愿意做社团的负责人?(　　　)(本题可多选)

A. 专业知识的实践

B. 锻炼自己的社会适应能力

C. 对该项目的热爱

D. 服务其他同学

E. 其他(是什么?)

24. 体育社团要健康可持续发展最需要学院下面几方面支持?

A. 经费支持

B. 场地、器材

C. 健全社团评价、激励的政策与机制

D. 体育社团组织管理能力的培训

E. 其他(是什么?)

排序_____

不同发展阶段中学体育教师课堂评价语言的观察研究

郭伟男

摘　要：课堂评价语言是教师在教学活动中重要的手段和媒介,中学体育教师课堂评价语言是影响中学生体育课堂锻炼的最为重要的因素,体现了教师教学机智和语言智慧,也是传递中学体育课堂教学信息的重要因素,课堂评价语言的使用方式与方法对学生产生直接的影响。有效的课堂评价语言对于促进学生学会锻炼以及良好的社会发展有着不可言喻的价值。但目前关于教师课堂教学评价语言的研究不够具体,其中大多数是经验性的描述和理论性的探讨,实证性的研究相对较少。此外,还有诸如教师对课堂教学评价语言的重视程度相对较低;评价语言缺乏科学性、艺术性和专业性等等问题。本研究通过对不同发展阶段的中学体育教师在课堂教学中所运用的评价语言按七个维度进行观察：评价语言性质、评价语言对象、评价语言时机、评价语言呈现方式、评价语言准确性、评价语言学科性、评价语言使用数。以期了解不同发展阶段的中学体育教师在不同维度上评价语言使用情况的异同及特点,并尝试对研究结果进行分析并提出建议。

关键词：中学体育教师　课堂评价语言　观察分析　建议

1　前　言

1.1　选题依据

在教育学中,课堂评价语言是一个特别庞大的领域,同时也是一个充满问题的专业领域。课堂评价语言作为教师教学语言的一种,是教师对学生的知识领悟程度和课堂行为最直接的反馈,这种反馈对学生是非常重要的。教师有效的课堂评价语言可以促使学生良好的发展,从而焕发课堂生命活力,亦即教师在课堂评价语言使用的情况将会影响学生的能力发展。但由于课堂评价语言仅占课堂教学行为的一小部分,许多中学体育教师对课堂评价语言的使用过于随意,对课堂评价语言不够重视、缺乏规范、形式单一,忽略了其潜在的意义。教师对课堂评价语言的使用还大多流于形式,并没有谨慎地思考评价语言的使用是否恰当准确。中学体育教师的课堂评价语言大多内容单一,要么不是随意否定,就是一概肯定,这种做法完全忽视了语言评价的客观性,并不利于学生的发展。不难发现,当前我国中学体育教师的课堂评价语言使用过于随机,严重缺乏科学性。

对于中学体育教师而言,其课堂评价语言的对象是学生。中学阶段的学生处于青春发育期,有一定的叛逆心理,个体的思想日渐成熟,有自己的一些想法和看法,表现欲望强烈,渴望别人的认可,情绪波动比较大,所以体育教师在课堂中对学生使用评价语言时就要时时刻刻地从学生的角度出发,要根据每一位学生的心理特征,来增强学生体育锻炼的自信心。但诸多中学体育教师在课堂使用评价语言时常缺乏技巧,譬如在体育课堂实践层面,课堂评价语言被狭隘地理解为:非对即错。体育课堂中严重缺乏为学生学习运动技巧提供具有针对性及具体的评价语言,一些表扬和批评较为流于形式,比如:"你真聪明、你真棒、好样的、就是这样做";或者课堂中批评学生时经常使用一些让学生觉得绝望的批评词语,比如:"笨死了、没带脑子来、没救了、猪脑袋啊"等一些带有讽刺性的语言,使学生感觉无地自容,甚至绝望。久而久之,学生对体育课失去信心,亦降低了体育教师在学生心目中的地位。

1.2 研究意义

课堂教学评价语言对学生的知识学习而言至关重要。教学中的经验传授、教师对学生的学习进行指导,并进而与学生进行情感交流与沟通等教学活动,都离不开课堂评价语言。体育课堂评价语言使用的水平高低是权衡一个教师是否专业,教学质量是否优劣的一个重要的参考指标。由于当前我国对中学体育教师课堂评价语言方面的研究尚不充足,而中学体育教师的课堂评价语言对体育课堂质量又有深远影响,故而本研究试图在该领域做出尝试,为中学体育教师的专业成长及提高中学体育教师课堂评价语言的使用质量提供参考,以期促使相关研究人员能够关注中学体育教师课堂评价语言对学生发展的价值,为提高中学体育教师课堂评价语言的质量提供帮助。本研究通过中学体育课堂的现场观察及分析,总结出新手教师与专家教师在课堂评价语言使用上的异同,为广大中学体育教师以及教学研究者在教学实践当中提供可供参考的实证数据,或也可望成为未来中学体育教师培训发展的参考证据。

1.3 研究目的

本研究的主要目的是通过对中学体育课堂教学的观察,从七个不同维度分析新手教师与专家教师在体育课堂评价运用方面的异同。并尝试通过若干案例探讨,对不同发展阶段的中学体育教师课堂评价语言的使用情况进行对比分析,来研究不同工作年限的中学体育教师课堂评价语言的使用情况、使用数量和使用方式,分析该课堂评价语言的运用是否具有一定的科学性。能够为今后的体育课堂评价领域提供理论及实证素材。

2 评价语言的研究现状

"评价"一词最初是泛指对人和事物的作用价值的衡量。有诸多学者认为,评价是价值认识活动,它是对价值对象的认识和反省。美国教育学家泰勒最先提出"教育评价"这一基础概念,目的是在于根据教育总目标来评价教育效果的好坏,是教师根据对象的表现做出的对教育对象的分析表述过程,以此为依据来定课堂教学过程。

20世纪50年代美国教育学家弗兰德斯把课堂语言行为分为七类,接受和感受,表扬和感受,总结和采纳,提问,讲解,指示,批评或维护权威。弗兰德斯认为,在课堂教学实践中,大约有三分之二的课堂实践是教师与学生的互动对话,这其中,大约三分之二的时间是教师讲话(约20分钟)并且教师讲话三分之二直接影响学生(14分钟),因此教育学家将七类教学语言行为又划分为直接影响学生的语言和间接影响学生的语言。

3 研究方法与对象

3.1 文献资料法

文献资料法是在确定所研究问题的基础上,通过检索,搜集大量相关文献资料,理清课堂教学评价语言的概念,研究关于教学评价语言的类型、特征,从中抽取出有价值的东西为我所用,并在此基础上,进一步的调查或比较分析,展开深层次的研究。

2017年4月,采用知网检索的方法,对近五年(2013—2017)相关体育教师课堂评价语言的博硕论文进行了检索,共查到论文 329 篇,课堂教学评价语言 113 篇,继续检索:以体育教师为检索词,结果 34 篇,最后以评价体系为检索词,结果 22 篇。(见表 1)

2013—2017 年体育教师课堂教学评价语言的
相关博硕士论文研究成果状况(表 1)

检索词年度	课堂教学评价语言	体 育 教 师
2017	5	1
2016	18	1
2015	30	2
2014	33	0
2013	27	1
总　　计	113	5

对近五年(2013—2017)关于体育教师课堂教学评价语言的相关期刊论文进行了阶梯式的检索,共查到论文 557 篇,课堂教学评价语言 84 篇,继续检索:以体育教师为检索词,结果 7 篇,最后以评价体系为检索词在结果中查询,结果 10 篇。(见表 2)

2013—2017 年体育教师课堂教学评价语言的相关期刊论文状况(表 2)

检索词年度	课堂教学评价语言	体育教师
2017	23	1
2016	18	2
2015	21	1
2014	13	2
2013	9	1
总计	84	7

以上两项数据详细描述了我国近五年来体育教师课堂教学评价语言的相关研究成果的基本情况。从以上两项数据来看,课堂评价体育语言的研究并不是那么多,还是一个比较薄弱的领域。

3.2　课堂观察法

课堂观察法是当前课堂研究中使用颇为广泛的一种研究方法。通常为研究者或者观察者借助自己的感官或是辅助性的工具置身课堂教学现场,从课堂中收集一手材料,并根据所收集到的材料进行相应研究的一种科研方法。

本研究利用自行制定的"课堂评价语言综合观察记录表",分别从体育教师的课堂评价语言的使用频次、评价语言的性质、评价语言的呈现方式、评价语言的时机、评价语言的准确性、评价语言的学科性、评价语言的对象七个维度对课堂评价语言进行观察。("课堂评价语言综合观察记录表"见附录)

3.3 观察对象

本文所选取的观察对象为哈尔滨市某中学的 15 名体育教师。按照不同的职业发展阶段,分为新手期教师组 5 人、发展期教师组 5 人及成熟期教师组 5 人。每名教师观察 2 节课,新手期教师总共观察 10 节课,发展期教师总共观察 10 节课,成熟期教师总共观察 10 节课,所有观察课次相加共计 30 节课。以一节课为一个单位进行观察记录,教师在常规课堂授课中出现一次评价语言行为,便进行一次记录。比如,在一节课中教师出现一次批评学生的评价行为,就表现出现一次否定评价;教师出现一次表扬学生的评价行为,就表现出一次肯定评价。然后统计各种评价出现的总的次数,并且配合录像资料进行全面的记录,然后整理录像,填写观察记录表。

4 研究结果与分析

4.1 不同发展阶段中学体育教师课堂评价语言的使用频次

不同发展阶段的体育教师课堂评价语言的使用频次是有差异的,在所观察的 30 节课中,三个不同发展阶段教师的课堂评价语言使用频次如图 1 所示。

本次研究共记录到 382 次课堂评价语言,这当中含有新手期教师 150 次,平均每节课 15 次;发展期教师 135 次,平均每节课 13.5 次;成熟期教师 97 次,平均每节课 9.7 次。新手期教师课堂评价语言占 40%,发展期教师占 35%,成熟期教师占 25%。说明体育教师在课堂评价语言的使用次数相对均衡,比较稳定,也说明本研究中样本选取的设定是比较科学合理的。从数据上

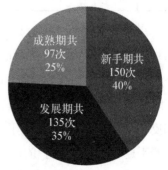

图 1 不同发展阶段中学体育教师课堂评价语言统计图

看,三个阶段教师评价语言使用的比例呈阶梯式,新手期教师使用评价语言的频次居高,成熟期教师评价语言的使用最低,这也说明了一个现象,随着年龄的增长,教学时间增加,课堂评价反而越来越少。

4.2 不同发展阶段中学体育教师课堂评价语言的性质

4.2.1 表扬与批评性质的评价语言的情况

本研究首先将评价语言的性质分为表扬与批评两类,将教师对学生的公开赞美与赞扬列为表扬用语;将教师对学生的公开贬低与责备列为批评用语。在中学体育教学过程中,表扬和批评对于学生的发展和动作学习非常重要。不同发展阶段中学体育教师课堂评价语言表扬与批评用语的研究结果见表1、表2。

表1 不同发展阶段中学体育教师课堂表扬用语的情况

性质	类别	总课节	总数	平均值	最大值	最小值	极差	百分比(%)
表扬	新手期	10	24	2.4	5	0	5	19.7
	发展期	10	53	5.3	12	0	12	43.4
	成熟期	10	45	4.5	11	1	10	36.9

表2 不同发展阶段中学体育教师课堂批评用语的情况

性质	类别	总课节	总数	平均值	最大值	最小值	极差	百分比(%)
批评	新手期	10	73	7.3	13	1	12	73.7
	发展期	10	15	1.5	10	0	10	15.1
	成熟期	10	11	1.1	7	0	7	11.2

如表1、表2所示,表扬类评价总共有122次,批评类评价总共有99次,虽然表扬类评价较批评类评价的总数多,但不同发展阶段教师的表扬与批评评价的分布并不平衡。就表扬性质的课堂评价用语而言,新手教师相较于另外两类发展阶段的教师更少,仅占19.7%,发展期教师最多,为43.4%。批评用语情况则相反,新手期教师的批评类用语数量位居不同发展阶段教师之首,为73.7%。可见新手期教师的课堂评价用语以批评为主,还未能真正掌握评价的艺术。

4.2.2 判断与描述性质的评价语言的情况

除表扬与批评之外,本研究还按照课堂评价语言的判断性与描述性再次进行分类。在中学体育课堂教学过程中,教师对于学生的学习质量及学习态度有着判断与描述这两种不同性质的评价,不同发展阶段中学体育教师课堂评价语言的判断性与描述性情况参见表3、表4。

表3 不同发展阶段中学体育教师课堂判断性评价用语的情况

性质	类别	总课节	总数	平均值	最大值	最小值	极差	百分比(%)
判断性	新手期	10	38	3.8	9	1	8	42.7
	发展期	10	31	3.1	7	0	7	34.8
	成熟期	10	20	2	8	0	8	22.5

表4 不同发展阶段中学体育教师课堂描述性评价用语的情况

性质	类别	总课节	总数	平均值	最大值	最小值	极差	百分比(%)
描述性	新手期	10	20	2	5	1	4	24.2
	发展期	10	28	2.8	5	0	5	33.7
	成熟期	10	35	3.5	8	0	8	42.1

如表3、表4所示,三类发展阶段体育教师的判断性、描述性评价用语总计89次,其中新手期教师的判断性评价用语数量最多,为38次,占全体教师的42.7%,成熟期教师最少,数量为20次,占22.5%。由此可见,新手教师在中学体育课堂上所使用的判断性评价用语的数量远远高于成熟期教师,发展期教师则居中。描述性评价用语的情况则正好相反,全体教师使用描述性课堂评价用语的总数为83次,其中新手期教师20次,占23.7%;发展期教师28次,占32.2%成熟期教师35次,占44.1%。不难看出,新手期教师使用描述性评价用语的数量要明显少于发展期教师与成熟期教师。

根据表3、表4中所呈现的数据不难推测,新手期教师在课堂评价语言中更为偏重使用判断性评价语言,这很大的原因是新手期教师刚参加工作不久,教学经验欠缺,在体育教学过程中,虽然能够指出学生动作技能学习的对或错,但是很难描述出具体错在哪里、为什么错、如何纠正错误等情况,这种情况在新手期教师中颇为常见。发展期和成熟期教师在这个方面做得较好,大多数教师能够及时指出学生的错误动作,并能够详细说明错在哪里或者对在哪里,很大程度上提高了教学效率,学生也更加容易接受。

4.3 不同发展阶段中学体育教师课堂评价语言的呈现方式

由于中学体育教师在教学过程中,对学生的学习行为作出评价通常是通过口头、表情、肢体三种方式来对学生进行评价,因此本文按照体育学科评价语言呈现方式的特点,通过课堂观察,记录下了不同发展阶段中学体育教师课堂评价语言呈现方式的情况,见表5、表6、表7。

表5　不同发展阶段中学体育教师口头评价的情况

性质	类别	总课节	总数	平均值	最大值	最小值	极差	百分比(%)
口头	新手期	10	115	11.5	20	4	16	43.1
	发展期	10	94	9.4	19	2	17	35.2
	成熟期	10	58	5.8	11	1	10	21.7

表6　不同发展阶段中学体育教师表情评价的情况

性质	类别	总课节	总数	平均值	最大值	最小值	极差	百分比(%)
表情	新手期	10	20	2	3	0	3	28.2
	发展期	10	28	2.8	9	0	9	39.4
	成熟期	10	23	2.3	4	0	4	32.4

表7　不同发展阶段中学体育教师肢体评价的情况

性质	类别	总课节	总数	平均值	最大值	最小值	极差	百分比(%)
肢体	新手期	10	30	3	8	1	7	37.6
	发展期	10	25	2.5	5	0	5	31.2
	成熟期	10	25	2.5	5	0	5	31.2

三个不同发展阶段中学体育教师口头评价的百分比分别是43.1%、35.2%、21.7%,可见随专业发展阶段的上升,口头评价的使用反而随之减少。最大值分别是20、19、11,最小值分别是4、2、1,平均值分别是11.5、9.4、5.8。极差分别是16、17、10。

三个不同发展阶段中学体育教师表情评价的百分比分别为28.2%、

39.4%、32.4%。最大值分别是 3、9、4，最小值分别是 0、0、0，平均值分别是
3、2.8、2.3。极差分别是 3、4、9。可见发展期教师较多使用表情评价，而新手教
师则较少使用表情评价。

肢体评价占百分比 37.6%、31.2%、31.2%。最大值分别是 8、5、5，最小值分
别是 1、0、0，平均值分别是 3、2.1、2.1，极差分别是 7、5、5。表明新手教师使用肢
体评价较另外两类发展阶段的中学体育教师要多。

新手期教师之所以更加乐于运用口头评价，可能是由于新手期教师年纪较
轻，富有饱满的激情，具有活力。工作 6 到 20 年之间的发展期教师表情评价语
言略高，可能是由于发展期教师正处于人生的巅峰阶段，更青睐表情的表达。新
手教师的肢体评价较为突出，可能是因为新手教师体力更占优势，因而更为青睐
肢体语言的表达。

4.4 不同发展阶段中学体育教师课堂评价语言的对象

不同发展阶段的中学体育教师在课堂评价语言中对评价对象分别有着很大
差异，本文将课堂评价语言的对象按照学生的性别分为男生、女生两类。具体研
究情况参见表 8、表 9：

表 8 不同发展阶段中学体育教师评价男生的情况

性质	类别	总课节	总数	平均值	最大值	最小值	极差	百分比（%）
男生	新手期	10	106	10.6	20	0	20	50.0
	发展期	10	64	6.3	20	0	20	30.2
	成熟期	10	42	4.3	17	0	17	19.8

表 9 不同发展阶段中学体育教师评价女生的情况

性质	类别	总课节	总数	平均值	最大值	最小值	极差	百分比（%）
女生	新手期	10	18	1.8	13	0	13	16.5
	发展期	10	39	3.9	11	0	11	35.8
	成熟期	10	52	5.2	15	0	15	47.7

不同发展阶段的中学体育教师评价男生的百分比分别是 50.0%、
30.2%、19.8%；最大值分别是 20、20、17；最小值分别是 0、0、0；平均值分别

是 10.6、6.3、4.2;极差分别是 20、20、17。不同发展阶段的中学体育教师评价女生的百分比分别是 16.5%、35.8%、47.7%;最大值分别是 13、11、15;最小值分别是 0、0、0;平均值分别是 1.8、5.2、4.8;极差分别是 13、11、15。

比较表 8 与表 9 不难发现,新手期教师对男生的评价语言明显高,说明新手期教师在授课过程中过于针对男学生。高水平教师在课堂的教学中能较好地关注到全班学生的发展,对男生和女生的评价数量差异并不大。从这一点来看新手期教师确实还有需要完善的空间。相较而言,发展期教师虽然还未达到成熟期教师那样的稳定性,但相较新手期教师而言,评价语言的对象差异还不那么巨大。此外,笔者在课堂观察中还发现,新手期教师评价语言的对象有时并不明确,评价也没有针对性,模棱两可。甚至可以说新手期教师在中学体育课堂教学评价中的很多评价几乎都是无效的评价,从而降低了课堂教学效率。成熟期教师则在教学评价语言的对象上做得恰到好处,运用的比较合理,能关注到整个班级的大部分学生,这是新手期教师值得学习的地方。

4.5 不同发展阶段中学体育教师课堂评价语言的准确性

评价语言的准确性体现了体育教师的专业知识掌握能力。在课堂评价过程中,有的教师的评价语言毫无意义、或纯粹为了个人情绪的发泄,严重缺乏体育教师专业水平和素养。不同发展阶段中学体育教师课堂评价语言的准确性情况参见表 10、表 11。

表 10　不同发展阶段中学体育教师准确使用评价语言的情况

性质	类别	总课节	总数	平均值	最大值	最小值	极差	百分比（%）
准确	新手期	10	60	6	10	2	8	25.9
	发展期	10	85	8.5	15	3	12	36.6
	成熟期	10	87	8.7	21	1	20	37.5

表 11　不同发展阶段中学体育教师不准确使用评价语言的情况

性质	类别	总课节	总数	平均值	最大值	最小值	极差	百分比（%）
不准确	新手期	10	94	9.4	18	4	14	62.7
	发展期	10	45	4.5	14	0	14	30.0
	成熟期	10	11	1.1	3	0	3	7.3

如表 10、表 11 所示,三类教师准确使用评价语言的总数为 232 次,不准确使用评价语言的总数为 150 次。三类不同发展阶段的中学体育教师准确使用评价语言的百分比分别是 25.9%、36.6%、37.5%,成熟期教师比发展期教师和新手期教师略高,但发展期教师和成熟期教师差别并不大。三类不同发展阶段的中学体育教师不准确使用评价语言的百分比分别为 62.7%、30.0%、7.3%,其中成熟期教师使用不准确评价用语的比例明显低于另外两类教师,新手期教师不准确使用评价语言的百分比超过 50%,体现了新手期教师亟待加强评价语言准确性的现状。

4.6 不同发展阶段中学体育教师课堂评价语言的学科性

评价语言的学科性体现了一位体育教师的专业素养,以及对专业术语的掌握能力。本文将体育教师评价语言的学科性分为学术用语及日常用语两类。表 12、表 13 是通过课堂观察记录得出的三个不同发展阶段的体育教师课堂评价语言学科性的统计数据。

表 12 不同发展阶段中学体育教师课堂评价学术用语的情况

性质	类别	总课节	总数	平均值	最大值	最小值	极差	百分比(%)
学术用语	新手期	10	49	4.9	10	2	8	30.2
	发展期	10	54	5.4	8	0	8	33.3
	成熟期	10	59	5.9	17	0	17	36.5

表 13 不同发展阶段中学体育教师课堂评价日常用语的情况

性质	类别	总课节	总数	平均值	最大值	最小值	极差	百分比(%)
日常用语	新手期	10	105	10.5	18	4	14	47.7
	发展期	10	70	7.0	13	0	10	31.8
	成熟期	10	45	4.5	12	1	11	20.5

如表 12、表 13 所示,从搜集到的三类不同发展阶段中学体育教师课堂评价用语学科性的统计中得出,其中学术用语评价 162 次,日常用语评价 220 次。

三类不同发展阶段中学体育教师学术用语评价占百分比分别是 30.2%、33.3%、36.5%。其中最大值分别是 10、8、17,最小值分别是 2、0、0,平均值分别是 4.9、4.5、7.3。极差分别是 8、8、17。由此可见成熟期教师课堂评价用语的学科性较为专业。

三类不同发展阶段中学体育教师日常用语评价的百分比分别是47.7％、31.8％、20.5％。最大值分别是18、13、12，最小值分别是4、0、1，平均值分别是10.5、5.8、5.8。极差分别是14、10、11。新手期教师较另外两种发展阶段的中学体育教师要更多地使用日常性用语。

4.7 不同发展阶段中学体育教师课堂评价语言的时机

中学体育课堂评价语言的时机亦是值得教师注意的一个方面。本研究将课堂评价语言的时机分为及时和延时进行观察统计。关于不同发展阶段中学体育教师课堂评价语言的时机情况参见表14、表15。

表14 不同发展阶段中学体育教师课堂评价语言及时性情况

性质	类别	总课节	总数	平均值	最大值	最小值	极差	百分比（％）
及时	新手期	10	115	11.5	18	5	13	45.1
	发展期	10	88	8.8	19	2	17	34.5
	成熟期	10	52	5.2	14	0	14	20.4

表15 不同发展阶段中学体育教师课堂评价语言延迟情况

性质	类别	总课节	总数	平均值	最大值	最小值	极差	百分比（％）
延时	新手期	10	38	3.8	8	1	7	29.9
	发展期	10	45	4.5	8	0	8	35.5
	成熟期	10	44	4.4	18	0	18	34.6

如表14、表15所示，三类不同发展阶段的中学体育教师的及时评价总次数为255次，延时评价总次数为127次。

就及时评价情况而言，新手期教师所占百分比为45.1％，发展期教师为34.5％，成熟期教师为20.4％。由此可见，新手期教师及时评价的数量大于发展期教师与成熟期教师。

延迟评价情况则正好相反，新手期教师所占百分比为29.9％，发展期教师为35.5％，成熟期教师为34.6％。其中成熟期教师延迟评价的次数最多，新手期教师最少。

5 结论与建议

5.1 结论

本研究对中学体育课堂评价语言核心概念做出了明确的界定,并且通过文献研究法和课堂观察法,从使用评价语言的频次、评价语言的性质、评价语言的呈现方式、评价语言的对象、评价语言的时机、评价语言的科学性、评价语言的学科性七个维度构建了中学体育教师课堂评价语言综合评价体系。创建了"中学体育课堂评价语言观察记录表"。通过统计分析发现新手期、发展期与成熟期三类不同发展阶段的中学体育教师在七个维度的评价表现情况并不相同,相较而言,成熟期教师在评价语言的各方面运用都更加严谨且科学。新手期教师的评价语言的技巧还需要加强。

5.1.1 新手期教师

新手期阶段中学体育教师课堂评价语言从观察数据分析得出结论:新手期阶段教师批评语言较多,不注重课堂表扬,违背新课程标准改革的意义。教学评价应该多鼓励学生,让学生感受课堂的快乐,而不是被教师批评、讽刺,严重打击学生的自信心。新手期教师应该加强自身的专业知识能力,在课堂评价过程中能够准确地去评价学生的学习行为,而不是盲目的,模棱两可的评价。新手期教师应该合理的利用口头、表情和肢体语言的表达,从而使整个课堂更加富有活力。所以新手期教师要想拥有属于自己的教学评价语言风格,必须勤加苦练,多向成熟期教师学习,多加探讨摸索。

5.1.2 发展期教师

发展期教师的评价语言的形式通常过于简单化,大部分表现在评价语言贫乏、随意、失真,大多数教师对学生的评价都用直接的"对"或"错"来评价,评价语言缺乏针对性。教师对学生的评价语言随意表达,没有经过思考,在学生回答或者违反课堂纪律时,个别教师甚至会用一些讽刺、挖苦的语言来进行权威评价。这严重影响学生的学习锻炼心理,对学生身心造成了极大的伤害。但总体来说,发展期阶段教师在多数情况下能够顾及全班同学,专业知识掌握的相对扎实,会很明确的指点出学生的不足之处,但是如果想做得更好,则需要多多地学习思考、反思。

5.1.3 成熟期教师

成熟期教师通常能够根据体育课的学科特点,课堂语言较为丰富且具有表演性和一定的艺术性。由于体育本身就是一种运动美学,体育教师展示技术动作应优美,能多带给学生美的感受,教师应该根据相应的教学科目采取不同的语言评价形式。不少成熟期教师的评价语言或是通俗易懂,或是朴实无华,或是情深意浓,或是诙谐幽默、机智风趣,无论是哪种教学风格让学生在体育锻炼过程中心情愉悦。从观察数据看,成熟期阶段教师由于教学实践经验非常丰富,运动技能的细节掌握程度非常的扎实牢固,所以,在整个课堂教学活动中能够体现出自己的教学风格、教学魅力。但成熟期教师评价语言的及时性反而不如新手期教师,影响了评价的效果,这一点需要注意。

5.2 建议

本研究的观察对象是中学体育三个不同专业发展阶段的教师在七个不同维度上的课堂评价语言使用的情况,评价语言的时机、评价语言的对象、评价语言的学科性和科学性,这是本次研究的重中之重。这些概念同时也是课堂教学效率提升的关键部分,也是教师专业发展的重要方面,对中学体育教师、教育研究者开展教育教学研究都具有一定的意义。根据观察结果分析研究的结论,对中学体育教师课堂评价语言提出以下建议:

(1)重点研究,聚焦课堂教学评价语言的使用效率,减少无效的评价语言,给学生更直观、更有意义的反馈。

(2)加强培训,对新手期教师入职培训,全方面了解课堂,促进新手期教师快速培养出属于自己的教学风格。

(3)评价语言应具有针对性,对于体育课堂评价语言,教师应该针对学生的行为作出有效的、具体的、明确的、详细的评价,应该具体而且言之有实。

参考文献

[1] 支恩美、赵坚、孙庆祝:《中学体育高效课堂教师评价语的量化研究》[J].《当代体育科技》,2015 年第 2 期;

[2] 于洋:《海滨学院体育教师课堂教学行为现状的研究》[D].《河北师范大学》,2010 年第 6 期;

[3] 雷慧、熊茂湘:《体育教师课堂教学非言语交际行为评价体系》[J].《武汉体育学院学报》,2011 年第 2 期;

[4] 吴晓丽:《小学体育教师课堂语言艺术初探》[J].《成才之路》,2009 年第 5 期;

[5] 梁好:《给予学生一个怎样的课堂评价》[J].《基础教育论坛》,2013 年第 12 期;

［6］　陈志敏：《教师课堂教学评价语言分析》[J].《小学教学研究》,2007 年第 6 期；

［7］　肖霞：《教师课堂语言的分析评价》[J].《基础教育研究》,2006 年第 12 期；

［8］　徐晓雯：《浅谈教师的评价语言》[J].《中学课程辅导(教师教育)》,2015 年第 4 期；

［9］　徐雯：《教师评价语言的技巧与魅力》[J].《小学教学参考》,2013 年第 21 期。

评价语言课堂观察记录表

观察对象：　　　新手期　　　授课类型：篮球课　　　授课班级：高中

最终定稿时间	人数 / 评价对象			评价时机		评价性质				观察人	观察时间	评价呈现方式			评价学科性		评价科学性	
	男生	女生	不明确	及时	延时	表扬	批评	判断性	描述性			口头	表情	肢体	学术语	日常语	准确	不准确
0—1 min																		
1—2 min																		
2—3 min																		
3—4 min																		
4—5 min																		
5—6 min																		
6—7 min																		
7—8 min																		
8—9 min																		
9—10 min																		
10—11 min																		

最终定稿时间	评价对象			评价时机		评价性质				评价呈现方式			评价学科性		评价科学性	
	男生	女生	不明确	及时	延时	表扬	批评	判断性	描述性	口头	表情	肢体	学术语	日常语	准确	不准确
11—12 min																
12—13 min																
13—14 min																
14—15 min																
15—16 min																
16—17 min																
17—18 min																
18—19 min																
19—20 min																
20—21 min																
21—22 min																
22—23 min																
23—24 min																
24—25 min																
25—26 min																

最终定稿时间	评价对象			评价时机		评价性质				评价呈现方式			评价学科性		评价科学性	
	男生	女生	不明确	及时	延时	表扬	批评	判断性	描述性	口头	表情	肢体	学术语	日常语	准确	不准确
26—27 min																
27—28 min																
28—29 min																
29—30 min																
30—31 min																
31—32 min																
32—33 min																
33—34 min																
34—35 min																
35—36 min																
36—37 min																
37—38 min																
38—39 min																
39—40 min																
总　计																

高水平运动员"学训"管理现状及对策研究
——以上海市普通高校游泳队为例

江治洲　何　晶

摘　要： 高校开办高水平运动队是我国高校体育改革的发展方向，同时也是践行体教结合路线发展的需要。上海市开设高水平游泳队的普通高校有五所，培养了大批高水平游泳运动员，在各级比赛中取得了优异的比赛成绩。但是在高水平游泳运动员发展过程中，出现了学习与训练的矛盾。本研究采用问卷调查法、专家访谈法、对比分析法、数理统计法等研究方法，对高水平运动队管理制度与运动员个体实际情况的对比，找出影响高校高水平运动员"学训"矛盾的因素，提出解决问题的对策，以促进"学训"关系的协调发展。

关键词： 高水平运动员　"学训"管理　高水平运动队　体育改革

1　研究背景

我国的体育事业正处在由体育大国向体育强国转型时期，高校高水平运动员是践行体教结合路线的典范，同时也是培养更高运动能力与更好文化素质发展的需要。越来越多的普通高校组建了符合自己学校优势的高水平运动队。伴随着高水平运动队的发展，运动员学习与训练管理问题变得越来越突出。高校在高水平运动员学习与训练的各个管理环节中，有许多问题需要解决，特别是在文化教育上的要求标准偏低，以及对运动员文化课学习不重视，造成运动员文化素质下降等问题日益严重。高校高水平运动员文化学习与训练同样重要。然而对特别优秀的运动员免试文化，录取入学，可能会造成运动员文化教育的缺失，进一步突出学训之间的矛盾。

本研究通过对上海市普通高校高水平游泳运动员学训管理制度的分析,同时,结合运动员实际情况进行对比分析,发现上海市普通高校高水平游泳运动员在"学训"管理上的问题状况与因素。进而针对问题提出相应的措施,以利于促进运动员学习与训练的协调发展,具有一定的现实意义。

2 研究对象与方法

2.1 研究对象

以上海财经大学、上海交通大学、上海海事大学、复旦大学和同济大学高水平游泳运动员和教练员为调查对象。5所高校各有1支高水平游泳队,各有教练员1名,运动员共60名。其中上海财经大学在校本科高水平游泳运动员有11名,上海交通大学在校本科高水平游泳运动员有21名,上海海事大学在校本科高水平游泳运动员有8名,复旦大学在校本科高水平游泳运动员有9名,同济大学在校本科高水平游泳运动员有11名。本文以5所学校的部分教练员和60名运动员为研究对象。

2.2 研究方法

2.2.1 文献资料法

针对上海市普通高校高水平游泳运动员学训管理上的问题,在中国知网、万维数据库进行检索查阅文献,为本研究奠定了坚实的文献基础。

2.2.2 问卷调查法

问卷设计以了解上海市普通高校高水平游泳运动员学习、训练的基本情况为思路。沿着"运动员个人情况——运动等级——运动员文化基础——训练情况"的线索展开设计排序。问卷共发放60份,回收60份,有效问卷60份。

表1 问卷的发放、回收统计表(n=60)

发放问卷	收回问卷	回收率(%)	有效问卷	无效问卷	问卷有效率(%)
60	60	100	60	0	100

2.2.3 访谈调查法

针对高水平运动队的管理情况,对教练员和运动员制订了访谈提纲。对上海财经大学、复旦大学、同济大学教练员以及部分运动员进行访谈。共访谈3名教练员,15 名运动员。

2.2.4　数理统计法

对全部调查数据运用 Excel 进行统计处理。

3　调查结果与分析

3.1　上海市普通高校高水平游泳运动员管理制度对比分析

3.1.1　运动员专业学习管理制度

通过对 5 所学校运动员学习管理制度的梳理,发现 5 所学校在运动员专业学习管理上采用不同的管理方式,大体可以分为两类:第一类是以复旦大学、上海财经大学、上海海事大学为主。他们在管理上采用由主管游泳训练的游泳队教练、学生所在院系领导以及体育部有关部门人员共同协调管理。高水平游泳运动员录取到学校以后,根据自己所选专业到各个学院进行学习,考勤由任课教师参评。另一类以同济大学、上海交通大学为主。他们在管理形式上由体育教学部参与协调统一管理。对招进来的运动员编制成体育班,由学校统一安排专业,班主任负责管理,考勤采用由任课教师和班主任抽查相结合的方式进行。

3.1.2　运动员训练管理制度

通过对 5 所学校训练制度的解读,发现在训练管理上,5 所高校都实行教练负责制,以争取优秀的比赛成绩为目标。在平时训练上,5 所学校训练的安排,都是在不影响运动员学习的前提下进行训练,一般在下午 4 点课后或者晚上进行。平时每周正常训练 3 次,每次时间约 1 小时。目的是为了使运动员保持良好的水感,维持运动能力。在集训期间,增加训练负荷,使运动员在比赛中获得好成绩。在赛前的半个月,停止文化专业课学习,以便运动员全身心投入训练。如果集训、比赛期间有考试,那么允许运动员缓考,完赛后再进行考试。

3.2　上海市普通高校高水平游泳运动员文化专业课实施情况

3.2.1　运动员文化专业课组织形式

上海市普通高校高水平游泳运动员入学前都与学校签订相应的协议书,作为双方履行责任与义务的依据。学生问卷表明,目前 5 所学校根据自身特点采用了不同的管理形式。

学生专业课组织形式分为两类,一类是以上海交通大学、同济大学为主。在开课形式上,由于运动员专业相同,因此把运动员集中在一起上课,编制成体育班集中管理,同时,配备班主任管理。另一类是以上海财经大学、上海海事大学、复旦大学为主。把运动员分散到各个学院,学习管理上以运动员所在学院上课为主。因此,在运动员文化课组织形式上与学校管理制度相一致。

表2 上海市普通高校高水平运动员文化专业课组织形式(n=60)

学 校	体育班上课分配到各学院上课	单独上课	其 他
上海财经大学	0	11	0
上海交通大学	21	0	0
上海海事大学	0	8	0
复旦大学	0	9	0
同济大学	11	0	0
合计(人)	32	28	0

3.2.2 运动员文化学习考勤管理的执行情况

在运动员的文化学习考勤管理上,上海财经大学以任课教师考勤为主。上海交通大学以任课教师和班主任抽查相结合的方式进考勤。上海海事大学、复旦大学也是任课教师负责考勤。同济大学与上海交通大学一样,采用任课教师和班主任抽查相结合的方式考勤。

在考勤管理上大体可以分为两类。一类主要以上海交通大学、同济大学为主,他们设立了体育运动班,由任课教师和班主任结合负责考勤,督促学生学习。另一类以复旦大学、上海财经大学、上海海事大学为主,以学院任课教师考勤为主。通过与管理制度对比,执行情况与制度基本吻合。

表3 上海市高校高水平游泳运动员专业考勤情况(n=60)

学 校	专业班主任	任课教师	教 练 员	其 他
上海财经大学	0	0	11	0
上海交通大学	6	0	15	0
上海海事大学	0	0	8	0
复旦大学	0	0	9	0
同济大学	1	0	10	0

3.3 上海市普通高校高水平游泳运动员训练执行情况

3.3.1 训练管理目标

在训练管理目标上,5所学校都实行主教练负责制,即运动队的日常管理事务、训练和比赛都由主教练负责。在游泳队的目标管理上,基本上是以参加世界大学生比赛、争取各种国际比赛为最高目标,以参加全国大学生比赛、争取国内比赛奖牌为主要发展目标,以尽可能多的夺取上海市大学生比赛奖牌为基本目标。与训练制度设立的目标基本一致。

3.3.2 日常训练执行情况

5所高校高水平游泳队均要求运动员定期参加训练。在平时训练期间,运动员以每周训练3—4次为主,随着比赛任务下达,运动员的训练负荷增加,以获得良好的训练效果。上海财经大学、同济大学高水平游泳运动员在赛前半个月,上海交通大学在赛前1个月,运动员暂停文化课学习,以便调整竞技状态,全力备战比赛。此外,部分运动员为了取得训练效果,利用业余时间增加训练,以期在比赛中获得好成绩。过多的训练次数对运动员成绩和日常学习的影响还需深入研究。

3.4 影响上海市普通高校高水平游泳运动员学习效果与积极性的因素分析

3.4.1 高校高水平运动员管理体制不健全

通过对前面专业选择实施情况看,部分学校对学生的专业选择是由学校统一安排,成立体育班统一管理。诚然体育班管理可以方便对运动员学生学习、训练进行统一、有序的管理。但是学校统一安排专业容易造成运动员对所学专业不感兴趣,消极学习,进而影响学习积极性与学习效果。在访谈中,运动员指出"学校统一安排专业,容易影响学习的积极性。因为这个专业可能我不喜欢"。还有运动员指出"统一安排专业,设立体育班,对学习效果产生影响。因为大家都是体育特长生,易受其他不良影响"。因此,学生缺乏专业选择自主性会导致运动员学习积极性的降低。同时,体育班的设置,虽然有利于管理,但是运动员在一起,易受其他不良的影响。

3.4.2 对运动员赛后的文化课程补课没有明确规定

关于赛后学校采取补习文化课措施的问题,调查结果表明:辅导自学的有18人,占总数的30%。没有措施的有42人,占总数的70%。从运动员的回答,又知大部分学校在比赛后没有对运动员因比赛或集训丢下的学习任务采取任何补救措施。无形中增加了运动员在今后学习过程中的压力。运动员只有依靠自己在课余时间对专业课程的学习,来弥补丢下的专业文化课程,从而加剧了学训之间的矛盾。同时,结合对运动员的访谈指出"学校对于运动员学习管理易疏忽,在每次比赛后,学校没有对运动员进行相应的补课。从而导致运动员赛后学习压力增大"。

表4 上海市高校高水平游泳运动员赛后学习情况(n=60)

学　校	比赛后学校安排补课辅导	自　学	没有措施	合　计
上海财经大学	0	5	6	11
上海交通大学	0	6	15	21
上海海事大学	0	2	6	8
复旦大学	0	1	8	9
同济大学	0	4	7	11
合计(人)	0	18	42	60
百分比(%)	0	30	70	100

3.4.3　学分管理的错误导向

部分学校对比赛成绩出色的运动员给予一定的奖励。在访谈中,运动员指出"学校本身出发点是好的,但容易使我们产生错误导向,利用优异的运动成绩来弥补学习成绩的不足"。还有运动员指出"增加学分,使运动员对训练产生依赖,依靠运动成绩加分,从而获得奖学金"。因此,利用竞技成绩获得文化课的奖励加分,并顺利通过考试,容易使运动员产生错误的导向,会导致运动员依赖通过训练取得好的运动成绩来弥补专业课程的学习。

3.4.4　学生自身因素

特招生自身文化课基础较差。在招生过程中,特招生占了一定的比例,对运动员学习效果产生了不可回避的影响。同时,高校特招的部分运动员大多来源于省队和青少年体校。由于从小就接受训练,没有很多的时间花费在学习上,进入大学后,基础教育阶段文化的缺乏,造成了学习上极大的困难。访谈中,运动员指出"以前在专业队,文化学习时间少,基础不太好。现在上大学课程太多,不能及时消化"。其他运动员也指出"学习基础不好是影响学习的主要因素,因为基础不好,需要花更多的时间在学习上"。

表5　上海市高校高水平游泳运动员专业课学习情况(n＝60)

学　　校	上海财经大学	上海交通大学	上海海事大学	复旦大学	同济大学	合计(人)	百分比(%)
基础不好,学习较吃力	5	7	3	3	3	21	35
还行,能跟上学习进度	6	13	5	6	7	37	61.6
课上听不懂,学习压力大	0	0	0	0	0	0	0
没有压力,学习挺轻松	0	1	0	0	1	2	3.4

综上所述,在学训管理中,既有学校管理制度上的缺失,也有学生自身的因素。因此,在学训管理上,要不断完善学习管理与提高学生自己学习积极性两者有机结合,从而促进学生运动员学训均衡发展。

3.5　影响上海市普通高校高水平游泳运动员训练因素的分析

3.5.1　训练的科学性

目前高校高水平游泳运动员训练是以运动员在比赛中获得成绩为标准来评判训练的效果。通过访谈,部分教练员指出"竞赛成绩的需求,促使教练员在集训期间通过增加训练次数、训练强度来满足成绩的需求,以期获得良好的运动成绩"。教练员一味地增加训练次数与负荷,而缺乏科学的保障,容易对运动员训练造成一定的负面影响。

3.5.2　训练制度执行过程中缺少监管

结合对教练的访谈,发现部分学校为了在比赛中取得好的成绩,大大增加了训练的次数,并没有按照训练制度上的规定开展工作。教练为了取得好成绩过度增加训练负荷,在训练后又没有注重运动员的恢复,从而导致运动员训练疲劳,进而影响专业课程学习。因此,训练管理制度初衷是好的,然而在实际训练执行过程中,由于缺少监督管理,部分学校教练员没有按照制度进行训练,导致部分运动员训练疲劳,进而影响学训之间的平衡。

3.5.3　训练的场地条件

从训练的条件上看,5所学校都有自己的游泳馆,训练条件较好。但是由于游泳馆对外营业,容易造成运动员训练与社会游泳人员的冲突,导致训练计划、任务、效果受到影响,进而影响训练的效果。

因此,在提倡学校体育场馆社会化的背景下,体育场馆对外开放,搞创收的经营方式有合理性。但学校要合理规划训练计划,协调对外开放与训练的关系。

3.5.4 学生的自身素质与认识

调查表明,在影响训练的因素中,身体素质下降的有35人,占总数的58.3%。对训练消极的有22人,占总数的36.7%。场地设施差的有3人,占总数的5%。因训练时间长、教练员水平低的一人也没有。因此,学生身体素质的下降,导致运动成绩的下降。同时,在训练管理上,学校对运动员的训练水平提出了基本要求,以保持运动员的竞技能力。其目的是好的,但在运动员的实施过程中出现了问题。学生自身的训练态度导致训练水平的下降。部分学校的运动员在训练过程中消极训练,把主要精力放在学习上,导致学训关系的进一步恶化。

表6　上海市高校高水平游泳运动员影响训练因素(n=60)

学　　校	财经大学	交通大学	海事大学	复旦大学	同济大学	合计(人)	百分比(%)
训练时间长	0	0	0	0	0	0	0
教练员水平低	0	0	0	0	0	0	0
身体素质下降	6	13	5	6	5	35	58.3
训练提不起劲	4	8	3	3	4	22	36.7
场地设施差	1	0	0	0	2	3	5

综上所述,在训练管理制度上,学校制度规则是合理的,但在实施过程中出现了问题。部分学校为了取得更好的运动成绩,在集训期加大运动负荷,易造成运动员疲劳。同时,运动员自身因素也是造成学训问题的主要因素之一。

3.6 上海市普通高校高水平游泳运动员专业课学习与训练管理对策

3.6.1 完善专业选择管理形式

学校体育部门对于学生专业的选择,应充分尊重个人意愿,切勿统一安排。同时,应定期与运动员所选专业的学院召开有关高水平运动员管理的会议,努力做到各部门协调全力支持体育工作的进行。

3.6.2 重视文化课的赛后补习工作

进一步重视运动员赛后专业文化的补习工作。对于因比赛而影响学习的运动员,学校应尽可能地安排相关教师负责给予短期的查漏补缺,帮助运动员把没有完成的教学内容、课后作业及时补上。同时,在管理上成立高水平游泳队建设工作领导团队,加强与各学院部门之间的交流与合作,提高工作效率。

3.6.3 适时调整学分管理机制

在学分管理上,高水平游泳运动队的管理制度应对比赛的级别、比赛的名次在加分权限上应明确规范,对于在比赛中取得优异成绩的运动员应视情况给予相应权重的加分,进而充分发挥学分激励的导向作用。同时,教练员需提醒运动员不要过度依靠运动成绩而取得相应学分通过考核。从而引导高水平游泳运动员向学训均衡方向发展。

3.6.4 建立训练过程的监督机制

体育部门定期召开有关高水平游泳运动员训练情况的通报会。教练员需对每一阶段运动员训练的基本情况有详细的报告,明确每一阶段的训练状况。尤其是在大赛临近阶段,对教练员实行量化考核,对运动员训练情况实行记录考评,以便实施及时监督,保质保量地完成训练任务。

3.6.5 学生自己要端正学习与训练的态度

学生要端正自己的学习、训练态度。对平时的学习与训练要足够的重视。同时,在学习上制定自己的学习计划,按要求完成自己的学习任务。在训练上,严格要求自己,保质保量的完成训练任务。

3.6.6 加强学生运动员日常生活管理

教练员首先要根据运动员的年龄、性别制定符合学生运动员自身的条例,约束运动员的个人行为,特别是一些不良习惯。如在集训和比赛期间严禁吸烟、喝酒,严格规定作息时间等。其次,充分发挥运动员自己管理自己的能力。因为教练不可能一天 24 小时都与运动员在一起,那么运动员自我管控能力就成为关键因素。最后,随着科技的发展,网络游戏已成为大学生主要的娱乐方式。因此,要严格控制运动员玩游戏的时间与投入程度。另外,有的男运动员打牌,有的女运动员过于注重打扮。不仅对自己影响大,而且往往也会使运动员训练分心,造成训练怕吃苦不出力。因此,教练员在这方面应加强管理。

4 结论与建议

4.1 结论

(1) 在文化专业管理制度上,各校都对管理机构、专业选择、学制安排、专业文化课考勤、上课形式都做出了明确规定。在管理运动员的实施过程中也基本按照制度去实施的。但是,管理制度上本身存在一定的问题,尤其是在专业选择上,部分学校统一安排专业不利于调动运动员学习的积极性。

(2) 在训练制度中,对每个训练的内容、负荷、安排、时间都有明确规定,其制度本身是合理的。但在执行过程中,发现学训矛盾的现状主要集中在缺乏对教练员与运动员训练情况的监督。

(3) 由于部分运动员是特招生,自身文化基础薄弱,学习态度消极,进一步使学训矛盾突出。

4.2 建议

(1) 重新审视部分学校的学习管理制度。在运动员专业的选择上,建议实行自主选择,这样有利于调动运动员学习的积极性。同时,对于学校缺乏对运动员赛后专业文化课的补缺,探讨能否实行赛后短时间的补习。

(2) 加强在学习与训练管理制度实施过程中的监督,强化教练员与运动员按照训练制度与训练计划实施的要求。对教练员的工作与运动员的训练情况进行有效管控,建立多元评价体系。切实推进对教练员与运动员在训练过程中的有效监督机制。

(3) 学生运动员是学习和训练的主体。对于部分文化基础薄弱的运动员定期开展文化课补习,帮助运动员学习成绩的提高。同时,结合学生特点,鼓励开启"1 对 1"结伴互助的学习模式,让班上成绩好的同学多多辅导,帮助运动员提高学习效率。最后,积极引导运动员自身认识到学习与训练的重要性是解决学训矛盾的内在动力。

参考文献

[1] 万健根、潘洪涛:《竞技体育后备人才"体教结合"模式探析》[J].《景德镇高专报》,2012年第 6 期;

[2] 彭召方、刘晓峰:《新时期高校高水平运动员培养的发展模式探究》[J].《西南师范大学学报(自然科学版)》,2013 年第 13 期;

[3] 杨琏、王勤宇:《影响我国普通高校试办高水平运动队质量的主成因素分析》[J].《高校研究》,2007 年第 5 期;

[4] 丁仁船,刘晨:《高校高水平运动员培养中的问题与对策研究》[J].《重庆科技学院学报(社会科学版)》,2011 年第 11 期;

［5］ 王凯珍:《我国优秀运动员文化教育缺失的分析与思考》[J].《首都体育学院学报》,2008 年第 1 期;

［6］ 李艳、黄亚玲:《对中美高校高水平运动员文化教育的比较研究》[J].《北京体育大学学报》,2009 年第 12 期;